凝煉知識品味閱讀

國際私法研究會叢書（四）

國際民事程序法論文集（上）

國際私法研究會叢書編輯委員會 主編

林恩瑋、許耀明、何佳芳、賴淳良、游悅晨、李瑞生、陳榮傳、許兆慶、吳光平 著

五南圖書出版公司 印行

（1926～2022）

人生有情淚沾臆，江水江花豈終極

序

爰國際私法的成立背景與條件，因國際交往之開展、各國法律之互異、外人權利之享有、內國法權之獨立、空間效力之衝突及內外國法之並用，國際私法於焉產生。隨著我國與外國之不平等條約廢除、領事裁判權得以收復；1918年政府制定國際私法之立法「法律適用條例」，比起「民法」還早十餘年；1953年修正爲「涉外民事法律適用法」不分章節，共計31條，強調「一般安定性」機械的硬性選法法則。國際間經貿發展，文化科技交流，侵權行爲因陸海空及環境跨國災難，涉外婚姻及憲法兩性平等原則等諸多社會因素，建議司法院成立「涉外民事法律適用法研究修正委員會」，經多年努力，於2010年5月26日公布，公布日後一年施行，條文有八章63條，重視「具體妥當性」機動的彈性選法法則。

近三十年臺灣地區除規範「國際私法」外，亦援引「區際衝突法」理論，1992年9月施行「臺灣地區與大陸地區人民關係條例」，其中第三章「民事」，採逐條式、細密性之規範原則；1997年4月公布「香港澳門關係條例」，其中第三章「民事」，立法方式捨逐條細密性立法，改採——條文概括式立法，即區際私法採「類推適用」國際私法。

國際私法學研究範圍或實例處理流程十段論，擇其要有三步驟，即裁判管轄權、法律適用（準據法選擇）及司法協助（判決承認與執行）。咱們「涉外民事法律適用法修正草案（初稿）」計五章144條，第二章「涉外民事事件之程序」，分「涉外民事事件之管轄」及「當事人能力與訴訟能力」兩節；第四章「外國法院確定判決或裁定之承認與執行」。嗣因種種原因，僅立法通過「法律適用」章爲主要條文。本「國際民事程序法論文集」（上）（下）兩書，即是咱臺灣國際私法研究會的會員們共同努力創作，集中在「裁判管轄權」及「司法互助」問題，以彌補立法不足，一則可提供司法審判法官及律師解決司法實務困難；二則可提供大學學生及教師在教師研究學習議題；三則可提供立法者未來立法程序及技術之草案獻策。咱們共同努力完善國際民事程序法制與優化法律環境！

國際私法研究會會長 賴來焜

2022年12月於陽明山麓

目錄

PART 1　國際管轄總論

PART 1

國際管轄總論

1

國際私法上選購法院問題之研究*

林恩瑋

壹、前言

所謂選購法院（forum shopping），一般係指**原告以人爲的方式操縱法院的管轄權標準，藉此獲得對自己有利的判決結果**的情形。雖然到目前為止，國際私法學者間對於選購法院仍未有一致明確的定義，對於何種情形構成選購法院，或是選購法院的具體內涵，亦缺乏一定的共識，惟傳統上國際私法學者對於選購法院的現象，通常均採取否定之立場，或認為至少應該限制選購法院發生的機會[1]。

在實證上，吾人可試舉兩個法國案例略為說明。第一個案件是Garret案[2]，在該案中，一家瑞士A公司向另一家美國B公司在美國起訴，主張其契約上之權利。由於法國民法典第14條規定，「法國人在外國，不問係與法國人或外國人訂約所負之債務，均得由法國法院受理」[3]。因此根據這個條文，A公司發

* 原刊登於東海大學法學研究第47期，2015年12月，頁237-268。

1 在我國，最典型否定選購法院現象的主張，多見於反致理論（renvoi）的討論。例如劉鐵錚教授寫到贊同反致條款之理由，「可使同一涉外案件，不論繫屬於何國法院，因適用相同法律，而可得同一判決，而判決一致乃國際私法學之理想，抑有進者，其因判決一致之達成，更可獲得以下幾點實益，其一，避免當事人任擇法庭……」。參劉鐵錚，國際私法論叢，自刊，1991年，頁203以下。其他相同意見可參考劉鐵錚、陳榮傳，國際私法論，三民書局，2010年，頁488以下；馬漢寶，國際私法（總論、各論），自刊，2014年，頁233；王海南，論國際私法中關於反致之適用，收於法律哲理與制度（國際私法）—馬漢寶教授八秩華誕祝壽論文集，元照，2006年，頁1-34。

2 Cass. civ., 24 nov. 1987, Rev. Crit. DIP 1988, p. 364, note G. Droz.

3 法國民法典第14條原文爲："L'étranger, même non résidant en France, pourra être cité devant les tribunaux français, pour l'exécution des obligations par lui contractées en France avec un Français; il pourra être traduit devant les tribunaux de France, pour les obligations par lui contractées en pays étranger envers des Français." 在法國國際私法上向來備受爭議。

現在美國的訴訟對其不利，於是計畫在法國另行訴訟。而為了使案件得以繫屬於法國法院，A公司遂將其債權讓與另一個法國C公司，使得C公司成為債權人，以便於C公司依上開條文得以主張法國法院對本案具備管轄權的連繫，從而由C公司向B公司在法國起訴，請求損害賠償。對於A公司的這種做法，法國最高法院（Cour de cassation）認為，系爭債權之讓與僅是為了取得根據法國民法典第14條所規定之管轄權為目的，**以人爲方式建立連結點，以迴避該債權求償訴訟之自然法官**（juge naturel），即本案之美國法院，故在此情形下，法國法院對本案應無管轄權[4]。第二個案件為*Weiller*案[5]，該案中Weiller女士為住在美國紐約的法國人，其因為希望與先生能夠儘快順利離婚，於是便向美國內華達州的雷諾市（Reno）法院聲請離婚，並取得了離婚的判決。隨後在法國，Weiller女士的丈夫向法國法院異議該離婚判決的合法性。法國最高法院最後判決Weiller女士的丈夫的異議有理由，認為Weiller女士僅是為了取得離婚的判決而移居內華達州，並且系爭判決僅採信Weiller女士片面之詞，並未經過其丈夫認真的答辯（débat sérieux）而作成。故本案Weiller女士規避法國法律，該判決係未具管轄權法院所作成，法國法院拒絕承認該離婚判決之效力。

上開案例中，前者涉及國際私法上**直接一般管轄權**（compétence générale directe）問題[6]，亦即法院在原告有選購法院情事時，是否仍應認其對系爭案

---

4 自然法官理論（la doctrine du juge naturel）是法國法上由來已久的概念，用來說明法官對於案件管轄權的正當性。法國學者有藉由自然法官的概念，說明何以法國法官對於法國人民有「首要管轄權」（chef de compétence）者，主要從法官的功能上說明。按照其推論，法官的功能有二，其一是對權利主體適用法律，從某方面來說也就是提供不論何種國籍的個人在法律上的服務；其二是法官象徵著國家主權，國家主權及於全體國民，因此原告的國籍如果是法國，法國法官對之行使司法權即爲正當。D. Bureau et H. Muir Watt, Droit international privé (Tome I), PUF, 2éd., 2010, pp. 178-179; S. Clavel, Droit international privé, Dalloz, 3 éd., 2012, p. 246.

5 Cass. Civ., 22 jan. 1951, Rev. Crit. DIP 1951, p. 167, note Ph. Francescakis.

6 國際私法理論上提及直接一般管轄權，其概念起源於法國國際私法學者E. Bar tin的理論，所謂一般管轄與國際公法上之「國家管轄」（compétence étatique）概念相同，主要用以區別內國民事訴訟法上土地管轄的概念。相關資料，參林恩瑋，國際私法理論與案例研究，五南圖書，2013年，頁16以下說明。

件具備國際管轄權；後者則與**間接管轄**（compétence indirecte）問題相關[7]，涉及因運用選購法院方式取得之外國法院確定判決，在法庭地國是否亦承認其效力之問題。從上述案例看來，顯然同為大陸法系的法國法院對於選購法院採取敵對的態度。不過，對照於我國司法實務，我國法院迄今仍未有法官以原告係選購法院為理由，而否定我國法院對於原告之訴訟有國際管轄權，或是拒絕承認以選購法院方式取得之外國勝訴確定判決效力等案例出現[8]。這使得究竟何謂選購法院，其具體內涵所指為何，以及在什麼情況下的選購法院是不被允許的？或是只要有選購法院的現象發生，法院是否均應予以排除等的問題，在我國實務判決上容有討論之空間。

為釐清上開問題，本文以下分為兩大部分進行討論。首先研究者為選購法院之概念基礎，探討法官之所以排拒原告選購法院之基礎與理由。其次則就選購法院之限制進行討論，並嘗試從訴訟當事人的立場去理解選購法院問題，期能透過定義與概念的辯證，供我國司法實務工作者處理涉外案件國際管轄權問題上之參考。

貳、選購法院之概念

有關選購法院的概念，可從選購法院的內涵、選購法院衝擊國際私法上處理管轄衝突所要求之一致性與穩定性，以及選購法院所可能涉及的當事人間公平性問題等幾個方面觀察，以下分別敘述之。

7　所謂間接管轄問題，係指對於外國法院作成之判決，間接地由內國法院審查其有無國際管轄權，亦即外國法院判決在本國之承認與執行的問題。其性質與立論基礎均與直接管轄問題不同，不宜相混。參林恩瑋，同註6，頁23以下說明。

8　筆者查詢法源法律網，以關鍵字「Forum shopping、選購法院、選購法庭、逛選法院、逛選法庭、任擇法院、任擇法庭、法庭尋覓」等查詢，均無裁判以選購法院爲由否定我國法院對於原告提起之訴訟具有國際管轄權。更甚者，臺灣士林地方法院91年海商字第1號民事判決將forum shopping稱爲「尋求裁判地」，似與一般國際私法學上慣常理解的選購法院意義相去甚遠。

一、選購法院的意義、要件與型態

首先應說明者，為選購法院之意義。選購法院係**原告就其案件衡量數個有國際管轄權法院後，選擇其中一對自己最有利之法院，作爲系爭案件管轄法院而進行訴訟者**。是以**原告選購法院並非盲目的選購，而是經過計畫與計算的安排後作成的決定**。並且這種選購也不是普遍性的，而是**原告針對其個案爲分別獨立的選購**，原告所追求的無非是運用這種選購法院的方式，可以達到其個案最大利益之法律效果[9]。

因此，就國際私法上選購法院之要件而言，至少有下列數點：

（一）選購法院之前提，為**系爭案件同時存在數個具有國際管轄權之法院**：如果系爭案件屬於國際私法上專屬管轄之案件[10]，則僅有一個國家的法院對於案件具有國際管轄權，原告或根本無從進行選購法院，或選購法院無效，自不存在選購法院之問題。

（二）**被選購之法院，對系爭案件具有國際管轄權**：被選購之法院如對於系爭案件不具有國際管轄權，則案件必將遭法官駁回，自亦無成立選購法院之餘地。此為選購法院與選法詐欺（規避法律）最大不同點[11]。雖然選購法院是以人為方式取得與某國法院國際管轄權之連繫，猶如規避法

9 J-F Sagaut et M. Cagniart, Regard communautaire sur le Forum shopping et le Forum non conveniens, Petites affiches, 14 avril 2005 n°74, p. 51.

10 專屬管轄並無一個普世的標準，主要仍取決於各國關於涉外私法案件管轄權政策而定。目前比較常見被歸類爲專屬管轄的涉外案件，例如不動產糾紛案件，通常由不動產所在地國之法院專屬管轄。其他於國際公約上亦有專屬管轄規定者，例如聯合國1992年關於油污損害民事責任之國際公約（the International Convention on Civil Libility for Oil Pollution Damage）第9條：「當於一個或更多締約國的領土，包含其領海或第2條所提及之地區，發生造成污染傷害的事故，或預防性的措施被採取以防止或減少於該領土，包含領海或地區之污染性之損害時，**損害賠償之訴訟只得於任何該締約國之法院提起**，於任何這種訴訟被告應給予合理的通知。」（粗體字部分爲筆者自加）參陳隆修，中國思想下的全球化管轄規則，五南圖書，2013年，頁71以下。

11 規避法律之概念，常被援以與選購法院之概念相互比較。根據劉鐵錚教授的看法，規避法律之成立要件有三：1.須當事人具有詐欺內國法之意圖。2.須當事人從新隸屬關係中取得利益。3.須法庭地國爲被詐欺之國。參劉鐵錚，國際私法上規避法律問題之研究，國際私法論文集，五南圖書，1996年，頁2-17。

律以變更連繫 因素方式取得與某國法律之連繫，然而前者所選購之法院本 來即有國際管轄權，後者則是將原來無成為準據法可能之法 律，以變更連繫因素的方式選擇其為案件之準據法；前者主 要是直接變更起訴之法院，不涉及詐欺衝突法則之問題，後 者則主要針對詐欺衝突法則的現象，而予以評價，二者在概念上、本質上均有所不同，應予區別。

（三）選購法院並非僅靠原告主觀意願即可達成，而須配合被選購法院國之國際管轄權標準：即使以受訴法院是否受理系爭案件，仍應依該國法律之國際管轄權標準判斷之。也因此選購法院不但無法僅依照原告之主觀意願而成立，亦不當然排除其他國家法院對系爭案件之國際管轄權。

進一步地思考，關於選購法院的問題，其本質實為原告依法起訴請求法院審判的一種類型。將此一問題放在內國民事訴訟法體系中，與將之放在國際私法體系中相比，亦可觀察出其差異性。

從受訴法院國的立場而言，原告依法起訴請求該國法院保護其權利，本來就是該國法律所保障的合法訴訟權，但為何又會僅因為原告選擇一個對自己較為有利的國家起訴，便認為原告的訴訟權利可以例外地不受保障，甚至要予以排除？從另一個角度來說，如果選購法院可以作為法院排除對於原告訴訟管轄權的一項標準，那麼又該如何去解釋當事人間合意管轄條款（Choice of court clause）效力一即使合意管轄的約定是經過預先算計有利於一方的情形？這種合意管轄的是否也是選購法院的一種[12]？

是以我們應該再更細緻地區分出合意管轄與選購法院之間的差別。國際私法上所謂合意管轄，係指當事人互相同意針對一定之法律關係所生之爭議，選擇由某一國家之法院作為其第一審之管轄法院。就國際管轄權的合意而言，其性質應該認為是當事人間的契約，而受法庭地國公序良俗及專屬管轄等規定之

---

12 在國際民事訴訟案件中，合意管轄條款的效力一直是被討論的重點。合意管轄條款的基礎來自於近代世界貿易所共同承認的當事人意思自主原則，但世界各國均對於此項原則以規避法律、誠信原則、公平交易或強行法規之名，予以不同程度的適當限制，這也連帶影響到在國際民事訴訟的案件中，究竟是否應當賦予合意管轄條款專屬、排他的效力，激發出不同的觀點與辯論。參陳隆修，2005年海牙法院選擇公約評析，五南圖書，2009年，頁17。

限制[13]。而選購法院則與當事人間之合意無關，選購法院的發生與進行均繫於原告單方面之訴訟行為，被告之意願並不參與其中，因此這種依據原告單方面意願選擇法院的方式，成為其與合意管轄最大的區別[14]。

正因為原告片面的意願無法掌握，並且考慮到訴訟的公平性與當事人間正義的維護，使得選購法院在國際私法學上成為「可疑的」排除對象。然而必須指出的是，即使是選購法院，仍然不能忽略原告取得管轄上的優勢，事實上仍是依循著法院地法中對於國際管轄權標準之規定而來。也因此選購法院本身對於法庭地法官而言仍是一項合法的選擇，問題不是出在選購法院的方式，而是在於選購法院的影響。從法理的觀點而言，選購法院在某種程度上意味的是權利的濫用。

因為選購法院的內涵多元，因此有必要將其概念進行更細緻化之分類。法國學者de Vareilles-Sommières主張，應當將選購法院區分為「好的（bonus）選購法院」與「壞的（malus）選購法 院」兩種型態[15]。前者是指選購法院係在數個具有國際管轄權之法院中進行，因此其選擇為完全合法之情形，這種選購法院是可以被接受的，並不會受法官的排斥；而後者則是指選擇一個本來可

13 在我國最高法院的判決中，亦有不少提及合意管轄應受到法庭地國之公序良俗與專屬管轄規定限制者，例如最高法院89年度台上字第2555號判決即認爲：「當事人以關於由一定法律關係而生之訴訟，合意由外國法院管轄，以非專屬於我國法院管轄，且該外國法院亦承認當事人得以合意定管轄法院，即該外國法院之判決我國亦承認其效力者爲限，應認其管轄之合意爲有效。」另參許兆慶，國際私法上之合意管轄：以最高法院91年台抗字第268號裁定之事實爲中心，中華國際法與超國界法評論第3卷第2期，2007年12月，頁259-293。

14 這種以原告單方面意願判斷是選購法院還是合意管轄的情形僅是一種簡單的區分方式，所顯示的是原告的意願明顯高於被告的意願的狀況。事實上，更多的情形是，雖然外觀上看起來是合意管轄的約定，但因爲締約的兩方當事人在社經地位與資力上顯不平等（例如Google公司與臺灣的中小企業之間），資力較差的一方，所擁有契約自由的空間相對被限縮，形式上的合意在實質上僅是資力優勢一方選擇管轄法院的意願。因此本文認爲，如果在涉外案件中出現當事人資力顯不對等的情形，法官亦應當考慮原告有無實質上選購法院的情形存在爲宜。

15 P. De Vareilles-Sommières, Le forum shopping devant les juridictions françaises, Travaux du Comité français de DIP, 1998-1999, pp. 49-51. 同樣的主張請參D. Bu- reau et H. Muir Watt, Droit international privé, PUF, 2éd., 2010, p. 230.

能不具有國際管轄權的法院，卻在人為有意的操控下，成為案件的管轄法院，因此有濫用選擇法院權利的情形。這種「壞的」選購法院因為涉及管轄詐欺（fraude à la compétence）[16]，因此法官應與選法詐欺出於同一理由，拒絕這種選購法院的現象發生。此一分類方式，或可稍助吾人更加精確理解選購法院的內涵。

二、選購法院的負面影響

國際私法學者以及各國法院實務上**拒絕選購法院的理由，主要在於選購法院的情形會破壞判決的一致性，並且有害管轄衝突的穩定性要求**。這種負面的影響，特別在平行訴訟（Parallel Proceedings）的情形更加明顯[17]，以下舉例說明之。

一間日本公司Mitsui Mining & Smelting Co., Ltd.（下簡稱「M公司」）與一家美國小公司DTG及其他三家公司（一家日本 公司與兩家法國公司）分別就電路板銅箔界面處理技術簽訂技術移轉合約，DTG公司為某甲所創立，而甲在創立公司前曾經是同樣從事銅箔製造業的Gould公司的員工。因此當Gould公司知道日本M公司與上開公司簽訂契約時，Gould公司即於北俄亥俄州地區法院對上開公司提起訴訟，主張被告等為不公平競爭，並要求法院不當移轉商業秘密發出命令，以及主張前員工甲違約之損害賠償[18]。

16 所謂管轄詐欺，涉及的概念是「判決規避」（fraude au jugement），即指當事人試圖經由改變影響管轄權決定之連繫因素，進行選購法院活動，避免系爭事件由原來有管轄權之甲國法院審理，達到系爭事件由乙國法院審理的目的。換言之，作成判決的國家法院，就系爭事件，表面上仍是有國家管轄權的適格法院，但這樣的管轄權取得，卻是經由人爲有意操縱來的。因此，管轄詐欺的目的，在於以間接的方式取得無法以直接的方式取得之判決，其內涵在於規避原來可能在某國法院審理後之判決結果。中文資料部分，參陳忠五，美國懲罰性賠償金判決在法國之承認及執行，收於陳聰富、陳忠五、沈冠伶、許士宦合著，美國懲罰性賠償金判決之承認與執行，學林，2004年，頁122-124。

17 所謂平行訴訟，係指在國際民事訴訟中，原則上並無所謂訴訟合併問題，各國應該按照其各自之民事訴訟程序規定，分開平行地進行訴訟，互不干預，此一現象在國際私法學上即稱之爲平行訴訟。參林恩瑋，同註6，頁45。

18 Gould Inc. v. Mitsui Mining & Smelting Co., 825 F. 2d 676 (2d. Cir. 1987); Gould v. Pechiney Ugine Kuhlmann & Trefimetaux, 853 F.2d 455 (6th Cir. 1988); Could, Inc. v. Mitsui Mining & Smelting Co., 947 F. 2d 218 (6th Cir. 1991).

對此，日本M公司並未在北俄亥俄州地區法院進行訴訟，卻選擇了另外於東京地方法院提起訴訟，請求法院宣告其對Gould公司無責任存在。在後一訴訟中，原告日本M公司主張其並無任何違法情事，Gould公司亦無任何損害，因此日本M公司並無義務停止使用系爭銅箔製造技術。對此，被告Gould公司則主張**先繫屬優先原則**（lis alibi pendens），表示東京地方法院應當駁回原告之訴，或是停止訴訟程序之進行，因為系爭訴訟與前一在美國北俄亥俄州地區法院提起之訴訟爭點與當事人均為相同。

然而，東京地方法院卻未接受被告Gould公司的主張。首先，東京法院依照日本國際管轄權標準，認為本案日本M公司與美國DTG公司的契約在日本簽訂，技術移轉發生地也在日本，東京地方法院為被告Gould公司所聲稱之侵權行為地法院（forum delicti），因此日本法院對本案有國際管轄權。其次，在先繫屬優先原則方面，東京地院認為此一原則的適用，係在先繫屬的法院在將來有被日本法院承認的合理確信前提下，始有適用的餘地[19]。而在美國北俄亥俄州地區法院進行的訴訟，東京法院無法確認日本M公司如果在該州進行訴訟後之判決結果，因此裁定不停止訴訟程序之進行。本案最後日本M公司判決無須負責，並且北俄亥俄州地區法院之判決亦無法在日本獲得執行[20]。

從上述實例可知，**在平行訴訟問題上，訴訟當事人均呈現出選購法院的基本意圖**。而一旦對於訴訟當事人選購法院後的效力未予以適當控制時，將使得前後訴訟的法院判決陷入不一致的風險中。換言之，假設我們認為當事人選購法院的都是有效的選擇，而無須受到限制，那麼當事人就同一種案件糾紛在世界各地提起訴訟時，因為各國實體法上規定的差異性，將極有可能使得判決出現歧異的結果。即便是採取先繫屬優先原則的國家，例如上開案件中的日本法院，仍然有可能以無法預測先繫屬法院判決為理由，接受一個起訴在後的跨國訴訟，並拒絕停止在內國進行之訴訟程序，進而以後一個訴訟程序取得對自己有利的判決結果，使得Gould公司先前的訴訟花費變成徒勞而無益。因此在平

---

19 此又稱之為「判決承認預測說」。參考賴淳良，外國法院訴訟繫屬在內國之效力，收於國際私法論文集，五南圖書，1996年，頁241以下。

20 Andreas F. Lozenfeld, Editorial Comment: Forum Shopping, Antisuit Injunction, Negative Declarations, and Related Tools of International Litigation, 91 A.J.I.L., pp. 314-324.

行訴訟的背景上，討論對於原告選購法院的控管問題，實具有相當之意義。

三、選購法院的性質

選購法院的現象還突顯了另一個訴訟公平性的問題，那就是訴訟的開始與進行，完全操縱在原告的手中。**特別在原告是社會或經濟上地位的強勢者，或是涉外訴訟經驗較爲豐富時，選購法院的情形更顯得無法保障當事人間的訴訟公平性**。事實上，這往往也是原告所期待的結果，透過選購法院的方法直接造成訴訟程序上的優勢，並間接地獲得有利的判決結果。雖然選購法院並不當然伴隨著選法詐欺，然而這種可能構成管轄詐欺的方式，卻同樣與選法詐欺具備訴訟程序上的不公平性，而應當受到限制。

選購法院的現象事實上也破壞了訴訟法上的基礎：「以原就被」（actor sequitur forum rei）原則。從我國的民事訴訟法規定上觀察，民事訴訟法第1條第1項規定「訴訟，由被告住所地之法院管轄。被告住所地之法院不能行使職權者，由其居所地之法院管轄。訴之原因事實發生於被告居所地者，亦得由其居所地之法院管轄。」是以原告應當在被告住所地起訴，此一規定主要是基於保障在訴訟上居於被動的被告之程序利益而來[21]。而同樣的原則亦應當解釋得類推適用在涉外案件中。

在大陸法系的國際管轄權標準上，以原就被原則向來被認為是國際管轄權的一項普世性的原則。即以德日為例，其國際管轄權之建構，在普通管轄權類型部分，亦係以被告之生活中心地法院行使管轄權（被告為自然人時，為住所，被告為法人時，則為其事務所或營業所所在地，與我國民事訴訟法第1、2條規定相同）[22]。另外再以歐盟2000年12月22日44/2001號關於管轄與承認及執行民商事判決規則為例，其第2條規定：「在本規則規定下，住所設於會員國中之人，應當在該（住所地）國被起訴，而不論其國籍[23]。」因此，除非案件顯然違反當事人間之公平、裁判之正當與迅速等特別情事，或是案件有其他法

21 參臺灣新竹地方法院99年度重審訴字第85號裁定要旨。

22 參李沅樺，國際民事訴訟法論，五南圖書，2007年，頁41以下說明。

23 英文版原文爲「Subject to this Regulation, persons domiciled in a Member State shall, whatever their nationality, be sued in the courts of that Member State.」

律所規定之特別管轄權原則（special jurisdiction）[24]，否則對於「以原就被」這種一般性的管轄權規則，不論是國內案件或是涉外案件，法院均應該予以遵守，以保障被告在涉外訴訟上的防禦權利[25]。

由於選購法院事實上是由原告掌握訴訟的主動權，因此當原告利用訴訟地國所預設之國際管轄權規定，依照其意願選擇對其最有利的國家法院對被告起訴時，即便是此一起訴程序在客觀上符合了訴訟地國的國際管轄權標準，但對於整個民事紛爭的解決，在程序上仍然有違反平等對待訴訟當事人的疑慮。**特別是當原告採取干擾性或壓迫性的訴訟策略時，或是訴訟當事人在經濟上受到某一國家之特別保護，這種程序上欠缺公平性的狀況將更爲明顯**。例如在Amoco案中[26]，原告Amoco等美國公司先於英格蘭高等法院對Enron公司的歐洲子公司及Tennessee天然氣公司就其契約所生之爭議提出訴訟，嗣後被告等在法院定下交換書狀、證人調查以及言詞辯論之庭期後，又在美國德州Houston市對原告等提出訴訟，請求Houston法院宣告其對該案中之被告Amoco公司等無契約及其他保證責任存在。就在英國倫敦進行之前案，與在美國德州進行之後案間，二者顯然形成平行訴訟之問題。而後案的原告Enron公司等的意圖則是很明顯的：對原告Enron公司等而言，在美國所進行訴訟屬於一種干擾性的訴訟策略，也是原告Enron公司等選購法院後的結果。不過，後案的訴訟卻對於前案的原告造成程序上的不公平，而且增加訴訟程序經濟上的耗費，並有可能產生判決歧異的危險。

---

24 此處所指之特別管轄權原則，係指因訴訟類型或訴訟標的法律關係作爲選擇國際管轄權之標準，即於涉外案件之場合，類推適用內國民事訴訟法上之「特別審判籍」概念者。此與國際私法傳統上引用法國學說所稱之「特別管轄」（compétence spéciale），指爲內國法院土地管轄分配之概念不同，特此說明。

25 在涉外案件中，以原就被原則僅在於特殊的例外情形始被考慮應當予以調整，至於何爲例外情形，則可能因對於國際管轄權基礎理念之不同而有差異。參吳光平，國際裁判管轄權的決定基準：總論上方法之考察，政大法學評論第94期，2006年12月，頁267-334。

26 Amoco v. TGTLI (Q.B. 1996 Folio No. 889, June 26, 1996).

參、選購法院的限制

平行訴訟可謂是原告選購法院所希望達成的結果，這種結果所可能帶來的訴訟程序不平等，以及判決歧異等風險，對於訴訟經濟以及判決流通均可能是有害的。基於以上的考慮，國際私法學者幾均主張對於選購法院的現象必須加以限制。

然而。選購法院畢竟是處於承認保護原告訴訟上權利以及防止原告濫行訴訟現象之灰色地帶間。因此，在討論對於選購法院限制的方式前，有必要將限制選購法院之基礎理念，加以說明。同時，儘管實證上存在著多種限制選購法院的方式，這些方式是否均能達到限制選購法院的效果，似不無疑問。

一、限制的基礎：防止原告濫用權利

在性質上，選購法院與選法詐欺有部分相同之處，這是因為選購法院有時會與選法詐欺的情形同時發生，而原告透過選購法院或是選法詐欺的方式，以求達成判決對自己有利之結果，亦為選購法院與選法詐欺的共同特徵。然而必須指出的是，選購法院畢竟仍然與選法詐欺內涵有所差異，事實上，雖然有時候選法詐欺可能也會相伴發生選購法院的情形，然而**選購法院卻未必會發生選法詐欺之情形**。特別是在大陸法系的國際私法原理上，傳統上向來將國際管轄權標準與法律適用問題予以區分，亦即管轄法院地國之法律，未必即為系爭案件所應適用之準據法。例如涉外民事爭議雖然符合法院地的國際管轄權標準，而得於法院地提起訴訟，但是在準據法的選擇方面，因為雙面法則的運用關係，法官未必以法院地法作為案件之準據法。在這個前提下，選購法院往往被認為是在管轄權衝突階段的問題，而選法詐欺則是在法律衝突的階段中，才予以討論[27]。

關於選法詐欺的成立要件，我國國際私法學者大多將之區分為三項要

27 參林恩瑋，大陸法系國際私法選法理論方法論之簡短回顧，收於陳隆修、許兆慶、林恩瑋合著，國際私法：選法理論之回顧與展望，翰蘆，2007年，頁1-28。

件[28]。首先，當事人必須具有詐欺內國法的意圖，亦即當事人有主觀上欠缺誠實，虛偽規避法院地法律適用結果，或是扭曲內國法律適用結果的意願出現，其次，當事人必須透過變更連繫因素的方式，獲得新的隸屬關係，並從新的隸屬關係中取得利益。最後，必須法庭地國為被詐欺國，亦即當事人所規避或是扭曲之法律為法庭地國法。必須指出的是最後一個要件，事實上當事人所詐欺的法庭地國法，具體而言應為法庭地的衝突法則，而非法庭地的實體法（Substantive Law），是以選法詐欺的法律效果，應當回到原來當事人未變更連繫因素時，法庭地衝突法則所指向適用的準據法。

19世紀中葉著名的De Bauffrement公爵夫人案即是一例。當時的法國法律禁止離婚，而對於婚姻事件，法國法院向採本國法主義。因此具有法國籍、已婚的De Bauffrement公爵夫人為了與Bibesco王子結婚，便歸化為德國公國國籍，以便與其前夫離婚後，再與Bibesco王子結婚。然而，De Bauffrement公爵夫人的後婚被法國法院認為係規避法國法律而無效。法國法院認為此時本案仍應適用變更連繫因素前，法國法院所可能指定之準據法[29]。

然而，選購法院卻只是原告選擇對其有利，並且符合法庭地國際管轄標準的法院的情形，**與選法詐欺相反，選購法院本身對於法庭地國的法律並未規避，亦未有任何意圖扭曲或是誤導法院適用法律之情事**。從保障原告訴訟上合法權利立場而言，法官很難在系爭事件符合法院地國的國際管轄標準時，禁止

28 參劉鐵錚，同註11，頁12-13。

29 與此相比，我國涉外民事法律適用法第7條規定「涉外民事之當事人規避中華民國法律之強制或禁止規定者，仍適用該強制或禁止規定。」修正理由謂：「涉外民事事件原應適用中華民國法律，但當事人巧設連結因素或連繫因素，使其得主張適用外國法，而規避中華民國法律之強制或禁止規定之適用，並獲取原爲中華民國法律所不承認之利益者，該連結因素或連繫因素已喪失眞實及公平之性質，適用之法律亦難期合理，實有適度限制其適用之必要。蓋涉外民事之當事人，原則上雖得依法變更若干連結因素或連繫因素（例如國籍或住所），惟倘就其變更之過程及變更後之結果整體觀察，可認定其係以外觀合法之行爲（變更連結因素或連繫因素之行爲），遂行違反中華民國之強制或禁止規定之行爲者，由於變更連結因素或連繫因素之階段，乃其規避中華民國強制或禁止規定之計畫之一部分，故不應適用依變更後之連結因素或連繫因素所定應適用之法律，而仍適用中華民國之強制或禁止規定，以維持正當適用中華民國法律之利益。現行條文對此尚無明文可據，爰增訂之。」其規定與法國選法詐欺學理略有不同（法國爲適用變更連繫因素前法院所可能指定之準據法，並非適用法院地法），特此說明。

原告選擇對其自己有利的國家法院起訴請求保護，即使原告如此作為可能造成平行訴訟時亦同。即以最高法院67年台再字第49號判例（陳觀泰控告香港邵氏兄弟公司案）為例，該判例要旨謂：「民事訴訟法第253條所謂已起訴之事件，係指已向中華民國法院起訴之訴訟事件而言，如已在外國法院起訴，則無該條之適用。」就個案而言，本號判例事實上保障了跨港、臺之民事訴訟案件中原告在臺灣起訴之權利，並限縮解釋訴訟繫屬中一事不再理原則（第253條）僅在內國民事訴訟程序中得以適用。其立論基礎似在於考慮跨國民事案件中，由於各國法院彼此間互不隸屬，當事人均得就同一事件於各國分別獨立、平行地進行訴訟。因此即使同一事件已先行在外國起訴，其後於中華民國就同一事件再行起訴之原告之訴訟權利仍應予以保障，而不受內國民事訴訟法有關訴訟繫屬中一事不再理原則規定之拘束。

在比較法上，對於選購法院是否予以嚴格的限制，各國亦有不同之觀點。例如英國判例法傳統上認為原告有權利合法引用任何國家對其司法上的保護，因而對於選購法院採取較為寬容之態度，即便採取困擾（vexation）及壓迫（opression）禁訴原則，該項原則亦存在相當之限制，而不得任意援用[30]。

也因此，本文認為選購法院的限制基礎，應當建立在**防止原告訴訟上權利的濫用這個觀點上，始爲合理**。易言之，原告訴訟權利之維護既然為一項基本原則，那麼對於選購法院的禁止或限制，也應當僅有在原告濫用其訴訟權利時，才應當被考慮。限制原告選購法院基礎，應與我國民法第148條規定「權利之行使，不得違反公共利益、或以損害他人為主要目的。行使權利，履行義務，應依誠實信用原則。」所昭示之「禁止權利濫用原則」相符。

二、限制的方式

一般而言，在限制原告選購法院造成平行訴訟的國際管轄權機制上，立法

30 South Carolina Insurance Co v. Assurantie Maatschappij de Zeven Provincien NV (1987) A.C. 24; Société Nationale Industrielle Aerospatiale v. Lee Kui Jak (1987) A.C. 871. 另參陳隆修，父母責任、管轄規則與實體法方法論相關議題評析，收於陳隆修、許兆慶、林恩瑋、李瑞生合著，國際私法：管轄與選法理論之交錯，五南圖書，2009年，頁138-262，特別在第213頁以下。

例上約有下列幾種方式，可資參考：

(一) 統一國際管轄權規範方式：先繫屬優先原則

一般而言，限制選購法院最直接的方法是統一國際管轄權規範，在一個統一規範的原則下，將國際民事訴訟案件為合理的管轄權分配，進而藉由各國共同遵守此項國際管轄權分配原則，選出案件最適合的管轄法院，進而由單一的管轄法院受理案件。而各國咸應在此一原則下尊重所選出之法院審理案件之判決結果，並承認該判決之效力。

然而，建立一個世界各國均同意的統一國際管轄權規範，在目前看來似乎仍是遙遙無期。然而區域性的公約卻已經在進行局部管轄權規則的統一。例如1968年簽訂的布魯塞爾民商事判決管轄權及判決執行公約，以及本於上開公約基礎制定之歐盟2000年12月22日44/2001號關於管轄與承認及執行民商事判決規 則，均是本於希望在會員國間建立一個自由流通判決的想法基礎，以便達到內部市場運作目的，減低流通障礙所設計的國際管轄權規則[31]。儘管該公約與規則均未提及要排除或限制選購法院之現象，然而本文認為，以其面對平行訴訟時所據以堅持適用的「先繫屬優先原則」觀之[32]（儘管此一機械性原則仍存有許多爭議），似應寓有防止訴訟當事人濫用其訴訟權利進行選購法院，以穩定其國際管轄權適用原則之深意。

---

31 B. Audit, Droit international privé, Economia, 6e éd., 2010, pp. 51-52.

32 參考該規則第27條規定："1. Where proceedings involving the same cause of action and between the same parties are brought in the courts of different Member States, any court other than the court first seised shall of its own motion stay its pro- ceedings until such time as the jurisdiction of the court first seised is established. 2. Where the jurisdiction of the court first seised is established, any court other than the court first seised shall decline jurisdiction in favour of that court."及第28條："1. Where related actions are pending in the courts of different Member States, any court other than the court first seised may stay its proceedings. 2. Where these actions are pending at first instance, any court other than the court first seised may also, on the application of one of the parties, decline jurisdiction if the court first seised has jurisdiction over the actions in question and its law permits the consolidation thereof. 3. For the purposes of this Article, actions are deemed to be related where they are so closely connected that it is expedient to hear and determine them together to avoid the risk of irreconcilable judgments resulting from separate proceedings."

以統一規範方式降低或限制原告選購法院現象之發生，於公約簽署國間不失為一種直接的解決之道[33]。然而在非公約簽署國間，這種統一規範的方式即無用武之地。因此各國法院仍應依其各自不同之國際管轄權原則處理選購法院之問題。

(二)困擾及壓迫禁訴原則與自然法院（natural forum）理論

本文前曾提及，英國法院在判例法中，與選購法院限制相關之方法，最早採用者為困擾及壓迫禁訴原則。此一原則係指原告如果在英國法院起訴會造成被告困擾或壓迫，形成不正當的後果時，英國法院得以拒絕行使其管轄權，並命令停止或駁回當事人在英國的訴訟[34]。英國法院在使用困擾及壓迫禁訴原則的立場上通常頗為慎重，僅在兩個要件下才可以使用此項方法。第一個要件為必須當事人的一方如果繼續地進行訴訟，將明顯地是濫用訴訟權利，而對他方造成困擾或壓迫時，始得考慮此一原則；第二個要件係法院如欲停止訴訟進行時，必須不能對原告造成不公平，並且訴訟是否會對被告造成困擾及壓迫，或是原告有濫用訴訟權利之情形者，均應由被告負舉證責任。也因為英國法院謹慎的使用困擾及壓迫禁訴原則，使得在選購法院的問題上，相較於其他國家法院的敵視態度，英國法院顯得較為寬容。

第二種與限制選購法院有關的方法為自然法院理論， 所謂自然法院是指與訴訟有著重大關聯（the most real and substantial connection）地之法院[35]。例

33 我國民事訴訟法第182條之2亦有類似規定：「當事人就已繫屬於外國法院之事件更行起訴，如有相當理由足認該事件之外國法院判決在中華民國有承認其效力之可能，並於被告在外國應訴無重大不便者，法院得在外國法院判決確定前，以裁定停止訴訟程序。但兩造合意願由中華民國法院裁判者，不在此限。」其立法理由稱「當事人就已在外國法院起訴之事件，於訴訟繫屬中更行起訴，如有相當理由足認該事件之外國法院判決不致有第四百零二條各款所列情形，在我國有承認其效力之可能，且被告於外國法院應訴亦無重大不便，則於該外國訴訟進行中，應無同時進行國內訴訟之必要。**爲求訴訟經濟，防止判決牴觸，並維護當事人之公平，避免同時奔波兩地應訴**，爰於第一項規定，此種情形，法院得在外國法院判決確定前，以裁定停止訴訟程序。」可資參考。

34 Dicey, Morris & Collins, The Conflict of Laws 585 (15th ed., 2012). 另參陳隆修，國際私法管轄權評論，五南圖書，1986年，頁84以下。

35 參陳隆修，同註30，頁208-209。另參Airbus Industrie GIE v. Patel (1999) 1 A.C. 199, 131-133；相關聯案例另參Spiliada Maritime Corp v. Cansulex Ltd. (1987), A.C. 460, 477.

如在*Rockware Glass Ltd. v. Macshannon*案中，原告均為蘇格蘭人，其受被告—在英格蘭註冊登記之公司的僱用，在蘇格蘭工作，並在蘇格蘭當地受到意 外工傷。原告在英格蘭法院對被告提起訴訟，主要的考慮是因為英格蘭法院訴訟較蘇格蘭法院為迅速，並且可以獲得更高的賠償。然而，因為所有的證人以及證據等皆在蘇格蘭，而本案被告方係因為在英格蘭受送達，因此使得英格蘭法院對本案有管轄權。被告方即對法院提出請求停止訴訟程序。被告方的請求在一審法院及上訴法院均被拒絕後，上訴到終審法院（House of Lords）[36]，終審法院以蘇格蘭法院為本案自然法院，因而允許被告請求停止訴訟程序[37]。自然法院理論因為限制了原告任意地選擇在一個與本案事實無甚重大關聯的法院起訴的可能，因此也 是法院作為避免原告選購法院的一種管制方法。

(三) 不便利法庭（forum non conveniens）原則與禁訴令（anti-suit injunction）

在英美法系國家中，常見以不便利法院原則以及發出禁訴令等方式，處理平行訴訟及選購法院之問題。不便利法庭基本原則是受訴法院如果能確認有其他管轄權法院存在，並且該法院可以合適地處理系爭訴訟，在斟酌訴訟資料後，受訴法院如認為其受理案件將對任何一方當事人造成不公平或是非常不便利之審判時，則法院有裁量權決定停止或駁回案件[38]。

我國下級法院目前亦接受不便利法庭原則，例如臺灣新竹地方法院99年度

---

36 或譯爲貴族院、上議院。House of Lords在本案當時因爲對於聯合王國（United Kingdom）內所有民事事件有終審權，其職能約與我國最高法院相當，爾後其終審職能於2009年10月1日，根據2005年憲制改革法案（Constitutional Reform Act 2005）被聯合王國最高法院（Supreme Court of the United Kingdom）所替代。

37 Rhona Schuz, Controlling forum-shopping: the impact of Macshannon v. Rockware Glass Ltd., I.C.L.Q. 1986, 35(2), pp. 374-412.

38 不便利法庭亦翻譯作不方便法院，係指受訴法院審酌該法院就系爭事件而言係極爲不便利之法庭，且同時存在另一個具備管轄權基礎的替代法庭，並由該替代法庭審理系爭案件將更爲便利且適當時，允許受訴法院得拒絕行使管轄權之一項裁量權。參許兆慶，國際私法上「不便利法庭」原則之最新發展：以美國聯邦最高法院Sinochem International Co. Ltd. v. Malaysia International Shipping Corporation案爲中心，收於陳隆修、宋連斌、許兆慶合著，國際私法：國際程序法新視界，五南圖書，2011年，頁286-315。

審字第85號判決說明：「惟我國有關一般管轄權之規定，除涉外民事法律適用法就外國人之禁治產及死亡宣告有明文規定外，餘則未予規定，但因案件含有涉外成分，如一國之管轄權不具合理基礎，不僅容易引其國際爭執，縱使判決確定，亦難為外國法院所承認，致無法於外國為強制執行，進而失去訴訟之功能之目的，故學說上認為一國法院行使一般管轄權之合理基礎，應指該案件中之一定事實與法庭地國有某種牽連關係存在，使法院審理該案件應屬合理，而不違反公平正義原則，至所謂一定之事實不外指當事人之國籍、住所、居所、法律行為地、事實發生地、財產所在地等連繫因素，並得援引我國民事訴訟法上對於內國案件管轄權之規定，以為涉外民事事件管轄權判斷標準。然若上述之連繫因素分散於數國，致該數國產生國際管轄權法律上之衝突時，對於國際上私法生活之安定及國際秩序之維持不無妨害，為避免國際管轄權之衝突，並於原告之法院選擇權與被告之保障、法庭之方便間取得平衡，於受訴法院對某案件雖有國際管轄權，但若自認為是一極不便利之法院，案件由其他有管轄權之法域管轄，最符合當事人及公眾之利益，且受訴法院若繼續行使管轄加以裁判，勢將對被告造成不當之負擔時，該國法院即得拒絕管轄，此即學說上所稱之『不便利法庭之原則』（Doctrine of Forum Non Conveniens）。」而依上開原則認為「我國法院亦得拒絕本件之管轄，故原告向本院提起本件訴訟，本院既無管轄權，復因管轄法院為外國法院而不能為民事訴訟法第28條之移送裁定，應依民事訴訟法第249條第1項第2款之 規定，以裁定駁回原告之訴。」即為一例。

在禁訴令方面，則見於訴訟可能先後於數國法院被提起時，法院得命令目前正在進行訴訟的當事人禁止於外國提起訴訟程序。禁訴令因為涉及到外國法院對於訴訟進行權力的影響，故英美法院對於是否對當事人發出禁訴令，大多採取比較審慎的態度[39]。至於判斷是否發給禁訴令的標準則較為多樣，例如案件之同一性、救濟的充分性與證據的集中關係、判決之承認及準據法適用等，均為考慮發給之原因[40]。一旦法院對訴訟當事人發出禁訴令，違反禁訴令的一

---

39 Dicey, Morris & Collins, supra note 34, at 593. 另參陳隆修，同註34，頁86以下說明。

40 參李沅樺，同註22，頁136以下說明。

方當事人將會被法院判予藐視法院[41]，因此對於訴訟當事人選購法院的現象，具有間接抑制的功能。

(四)衝突法則及合意管轄條款之性質解釋

以衝突法則的方式，有時亦可達到限制選購法院之效果。例如關於涉外案件的準據法選擇不採單面法則，而採行雙面法則，或是適用彈性選法規則，將管轄權選擇與法律選擇分別處理，或是儘量將系爭問題定性實體問題，而非程序問題，運用反致理論或其他調整方法，避免將系爭問題直接適用法院地法。

此外，如果將選購法院列為一種必須預防的「流弊」，其中一個重要的影響是在解釋當事人合意管轄條款效力的問題上，法院會傾向於將這種合意管轄條款的性質解釋為屬於排他性的，而非併存性的條款。例如，在智慧財產法院98年度民專訴字第98 號民事裁定中，原告聯茂電子股份有限公司主張被告美商埃索拉美國公司為我國某號發明專利之權利人，被告前曾以原告產銷之產品侵害其專利而提起訴訟，後來原告與被告簽訂「和解契約」（Settlement Agreement），依系爭和解契約第5條之約定，原告將系爭產品及相關鑑定報告交予被告律師，供被告驗證系爭產品是否侵害系爭專利，但被告卻延遲驗證，使得原告產銷之產品究竟有無落入系爭專利申請專利範圍之問題懸而未決。為此，原告向智慧財產法院起訴請求確認被告對原告之專利權之損害賠償 請求權不存在。訴訟進行中，被告提出抗辯，認為原告之請求為系爭和解契約所欲解決之事項，按照系爭和解契約第13條之約定，本案應由臺灣臺北地方法院管轄，而非智慧財產法院。

對此，承審法官認為，「涉外案件之國際合意管轄條款，當事人既已明確約定國際管轄權之決定及程序，得以有效避免當事人分向各國起訴，所產生浪費司法資源、各國法院裁判之歧異判斷、以及射倖性「逛選法庭」（Forum Shopping）之流弊，國際規範及共識（如西元2005年6月30日「海牙合意管轄公約」（the Convention on Choice of Court Agreemen））**原則上均尊重當事人意思而予以承認，且其合意之效果以排他效力說**（專屬合意，exclusive choice

[41] 參陳隆修，同註10，頁317。

of cour tagreement）**爲主，以併存效力說爲例外**。如當事人明示或因其他特別情事得認為具有排他亦即專屬管轄性質者，即發生排他管轄之法律效果。」進一步認為「系爭和解契約第13條係使用『shall』乙字，足見兩造就有關系爭和解契約之爭議，專屬合意由臺灣臺北地方法院或美國亞利桑那州地方法院管轄，具有排除效果」。

三、限制的困難

然而，上開對於選購法院現象所作的設計，均面臨一個共同的問題：**當國際管轄規則傾向於以預定與硬性的方式制定時，往往很難避免訴訟當事人濫用這些管轄規則**。因此，先繫屬優先原則在限制選購法院的發生上，並不能發揮其功能，相反地，反而有鼓勵訴訟當事人先發制人，反而增加了選購法院濫用的危險。

特別是在離婚訴訟相關的案件中，可以看出先繫屬優先原則所出現的問題。假設在採取先繫屬優先原則的前提下，配偶的一方如欲達到取得自己有利判決的目的，勢將搶先於他方在有利於自己的國家法院起訴。對此，陳隆修教授的評論是「於國際上有複數訴訟時，毫無選擇的以原告所偏好的第一個法院為唯一有管轄權的法院，自然對被告甚為不公，不但違背了以原告就被告（actor sequitur forum rei）這個訴訟法上的基本理念，並且自然會造成原告選購法院的國際私法夢魘」[42]，此一觀察至為正確， 筆者敬表認同。

再者，即使是採取調整衝突法則的方式，也很難避免當事人**以選購法院的方式操縱法院地的衝突法則，達成其所欲判決的結果。特別是當選購法院併隨著選法詐欺的問題時**。例如前述的De Bauffrement公爵夫人案，當事人以變更連繫因素的方式進行選法詐欺，並且選定法國法院作為其進行選法詐欺計畫的管轄法院，則一方面在管轄部分取得對其新身分認定有利的法院之優勢，一方面又利用管轄法院適用衝突法則的結果達成其所欲取得之判決利益，即便是管轄國法院在法律衝突問題上採取雙面法則的方式處理案件，當事人仍然可以透

42 參陳隆修，由歐盟經驗論中國式國際私法，收於陳隆修、宋連斌、林恩瑋合著，國際私法：新世紀兩岸國際私法，五南圖書，2011年，頁23-24。

過變更連繫因素的方式，達成其所預見之有利判決結果。

將合意管轄條款解釋為專屬、排他性質的條款，似乎也無法達到限制選購法院的目的。這是因為當事人，特別是經濟地位上占有絕對優勢的當事人，常常可以運用事前約定的管轄條款，預先地進行選購法院，以達成其尋求有利判決之目的。國際商業實務上常見者，為具有經濟優勢的一方，往往要求弱勢的一方依照其所提出之定型化契約內容簽署約定，而這些約定中包含了契約如果發生爭議時，雙方合意之仲裁地或訴訟地，以及管轄之準據法。在市場競爭的考慮下，被要求的一方鮮有提出異議之機會，在此情形下所謂「當事人意思之尊重」不啻為一種虛無之學理假設。故思考合意管轄條款問題，應當與思考民事契約法原理之發展脈絡相一致：如何從「契約自由」轉向「契約正義」[43]，避免經濟優勢之一方當事人因表面的尊重當事人意願，利用選購法院對經濟劣勢的他方當事人造成實質上的不公平現象，進而就合意管轄條款作適當地調整與約束，避免「岳不群法則」之譏，始為問題核心之所在[44]。

而無論如何，相較於不便利法庭、自然法院或困擾及壓迫禁訴等彈性的管轄權裁量原則，採取預設的、硬性的管轄權原則，在處理限制選購法院的問題上無疑是較為遜色的。以臺灣現行法制上所採取的規範基準來看，無論是民事訴訟法第182條之2所採用的「先繫屬優先原則」，或是一般法院所採用的類推適用民事訴訟法管轄原則，似乎均難期待可以有效限制選購法院的發生。而臺灣法院對於選購法院是否均應予以排除或限制之問題，其態度亦不甚明確，有待實務來日創造先例予以說明。至少目前為止，在臺灣司法實務上似尚未存有法院以原告起訴係選購法院為由，將訴訟予以停止或駁回原告之訴之案例。因為司法實務意見對於選購法院問題上認知的欠缺，造成判斷涉外案件中原告之起訴是否為選購法院，是否起訴具備詐欺管轄或濫用訴訟權利之要件等問題，

---

43 參王澤鑑，民法總則，自刊，2000年，頁42-44。

44 按「岳不群法則」一詞爲陳隆修教授對於2005年海牙合意管轄公約採用合意管轄具專屬性之論點，所爲之形容。「岳不群」係武俠小說家金庸在其著作「笑傲江湖」筆下的人物，具有外表君子，內心小人的矛盾性格。陳教授以此用來形容其對於上開海牙公約外表上揭櫫法律之穩定性與商業之發展，實際上其規定之內涵卻對於弱勢第三世界人民行打壓及踐踏人權之實的不滿。參陳隆修，同註42，頁96-97。

也相應發生困難，更遑論其能就法院究竟應如何限制選購法院，其所持之具體標準與理由基礎為何等問題，進一步提出明確有效之對策。

肆、結論

綜上所述，本文認為有以下兩點，值得我國學界及司法實務界在選購法院問題上進行反思：

一、隨著全球化經濟市場的拓展，涉外案件中關於國際管轄權之問題，應注意到訴訟當事人間之程序利益平衡。選購法院問題之所以重要，主要是因為禁止訴訟當事人濫用程序之原則，已經成為世界各國在建構程序法上的共同核心政策。防止選購法院的意義，事實上即是對於訴訟當事人在訴訟上權利濫用的禁止。避免訴訟當事人選購法院的基礎，在於防制訴訟當事人濫用其訴訟權利，以保障訴訟當事人間的程序正義。易言之，實現程序正義為防止選購法院的最終目的。也因此無論是以何種法律工具去防止選購法院的發生，主要的標準應在於判斷選購法院的結果是否將造成訴訟當事人間程序上不平等的現象，如果事實上存在造成訴訟當事人程序不正義的選購法院現象時，我國法院應拒絕管轄系爭訴訟案件。

二、在管制選購法院的策略方面，目前我國在成文法的法源上，僅有民事訴訟法第182條之2所採用之先繫屬優先原則可資援用。然而此一原則正如本文前所批判者，因為毫無選擇地以原告所偏好之第一個法院為管轄法院，將可能造成對被告程序上不公平的現象。並且，先繫屬優先原則無法避免原告以事前的管轄約款，或是挾其優勢訴訟資源與經濟地位，對於被告進行先下手為強、干擾式的訴訟策略之情形；更甚者，先繫屬優先原則反而還可能助長訴訟當事人選購法院的風氣，機械性的適用此一原則，所產生之缺陷是很明顯的。因此，或許我國法院除了先繫屬優先原則外，仍應該**參考他國法制，多元靈活運用各種法律工具，例如目前已獲得司法實務界運用之不便利法庭原則；或是適當承認外國法院禁訴令之效力，以有效管控訴訟當事人選購法院在程序上所可能造成的負面效果**。

參考文獻

一、中文部分

王海南，論國際私法中關於反致之適用，收於法律哲理與制度（國際私法）—馬漢寶教授八秩華誕祝壽論文集，元照，2006年。

王澤鑑，民法總則，自刊，2000年。

吳光平，國際裁判管轄權的決定基準：總論上方法之考察，政大法學評論第94期，2006年12月。

李沅樺，國際民事訴訟法論，五南圖書，2007年。

林恩瑋，大陸法系國際私法選法理論方法論之簡短回顧，收於陳隆修、許兆慶、林恩瑋合著，國際私法：選法理論之回顧與展望，翰蘆，2007年。

林恩瑋，國際私法理論與案例研究，五南圖書，2013年。

馬漢寶，國際私法（總論、各論），自刊，2014年。

許兆慶，國際私法上之合意管轄：以最高法院91年台抗字第268號裁定之事實為中心，中華國際法與超國界法評論第3卷第2期，2007年12月。

許兆慶，國際私法上「不便利法庭」原則之最新發展：以美國聯邦最高法院Sinochem International Co. Ltd. v. Malaysia International Shipping Corporation案為中心，收於陳隆修、宋連斌、許兆慶合著，國際私法：國際程序法新視界，五南圖書，2011年。

陳忠五，美國懲罰性賠償金判決在法國之承認及執行，收於陳聰富、陳忠五、沈冠伶、許士宦合著，美國懲罰性賠償金判決之承認與執行，學林，2004年。

陳隆修，國際私法管轄權評論，五南圖書，1986年。

陳隆修，2005年海牙法院選擇公約評析，五南圖書，2009年。

陳隆修，父母責任、管轄規則與實體法方法論相關議題評析，收於陳隆修、許兆慶、林恩瑋、李瑞生合著，國際私法：管轄與選法理論之交錯，五南圖書，2009年。

陳隆修，由歐盟經驗論中國式國際私法，收於陳隆修、宋連斌、林恩瑋合著，國際私法：新世紀兩岸國際私法，五南圖書，2011年。

陳隆修，中國思想下的全球化管轄規則，五南圖書，2013年。

劉鐵錚，國際私法論叢，自刊，1991年。

劉鐵錚，國際私法上規避法律問題之研究，收於國際私法論文集，五南圖書，1996年。

劉鐵錚、陳榮傳，國際私法論，三民書局，2010年。

賴淳良，外國法院訴訟繫屬在內國之效力，收於國際私法論文集，五南圖書，1996年。

二、外文部分

Andreas F. Lozenfeld, Editorial Comment: Forum Shopping, Antisuit Injunction, Negative Declarations, and Related Tools of International Litigation, 91 A.J.I.L.

B. Audit, Droit international privé, Economia, 6e éd., 2010.

D. Bureau et H. Muir Watt, Droit international privé (Tome I), PUF, 2éd., 2010.

Dicey, Morris & Collins, The Conflict of Laws (15th ed., 2012).

J-F Sagaut et M. Cagniart, Regard communautaire sur le Forum shopping et le Forum non conveniens, Petites affiches, 14 avril 2005 n°74.

P. De Vareilles-Sommières, Le forum shopping devant les juridictions françaises, Travaux du Comité français de DIP, 1998-1999.

Rhona Schuz, Controllinf forum-shopping: the impact of Macshannon v. Rockware Glass Ltd, I.C.L.Q. 1986, 35(2).

S. Clavel, Droit international privé, Dalloz, 3 éd., 2012.

2

法國國際私法上之國際管轄權決定原則——以涉外勞動契約之國際管轄權決定爲例*

許耀明

壹、前言：國際私法之管轄權概說

國際民商事訴訟中，管轄權之確定，為訴訟過程進行之首要因素。一方面受訴法院依此決定是否續行訴訟，二方面當事人亦得據此斟酌日後若取得勝訴判決時，如能在該院執行，較能符合訴訟經濟。惟國際間各法院確定有無管轄權之法則，往往不一而足，此造成事實上當事人在欲起訴之法院提起訴訟，卻未必能得到受理，或是不得已在他法院提起訴訟，卻必須向另一法院請求執行之問題。因此管轄權之確定與判決之承認執行，可說是連鎖的關係。如果國際間關於管轄權之判定有統一之準繩，理論上，各法院之間，就沒有不承認他法院判決之理。因之，各國對於管轄權決定之衝突法則，對於國際間私法關係往來，當事人之有效權利保護，有關鍵之作用。而各國間，也致力於簽訂諸多雙邊或多邊司法協定，以決定管轄權之分配與判決承認之執行[1]。

---

* 原刊登於興大法學第1期，2007年5月，頁119-157。

1 限於本文主題，不擬詳論。著例爲海牙國際私法會議1971年關於外國民商事判決承認與執行公約（Convention of 1 February 1971 on the Recognition and Enforcement of Foreign Judgments in Civil and Commercial Matters），而海牙國際私法會議關於民商事管轄權之公約尚在研擬中，參見Draft Convention on Jurisdiction and Foreign Judgments in Civil and Commercial Matters, http://hcch.evision.nl/upload/wop/jdgmpd11.pdf, last visited 2007.1.23。此外，1968年布魯塞爾公約Ⅰ（Convention de Bruxelles de 1968 sur la compétence judiciaire et l'exécution des décisions en matière civile et commerciale）與相配合的1988年盧加諾公約（Convention de Lugano）也是有名的各國間合作，可參見許耀明，歐盟統一國際私法之發展：以管轄權規則與契約準據法公約爲例，月旦法學雜誌第110期，2004年7月，頁93-110。關於此等雙邊或多邊條約之發展歷程與作用，亦可參見：Bernard Audit, *Le droit international privé en quête d'universalité*, Cours général de l'Académie de droit international 2001, *Recueil des Cours de l'Académie de Droit International*, tome 305, 2003, p. 363.

法國關於國際私法上管轄權決定之發展甚早，早在中世紀即有原理原則出現[2]，而在舊政權（Ancien Régime）末期，即有明確之規則出現[3]。然而，對於管轄權分配之清楚學理分析，一般理論之出現遲至19世紀末方開始發展[4]。現今法國學說，對於管轄權之分類，學理上有「間接管轄權」（compétence indirecte）之與「直接管轄權」（compétence directe）之分[5]，前者係屬一國法院之判決是否受到他國法院承認執行之問題；後者係案件審理權限於各國法院間分配問題。此外，另有「國際管轄權」（compétence internationale）與「國內管轄權」（compétence interne）之區分，前者為「何國（法域）法院」得管轄之問題，後者為一國內法院管轄權限分配之問題[6]。本文以下，所論述者，限於此種法國學理上所稱「直接」「國際」管轄權，合先敘明[7]（貳）。

2 Pierre Mayer et Vincent Heuzé, *Droit international privé*, 8e édition, LGDJ, Paris, 2004, n°54.

3 其時，賦予統治者絕對管轄權的「自然法官」（juge naturel）制度盛行，當事人間合意亦無法排除此種絕對管轄權，而以被告所屬領地所在地爲管轄法院（*actor sequitor forum rei*），縱原告爲外國人時亦然，參見：Pierre Mayer et Vincent Heuzé, *op. cit.*, n°281.

4 Bernard Audit, *op. cit.,* p. 361.

5 Dusan Kitic, *Droit international privé*, Ellipses, Paris, 2003, p. 98; 國內學者亦採此種分類，參見馬漢寶，國際私法（總論、各論），2004年，頁198；林秀雄，國際裁判管轄權—以財產關係案件爲中心，收於國際私法理論與實踐（一）—劉鐵錚教授六秩華誕祝壽論文集，1998年，頁119-135，參見第121頁。

6 法國學理上對國際管轄權又稱一般管轄權（compétence générale），國內管轄權又稱特別管轄權（compétence spéciale）。參見Pierre Mayer et Vincent Heuzé, *op.cit.*, n°276; Yvon Loussouarn, Pierre Bourel et Pascale de Vareilles-Sommières, *Droit international privé*, 8e éd., 2004, n°441-2. 我國學者也採此一看法，參見馬漢寶，同註5；劉鐵錚、陳榮傳，國際私法論，2004年3版，頁600；林秀雄，同註5；李沅樺，國際民事訴訟法論，2007年3月2版，頁22。然而，布魯塞爾公約Ⅰ以及後續的歐盟管轄規則Ⅰ，亦用「一般管轄權」與「特別管轄權」，前者係指從國內法院基於對案件有普通審判籍而得出之國際管轄權，原則上以「以原就被原則」爲基礎；後者係從國內法院對案件有特別審判籍而得出之國際管轄權，屬於以原就被原則之例外，故稱之爲特別管轄權。兩種術語使用意義上之不同，實須在不同討論脈絡下辨明。海牙民商事管轄權公約草案，亦採取同布魯塞爾公約Ⅰ的分類方式。但法國學者，也有從此布魯塞爾公約Ⅰ看法，認定一般管轄權與特殊管轄權者，例如：Bernard Audit, *op. cit.* p. 395. 爲免閱讀誤會，法國學理上所稱之一般管轄權與特別管轄權，宜稱「國際管轄權」與「國內管轄權」。

7 爲免拗口重複，本文以下未特別註明者，言「管轄權」均指「直接國際管轄權」。此種學理上區分的直接國際管轄權，當然會包括前註公約與歐體管轄規則所講的一般管轄與特別管轄。

此外，鑑於歐盟統一國際私法[8]之發展，歐盟立法在成員國之適用，當然也影響了法國對於國際私法國際管轄權之認定，故本文一併討論之（參）。

在理論闡釋之後，實例之研究更有助吾人了解前述管轄權決定之依據與適用。本文挑選涉外勞動契約為例的理由，在於此類契約涉及各國勞動法上基於經濟發展情況不同、國家社會政策不同，對於最高工時、最低薪資、工作條件等所為不同設定，有國際私法上「即刻適用法」（la loi d'application immédiate）[9]或「公序」（l'ordre public）之意味[10]，除準據法選擇之特殊性外，連帶亦會影響到管轄權之決定，職故本文第四部分，以涉外勞動契約為例，說明法國法上對於此等契約之準據法與管轄權決定（肆）。

結論處，則簡要從以上法國經驗，討論我國應如何在涉外民事事件中確定有無國際管轄權，以及法國、歐體經驗可為我國未來修法借鏡之處。

---

8 Giorgio Badiali, Le droit international privé des Communautés européennes, *Recueil des Cours de l'Académie de Droit International*, tome 191, 1985-II, pp. 13-181; Françoise Viangalli, *La théorie des conflits de lois et le droit communautaire*, Aixen-Provence, PUAM, 2004; Alegría Borrás, Le droit international privé communautaire: réalités, problèmes et perspectives d'avenir, *Recueil des Cours de l'Académie de Droit International*, tome 317, 2005, pp. 317-536; PETER STONE, EU PRIVATE INTERNATIONAL LAW, 2006; 許耀明，同註1。

9 Ph. Francescakis於1960年代最早提出此一理論，參見Ph. Francescakis, Quelques précisions sur les «lois d'application immédiate» et leurs rapports avec les règles de conflits de lois, *Revue critique de droit international privé*, 1966, p. 18. 即刻適用法概念首為柯澤東教授引進國內，參見柯澤東，從國際私法方法論討論契約準據法發展新趨勢—並略評兩岸現行法，臺大法學論叢第23卷第1期，1993年12月，頁292-297（亦收於柯澤東，國際私法新境界—國際私法專論，2006年，頁141-184）。其他新近討論文獻，亦請參見許兆慶，海事國際私法上「至上條款」與「即刻適用法」簡析—兼評新海商法第七十七條之訂定，月旦法學雜誌第78期，2001年11月，頁124-141；吳光平，即刻適用法及其於海事國際私法上貨物運送法律關係之運用—並論我國海商法第七十七條之規定，法學叢刊第189期，2003年1月，頁101-116；吳光平，重新檢視即刻適用法—源起、發展，以及從實體法到方法的轉變歷程，玄奘法律學報第2期，2004年12月，頁147-196。

10 法律性質上，此等規定究竟該認為是不需適用選法規則的即刻適用法？或是排除一般選法結果的公序條款？在準據法之選擇論上，尚有待討論。

貳、法國國際私法之國際管轄權決定原則

法國國際私法上的管轄權決定原則，大多透過判例之發展而來[11]。學理上對於國際管轄權之有無，通常從國內民事訴訟程序上的管轄權規定「類推」（analogie）適用。例如：對於某一案件，國內法院對案件當事人有地域管轄權時，不論當事人國籍為何，即認為法院對此案件，有國際管轄權[12]。法國法上，19世紀時雖否認法院對於外國人間之案件有管轄權[13]，但於1959年10月19日*Pelassa*案[14]開始亦確定：「法國國內管轄權決定原則亦適用於國際秩序（l'ordre international）。」1962年*Scheffel*案[15]亦肯認，當事人之涉外因素（extranéité），並非法國法院無管轄權之原因。由判例類推擴張解釋國際管轄權，有兩個原因：首先，法國成文法上沒有任何條文直接規範國際管轄權，只好類推適用法國民事訴訟法之規定；其次，被告於法國之住所，彰顯被告與法國之鄰近性（proximité），因此依以原就被原則，法國法院對於法國有住所之被告，有管轄權[16]。

對於管轄權之決定，有數點首需辨明[17]。首先，「程序（司法）管轄權」（compétence juridictionnelle）與「實體管轄權」（compétence au fond）之

11 Dusan Kitic, *op. cit.*, p. 97 et s.; Patrick Courbe, *Droit international privé*, 2e éd., Armand Colin, Paris, 2003, n°262; Daniel Gutmann, *Droit international privé*, 2e éd., Dalloz, Paris, 2000, n°273.

12 Pierre Mayer et Vincent Heuzé, *ibid.*, n°283; Bernard Audit, *op. cit.*, p. 362; Yvon Loussouarn, Pierre Bourel et Pascale de Vareilles-Sommières, *op. cit.*, n°444-1. 此一主張，日本學說上稱之爲「逆推知說」；在涉外事件處理過程中，受訴法院判斷自己有無管轄權，有「逆推知說」、「修正類推說」與「利益衡量說」以及「管轄原因集中說」等主張，參見賴來焜，當代國際私法學之基礎理論，2001年，頁655，涉外民事法律適用法修正草案第一稿第二章「涉外民事事件之程序」第一節「涉外民事事件之管轄」節名說明。

13 Yvon Loussouarn, Pierre Bourel et Pascale de Vareilles-Sommières, *op. cit.*, n°442-1.

14 Civ., 19 octobre 1959, *Pelassa*, *Dalloz,* 1960, p. 37; *RCDIP*, 1960. 215.

15 Civ., 1re, 30 octobre 1962, *Scheffel.*

16 Patrick Courbe, *op. cit.*, n°266.

17 Bernard Audit, *op. cit.*, p. 365 et s.

區分為必要，前者與後者在同一訴訟程序可以並存，但行使前者並不當然包括後者，亦即不影響「立法管轄權」（compétence législative），此為一國法院適用他國法律之基本原理[18]；但從個別主義（particularisme）與普遍主義（universalisme）角度[19]來看，採前說者會主張外國法適用例外說，後者則主張國內法秩序為國際法秩序一部分，適用外國法與適用內國法無異；此亦連帶影響法官是否需職權（d'office）適用外國法，個別主義者採否定說，普遍主義者則採肯定說。

其次，立法管轄權跟司法管轄權之關係亦需辨明。在公法關係上，兩者密不可分，因為一國之公法事項立法，必待該國司法機關予以貫徹[20]。然而，私法事項上，則非屬必然。由於傳統理論選法連繫因素之設計，在法庭地適用他國法律，跟在法庭地受理該案件，程序與實體係屬分立。然而，若依選法理論抽象判斷應該適用何國法律，則該國法院勢必具有該案件之管轄權。亦即，有實體管轄權（此處亦可換成立法管轄權）必有程序管轄權（亦可換成司法管轄權），但有程序管轄權未必有實體管轄權[21]。

一、管轄權決定之基本原則

首先，判別有無程序（司法）管轄權的因素，跟決定準據法之連繫因素（實體管轄權）類似，不外乎人、物、法律行為之所在（localisation）以及當事人間之合意。於此，「實體鄰近性」（proximité matérielle）之判準，有助於決定管轄權[22]。所謂鄰近性，或鄰近原則（le principe de proximité）[23]，係指

---

[18] Daniel Gutmann, *op. cit.*, n°271.

[19] 關於個別主義與普遍主義之定義與學說主張，參見Pierre Mayer et Vincent Heuzé, *op. cit.*, n°67-72；林恩瑋，大陸法系國際私法選法理論方法論之簡短回顧，法令月刊第56卷第3期，2005年3月，頁37-47（亦收於陳隆修、許兆慶、林恩瑋合著，國際私法：選法理論之回顧與展望，2007年，頁1-28）。

[20] 關於「公安條款」（lois de police），性質上類似公法，處理情形相同。

[21] Bernard Audit, *op. cit.*, p. 370 et s.

[22] Bernard Audit, *op. cit.*, p. 375.

[23] 限於篇幅，不文不擬詳論，將另行爲文討論此一原則。詳見Paul Lagarde, *Le principe de proximité dans le droit international privé*, *Recueil des Cours de l'Académie de Droit International*,

「一個法律關係需由與該法律關係具有最密切關聯國家之法律支配。」（Un rapport de droit est régi par la loi du pays avec lequel il présent *les liens les plus étroits.*）[24]此為受到美國最重要牽連說影響之法國學說體現[25]，而為眾多準據法選擇理論之一[26]。依此一原則，實體鄰近性之判斷，同時意味著準據法之選擇的相關決定因素，在管轄權決定上亦扮演相當之角色[27]，亦即，如果由準據法國法院審理案件，實質上對於準據法之解釋與適用，對於案件之處理將更有裨益[28]。例如：在涉外勞動契約中，關於管轄權之當事人間約定，如果案件實際上跟當事人合意指定之法院地僅有微薄之鄰近性，法院得不採認[29]。

其次，相關利益（國家、當事人與國際關係）之衡量，亦為管轄權決定標準之一[30]。各國立法上，對於國家利益在私人與商業關係中的政策，各有考量，因此一國之立法得否經由該國法院在具體案件中落實，有待司法管轄權之決定。此外，對當事人來說，尤其是原告，如果能在其所在地國進行訴訟，對其將最為便利。而被告財產所在地之考量，牽涉到訴訟後續之判決執行問題，此亦需一併思考。但對於被告來說，到外國應訴，成本、語言、證據等考量不可忽視。因此如何平衡原被告利益，綜合決定司法管轄權之有無，實屬要務。最後，雖然管轄法院案件之間，未必要有最密切之關聯，但是管轄法院管

tome 196, 1986-I, pp. 9-238; 最近在送給Paul Lagarde的榮譽論文集 ，也有許多作者對此一原則作出闡釋，相當值得參考，參見Marie-Noëlle Jobard-Bachellier et Pierre Mayer (dir.), *Le droit international privé: esprit et méthodes—Mélanges en l'honneur de Paul Lagarde*, Dalloz, Paris, 2005.

24 斜體字爲筆者自加，此實同美國法上的最重要牽連（the most significant relationship）。參見Paul Lagarde, *op. cit.*, p. 29.

25 Paul Lagarde, *op. cit.*, p. 25.

26 Paul Lagarde, *op. cit.*, p. 32.

27 Paul Lagarde整個講義第二部分即在於論述鄰近原則在管轄權決定之作用。參見Paul Lagarde, *op. cit.*, pp. 127-168.

28 Bernard Audit, *op. cit.*, p. 376.

29 Paul Lagarde, *op. cit.*, p. 140. 此處，亦以法國勞動法（code de travail）之規定，擴張適用到涉外勞動契約。參見Paul Lagarde, *op. cit.*, p. 221註釋367。

30 Bernard Audit, *op. cit.*, p. 377.

轄權之行使，不能妨礙他國法院對同一案件之管轄權行使，故需有足夠之關聯（suffisamment étroit）。

二、管轄權決定之具體判定

具體上，如何決定國際管轄權之分配？以下茲從基於以原就被原則（*actor sequitur forum rei*）[31]之「一般管轄」與基於案件性質之「特別管轄」論述。

(一) 一般管轄之決定

一般管轄之決定，與案件性質無關。原則上係以原告或被告之國籍、被告住所、被告財產所在地、被告之現實所在（présence personnelle）或營業活動為決定管轄之依據。

首先，國籍彰顯法庭地國對其國民私法事務之司法管轄權，此較無爭議。在被告之國籍，法國法上，依民法第15條：「法國人民得就其於國外承擔之契約債務，於法國法院被起訴，縱相對人為外國人亦然[32]。」此一條文依判例解釋，變成法國法院非直接的專屬管轄（indirectement exclusive），除非依書面明示或默示放棄對該案之管轄權[33]，例如：合意管轄條款或仲裁條款，或當事人自願於外國應訴，否則法國法院有優先管轄權。此一不信任外國法院之態度，受學者許多批評[34]。而法國民法第14條復規定：「外國人，縱未居住於法國境內，就其與法國人在法國境內締結之契約債務，得於法國法院被起訴；而就外國人於法國境外所負對法國人之契約債務案件，亦得移送至法國法院[35]。」於此兩條文之適用上，訴訟提起時，當事人之一方需有法國國籍，訴

[31] Yvon Loussouarn, Pierre Bourel et Pascale de Vareilles-Sommières, *op. cit.*, n°445-1.

[32] L'art.15 du Code civil: «Un Français pourra être traduit devant un tribunal de France, pour des obligations par lui contractées en pays étranger, même avec un étranger.»

[33] Pierre Mayer et Vincent Heuzé, *op.cit.*, n°297 et n°298; Yvon Loussouarn, Pierre Bourel et Pascale de Vareilles-Sommières, *op.cit.*, n°461-468.

[34] Bernard Audit, *op. cit.*, p. 400; Daniel Gutmann, *op.cit.*, n°282.

[35] L'art.14 du Code civil : «L'étranger, même non résidant en France, pourra être cite devant les

訟提起後，當事人國籍之變更，不影響原始之管轄權。此外，雖法國民法第14條規定限於「契約債務」，法國實務上擴張解釋，認為除位於法國外之不動產訴訟與就位於法國外之財產為強制執行之外，法國法院得擴張適用第14條[36]。第15條學理解釋上亦得擴張適用[37]。此二條文，於當事人主張時，法國法院必須適用，而當事人則有選擇利用法國法院與否之權[38]。值得注意的是，因為布魯塞爾公約Ⅰ[39]與其後44/2001號規則[40]之規定，所有歐盟其他成員國國民，於

tribunaux français, pour l'exécution des obligations par lui contractées en France avec un Français; il pourra être traduit devant les tribunaux de France, pour les obligations par lui contractées en pays étranger envers des Français.»

[36] Civ. 27 mai 1970, *Weiss, RCDIP*, 1971.113, note Batiffol, *Grands Arrêts* n°49.

[37] Pierre Mayer et Vincent Heuzé, Droit international privé, *op.cit.*, n°292, p. 208.

[38] Pierre Mayer et Vincent Heuzé, *op. cit.*, n°296, p. 211; Daniel Gutmann, *op.cit.*, n°276; Dusan Kitic, *op. cit.*, p. 104因之將此種管轄，與預防拒絕正義之管轄，合稱爲「輔助管轄」（compétence subsidiaire）。Patrick Courbe, *op. cit.*, n°280則稱之爲「優惠管轄」（compétence privilégiée）。

[39] Convention de Bruxelles de 1968 sur la compétence judiciaire et l'exécution des décisions en matière civile et commerciale (version consolidée), *Journal officiel n° C 027 du 26 janvier 1998*。1968公約Ⅰ制定後，現行歐盟各國，依加入歐體之順序，陸續亦參加該公約，於1996年其時歐盟15國全部加入該公約。值得一提的是，依1971年6月3日公約議定書，歐體法院對此公約有解釋權。此外，於1988年就歐體成員國與歐洲自由貿易聯盟（AELE, Association Européenne de Libre-Échange）之間，亦簽訂類似布魯賽爾Ⅰ公約的盧加諾公約（Lugano Conventions），以爲各國間決定民商事管轄權之依據，並爲相互判決執行之基礎。盧加諾公約請參見Convention of 16 September 1988 on jurisdiction and the enforcement of judgments in civil and commercial matters, http://eurex.europa.eu/smartapi/cgi/sga_doc?smartapi!celexapi!prod!CELEXnumdoc&lg=EN&numdoc=41988A0592&model=guichett（最後瀏覽日：2007.1.23）。

[40] 22 décembre 2000, Règlement 44/2001 du Conseil, concernant la compétence judiciaire, la reconnaissance et l'exécution des décisions en matière civile et commerciale, *Journal officiel n° L 12/1 du 16 janvier 2001*. 此一規則對丹麥有除外規定，仍適用布魯塞爾公約Ⅰ（第1條第3項）。關於1968年布魯賽爾Ⅰ公約與歐盟44/2001號規則的遞嬗關係，此處不擬詳論，參見許耀明，同註1；Georges A.L. Droz et Hélène Gaudemet-Tallon, La transformation de la Convention de Bruxelles du 27 septembre 1968 en Règlement du Conseil concernant la compétence judiciaire, la reconnaissance et l'exécution des décisions en matière civile et commerciale, *Revue Critique de Droit International Privé,* n°90(4) octobre- décembre 2001, pp. 601-652; 歐盟官方對於44/2001號規則與後續因應歐盟東擴新成員國相關法制修正之說明，參見http://europa.eu/scadplus/leg/en/lvb/l33054.htm（最後瀏覽日：2007.1.23）。

法國有住所時，亦得適用前述法國民法第14條之規定[41]。

至於原告之國籍，在財產法事項原則上不能作為國籍所屬國有管轄權之依據，蓋此違反被告應訴權益。在身分法事項，由於國籍為許多涉外事項準據法決定之依據，此時原告之國籍，得作為國籍所屬國有管轄權之依據[42]，海牙1970年離婚與分居承認公約亦採之[43]。雖此時有批評認為此將導致對原告有利之狀態（於原告國籍所屬國起訴），但由於此僅為管轄權之分配，並非實體準據法之適用，學者認為此一疑慮，係屬多餘[44]。

其次，被告住所地國法院，對於被告之一般民事案件有管轄權（專屬管轄除外）。此為以原就被原則之體現[45]，海牙民商事管轄權公約草案第3條第1項亦以「被告慣居地」國法院為有權管轄法院[46]。此為大陸法系典型的保護被告優於原告之想法[47]。然而，對於私人或小型企業而言，跨國至被告住所地進行訴訟，訴訟成本亦難以負擔，在特定事項上，開始有保障原告之設計，而構成

41 L'art.4(2) du règlement 44/2001: «Toute personne, quelle que soit sa nationalité, domiciliée sur le territoire d'un État membre, peut, *comme les nationaux*, y invoquer contre ce défendeur les règles de compétence qui y sont en vigueur et notamment celles prévues à l'annexe I.»（斜體字爲筆者自加）在婚姻事項管轄權與判決之承認執行事項之1347/2000號規則與2201/2003號規則，亦有相同之規定。

42 在1998年通過之「婚姻事項管轄權與判決之承認執行公約」（la Convention concernant la compétence, la reconnaissance et l'exécution des décisions en matière matrimoniale）布魯賽爾公約Ⅱ，則亦以1347/2000號規則變成歐盟之法律（習稱布魯塞爾規則Ⅱ，最近又由2201/2003號規則修正）。其中除承認慣居地有管轄權外，亦承認當事人國籍所屬國法院有管轄權。

43 HCCH, 1 June 1970, *Convention on the Recognition of Divorces and Legal Separations*, art. 2(4): "the petitioner was a national of that State".

44 Bernard Audit, *op. cit.*, p. 403.

45 法國法上，從新民事訴訟法（NCPC）第42條第1項土地管轄（la competence territoriale）之規定（La juridiction territorialement compétente est, sauf disposition contraire, celle du lieu où demeure le défendeur），推出國際管轄此一原則。參見：Patrick Courbe, *op. cit.*, n°268; Daniel Gutmann, *op. cit.*, n°275.

46 HCCH, August 2000, Prel. Doc. No.11, *Preliminary Draft Convention on Jurisdiction and Foreign Judgments in Civil and Commercial Matters*, art. 3(1): " ... a defendant may be sued in the courts of the State where that defendant is habitually resident."

47 Bernard Audit, *op. cit.*, p. 418.

以原就被原則之例外，例如：在歐盟對勞動契約之規範上，並非於原告或被告之住所地進行訴訟，而係於勞務履行地或僱傭地進行訴訟（詳見下述）。

再次，被告財產所在地國，或是查封標的（séquestre）所在地國法院，對於案件有管轄權。此一管轄權，管轄法院國得與案件無其他牽連，僅以查封標的所在於該國足以。但不動產所在地國法院對訴訟標的為該不動產者之訴訟，有專屬管轄權（*forum rei sitae*），是屬例外。此一設計，跟訴訟法上保全程序之目的一致，皆在於日後藉裁判結果實現債權之便利。然而，為避免於被告財產所在國濫行起訴，當實體法律關係跟查封標的無涉時，而受訴法院地國與該案件又無其他關聯時，需考量查封該標的之必要。海牙民商事管轄權公約草案第18條第2項a款亦排除訴訟與該財產無關之財產所在地國法院管轄權[48]。值得注意的是，早期法國法院實務認為，保全程序之審理不能進行實體判斷，但1979年最高法院改變見解，認為受理保全程序後，嗣後得就該債權之存在與否，進行實體審理[49]。然而最近在1997年，最高法院又回到傳統見解，認為若無其他管轄權基礎，不得為債權之實體審理[50]。

最後，關於以被告現實所在地決定一般管轄權，英國法上認為被告進入領土則顯現臣服於其管轄（*ubi te reperio, ibi te judico*），美國法上第一整編（First Restatement）亦同[51]，但法國學者認為此一管轄權基礎相當不適合且不符衡平原則，因為被告可能因為偶然（比方旅遊）進入英國領土，收受訴訟通知（writ of service of process），則英國法院就因此對其有管轄權？誠屬荒

48 HCCH, *supra* note 46, art. 18(2)(a): " jurisdiction shall not be exercised ... on the basis solely of ... a) the presence or the seizure in that State of property belonging to the defendant, except where the dispute is directly related to that property." 我國法上關於保全程序之國際民事管轄權基礎，相關發展，可參見黃國昌，扣押財產作爲行使國際民事管轄權之基礎—評最高法院九十三年度台抗字第一七六號裁定，月旦法學雜誌第124期，2005年9月，頁231-247。

49 Civ. Ire, 6 novembre 1979, *Dame Nassibian c/Nassibian*, *Rec. Crit.* 1980.588, aussi in B. Ancel et Y. Lequette (dir.), *Grands arrêts*, n°59.

50 Civ. Ire, 11 février 1997, *Société Strojexport et autre c/Banque central de Syrie*, *Bull.* I, n°47, aussi in B. Ancel et Y. Lequette (dir.), *Grands arrêts*, n°60.

51 吳光平，美國國際私法選法方法論與裁判管轄權法則之簡析，法令月刊第56卷第7期，2005年4月，頁38。

謬[52]。此外，關於由被告營業地定一般管轄權，美國法上此一營業活動在美國境內美國即有管轄權之主張，法國學者則認為需要多方考量鄰近性之問題而不予贊同[53]。海牙民商事管轄權公約草案第18條第2項e款亦排除訴訟與該營業活動無關之營業所在地國法院管轄權[54]。

(二) 特別管轄之決定

特別管轄之建立，係植基於案件與法院之密切關聯，或促進司法之良善實踐而設[55]。關於各種特別管轄之定性問題，歐體法院曾在*Eurocontrol*案[56]中指出「在適用布魯塞爾公約 I 時，不僅僅需考慮系爭案件相關當事國之法律概念，亦需考量整個公約之體系與概念，並且分析眾締約國整體之一般法律原則」。此一析述依舊模糊，許多定性得否適用特別管轄之爭議，依舊需個案解決。

1. 不動產所在地

關於不動產物權訴訟，由不動產所在地管轄，已成普世適用之原理，蓋於實體法律關係上，準據法選擇依不動產所在地法（*lex rei sitae*）已成定論[57]，而就訴訟進行之證據蒐集與履勘，以及嗣後之判決執行，皆為支持此一特別管轄權之論據。此外，在不動產租賃契約（bail），管轄權分配上亦從不動產所在地，理由同上。實務上，對於何謂「不動產」訴訟之定性，屢生爭議，

---

52 Bernard Audit, *op. cit.*, p. 411; 然而美國聯邦最高法院卻在1990年作出判決，認爲此種管轄權基礎「衡平並合理」。參見*Burnham v. Superior Court*, 495 U.S. 604 (1990).

53 Bernard Audit, *op. cit.*, p. 414.

54 HCCH, August 2000, Prel. Doc. No.11, *Preliminary Draft Convention on Jurisdiction and Foreign Judgments in Civil and Commercial Matters*, art. 18(2)(e): “jurisdiction shall not be exercised ... on the basis solely of ... e) the carrying on of commercial or other activities by the defendant in that State, except where the dispute is directly related to those activities.”

55 歐體44/2001號規則立法理由第12點。

56 CJCE, 14 octobre 1976, Eurocontrol, aff. 29/76, *Rec.*, 1976, p. 1541.

57 Yvon Loussouarn, Pierre Bourel et Pascale de Vareilles-Sommières, *op.cit.*, n°446; Dusan Kitic, *op. cit.,* p. 102; Patrick Courbe, *op. cit.*, n°68; 亦參見法國新民事訴訟法第44條：«En matière réelle immobilière, la juridiction du lieu où est situé l'immeuble est seule compétente.»

例如：在父為子成立之信託關係中，子欲取得父之不動產，所需完成之必要文件程序，是否屬於此處所稱之「不動產訴訟」？在能否適用布魯塞爾公約Ⅰ第16條第1項不動產所在地法院之專屬管轄的判斷上，歐體法院採取否定之見解[58]。更多的爭議發生在短期不動產租賃契約，例如：為度假之使用，關於此，布魯塞爾公約Ⅰ第16條第1項（現44/2001號規則第22條），設有個人低於六個月之短期使用（un usage personnel temporaire pour une période maximale de six mois consécutifs）之例外規定，詳見下述。而海牙民商事管轄權公約草案第12條第1項則明文限制不動產訴訟由不動產所在地法院專屬管轄此一原則，在締約人之一方無習慣居所於該不動產所在地時，不適用之。簡言之，關於不動產訴訟之專屬管轄，亦需考量當事人國籍與住所、習慣居所之所在，甚至在當事人雙方皆為A國人，但不動產座落於B國時，此時是否宜由B國法院專屬管轄？誠有疑義，蓋此對當事人應訴，無異多生困擾。

2. 契約之管轄權決定

涉外契約之準據法決定，原則上依當事人自主原則。而此等契約的管轄權決定，通常當事人會約定與契約準據法國相同之法院管轄，或是另行約定亦可，此為管轄權分配之合意條款（clause attributive de compétence；compétence volontaire）[59]。此等約定之效力判斷，依約定之法庭地法[60]。條件上，該契約首先需為涉外契約[61]；且不得違背法國專屬管轄之規定[62]；對於人的身分事項

58 CJCE, 17 mai 1994, *Webb v. Webb*, aff. C-294/92, *Rec.*, I, p. 1717.

59 Pierre Mayer et Vincent Heuzé, *op. cit.*, n°300 et s.; Yvon Loussouarn, Pierre Bourel et Pascale de Vareilles-Sommières, *op. cit.*, n°454; Dusan Kitic, *op. cit.*, p. 103; V. Patrick Courbe, *op. cit.*, n°275; Daniel Gutmann, *op. cit.*, n°292. 法國新民事訴訟法第48條僅限於「商人間」可爲此一合意，然學者與判例，認爲在類推到國際私法上時，當無此一限制。關於管轄合意，國內學者新近之說明，可參見陳啓垂，國際管轄權之合意—評最高法院九十二年度台上字第二四七七號民事判決，月旦法學雜誌第131期，2006年4月，頁151-165；黃國昌，國際訴訟之合意管轄—以排除效果之有效性要件爲中心，政大法學評論第90期，2006年4月，頁301-354。

60 Yvon Loussouarn, Pierre Bourel et Pascale de Vareilles-Sommières, *op. cit.*, n°454-2.

61 Yvon Loussouarn, Pierre Bourel et Pascale de Vareilles-Sommières, *op. cit.*, n°454-1.

62 Yvon Loussouarn, Pierre Bourel et Pascale de Vareilles-Sommières, *op. cit.*, n°454-3.

不得為此等約定；特定事項（例如：家庭法、勞動法與競爭法）不得為預先概括排除仲裁之約定。

此外，契約當事人之國籍、住所或習慣居所地，雖亦為決定準據法因素。但一般而言，不需要以此決定管轄權，除非當事人明言以當事人國籍所在國等法院為管轄法院[63]。又及，契約之標的，若涉及不動產，則由該專屬管轄決定。

值得特別注意者是，在當事人無約定時，契約履行地，得否因為與契約之鄰近性，使該法院有特別管轄權？首先，關於對於契約成立與否或契約效力之爭執，履行地法院如有特別管轄權，有無其正當性？學者間對此採存疑態度，因為此時法院地跟契約成立與效力沒有鄰近性[64]。但歐體44/2001號規則第5條第1項a款，明確以「履行或應履行之地」為管轄法院[65]。而海牙民商事管轄權公約草案第6條則亦以契約履行地為「任意管轄」之法院[66]。其次，契約履行地作為特別管轄，是否為唯一法院？理論上，所有契約爭議，如果能於同一法院同一訴訟程序解決，誠屬便利，但事實上，尤其適用契約履行地之認定，雙方各有債務需履行時，時常發生契約履行訴訟之「分割」訴訟，亦即就同一契約　，不同當事人之不同債務履行地不同，將造成訴訟地之不同。最後，關於契約履行地之決定，歐體法院認為需以契約之準據法決定[67]，但學者認為，此太過於抽象，並且在決定管轄權同時需決定準據法[68]？學者認為以契約之主債務履行地比較明確，必須以當事人意思、事實因素、契約情狀等因素綜合判斷[69]。此留待下述關於布魯塞爾公約Ｉ與歐盟管轄規則Ｉ之部分，再詳述之。

---

[63] Bernard Audit, *op. cit.*, p. 428.

[64] Bernard Audit, *op. cit.*, p. 430.

[65] Règlement 44/2001, l'art. 5(1)(a): «Une personne domiciliée sur le territoire d'un État membre peut être attraite, dans un autre État membre: 1)a) en matière contractuelle, devant le tribunal du lieu où l'obligation qui sert de base à la demande *a été ou doit être exécutée*.»（斜體字爲筆者自加）

[66] Art. 6(a): "a plaintiff *may* bring an action in contract in the courts of a Sate in which in matters relating to the supply of goods, the goods were supplied in whole or in part."（斜體字爲筆者自加）

[67] CJCE, 6 octobre 1976, *Tessili Como*, aff. 12/76, *Rec.*, 1976, p. 1473.

[68] Bernard Audit, *op. cit.*, p. 436.

[69] Bernard Audit, *op. cit.*, p. 436.

3. 侵權行為地

侵權行為地法院對該案件有特別管轄權，植基於侵權行為發生地與法院之鄰近性。然而，在於隔地侵權行為，亦即行為地與結果發生地不同時，何一法院有管轄權？有主張侵權行為地說者，亦有主張結果發生地說者，然而，各說均有其不能保護當事人利益之例外而無從建立統一之標準[70]。

（三）國際管轄競合之解決

由於各國決定管轄權之基準不一，可能造成同時有數法院有管轄權（積極競合），或是沒有任一法院有管轄權之情形（消極競合）。

1. 積極競合

由於前述管轄權之標準眾多，時常造成對於同一案件，數法院皆有管轄權之情形。此時，由原告行使選擇權[71]。在法國新民事訴訟法上，則規定後起訴之案件「停止訴訟」（litispendance）[72]。

由於前述積極競合之情形頗多，易造成濫擇法庭（forum shopping）之情形，因此，歐盟國家間簽訂布魯塞爾公約，嗣後更轉化成歐體立法，以為積極競合情形之減少。詳見下述。

2. 消極競合

依法國管轄權判定原則，如果法國法院無管轄權時，受理法院需職權宣告無管轄權（法國民訴第92條第2項）[73]。原則上，國際管轄消極競合係屬不可能，因為被告國籍所屬國法院一定有一般管轄權。但如遇無國籍人，則需綜合考量其他因素，以免發生拒絕正義（déni de justice）之情形。法國實務上，則認為於無其他國家法院可管轄時， 法國法院為免發生拒絕正義之情形，享有

---

[70] Bernard Audit, *op. cit.*, p. 442.

[71] Pierre Mayer et Vincent Heuzé, *op. cit.*, n°301.

[72] Daniel Gutmann, *op. cit.*, n°289. 法國新民事訴訟法 l'art. 100: «Si le même litige est pendant devant deux juridictions de même degré également compétentes pour en connaître, la juridiction saisie en second lieu doit se dessaisir au profit de l'autre si l'une des parties le demande. A défaut, elle peut le faire d'office.»

[73] Yvon Loussouarn, Pierre Bourel et Pascale de Vareilles-Sommières, *op. cit.*, n°456; Daniel Gutmann, *op. cit.*, n°287.

剩餘管轄權（competence résiduelle）[74]。

參、1968年布魯塞爾公約Ⅰ與歐體管轄規則Ⅰ

為避免歐盟國家相互之間的管轄權衝突，統一各國管轄權決定之基準，1968年歐盟各國簽訂了布魯賽爾公約Ⅰ，以為民商事案件管轄權決定之準繩。2000年，歐盟理事會將前述公約改以44/2001號規則（又稱「歐體管轄規則Ⅰ」）成為歐體立法行之[75]。在44/2001號規則取代布魯賽爾公約Ⅰ之後，在歐體與歐洲自由貿易聯盟之間，盧加諾公約當然繼續生其效力[76]。因此，在民商事事件，前述法國法上決定國際管轄權之立法學說判例，不再適用，而直接適用歐體管轄規則Ⅰ，法國原立法學說判例，僅在於此一規則未規定時，有補充適用之地位[77]。

關於管轄權之公約，理論上有「間接管轄權」之決定，或是「直接管轄權」之決定。若採取間接管轄權之規範方式，則各締約國得以各國國內自行之管轄權決定標準，決定是否受理某案件，條約之發生效力，僅在於若該判決在他締約國為執行聲請時，他締約國得以公約規定，決定該原始受訴法院是否為有管轄權之法院，並據此決定該判決得否在己國執行。如此對當事人來說，時常造成困擾。因為當事人實難了解，受訴法院之管轄權決定，是否與公約規定

[74] Yvon Loussouarn, Pierre Bourel et Pascale de Vareilles-Sommières, *op. cit.*, n°451; Dusan Kitic, *op. cit.*, p. 106則將此認爲爲輔助管轄。

[75] Yvon Loussouarn, Pierre Bourel et Pascale de Vareilles-Sommières, *op. cit.*, n°484-1-488-4; Dusan Kitic, *op. cit.*, p. 107.

[76] 在1992年5月2日，歐體與歐洲自由貿易聯盟之間，訂立歐洲經濟空間協定（L'accord sur l'Espace économique européen, EEE）並自1994年1月1日生效。此一協定主要涉及現歐盟成員國與其他歐洲自由貿易聯盟國（例如：瑞士、列支敦士坦）之經濟合作。前述公約當然繼續適用。此外，限於篇幅，本文不擬討論布魯塞爾公約Ⅰ與歐體管轄規則Ⅰ之「判決承認執行」部分，以及布魯塞爾公約Ⅱ關於婚姻事項管轄權與判決之承認執行，與後續之1347/2000號規則與2201/2003號規則。

[77] Yvon Loussouarn, Pierre Bourel et Pascale de Vareilles-Sommières, *op. cit.*, n°488.

相一致。另一種方式則是直接管轄權之規範方式，受訴法院一開始受理案件，就依公約規定決定管轄權之有無，因此他締約國之執行法院，等於自動地可以執行判決。此較為簡潔、便利、明確可預見。當然此有賴各國間願意就某一類案件，訂立共同之管轄決定標準之合作。

由於布魯賽爾公約 I 基本上已由歐體44/2001號規則所取代，以下論述所引，為該規則之內容及條號。

一、一般管轄

關於本規則之適用範圍，依規則第1條第1項規定，不論管轄機關之性質（la nature de la juridiction）為何，本規則適用於所有民事與商事案件。但不適用於財稅、關稅與行政事項。所謂不論管轄機關之性質，係謂就實質上斷定案件之民商事性質，而不拘泥於作成裁判之機關名稱，例如：關於刑事法庭作出之附帶民事賠償，亦屬本規則之適用範圍。而民商事案件之性質界定問題，在具體案件中，如有爭議，則留待歐體法院詮釋之。第1條第2項另列不適用本規則之除外民商事事項，包括「關於自然人之地位與能力、夫妻財產制、遺囑與繼承」、「破產、清算與其他相近似程序」、「社會保險」與「仲裁」等四項事件不適用本規則。此係因其案件性質特殊，各國間尚無共識制定統一實體法，故設除外規定。

本規則就一般管轄權之確定，係採住所地規則。依本規則第2條第1項規定，原則上採取「以原就被」原則，即以被告之「住所地」為確定一般管轄權之基準[78]。被告在成員國有住所，不論其國籍，該國對其民事案件，即有一般管轄權。住所之確定，依本規則第59條第1項，當事人在某成員國內有無住所，依該國之國內法決定。第59條第2項規定，如當事人於起訴國並無住所，法院適用當事人住所地國（須為歐盟成員國）之法律決定其於該國有無住所。

---

78 Pierre Mayer et Vincent Heuzé, *op. cit.*, n°335; Yvon Loussouarn, Pierre Bourel et Pascale de Vareilles-Sommières, *op. cit.*, n°485; Michael Wilderspin, Le droit international privé des contrats (autres que les contrats conclus par les consommateurs), *Revue des affaires européennes*, n°4, 2001-2002, pp. 424-439, v. p. 424; 需注意Dusan Kitic, *op. cit.*, p. 108. 將此稱之爲任意管轄（compétence facultative），包括：以原就被原則、依案件性質之管轄、衍生管轄權、爲保護被告之管轄權。

而本規則第2條第2款規定，縱無住所地國之國籍之人，在該國被訴，亦適用於住所地國對該國國民之管轄相關規定。此為國民待遇原則。因之，不便利法庭原則（*Forum Non Conveniens*）於此規則中並不適用，因為被告住所地必能確定[79]。有疑義者是，如當事人住所地國係適用「本國法主義」決定管轄權（例如：丹麥並不適用本規則，而繼續適用布魯塞爾公約Ｉ，參見本規則第1條第3項），有論者以為，法官有權審酌該判決是否應予承認[80]。

關於法人之住所，依本規則第60條第1項，依設立準據法地、主要管理中心地或主事務所所在地決之。

二、特別管轄

本規則就特別管轄權部分，分為「選擇管轄」、「合意管轄」、「專屬管轄」與「特殊性質案件管轄」分別規定。此外，本規則亦規定關於衍生管轄權、管轄競合與管轄牽連之處理。

(一) 選擇管轄

所謂選擇管轄（compétence alternative）[81]，係依規則第5條、第6條，有住所於某一成員國之當事人，得於另一成員國被起訴之選擇管轄情形。例如：第5條第1項a款規定於契約之債務履行地亦得起訴。關於契約事項（matière contractuelle）之定性，歐體法院採取消極之定性方式，認為如果系爭案件中一方對他方無契約上請求權，即非契約事項[82]。本條項之適用，在契約有數債

[79] 亦有論者認爲，此係以規則規範目的，即司法裁判在歐盟境内之自由流通爲出發點所爲之設計。對於不在歐盟之其他國家所爲之裁判效力，係屬另一問題。參見Georges A. L. Droz et Hélène Gaudemet-Tallon, La transformation de la Convention de Bruxelles du 27 septembre 1968 en Règlement du Conseil concernant la compétence judiciaire, la reconnaissance et l'exécution des décisions en matière civile et commerciale, in *Revue Critique de Droit International Privé*, n°90(4) octobre- décembre 2001, pp. 601- 652, v. p. 609.

[80] Georges A.L. Droz et Hélène Gaudemet-Tallon, *op. cit.*, p. 621.

[81] Dusan Kitic, *op. cit.*, p. 109認爲，此與以原就被原則等，共同構成「任意管轄」。V. Patrick Courbe, *op. cit.*, n°295則稱之爲「輔助管轄」（compétences complémentaires）。

[82] CJCE 8 mars 1988, *Arcado, RCDIP* 1988.610, note Gaudemet-Tallon.

務、履行地不同時滋生疑義，歐體法院認為以契約主債務履行地為準[83]。債務履行地之決定，依同條項b款，於商品之買賣，係指商品寄送地，於服務之提供，係指服務提供地。此一規定，依契約之特徵（caractéristique）硬性規定履行地，學者不表贊同[84]。

關於扶養義務，本規則第5條第2項則規定，得於扶養權利人住所或習慣居所地起訴。

於侵權行為事件，第5條第3項規定，得由損害發生地或危險發生地法院管轄。侵權行為之定性，歐體法院認為係屬「訴求被告責任，而與契約事項無關」[85]。但就法國法觀察，例如：因契約或準契約衍生之侵權行為債務，則無法依此條項定其管轄權[86]。

(二) 合意管轄[87]

所謂合意管轄（prorogation volontaire de compétence; clause d'élection de

83 CJCE 15 janvier 1987, *Shenavaï, RCDIP* 1987.793, note Droz.

84 Pierre Mayer et Vincent Heuzé, *op. cit.*, n°339, p. 243; Bernard Audit, *op. cit.*, p. 437.

85 CJCE 27 septembre 1988, *Kalfélis, RCDIP* 1989.122, note Gaudemet-Tallon; Yvon Loussouarn, Pierre Bourel et Pascale de Vareilles-Sommières, *op. cit.*, n°486-7.

86 法國法上有所謂action paulienne（以6世紀或7世紀之法學家Paulus命名），其係指依法國民法1167條第1項規定，債權人以個人名義，得就債務人詐害其權利之行爲所造成之損害，提起訴訟（Ils peuvent aussi, en leur nom personnel, attaquer les actes faits par leur débiteur en fraude de leurs droits.）。此一規定，約相當於我國民法第244條（撤銷訴權），典型的案例大概是，債務人不想償還借款，或爲了避免被法院強制執行，便將自己所有之不動產低價賣給第三人，此時債權人便得以債務人所爲之有償行爲，於行爲時知悉有詐害於債權人之債權爲由，聲請法院撤銷或將該詐害債權之行爲宣告爲無效。相關解釋：參見Action paulienne條目，in Gérard Cornu, *Vocabulaire juridique*, 3e éd., PUF, 2002, p. 22; Raymond Gullien et Jean Vincent (dir.), Lexique des termes juridiques, 13e éd., Dalloz, 2001, p. 18. 在此種情形，因爲歐體法院排除與契約相關之請求，因此不能依管轄規則 I 第5條第3項定其管轄權，參見Pierre Mayer et Vincent Heuzé, *op. cit.*, n°341.

87 合意管轄，Yvon Loussouarn, Pierre Bourel et Pascale de Vareilles-Sommières將其置於基於合意而生的「一般管轄」討論，參見Yvon Loussouarn, Pierre Bourel et Pascale de Vareilles-Sommières, *op. cit.*, n°485-2. 筆者認爲，此既屬排除以原就被之一般管轄，宜列於特別管轄爲宜。Dusan Kitic, *op. cit.*, p. 115則另於任意管轄、專屬管轄外，專立一節說明。Patrick Courbe, *op. cit.*, n°308亦另立一節說明。

for），依規則第23條第1項規定，當事人（至少其一於成員國內有住所）得合意選擇另一成員國之法院為管轄法院。合意得於契約中約定條款，或訴訟進行中為之。此亦為一種專屬管轄，除非當事人排除之（第1項）。如當事人均無住所於合意管轄之法院國，由該法院依其國內法審酌該合意之效力，除非該法院國認為其無管轄權，否則其他成員國法院不能受理該訴訟（第3項）。合意管轄法院如非成員國法院，則依一般決定管轄合意之原理決之，不適用本規則[88]。

合意之法院，與該訴訟得無任何關聯。得概括指定某成員國之法院或特定某一法院[89]。該合意亦得僅對一方當事人適用[90]。但合意不得排除本規則第22條專屬管轄以及特殊案件性質管轄之保護規定。合意之形式，得以言詞（書面或電子形式文件證之）或契約書面為之（第1項b、c款，第2項）。

(三) 專屬管轄[91]

就專屬管轄（compétence exclusive）[92]言之，此係指專屬某一法院管轄，其他法院如受理相關案件，需職權宣告無管轄權者。本規則第22條規定五種情形。例如：關於不動產權利或租賃契約，本條第1項規定專屬不動產所在地成員國管轄。但就個人使用目的、租賃期限低於六個月之租賃契約，亦得由被告住所地法院管轄，此乃基於人員自由流通產生之短期工作或渡假（locations saisonnières）之現象所設之權宜規定。惟須注意者，論者解釋認為，本項僅

---

[88] Pierre Mayer et Vincent Heuzé, *op. cit.*, n°350.

[89] Pierre Mayer et Vincent Heuzé, *op. cit.*, n°351.

[90] CJCE 9 novembre 1978, *Meeth c/Glacetal, RCDIP* 1981.127, note Gaudemet-Tallon.

[91] 專屬管轄究竟是一種特別管轄？或是一般管轄？法國學者Yvon Loussouarn, Pierre Bourel et Pascale de Vareilles-Sommières將其擺在「一般管轄之例外」討論。而Pierre Mayer et Vincent Heuzé則未特別討論此一問題。Dusan Kitic, *op. cit.*, p. 113亦另列「專屬管轄」討論（與任意管轄區分），Patrick Courbe, *op. cit.*, n°301亦同。筆者以爲，44/2001號規則在一般管轄之外，列出諸「特別」管轄，皆與「案件」特殊性質有關，因此宜認爲專屬管轄爲「一種」特別管轄爲當。

[92] Pierre Mayer et Vincent Heuzé, *op. cit.*, n°347 et s.; Yvon Loussouarn, Pierre Bourel et Pascale de Vareilles-Sommières, *op. cit.*, n°485-1.

限於基於「物法」（droit reél）相關之請求，而不包括基於「人法」（droit personnel）之請求部分[93]。例如：關於不動產賣賣契約請求交付不動產並不適用第22條[94]。

其他則有，第22條第2項規定，公司成立之有效、無效與解散，由其事務所在地在法院管轄。第3項規定，關於註冊於公共資料中心（registres publics）之有效與否，由該公共資料中心所在地之法院管轄。第4項規定，關於專利、商標、設計、模組或近似權利之登記，由登記所在國法院管轄。第5項規定，關於裁判之執行，由執行地法院管轄。

(四) 特殊案件性質管轄

最後，特殊性質案件之管轄，例如：關於保險事件，規則第9條規定得由保險人住所地國管轄或由被保險人、受益人之住所地國管轄。又如關於消費者爭議，第16條規定得由買受人住所地國或出賣人住所地國法院管轄。關於僱傭契約，受僱人為被告時，第20條規定專屬受僱人住所地國法院管轄。此三項契約之特殊規定，彰顯保護締約弱勢者（partie faible）之精神[95]。關於僱傭契約之討論，詳見下述參。

(五) 衍生管轄權

衍生管轄權（compétence dérivées）並非特殊管轄權之一種，其係為訴訟便利而設[96]。本規則第6條規定，在特殊情形，法院有衍生管轄權。首先，第6

[93] 例如：基於買賣契約價金之給付清算。CJCE, 5 avril 2001, *JCP* 2001.II.10638 note Bruneau.

[94] Michael Wilderspin, *op. cit.*, p. 428; Ordonnance du 5 avril 2001, Gaillard, C-518/99.

[95] Pierre Mayer et Vincent Heuzé, *op. cit.*, n°346; Yvon Loussouarn, Pierre Bourel et Pascale de Vareilles-Sommières, *op. cit.*, n°486-10; Michael Wilderspin, *op. cit.*, p. 426; Anne Marmisse, Le règlement du Conseil du 22 décembre 2000 sur la competence judiciaire, la reconnaissance et l'exécution des décisions en matière civile et commerciale, *Les Petites Affiches*, 12 décembre 2002, n°248, pp. 6-11. 此處參見p. 8; 亦參見Georges A. L. Droz et Hélène Gaudemet-Tallon, *op. cit.*, p. 630; Dusan Kitic, *op. cit.*, p. 111認爲此亦屬任意管轄。Patrick Courbe, *op. cit.*, n°300則稱此爲「例外管轄」（compétence dérogatoire）。

[96] Yvon Loussouarn, Pierre Bourel et Pascale de Vareilles-Sommières, *op. cit.*, n°486-9; Dusan Kitic, *op. cit.*, p. 111認爲此亦屬任意管轄。

條第1項規定，在多數原告之情形，如果各訴訟間有密切關係，有同時在同一法院受裁判之必要，得於其中一原告住所所在地之法院起訴，該法院因而對於其他訴訟，有衍生管轄權。此類似於我國民事訴訟法上的必要共同訴訟。其次，第6條第2項規定，在保證或代理之情形，保證人或代理人得於被保證人或本人之法院應訴。而第6條第3項規定，基於同一契約或同一事實之反訴（demande reconventionnelle），本訴管轄法院亦有管轄權。最後，第6條第4項規定，在契約事項之訴訟，如果可以為對於同一被告之不動產訴訟之訴之追加，不動產所在地法院對該契約事項亦有管轄權。

(六) 管轄競合與管轄牽連

此外，就管轄競合之裁定停止訴訟（litispendance）與管轄牽連（connexité）之情形，規則第27條規定，當當事人、訴訟標的、訴因同一之兩訴訟先後繫屬於不同法院時，後繫屬之法院須職權停止訴訟，以俟前繫屬之法院確定有無管轄權。如果前繫屬之法院確定有管轄權，後繫屬之法院則駁回該訴訟。第28條規定，相牽連之數案件繫屬於不同法院時，後繫屬之法院得停止訴訟。繫屬之決定，依同規則第30條，係以起訴或類似之行為（l'acte introductive d'instance ou un acte équivalent）之日；或，在起訴須有前置行為時，例如：起訴前須先通知某權責機關，以到達受理機關之日為準[97]。

綜上，從布魯賽爾 I 公約到44/2001號規則，歐盟成員國之間，就民商事事件之管轄權分配以及判決之相互承認與執行，已經達成統一。此對於歐盟本身目標，關於共同市場之建立、商品服務人員資本之自由流通，自有莫大之助益。從國際私法之學說發展觀之，由於具體訴訟過程中，當事人如於無管轄權之法院提起訴訟，或於有管轄權之法院提起訴訟，但被告之主要財產卻另於他國而須擔心如勝訴後強制執行是否獲他國法院承認判決效力等問題，此攸關當

97 由於歐盟各成員國間民事訴訟程序不一，本規則設此兩種不同之繫屬日期決定方式以爲確定。參見：Anne Marmisse, *op. cit.*, p. 9. 此外，法國新民事訴訟法第101條亦有管轄牽連之規定：«S'il existe entre des affaires portées devant deux juridictions distinctes un lien tel qu'il soit de l'intérêt d'une bonne justice de les faire instruire et juger ensemble, il peut être demandé à l'une de ces juridictions de se dessaisir et de renvoyer en l'état la connaissance de l'affaire à l'autre juridiction.»

事人權益。本規則之制定，實為國際私程序法統一化之最佳典範。附帶一提，關於1998年通過之「婚姻事項管轄權與判決之承認執行公約」（la Convention concernant la compétence, la reconnaissance et l'exécution des décisions en matière matrimoniale）布魯賽爾公約II，則亦以1347/2000號規則關於婚姻事項與共同子女親權責任之管轄權與判決之承認執行規則，變成歐盟之法律，最近又由2201/2003號規則[98]取代之（歐體管轄規則II）。

肆、法國國際私法上涉外勞動契約之特殊性質、準據法決定與國際管轄權決定

涉外勞動契約之重要性，從前述1968年布魯塞爾公約Ｉ諸修正版本到2000年歐體管轄規則Ｉ之演變，可見一斑[99]。原本在1968年布魯塞爾公約Ｉ中，並沒有勞動契約之規定。直到1989年Saint-Sébastien公約之修正，才在第5條第1項與第17條末項提到勞動契約。但到了2000年歐體管轄規則Ｉ，專設一節（第18條到第21條）規範（二）。此當與歐體社會法近年演變、工作者意識成形、工作者權益保障之發展息息相關[100]，此並影響了國際私法準據法選擇之判斷（一）。

一、涉外勞動契約之特殊性質與契約準據法決定

歐體社會法之規範，不僅規範各成員國，亦對受薪者、企業、社會團體（partenaires sociaux）或其他社會組織發生直接規範效力[101]。早期於1957年羅

[98] Règlement (CE) n°2201/2003 du Conseil du 27 novembre 2003 relatif à la compétence, la reconnaissance et l'exécution des décisions en matière matrimoniale et en matière de responsabilité parentale abrogeant le règlement (CE) n°1347/2000, Journal officiel n° L 338 du 23/12/2003 pp. 1-29. 該新管轄規則II自2005年5月1日起施行。

[99] Georges A.L. Droz et Hélène Gaudemet-Tallon, *op. cit.*, p. 632.

[100] Pierre Rodière, *Droit social de l'Union européenne*, 2e éd., LGDJ, Paris, p. 135 et s.

[101] Pierre Rodière, *op. cit.*, n°3.

馬條約，並未特別明示對於工作者權益之保障，僅規定了人員之自由流通原則（現第39條[102]）。到1997年阿姆斯特丹條約，新增社會教育專門職業與青年政策章節（第136條以下），專門規範社會權事項。而1989年歐體社會基本權憲章（La charte communautaire des droits sociaux fondamentaux），更是社會權保障之基本政策宣言。在具體規範上，歐體制定諸指令，更彰顯歐體對於勞動契約之重視[103]。

(一) 涉外勞動契約之特殊性質

基於資本、人員自由流通原則，歐盟各國間，僱用人與受僱人不屬同一國籍，或是跨境工作之情形，日顯稀鬆平常。原本此類具有涉外因素之契約，在有爭執發生時，本應尋國際私法選法途徑解決紛爭。但歐體基於對於工作者權益保障之重視，透過各項立法，統一各國間關於此等涉外勞動契約之規範，一方面保障工作者最低程度保障權益，二方面有預先消弭爭訟之效。此等發展，可謂國際統一實體法之嘗試。當然，依舊有許多部分，留待選法規則解決，然其亦至少為歐盟各國間統一國際私法之嘗試。

在關於勞動者資訊權方面，歐體91/533指令[104]，規範僱用人有存放僱傭契約於特定處所並詳盡告知受僱人契約內容之義務。在關於僱傭型態上，歐體97/81指令[105]，針對兼職勞動者訂立基本僱傭契約內容原則，而99/70指令[106]規範「特定工作時間」之勞動契約。關於工作者之健康與安全保障，89/391指

102 L'art. 39(1) du Traité instituant la Communauté européenne: «La libre circulation des travailleurs est assurée à l'intérieur de la Communauté.»

103 Pierre Rodière, *op. cit.*, n°449以下有詳盡之說明。

104 Directive 91/533/CEE du Conseil, du 14 octobre 1991, relative à l'obligation de l'employeur d'informer le travailleur des conditions applicables au contrat ou à la relation de travail, Journal officiel n° L 288 du 18/10/1991 pp. 32-35.

105 Directive 97/81/CE du Conseil du 15 décembre 1997 concernant l'accord-cadre sur le travail à temps partiel conclu par l'UNICE, le CEEP et la CES-Annexe: Accord-cadre sur le travail à temps partiel, Journal officiel n° L 014 du 20/01/1998 pp. 9-14.

106 Directive 1999/70/CE du Conseil du 28 juin 1999 concernant l'accord-cadre CES, UNICE et CEEP sur le travail à durée déterminée, Journal officiel n° L 175 du 10/07/1999 pp. 43-48.

令[107]設計了綱領規，而由92/85指令[108]規範關於懷孕、分娩、哺乳工作者之保障，91/383指令[109]規範關於短期工作者之健康與安全保障。關於工時，93/104指令[110]設定基本規範，規範日休、週休、年假等最低時數與日數，而又如96/34指令[111]，設定育嬰假（父母均適用）之規定。而關於薪資債權之確保，更有80/987指令[112]，保障僱用人破產時受僱人之薪資債權。

由上可知，關於勞動契約，雖前述指令皆需各成員國二次立法轉為國內立法，但其因之而為之國內立法，具公安條款（lois de police）性質[113]無疑，因此在歐盟國家間的涉外勞動契約，其具體約定內容，自不得牴觸前述規範。

(二) 涉外勞動契約準據法之決定

在涉外勞動契約之準據法決定上，歐盟國家間，有1980年羅馬契約準據法

107 Directive 89/391/CEE du Conseil, du 12 juin 1989, concernant la mise en oeuvre de mesures visant à promouvoir l'amélioration de la sécurité et de la santé des travailleurs au travail, Journal officiel n° L 183 du 29/06/1989, pp. 1-8.

108 Directive 92/85/CEE du Conseil, du 19 octobre 1992, concernant la mise en oeuvre de mesures visant à promouvoir l'amélioration de la sécurité et de la santé des travailleuses enceintes, accouchées ou allaitantes au travail (dixième directive particulière au sens de l'article 16 paragraphe 1 de la directive 89/391/CEE), Journal official n° L 348 du 28/11/1992, pp. 1-8.

109 Directive 91/383/CEE du Conseil, du 25 juin 1991, complétant les mesures visant à promouvoir l'amélioration de la sécurité et de la santé au travail des travailleurs ayant une relation de travail à durée déterminée ou une relation de travail intérimaire, Journal officiel n° L 206 du 29/07/1991, pp. 19-21.

110 Directive 93/104/CE du Conseil, du 23 novembre 1993, concernant certains aspects de l'aménagement du temps de travail, Journal officiel n° L 307 du 13/12/1993, pp. 18-24.

111 Directive 96/34/CE du Conseil du 3 juin 1996 concernant l'accord-cadre sur le congé parental conclu par l'UNICE, le CEEP et la CES, Journal officiel n° L 145 du 19/06/1996, pp. 4-9.

112 Directive 80/987/CEE du Conseil, du 20 octobre 1980, concernant le rapprochement des législations des États membres relatives à la protection des travailleurs salaries en cas d'insolvabilité de l'employeur, Journal officiel n° L 283 du 28/10/1980, pp. 23-27.

113 參見Etienne Pataut, Principe de souveraineté et conflits de juridictions: études de droit international privé, Paris, LGDJ, 1999, p. 137 et s. 有詳盡之說明。

公約[114]可資適用，以及歐體96/71關於服務業跨國派遣人員指令[115]必須考量遵循。

關於契約準據法之決定，羅馬公約採取當事人意思自主原則（le principe d'autonomie de la volonté）與最密切關聯原則（le principe des liens les plus étroits）。公約第3條第1項明定當事人得明示或以契約情狀（例如：管轄合意條款）決定契約之準據法。關於當事人之合意、合意方式及能力是否有效，公約第3條第4項規定應以第8條決定其準據法，即以當事人選定之法律為準據法。在當事人無明示或默示之選法時，如何決定契約準據法？羅馬公約於第4條第1項規定依「最密切關聯」（les liens les plus étroits）之國之法律。此須綜合考量締約地、履行地、當事人住所地或營業地以及契約之性質與主要目的。公約第4條第2項另以瑞士法上之「特徵性履行」（la prestation caractéristique）為最密切關聯之判準。認為在各類契約有典型之履行特徵時，履行債務人締約時之慣居地即為最密切關聯之地。

然而，前述當事人意思自主原則之適用，需受到強行法規（dispositions impératives，第3條第3項）、公安條款（lois de police，第7條第1項）與法庭地公序良俗（l'ordre public du for，第7條第2項）之限制。此外，與此處息息相關者是，羅馬公約於個人勞動契約（contrat individuel de travail），特別於第6條第1項指出，選法自由不得妨害勞工權益[116]。而在當事人就涉外勞動契約無選法約定時，第6條第2項規定依勞務履行地或僱傭契約成立地法（不違背最密

114 Convention de Rome de 1980 sur la loi applicable aux obligations contractuelles (version consolidée), Journal officiel n° C 027 du 26 janvier 1998. http://europa.eu.int/eurlex/pri/fr/oj/dat/1998/c_027/c_02719980126fr00340053.pdf（最後瀏覽日：2007.1.23）。目前關於此一公約，亦有「歐體法化」之呼聲，參見許耀明，同註1，頁103。

115 Directive 96/71/CE du parlement européen et du conseil du 16 décembre 1996 concernant le détachement de travailleurs effectué dans le cadre d'une prestation de services, Journal officiel n° L 018 du 21/01/1997, pp. 1-6.

116 1980 Rome Convention, Art. 6 (1): "Notwithstanding the provisions of Article 3, in a contract of employment a choice of law made by the parties *shall not have the result of depriving the employee of the protection afforded to him by the mandatory rules of the law* which would be applicable under paragraph 2 in the absence of choice."（斜體字為筆者自加）

切關聯前提下）[117]。

前述羅馬公約，彰顯了對於勞工權益之特殊保障。第6條第1項之規定，可以歐體96/71指令為例說明之。此一指令之目的，在於保障工作條件之良善競爭、並確保共同體市場內工作條件之協調。其樹立最低之工作保障條件，所有僱用人在派遣人員至其他成員國時，必須遵守。本指令第3條第1項，規範相關內容如最低工資、工時、年假、安全、保險、男女平等事項。因之前述羅馬公約之適用，當事人不得違背此一指令轉化成之內國法而為約定。在羅馬公約之選法自由與96/71指令衝突之情形，羅馬公約第20條已經揭示歐體法優先原則（la priorité du droit communautaire），應優先適用歐體法[118]，此亦可解釋成第7條第1項之公安條款，或第6條第1項之特殊禁止規定。

二、歐體管轄規則 I 對於涉外勞動契約管轄權決定

對於前述涉外勞動契約，因為歐體管轄規則 I 有特殊規定，法國法院當依本一規則決定此等契約之國際管轄權。基於前述實體法上與準據法選擇上對於涉外勞動契約之特殊考量，歐體管轄規則 I（44/2001號規則）針對此等契約，為特殊之一節規範（第18條到第21條），以受僱人之訴訟便利保障為前提。

(一) 適用範圍

本規則第18條第1項規定，個人勞動契約，在無損第4條（被告於成員國

117 1980 Rome Convention, Art. 6 (2): "Notwithstanding the provisions of Article 4, a contract of employment shall, in the absence of choice in accordance with Article 3, be governed: (a) by the law of the country *in which the employee habitually carries out his work in performance of the contract*, even if he is temporarily employed in another country ; or (b) if the employee does not habitually carry out his work in any one country, by the law of the country *in which the place of business through which he was engaged is situated*; unless it appears from the circumstances as a whole that the contract is more closely connected with another country, in which case the contract shall be governed by the law of that country."（斜體字爲筆者自加）

118 1980 Rome Convention, Art. 20: "This Convention shall not affect the application of provisions which, in relation to particular matters, lay down choice of law rules relating to contractual obligations and which are or will be contained in acts of the institutions of the European Communities or in national laws harmonized in implementation of such acts."

無住所與國民待遇原則）與第5條第5項（子公司、代理人或其他建制）之前提下，適用本節之規定。第18條第2項規定，關於個人之勞動契約，縱使僱用人無住所於歐盟成員國境內，如有子公司或代理人或其他任何建置於成員國境內，僱用人視為於成員國境內有住所。

(二)管轄權之決定

本規則第19條規定，有住所於成員國境內之僱用人，得於住所地國或受僱人通常工作完成地國、最後工作完成地國、工作招募地國被訴。亦即，受僱人關於勞動契約，可於數法院對僱用人提起訴訟，此為選擇管轄。例如：法國公司F，於德國僱傭德國人D（有住所於德國），於西班牙E地完成其工作。此時，D針對該僱傭契約之糾紛，得於法國、德國或西班牙對F提起訴訟。

第20條第1項規定，僱用人僅得於受僱人住所地國提起訴訟。亦即，僱用人對於受僱人之訴訟，專屬受僱人住所地國法院管轄，此為保護受僱人之規定。如上例，法國公司F僅得於德國對D提起訴訟。本條第2項規定，本節之規定不影響於原訴訟繫屬法院，提起反訴。

第21條規定，本節之規定，僅能以訴訟提起後之協議變更，或以准許受僱人於本節所列管轄法院以外之法院提起訴訟之協議變更。蓋訴訟提起後，如有情事變更情形，雙方可協議由其他較為便利之法院管轄，或是在勞動契約中，本已給予受僱人更多之選擇起訴法院，此對受僱人有利，當無禁止之理。

綜上，歐盟對於涉外勞動契約，從契約內容最低工作條件保障、準據法選擇之合意限制到訴訟管轄之有利受僱人設計，處處彰顯對於工作權之重視，對於工作者之保障。

伍、結論：法國經驗對我國法之啓示

前述法國經驗，對我國實有相當啟示。首先，就國際私法之學說發展上，國內學界目前對於管轄權之決定問題，是否屬於國際私法之研究範圍界定，眾說紛紜[119]。主張大國際私法者，認為管轄權之決定，亦屬國際私法研究之範圍；主張小國際私法者，則認為管轄權之決定應屬國際民事訴訟法，為民事訴訟法研究之範圍。實則國際私法對於涉外私法紛爭之解決，純就學理上固可劃分研究界線，限縮在「準據法決定（選擇）」之部分，而不討論程序法上之問題。但從當事人角度、法律實務工作者角度觀察，從訴訟提起應向何一法院提起？一直到法院選擇適用準據法後，獲法院判決而有判決承認執行之問題，皆屬環環相扣。職故對於國際管轄權之研究，在學理與實務操作上實有必要。前述法國管轄權決定之原理原則，以及歐體管轄規則Ｉ之相關規定，在我國進行涉外民事法律適用法修正討論時，實有相當參考之效。如果能在修法過程中，納入相關管轄權決定原則，此對於涉外案件起訴與日後判決承認與執行，較能滿足法律明確性原則。

其次，對於涉外案件相關管轄權決定基準，目前在我國法院之實務運作中，因我國涉外民事法律適用法與民事訴訟法無關於國際管轄權之規定，皆以「類推適用」民事訴訟法，以解決無法可循之窘境。例如：在最高法院96年台上字第582號判決中，認為「涉外剩餘財產分配事件之國際管轄權，涉外民事法律適用法未有規定，應類推適用民事訴訟法之規定」[120]；而最高法院95年台抗字第2號裁定中，也指出「關於涉外事件之國際管轄權誰屬，涉外民事法律適用法固未明文規定，惟受訴法院尚非不得就具體情事，類推適用國內法之相關規定，以定其訴訟之管轄」；又最高法院93年台上字第1943號判決則稱「查涉外民事法律適用法並無關於離婚事件國際管轄權之規定，惟綜合民事訴訟法第568條關於離婚事件管轄權之規範意旨及原理，應解為我國就離婚事件之國

119 國際私法之研究範圍界定，參見馬漢寶，同註5，頁30；劉鐵錚、陳榮傳，同註6，頁24以下；賴來焜，同註12，頁1-103；吳光平，從國際私法體系論涉外民事法律適用法之修正，立法院院聞第31卷第7期，2003年7月，頁32-58。亦參見Pierre Mayer et Vincent Heuzé, *ibid.*, n°1, p. 1以下；Yvon Loussouarn, Pierre Bourel et Pascale de Vareilles-Sommières, *ibid.*, n°3, p. 5以下。國內目前教科書上，馬漢寶老師未對管轄權多著墨；劉鐵錚老師、陳榮傳老師合著，國際私法論，則設專篇討論「涉外民事訴訟法論」；柯澤東老師則以「國際管轄權、法律適用及判決承認三關聯之統合」討論，參見柯澤東，國際私法，2006年9月，頁159。

120 以下最高法院判決，皆檢索自司法院法學資料檢索系統http://jirs.judicial.gov.tw（最後瀏覽日：2007.4.11）。

際管轄權，係以當事人本國法院管轄為原則，輔以住所地法院管轄權及原因事實發生地法院之管轄權。」此雖未明言類推適用，但論理上實為此意；而最高法院95年台上字第293號判決則認為「依涉外民事法律適用法第九條第一項、民事訴訟法第十五條第一項及商標法第六十一條規定，本件係因商標侵害之侵權行為涉訟，而英國為侵權行為地，則英國法院就被上訴人之商標專用權在其境內受上訴人侵害，因英國法院係侵權行為地之法院，就該事件應有國際管轄權，並無疑義。」此判決說理上有些許瑕疵，蓋直接「依」我國民事訴訟法之規定判斷，宜稱「類推適用」為宜。

從前述判決可以看出，我國實務上以類推適用民事訴訟法解決國際管轄權之方式，與早期法國關於國際管轄權之發展倚賴「判例法」之情形相同，皆為以判例法補足制定法不足之方式。但值得注意者是，前開最高法院諸判決，對於決定國際管轄權之類推適用，皆未引用涉外民事法律適用法第30條「法理」以為類推適用之依據，在論理上稍有瑕疵，日後或有可詳加圓滿論證之處。

目前國際間之發展，除海牙民商事管轄權公約研擬中之外，前布魯塞爾公約Ⅰ、Ⅱ與歐盟管轄權規則Ⅰ、Ⅱ，皆已有明文可為國際管轄權決定之基礎。我國於未來涉外民事法律適用法或民事訴訟法修正時，宜參考國際相關規範明文規定為宜，尤其是關於如本案涉外勞動契約或消費者保護等特殊性質案件，更應斟酌保障弱勢者之精神，考量我國之國情與社會需要，為妥善之程序保障設計。

最後附帶一提，目前國際間關於海牙民商事管轄權公約之研擬，意見紛紜[121]，因為不同法系之間，對於管轄權決定有不同的實務操作、程序與規則，其後更有不同的法哲學思考背景。而國際間是否真需要統一的管轄權決定規則？學者亦有不同看法[122]。因為歐盟有歐洲共同市場之經濟整合前提，因此布

121 例如：美國即反對此一草案。參見Arthur T. von Mehren, La rédaction d’une convention universellement acceptable sur la compétence judiciaire internationale et les effets des jugements étrangers: Le projet de la Conférence de la Haye peutilaboutir ? in *Revue Critique de Droit International Privé,* n°90(1) janvier-mars 2001, pp. 85-99, 88.

122 Bernard Audit, *op. cit.*, p. 380; 柯澤東，同註119。

魯塞爾公約、歐盟管轄規則之統整，顯得較為容易[123]。但在國際間，此一整合，則顯得路途漫長。具體上，例如：關於是否要置入不便利法庭條款與管轄積極競合裁定停止訴訟條款[124]，是否要包括智財權契約與電子商務契約[125]，應該傾向保護原告或被告而為制度設計？法官之裁量權有多廣？等問題[126]，各國亦有不同意見，而在草案中則時常可見折衷之做法[127]。尤其是國際間並無如歐體法院可統一解釋適用公約內容之司法機構，如何確保此一多邊公約可以拘束各國司法機構？此更是難題[128]。距實際上完全達成共識，此一公約內容尚待各國協調共同努力。

123 英國等英美法系國家與德法等大陸法系國家不同的法律文化與政策，因經濟整合之需求，在此得到統整。參見Arthur T. von Mehren, *op. cit.*, p. 90.

124 Martine Stuckelberg, Lis Pendens and Forum Non Conveniens at the Hague Conference, 26 Brooklyn J. Int'l L. 949, 2001.

125 Arthur T. von Mehren, *op. cit.*, p. 87.

126 Arthur T. von Mehren, *op. cit.*, p. 90.

127 例如：草案第6條之契約，美國學者依舊覺得不滿意。Arthur T. von Mehren, *op. cit.*, p. 92.

128 Arthur T. von Mehren, *op. cit.*, p. 97.

參考文獻

一、中文部分

(一) 書籍

李沅樺，國際民事訴訟法論，五南圖書，2007年2版。

柯澤東，國際私法，元照，2006年3版。

柯澤東，國際私法新境界—國際私法專論，元照，2006年。

馬漢寶，國際私法（總論、各論），自版，2004年。

劉鐵錚、陳榮傳，國際私法論，三民書局，2004年3版。

賴來焜，當代國際私法學之基礎理論，自版，2001年。

(二) 期刊論文

吳光平，即刻適用法及其於海事國際私法上貨物運送法律關係之運用—並論我國海商法第七十七條之規定，法學叢刊第189期，2003年1月。

吳光平，從國際私法體系論涉外民事法律適用法之修正，立法院院聞第31卷第7期，2003年7月。

吳光平，重新檢視即刻適用法—源起、發展，以及從實體法到方法的轉變歷程，玄奘法律學報第2期，2004年12月。

吳光平，美國國際私法選法方法論與裁判管轄權法則之簡析，法令月刊第56卷第7期，2005年4月。

林秀雄，國際裁判管轄權—以財產關係案件為中心，收於國際私法理論與實踐（一）—劉鐵錚教授六秩華誕祝壽論文集，元照，1998年。

林恩瑋，大陸法系國際私法選法理論方法論之簡短回顧，法令月刊第56卷第3期，2005年3月（亦收於陳隆修、許兆慶、林恩瑋合著，國際私法：選法理論之回顧與展望，2007年）。

柯澤東，從國際私法方法論討論契約準據法發展新趨勢—並略評兩岸現行法，臺大法學論叢第23卷第1期，1993年12月（亦收於柯澤東，國際私法新境界—國際私法專論，2006年）。

許兆慶，海事國際私法上「至上條款」與「即刻適用法」簡析—兼評新海商法第七十七條之訂定，月旦法學雜誌第78期，2001年12月。

許耀明，歐盟統一國際私法之發展：以管轄權規則與契約準據法公約為例，月旦法學雜誌第110期，2004年7月。

陳啟垂，國際管轄權之合意—評最高法院九十二年度台上字第二四七七號民事判決，月旦法學雜誌第131期，2006年4月。

黃國昌，扣押財產作為行使國際民事管轄權之基礎—評最高法院九十三年度台抗字第一七六號裁定，月旦法學雜誌第124期，2005年9月。

黃國昌，國際訴訟之合意管轄—以排除效果之有效性要件為中心，政大法學評論第90期，2006年4月。

二、外文部分

(一) 書籍

Alegría Borrás, Le droit international privé communautaire: réalités, problèmes et perspectives d'avenir, Recueil des Cours de l'Académie de Droit International, tome 317, 2005.

Bernard Audit, Le droit international privé en quête d'universalité, Cours général de l'Académie de droit international 2001, Recueil des Cours de l'Académie de Droit International, tome 305, 2003.

Daniel Gutmann, Droit international privé, 2e éd., Dalloz, Paris, 2000.

Dusan Kitic, Droit international privé, Ellipses, Paris, 2003.

Etienne Pataut, Principe de souveraineté et conflits de juridictions: études de droit international privé, Paris, LGDJ, 1999.

Françoise Viangalli, La théorie des conflits de lois et le droit communautaire, Aix-en-Provence, PUAM, 2004.

Gérard Cornu, Vocabulaire juridique, 3e éd., PUF, 2002.

Giorgio Badiali, Le droit international privé des Communautés européennes, Recueil des Cours de l'Académie de Droit International, tome 191, 1985-II.

Marie-Noëlle Jobard-Bachellier et Pierre Mayer (dir.), Le droit international privé: esprit et méthodes—Mélanges en l'honneur de Paul Lagarde, Dalloz, Paris, 2005.

Patrick Courbe, Droit international privé, 2e éd., Armand Colin, Paris, 2003.

Paul Lagarde, Le principe de proximité dans le droit international privé, Recueil des Cours de l'Académie de Droit International, tome 196, 1986-I.

Peter Stone, EU Private International Law, Edward Elgar, UK, 2006.

Pierre Mayer et Vincent Heuzé, Droit International Privé, 8e éd., Montchrestien, Paris, 2004.

Pierre Rodière, Droit social de l'Union européenne, 2e éd., LGDJ, Paris, 2002.

Raymond Gullien et Jean Vincent (dir.), Lexique des termes juridiques, 13e éd., Dalloz, 2001.

Yvon Loussouarn, Pierre Bourel et Pascale de Vareilles-Sommières, Droit international privé, 8e éd., Dalloz, Paris, 2004.

(二) 期刊論文

Anne Marmisse, Le règlement du Conseil du 22 décembre 2000 sur la compétence judiciaire, la reconnaissance et l'exécution des décisions en matière civile et commerciale, in Les Petites Affiches, n°248, 12 décembre 2002.

Arthur T. von Mehren, La rédaction d'une convention universellement acceptable sur la compétence judiciaire internationale et les effets des jugements étrangers : Le projet de la Conférence de la Haye peutilaboutir? In Revue Critique de Droit International Privé, n°90(1) janvier-mars 2001.

Georges A.L. Droz et Hélène Gaudemet-Tallon, La transformation de la Convention de Bruxelles du 27 septembre 1968 en Règlement du Conseil concernant la compétence judiciaire, la reconnaissance et l'exécution des décisions en matière civile et commerciale, in Revue Critique de Droit International Privé, n°90(4) octobre- décembre 2001.

Martine Stuckelberg, Lis Pendens and Forum Non Conveniens at the Hague Conference, 26 Brooklyn J. Int'l L. 949, 2001.

Michael Wilderspin, Le droit international privé des contrats (autres que les contrats conclus par les consommateurs), Revue des affaires européennes, n°4, 2001-2002.

Ph. Francescakis, Quelques précisions sur les «lois d'application immediate» et leurs rapports avec les règles de conflits de lois, Revue critique de droit international privé, 1966.

(三) 法規與判例

B. Ancel et Y. Lequette (dir.), Les grands arrêts de la jurisprudence française de droit international privé, 4e éd., Dalloz, Paris, 2001（本文簡稱為Grands arrêts）。

三、網路資料

司法院法學資料檢索系統：http://jirs.judicial.gov.tw。

法國法規查詢系統：http://www.legifrance.gouv.fr/html/。

歐體法規、法院判例查詢系統：http://europa.eu.int/eur-lex/en/search/search_case.html。

3

直接管轄與國際裁判管轄權之法典化問題
——以2004年比利時國際私法新法典爲參考*

林恩瑋

壹、前言

國際管轄權（compétence internationale; international jurisdiction）一詞，向來於我國國際私法學界文獻所廣泛引用[1]。雖然在詞彙上另見有「涉外裁判管轄權」[2]、「國際裁判管轄權」[3]、「一般管轄權之原則」（principe de competence générale）[4]、「國際性裁判管轄」[5]、「國際審判管轄權」[6]、「裁

* 原刊登於財產法暨經濟法第4期，2005年12月，頁169-217。

1 陳榮宗、林慶苗，民事訴訟法（上），三民書局，2005年1月修正4版1刷，頁92；陳啓垂，民事訴訟之國際管轄權，法學叢刊第166期，1997年4月，頁75；陳啓垂，以欠缺國際管轄權爲上訴理由，法學叢刊第186期，2002年4月，頁1；陳啓垂，審判權、國際管轄權與訴訟途徑，法學叢刊第189期，2003年1月，頁27。

2 劉鐵錚、陳榮傳，國際私法論，三民書局，2004年修訂3版，頁599，同時該書亦使用「國際管轄權」一詞。

3 徐維良，國際裁判管轄權之基礎理論，法學叢刊第183期，2001年7月，頁69；林大洋、林信明，論國際裁判管轄權，中律會訊第7卷第5期，2005年2月，頁17；蔡華凱，侵權行爲的國際裁判管轄：歐盟的立法與判例研究，國立中正大學法學集刊第14期，2004年1月，頁243；林秀雄，國際裁判管轄權：以財產關係案件爲中心，收於國際私法理論與實踐（一）—劉鐵錚教授六秩華誕祝壽論文集，學林，1998年版，頁120；林益山，國際私法與實例解說，台北大學法學叢書，2004年12月修訂4版，頁119；柯澤東，國際私法，元照，2004年10月2版3刷，頁25，柯教授並併用「國際訴訟管轄權」一詞，同書第26頁參照。

4 曾陳明汝，國際私法原理（上集），學林，2003年改訂7版，頁240。

5 何適，國際私法，聯合書店，1978年，頁295。

6 邱聯恭，司法之現代化與程序法，三民書局，1997年3月版，頁98。

判管轄權」[7]、「國家管轄權」[8]或直接稱以「管轄權」[9]者，惟審其實質，這些名詞所指涉之概念與討論之內容實為同一：基本之定義均係指向就涉外案件，究竟應由何國法院行使管轄權之問題[10]。

在涉外案件的進行流程上，國際管轄權的問題是先於選法衝突問題被討論的。事實上，傳統上國際私法的討論重心，特別在我國，僅集中在討論法律衝突部分[11]。相對於管轄衝突的部分，則較少著墨。然而我國學者無不意識到管轄衝突問題與法律衝突問題，實同屬涉外案件之兩大重要領域[12]，而分別多少在其著作中提及管轄衝突之相關原理原則[13]。

關於國際管轄權問題的探討，常常與選法衝突的問題相結合，而難以割

---

7 劉甲一，國際私法，三民書局，2001年4月修訂3版4刷，頁409；蘇遠成，國際私法，五南圖書，2002年10月5版5刷，頁122。

8 盧峻，國際私法之理論與實際，上海中華書局，1934年7月版，頁195。該書大約爲我國最早觸及國際管轄權問題之國際私法教科書。

9 馬漢寶，國際私法（總論、各論），自刊，2004年版，頁197。

10 我國實務上明確使用「國際管轄權」一詞之最高法院判決，例如93年度台上字第1943號一則，判決要旨略爲：「（前略）……涉外民事法律適用法並無關於離婚事件**國際管轄權**之規定，惟綜合民事訴訟法第五百六十八條關於離婚事件管轄權之規範意旨及原理，應解爲我國就離婚事件之**國際管轄權**，係以當事人本國法院管轄爲原則，輔以住所地法院管轄權及原因事實發生地法院之管轄權。」

11 學者蘇遠成論及裁判管轄權問題時並說明：「在德國……關於裁判管轄權之問題，在國際私法則未述及。……在日本，則仿效德國之法制，通常在國際私法上並未述及此問題（裁判管轄權）。」括弧本文筆者自加，見蘇遠成，國際私法，同註7，頁122。同樣請參考藍瀛芳，國際私法導論，自刊，1995年版，頁21以下；洪應灶，國際私法，中國文化大學，1988年4版，頁25以下同此；學者馬漢寶更指出：「內外國法院管轄權之限定，與內外國私法之衝突，究屬兩事。前者與外國私法判決之承認或執行，同爲民事訴訟法上之問題。因是，德國及瑞士學者多主張另立國際民事訴訟法之專門科目，以從事此類問題之研究，此亦爲本書所以未將管轄權列入國際私法定義內之主要原故。」馬漢寶，同註9，頁33參照。

12 我國學者有採三分說者，認爲國際私法有三大部門爲其研究之範圍：管轄權的確認，準據法的選擇及承認與執行外國法院之判決。陳隆修，國際私法管轄權評論，五南圖書，1986年版，頁4。實則管轄權的確認與承認執行外國法院之判決二者，可被同歸於管轄衝突的問題下討論。

13 請參閱賴來焜，當代國際私法學之基礎理論，自刊，2001年版，頁506以下有相當完整之整理與說明。

捨。在過去，法國法院甚至於將案件可能「適用外國法」作為法國法院對該案件無管轄權之藉口。不過，目前國際私法學者將二者截然區分，已經成為定論，而法國法院對這種混淆的理論亦已揚棄[14]。國際管轄權問題被視為與選法衝突問題為基本不同之觀念：即使其在一定程度上仍有相合之處。

從整體的世界觀角度觀察，在理論上或許我們可以認為將國際性的案件統一交由一個由各國法官組成的國際法庭管轄審理，會是適當的。但這顯然與國際現實不符。事實上，國際法院僅在極少數的情況受理國際私法的案件[15]，而由於國際管轄權目前在全世界尚無一個共通承認的最高法律，亦無一個由世界各國法官所組成之超國家法院受理國際私法案件之審理。是以在實務運作上，國際管轄權問題仍應回到各國法院之中，以該國法院所確信並具備合理法律基礎之原理原則確認國際管轄權之有無。易言之，從國際私法學的觀點而言，所謂的國際管轄權問題，實則係在於討論國際間各國法院對於國際案件如何分配其管轄權之問題。

一般來說，我國國際私法學者將國際管轄權問題劃分為兩大部分討論：即「一般管轄」（compétence générale）與「特別管轄」（compétence spéciale）[16]。然而僅從中文的字義上觀之，並不容易理解何謂一般管轄，何為特別管轄。是以學者多會在敘述上繼續補充說明前者為「國際管轄權」，後者為「國內管轄權」。實則此一學理上的分類，係源自於法國學者E. Bartin之理

---

14 事實上，管轄權衝突之法則與法律衝突之法則二者有著性質上的差異，前者爲實體法則（règles matérielles），乃直接觸及管轄權之有無問題，後者爲選法法則（règles de conflit），爲間接決定實體上權益之問題。此外，後者所包含的研究範圍，亦較前者更爲廣泛，法國學者Bartin對此二者分別命名爲「司法管轄」（compétence juridictionnelle）與「法律／立法管轄」（compétence législative），區別之實益在於**二者互相爲獨立之兩個問題，國家雖對案件具有國際管轄權，但在案件準據法上未必即適用該國之法律**。Y. Loussouarn, P. Bourel et P. de Vareilles-Sommieres, "Droit international privé", *Dalloz*, 2004, 8e éd., n°436/437; B. Audit, "Droit international privé", *Economica*, 2000, 3e éd., n°318.

15 例如國際法院1952年8月27日關於管轄權衝突的案件判決，及2001年6月27日判決關於美國違反1693年4月24日維也納公約關於國內有關外國人之民事程序方面之領事關係，其中有關競合管轄之規定。

16 我國學者一般翻譯爲直譯，劉鐵錚，論國際管轄權衝突之防止，收於國際私法論叢，1991年3月修訂再版，頁258；劉鐵錚、陳榮傳，國際私法論，同註2，頁599。

論。就法文而言，形容詞général除有「一般的」之意，亦有「整體的」、「普遍的」之意，與之相對的spécial一詞，亦有「個別的」之意。是以吾人不難理解當初Bartin為何要使用compétence générale一詞，對其而言，「整體的管轄」自然指涉的是國家與國家間的管轄分配問題，而就個別的國家內部的管轄分配問題，則以compétence spéciale稱之[17]。此一分類方式是否妥適，或許見仁見智[18]，惟在國際私法理論中，概念上區分一般管轄與特別管轄，並非毫無意義，此即為本文以下所欲探討問題之一。

在探討國際管轄權問題時，一般學理上又有兩種分類：即所謂「直接的管轄權」（compétence directe）與「間接的管轄權」（compétence indirecte）。此處使用「直接的」與「間接的」等形容詞，係以理論是否直接觸及到國家之國際管轄權標準而定。易言之，前者為直接探討一國之國際管轄權標準應當為何，而後者則為研究外國法院判決之效力，間接地觸及國際管轄權標準之問題。本文所著重者，主要在於「直接的管轄權」部分，但既然本文之副標題係針對整個國際管轄權理論之省思，則論述上為釐清理論之層次，即無可避免須附帶討論「間接的管轄權」在國際管轄權理論中所扮演之角色問題。

關於管轄衝突問題，是否應列入國際私法學中討論，學者間曾有不同之意見。惟現今國際私法學界對於管轄權問題之討論，均將之普遍納入國際私法學之研究範圍。在外國立法例上，近年來比利時國際私法新法典[19]（以下簡稱「新法典」）的制定，即為一例[20]。在這部法典中，比利時立法者完成了從19

---

17 是以筆者曾建議將「一般管轄」與「特別管轄」改稱爲「集體管轄」與「個別管轄」。林恩瑋，大陸法系國際私法選法理論方法論之簡短回顧，法令月刊第56卷第3期，2005年3月，頁37-47。

18 我國學者有以爲此種概念分類在國際社會上不具普遍性，並且亦與現行訴訟法上之概念混淆，故對之置疑。蔡華凱，同註3，頁253註釋28參照。

19 法文版法典全文網路資料網址：http://www.dipulb.be。

20 這部法典的制定在當時引起了歐洲學界極大的注目，主要是因爲在法典草案制定之初，比利時國際私法的學術界涉入甚多，灌注了不少歐洲國際私法理論的心血結晶。這部新法典由比利時根特大學（RUG）的Johan Erauw教授、新魯汶天主教大學（UCL）的Marc Fallon 教授、Hans Van Houtte教授（魯汶大學）與布魯塞爾自由大學（ULB）的Nadine Watté等教授共同主導問世，同時也受到司法部副部長Laurette Onkelinx的大力支持，法案從提出於比利時司法部到參議院通過，整整歷經了十數年的時間。H. Boularbah, “Le

世紀初以來近一百五十年比利時國際私法學者所未完成的工作，在法語系國家中，這部新法典的制定，可謂立下了一個歷史性的里程碑。

事實上，有關國際私法法典化的相關爭論在法語系國家間從未停息過。在法國，儘管學者對於國際私法法典化的嘗試不斷，但反對說似乎總是占了優勢[21]。對比利時而言亦然，早在研議新國際私法法典之前，就有不少異見出現[22]。但最終比利時參議院仍是通過了這項法案，誠如學者Carlier教授所言，法典化的理由主要還是基於實用主義（pragmatisme）的考慮：因為對從事司法實務的工作者而言，其所需要的是一套面對涉外問題時的指導性規範。這套規範必須要清楚的、容易理解的並具體的給予法官指示，以解決相關的涉外問題，而不是讓法官們在複雜的學理與法院的判決先例意見間繞來繞去[23]。

值得注意的是，新法典並非只是對於過去比利時國際私法學說的整理與歸納彙整而已，在許多方面，這部新法典並大膽地作出了一些創新類型的規定。例如對於休妻制度（ La répudiation，第57條）、共同生活關係（ La relation de vie commune，第58條以下）、同性戀婚姻（第46條第2項）信託（Trust，第122條以下）、債務人無資力宣告制度（L'insolvabilité du débiteur，第116條以下）等，新法典對之都有明確的規範與指示。

新法典規範之範圍，不但在法律衝突的部分，即管轄衝突之領域，其對之亦為統一之規定，可謂為「大國際私法」立法典型[24]。就整個立法體裁而言，

nouveau droit international privé Belge: Origine, objet et structure", *J. Tri.*, 12 mars 2005, n°6173, p. 173.

21 H. Muir Watt, "La codification en droit international privé", *Droit*, 27, 1998, p. 149. 相關文獻並請參考E. Jayme, "Considération historiques et actuelles sur la codification en droit international privé", *RCADI.*, t.177, p. 9 s.

22 反對意見中最爲權威者，乃比利時列日大學的名譽教授Pierre Gothot，其對於國際私法法典化的可行性表示質疑，見J-V Carlier, "Le Code belge de droit international privé", *RCDIP*, 94(1) janvier-mars 2005, p. 11, surtout p. 16, à note 11.

23 J-V Carlier, *ibid.*, p. 14.

24 所謂「大」國際私法之定義，請參考賴來焜，基礎國際私法學，三民書局，2004年6月版，頁26以下；又請參考專文，賴來焜，中國大陸地區國際私法之最新發展，收於國際私法理論與實踐（一）—劉鐵錚教授六秩華誕祝壽論文集，學林，1998年版，頁31；林恩瑋，同註17。

新法典與1989年瑞士國際私法法典相同[25]，可分為總則與分則[26]，共計十三章（總則、自然人、婚姻關係、共同生活關係、親子關係、扶養義務、繼承、物、債、法人、債務人無資力的集體規定、信託與附則），每章將各種法律關係類型化，並置有國際管轄權與衝突規範之相關規定。甚至在特定章節中，新法典直接將法律關係予以定性，例如共同生活關係（第58條）、債務人無資力的集體規定（第117條）、信託（第122條）等，以杜絕可能的爭議。成問題者，新法典中所規定之國際管轄權規則，是否即為國際私法學科中，關於管轄權衝突理論之學術果實？或者新法典中關於國際管轄權之規定，曾摻雜了其他學科的考慮，特別是國際民事訴訟法的理論於其中？上述疑問均值玩味。準此，本文嘗試提出兩個問題：首先，如果沒有一項放諸四海皆準的管轄權原則被明確地制定，那麼對於國際管轄權理論所劃歸之原則與類型，究竟應該如何掌握？其次，如果我們可以確認掌握住這些「既存的」原則與類型，是否在實務上我們可以找到法源的依據？

為回答上開兩項問題，以下本文擬分為兩大部分進行討論：第一部分，將討論國際管轄權理論之基礎，亦即辨明「既存的」國際管轄權規則究竟是什麼；第二部分則以比利時國際私法新法典為例，探索其中有關國際管轄權之規定，作為我國法制與理論比較的參考。

貳、國際管轄權理論之基礎

在我國，關於國際管轄權之理論，基本上有兩種學科觀點：國際私法學，與國際民事訴訟法學（Internationales Zivilprozessrecht）。源於不同之觀點基礎所各自發展的國際管轄權理論，在名詞與概念的使用上，也存在著差異。是以，在論述之時，即不能忽略討論這兩種學科所分別建構的國際管轄權理論觀。

---

25 有關瑞士國際私法法典之中文文獻，請參考劉鐵錚等著，瑞士新國際私法之研究，三民書局，1991年10月版。

26 此一分類方式非法條原文分類，而係筆者自行彙整。

此外，雖然在國際私法與國際民事訴訟法學科的觀點上，對於國際管轄權的名詞或概念有所差異，但這並不表示這種差異即是不能調和的。易言之，在面對同樣的涉外案件中，國際私法或國際民事訴訟法都無法避免必須提列出其各自所認定之原理原則，以證明該案件與法院之間具備管轄的合理基礎。是以，本文擬先從此二學科的殊異觀點出發，分析其中名詞與概念之同質性與異質性，爾後就同質性的部分，提列歸納出國際管轄權之原理原則，以說明國際管轄權理論系統之獨立性與特色。

一、名詞與概念辨異

國際民事訴訟法屬於研究涉外案件之新興法律學科[27]，雖名之為「國際」，實則國際民事訴訟法僅指各國之民事訴訟法所涉及國際間民事事件之法律規定而言[28]。與國際私法學科性質之不同者，在於國際民事訴訟法為一純粹之內國涉外程序法研究，而國際私法之研究領域則兼跨了各國的實體法與程序法[29]。

關於國際民事訴訟法學科特性，陳榮宗教授認為：「相對於國際私法之對實體法層面，在訴訟法層面，遂有國際民事訴訟法之學問與用語出現[30]。」

27 學者有認爲所謂涉外（國際）民事訴訟「目前只是學理上，就具有涉外因素或國際因素之訴訟程序中所發生，而不存在於一般國內案件之程序法上問題，所提出之解對對策或規則集合名稱，而非某一法典之名稱，有時也被稱爲國際民事訴訟法」。劉鐵錚、陳榮傳，同註2，頁599。我國國際私法教科書中最早提及國際民事訴訟者，爲王毓英，國際私法，上海商務印書館，1932年，頁174以下。

28 陳啓垂，民事訴訟之國際管轄權，同註1，頁75；陳榮宗、林慶苗，同註1，頁85。亦有將國際民事訴訟法列爲廣義的國際私法者，如蔡華凱，同註3，頁245。

29 國際私法的性質，究竟爲程序法或爲實體法，學說上素有爭議，從選法法則運作的角度觀之，國際私法似爲程序法性質，但其與實體法之關係匪淺，因選法的結果將間接影響實體上的權利義務關係。馬漢寶，同註9，頁20以下；曾陳明汝，同註4，頁13以下；柯澤東，同註3，頁36以下；劉鐵錚、陳榮傳，同註2，頁16；賴來焜，最新國際私法之本質論，法令月刊第51卷第10期，2000年10月，頁660以下，特別在第678頁。

30 陳榮宗、林慶苗，同註9，頁85；陳榮宗，國際民事訴訟之法律問題，法學叢刊第143期，1991年7月，頁25-36。

此一說法即認為國際民事訴訟法之研究議題，主要在於程序法範圍，更精確地說，係在於內國民事訴訟法關於涉外案件審理程序之相關規定。故如法院管轄權、當事人適格[31]、程序事項之法律適用[32]、司法互助、訴訟程序效力之承認、外國法院判決之承認、涉外民事事件之保全程序、國際商務仲裁等，均可謂國際民事訴訟法之研究範圍[33]。

學者梅仲協對於國際管轄權之問題是否應列入國際私法研究範圍，曾謂：「……就理論上言，關於內外國家審判管轄權之限定，及外國判決或破產效力之承認諸問題，與國際私法上所欲研究之問題，性質截然不同，……關於審判管轄權諸問題，非有賴國際條約之協定，究屬難為徹底之解決，故此等問題之研究，應另立專攻之科目，別稱之為國際民事訴訟法或國際破產法，而置諸國際私法研究範圍之外，較為適宜[34]。」惟就國際私法學之發展趨勢以觀，似未必盡如其所言。一則國際管轄權理論之研究迄今仍受國際私法學者重視而未予放棄，二則就立法趨勢來說，國際管轄權仍受國際私法法典化之青睞，比利時國際私法新法典之肇成，即為明證。

事實上，回顧國際私法之理論歷史，我們可以發現至少有兩大主義左右著國私學者的觀點：即世界／普遍主義（universaliste）與個別主義（particulariste）。這兩大主義不僅在選法理論上發揮其作用，成就了不同的選法方法體系[35]，並且在管轄權衝突的理論部分，也有著各自不同的看法[36]。

[31] 李後政，涉外民事事件之當事人適格問題—最高法院八十三年度台上字第一六九號、八十六年度台上字第三七八九號判決評釋，台灣本土法學雜誌第22期，2001年5月，頁73。

[32] 陳駿賦，國際民事訴訟中定性理論與訴訟標的理論之交錯，萬國法律第132期，2003年12月，頁106。

[33] 劉鐵錚、陳榮傳，同註2，頁599參照；另請參考李後政，外國法院確定裁判之承認要件及效力之問題，收於國際私法論文集，五南圖書，1996年9月1刷，頁170以下。

[34] 梅仲協，國際私法新論，三民書局，1990年8月9版，頁72。

[35] 林恩瑋，同註17，頁40以下。

[36] 拿破崙法典可謂爲世界第一部有關國際管轄權的重要文獻（法典第14條及第15條），然而直至19世紀末，國際管轄權尚未形成其獨立之基礎理論，而是依託在其他的學科中發展。B. Audit, “Le droit international privé en quête d'universalité”, *RCADI*, t. 305 (2003), pp. 9-488, surtout à n°363.

主張世界／普遍主義者認為，所謂的法律衝突與管轄衝突問題，事實上均是主權的衝突問題。世界／普遍主義者認為一個屬於國際秩序的法規範確實存在著。而標誌著這項國際法規範的明顯例證則為國際之間管轄權分配的問題。因為吾人必須要嘗試著規避各國家間對同一案件所可能產生的管轄衝突情形，而解決管轄權衝突的最根本解決之道，毫無疑問是去制定出一套國際管轄權的法則，這套法則必須符合國際秩序的法規範標準，才能避免管轄衝突的發生[37]。

主張個別主義者，則貫徹其向來之立場，認為事實上國際間並不存在一個至上的國際管轄權法規可資遵守，故有關國際管轄權的問題，各國仍以其個別國家之管轄權規定標準，判斷其是否對該涉外案件具有國際管轄權[38]。身為個別主義支持者之一的法國學者Niboyet更指出，強制一個國家接受他原來不願意接受的國際管轄權，是不公平的。每個國家彼此間應該都是平等的，各國均應尊重他國的主權，包括了不得強迫他國接受本國之國際管轄權標準[39]。

因此我們可以發現，在對於國際管轄權理論的立場上，個別主義與國際民事訴訟法學的看法是一致的：因為不存在一個普遍、至上的國際管轄權標準，故法官只能退而求諸其國內法規以判斷國際管轄權之有無。從這一個基礎出發，我們發現其在論述上或有以下相異之處。

(一) 學科觀點意見歧異

從國內法的觀點來說，「管轄權」（compétence）一詞意味著特定人或機關對於特定事物所具有的一定管領資格。只要言稱「管轄權」，在字義上必定是指涉某一法律「主體」具有管轄權。因此我們會說某機關，某人對某件事物

37 H. Batiffol et P. Lagarde, “Traité de droit international privé”, t.1., *LGDJ*, 8e éd., n°264.

38 例如Bartin，其即認爲國際私法的角色是由各國間的管轄權分配所構成。易言之，事實上國際間是由各國自行決定其內國法律與管轄權之範圍，在國際私法上，「管轄權」一詞雖係借自於國際公法之概念，但所謂的國際管轄權規則並不存在於國際社會中，而是在於國際社會的「各成員」（即國家或其他政治 實體）之中。P. Mayer, “Droit international privé et droit international public sous l'angle de la notion de compétence”, *RCDIP*, v. 68 1979, pp. 16-29, surtout à p. 4.

39 P. Mayer, *ibid.*

具有管轄權，但不會說某法律，某物具有管轄權。

管轄權在國際公法上的定義，也是迥然不同的。一般而言，如果在國際公法上稱某國有管轄權，則這個管轄權必然是排他的、專屬的。國際公法上的「國家管轄」（compétence étatique）主要是一國主權行使範圍的問題，判斷各國主權行使的範圍，使之互不侵害，為國際公法論及「管轄權」的目的之一。也因此所謂國家「管轄權的衝突」並非為國際公法上所需探究，其主要關注者，僅在於討論國家「管轄權有無」之問題，易言之，即國家主權作用範圍之問題[40]。

無論從國內法或是國際公法的觀點，都無法完整地詮釋國際私法上的管轄權概念。事實上，此三者在「管轄權」的理論上所關注的範圍各不相同，並各具獨特性，不可相混。雖然國際私法上使用「管轄權」一詞，但這種說法僅是假借於國際公法之管轄權概念，便於國際私法學者陳述而已。是以國家管轄權概念不宜適用在國際私法學之管轄權問題上，因為「管轄權的衝突」問題正是國際私法領域中經常發生與討論的焦點[41]；同樣地，國內法上的管轄權概念，特別是土地管轄，亦與國際私法上的管轄權概念並不相同：國際私法的管轄權並非僅以地理的概念作為管轄權有無之判斷基礎，相反地，其所考慮的非地理性因素不在少數。即使案件與國家間無地理關係，國家仍有可能對該案件具備管轄權[42]。

也因此，區分「一般管轄」與「特別管轄」之實益，在國際私法學上即為表現其所論述之管轄權理論的特殊性，而表示與國內法所稱之「管轄權」概念有所差異[43]。事實上，以國際私法學的觀點而言，僅僅將管轄權問題侷限在個

---

[40] P. Mayer, “droit international privé et droit international public sous l'angle de la notion de compétence (suite)”, *RCDIP* v. 69 1979, p. 349, surtout à p. 354.

[41] 另一個明顯的比較是，國際公法上之國家管轄權理論係建立在國際公法原則之上，如果國家違背國際公法之原則，則國家管轄權不生效力，但在國際私法上，由於並無一個至上普遍的管轄權規則予以拘束規範，即使各國立法者在其制定國際管轄權標準之意旨有違國際法時，仍不會減損其特定之法律效力。

[42] 例如國籍、當事人間之合意管轄等，均爲判斷國際管轄權有無之重要非地理因素。請參考P. Mayer et V. Heuzé, “Droit international privé”, *Montchrestien*, 8e éd., nov. 2004, n°277.

[43] 國內有學者持反對意見，認爲特別管轄權「**實係民事訴訟法上法院之土地管轄分配之問**

別主義的立場說明是不合理的：既然國際私法的目的在於避免各國間管轄衝突發生之可能，乃以調協（conciliation）的方式處理管轄權問題，那麼我們怎麼能說管轄權的理論基礎僅在於各國之內國法本身，而完全忽略各國間的主權調協問題呢？

從國際民事訴訟法角度而言，對於國際管轄權的基本理念，亦有國家主義型、國際主義型與普遍主義型三類。因此三種理念類型所各自導引出之國際管轄權決定標準：逆推知說[44]、修正類推說、利益衡量說等，亦與國際私法學者在管轄權衝突之理念有相和之處——從逆推知說在學理上所受到的批判——論理邏 輯的矛盾性、混淆國際管轄權與國內管轄權標準、欠缺對於涉外案件國際性特質的考慮等，亦可以發現國際民事訴訟法學者對於國際管轄權之問題，並非單純就各國之國內立場而為推論[45]。

進一步言，國際管轄權問題的特殊性，為國際私法與國際民事訴訟法學者所咸認。決定國際管轄權之有無，不可單純以國內土地管轄之概念予以逆推，而應該重視國家與涉外案件間之連繫，以更宏觀的、更切合個案需求以及更具彈性的角度建立國際管轄權之標準。也因為案件具有國際性，使得適用於訴訟

題，本非國際私法或國際民事訴訟法之任務，自無另外創設新法律概念而爲說明之必要」。蔡華凱，國際裁判管轄總論之研究—以財產關係訴訟爲中心，國立中正大學法學集刊第17期，2004年10月，頁1-86，特別在第8頁。法國學者亦有認爲，在國際管轄權的一般原則下，這種區分並無太大的意義，因爲法律往往將同一種標準適用在「一般管轄」與「特別管轄」的場合。特別此一分類的創設，是在過去法國法院以案件具有涉外因素爲由而拒絕管轄的時代，學者爲求概念上精緻化，因而在該時代提出此項區分標準，於今法國法院已放棄這種見解，故此項區分已無太大意義。僅在一些特殊情形下，當法院無法依照土地管轄原則判斷是否對案件具有國際管轄權時，才有相對的區別實益存在。

D. Holleaux, J. Foyer et G. De Geouffre de La Pradelle, "Droit international privé", *Masson*, Paris, 1987, n°757. 並請見本文段碼第24以下之討論。

44 此說係主張將內國民事訴訟法的管轄權規定適用於涉外案件之管轄權問題中，國內一般文獻沿襲日本學說稱謂，將之命名爲「逆推知說」。但本文認爲，此種情形僅是將國內民事訴訟法之管轄權規定擴張適用於涉外案件的場合，其間二者（國內管轄權標準與國際管轄權標準）並無邏輯上「逆推」或互證之關係，將此說稱之爲「逆推知說」是否妥當，似待斟酌。

45 蔡華凱，同註43，頁11以下，主張「對於國際裁判管轄權在學理上的定位，應從現行內國體制與國際法間的關係加以說明」。

事件之程序法與法庭地之國際私法，乃至於語言、司法制度、民情風俗等均受到國際管轄權標準判定之重大影響。是以建構國際管轄權理論，即不可忽略涉外案件與一般國內案件之差異性[46]。

雖然，國際民事訴訟法學與國際私法學對於國際管轄權問題，有著許多之共通點，但其就個別問題之細微差異性仍然存在，以下即就二學科間相關專有名詞部分為進一步之分析與比較。

(二) 相關專有名詞分析

國際民事訴訟法學者以國內法角度出發，就國際管轄權理論的層次，細膩地定性了各種名詞與相關概念，其中最著者，即為審判權、國際管轄權、訴訟途徑三者之區分[47]。

國際民事訴訟法學者認為，審判權亦稱為裁判權，指國家的司法權，屬於國家主權之一部，為國際公法上國家主權範圍的問題，係受到國際公法規範的限制。審判權乃國際管轄權之前提，其功能在於決定究竟法院根本是否「得」為審判的問題。

而國際管轄權，則是指一國法院對某一具體訴訟事件，因其與內國有一定的牽連關係，而得予以裁判的權限。其功能在於決定是否受訴法院對於案件「必須」為裁判之問題。

至於訴訟途徑，則是指國家審判權所提供權利保護的法定程序，性質上屬於管轄權的問題。

區別三者的實益，除了概念層次上的釐清以外，更重要的是在於內國法官面對三種不同之情況（欠缺審判權、欠缺國際管轄權、訴訟途徑不合法）時，在訴訟上處理的方式也不相同。以審判權與國際管轄權問題為例，在我國而言，因為民事訴訟法上尚無如德日國家有訴訟判決之規定，是以國際民事訴訟法學者認為，訴訟若屬欠缺「審判權」者，應適用民事訴訟法第249條第1項

46 相較於內國民事訴訟法對於管轄權問題的容忍與彈性，國際管轄權的問題應該與之有別，因爲上述的各種訴訟程序干擾問題，在國際案件中的影響往往較國內案件更爲重大。

47 陳啓垂，審判權、國際管轄權與訴訟途徑，同註1，頁27。

第6款以訴訟「不備其他要件」裁定駁回；訴訟為欠缺「國際管轄權」者，應類推適用民事訴訟法第249條第1項第2款以訴訟「無管轄權」裁定駁回[48]。此外，欠缺審判權所為之判決，判決不能產生效力，而欠缺國際管轄權之判決，在未經上訴程序請求廢棄該判決前，判決仍為有效[49]。

國際民事訴訟法學者此項分析，固為縝密，然而我們可以發現，在國際私法學上未必將審判權與國際管轄權二者作如此精密之區分。如前所述，國際私法學上在討論管轄權時係著重於國際之間國家整體管轄權（compétence générale）分配的問題，目的在於避免各國間管轄衝突發生之可能，以調協的方式處理國家之間的管轄權問題。從此一角度觀之，審判權與國際管轄權二者，實為同一：因為在國際私法的理論上，我們無法想像法院有審判權（確認國家司法制度對案件得為審理），而同時卻又無國際管轄權（確認國家司法制度對案件不得為審理）的例子[50]。

也因此，就國際私法學而言，法院無國際管轄權而為本案判決者，因欠卻訴訟要件，與法院無審判權為判決之情形相同，其判決應屬不生效力。未判決前，在我國似應依民事訴訟法第249條第1項第6款以訴訟「不備其他要件」裁定駁回；判決後未確定前，仍不妨依上訴程序救濟，由第二審法院廢棄原無國際管轄權之判決。

然而，此係就本國法院無國際管轄權之判決而言。對於外國法院無國際管轄權而為判決（無論是以本國法院的國際管轄權標準，或是以外國法院之國際管轄權標準），應如何確認其判決之效力，則為外國法院判決效力承認與執

48 陳啓垂，審判權、國際管轄權與訴訟途徑，同註1，頁29-33；陳啓垂，民事訴訟之國際管轄權，同註1，頁77-78；陳啓垂，以欠缺國際管轄權爲上訴理由，同註1，頁3-8；徐維良，同註11，頁78；林大洋、林信明，同註11，頁22以下均同此見解，不過亦有認爲，此種情形仍應以判決形式爲之，而在判決書上記載「據上論結，本件原告之訴不合法，爰判決如主文」方式變通者。詳見蔡華凱，同註43，頁69以下。

49 陳啓垂，審判權、國際管轄權與訴訟途徑，同註1，頁29。反對說（認爲判決無效），蔡華凱，同註43，頁66。

50 邏輯上既然認爲二者的概念爲同一，則不可能存在「既有又無」之現象。至於國際管轄權行使的限制，例如不便利法庭原則（forum non convenient）或國際管轄競合時，內國法院自我限制管轄權之行使（即litispendance）等情形，與確定國際管轄權之有無，爲兩個不同之問題。

行（間接的一般管轄）之問題，與國際管轄權（直接的一般管轄）問題不可相混，二者在國際私法學上各自有其不同之性質、判斷標準與理論基礎。

關於國際私法學上使用「一般管轄」與「特別管轄」等詞，國際民事訴訟法學對之也有不同的定義。大陸法系的民事管轄規則構造，基本上將法院與案件之連繫關係區分為二：以人（被告）和法院地之間的連繫關係，稱之為「普通審判籍」，即所謂「以原就被原則」（*actor sequitur forum rei*），因該原則其具有普遍性，乃法院對於被告具有一般性權限，而不問訴訟類型與請求之原因，故又名之為「一般管轄」；在「一般管轄」之外，案件與法院地另外具有連繫關係者，（或因其訴訟標的，或因其訴訟類型）稱之為「特別審判籍」，又名「特別管轄」[51]。

在學理上，國際私法學區分「一般管轄」與「特別管轄」有其語言與概念上的原因，已如前述。雖然「一般管轄」與「特別管轄」等詞，在國際私法學上已有其固定之定義，惟從近年來國際私法之公約立法與法典化趨勢觀察，「一般管轄」與「特別管轄」之涵義似乎傾向於國際民事訴訟法學之定義[52]，但是否意味國際私法學上即應放棄此一傳統之概念分類，似仍值斟酌[53]。

二、理論系統的建構

在國際私法學上，關於國際管轄權理論系統，因其具備國際特性，故宜於

---

[51] 蔡華凱，同註43，頁11-12。

[52] 例如1968年之布魯塞爾「關於民事及商事事件之裁判管轄暨判決之承認執行公約」（The Convention of 27 September 1968 on Jurisdiction and Enforcement of Judgment in Civil and Commercial Matters，即隨後之盧加諾（Lucano）公約與Council Regulation (EC) No. 44/2001 of 22 December 2000 on on Jurisdiction and Enforcement of Judgment in Civil and Commercial Matters之主要法源，以下本文分別將之簡稱爲「布魯塞爾公約」與「盧加諾公約」），美國聯邦最高法院於1984年之*Helicopteros Nationalesde Colombia v. Hall*一案，均使用此一分類。轉引自蔡華凱，同註43。

[53] 以法國為例，法國國際私法學者並未在布魯塞爾公約通過後即放棄此一概念上的分類方式，蓋此一分類並不阻礙其接受布魯塞爾公約及歐盟第44/2001號規則之規定。因此就司法實務習慣而言，或許國際民事訴訟法學的分類較容易讓我國的司法實務者接受，然而這並不代表概念上接受國際私法學就「一般管轄」與「特別管轄」之分類，即會對國際管轄權問題的理解造成障礙。事實上，這兩個學科所研究的對象是同一的，只是立於不同觀點，因此產生使用名詞與概念上的差異性。

法律衝突領域中之選法方法與國內管轄理論之外獨立建構。然而，該理論系統之建構仍無可避免受到相關法律概念與問題之干擾。如何排除這些問題，而釐清、歸納出一般的原則，實為一困難之工程。

是以討論國際管轄權之理論系統建構，即不能不先分辨相關之問題與概念，進而藉由所列舉之問題，尋找出回應該問題之一般原則。以下即分別就國際管轄權在理論系統建構上所遭遇之問題與建立之原則，依序分析。

(一) 遭遇的問題

首先的問題是，如果要建立一個國際管轄權的標準，是否意味著其他國家的司法機關在判決上也必須要遵循此一標準？

答案顯然是否定的，因為現實是世界各國各自有其獨立的國際管轄權標準，而不受到他國之干涉。但是，如果一國之國際管轄權標準不能拘束他國法院這種理論成立，當內國與外國的司法機關對於國際管轄權標準發生歧義或產生衝突時，又應如何處理？

是以國際私法學中，將國際管轄權理論基本劃歸為兩個領域：「直接的管轄權」與「間接的管轄權」。前者指法院對於涉外案件有無直接之原則可確認國際管轄權之有無問題，後者則是對於外國法院作成之判決，間接地由內國法院審查其有無國際管轄權，亦即外國法院判決在本國之承認與執行的問題。這兩個領域的理論為各自獨立，性質上互不相同[54]。

分開這兩種領域的理論，主要在於直接的管轄權與間接的管轄權所面對的問題性質有著根本上的差異[55]。後者所據以認定外國法院判決效力的標準，為實效性標準（critère d'efficacité）[56]，而非管轄標準（critère de compétence）。

54 對於直接的管轄權，學理上性質爲審理管轄，屬於**行爲規範**，而間接的管轄權則是屬於承認管轄性質，是一種**評價規範**。蔡華凱，同註43，頁13以下。

55 從承認外國判決之理論基礎觀之，有「禮讓説」、「既得權説」、「義務説」、「正義説」及「特別法説」等，劉鐵錚、陳榮傳，同註2，頁617；劉甲一，同註7，頁454以下。相關討論又請參考陳長文，外國判決之承認—從歐盟「布魯塞爾判決公約」及美國「對外法律關係新編」評析民事訴訟法第四◯二條，收於國際私法理論與實踐（一）—劉鐵錚教授六秩華誕祝壽論文集，學林，1998年版，頁214；李後政，同註33，頁177。

56 從法文詞源意義上而言，efficacité一詞多指爲效率之意（即英文的efficiency），惟法文書易言之，即使外國判決並不符合該國之國際管轄權標準，內國法院仍有可能在其符合實效性標準下，承認該外國判決之效力[57]。

然而，直接的管轄權與間接的管轄權間之關係，有時候呈現十分緊密的關連性，而使得二者在判斷的基準上有互相影響的情形出現。然而，這種互相影響的現象卻不是正面的。以法國為例，早期法國事實審法院對於間接的管轄權標準判斷，曾有兩種不同之認定方法。第一種方法是以判決國（外國）國內法的國際管轄權標準（直接的管轄權）作為認定依據，但這種方法因為容易鼓勵原告在有利於案件管轄權的國家起訴，造成選擇法院（forum shopping）現象的發生，故非妥適。第二種方法則是以法國（內國）之國際管轄權標準作為認定依據，但由於這種標準較為嚴苛，因此亦被法國學者所批評[58]。

1985年法國最高法院在*Fairhurst c. Simitch*一案中，明確地採取了第三種判斷的標準[59]。其採用「兩條件」說，認為只要系爭事件與外國法院所屬國家間具有「特徵明顯連繫關係」（le litige se rattache d'une maniere caractérisée au pays dont le juge a été saisi），且其選擇管轄時無規避管轄（frauduleux）的情事發生者，外國判決原則上認其有國際管轄權，而受法國法院之承認與執

寫中習慣將efficacité一詞等同英文之effectiveness使用，是以critère d'efficacité就理論內涵而言，實指「實效性標準」，而非「效率標準」。有關efficacité詞義之說明請見http://www.mcxapc.org/static.php?file=lexique.htm&menuID=lexique。

57 從推論上來說，即便是布魯塞爾公約，其亦未有非依該公約之國際管轄權標準作成之外國判決，簽約國不得承認其效力之規定。P. Mayer, “droit international privé et droit international public sous l'angle de la notion de compétence (suite)”, p. 17.

58 即*Gunzbourg*案, Paris, 18 juin 1964, *RCDIP*, 1967, p. 340, note Deprez; *Clunet*, 1964, p. 810, note J.D. Bredin. 在1975年以前，法國民事訴訟法規定契約之債訴訟由付款地法院管轄，依照此一原則，若非付款地國所爲之外國判決，自法國法院之直接管轄權標準觀之，均屬無管轄權，而不得被承認或執行。P. Mayer et v. Heuzé, “Droit international privé”, n°369-373; P. Courbe, “Droit international privé”, Armand Colin, 2e éd. (2003), n°332. 中文資料部分，請參考陳忠五，美國懲罰性賠償金判決在法國之承認及執行，收於美國懲罰性賠償金判決之承認及執行合集，學林，2004年12月，頁71-156。

59 Cass. civ. 6 fev. 1985, *RCDIP*, 1985, p. 369; Les grands arrêts de la jurisprudence français de droit international privé (ci-après *grands arrêts*), n°70, note H. Gaudement-Tallon; Ph. Francescakis, “Le contrôle ou la compétence du juge étranger après l'arrêt Simitch de la Cour de cassation”, *RCDIP*, 1985, p. 243.

行[60]。

從法國法院實務的意見演進，可知所謂直接的管轄權與間接的管轄權之問題，在處理上應有所區別。雖然有學者主張將二者合一觀察，主張判斷間接管轄之基準應與直接管轄之基準同一，即所謂「鏡像理論」（Spiegelbildgrundsatz，法國稱為la doctrine de la bilatéralité），但此種理論以國際私法學觀之是否合理，仍值深思[61]。無論如何，目前國際私法學者的主流意見，仍將此二者領域分開討論，殊無疑問。

另一個遭遇的問題是，如果要建立起一個國際管轄權的標準，這項標準的法源會是什麼？是否僅以移植國內法關於管轄之規定標準為已足？或是應另行採用較國內法之管轄規定更為彈性之標準？

在國際管轄權標準未成文化的國家，司法機關通常採取的方式，為類推適用（或延伸適用）內國民事訴訟法的管轄規定，亦即所謂的逆推知說[62]。然而即使是採用逆推知說的方式，也必須注意到所謂國際管轄權的性質，與土地管轄應有所區別，所謂的逆推知只是方法上的類推適用，而非代表國際管轄權即為土地管轄[63]。

也因此，如何類推適用與斟酌國內民事訴訟法之概念，即成為這些國家司法機關判斷標準上時常困擾的問題。例如專屬管轄的概念，在國內法體系中，由於價值系統一致，因此對於何等事項應由何法院為專屬管轄，統一交由立法規定，並不會產生問題。然而在國際間，各國法律體系與價值觀點差異甚大，

---

60 在此之前，1958年巴黎法院在*Lundwall*一案（*RCDIP*, 1958, p. 398, note H.B.; *Clunet*, 1958, p.1016, note A. Ponsard）則發展出所謂的雙重單面法則方式：即先以法國法審查外國法院判決有無違反法國專屬管轄之規定（第一重內國的單面法則），排除違反的可能後，再依照外國判決國之直接管轄權原則審查該判決有無違反之情事（第二重外國的單面法則），不過這種方式嗣後並未受到法國學界與實務界的青睞。其他並請參考F. Monéger, “Droit international privé”, *Litec*, 2001, n°590.

61 蔡華凱，同註43，頁16註釋20參照。實則此一問題涵蓋面甚廣，亦牽涉到我國民事訴訟法第402條第1款「管轄權」一詞之解釋問題，本文囿於篇幅，故不繼續深論。

62 德國稱之爲「**二重機能理論**」（Doppelfunktionalität der örtlichen Zuständigkeit），參考蔡華凱，同註43，頁17。

63 P. Mayer et v. Heuzé, “Droit international privé”, n°284.

對於何種事件應為專屬管轄，未必有一致的看法。因此內國法上關於專屬管轄之規定，是否得以毫無保留適用在涉外事件中，即成疑問[64]。

此外，鑑於各國均有其各自的國際管轄權標準，而互不相屬，則當案件在各國間發生管轄權衝突的情形時，應如何解決，即成問題。例如於管轄權消極衝突的場合，亦即內國法院認為對該涉外案件無管轄權，而又無外國法院對該案件認為具有管轄權者，將構成國際的「拒絕正義」（déni de justice）問題[65]；又如管轄權積極衝突之情形，就同一訴訟案件，同一當事人分別在各國起訴，而各國法院均受理案件之情形，這類國際訴訟管轄合併（connexité internationale）或國際訴訟管轄競合（litispendance internationale）等問題，因為各國主權獨立，得各自以其司法機關平行地進行案件之審理，故與國內法上之訴訟合併及訴訟競合之性質又不相同。

（二）一般的原則

如前所述，關於國際管轄權之問題既具有特殊性，對於國際管轄權之標準，除了透過判決先例意見的補充之外，另一種則是以立法的方式，直接對於國際管轄權標準作出明確之規定[66]。

國際私法學與國際民事訴訟法學在國際管轄權理論上的觀點雖非完全一致，但二者間並非不能調和。總體地說，此二學科之學者咸認國際管轄權問題具有其特殊性，而不得單純以國內法之管轄標準視之。因此，在建構國際管轄

[64] 陳長文，同註55，頁113以下。

[65] 即使以不便利法庭原則作爲法院拒絕管轄之基礎者，亦僅得於受訴法院確信原告在其他法院能獲得與受訴法院實質上之相同救濟之情形下，始得爲之。劉鐵錚，同註16，頁257-276，特別在第265頁。其他相關資料並請參考林益山，同註3，頁119以下；陳啓垂，英美法上「法院不便利原則」的引進—涉外民事法律適用法修正草案第10條「不便管轄」的評論，台灣本土法學雜誌第30期，2002年1月，頁51-60。

[66] 例如我國民事訴訟法修正第182條之2：「當事人就已繫屬於外國法院之事件更行起訴，如有相當理由足認該事件之外國法院判決在中華民國有承認其效力之可能，並於被告在外國應訴無重大不便者，法院得在外國法院判決確定前，以裁定停止訴訟程序。」即爲針對國際管轄競合問題所爲之明確立法規定。本條規定符合國際管轄權潮流，實值肯定。相關資料並請參考陳駿賦，同註32，頁107-109。

權理論之同時，自應將這種特殊性質獨立出來，以作為判斷法院管轄權是否具備之基礎。

歸納國際管轄權的一般原則，在案件的普通審判籍[67]部分，源於國內法管轄概念的「以原就被」原則（*actor sequitur forum rei*），雖然亦被運用在國際管轄權標準之中，但這項原則也作了相當的修正：特別是在原告與被告訴訟地位不平等時，基於公義與衡平雙方當事人利益的考慮，以原就被原則即應被法院適度地彈性運用[68]。

此外，在非僅以土地連結因素（例如被告住所地）為普通審判籍之國家，例如法國民法第14、15條以法國國籍作為國際管轄權標準的判斷規定，尚有首要管轄權（chef de compétence）原則與輔助管轄權原則之問題。易言之，作為判斷內國法院對案件是否有國際管轄權之標準，應以被告住所地（或慣居地）作為首要考慮，其次才依照當事人是否擁有內國國籍作為輔助之考慮，此一原則已於1985年由法國最高法院確立[69]。

以原就被原則在合意管轄與專屬管轄的情形，亦被排除。前者在不違反法庭地的公共政策與專屬管轄之規定，並且無規避管轄之情事時，事實上具有排他之效力。後者則是多出於執行的便利性考慮，所為之特別規定[70]。

無論如何，以原就被原則目前已成為法院在國際管轄權標準上的一項普遍價值，並為英美、大陸兩大法系的司法系統所援用。至於與普通審判籍相對之

---

67 審判籍爲國內民事訴訟法之概念，此一名詞乃因襲於日本翻譯而來，係指「法院與事件間之審理關係」（使用「籍」一詞，猶如户「籍」，乃強調連結關係之意）。陳榮宗、林慶苗，同註1，頁131參照。爲便於解釋國際管轄權標準之概念層次，並調和國際民事訴訟法學與國際私法學之理論歧異，本文亦借用此一概念爲理論之說明。

68 例如歐體管轄規則Ⅰ（44/2001號規則）第20條第1款規定，僱用人僅得於受僱人住所地國提起訴訟。請參考許耀明，法國國際私法上之國際管轄權決定原則：以涉外勞動契約之國際管轄權決定爲例，興大法學第1期，2007年5月，頁119-157。

69 此一解釋不僅擴張了法國法院對於國際管轄權標準之認定範圍，並附帶地提高了外國判決被法國法院承認的機會。Cass. civ., 19 novembre 1985, Cognac and Brandies from France, *RCDIP* 1986, p. 712, note Y. Lequette; Clunet 1986, p. 719, note A. Huet; Dalloz, 1986, p. 362, note Prévault; *grands* arrets, n°71.

70 例如布魯塞爾公約第5節第16條以下之規定，顯然均係基於實效性原則的考慮，與內國法基於公共政策之考慮基礎不同。

特別審判籍，則應視各涉外訴訟案件性質之差異，而分別建構其判斷基準。

參、比利時國際私法新法典：歸納與創新

國際管轄權理論系統具有其特殊性，已如前述。那麼基於這種特殊性的認知所建立的國際管轄權標準，是否已經有典範可尋？

在區域性的公約中（例如1968年布魯塞爾公約，1988年的盧加諾公約），我們可以發現國際管轄權標準整合工作進行幾無阻礙。這主要是因為這些區域公約的締約國間司法體系與價值標準相當地協調一致，以至於在國際管轄權的協調上沒有遭遇到太大的困難。然而，如果將這類區域性的公約放大到國際社會中，則會發現有許多掣肘之處：不僅是因為各國的司法體系對於管轄問題的難以調和，更是基於一些根本的問題，例如對於司法機關的觀感與功能的看法，大陸法系與英美法系的學者即有著相當的差異性[71]。

這也解釋了為什麼海牙國際私法會議在其提案制定「民事及商事之裁判管轄暨外國判決之承認與執行公約準備草案」時，一再遭遇困難的原因。也因此，一個屬於真正「普世的」國際管轄權的公約到目前為止還是沒有出現。國際上的現實仍是各國自行其所認知的國際管轄權標準：儘管此一標準或多或少地受到區域公約的修正或影響。

比利時新國際私法法典的制定，就是一個極佳的參考例子。就區域公約而言，比利時為歐盟會員國，並且為1968年布魯塞爾公約之締約國，其應遵守區域公約與歐盟規則之規範，自不待言。而另一方面，比利時所通過之國際私法新法典中，亦對於國際管轄權標準一併予以立法規定。是以，夾處於傳統的個別主義觀與新潮流的區域公約規定間，新法典的國際管轄權規範，自可益見其獨特之處。

以下即就新法典之國際管轄權理論系統結構內容，以及相關理論之創新規

71 A. T. Von Mehren, “La rédaction d'une convention universellement acceptable sur la compétence judiciaire internationale et les effets des jugements étrangers: Le projet de la Conferénce de La Haye peut-il aboutir?”, *RCDIP*, 2001, pp. 85-99.

定等，為進一步之闡述。

一、國際管轄權理論系統結構之建立

觀察新法典之國際管轄權理論結構，可先就其規範的形式說明，其次就其實質之規定內容，分為一般原則（普通審判籍）與個別領域（特別審判籍）兩部分討論。

(一) 立法體裁

從立法的體裁觀之，毫無疑問地，新法典受到瑞士1989年國際私法法典影響甚深。在新法典草案制定之初，比利時學者Michel Verwilghen即在法國國際私法工作委員會[72]（Travaux du Comité français de droit international privé）的會議中表示，新法典的主要法源來自於瑞士法，在立法體裁亦仿效瑞士法的編排與分類。

新法典中有關國際管轄權之規定，可分為兩大部分：即一般原則之管轄權規定，與個別領域之管轄權規定。在一般原則的部分，新法典第2條即明確地界定了其規範的範圍：在比利時所簽訂之公約與歐盟所頒布之條文規定之外，有關國際地位狀態、比利時司法管轄權、決定案件準據法與承認外國民事與商事判決效力等，均為新法典所規範之對象。

從第1章第4節第5條開始，至同節第14條止，為國際管轄權（直接的管轄權）的總則規定。自第6節第22條開始至同節第31條止，則為外國法院判決與外國公文書承認、效力與執行之規定（間接的管轄權）[73]。其中第25條第2項特別明文規定對於外國法院的判決不作實質審查，而僅在同條第1項所列之九

72 法國國際私法工作委員會爲一國際性組織，主要由從事國際私法工作之學術界與實務界人員組成，每年定期討論並出版相關會議紀錄，十分具有參考價值。
M. Verwilghen, "Vers un Code Belge de droit international privé", *Trav. Com. Fr. DIP*, éd., A. Pedone, Paris, 2001, pp. 123-167.

73 其中，新法典第10條並規定了在緊急的情形下，即使依本法比利時法院對訴訟請求不得受理，比利時法院仍得准許爲假執行或其他保全處分。

款情形發生時[74]，例外地不予承認外國法院判決之效力。在立法形式上，新法典清楚地區分了直接管轄權與間接管轄權的各自獨立規定。新法典僅就比利時法院是否承認或執行外國判決效力為規定，對於外國法院之判決是否具有管轄權（直接的管轄權）並不置問，其立法的觀點是個別主義式的，核與國際私法學之管轄權主流理論相應一致，在間接的管轄權部分，其建構之判斷標準則是基於效力原則（principe d'effectivité）與簡化性原則（principe de simplicité）的考慮[75]。

在個別領域之管轄權部分，屬人法事項中，第32條關於人之能力與身分狀態，第33條關於親權、監護與保護無行為能力人，第36條關於人之姓名，第40條關於失蹤人宣告、第42條關於婚姻關係，第59條關於共同生活，第61條關於親子關係，第66條關於收養之宣告、更改、撤銷與審查，第75條關於扶養、第77條關於繼承等均設有國際管轄權標準之規定。此外，第43條並對於離婚、分居與婚姻效力的設有延伸管轄權之規定，而第44條則是規定了比利時機關對於婚姻舉行之國際管轄權。

財產法事項中，第85條關於動產，第86條關於智慧財產，第96條關於契約之債與非契約之債第97條關於消費者與工作關係等，亦均有國際管轄權之規定。法人的部分規定則見於第109條。其他如國際破產（無資力人宣告）程序（第118條）與信託（第123條）的國際管轄權部分，也有詳細的規定。

相對於直接的管轄權，新法典對於間接管轄權的規定在數量上則要少的多。除了前述的總則規定以外，分則部分僅在第57條（休妻之外國公文書效力）、第65條（親子關係承認外國文書之效力）、第72條（外國成立之收養判

---

74 第25條所定九款事由爲：1.承認外國判決效力或宣告得爲執行該外國判決將明顯地與公共秩序有所違背，這種違背特別必須考慮外國判決與比利時法律制度間的連繫情形，以及其所造成之重大效果。2.違反防禦權時。3.當事人不得自由處分其權利，卻以該外國判決迴避本法所指定應適用之法律時。4.欠缺外國法院之既判力效果者。5.與前已經比利時司法機關所爲之判決，或外國司法機關所爲，受比利時法院承認之判決無法協調者。6.在比利時起訴請求後，同一當事人又在外國就同一訴訟標的起訴者。7.僅比利時司法對該起訴之請求具有管轄權者。8.外國判決之管轄權基礎係僅依被告應訴，或財產與訴訟審理國無直接關係者。9.承認或宣告執行外國法院判決將牴觸本法第39、57、72、95、115及121條之特別規定者。

75 J-V Carlier, *op. cit.*, p. 25.

決或公文書）、第95條（工業財產權外國判決效力）、第115條（外國法院關於法人效力、作用、解散與清算之判決效力）、第121條（外國法院關於無資力人之判決效力）有所規定。

(二)一般原則（普通審判籍）

在國際管轄權的一般原則部分，新法典規定若起訴時被告在比利時境內有住所或習慣居所（résidence habituelle）者，比利時法院即對訴訟案件具有管轄權（第5條第1項第1段）。如被告有數人時，只要其中一人在比利時境內有住所或習慣居所，除了請求僅得以傳喚外國之住所地或慣居所以外之被告始得成立者，比利時法院對其均具有管轄權（第5條第1項第2段）。此外在法人的部分，即使法人在比利時並無住所或習慣居所，但起訴時若該法人有第二事務所（établissement secondaire）位於比利時境內時，比利時法院對於探究該法人是否具有此第二事務所之所有訴訟請求，亦具有國際管轄權[76]（第5條第2項）。

因此，被告之慣居地與住所地為新法典國際管轄權標準之一般原則。而對於所謂「習慣居所」的概念，受到海牙公約之影響，新法典將之定義於第4條第2項，認為習慣居所應該包以下幾個要件：

1. 為自然人之主要定居地，無論是准許停留或定居，即使其欠缺一切之登記。至於判斷是否為習慣居所，則必須特別考慮個人之特別情事，或職業所顯現與地方之一定時間的連繫關係，或是當事人與這些連繫關係間的連結意願，始足當之。

[76] Art. 5 § 1er. les *cas* ou la présente loi en dispose autrement, les juridictions belges sont compétentes si le défendeur est domicilié ou a sa résidence habituelle en Belgique lors de l'introduction de la demande.
S'il y a plusieurs défendeurs, les juridictions belges sont compétentes si l'un d'eux est *domicilié* ou a sa résidence habituelle en Belgique, à moins que la demande n'ait été formée que pour traduire un défendeur hors de la juridiction de son domicile ou de sa résidence habituelle à l'étranger.
§ 2. Les juridictions belges sont également compétentes pour connaître de toute demande concernant l'éxploitation de l'etablissement secondaire d'une personne morale n'ayant ni domicile ni résidence habituelle en *Belgique*, lorsque cet etablissement est situe en Belgique lors de l'introduction de la demande.

2. 法人，以其主要事務所地為習慣居所地[77]。

對於一般原則的例外情形，除了其後各章中有個別規定外，新法典並規定了管轄權一般原則的擴張（第6條）與管轄權一般原則的違反（第7條）等條文。前者係指當事人合意比利時法院管轄，以及被告應訴管轄[78]等情形；後者則主要在於當事人得以合意違反此項一般原則之規定（即合意管轄排除一般管轄原則）。

對於合意管轄，新法典規定必須符合兩項條件，首先是必須是當事人依比利時法可以自由處分其權利的訴訟事項，其次是無論為訴訟前或訴訟時之合意均可，但必須為有效的約定[79]。一旦當事人合意由比利時法院管轄，比利時法院對本案即有專屬管轄權[80]。而若當事人合意將訴訟提交外國法院管轄，於比利時法院受理其中一案時，除了比利時法院預見外國判決不能在比利時被承認或執行，或如果比利時司法機關依照第11條規定有「例外管轄權」的情形以外，比利時法院「應」對該案延遲判決。相反地，當外國判決依照新法典規定可受承認時，比利時法院對該訴訟案件即為不受理（第7條）[81]。而對於國際

---

77 Art. 4. §2. Pour l'application de la présente loi, la résidence habituelle se comprend comme: 1° le lieu où une personne physique s'est établie à titre principal, même en l'absence de tout enregistrement et indépendamment d'une autorisation de séjourner ou de s'établir; pour determiner ce lieu, il est tenu compte, en particulier, de circonstances de nature personnelle ou professionnelle qui révèlent des liens durables avec ce lieu ou la volonté de nouer de tels liens; 2° le lieu ou une personne morale a son établissement principal.

78 但是若被告係爲抗辯法院無管轄權而出庭者，無應訴管轄之適用（第6條第1項第2段）。

79 至於此項合意管轄之約定是否需以書面爲之，新法典並無明文，其對此一形式問題保留了彈性的空間。

80 Art. 6. §1er. Lorsque les parties, en une matiere où elles disposent librement de leurs droits en vertu du droit belge, sont convenues valablement, pour connaitre des différends nés ou à naître à l'occasion d'un rapport de droit, de la compétence des juridictions belges ou de l'une d'elles, celles-ci sont seules compétentes.

81 Art. 7. Lorsque les parties, en une matiere où elles disposent librement de leurs droits en vertu du droit belge, sont convenues valablement, pour connaître des différends nés ou à naître à l'occasion d'un rapport de droit, de la compétence des juridictions d'un Etat étranger ou de l'une d'elles et qu'un juge belge est saisi, celui-ci doit surseoir à statuer, sauf s'il est prévisible que la décision étrangère ne pourra pas être reconnue ou exécutée en Belgique ou si les juridictions belges sont compétentes

管轄權的有無，法院得依職權行使調查權（第12條）。

同時，新法典在第13條與第23條中分別對於國內管轄（特別管轄）有所規定。第13條第1項規定，原則上由比利時民事訴訟法或其他特別法劃定案件在比利時國內的土地管轄權。立法理由主要目的在於尊重國內強行法規以及公共法規的地位，由內國立法者自行決定土地管轄之法院。比較特別的是同條第2項並規定了，若無適當的法律得對案件建立土地管轄權時，則反致適用新法典之國際管轄權規範[82]；若新法典的國際管轄權規範並無決定土地管轄權時[83]，則以布魯塞爾行政區法院作為案件的國內管轄法院[84]。

新法典這項設計，顯見其細膩之處，可謂兼顧並調和了一般管轄與特別管轄的特性，十分值得我國參考。

(三) 個別領域（特別審判籍）

新法典從第2章以下，將各種法律類型編排歸納，於每一章節中將國際管轄權規則置於條文最前部，為明確之規範。本文將這些個別規定，分為屬人法事項、非屬人法事項兩大部門說明如次。

---

en vertu de l'article 11. Il se dessaisit lorsque la décision étrangère est susceptible d'être reconnue en vertu de la présente loi.

82 例如離婚事件中依照新法典的規定，因原告在比利時有習慣居所，因而認比利時法院有國際管轄權；但依照比利時民事訴訟法規定，該事件卻應由當事人最後共同居住地之法院管轄的情形。此時土地管轄與國際管轄的標準有所差異，而無適當的規定得對案件建立土地管轄，依照新法典之規定即應反致適用新法典的國際管轄權規定，以原告在比利時之習慣居所地法院作爲本案之管轄法院。A. Nuyts, “Le nouveau droit international privé Belge: Compétence judiciaire”, *J. Tri.*, 12 mars 2005, n°6173, p. 180.

83 例如國際管轄權的判斷是以當事人之國籍，而本案中無其他地理因素與比利時有所連結時。

84 Art. 6. Lorsque les juridictions belges sont compétentes en vertu de la présente loi, la compétence d'attribution et la compétence territoriale sont déterminees par les dispositions pertinentes du Code judiciaire ou de lois particulieres, sauf dans le cas prévu à l'article 23.

Toutefois, à défaut de dispositions susceptibles de fonder la competence territoriale, celle-ci est déterminee par les dispositions de la présente loi concernant la compétence internationale. Lorsque ces dispositions ne permettent pas de déterminer la compétence territoriale, la demande peut être portée devant le juge de l'arrondissement de Bruxelles.

屬人法事項部分，其國際管轄權之主要判斷，均以「習慣居所」作為主要的管轄權認定基準。因此，在自然人的能力與身分狀態方面，新法典即以被告在起訴時於比利時具有習慣居所，作為比利時法院斷案件具有國際管轄權之主要依據。至於比利時國籍部分，則退居為次要輔助原則（第32條）。

在自然人姓名事項部分，如當事人在起訴時於比利時有習慣居所，或具有比利時國籍者，比利時法院對所有關於自然人姓名之決定之訴訟請求，即具有國際管轄權（第36條）。

自然人失蹤時，對於失蹤之效力與判斷，如失蹤人為比利時人，或其在失蹤時於比利時有習慣居所，或關於自然人失蹤之請求唯有關於失蹤人於訴訟提起時在比利時之財產者，比利時法院對訴訟請求即具有國際管轄權（第40條）。

在婚姻關係部分，有關婚姻之效力、夫妻財產制、離婚與分居等請求，若配偶一方於起訴時在比利時有習慣居所，或配偶最後共同習慣居所在起訴前已經位於比利時至少十二個月，或原告配偶在起訴前已在比利時有至少十二個月的習慣居所，或起訴時雙方均為比利時人者，比利時法院對該訴訟請求即有國際管轄權（第42條）。新法典的規定顯見是受到了布魯塞爾二號（Bruxelles II）公約[85]，以及歐洲人權公約第12條的影響，所為的折衷式規定[86]。

新法典在新的社會身分關係類型上，亦有此類事件之國際管轄權規定。第59條對於「共同生活關係」明文類推適用第42條之規定。同條第2段及第3段並規定，在比利時之共同生活關係，其締結登記僅當事人在締結時於比利時有共同之習慣居所者，其終止登記僅當締結登記在比利時所為者，始得於比利時為之。

親子關係部分，自然血親方面以孩童在起訴時於比利時境內有習慣居所者，作為比利時法院具有國際管轄權之主要標準。擬制血親方面，若收養者、共同收養者其中之一或被收養人具有比利時國籍或起訴時其有習慣居所在比利時者，比利時法院對收養宣告即有國際管轄權（第66條）。

---

85 即現行2000年5月29日歐盟第1347/2000號規則。

86 J-V Carlier, *op. cit.*, p. 29. 新法典第44條並罕見地一併規定了比利時行政機關對於婚姻舉行的管轄權。

扶養請求部分，若扶養人於起訴時在比利時有習慣居所，或其起訴時具有比利時國籍者，比利時法院對該扶養請求訴訟事件，即具有國際管轄權（第73條）。

繼承請求部分，如被繼承人於繼承開始實在比利時有習慣居所，或繼承之請求在訴訟時係對位於比利時之繼承財產而為者，比利時法院對該繼承請求訴訟事件，即具有國際管轄權（第77條）。

非屬人法事項部分，新法典之國際首要管轄權（chef de compétence internationale）規定則是非常地傳統，在物權方面，以財產所在地，在因物權所生之債方面，以債務人訴訟時在比利時具有習慣居所，作為國際管轄權之判斷基準（第85條）。

工業財產權的部分，則以訴訟請求係針對在比利時境內之工業財產權保護為限，比利時法院對之有國際管轄權。其他一切對工業財產權之登載、地域效力註冊或登記等請求，則在登記之請求在比利時為有效，或依照國際公約該登記將被認為是有效的情形下，比利時法院始有國際管轄權（第86條）。

關於契約所生之債，則以契約訂定地或履行地作為比利時法院有無國際管轄權之判斷基準（第96條第1款）。因損害事實衍生之債（une obligation dérivant d'un fait dommageable），則以一部或全部事實發生地、損害威脅地或損害發生地在比利時境內時，比利時法院有國際管轄權（第96條第2款）。準契約所生之債，則以債之發生事實位於比利時境內時，比利時法院有國際管轄權。

對於消費者契約爭議，除前述第96條之規定外，當消費者在比利時境內完成必要的締約行為，並在締約當時於比利時有習慣居所，或在比利時境內透過廣告或提供之商品或服務，消費者在訂購當時於比利時境內有習慣居所者，比利時法院有國際管轄權（第97條第1項）。

在個人勞動契約關係部分，亦適用第96條有關契約履行地之規定。所謂契約履行地則是指勞動者慣行之工作地係位於比利時而言（第97條第2項）。從這裡我們可以發現，新法典規定消費者契約與勞動契約不受其普通審判籍規定之限制，以保障弱勢的一方當事人。對於這兩種契約，即使在爭議發生後雙方當事人合意約定由其他國家法院管轄，該約定對比利時法院而言亦不生效力

（第97條第3項）。

法人方面，關於法人的效力、作用、解散與清算等請求，以該法人於起訴時在比利時境內有主事務所或法定處所為限，比利時法院對之有國際管轄權（第109條）。

在國際破產程序部分，除了依照歐盟2000年5月29日頒布之第1346/2000/CE號關於無資力宣告程序規則第3條之規定，定其管轄權以外，在以下的情形，比利時法院對該無資力宣告請求亦具有國際管轄權（第118條）：

1. 開始進行主要程序（procédure principale）方面：當法人之主事務所、法定處所位於比利時，或自然人之住所位於比利時者。
2. 開始進行地域程序（procédure territoriale）方面：債務人有機構在比利時者。

最後，為國際信託的部分，除了普通審判籍規定以外，新法典第123條並規定有關信託創設人、受託人及信託受益人之關係之一切訴訟請求，如信託係在比利時境內為管理，或請求係有關訴訟時在比利時之信託財產者，比利時法院即對之有國際管轄權。信託文書上之國際管轄權分配記載，亦類推適用新法典中合意管轄與應訴管轄之規定（同條第2項）[87]。

二、國際管轄權理論概念之創新

新法典雖然在立法的考慮上，一方面匯整了傳統以來的比利時法院見解與學說上之國際管轄權理論，另一方面受到外國立法例與學說意見的影響，亦同時引進了一些創新的概念，其銳意革新的程度，在法語系國家中甚為罕見[88]。以下即就新法典中最為特殊的三項國際管轄權規定：國際管轄權的特別分配、

[87] Art. 123. § 1er. Les juridictions belges sont compétentes pour connaître de toute demande concernant les relations entre le fondateur, le trustee ou le bénéficiaire d'un trust, outre dans les cas prevus par les dispositions génerales de la présente loi, si: 1° le trust est administré en Belgique; ou 2° la demande concerne des biens situes en Belgique lors de son introduction.

§ 2. Lorsque l'acte constitutif d'un trust attribue compétence aux juridictions belges ou aux juridictions d'un Etat étranger, ou à l'une d'elles, les articles 6 et 7 sont applicables par analogie.

[88] Voir C. Nyssens, “Propostion de loi portant le Code de droit international privé”, Annales du Sénat 3-53 du 28 avril 2004, aussi sur internet: http://www.lecdh.be/docparlement/pa2904.htm.

國際訴訟管轄合併與國際訴訟管轄競合等，分別說明。

(一) 國際管轄權的特別分配

新法典第11條規定：「於本法規定之外，當訴訟顯示與比利時有緊密連繫，而外國法律程序顯示不可能進行，或不能合理地要求訴訟得於外國提出者，比利時法院例外地有管轄權[89]。」是項規定，稱之為「國際管轄權的特別分配」（Attribution exceptionnelle de competence internationale）。

比利時國際私法立法委員會對於本條特別強調其「特殊性」，認為法院若欲依照本條規定主張對訴訟具有國際管轄權時，至少必須證明具備兩項條件：
1. 依本法比利時法院對訴訟本無國際管轄權，而訴訟又無法在外國被受理者。
2. 訴訟與比利時有緊密連繫者。

新法典之規定，顯然是受到法國法院「剩餘管轄權」（compétence résiduelle）理論之影響，而將之進一步地立法明文化[90]。對於後一項條件，學者認為應當採取較為寬鬆的標準，以符合本條為防止「拒絕正義」（déni de justice），並配合歐洲人權公約第6條第1項之訴訟權保障規定的立法意旨[91]。從而，例如定居在外國之比利時僑民，在無法取得該國之管轄權保護時，即使其與比利時間僅有國籍之連繫，比利時法院亦得適用本條之規定，對該僑民之訴訟主張其具有國際管轄權。

(二) 國際訴訟管轄合併

在國際訴訟中，原則上並無所謂的訴訟合併問題。各國應該按照其各自之程序規定，分開平行地進行訴訟，此一現象在國際私法學上稱為「平行訴訟」

89 Art. 11. Nonobstant les autres dispositions de la présente loi, les juridictions belges sont exceptionnellement compétentes lorsque la cause présente des liens étroits avec la Belgique et qu'une procédure à l'étranger se révèle impossible ou qu'on ne peut raisonnablement exiger que la demande soit formée à l'étranger.

90 Y. Loussouarn, P. Bourel et P. de Vareilles-Sommieres, *op. cit.*, n°451; P. Mayer et v. Heuzé, *op. cit.*, n°288.

91 A. Nuyts, *op. cit.*, p. 179.

（parallel proceedings）。然而，這種平行進行訴訟的情形卻隱含可能發生各自判決結果歧異之危險。基於避免訴訟因分別進行使得裁判產生歧異，造成日後執行上的困難，新法典第9條特別對於這種國際管轄訴訟合併現象，作出明文規定：「當比利時司法機關對於其中之一訴訟請求具有管轄權時，其同時亦承認他項與該訴訟法律關係具有密切牽連，且對之有審理利益，並為避免判決結果因訴訟分別進行而無法協調之訴訟請求具有管轄權[92]。」

新法典之規定，明顯是受到1968年布魯塞爾公約第22條規定之影響，其用語與適用的條件也幾乎一致。但有一點與公約存在的差異為，本條的規定是作為管轄權之一般原則為比利時法院所適用，而非如公約將之作為一項例外規定適用。也因此根據本條之規定，無論法院是基於新法典之任何一項規定認為對其中之一個訴訟案件具有管轄權，只要他項案件與該訴訟案件具有該條所述之密切牽連關係，有審理之利益並有判決歧異無法協調之可能時，比利時法院即得認兩訴具有關連性，而擴張其管轄權範圍，將兩訴一併審理[93]。

(三) 國際訴訟管轄競合

在新法典通過之前，比利時法院並不承認所謂的「先繫屬優先例外」（exception de litispendance）原則。亦即對比利時法院而言，涉外案件不存在所謂的管轄競合問題：各國均得依照其各自之國內法規定，對同一訴訟事件平行地進行審理。

然而，新法典卻一反傳統的法院意見，改採法國的「先繫屬優先例外」理論，在第14條中規定：「當一項訴訟請求在外國司法機關進行，而可以預見外國法院判決將在比利時被承認與執行時，受理案件在後之比利時法官，就同一當事人之同一標的之同一訴訟案件，得延遲判決，直到外國法院宣判為止。比利時法官考慮訴訟圓滑進行，並當外國法院判決依本法可受承認時，諭知不受

92 Art. 9. Lorsque les juridictions belges sont compétentes pour connaître d'une demande, elles le sont également pour connaître d'une demande qui y est liée par un rapport si étroit qu'il y a intérêt à instruire et à juger celles-ci en même temps afin d'éviter des solutions qui pourraient être inconciliables si les causes étaient jugées séparément.

93 A. Nuyts, *ibid.*

理[94]。」

分析第14條授與比利時法官延遲判決之權利，總共有三個要件。首先，法官必須要判斷繫屬於本國與外國之訴訟案件，是否為同一當事人，同一標的之案件[95]；其次，法官必須判斷在外國的判決部分，是否可預期在比利時被承認與執行[96]；最後，則是有關訴訟繫屬先後次序的問題，此一問題較為複雜，因為各國對於訴訟何時繫屬，均有不同之規定，訴訟繫屬時點應該如何判斷，可能會有爭議[97]。比利時學者對此有主張依照比利時民事訴訟法定訴訟繫屬之時者，易言之，其係以原告提出訴狀於法院之時，為訴訟繫屬時[98]。

此外，本條之規定，應認為僅係給予法官在國際管轄競合的情形發生時，擁有自主裁量是否延遲判決之權力，而並非拘束法官「必須」為案件之延遲判決[99]。在某個方面來說，本條之規定與英美法上之「不方便法庭」原則之功

94 Art. 14. Lorsqu'une demande est pendante devant une juridiction étrangère et qu'il est prévisible que la décision étrangère sera susceptible de reconnaissance ou d'exécution en Belgique, le juge belge saisi en second lieu d'une demande entre les mêmes parties ayant le même objet et la même cause, peut surseoir à statuer jusqu'au prononcé de la décision étrangère. Il tient compte des exigences d'une bonne administration de la justice. Il se dessaisit lorsque la décision étrangère est susceptible d'être reconnue en vertu de la présente loi.

95 國際管轄訴訟競合的問題往往與既判力問題相連繫，性質上橫跨了直接的管轄權與間接的管轄權兩個領域。對於先後繫屬於不同國家之同一案件，由於各國間實體法與程序法規定不一致，使得關於「同一案件」之辨別問題益顯複雜。法國學者對此有主張應注意此一問題之特殊性，不得僅以國內法之概念作爲判斷標準者：H. Gaudemet-Tallon, "La litispendance internationale dans la jurisprudence francaise", *Mél. dédiés à Dominique Holleaux*, Paris, *Litec* 1990, p. 121; Y. Loussouarn, P. Bourel et P. de Vareilles-Sommières, *op.cit.*, n°490-3, 490-4.

96 由此可知，新法典並非單純採取德國之「承認預測說」見解。有關國際訴訟競合之處理，請參考賴淳良，外國法院訴訟繫屬在內國之效力，收於國際私法論文集，五南圖書，1996年9月初版，頁227-257；陳榮宗，國際民事訴訟之法律問題，法學叢刊第162期，1996年4月，頁1-13。

97 雖然此一問題在歐體管轄規則I（44/2001號規則）第30條以同一規定獲得解決，但該規定僅在歐盟成員國間得以適用，這種歐體法標準在一般法（droit commun）的領域中是否亦得援以同一規定與解釋，仍有待斟酌。

98 A. Nuyts, *op. cit.*, p. 179.

99 C. Nyssens, *op. cit.* 另參考瑞士國際私法法典第9條之規定：「Lorsqu'une action ayant le

能，有相通之處[100]。

肆、結論

無論是國際私法學或是國際民事訴訟法學，對於國際管轄權的共同看法是承認其理論上的特殊性與獨立性，在此一基礎上，主張應當將國際管轄權理論予以精緻化，以維護當事人在訴訟上應受保護之權益。

對大陸法系的國家而言，國際私法法典化顯然是一項難以阻遏的趨勢，這主要是因為大陸法系的法院在程序操作上的習慣使然。比利時國際私法法典的制定，即是證明了法典化對於司法實務工作者的重要性：至少，從實用的觀點來說，法典化可以促成法官在面對複雜的涉外案件適用法律時注意到他可能忽略的細節，如果法典化的設計得宜，對於國際私法理論的落實亦將為一大助力。

比利時國際私法法典將國際私法學上之管轄權理論，融合了國際民事訴訟法學的原理，不但就直接的管轄權類型與原則明文羅列，同時亦全面承認外國法院判決之效力，並就間接的一般管轄作完整而詳細的規定。從國際管轄權理論的完整性來說，比利時國際私法法典確係為難得的典範，十分值得我國借鏡。

如果未來國際私法法典化在我國亦為主流趨勢，則我國的國際私法學者即不應僅滿足於現行涉外民事法律適用法之法律衝突／適用結構，而應當更擴

même objet est déjà pendante entre les mêmes parties a l'étranger, le tribunal suisse suspend la cause s'il est à prévoir que la juridiction étrangère rendra, dans un délai convenable, une décision pouvant être reconnue en Suisse.」我國學者將之翻譯爲「當牽涉同一訴訟客體之案件，已在他國繫屬於相同當事人間，如瑞士法院可以預期該外國法院，在合理期間內，可以作成瑞士所承認之判決時，瑞士法院應停止在瑞士之起訴程序」。若就中文翻譯觀之，似乎瑞士法較比利時法的規定要更積極的多，然若就法條原文觀之，似難謂瑞士法院有此一停止訴訟程序之義務。中文翻譯部分，參照劉鐵錚等著，瑞士新國際私法之研究，三民書局，1991年10月初版，頁14-15。

100 A. Nuyts, *ibid.*

大法典化的範圍，將國際管轄權規範部分納入一併立法。這主要是因為僅依靠國內民事訴訟法之規定，不足以解決涉外案件的管轄問題。而若將國際管轄權納入民事訴訟法專章處理，又可能面臨立法技術過於繁瑣與相關概念混淆等問題。最簡便明確的方式，或許是效法比利時新法典，就各種法律類型明文規定其國際管轄權與準據法之適用，將抽象的國際私法理論，具體適用在涉外案件之中。

從而，將國際私法學者對於國際管轄權理論的理解，透過法典化的方式加以落實，或許要比將此一問題放任由司法實務者形成先例（或是一團混亂）要來的有效率的多。實用主義者的那句：「有用者為真」（What works is true），若換成「有法典者為真」（What codes is true），不亦宜乎？

參考文獻

一、中文部分

王毓英，國際私法，上海商務印書館，1932年。

何適，國際私法，聯合書店，1978年。

李後政，外國法院確定裁判之承認要件及效力之問題，收於國際私法論文集，五南圖書，1996年9月1刷。

李後政，涉外民事事件之當事人適格問題—最高法院八十三年度台上字第一六九號、八十六年度台上字第三七八九號判決評釋，台灣本土法學雜誌第22期，2001年5月。

林大洋、林信明，論國際裁判管轄權，中律會訊第7卷第5期，2005年2月。

林秀雄，國際裁判管轄權：以財產關係案件為中心，收於國際私法理論與實踐（一）—劉鐵錚教授六秩華誕祝壽論文集，學林，1998年版。

林恩瑋，大陸法系國際私法選法理論方法論之簡短回顧，法令月刊第56卷第3期，2005年3月。

林益山，國際私法與實例解說，台北大學法學叢書，2004年12月修訂4版。

邱聯恭，司法之現代化與程序法，三民書局，1997年3月版。

柯澤東，國際私法，元照，2004年10月2版3刷。

洪應灶，國際私法，中國文化大學，1988年4版。

徐維良，國際裁判管轄權之基礎理論，法學叢刊第183期，2001年7月。

馬漢寶編，國際私法論文集，五南圖書，1996年9月1刷。

馬漢寶，國際私法（總論、各論），自刊，2004年版。

許耀明，法國國際私法上之國際管轄權決定原則：以涉外勞動契約之國際管轄權決定為例，興大法學第1期，2007年5月。

陳忠五，美國懲罰性賠償金判決在法國之承認及執行，收於美國懲罰性賠償金判決之承認及執行合集，學林，2004年12月。

陳長文，外國判決之承認—從歐盟「布魯塞爾判決公約」及美國「對外法律關係新編」評析民事訴訟法第四〇二條，收於國際私法理論與實踐（一）—劉鐵錚教授六秩華誕祝壽論文集，學林，1998年版。

陳啟垂，民事訴訟之國際管轄權，法學叢刊第166期，1997年4月。

陳啟垂，英美法上法院不便利原則的引進—涉外民事法律適用法修正草案第十條不便管轄的評論，台灣本土法學雜誌第30期，2002年1月。

陳啟垂，以欠缺國際管轄權為上訴理由，法學叢刊第186期，2002年4月。

陳啟垂，審判權、國際管轄權與訴訟途徑，法學叢刊第189期，2003年1月。

陳隆修，國際私法管轄權評論，五南圖書，1986年版。

陳榮宗，國際民事訴訟之法律問題，法學叢刊第143期，1991年7月。

陳榮宗，國際民事訴訟之法律問題，法學叢刊第162期，1996年4月。

陳榮宗、林慶苗，民事訴訟法（上），三民書局，2005年1月修正4版1刷。

陳駿賦，國際民事訴訟中定性理論與訴訟標的理論之交錯，萬國法律第132期，2003年12月。

曾陳明汝，國際私法原理（上集），學林，2003年改訂7版。

劉甲一，國際私法，三民書局，2001年4月修訂3版4刷。

劉鐵錚，論國際管轄權衝突之防止，收於國際私法論叢，1987年修訂初版。

劉鐵錚，論國際管轄權衝突之防止，收於國際私法論叢，1991年3月修訂再版。

劉鐵錚、陳榮傳，國際私法論，三民書局，2004年修訂3版。

劉鐵錚等著，瑞士新國際私法之研究，三民書局，1991年10月初版。

蔡華凱，侵權行為的國際裁判管轄：歐盟的立法與判例研究，國立中正大學法學集刊第

14期，2004年1月。

蔡華凱，國際裁判管轄總論之研究—以財產關係訴訟為中心，國立中正大學法學集刊第17期，2004年10月。

盧峻，國際私法之理論與實際，上海中華書局，1934年7月版。

賴來焜，中國大陸地區國際私法之最新發展，收於國際私法理論與實踐（一）—劉鐵錚教授六秩華誕祝壽論文集，學林，1998年版。

賴來焜，最新國際私法之本質論，法令月刊第51卷第10期，2000年10月。

賴來焜，當代國際私法學之基礎理論，自刊，2001年版。

賴來焜，基礎國際私法學，三民書局，2004年6月版。

賴淳良，外國法院訴訟繫屬在內國之效力，收於國際私法論文集，五南圖書，1996年9月初版。

藍瀛芳，國際私法導論，自刊，1995年版。

蘇遠成，國際私法，五南圖書，2002年10月5版5刷。

二、外文部分

A. T. Von Mehren, “La rédaction d'une convention universellement acceptable sur la compétence judiciaire internationale et les effets des jugements etrangers: Le projet de la Conference de la Haye peut-il aboutir?”, *RCDIP*, 2001.

B. Audit, “Droit international privé”, *Economica*, 3e éd., 2000.

B. Audit, “Le droit international privé en quête duniversalité”, RCADI, t. 305, 2003.

C. Nyssens, “Propostion de loi portant le Code de droit international privé”, Annales du Sénat 3-53 du 28 avril 2004.

D. Holleaux, J. Foyer et G. De Geouffre de La Pradelle, “Droit international privé”, *Masson*, Paris, 1987.

E. Jayme, “Considération historiques et actuelles sur la codification en droit international privé”, *RCADI.*, t.177.

F. Monéger, “Droit international privé”, *Litec*, 2001.

G. H. Batiffol et P. Lagarde, “Traité de droit international privé”, t.1., *LGDJ*, 8e éd.

H. Boularbah, “Le nouveau droit international privé Belge: Origine, objet et structure”, *J. Tri.*,

12 mars 2005, n°6173, p. 173.

H. Gaudemet-Tallon, "La litispendance internationale dans la jurisprudence française", *Mél. dédiés à Dominique Holleaux*, Paris, Litec 1990.

H. Muir Watt, "La codification en droit international privé", *Droit*, 27, 1998.

J-V Carlier, "Le Code belge de droit international privé", *RCDIP*, 94(1) janviermars 2005.

M. Verwilghen, "Vers un Code Belge de droit international privé", *Trav. Com. Fr. DIP*, éd., A. Pédone, Paris, 2001.

P. Courbe, "Droit international privé", *Armand Colin*, 2e éd., 2003.

P. Mayer, "Droit international privé et droit international public sous l'angle de la notion de competence", *RCDIP*, v. 68 1979.

P. Mayer, "droit international privé et droit international public sous l'angle de la notion de compétence (suite)", *RCDIP* v. 69 1979.

P. Mayer et V. Heuzé, "Droit international privé", *Montchrestien*, 8e éd., nov. 2004.

Ph. Francescakis, "Le contrôle ou la compétence du juge étranger après l'arret Simitch de la Cour de cassation", *RCDIP*, 1985.

Y. Loussouarn, P. Bourel et P. de Vareilles-Sommières, "Droit international privé", *Dalloz*, 8e éd., 2004.

4

從日本民事訴訟法之修正論國際裁判管轄規則法制化*

何佳芳

壹、前言

隨著經濟模式的全球化，跨國性民商事訴訟日益頻繁。從有關涉外商品製造或利用之紛爭，到以跨國企業或從業人員為當事人之勞資糾紛，以及因網路之利用而生之世界性同步的名譽、信用毀損等事件，紛爭類型逐漸多樣化，且規模亦進一步地大量化、擴散化。為因應此經濟全球化所帶來的紛爭全球化，對國際民商事訴訟提供迅速且適當解決機制的需求日益增強，由我國法院近年來涉外案件數量逐年增加[1]，即可看出建構一個完善的涉外民商事裁判制度，為我國邁向國際化所需面臨的重要課題。其中又以作為涉外民事訴訟第一道關卡的「國際裁判管轄[2]」等相關規定之整備，最為迫切。歐洲諸國間的「布魯

---

* 原刊登於輔仁法學第52期，2016年12月，頁101-187。

1 以智慧財產事件爲例，爲加強智慧財產案件審理品質與效率，我國於97年7月成立智慧財產專責法院，同時處理智慧財產民事第一、二審，刑事第二審與行政訴訟相關案件，以收迅速、妥適與正確的功效。依據司法統計網站所公布之「司法統計年報（2014年）」所示，自97年7月至103年受理各類案件涉及外國民事訴訟部分，民事一審共273件、民事二審共183件，且案件量逐年增加。詳請參見該網頁之智慧財產法院「20.智慧財產法院民事第一審涉外事件終結情形—按年別及訴訟種類分」及「21.智慧財產法院民事第二審涉外事件終結情形—按年別及訴訟種類分」，http://www.judicial.gov.tw/juds/index1.htm（最後瀏覽日：2015.8.25）。

2 亦有稱爲「國際審判管轄」或「國際管轄」者，雖我國家事事件法第53條將之稱爲「國際審判管轄」，但我國多數學說及實務判決慣以「國際裁判管轄」稱之，故本文循例援用。

塞爾公約[3]」、「EC/EFTA的盧加諾公約[4]」、「布魯塞爾規則Ⅰ[5]」，以及德國、瑞士、韓國等各國國內法中有關國際裁判管轄之規定，皆是應此需求而生的公約或國內法。

所謂「國際裁判管轄權」係指，當具有國際性質之紛爭發生時，某國的法院就該案件是否得加以裁判之權限。由於受理案件之法庭地不同，裁判遂行所需的勞力、時間、費用亦大不相同，對於當事人的負擔，甚至案件的勝敗，將造成深刻的影響。因此，在國際訴訟程序上，法庭地的決定實為一重要問題。

有鑑於此，為增進涉外事件國際裁判管轄判斷的預見可能性，以及加強對於外國判決在日本能否被承認的預測（間接管轄），日本法務省早自上個世紀末即開始著手進行民事訴訟法中有關國際裁判管轄規則的立法工作。在此次立法之前，日本亦無國際裁判管轄規則之明文，僅能藉由學說及實務判例發展，來成就相關國際裁判管轄的決定方法，嗣經參酌諸多國際規範、立法例、學說見解及實務判例後，終於2011年5月公布「民事訴訟法及民事保全法一部改正之法律／平成23年法律第36號法[6]（以下簡稱「日本新法」）」，並自2012年4

[3] 正式名稱爲「關於民商事事件之裁判管轄與判決執行之布魯塞爾公約」（Convention on jurisdiction and the enforcement of judgments in civil and commercial matters），簡稱「布魯塞爾公約」。早在1968年，歐洲共同體爲促進其構成國間有關裁判管轄規則及判決承認與執行程序之統一，即締結了此一公約，作爲有關國際裁判管轄判斷之一般性規則。公約內容請參見http://curia.europa.eu/common/recdoc/convention/en/c-textes/brux-idx.htm（最後瀏覽日：2015.8.25）。

[4] 此公約係歐洲共同體於1988年，納入歐洲自由貿易連合（EFTA）構成國，仿照布魯塞爾公約所成立，其正式名稱爲「關於EC與EFTA之裁判管轄及判決執行之盧加諾公約」（Convention on jurisdiction and the enforcement of judgments in civil and commercial matters），簡稱「盧加諾公約」。公約內容請參見http://curia.europa.eu/common/recdoc/convention/en/c-textes/lug-idx.htm（最後瀏覽日：2015.8.25）。

[5] 此規則係將布魯塞爾公約加以部分的修正，進而規則化而成之理事會規則，其正式名稱爲「關於民商事事件之裁判管轄與裁判執行之2000年12月22日的理事會規則（EC）44/2001」（Council Regulation (EC) No 44/2001 of 22 December 2000 on jurisdiction and the recognition and enforcement of judgments in civil and commercial matters），簡稱「布魯塞爾規則Ⅰ」（Brussels I）。規則內容請參見http://eur-lex.europa.eu/legal-content/EN/TXT/?uri=URISERV:l33054（最後瀏覽日：2015.8.25）。

[6] 「民事訴訟法及び民事保全法の一部を改正する法律（平成23年法律第36号）」，http://www.kantei.go.jp/jp/kanpo/may.1/t10502t0008.html（最後瀏覽日：2015.8.25）。

月1日開始施行，堪稱國際裁判管轄規則之最新立法，值得我國參考借鏡。

此次立法最受矚目之處，在於其將國內實體法所無、純粹源自於實務判例法理的「特別情事論（特段の事情論）」概念明文化，藉由賦予法院一定裁量權，來彌補成文法系國家在個案具體妥當性上的不足，實為一相當大的突破，其學說議論及實務判例之演進，值得深入探討。又，基於間接管轄的原理，日本有關國際裁判管轄之判斷方針與規定，亦會涉及我國判決將來在日本被承認與執行的可能，針對該規範之相關議論與發展，有密切關注及研究之必要。

以下，本文首先針對日本國際裁判管轄規則法制化的背景及其立法目的加以說明。其次，就日本新法於民事訴訟法中增修之國際裁判管轄相關條文逐項探討。最後，分析我國國際裁判管轄現況，並嘗試以日本新法為借鏡，就我國管轄法制進行再考，同時探析「特別情事論」在我國實務之運作及發展可能，以供將來在國際裁判管轄的相關論述或立法上的參考。

貳、日本國際裁判管轄規則法制化

一、法制化的背景

有關國際民商事活動所生紛爭，若當事人選擇以民事裁判加以解決，勢必要面臨何國法院有權審理該事件之所謂「國際裁判管轄」問題，以及受訴法院應適用何國法律進行實體判斷之「準據法選擇」問題。隨著國際貿易日益頻繁，與此相關之法律規範愈加受到重視。其中，有關準據法選擇之法規範問題，日本於1989年曾對其作為準據法選擇依據的「法例[7]」進行部分修正，2006年更為了因應國際化、多樣化等社會經濟情勢的變遷，進一步將該法全盤翻修，公布制定「法律適用通則法[8]」以替代之，並於2007年1月1日開始施

7 明治31年法律第10号。此法爲日本在2007年以前作爲規定涉外案件準據法相關規則之國際私法，其自明治31年（1898年）制定後，除於平成元年（1989年）曾經針對婚姻及親子關係準據法之指定進行部分修訂外，未曾有過全面性的修正。

8 法の適用に関する通則法，平成18年法律第78号。

行。相對於此，有關國際裁判管轄規則之問題，在2012年之前，日本國內法制上並無既存的一般性明文規範[9]。因此，此次日本新法的制定乃國際裁判管轄規則在日本法上第一次的明文化。

修法前，礙於法無明文，日本實務對於國際裁判管轄權之決定，多是由法院依個案的具體情況加以判斷。然而，有鑑於跨國民事紛爭逐年增加，為加速訴訟程序的進行，避免在管轄的攻防階段上耗費當事人過多的時間與勞力，各界多希望日本法院就有關受理訴訟之要件，能盡可能地予以明確化。例如，雖然在國際貿易契約中，為預防糾紛產生，當事人間可於事前就管轄法院加以約定，但針對「侵權行為」或「產品責任」等訴訟，則多無法於事前約定管轄法院。因此，為增加國際裁判管轄判斷的預見可能性，日本企業界與律師界對於此部分之法整備提出強烈的要求。

二、立法經緯

(一) 1996年民事訴訟法修正時之議論

早在平成8年（1996年）日本大幅修訂民事訴訟法時，即有意針對國際裁判管轄規則加以明確規範，於該次修正草案中亦已研擬相關條文[10]，而各界對此多表贊同[11]。然而，由於當時「海牙國際私法會議」正針對有關國際裁判管轄權之議題，協議訂立公約，以作為國際性的統一規則，為避免日後可能與該公約規定相矛盾，最終還是決定暫時於該次修法中排除有關國際裁判

---

9 當時日本與他國所締結的多國間條約，例如1999年的「統一國際航空運送規則公約／国際航空運送についてのある規則の統一に関する条約／Convention for the Unification of Certain Rules for International Carriage by Air」和1992年「油污染所致損害之民事責任之國際公約／油による汚染損害についての民事責任に関する国際条約／International Convention on Civil Liability for Oil Pollution Damage」中，含有部分國際裁判管轄規定。

10 參閱法務省民事局参事官室編，民事訴訟手続に関する検討事項，民事訴訟手続の検討課題（別冊NBL23号），東京：商事法務，1991年12月初版，頁70-73；法務省民事局参事官室編，民事訴訟手続に関する改正要綱試案補足說明，民事訴訟手続に関する改正試案（別冊NBL27号），東京：商事法務，1993年1月初版，頁78-81。

11 柳田幸三、始関正光、小川秀樹，「民事訴訟手続に関する改正要綱試案」に対する各界意見の概要（10），NBL第570号，東京：商事法務，1995年6月，頁59-60。

管轄規則之立法。但之後該會議卻因與會各國的國內法制差異甚大，見解對立，無法得到共識，最後僅能將範圍限縮於較無爭議的「管轄之合意」上，而於2005年6月30日作成「合意管轄公約」（Convention on Choice of Court Agreements[12]），為該次議題劃下句點。

(二) 2005年國際裁判管轄法制化之再次展開

由於海牙國際私法會議最終未能就（除了合意管轄以外之）國際裁判管轄作出規範，而日本各界對於有關國際裁判管轄權判斷之需求又日益增強，日本法務省遂於平成17年（2005年）再次著手進行民事訴訟法之修正，擬針對國際裁判管轄權作出明文規定[13]。其委託商事法務研究會集合民事訴訟法學者、國際私法學者以及法律實務工作者組成了「國際裁判管轄研究會」，針對國際裁判管轄法制進行檢討。自平成17年11月起，共計開會22次，就國際裁判管轄法制相關紛爭之現況，以及各國立法例進行調查與研究，同時針對立法上的相關問題點加以檢討。

其間，該研究會為調查國際貿易主要紛爭的問題點，以及把握國際民事訴訟當事人之意向，首先針對企業界進行了問卷調查，依據該研究會所作的問卷調查結果，壓倒性的意見皆希望能積極設置有關國際裁判管轄之規定，其理由則以「為確保預見可能性及法的安定性」居多[14]。依據此些問卷調查所顯示之意見以及公聽會所得之結果，該研究會於平成20年（2008年）4月，發表了其就國際裁判管轄之研究成果集合而成的「報告書[15]」。

---

12 該公約僅以專屬的管轄合意作爲規範對象，且不適用於當事人一方爲消費者之合意，或有關勞動契約之合意，其適用範圍相當有限。公約內容請參見http://www.hcch.net/index_en.php?act=conventions.text&cid=98（最後瀏覽日：2015.8.25）。

13 小野瀬厚，民事訴訟法等の動向，NBL第824号，東京：商事法務，2006年1月，頁33。

14 NBL編輯部，「国際裁判管轄研究会報告書」のとりまとめについて，NBL第883号，東京：商事法務，2008年6月，頁36。

15 該報告書自2008年6月起，分爲六次陸續刊登於商事法務社之NBL雜誌。詳請參閱NBL第883-888号，東京：商事法務，2008年6月至2008年9月。有關此報告書之詳細內容，請參閱何佳芳，日本國際裁判管轄理論及其立法，臺灣國際法季刊第5卷第3期，2008年9月，頁189-226。

(三) 2011年法案之通過

其後，在平成20年9月3日所召開的「法制審議會[16]」第157次會議中，法務大臣提出「諮問第86號」表示，「站在因應經濟交易之國際化等觀點，有關國際裁判管轄規律之法整備有其必要，請示其重點及綱要」，並於當次會議決定在法制審議會下設置「國際裁判管轄法制部會」，負責研擬相關草案[17]。法制審議會國際裁判管轄法制部會（以下稱「審議會」）於平成20年10月17日召開了第一次會議。其依據前述研究會於同年4月公布之報告書，製作了「有關國際裁判管轄法制檢討事項(1)～(4)[18]」，同時草擬相關建議事項，分別於第二次至第五次會議中逐項審議討論，並以於平成22年度（2010年）的通常國會中提出法案作為目標，來進行日後的相關研討作業。

從2008年10月至2010年1月，歷經一年半的法案研擬期間，審議會共計開會十六次，透過多次協商與修正，首先提出「有關國際裁判管轄法制之中間試案[19]」並徵求各界公開評論，於匯集學界及實務界等多方意見後，於審議會最後一次會議中（2010年1月15日）提出「有關國際裁判管轄法制整備之綱要草案[20]」，並於同年3月2日，正式成立「民事訴訟法及民事保全法之一部修正案」（民事訴訟法及び民事保全法の一部を改正する法律案）。

上述法案於2010年5月11日，由法務委員會以「內閣法律案第34號」為名，於第174回國會（常會）提出。審議中，所有與會黨派代表（民主、自民、公明、日本、國守）皆一致持贊成意見[21]，但由於該次常會會期僅至6月

16 作爲法務大臣諮詢機關的法制審議會，負責調查審議民刑事法等相關法務之基本事項。

17 參照法制審議会第157回会議（平成20年9月3日開催），議事概要，http://www.moj.go.jp/SHINGI2/080903-1.html（最後瀏覽日：2015.8.25）。

18 相關内容詳請參閱何佳芳，日本民事訴訟法中國際裁判管轄之立法芻議與對我國之借鏡，臺灣法學雜誌第135期，2009年9月，頁21-58。

19 法制審議会，国際裁判管轄法制に関する中間試案，http://www.moj.go.jp/content/000005079.pdf（最後瀏覽日：2015.8.25）。

20 法制審議会，国際裁判管轄法制の整備に関する要綱案，http://www.moj.go.jp/content/000023366.pdf（最後瀏覽日：2015.8.25）。

21 相關審查經過概要，詳請參見http://www.shugiin.go.jp/itdb_iinkai.nsf/html/gianrireki/174_174_kakuho_34.htm?OpenDocument（最後瀏覽日：2015.8.25）。

16日為止，因此，該法案雖然順利於5月底通過眾議員之決議，卻未能來得及於會期結束前通過參議院之審議，僅得延至平成23年（2011年）的第177回常會再次提出「內閣法律案第8號」。其後，該法案在參議院順利通過審議，被命名為「平成23年法律第36號」，於2011年5月2日正式公布，在日本民事訴訟法中增訂「日本法院之管轄權」一節，明定涉外財產權事件之國際裁判管轄規則，並於同年12月21日，以「政令第404號[22]」宣告該法自2012年4月1日開始施行。

三、日本新法與判例法理

(一)新法制定前：特別情事論

在日本新法制定前，日本實務界針對國際裁判管轄之判斷基準只能仰賴法院判決的積累，早期的判決多直接依據日本國內民事訴訟法所規定之審判籍的有無來加以認定[23]，直至昭和56年（1981年）及平成9年（1997年）的兩個最高法院判決，始逐漸奠定日本實務界對於國際裁判管轄判斷的基礎。

1. 日本最高法院昭和56年10月16日判決[24]（馬來西亞航空事件）

本案事實為被告馬來西亞航空公司（主營業所設於馬來西亞之該國法人）所屬的一架國內線班機，因故墜毀於馬來西亞境內，而其中一名罹難者為日本國民，該罹難者家屬以馬來西牙航空公司在日本東京設有營業所為由，主張基

22 參見https://web.pref.hyogo.lg.jp/hw15/documents/sankoushiryou1.pdf（最後瀏覽日：2015.8.25）。

23 二次大戰前的日本判例中，有關國際裁判管轄權之判斷，並未意識到須與國內土地管轄加以區別並作不同處理（參閱澤木敬郎，涉外事件における裁判管轄に関する一考察，国際法外交雑誌第58巻第3号，東京：国際法学会，1959年7月，頁268）。至於二次戰後的下級審法院主要判決，則多是採用參酌、考慮、類推日本國內民事訴訟法上之土地管轄的相關規定，以決定裁判管轄權的有無（參閱竹下守夫，判例から見た国際裁判管轄，NBL第386号，東京：商事法務，1987年10月，頁19以下；道垣内正人，立法論としての国際裁判管轄，国際法外交雑誌第91巻第2号，東京：国際法学会，1992年6月，頁8-9；牧山市治，国際裁判管轄権について，判例タイムズ第456号，東京：判例タイムズ社，1982年2月，頁31以下；高橋宏志，国際裁判管轄—財産関係事件を中心にして，国際民事訴訟法の理論，東京：有斐閣，1987年3月初版，頁40-41）。

24 民集第35巻第7号，頁1224。

於旅客運送契約之債務不履行請求損害賠償，向日本法院提起訴訟，而日本最高法院採納原告主張，肯定日本法院對此案件有國際裁判管轄權。

該判決就有關國際裁判管轄之判斷標準，裁示：「**在得作爲依據之條約或廣爲承認的國際性原則尚未確立的現況下，基於期望達到當事人間的公平與裁判的適當及迅速的理念，依據條理來決定應屬適當**」，而作為符合該條理（法理[25]）之方法，即為「**我國民事訴訟法中有關國內土地管轄之規定，例如，被告之居所（【舊】民事訴訟法第2條），法人及其他團體之事務所或營業所（第4條），義務履行地（第5條），被告之財產所在地（第8條），侵權行爲地（第15條）等其他民事訴訟法所規定之任一審判籍位於我國內時，（中略）應使被告服從於我國之裁判權**[26]」。

此判決的最大貢獻在於最高法院明確肯定日本當時並無國際裁判管轄之相關規定存在，而採納「管轄分配說[27]」之理論，認為對於國際裁判管轄之有無，應基於「達到當事人之公平，裁判之適當與迅速」的理念，進一步依據「法理」加以判斷。然而，在判決的後段，最高法院卻又將前述法理具體限縮在「民事訴訟法所規定之審判籍」，認為當民事訴訟法所規定之任何審判籍存在於日本國內時，就相關之訴訟案件，即可使被告服從於日本的裁判權，因此被認為有以「管轄分配說」之名行「逆推知說[28]」之實的疑慮，而受到不少批

25 此處的「條理」一詞，依據講談社所出版的日本語大 典，係指「用以支撐社會法秩序的某種基本的法的價值體系。在法律有所欠缺時，可作爲裁判基準的法的根據」。爲配合我國之用語，以下將之譯爲「法理」。

26 括弧內所示之條號爲舊民訴法當時之條號。

27 此說認爲，國際裁判管轄制度涉及國際社會中審判機能分配的問題，於判斷國際裁判管轄權之有無時，應立於國際的觀點予以考慮。其主張應在何國進行審判須依據是否符合當事人間的公平性、裁判的適當性，以及紛爭解決的迅速性等要件，加以綜合判斷後，依「條理」來決定國際裁判管轄權之有無。具體的判斷方式則可類推適用國內法上的土地管轄規定，並配合國際觀的考量予以修正分配。新堂幸司，新民事訴訟法（第二版），東京：弘文堂，2001年8月初版，頁77；池原季雄，国際的裁判管轄権，新・実務民事訴訟講座（7），東京：日本評論社，1982年9月初版，頁3以下；池原季雄、平塚眞，涉外訴訟における裁判管轄，実務民事訴訟講座第6卷，東京：日本評論社，1971年4月初版，頁3；青山善充，国際的裁判管轄権，民事訴訟法の争点，東京：有斐閣，1979年3月初版，頁50。

28 依據此說見解，雖然民事訴訟法上之規定僅係有關國內土地管轄之規定，但國際裁判管

評。

其後的下級審判決，基本上皆依循此判決之立場，同時於個案中加上，依案件之具體情況，衡量判斷是否有違反當事人之公平或裁判之適當與迅速等「特別情事」存在。亦即，除了參照民事訴訟法中有關國內管轄的規定外，更進一步依據「特別情事」作個別的調整與判斷，此方法儼然成為其後下級審判斷國際裁判管轄方式的主流。而學說上，鑑於採用此「特別情事論」可避免以往實務判決因單純類推適用國內民事訴訟法而導致國際裁判管轄的過分擴張，且其一方面依據民事訴訟法之規定而得以確保其明確性，另一方面又可就個案作例外的、彈性的考量，故對於此由下級審判決見解中衍生而來的「特別情事論」，基本上多抱持肯定的立場[29]。雖然亦有部分學者針對該理論將有害於當事人之予測可能性與法的安定性，而提出批判，但至少在「作為過渡時期之判斷方法」上，特別情事論仍是被肯定的[30]。隨後，日本最高法院更於接下來的平成9年（1997年）之寄存金返還請求事件判決中，進一步追認了此廣為各級法院所適用的特別情事論。

2. 日本最高法院平成9年11月11日之判決[31]（寄存金返還請求事件）

本案事實概要為原告X（日本法人）委託於德國法蘭克福從事營業活動之被告Y（長期移居德國之日本人）代為管理一筆寄存金。之後，X因對於Y

轄權之有無可從該規定反向推知。亦即，若依據日本民事訴訟法之土地管轄規定，相關審判籍位於日本國內，而日本國內的某法院對該案具有管轄權時，即可認爲該案件的國際裁判管轄權存在於日本。兼子一，新修民事訴訟法体系（增訂版），東京：酒井書店，1965年6月初版，頁84；江川英文，国際私法における裁判管轄権，法学協会雑誌第60卷第3号，東京：法学協会，1942年，頁369；斎藤秀夫，民事訴訟法概論（新版），東京：有斐閣，1982年4月初版，頁56。

29 參閱小林秀之，国際取引紛争（第三版），東京：弘文堂，2003年4月3版，頁109；竹下守夫，判例から見た国際裁判管轄，頁32；斎藤秀夫、小室直人、西村宏一、林屋礼二編，注解民事訴訟法（5）（第二版），東京：第一法規，1991年12月2版，頁442；竹下守夫、村上正子，国際裁判管轄と特段の事情，判例タイムズ第979号，東京：判例タイムズ社，1998年10月，頁19。

30 小島武司，国際裁判管轄，判例民事訴訟法の理論—中野貞一郎先生古稀祝賀（下），東京：有斐閣，1995年12月初版，頁421。

31 民集第51卷第10号，頁4055。

之管理感到不安，遂以X之主營業所所在地（日本）為上述寄存金返還債務之「義務履行地」為由，而於其主營業所所在地之千葉地方法院提起訴訟，請求返還該筆寄存金。一審[32]及二審[33]皆否定日本法院對該案件有國際裁判管轄權，X上訴第三審。

本案中，最高法院除依循上述馬來西亞航空事件之準則作為基本前提外，同時裁示：「**當我國之民事訴訟法所規定之任一審判籍位於我國內時，原則上，對於在我國法院所提起之訴訟案件，要求被告服從於我國之裁判權應屬相當，唯有當在我國進行裁判，有違反當事人間之公平與裁判之適當及迅速之理念的特別情事存在時，則應否定我國對此案件具有國際裁判管轄權**」。而在敘述完此一般論之後，最高法院接著針對「特別情事」進行具體的判斷。

本判決認為此案件中可作為「特別情事」者，包括：(1)「**本件契約係在德意志連邦共和國內締結，以委託被上訴人於該國內進行各種業務爲目的，且本件契約中對於以我國作爲債務履行之場所或以日本法作爲準據法等並無明示的合意，不得不認爲於我國法院提訴請求本件契約上債務之履行一事，已超過被上訴人之預測範圍**」；(2)「**被上訴人將其生活上及營業上之本據置於德意志連邦共和國內已逾二十年，被上訴人自同國內之業者處購買汽車，以及支付價金之過程的相關文件等作爲被上訴人防御方法之證據，亦多集中於該國內**」；(3)「**由於本案之上訴公司爲從事自該國輸入汽車之業者，要求其於該國法院提起訴訟，對於上訴公司應不至於造成過大之負擔**」。

因此，最高法院基於以上情事之考量，認為「**強迫當事人於我國法院就本件訴訟予以應訴，應可認爲有違當事人間之公平與裁判之適當及迅速的理念，不論本件契約效力所應適用之準據法是否爲日本法，針對本案，可認爲有應否定我國國際裁判管轄權的特別情事存在**」。進而否定日本法院對本案有國際裁判管轄權，駁回上訴人X之訴。

其後日本裁判實務，基本上多援用此平成9年的最高法院判決，以「原則上依據民事訴訟法之管轄規定，同時於各事件中針對個別情事加以考量，而當

[32] 千葉地院平成4年3月23日判決。參照民集第51卷第10号，頁4067。

[33] 東京高院平成5年5月31日判決。參照民集第51卷第10号，頁4073。

有特別情事存在時，則否定日本法院之國際裁判管轄」的方式，來判斷國際裁判管轄之有無。然而，站在法的安定性立場上，特別情事論的「膨脹」可能會帶來對於具體妥當性的過度追求而造成國際裁判管轄有無之判斷基準在個案間搖擺不定、標準不一，故該判決亦受到來自學界的強烈批評[34]，其後各界對於將國際裁判管轄規則明文化的呼聲又更加增強了。

(二) 日本新法：判例法理的再建構與明文化

此次的日本新法之修訂可說是奠基於以往的判例法理，在既有的實務基礎上對於國際裁判管轄規則所進行的再建構與明文化，因此所受的阻礙相對較少。從1981年的馬來西亞航空事件判決開始，日本最高法院即已揭示，在涉外事件中日本法院應以「**當事人間的公平與裁判的適當及迅速**」之理念作為判斷國際裁判管轄權的基準，而該理念在1997年的寄存金返還請求事件中再次被確認，並成為認定「特別情事」有無之標準，此理念可說是決定國際裁判管轄權範圍之判例法理的「核心」，亦是本次日本新法的主要立法精神所在。

從日本新法的規定條項及內容可看出，即使是一些來自於日本早期實務見解，內容上較屬於偏向逆推知說的判例法理，只要未牴觸前述「**當事人間的公平與裁判的適當及迅速**」理念，在此次修法中，原則上亦將之保存維持，例如合意管轄、侵權行為地管轄等。至於其他有背於該理念，而不適合直接適用或類推適用於國際裁判管轄判斷上之單純國內審判籍的規定，則被排除在此次日本新法之外。

若將日本新法與以往判例法理相較，此次立法可概分為以下三大類：

1. 明確化規定：此類規定係將既有判例上，符合國際裁判管轄理念且已經實務確認之法理予以明文化。其中，大部分為國內審判籍亦具有之事項，例如被告住所地（§3-2Ⅰ[35]）、侵權行為地管轄（§3-3⑧）、合併請求之管轄

[34] 參閱道垣內正人，国際裁判管轄の決定における「特段の事情」，ジュリスト第1133号，東京：有斐閣，1998年5月，頁213；海老澤美広，国際裁判管轄における「特段の事情」の考慮，平成9年度重判解（ジュリスト1135号），東京：有斐閣，1998年6月初版，頁288。

[35] 本文於括號內所引條文，如未特別註明爲某法律時，即指日本新法。

（§3-6）、合意管轄（§3-7）、應訴管轄（§3-8）等。此外，最受注目的當屬國際裁判管轄事件所獨有，純粹源自於判例法理的特別情事原則（§3-9）。

2. 新規律規定：此類規定係指以往判例法理中尚未明確提及或規律之事項，而立法者慮及今後發展之需求，特別藉由此次立法加以明文規定。例如針對繼續性營業行為（§3-3⑤）、消費者契約（§3-4Ⅰ）、勞動契約（§3-4Ⅱ）、智慧財產效力訴訟（§3-5Ⅲ）等規定。

3. 變更規定：此類規定係針對以往實務判決中，因違反國際裁判管轄之「當事人間的公平與裁判的適當及迅速」理念而備受爭議及詬病的部分，透過此次立法，進一步將之修正與變更，以符合上述理念，例如針對被告最後住所地（§3-2Ⅰ但）、義務履行地（§3-3①），以及可扣押財產所在地（§3-3③）等審判籍增訂適用上的限制。

以下，針對日本新法的具體內容，進行介紹。

參、日本新法架構及其特徵

一、新法架構及其內容

此次制定之日本新法係在原有的民事訴訟法「第一編通則」之「第二章法院」開始處，國內裁判管轄規定之前，新增「**第一節日本法院之管轄權**」一節，將有關國際裁判管轄之各項規定，置於同法第3條之2以下。同時，在既有的民事保全法第12條之國內管轄法院規定前，新增第11條「保全命令事件之（國際）管轄」，該條規定：「**保全命令之聲請，以本案訴訟得於日本法院起訴，或應爲假扣押之標的或系爭標的位於日本國內者爲限，得提起之**。」礙於篇幅及避免議題分散之故，本文僅以民事訴訟法中有關國際裁判管轄規則之修正部分及特別情事論為中心，進行論述。至於民事保全法部分將留待日後另行為文探討。有關民事訴訟法之具體修訂內容，為利於讀者理解，依條號順序分述如下[36]。

(一) 普通審判籍：被告住所地等之管轄權

§3-2Ⅰ：對於自然人之訴訟，其住所在日本國內時；無住所或不知其住所，而於日本國內存有居所時；無居所或不知其居所，而訴訟提起前於日本國內有住所時（但於日本國內擁有最後住所後，又於外國取得住所者，不在此限。），法院應有管轄權。

§3-2Ⅱ：對於大使、公使等在外國享有治外法權之日本人，法院應有管轄權，不受前項規定之限制。

§3-2Ⅲ：對於法人或其他社團、財團之訴訟，其主事務所或營業所在日本國內時；無主事務所或營業所，或不知其所在地，而代表人或其他主業務擔當人之住所在日本國內時，法院應有管轄權。

日本新法第3條之2仿照有關國內土地管轄之民事訴訟法（以下稱民訴法）第4條第1項及第2項規定，採用「以原就被」原則作為涉外事件之普通審判籍，希望在「得經充分準備後提起訴訟的原告」和「消極被訴僅得倉皇應訴的被告」間達到衡平。該條分別就「自然人」、「享有治外法權之日本人」和「法人」規範如下。

1. 自然人

本項仿國內土地管轄之規定，針對自然人先以「住所」作為第一順位，再分別以「居所」、「最後住所」作為第二和第三順位的管轄基準。然而，與國內管轄規定不同，本項所指之住所不僅是日本國內之住所，亦包括被告在國外的住所。因此，該項中段所謂「無住所」係指被告「於國內外」皆無住所，若被告雖於日本國內無住所，但在他外國擁有住所時，則即使其於日本存有居所，日本法院仍不得依本項規定取得管轄權。

此外，針對第三順位的「最後住所」，顧慮到法院就被告在外國有無住所

36 本文在翻譯日本新法條文時，盡可能維持原文架構與型態，但爲求翻譯文句之通順，以下方格中之日本新法條文譯文裡的底線部分爲筆者自加，以利讀者理解。

調查不易，且其在日本之住所是否確實為最後住所舉證亦有困難，因此規定雖被告現在日本無住所或居所，但在訴訟提起前曾於日本國內有住所者，原則上亦肯定日本法院對其有管轄權。然而，若被告於日本國內擁有最後的國內住所後，又於外國取得住所，為了避免「被告一朝於日本有住所則終生必須至日本應訴」的不合理情形產生，遂增列但書規定「**於日本國內擁有最後住所後，又於外國取得住所者，不在此限**。」亦即，日本法院不得藉此取得國際裁判管轄權。

2. 大使、公使等在外國享有治外法權之日本人

由於受國家政府派遣至他國擔任大使、公使等外交官職務之人及其家屬，原則上皆享有不受該被派遣國法院審判之豁免權，因此無法在該國對其提起訴訟。若依前項規定，對於該人之訴訟，原則上須至其住所地提起，但基於前述外交豁免權，即無法在其駐在國對之提起訴訟，為解決此問題，遂仿照民訴法第4條第3項，對於此等在外國享有治外法權之日本人，規定不論其在日本是否有住所，日本法院對其皆有國際裁判管轄權。

3. 法人及其他團體

對於法人及其他團體之國際裁判管轄，本項規定不同於民訴法第4條第5項以「在日本的主事務所或營業所」所在地作為管轄原因，而係以「其（在世界中的）主事務所或營業所」所在地作為第一階段的管轄原因。若被告於世界中（非僅指日本）無主事務所或營業所或其有無不明時，始以「被告之代表人或其他主業務擔當人在日本之住所」作為法人普通審判籍的補充管轄原因。亦即，若某有主營業所在A國的外國法人，即使其在日本國內有其他營業所或其代表人住所在日本，亦不得以此作為普通審判籍，僅得於符合其他特別審判籍（如：§3-3④、⑤等）時，日本法院始對之取得國際裁判管轄權。

(二) 特別審判籍：因契約上債務涉訟等之管轄權

有關國際裁判管轄權之特別審判籍主要規定在日本新法第3條之3。該條規範如下。

§3-3：以下各款之訴，於符合各款所定情形時，得於日本法院起訴。

一　以請求履行契約上債務為標的之訴訟，或有關因契約上債務而生之無因管理、不當得利，或因該債務不履行而生之損害賠償請求等其他以契約上債務相關請求為標的之訴訟

契約中所定該債務之履行地在日本國內時，或依其契約約定之準據法所決定之債務履行地，存在於日本國內時。

二　以請求票據或支票上之金錢給付為標的之訴訟

該票據或支票之付款地在日本國內時。

三　因財產權涉訟

請求之標的在日本國內時，或該訴訟為有關金錢給付之請求而有可扣押之被告財產位於日本國內時（但該財產價額明顯過低時，不在此限）

四　對於設有事務所或營業所之人，因關於其事務所或營業所之業務涉訟者

該事務所或營業所位於日本國內時。

五　對於在日本進行營業者之訴訟（包括於日本境內持續性地為交易行為之外國公司（指公司法（平成17年法律第86號）第2條第2款所規定之外國公司）在內）

該訴訟為關於其在日本之業務涉訟時。

六　基於船舶債權或其他以船舶為擔保之債權之訴訟

該船舶位於日本國內時。

七　有關公司或其他社團或財團之訴，依下列規定定之

甲　公司或其他社團對社員或已退社員，社員對其他社員或已退社員，或已退社員對社員，於其社員之資格有所請求而涉訟者

乙　社團或財團對職員或曾為職員之人，於其職員之資格有所請求而涉訟者

丙　公司對現為或曾為發起人之人，或現為或曾為檢查人之人，於其發起人或檢查人之資格有所請求而涉訟者

丁　公司或社團之債權人對社員或已退社員，於其社員之資格有所請求而涉訟者
該社團或財團為依日本法令設立之日本法人時，其非法人者，其主事務所或營業所在日本國內時。
八　有關侵權行為之訴訟
侵權行為地位於日本國內時（但外國所為加害行為之結果發生於日本國內時，若該結果之發生於日本國內，乃依通常情形所無法預見者，不在此限）。
九　因船舶碰撞或其他海上事故，請求損害賠償而涉訟者
受損害之船舶最初到達地在日本國內時
十　因海難救助涉訟者
海難救助地或被救助之船舶最初到達地在日本國內時。
十一　有關不動產之訴訟
不動產位於日本國內時。
十二　有關繼承權、特留分或因遺贈等其他因死亡而生效力之行為之訴訟
繼承開始時被繼承人於日本國內有住所時；無住所或不知其住所，而於繼承開始時被繼承人於日本國內有居所時；無居所或不知其居所，而被繼承人於繼承開始前於日本國內有住所時（但於日本國內擁有最後住所後，又於外國取得住所者，不在此限）。
十三　有關因繼承債權等其他遺產上之負擔涉訟，而不屬於前款之訴訟者
依前款之規定。

由於本條所涉事項及內容眾多，礙於篇幅，在此僅就立法過程中爭議較大，且與國內土地管轄規定差異顯著者，進行說明。

1. 契約債務履行地管轄

針對以請求履行契約上債務為標的之訴訟，日本新法第3條之3第1款規定若債務履行地在日本國內時，得由日本法院管轄。乍看之下，和民訴法第5條第1款有關國內土地管轄之規定相似，但考量到國際裁判管轄之特性，且為提

高當事人之預見可能性，本款在設計上與國內土地管轄有所不同，主要可分為下列兩點。

(1) 本款規範之訴訟類型

首先，本款對於其適用對象之訴訟類型的範圍有所限制。亦即，得以債務履行地作為國際裁判管轄原因者，僅限於基於「契約關係」而生之請求，而不包括與契約無關之法定債權所生債務等其他財產權相關訴訟，例如因侵權行為而生損害賠償請求之訴[37]。且該基於契約關係而生之請求，依據本款規定，係指①以請求履行契約上債務為標的之訴訟，以及②以契約上債務相關請求為標的之訴訟。

有關前者「以請求履行契約上債務為標的之訴訟」，應注意此處之「債務」限於與該訴訟之請求相對應之債務。亦即，本款係規定「以請求履行契約上債務為標的之訴訟」，而非「基於契約請求而涉訟」，因此，即使是基於同一契約所生之複數債務，各個債務仍須分別判斷其各自管轄權之有無。例如基於買賣契約之價金給付請求權，應在該「價金債務之履行地」提起訴訟，而基於同一契約之買賣標的物交付請求權，則應於該「標的物之約定交付地」提起訴訟。

至於後者「以契約上債務相關請求為標的之訴訟」，依本款規定所示，則指有關因契約上債務而生之無因管理、不當得利，或因該債務不履行而生之損害賠償請求等訴訟。此些訴訟皆係由契約本來債務轉化而來，因此其管轄之判斷仍應以本來之契約上債務為基準[38]。其中，針對契約本來債務轉化為損害賠償債務之情形，規定因債務不履行而生之損害賠償請求訴訟，如原債務之履行地位於日本時，亦承認日本法院對其有管轄權。其理由為，因履行遲延而生之賠償金請求，係附隨於原契約債務而生的請求權，自應由原債務之履行地法院加以管轄；而有關因履行不能所生的損害賠償請求之訴，考量到案件的牽連性及當事人的預見可能性，亦應由原債務履行地之法院管轄較為合理。

---

37 此部分不同於日本民訴法第5條第1款之規定：「有關財產權訴訟，得由義務履行地法院管轄」。

38 佐藤達文、小林康彥（編著），一問一答‧平成23年民事訴訟法等改正—国際裁判管轄法制の整備，東京：商事法務，2012年3月初版，頁39。

(2)「債務履行地」之判斷

其次，針對「債務履行地之決定基準」，站在保護當事人預見可能性的觀點上，本款特別限縮該債務履行地之範圍。該債務履行地必須是①契約上有約定（不限於書面，並包含「默示」的合意）[39]，且該履行地存在於日本國內者，或②當事人未約定履行地但其於契約中訂有準據法，而依該法所決定之債務履行地在日本國內時，日本法院始對之有國際裁判管轄權。除此之外，若當事人未於契約中約定履行地，亦未約定準據法，則日本法院不得自行依其國際私法上之客觀選法規則（法律適用通則法第8條）所選定之準據法或法庭地法所定之債務履行地存在於日本為理由，而藉此取得國際裁判管轄權。其目的在避免債務履行地管轄之濫用，以及因往取債務或赴償債務之解釋不同所造成的不公平現象。

2. 財產所在地管轄

日本民訴法第5條第4款，針對有關財產權之訴的國內裁判管轄，規定得以「請求標的所在地」、「擔保標的所在地」，以及「被告可扣押財產所在地」作為特別審判籍。相對於此，立法者考量到以往學界對於實務類推適用民訴法第5條第4款規定可能造成「過剩管轄」之批評，以及將來有關外國判決承認與執行之間接管轄等問題，日本新法第3條之3第3款特別將「擔保標的所在地」排除在國際裁判管轄之管轄原因外[40]，同時對「被告可扣押財產」作進一步的限制，不僅將之限於僅就「有關金錢給付之請求」，而不包括物之交付等，且該可扣押財產之價額亦須與該金錢給付之請求相當。

日本新法制定前，有關「請求標的所在地」在日本國內時，應承認日本法院之國際裁判管轄權一事，向來並無爭議，但針對以「被告可扣押財產所在

---

39 日暮直子、小島達朗、北村治樹、福田敦、齊藤恒久，民事訴訟法及び民事保全法の一部を改正する法律の概要（上），NBL第958号，東京：商事法務，2011年8月，頁66。

40 有關「擔保標的所在地」是否可作爲國際裁判管轄之管轄原因，法案研擬過程中，多數見解認爲僅因擔保物位於日本國內，即承認日本法院之管轄權，恐導致管轄範圍過大，例如在人的擔保時，僅因保證人剛好位於日本，即可對於國外的主債務人行使管轄權，似有不妥。而在物之擔保的場合，若僅因物上保證人之部分財產存在於日本，則不論被擔保之請求爲何，日本法院即可對國外的被告行使管轄權，如此實有過分擴張管轄之虞，故主張不應將「擔保標的所在地」列入管轄原因中。

地」作為國際裁判管轄原因之實務見解則飽受批評。然而，由於以往實務上不乏以此作為肯定日本法院之國際裁判管轄的判決[41]，且債權人可直接藉由強制執行被告在日本國內之財產，滿足其債權，基於此便利性之考量，本款限於「有關金錢給付之請求」，始可藉由「被告可扣押財產所在地」成立國際裁判管轄權。再者，考量到若該財產價額明顯過低時，即使進行強制執行，亦無法達到回收債權之預期目的，如此一來，不但與本款希望藉由強制執行該財產以滿足債權之立法意旨不符，反而可能導致以財產存在為理由而成立之過剩管轄[42]。因此明文排除該「財產價額明顯過低」之情形，例如在日本之財產僅為某批貨物之樣品或被告之隨身日用品，而顯然不足以清償債務者。

此外，亦有學說見解認為，此規定仍可能導致某些除了財產外與日本不具其他關連之被告（例如某外國公司持有某日本上市公司之股票或於日本擁有專利權等），可能因與該財產毫無關係之請求於日本被訴，而日本法院仍得對其行使管轄權之不合理情形產生，因此，除了要求被告於日本國內之財產價值須與原告之請求額相當外，亦應限制原告之請求須與該財產或日本具有一定關連性[43]。然而，由於日本新法並未採納此「關連性」之限制，就此部分，似乎僅得置於後述「特別情事（§3-9）」中另行加以考量。

3. 事務所所在地或營業行為地管轄

(1)因業務涉訟

日本新法第3條之3第4款採用學界通說，否定「單純的營業所所在地管轄」，對於在日本設有事務所或營業所之人，僅於「因關於其事務所或營業所之業務涉訟」時，始肯認日本法院對其有國際裁判管轄權。如此之立法，使馬

41 例如東京地院八王子支部平成3年5月22日中間判決、東京地院平成15年9月26日判決等。

42 佐藤達文、小林康彥（編著），同註38，頁45-46。

43 高橋宏志，同註23，頁43註釋10；渡辺惺之，財産所在地の国際裁判管轄権と民訴法八条（1），国際法外交雑誌第84巻第3号，東京：国際法学会，1985年8月，頁311；中野俊一郎，財産所在地の国際裁判管轄，神戸法学雑誌第43巻第2号，神戸：神戸法学会，1993年9月，頁411；安達栄司，ドイツにおける過剰管轄規制の動向—財産所在地の裁判籍（ZPO二三条）の制限をめぐって，国際民事訴訟法の展開，東京：成文堂，2000年5月初版，頁24。

來西亞航空事件[44]以來，經常為日本實務判決所採用之「僅因該外國法人於日本有營業所，日本法院即對其取得管轄權」之見解[45]，不再得以援用[46]。

然而，何謂「關於其事務所或營業所之業務」？法制審議會於法案草擬當時亦曾對此問題加以討論，當時主要有二說。有主張：①應從「抽象的」角度觀之，只要能抽象地納入在日本之事務所或營業所之業務內容中，即可[47]。若依此見解，由於馬來西亞航空案中有關販賣機票之業務，亦為日本營業所可能執行之業務，因此從抽象角度觀之，可將之認定為在日營業所之相關業務。②亦有認為該業務須「具體地」、「實際地」與在日本國內所進行之業務相關連者，始可[48]。依此見解，由於馬來西亞航空案之被害人係向馬國當地營業所購買機票，因此該販賣機票之業務，不得認為是在日營業所之相關業務。

本款之所以採用事務所或營業所所在地作為管轄原因，乃係考量到該事務所或營業所為其業務之本據地，以其為管轄原因將有助於證據蒐集之便利性等，若將其業務解釋為「抽象的」歸屬於其業務範圍即可，則可能造成某些在外國進行而與日本事務所或營業所毫無關連之交易，皆得透過本款而在日本提起訴訟。如此一來，將導致日本法院之國際裁判管轄權的不當擴大，而有背於本款之立法意旨。因此，應以上述②之見解為當，將本款之「關於其事務所或營業所之業務」，解為該事務所或營業所（已）實際進行之業務。此外，如該事務所或營業所不僅負責日本國內業務，同時亦負責統籌亞洲地區（包括鄰近外國）之業務，則只要涉及其所擔當之業務而因此涉訟，即使該業務是在外國進行，其仍得作為本款之規範對象[49]。

---

44 前述最判昭和56年10月16日，民集第35卷第7号，頁1224。

45 東京地判昭和57年9月27日（判時第1075号，頁137）、東京地判平成15年9月26日（金融法務事情第1706号，頁40）、東京地中判平成19年3月20日（判時第1974号，頁156）等。

46 道垣内正人，日本の新しい国際裁判管轄立法について，国際私法年報第12号，東京：信山社，2011年3月，頁194；長田眞里，国際裁判管轄規定の立法と国際取引への影響，国際商取引学会年報第13卷，東京：国際商取引学会，2011年6月，頁206。

47 法制審議會，国際裁判管轄法制部會第11回会議議事錄，頁5（古田幹事發言）。

48 法制審議會，国際裁判管轄法制部會第11回会議議事錄，頁7（道垣内委員發言）。

49 佐藤達文、小林康彥（編著），同註38，頁52。

(2)因持續性營業行為涉訟

日本新法第3條之3第5款之規範主體為「在日本進行營業者」。由於日本公司法修正後，不再要求外國公司在日營業須設置營業所，而僅要求其在日本設有代表人即可，因此考量到可能有某些在日本未設有營業所之外國公司，即使其於日本境內實際進行相關營業行為，亦將無法依前款規定對其取得管轄權，因此特別增設此款規定，對於在日本進行營業者之訴訟，只要該訴訟為關於其在日本之業務涉訟，日本法院即對之取得國際裁判管轄權。

日本學者多認為此款係仿照美國的「doing business」管轄原因而來，主要依據為該外國主體既然透過在日本的營業行為獲得利益，自然應受日本法院管轄，要求其於日本被訴，並無違於當事人之預見可能性[50]。然而，不同於美國法將之定為普通審判籍之一般管轄，顧慮到案件與日本之關連性，日本新法仍將其劃歸為特別審判籍，就其客體限定於「關於其於日本之業務涉訟」。

又，本款規範對象不限定於「公司」，不論進行營業者為「社團」、「財團」，甚或是「個人」，皆被包括在本款規範之中。例如，某A國國籍之自然人，於B國網站中，設置日本人取向之網頁，並透過網路對於在日本境內之人為營業行為等。

此外，日本新法第3條之3的第4款與第5款之間，並不具有優先適用等先後順位的關係，只要符合各款規定之要件，皆得予以援用[51]。二者在適用上之區別在於，第4款的「因業務涉訟」，只要是「關於其事務所或營業所之業務涉訟」即可，不像第5款僅限於「在日本」的業務。例如某A國公司在日本設有營業所，負責統籌有關亞洲地區之業務，因其在韓國之相關業務涉訟，依日本新法第3條之3第4款，日本法院應有國際裁判管轄權，但依同條第5款則無。而對於在日本持續性進行營業行為，但未設營業所，而僅有代表人之外國公司（日本公司法第817條），則須依據第5款，始得對其在日本之營業行為等相關業務取得國際裁判管轄權。

50 高橋宏志、加藤新太郎（編），実務民事訴訟講座（第3期）第6巻—上訴・再審・少額訴訟と国際民事訴訟，東京：日本評論社，2013年12月初版，頁319；道垣内正人，同註46，頁13-195；長田眞里，同註46，頁208-209。

51 廣江健司，国際私法，東京：国際書院，2015年2月初版，頁34。

4. 侵權行為地管轄

有關侵權行為之訴，日本新法第3條之4第8款仿照國內裁判管轄之民訴法第5條第9款，規定有關因侵權行為涉訟者，得由行為地法院管轄，且該「行為地」同時包括「行為作成地」與「損害發生地」。然而，顧及到當事人之公平與裁判之適當等涉外事件的特殊因素，該款針對加害行為地在外國而其結果發生在日本境內之侵權行為類型，特別設置除外規定。亦即，若該結果發生於日本國內，為加害人依通常情形所無法預見者，則不得依此款主張日本法院對之有國際裁判管轄權。又，有關此「通常預見可能性」之有無，並非從加害者內心等主觀情事出發，而係就該侵權行為事件之全體情事綜合考量，進而客觀地、類型地加以判斷[52]。

5. 其他特別審判籍

除了前述各款審判籍之外，日本新法第3條之3尚針對票據關係訴訟（第2款）、海事關係訴訟（第6、9、10款）、有關社團或財團之訴（第7款）、有關不動產之訴（第11款）、繼承關係訴訟（第12、13款）等設置特別審判籍之規定。由於此些規定與國內管轄規範較為雷同，礙於篇幅有限，在此不再詳加論述。

（三）消費契約及勞動關係事件：弱者保護的需求

§3-4Ⅰ：有關消費者（指個人《但以經營事業或關於經營事業之需求而為契約當事人者，不在此限》。以下同此定義。）與企業經營者（指法人等其他社團或財團，以及以經營事業或關於經營事業之需求而為契約當事人之個人。以下同此定義。）間所締結之契約（但勞動契約除外。以下稱「消費契約」。），由消費者對企業經營者提起之訴訟，於起訴時或消費契約締結時，消費者之住所位於日本國內者，得於日本法院提起之。

---

52 佐藤達文、小林康彥（編著），同註38，頁70-71。

§3-4II：有關就勞動契約之存否等其他勞動關係事項於個別勞動者與企業主間所生之民事紛爭（以下稱「個別勞動關係民事紛爭」。），由勞動者對企業主提起之訴訟，當涉及該個別勞動關係民事紛爭之勞動契約中所定勞務提供地（未約定勞務提供地者，勞動者之受僱營業所所在地）位於日本國內時，得於日本法院提起之。

§3-4III：企業經營者基於消費契約對消費者所提之訴訟，以及企業主基於個別勞動關係民事紛爭對於勞動者所提之訴訟，不適用前條之規定。

有鑑於在大多數場合中，相較於企業者，消費者與勞動者的法律知識及交涉能力較為低落，故在政策上多主張對於消費者或勞動者應提供較多的保護，以促進雙方當事人間實質的平等。尤其在涉外訴訟中，當身為相對弱勢之一方（消費者或勞動者）為原告時，依照「以原就被」原則（§3-2Ⅰ），如其欲透過訴訟主張權利，則須前往強者（企業者）所處之外國，在不同的語言及法律規範中，極盡其勞力、時間、費用以提起訴訟，如此的權利實現方式，對於弱者而言，是極大的困難與挑戰。為了維護弱者實行訴訟的權利，在國際裁判管轄規範上應有特別保護之必要。

如前所述，日本以往的國際裁判管轄判例法理，多係（類推）適用民訴法的國內土地管轄規定來判斷日本法院對該涉外案件有無國際裁判管轄權，然而，針對國內土地管轄規則中未特別規定之訴訟類型，即無法透過此類判例法理獲得解決。因此，在日本新法草擬之初，學者多呼籲並贊成立法者應稟持對於消費者及勞動者權利保護的特殊考量，在國際裁判管轄規則上增設特別規範[53]。

首先，在消費訴訟方面，日本新法第3條之4第1項特別針對消費者（限於非經營事業之個人）與企業經營者（包括團體及經營事業之個人）所締結之「消費契約」，增訂管轄原因。該項規定，有關涉外消費契約之訴訟，在消費者對企業經營者提起訴訟之場合中，若起訴時或消費契約締結時，消費者之住

53 横山潤，総論的考察—立法の方向性から緊急管轄まで，国際私法年報第10号，東京：信山社，2009年3月，頁7。

所位於日本國內者，日本法院對之有國際裁判管轄權。亦即，針對消費契約，當消費者為原告時，除可援用民訴法第3條之2以下所定管轄原因以外，亦得以「起訴時消費者之住所」或「消費契約締結時消費者之住所」作為國際裁判管轄之原因。

其次，針對個別勞動者與企業主間所生有關勞動契約之紛爭（條文稱此為「個別勞動關係民事紛爭」，例如就解僱之效力有所爭執之紛爭、請求薪資或退休金之給付等[54]），為兼顧弱者保護的主旨以及企業主的預見可能性，同條第2項仿照前項規定，當勞動者為原告向企業主提起有關勞動契約之訴訟時，若該「勞務提供地」（勞務提供地不明時，以勞動者之「受僱營業所所在地」代之）位於日本國內，則應承認日本法院對該勞動契約相關訴訟有國際裁判管轄權。又，此所謂「勞務提供地」，並非指契約形式上的勞務提供地，而係指基於勞動契約實際提供勞務之地。且其並不限於「一地」，若實際提供勞務之地跨連數國，則各個勞務提供地皆得作為管轄原因，只要其中一個勞務提供地位於日本國內，日本法院即可對其取得國際裁判管轄權[55]。

最後，當企業經營者為原告，而針對「消費契約」或「個別勞動關係民事紛爭」對消費者或勞動者提起訴訟時，依據同條第3項，應排除前條（§3-3）之適用。亦即，於企業經營者以消費者或勞動者為被告之場合中，在無管轄合意的前提下（詳見後述「合意管轄（§3-7）」及「應訴管轄（§3-8）」），其僅得依據日本新法第3條之2第1項之普通審判籍規定，只有當消費者或勞動者之住所地在日本時，始承認日本法院對之有國際裁判管轄權，而不適用同法第3條之3各款有關特別審判籍之規定，藉此保護消費者或勞動者等弱者實行訴訟之權利。

54 其他如勞動者與企業主間所生無關於勞動關係之紛爭、集團的勞動紛爭等，則不包括在「個別勞動關係民事紛爭」範圍內。

55 長田眞里，同註46，頁212。高橋宏志、加藤新太郎（編），同註50，頁329-330；佐藤達文、小林康彥（編著），同註38，頁97。此部分之解釋與日本法律適用通則法第12條第2項對於勞務提供地之認定略有不同，因爲準據法的選擇只能有一個，而管轄則無此限制。

(四) 專屬的國際裁判管轄

§3-5Ⅰ：公司法第七編第二章所定訴訟（同章第四節及第六節所定事項，除外），有關一般社團法人及一般財團法人之法（平成18年法律第48號）第六章第二節所定訴訟，或其他基於上述法令以外之日本法律所設立之社團或財團，因此類事項而涉訟者，該訴訟專屬於日本法院管轄。

§3-5Ⅱ：因登記或登錄而涉訟者，其應為登記或登錄之地位於日本國內時，專屬於日本法院管轄。

§3-5Ⅲ：因設定登錄而生之智慧財產權（係指知的財產基本法（平成14年法律第122號）第二條第二項所規定之智慧財產權），有關其存否或效力之訴訟，若其登錄係在日本所為者，專屬於日本法院管轄。

日本新法第3條之5就三種訴訟類型設有專屬管轄之規定。首先，該條第1項針對依日本法設立之社團或財團，規定因其組織等事項涉訟時，該訴訟專屬於日本法院管轄。其理由為，有關此類公司或一般社團/財團法人等訴訟，其法律關係之統一處理的必要性較高，考量到公司或股東之訴訟參加的方便性、證據蒐集的便利性，以及確保複數的同類型事件能受到有效的審理與統一的判斷等因素，日本法院應較他國法院更能為迅速且適當的裁判，因此將之定為專屬於日本法院管轄[56]。

其次，涉及登記或登錄之訴訟，由於其係藉由將一定事項記載於登記簿上之方式，以達到將特定權利關係予以公示之目的，此類訴訟多具高度公益性而與公式制度有密不可分之關係，如其應登記或登錄地在日本國內，則日本法院自然較其他國法院更能為迅速且適當的審理與判斷。再者，若應登記或登錄地在日本國內，則即使當事人於他國已有確定判決，其仍須另行在日本法院起訴

56 法務省民事局参事官室編，国際裁判管轄法制に関する中間試案の補足說明（平成21年7月），頁17，http://www1.doshisha.ac.jp/~tradelaw/UnpublishedWorks/ExplanatoryNoteOnBillOfJurisdictionAct.pdf（最後瀏覽日：2015.8.25）。佐藤達文、小林康彥（編著），同註38，頁102。

以取得執行判決，與其採用如此迂迴之方法，不如直接於日本提起訴訟，因此同條第2項規定有關登記或登錄之訴，其應為登記或登錄之地在日本國內時，專屬於日本法院管轄[57]。

最後，同條第3項針對因設定登錄而生之智慧財產權，規定因其權利之存否或效力涉訟時，若其登錄係在日本所為者，專屬於日本法院管轄。所謂「因設定登錄而生之智慧財產權」，依據日本「知的財產基本法」第2條第2項規定，包括特許權（相當於我國的「發明專利權」）、實用新案權（相當於「新型專利權」）、意匠權（相當於「新式樣專利權」）以及商標權等，其成立皆須以登記為要件。此些因設定登錄而生之智慧財產權多係基於登記國之行政處分所賦予的權利，基於此類權利之性質，有關其有效性之判斷，當屬登記國最為合適[58]。畢竟，即使登記國以外之國作出確認此等權利有效或無效之判決，該判決亦難以直接被登記國所承認。是故，有關因此類權利之存否或有效性涉訟時，若應為該登記之地為日本時，日本法院對之應享有專屬管轄權。

此外，對於有關智慧財產權侵害訴訟，例如基於智慧財產權之侵害所生的損害賠償訴訟，日本實務判決向來將之定性為「關於侵權行為之訴訟」[59]，而就其國際裁判管轄權亦依有關侵權行為訴訟之規定，承認以「侵權行為地」作為管轄原因。對此，立法者亦持相同見解，認為不須針對有關智慧財產權侵害訴訟之國際裁判管轄另外設置特別規定[60]。又，若在日本法院所受理之外國專利權侵害訴訟中，其中一方抗辯該專利權無效時，日本法院仍得進行相關智慧財產權有效性之判斷。此乃由於該專利權有效性之判斷，僅於訴訟當事人間產生相對效力，而不生對世效力，因此，即便相對人在侵害訴訟中，抗辯某專利

57 法務省民事局參事官室編，国際裁判管轄法制に関する中間試案の補足説明（平成21年7月），頁25；佐藤達文、小林康彥（編著），同註38，頁107。

58 佐藤達文、小林康彥（編著），同註38，頁110。

59 日本最高法院平成13年6月8日第二小法庭判決（民集第55卷第4号，頁727）；日本最高法院平成14年9月26日第一小法庭判決（民集第56卷第7号，頁1551）；日本最高法院平成16年4月8日第一小法庭決定（民集第58卷第4号頁825）。

60 法務省民事局參事官室編，国際裁判管轄法制に関する中間試案の補足説明（平成21年7月），頁36；佐藤達文、小林康彥（編著），同註38，頁113-114。

權無效，亦不會構成妨礙專利權登記國以外之國家法院進行訴訟審理的事由。亦即，不會因為相對人於專利權侵害訴訟中提起無效抗辯，而使得該侵權行為事件成為專屬管轄事件[61]。

至於，其他非以登記為成立要件之智慧財產權（如著作權等），當因授權契約等而涉訟時，有關其國際裁判管轄權，則依據普通審判籍與特別審判籍規定加以判斷即可，不須適用特別規定。

(五) 合併請求之管轄

> §3-6：以一訴主張數請求者，若日本法院僅對其中一請求有管轄權，而對其他請求無管轄權，以該請求與其他請求間具有密切關連者為限，該訴得由日本法院管轄。但由數人提起或對數人提起之訴訟，須符合第38條前段所定之要件。

日本新法第3條之6係有關合併管轄之規定。假設有一A請求，若其單獨提起訴訟，日本法院對之並無國際裁判管轄權，但若其與某個即使單獨提起訴訟，日本法院亦對之有國際裁判管轄權的B請求一併提起時，在符合一定要件時，日本法院對於該A請求即可取得國際裁判管轄權。本條規範之類型，包括對於同一被告提起複數請求的「訴之客觀合併」，以及由不同原告或對不同被告提起複數請求的「訴之主觀合併」兩種情形。

1. 客觀合併

針對涉外事件之客觀合併，日本新法第3條之6要求欲合併提起之請求須與有管轄權之請求間具有「密切關連」者為限，始得合併於日本法院提起訴訟。

---

61 若於個案中，就有關高度專門性技術的事項而有適用外國法律之必要，或基於證據調查及蒐集上的困難，認爲由侵權行爲地的日本法院管轄將導致訴訟的複雜化與長期化時，仍得藉由「特別情事論」加以調整，而否定日本法院之國際裁判管轄權。又，針對是否應將「登記國」增列爲智慧財產權侵害訴訟之附加管轄原因，負責法案起草之研究會特別指出，由於其將「登記國」解釋爲「侵權行爲地」之一種，故不須再特別增列有關智慧財產權侵害訴訟之附加管轄原因，登記國當然對之具有國際裁判管轄權。參見国際裁判管轄研究会，国際裁判管轄研究会報告書（4），NBL第886号，東京：商事法務，2008年8月，頁88-89。

相較於日本國內管轄規定對於客觀合併之兩請求間的關連性並未加以任何限制（民訴法§7），本條要件顯然較為嚴格。此乃係考量到跨國訴訟對於被告負擔較大，被告前來應訴在勞力、時間、費用上要承擔較大的不利益，且無移送管轄之可能，所以要求合併管轄之請求間須具有密切關連者，始得為之。類似規定，亦出現在民訴法第146條對於涉外事件中有關反訴要件的修正與限制。該條第3項規定：**「日本法院對作爲反訴標的之請求無管轄權時，以被告之請求與本訴標的或防禦方法有密切關連者爲限，得依第一項規定提起反訴。但日本法院依專屬管轄之相關規定，就反訴標的之請求無管轄權時，不在此限。」**

2. 主觀合併

針對訴之主觀合併（共同訴訟）之要件，日本民訴法第38條設有規範：**「爲訴訟標的之權利或義務，爲數人所共同者，或本於同一之事實上及法律上原因者，該數人得爲共同訴訟人，一同起訴或一同被訴。爲訴訟標的之權利或義務，係同種類，而本於事實上及法律上同種類之原因者，亦同。」**亦即，於一個訴訟程序中，當事人之原告或被告有數人，或原被告雙方均有數人參與時，其為訴訟標的之權利或義務須符合「權利共同」、「原因共同」或「請求同種」，始得為之，否則法院只得就各訴分別為辯論及裁判。反之，若符合主觀合併之要件，則即使對於原無管轄權之被告，亦得合併於其中就任一請求有管轄權之法院提起訴訟（民訴法§7但），而為合併辯論、合併裁判。

相較於客觀合併，在由數人提起或對數人提起之涉外訴訟的主觀合併場合中，對於本來不應受日本法院管轄之被告，因原告將之與對其他被告之請求合併起訴，而迫使其須一併至日本應訴，站在當事人的公平及被告的保護立場上，以往學界針對此類基於主觀合併而來的國際裁判管轄，多持否定見解[62]。但近年來針對請求間具有一定關連性之事件，站在「紛爭解決一回性」及「避免裁判矛盾」等角度上，肯定見解逐漸成為學界的有力說[63]。而實務裁判，亦

---

62 池原季雄，同註27，頁35；新堂幸司、小島武司（編），注釈民事訴訟法（1），東京：有斐閣，1991年4月初版，頁118。

63 斎藤秀夫等（編），同註29，頁445；渡辺惺之，判例にみる共同訴訟の国際裁判管轄，大阪大学法学部創立五十年記念論文集「二十一世紀の法と政治」，大阪：有斐閣，2002年12月初版，頁427。

從早期的否定見解逐漸轉向有條件的肯定。例如最高法院平成10年4月28日判決[64]，即以「基於同一實體法上之原因、具有相互密接之關連，而有統一裁判之必要性」為依據，進而參照民訴法第7條規定之意旨，肯定共同訴訟之管轄權。因此，日本新法第3條之6，對於涉外共同訴訟之管轄，除了要求各請求間須具有密切關連外，更於但書明定，其須符合民訴法第38條前段所定「權利共同」或「原因共同」之要件，而排除同條後段之「請求同種」，以避免管轄範圍過度擴張，而有害於被告利益。

(六)依當事人意思所定之管轄

1. 合意管轄

§3-7Ⅰ：當事人得以合意約定由何國法院管轄。

§3-7Ⅱ：前項合意以關於由一定法律關係而生之訴訟為限，且非以書面為之者，不生效力。

§3-7Ⅲ：第一項之合意係以記載其內容之電磁紀錄（指以電子、磁性或其他無法以人之知覺直接認識之方式所製成之紀錄，而供電腦處理之用者。以下同此定義。）為之者，其合意視為以書面為之，適用前項之規定。

§3-7Ⅳ：僅得於外國法院提起訴訟之合意，於該法院法律上或事實上無法行使審判權時，不得援用之。

§3-7Ⅴ：以將來所生之消費契約相關紛爭為對象，所為之第一項合意，以下列情形為限，有其效力。

一　得於消費契約締結時消費者之住所所在地法院提起訴訟之合意（但對於僅得於該國法院提起訴訟之合意，除有次款所揭情形外，仍視其為不妨礙於該國以外之他國法院提起訴訟之合意）。

二　消費者基於該合意，於合意國法院提起訴訟時，或企業經營者於日本或外國之法院提起訴訟，而經消費者援用該合意者時。

64 民集第52卷第3号，頁853。其他如東京地判平成20年6月11日（判タ第1287号，頁251）亦採類似見解。

§3-7Ⅵ：以將來所生之個別勞動關係民事紛爭為對象，所為之第一項合意，以下列情形為限，有其效力。

一　勞動契約終了時所為，以得於當時勞務提供地國之法院提起訴訟為內容之合意（但對於僅得於該國法院提起訴訟之合意，除有次款所揭情形外，仍視其為不妨礙於該國以外之他國法院提起訴訟之合意）。

二　勞動者基於該合意，於合意國法院提起訴訟時，或企業主於日本或外國之法院提起訴訟，而經勞動者援用該合意時。

(1)國際裁判管轄合意之一般性規則

日本新法第3條之7主要仿照民訴法第11條有關國內管轄合意之規定，同時參照既有判例[65]對於涉外事件管轄合意之見解，於該條第1項至第4項，針對國際裁判管轄之合意進行一般性之規律，並於同條第5項及第6項分別就「消費契約」及「個別勞動關係民事紛爭」所涉及之管轄合意制定特別規範。

首先，在「國際裁判管轄合意之有效性及方式」方面，該條明定當事人得以合意（§3-7Ⅰ），針對由一定法律關係而生之訴訟，以書面之方式（§3-7Ⅱ），約定由何國法院管轄，且存有合意內容之電磁紀錄亦視為書面（§3-7Ⅲ）。此外，為保障當事人進行訴訟之權利，同條第4項規定，若當事人所為者乃僅得於某外國法院提起訴訟之「專屬的國際裁判管轄合意」，而該法院卻處於法律上或事實上無法行使審判權之情形，此時即不得援用該合意來排除在日本法院所提起之訴訟，以避免當事人無從藉由訴訟獲得救濟之不合理情形產生[66]。其中，所謂「法律上無法行使審判權」者，例如當事人合意由A國法院專屬管轄，但依據A國法令該國法院對於該訴訟卻無管轄權。而「事實上無法行使審判權」者，則指因戰爭、天災、內亂等因素，而導致該國之司法制度在實際上無法進行運作之情形等。

又，有關當事人訂有以外國法院為管轄法院之合意時，在當事人無其他

[65] 最高法院昭和50年11月28日第三小法庭判決（民集第29卷第10号，頁1554）。

[66] 佐藤達文、小林康彥（編著），同註38，頁136。

明示之意思時，是否應仿照「海牙合意管轄公約」第3條(b)之規定，將該合意視為有排除日本法院管轄之合意，亦即在當事人無明示的情形下，是否得認為其所訂立之由外國法院管轄之合意為專屬的管轄合意。針對此點，在草案研擬時，法制審議會亦曾進行過相關議論，但最後考量到在國際貿易實務上，針對此類未明示為專屬管轄之合意，經常會將之解釋為「附加的管轄合意」，因此認為現階段尚不適合貿然設置此種（直接將合意視為專屬管轄合意之）規定，而將專屬的或附加的管轄合意之判斷問題，留給受訴法院依據個案事實等加以認定[67]。

(2)消費契約及個別勞動關係民事紛爭事前合意之限制

其次，考量到訴訟上弱者保護的必要性（參見前述「（三）消費契約及勞動關係事件」），日本新法第3條之7第5項及第6項，特別針對「消費契約」及「個別勞動關係民事紛爭」設置有關國際裁判管轄合意之「事前合意」的限制。

鑑於在一般場合中，契約書上有關管轄合意之約款多係由企業者側事先擬定，消費者／勞動者多無更改管轄約定的談判空間，且消費者／勞動者常常是在未明確理解該等條項內容的情形下，即簽署了有關合意管轄之約定。而不能否認的，企業者事先擬定之管轄合意約款，在通常情形下很可能僅有利於企業者一方。如此一來，在消費者契約或勞動關係契約中，當事人的管轄合意自由，事實上，將僅是企業者單方的選擇自由。因此，為維護消費者及勞動者之權益，在其相關事件的管轄合意中，對於當事人意思自主原則應加以適當的限制，尤其是其於紛爭發生前所為之事前的管轄合意。

日本新法第3條之7第5項就將來所生之消費契約相關紛爭所為的國際裁判管轄合意，規定其僅得以「消費者於契約締結時之住所所在地之法院」作為合意管轄法院，且除非有同項第2款（a.消費者主動依據合意管轄提起訴訟，或b.消費者被動援用合意管轄作為抗辯）之情形外，該管轄合意僅得作為「附加的合意」，而不得約定為「專屬的合意」（§3-7Ⅴ①但）。其立法意旨，乃

67 国際裁判管轄研究会，国際裁判管轄研究会報告書（3），NBL第885号，東京：商事法務，2008年7月，頁64-68；佐藤達文、小林康彥（編著），同註38，頁132-133。

係由於在消費契約之場合中，約款或定型之契約書中多含有專屬合意管轄之規定，而消費者未必能充分理解其含意而締結該契約，因此有必要就「事前合意」加以限制。至於紛爭發生後，因為較可期待消費者得以慎重判斷其合意，與上述事前合意不同，因此在其有效性上，不作任何限制。亦即，在事後合意方面，只要符合前述同條第1項至第3項之規定，原則上皆為有效。

此外，在個別勞動關係民事紛爭方面，同條第6項亦針對以其將來所生紛爭為對象所為之國際裁判管轄合意，設置了有關事前合意的限制。其規定，該管轄合意須於勞動契約終止後所為，且僅得以契約終止時之勞務提供地國之法院作為合意管轄法院。再者，除非有同項第2款（a.勞動者主動依據合意管轄提起訴訟，或b.勞動者被動援用合意管轄作為抗辯）之情形外，該管轄合意僅得作為「附加的合意」，而不得約定為「專屬的合意」（§3-7Ⅵ①但）。此處立法者的考量，乃著眼於勞動契約中，即使訂有管轄之合意，勞動者實際上通常無能力拒絕或修正該規定，因此有必要就「事前合意」之有效性範圍加以限制，且為兼顧勞動者的應訴負擔與企業主的僱傭成本，本項非如前項採用消費者的「住所地」法院，而係以契約終止時之「勞務提供地」法院作為合意管轄之法院。至於紛爭發生後，由於勞動者已較有機會和籌碼判斷其合意，因此對於事後合意則不作限制，如同消費契約之場合，只要符合前述第1項至第3項之規定，原則上皆為有效[68]。

2. 應訴管轄

§3-8：被告不抗辯日本法院無管轄權，而為本案之言詞辯論，或於辯論準備程序中為陳述者，以其法院為有管轄權之法院。

由於「以原就被」等管轄原則，本即為便利被告應訴而設之規定，如原告向無管轄權之法院提起訴訟，被告卻不抗辯法院無管轄權而為言詞辯論，則為避免審理延宕或浪費先前已進行之程序，各國民事訴訟法規多設有規定，使原

[68] 日暮直子、小島達朗、北村治樹、福田敦、齊藤恒久，民事訴訟法及び民事保全法の一部を改正する法律の概要（下），NBL第959号，東京：商事法務，2011年8月，頁106-107；佐藤達文、小林康彥（編著），同註38，頁143-153。

無管轄權之法院，得因此成為有管轄權之法院，例如我國民事訴訟法第25條。日本新法第3條之8亦仿照國內事件之應訴管轄規定（民訴法§12），就涉外事件規定若被告不抗辯日本法院無管轄權，而為本案之言詞辯論（包括於辯論準備程序中為陳述者），則日本法院得依此取得國際裁判管轄權。

(七) 一般性規則

1. 依特別情事駁回訴訟

§3-9：就日本法院有管轄權之訴訟（除基於專屬日本法院管轄之合意所提起的訴訟外），法院慮及事案之性質、被告因應訴所生負擔之程度、證據之所在地等其他情事，認為由日本法院審理及裁判將有害當事人間之公平，或有妨礙適當且迅速審理之實現的特別情事存在時，得駁回該訴之一部或全部。

針對依日本新法第3條之2以下認為日本法院有國際裁判管轄權之訴訟，同法第3條之9規定，若考量到事案之性質、被告應訴所生之負擔、證據之所在等具體因素，認為由日本法院審理及裁判將有害於當事人間之公平，或有礙於適當且迅速審理之實現等特別情事存在時，日本法院得駁回該訴訟。亦即，即使在日本法院依法取得國際裁判管轄權之場合中，立法者顧慮到，仍有可能存在依個案之具體情事而應否定該管轄之特殊情形，故參照前述平成9年之日本最高法院判決[69]，認為有設置得用以否定國際裁判管轄權之一般性規則的必要[70]。

在草案研擬過程中，曾討論否要仿照美國的「不便利法庭原則」（*The Doctrine of Forum non Conveniens*），以「外國法院對該事件有國際裁判管轄權」作為駁回訴訟之獨立要件。亦即，是否要加上第2項規定：**「即使依前項**

69 最判平成9年11月11日，民集第51卷第10号，頁4073。參見前述「貳、日本國際裁判管轄規則法制化」之「三、日本新法與判例法理」。

70 国際裁判管轄研究会，国際裁判管轄研究会報告書（6），NBL第888号，東京：商事法務，2008年9月，頁76。

規定，認爲有應否定日本法院之情事存在，若就該訴訟無其他外國法院可加以管轄時，則不得駁回該訴」。討論結果，多數見解認為，不須額外加上類似不便利法庭理論中對於「須有其他有管轄權之法院存在，且被告應訴或原告起訴並無困難等」之明文規定，只須將此點一併置於特別情事（例如公平性）中加以考慮即可[71]。

適用本條時須注意，倘若當事人間訂有僅得於日本法院提起訴訟之「專屬的國際裁判管轄合意」，則該訴訟應被排除在本條的適用範圍之外。因為若在當事人訂有專屬國際裁判管轄合意之場合中，法院尚能透過就個案的具體情事而事後的否定該合意管轄之效力，如此一來，不僅將有背於當事人「藉由訂立專屬管轄合意來防止管轄有無之爭議」的期望，更可能導致該訴訟因該專屬管轄合意之緣故而面臨無國可提起之窘境。因此本條特別於括號中排除「基於專屬日本法院管轄之合意所提起的訴訟」，以保障當事人間訂有合意專屬日本法院管轄者，法院不得適用本條規定駁回該訴訟，但若非專屬合意而僅為一般的合意管轄則仍有適用特別情事論之可能。又，若法律明定應專屬於日本法院管轄者，亦無本條之適用餘地（詳見下述日本新法§3-10）。

此外，學者多認為，「特別情事論」乃源自於日本新法制定前之實務判例，其目的係為了修正因「逆推知說」所帶來的不適當或過度管轄問題，而如今日本新法制定後，該法第3條之2至第3條之8針對國際裁判管轄既然已經有了明確且詳細的規範，則有關特別情事之發動基準，應該較以往判例更為限縮，使其立於例外發動之地位，如此才能達到日本新法在立法目的中所強調之當事人預見可能性和法的安定性[72]。

71 日本弁護士連合会国際裁判管轄規則の法令化に関する検討会議（編），新しい国際裁判管轄法制—実務家の視点から（別冊NBL第138号），東京：商事法務，2012年1月初版，頁10-11；佐藤達文、小林康彦（編著），同註38，頁163。

72 中西康、北澤安紀、横溝大、林貴美，国際私法，東京：有斐閣，2014年4月初版，頁171-172；長田眞里，同註46，頁211-212；中西康，新しい国際裁判管轄規定に対する総論的評価，国際私法年報第15号，東京：信山社，2014年3月，頁12。

2. 專屬管轄之限制

§3-10：第三條之二至第三條之四，以及第三條之六至前條之規定，於法令定有專屬於日本法院管轄之訴訟，不適用之。

本條為有關專屬管轄訴訟之適用除外規定。亦即，若依法令該類型訴訟應屬日本法院專屬管轄者，則不適用前述有關國際裁判管轄之普通審判籍、特別審判籍、消費契約與勞動紛爭管轄、合併管轄、合意管轄、應訴管轄，以及特別情事論等規定。所謂「於法令定有專屬於日本法院管轄之訴訟」，又稱「法定專屬管轄訴訟」，係指例如日本新法第3條之5各項所定之訴訟等，包括有關公司組織之訴訟、登記或登錄之訴訟、智慧財產權存否或效力之訴訟等因涉及行政權行使或因公益性較強而依法被列為專屬管轄之訴訟。

依本條規定，於日本法院提起該當於法定專屬管轄之訴訟（例如確認專利權存在訴訟）時，若依該規定（日本新法§3-5III）應認為日本法院之管轄權成立，則日本法院就該訴訟享有國際裁判管轄權。反之，若依該規定認為日本法院不具有管轄權，則日本法院亦不得再依據日本新法第3條之2以下規定，就該訴訟取得國際裁判管轄權。

3. 職權調查證據

§3-11：就有關日本法院管轄權之事項，法院得依職權調查證據。

依本條規定，日本法院就涉外事件有無國際裁判管轄權，應屬法院依職權調查之事項，因此，即使當事人未主張或抗辯日本法院之管轄權，法院亦負有依職權調查之義務。又，在調查之必要範圍內，法院得依職權進行相關證據之調查。

4. 管轄權之基準時（管轄權恆定）

§3-12：定日本法院之管轄權，以起訴時為準。

為避免爭議，日本新法第3條之12仿照民訴法第15條就管轄之基準時點加

以規定，確定涉外案件之管轄，以起訴時為準，不因起訴後定管轄情事之變更而影響法院管轄。亦即，日本法院之國際裁判管轄權有無不會因為訴訟過程中確定管轄的因素變動而改變，例如法院依被告住所地取得管轄後，即使事後被告住所有所變更，受訴法院的管轄權亦不因此而受影響，以利審理之進行及程序之安定。

5. 僅適用於財產關係事件

由於身分關係事件與一國的社會風土息息相關，且其與財產關係事件，不論在既判力範圍、程序法理，或法院職權介入程度等部分，皆有不同的考量，因此本次有關國際裁判管轄之立法，乃將其對象限縮在財產關係事件。亦即，此次日本新法僅適用於「財產關係事件之訴訟」及「財產訴訟相關的保全命令事件」，而不適用於「人事訴訟」之國際裁判管轄。就此，日本「人事訴訟法[73]」亦進行了相關修正，為配合日本新法，該法第29條特別新增第1項，規定：「**人事訴訟不適用民事訴訟法第一編第二章第一節、第一四五條第三項及第一四六條第三項之規定。**」以排除上述日本新法有關國際裁判管轄規定之適用[74]。

二、立法特徵及趨勢

由以上有關日本國際裁判管轄既往判例法理的介紹，以及相關條文的制定與內容分析，針對此次日本新法可以歸納出以下特徵。

(一) 以內國管轄架構爲基礎，配合國際裁判管轄分配之理念，修正制定國際裁判管轄基準

本次修法乃參照既有實務判例法理，認為國際裁判管轄應基於「當事人之公平、裁判之適當與迅速」的理念來決定，而將此理念具體化的方法，則是依據有關國內土地管轄規則之民事訴訟法所定的審判籍，當該審判籍在日本國內，且無其他應否定國際裁判管轄權之特別情事者，即應肯定日本法院對

73 平成15年法律第109号。

74 人事訴訟法第30條亦新增第1項，規定：「以人事訴訟作爲本案訴訟之保全命令事件，不適用民事保全法第十一條之規定。」

此有國際裁判管轄權。依照此原理而設置之新法規定，包括普通審判籍（§3-2）、特別審判籍（§3-3）、合併管轄（§3-6）、合意管轄（§3-7）、應訴管轄（§3-8）、專屬管轄之除外規定（§3-10）、職權調查證據（§3-11）、管轄恆定原則（§3-12）等。

(二) 參考外國立法及國際公約，制定內國管轄所無之特則

由於針對涉外案件國際裁判管轄權有無之判斷，仍存有許多異於內國事件管轄之考量，因此，在規範上不能僅固著於既有的國內土地管轄架構。就此，日本新法特別參考海牙國際私法會議所研議之有關國際裁判管轄及外國判決的公約案，以及歐洲的布魯塞爾規則Ｉ等有關國際裁判管轄的立法，進而設置了有關消費契約及勞動關係糾紛之管轄規則（§3-4、§3-7）。

(三) 基於國家主權而來的特有規定

由於國際裁判管轄的判斷亦會涉及一國主權之問題，所以除了須符合「追求當事人之公平、裁判之適當與迅速的法理」之外，涉及國家行政權等公權力行使與判斷事項，亦應加以特別規範。因此，日本新法特別針對「依日本法設立之社團或財團」、「有關因登記或登錄之訴訟」、「因設定登錄而生之智慧財產權」設置專屬管轄規定（§3-5）。

(四) 過度管轄之防止

雖然日本新法有關國際裁判管轄之規定係針對日本法院對於當事人所提之訴訟得否在日本進行裁判之「直接管轄」所為的規範，站在維護內國人民訴訟權之立場上，一國的裁判管轄權似乎是愈寬廣愈好，但事實上，由於此直接管轄之規範亦會同時影響有關外國判決承認與執行之「間接管轄」的認定，因此，管轄權的過度擴張並非立法者所樂見。為了抑制管轄權過分擴張所帶來的過度管轄，日本新法特別修正並限縮部分管轄規定，例如在財產所在地管轄中，加上有關得扣押財產價額之限制（§3-3③），以及就侵權行為地管轄增加預見可能性的要求（§3-3⑧）等。

(五)對於「具體妥當性的重視」：判例法理之「特別情事論」的明文化

此次日本新法最受矚目及爭議之處，即在於將國內土地管轄規定所無，純粹源自於判例法理，且為日本法制所特有之「特別情事論」予以明文化（§3-9）。此規定係在日本法院依法就某訴訟應具有國際裁判管轄權之前提下，進一步使日本法院得依個案之具體情形，認定是否有害及當事人間之公平，或妨礙適當且迅速審理之實現的特別情事存在，若法院認為有此些情事，即可否定其對該案件之國際裁判管轄權，進而駁回該訴訟。本條規範，在維護案件具體妥當性上自有其必要，然而，站在「加強當事人預見可能性」的立場上，本條有關特別情事的抽象化考量，實與此次日本新法的立法目的相左（參見前述「貳、日本國際裁判管轄規則法制化」），因此本條規定亦受到不少批判[75]。其在今後實務判決上的相關運用及進展，應是值得吾人持續關注及研究的議題。

三、小結

由以上新法架構及特徵可看出，此次日本新法主要是在既有的管轄規範和判例法理的基礎上，參照外國立法例及國際公約，以期達到加強當事人預見可能性與法的安定性，同時兼顧個案具體妥當性的多元目的。

一直以來，日本的裁判管轄制度本即較偏屬於大陸法體系的系統，亦即，以普通審判籍的被告住所地管轄為原則，再輔以各種特別審判籍作為例外的管轄原因，在有關管轄權有無的認定上，法院的裁量介入餘地甚少。然而，在涉及國際裁判管轄認定之場合，日本法院為了去除部分以國內土地管轄規則來判斷國際裁判管轄時可能產生的弊害，因此發展出所謂「特別情事論」，並將此作為調整國際裁判管轄範圍的安全控制閥。一般認為，此「特別情事論」與英美法體系中的「不便利法庭原則」極為類似，都是用以修正過分擴張之管轄規

[75] 橫溝大，国際裁判管轄法制の整備—民事訴訟法及び民事保全法の一部を改正する法律，ジュリスト第1430号，東京：有斐閣，2011年10月，頁42-43；早川吉尚，判例における「特段の事情」の機能と国際裁判管轄立法，ジュリスト第1386号，東京：有斐閣，2009年10月，頁26-27；櫻田嘉章，法制審議會第161回會議（平成22年2月5日）議事錄，頁6，http://www.moj.go.jp/content/000023362.pdf（最後瀏覽日：2015.8.25）。

則的個別調整手段[76]。

「不便利法庭原則」源自於19世紀的蘇格蘭法院，其後為英格蘭法院所接受，並在20世紀中，由美國聯邦最高法院發揚光大。本原則係指，當受訴法院對於一涉外訴訟事件雖有國際裁判管轄權，惟衡量當事人之負擔、證據之調查或訴訟審理之便利等因素，如認為該事件於其他替代法庭地進行審理較為適當（對當事人及公共利 是更有利等情況）時，則允許受訴法院行使裁量權駁回原告之訴或停止該訴訟程序之制度[77]。

此原則之所以在英美等管轄法制中廣泛地被採用，乃係因傳統英美管轄規則中，存有類似依「送達」，或以「持續性營業」（doing business）為由而取得對人管轄等一般管轄的擴張管轄制度。由於此等管轄基礎，不像「被告住所地」般與法庭地具有固著且緊密的連結，常常僅是因為某州外（在住的）被告偶然在法庭地現身而收受送達，或因該被告有某些營業行為涉及該州，該州法院即可就該被告所生一切訴訟進行審理。為預防如此過分擴大的管轄，所以有「不便利法庭原則」的產生[78]。

然而，日本新法除了承續其既有的判例法理，同時受到代表大陸法系新

---

[76] 中西康，新しい国際裁判管轄規定に対する総論的評価，頁9-10；長田眞里，同註46，頁216。日本弁護士連合会国際裁判管轄規則の法令化に関する検討会議（編），新しい国際裁判管轄法制—実務家の視点から（別冊NBL第138号），東京：商事法務，2012年1月初版，頁10-11。高橋宏志、加藤新太郎（編），同註50，頁331-332。礙於篇幅限制，有關大陸法系與英美法系關於拒絕管轄制度之差異，例如特別情事論與不便利法庭原則之比較等，本文僅得暫時予以割愛，留待日後將另行爲文探討。

[77] J. J. Fawcett, *Declining Jurisdiction in Private International Law*, 121-144, 321-340 (1995). 有關不便利法庭原則之相關論述，詳請參閱國內專論，陳隆修，美國國際私法管轄權規定評論，中興法學第23期，1986年11月，頁418-420；陳隆修，國際私法管轄權評論，五南圖書，1986年11月初版，頁168-173；王志文，國際私法上不便利法庭原則之發展及應用，華岡法粹第18期，1987年11月，頁119-145；羅昌發，論美國法下之不便利法庭原則，收於國際私法論文集，五南圖書，1996年9月初版，頁77-97；陳啓垂，英美法上「法院不便利原則」的引進—涉外民事法律適用法修正草案增訂第十條「不便管轄」的評論，臺灣本土法學雜誌第30期，2002年1月，頁51-60；陳榮傳，不便利法庭原則宜謹愼適用，月旦法學教室第142期，2014年8月，頁36-38。

[78] G. B. Born & P.B. Rutledge, *International Civil Litigation in United States Courts* (5th ed.), 386 (2011).

立法的布魯塞爾規則Ⅰ的影響，不論在具體內容或架構上，皆依循傳統成文法系國家對於管轄制度的規範模式，以法的安定性、當事人預見可能性及法庭地關連性等因素為依歸，對於國際裁判管轄規則盡可能限縮地、明確地加以規範（例如§3-2～§3-8、§3-10～§3-12），因此在制定新法之後，是否還有必要保留「特別情事論」此等用以限縮或防範過度管轄之彈性規定，在學者間尚無定見[79]。無論如何，此次的日本新立法可以算是大陸法系與英美法系綜合體的大膽嘗試，而此總和體究竟能否順利運作？究竟是法的安定性與具體妥當性二者的調和？抑或是二者的拉鋸？仍有待今後實務裁判的檢證。

肆、我國有關國際裁判管轄之現況與進展

一、現行法制與實務

我國民事訴訟法中雖針對「管轄權」有所規定，但一般多認為此僅為有關內國法院管轄分配之規定，不得直接適用於國際裁判管轄之判斷。而我國現行法中，除家事事件法針對部分涉外身分事件[80]、涉外民事法律適用法就有關外國人之禁治產宣告與死亡宣告事件，以及海商法第78條的載貨證券裝卸貨港為我國港口之事件外，針對涉外財產關係事件之國際裁判管轄權的判斷並無規範。因此，在我國尚無有關國際裁判管轄之明文規定，以及國際間尚未存有統一準則的現況下，面對逐年增加的涉外民商事件，究應如何判斷其國際裁判管轄權之有無，仍有賴學說及實務之發展。

---

79 在立法當時即明確持否定見解者，如櫻田嘉章，法制審議會第161回會議（平成22年2月5日）議事錄，頁6，http://www.moj.go.jp/content/000023362.pdf（最後瀏覽日：2015.8.25）。新法制定後亦強烈質疑保留此「特別情事論」之必要性者，如：橫溝大，同註75，頁42-43；早川吉尚，同註75，頁26-27。

80 家事事件法創設了異國婚姻家事的國際審判管轄權，該法第53條對涉外婚姻事件之國際審判管轄權定有其成立要件，同時，針對涉外親子關係事件及婚姻非訟事件，同法第69條及第98條亦有準用第53條有關國際審判管轄權之規定。此規範成爲我國對於涉外事件之國際審判管轄權的首度明文規定。相較於其他涉外民事或商事等財產事件，該條文之訂定，大幅增加我國法院判斷涉外婚姻事件及親子關係事件之國際審判管轄權的預見可能性。

在學說見解方面，於現行法無明文的前提下，有關國際裁判管轄判斷之解釋論，我國學界多參考日本學說，以「逆推知說」、「管轄分配（修正類推）說」、「利益衡量說」等思考模式為主，另外再輔以各種調和方式（例如以「類推適用說」加上「不便利法庭原則」，或是「修正類推說」兼採「利益衡量說」等），以期達到符合當事人公平與裁判之迅速公正等理念[81]。

在實務判決方面，早期我國法院在審理涉外案件時，鮮少論及「國際（裁判）管轄」之概念，或即使針對我國法院管轄權之有無有所爭議時，亦多未區分國際或國內管轄，而直接適用我國民事訴訟法予以判斷[82]。近幾年來，由於涉外案件大幅增加，加上學界多年來的努力與倡導，案件的「國際性」逐漸受到重視，除了意識到準據法決定的必要性以外，法院同時也注意到有關「國際裁判管轄」判斷的重要性。而在最高法院97年度台抗字第50號裁定中，最高法院更明白指示，「查**兩造均住於美國，被告似均爲美國公民……，則我國法院有無國際管轄權（國際間各主權國家審判權之劃分）爲本件首應依職權調查之**

81 相關學說見解，詳請參閱劉鐵錚、陳榮傳，國際私法論，三民書局，2010年9月修訂5版，頁670-671；蘇遠成，國際私法，五南圖書，1993年11月5版，頁130-131；邱聯恭，司法現代化之要素，收於司法之現代化與程序法，自版，1998年9月初版，頁100-102；林秀雄，國際裁判管轄權—以財產關係案件爲中心，收於國際私法理論與實踐（一）—劉鐵錚教授六秩華誕祝壽論文集，學林，1998年9月初版，頁128；林益山，國際裁判管轄權衝突之研究，收於國際私法新論，自版，1995年6月初版，頁124-128；蔡華凱，國際裁判管轄總論之研究—以財產關係訴訟爲中心，國立中正大學法學集刊第17期，2004年10月，頁33-34；徐維良，國際裁判管轄權之基礎理論，法學叢刊第183期，2001年7月，頁74-77。

82 如最高法院85年度台上字第904號判決，雖論及涉外民事法律適用法，但對於位於準據法決定之前階段的國際裁判管轄之判斷，則未言及；亦有如最高法院88年度台上字第655號判決，以「因本件上訴人爲中華民國法人，我國法院當然有管轄權」爲理由，未提及其依據，而直接認定我國法院有管轄權者；其他如最高法院91年度台上字第1164號判決：「本件因被上訴人係外國法人，且所涉及者爲私法性質之系爭表演契約，雖屬涉外私法事件，但該表演契約之履行地係在臺灣，且上訴人之事務所亦設於臺北市，依民事訴訟法第二條第二項及第十二條之規定，臺灣臺北地方法院就本件即有管轄權」，以及最高法院90年度台上字第1941號判決：「系爭貨損結果地在基隆市，依民事訴訟法第十五條及涉外民事法律適用法第九條第一項規定，本件侵權行爲部分，我國自有管轄權，且應以我國之法律爲準據法」，皆直接適用我國民事訴訟法予以判斷我國法院對此些涉外案件之管轄權。

事項；……應一併詳加調查審認之[83]」，故在涉外案件中，有關國際裁判管轄有無之決定，已是不容忽略的必要步驟。

至於在有關國際裁判管轄權有無之判斷方式及依據上，由最近幾則最高法院之判決可看出，我國法院針對涉外事件之國際裁判管轄的認定主要還是依附於民事訴訟法中有關內國管轄的相關規定。例如：

（一）最高法院98年度台上字第2259號：「民事事件涉及外國人或外國地者，為涉外民事事件，內國法院應先確定有國際管轄權，始得受理，次依內國法之規定或概念，就爭執之法律關係予以定性後，決定應適用之法律。查依上訴人名稱及其提出之設立證明書所示，上訴人為一賴比瑞亞國公司，本件即為一涉外民事事件。而確認涉外公司股東會決議不成立（或無效）及撤銷事件之國際管轄權，涉外民事法律適用法並無明文規定，應**類推適用**民事訴訟法第二條第二項規定，認被上訴人主事務所所在地之我國法院有國際管轄權。」

（二）最高法院101年度台抗字第259號：「修正前涉外民事法律適用法雖無關於國際管轄權之規定，惟依據該法第三十條規定，兩造既對系爭授權協議9.6之管轄約定有所爭執，應依法庭地法即**類推適用**中華民國民事訴訟法之相關規定決定中華民國法院對本件有無管轄權。」

（三）最高法院101年度台抗字第304號：「我國法律迄未就國際管轄權定有明文，而一般裁判管轄（即國際管轄權）之決定與內國各法院間裁判事務之分配並無不同，自可**類推適用**民事訴訟法關於管轄之規定，再考量本國法院就該涉外民事事件進行證據調查程序，及當事人進行攻防是否便利，據以決定本國法院就特定涉外民事事件有無一般管轄權。」

（四）最高法院102年度台上字第2086號民事判決：「本件為涉外事件，因上訴人為我國人民，在國內設有住所，依修正前涉外民事法律適用法第

83 其他明白指出法院應依職權調查涉外案件之國際裁判管轄權者，尚有最高法院103年台上字第1039號民事判決：「末查，本件既為涉外事件，其國際裁判管轄權爲何？案經發回，宜加以敘明之，併予指明。」最高法院102年台上字第1478號民事判決：「又本件上訴人爲外國公司，具有涉外因素，屬於涉外事件，其有關之法院國際管轄權及應適用之準據法爲何？案經發回，宜注意加以論斷之，併此指明。」等。

三十條規定，**類推適用**民事訴訟法規定，應認上訴人住所地之我國法院有國際管轄權。」

（五）最高法院103年度台上字第1144號民事判決：「被上訴人向福建金門地方法院起訴，依涉民涉外民事法律適用法第一條規定，**適用**我國民事訴訟法，亦應認上訴人住所地之我國法院，有國際管轄權。[84]」

如上所述，現行學說及實務，針對涉外事件之國際裁判管轄的認定，主要採取「類推適用」我國民事訴訟法有關國內土地管轄規定的方式。然而，在國際裁判管轄中存在許多異於國內管轄的特徵，尤其，國際管轄制度不像國內管轄般，能透過靈活運用裁量移送等制度來平衡當事人間的利益。由於無法將事件移送至外國法院，當內國法院否定其管轄權時，則原告僅得被迫前往語言、司法制度、訴訟程序迴異之他國進行訴訟，如此一來勢必對原告的訴訟權構成影響。另一方面，從被告的角度觀之，被告在跨國訴訟中所面臨之不便與負擔，其程度自然大於國內訴訟之被告，故有關其應訴程序的保護應較單純的內國事件有更多的考量。因此，我國民事訴訟法中有關內國管轄之規定，是否適合用在涉外事件國際裁判管轄之判斷上，實有進一步審視之必要，不應貿然地全盤採用。

二、日本新法所提供之借鏡

我國與日本相同，有關民事訴訟程序等法規多繼受自成文法系的德國，所以我國民事訴訟法中有關管轄之規定與日本十分相似，而我國實務判決亦受到日本判例法理之影響，在法無明文之情形下，就有關國際裁判管轄之認定，多

84 最高法院就本案國際裁判管轄之判斷，認爲應以涉民法第1條所定「法理」作爲依據，其判決理由雖爲「適用」我國民事訴訟法應認上訴人住所地之我國法院有國際管轄權，但此處的「適用」實爲「類推適用」之誤，應注意。類似錯誤亦出現在最高法院102年度台抗字第188號：「……法院管轄部分，並無明文規定，故就具體事件受訴法院是否有管轄權，應『準用』我國民事訴訟法關於國內管轄之規定加以處理」、最高法院102年度台上字第1040號：「依香港澳門關係條例第三十八條類推適用涉外民事法律適用法第六十二條前段規定，並依九十九年五月二十六日修正前同法第三十條，再『適用』民事訴訟法第二條第二項關於管轄之規定，被上訴人向上訴人主事務所或主營業所所在之新北地院起訴，自有國際管轄權」。

仰賴內國民事訴訟法提供一相對明確及穩定的判斷基準，因此上述日本新法及其判例法理，應能提供我國在國際裁判管轄運用上諸多省思與借鏡[85]。

參照以上論述，首先，將我國現行管轄法制中顯然不適合「直接」運用到國際裁判管轄判斷上之規定羅列於下，並嘗試分析其問題點，以供實務在「類推」適用國內管轄規定時之參考。其次，針對日本新法制定前，由判例法理中衍生而來之「特別情事論」，就其在我國之適用可能及進展，加以論述，希望提供我國將來在國際裁判管轄判斷運作上些許助益。

(一) 我國管轄法制之再考

1. 在中華民國之「居所」與「最後住所」

有關自然人之普通審判籍，我國民事訴訟法第1條第1項規定，訴訟由被告住所地之法院管轄，此「以原就被」之原則於國際裁判管轄中，自然亦有其適用。然而，該條第2項規定被告在中華民國現無住所者，則以其在中華民國之居所，視為其住所，而得要求該被告至我國法院應訴。本項規定運用在單純的國內事件中，當無不妥，但在國際事件中被告必須承受跨國訴訟在語言、法制、時間、費用等方面的負擔，若被告事實上有住所位於他國，僅是在我國現無住所，則不應直接依據本項規定，將其在我國之居所視為住所，而對之成立國際裁判管轄。因此，在涉外事件「類推」適用本項時，參考前述日本新法第3條之2第1項立法意旨，必須是被告在其他國家無明顯的住所存在，或住所不明時，始得將其在中華民國之居所，視為其住所，而使我國法院取得管轄權。又，上述法理及解釋方式，亦應適用於作為國內事件第三階段管轄原因的「最後住所」。亦即，我國民事訴訟法第1條第2項後段在類推適用於國際裁判管轄判斷時，為避免被告一日於我國有住所則終生必須至我國應訴的不合理情形，應參照日本新法所追加的但書限制，必須被告於我國設置該「最後住所」

85 由於我國民事訴訟法上有關國內管轄之規定，較日本規範精細，故在解釋上我國所面臨的問題相對較少，尤其是2003年我國民事訴訟法大幅修正時，針對管轄規定亦作了不少補充及修正（例如民訴法§28Ⅱ、§182-2、§436-9等），所以在類推適用到國際裁判管轄時，部分規定確實較日本現行民事訴訟法相關管轄規定來得具「合理性」，但畢竟民事訴訟法上相關的管轄規定，其立足點多是站在國內土地管轄分配上加以思考，所以仍有不少條文在適用到國際裁判管轄判斷時，尚待進一步的解釋。

後，未再於其他國家設置其他住所，始得以該最後住所作為涉外事件之管轄原因[86]。

此外，針對民事訴訟法第1條第1項後段「訴之原因事實發生於被告居所地者，亦得由其居所地之法院管轄」，我國法院得否將本段規定類推適用於涉外事件中，而對住所在國外之被告，取得國際裁判管轄權？例如某住所設於德國之被告，現居於我國，因發生於我國居所地之原因事實涉訟，此時不論在證據調查、審判妥適性或應訴負擔方面，由我國法院管轄，應無不當。且2003年新增該段規定之立法理由中亦特別提到，「**定法院之管轄，應以起訴時爲準。如被告於其居所地發生訴之原因事實後，在起訴前已離去並廢止該居所，則該原因事實發生地於起訴時已非被告之居所地，該地法院自無本項後段之管轄權**。」故即使將本規定運用在涉外事件中，若訴之原因事實發生於被告居所地，而被告於起訴前已離開我國並廢止該居所，則我國法院對該訴訟自無法依此取得管轄，如此之解釋及適用對於被告保護應屬妥適。

2. 財產所在地

對於民事訴訟法第3條應否適用於國際裁判管轄判斷一事，我國已有不少專文探討[87]，就此，僅簡單闡述己見如下。該條第1項針對有關財產權之訴的國內裁判管轄，規定得以「被告可扣押財產所在地」或「請求標的所在地」作為特別審判籍。而此等特別審判籍是否適於運用在涉外事件中，前述日本新法第3條之3第3款正好可提供吾人參考。其中，有關「請求標的所在地」應較無爭議，若該訴訟之請求標的位於我國，則不論是考量到案件關連性、證據調查便利性或將來判決執行可能性等，承認我國法院對之有國際裁判管轄權，應無不當。至於以「被告可扣押財產所在地」作為審判籍時，由於該財產未必與本案有關，甚至可能只是被告偶然來臺時不小心遺留且價值很小的財產，因此，

86 相同見解請參閱吳光平，涉外財產關係案件的國際裁判管轄權，法學叢刊第201期，2006年1月，頁89。

87 請參閱黃國昌，扣押財產作爲行使國際民事管轄權之基礎：評最高法院九十三年度台抗字第一七六號裁定，月旦法學雜誌第124期，2005年9月，頁231-247；吳光平，民事訴訟法第三條於涉外案件之運用—最高法院九十三年度台抗字第一七六號裁定評析，月旦法學雜誌第151期， 2007年12月，頁115-137。

為兼顧當事人利益、訴訟經濟以及將來判決之執行可能，於類推適用本條時，應針對該可扣押財產與請求間的關連性、財產價額的相當性等加以限制，以避免對於僅有極小部分的財產存在我國，除此之外與我國不具任何關連之被告，因與該財產毫無關係之請求於我國被訴，而我國法院仍得對其行使管轄權的不合理情形產生[88]。

3. 侵權行為地

一般認為民事訴訟法第15條規定得管轄侵權行為事件之「行為地」法院，應包括該侵權行為的「行為實施地」及「損害發生地」。因此，類推適用本條規定時，只要其中一地位於我國境內，我國法院即可依此取得國際裁判管轄權。然而，有關「損害發生地」之範圍，是否應擴大至包括「經濟的損害發生地」[89]，例如被害人就醫的醫院所在地、修復費用支付地、經濟利益的集中地等？就此問題，在日本新法制定前的草案研議階段，審議會亦曾對此爭議進行討論。贊成損害發生地應包含經濟的損害發生地在內者認為，國際裁判管轄規則與準據法規則不同，不須強制侷限於一個法領域中，而剝奪原告的選擇權利，何況若因承認「經濟損害發生地」作為管轄原因，而導致於某些個案中國際裁判管轄過分擴張時，最後仍得運用「特別情事」的法理加以調整及限縮。相對於此，持反對見解者認為「損害發生地」應限於因侵權行為所生之直接的、第一次的損害，而不應包括間接的、衍生性的損害，若將經濟的損害發生地納入國際裁判管轄原因中，對於當事人之預測可能性將構成嚴重危害[90]。考量到跨國訴訟對被告造成之負擔甚大，以及預見可能性等要求，實不應將國際裁判管轄的範圍作如此擴張的解釋。參考上述日本新法在立法過程中對於侵權行為地管轄之議論，管見以為在以「損害發生地」作為管轄原因時，應將其範

[88] 例如，某A國籍被告來臺時遺留於旅館中的一只皮箱，遭B國籍原告聲請扣押後，於我國法院要求就其與該被告在C國所生契約糾紛進行訴訟。

[89] 所謂「經濟的損害」，例如在人身傷害的場合中，因該傷害而造成的逸失利益等損害（又稱「派生的、二次的損害」）。

[90] 認爲僅有二次的或派生的損害之發生地並不得作爲結果發生地之實務判決，包括東京地院平成18年10月31日判決（判例タイムス第1241号，頁338）、東京地院昭和59年2月15日判決（判例時報第1135号，頁70）等。

圍限縮在僅及於因侵權行為當時所直接造成的結果發生地，而不包括其後衍生的財產上或經濟上的損害發生地[91]，且須依通常情形能預見該損害結果將發生於我國境內者，始足當之。

4. 債務履行地

首先，我國民事訴訟法第12條明白規定，有關得以履行地作為特別審判籍的訴訟，僅以「因契約涉訟者」為限。所謂因契約涉訟，係指確認契約所生之法律關係成立或不成立、契約履行或解除所生爭執、因不履行契約請求損害賠償、違約金、減少價金等爭執所提之訴訟[92]，故當然不包括因侵權行為而生損害賠償請求等其他財產權相關訴訟[93]。

其次，本條作為管轄原因之「債務履行地」，以當事人契約所訂之債務履行地為限，非指民法上的法定履行地（§314）。在雙務契約，各當事人所負擔之債務，訂定互異之履行地者，在國內土地管轄上，或可解為二履行地法院皆有管轄權，但考量到跨國訴訟對被告應訴之負擔及證據調查之便利等因素，類推適用本條時，宜參考日本新法第3條之3第1款，將之限縮在當事人所請求之契約債務的履行地國法院始對該訴訟有國際裁判管轄權。

再者，有關該債務履行地之約定，是否應以「明示」為限？抑或包括當事人「默示」的約定？或契約習慣等？由於本管轄原因乃基於當事人預見可能性及事件關連性而來，在當事人意思應得到最大尊重的前提下，參照日本新法第3條之3第1款之解釋，管見以為該履行地之約定應不限於契約上的明示，亦應包括默示及交易習慣，甚至擴及到當事人於契約中定有準據法者[94]，以符合國

91 相同見解請參閱蔡華凱，侵權行爲的國際裁判管轄—歐盟的立法與判例研究，國立中正大學法學集刊第14期，2004年1月，頁291。

92 王甲乙、楊建華、鄭健才，民事訴訟法新論，三民書局，2010年6月初版，頁24。

93 相同見解請參閱蔡華凱，國際契約訴訟事件之債務履行地管轄—兼論國際裁判管轄之定性，東海大學法學研究第32期，2010年6月，頁323。

94 對於契約履行地之決定是否應採「契約準據法說」，而將國際契約管轄的債務履行地之決定，擴及到依照當事人所約定之契約準據法定之，我國學者有持否定見解者，其認爲國際裁判管轄係屬程序上之訴訟要件，而準據法選擇則屬本案實體審理之範疇，按先程序後實體之原則，於訴訟要件審查階段即依當事人間之契約準據法決定管轄，在論理邏輯上有所不妥。相關論述，詳請參閱蔡華凱，同註93，頁303-313。

際貿易常規對於契約債務履行地管轄之期待。

此外，民事訴訟法於1999年針對「小額訴訟事件」修正新增第436條之9，規定小額事件當事人之一造為法人或商人者，於其預定用於同類契約之條款，約定債務履行地時，不適用第12條之規定（但兩造均為法人或商人者，不在此限）。因此，在涉外事件中，類推適用民事訴訟法上有關債務履行地之管轄規定時，應注意，若該事件屬於當事人單方為法人或商人的涉外小額訴訟事件，則即使其於契約中訂有以我國為債務履行地之條款，當事人仍不得依據民訴法第12條，主張我國法院對之有管轄權。又，依據本條立法理由：「**小額事件當事人之一造如爲法人或商人，以其預定用於同類契約之債務履行地條款……與他造訂立契約者，締約之他造就此類條款幾無磋商變更之餘地，爲保障小額事件之經濟上弱勢當事人權益，避免其因上述附合契約條款而需遠赴對造所預定之法院進行訴訟，爰規定不適用第十二條……之規定**」，可知本條目的在於「保障經濟上弱勢當事人權益」，「避免其需遠赴對造所預定之法院進行訴訟」。因此，管見以為，於解釋本條時，應參考日本新法第3條之7第5項之意旨，將其解為僅該法人（商人）之一造不得主張契約上之管轄利益。若由履行地法院管轄對於對造之非法人（商人）較為有利時，在無違反專屬管轄的前提下，應承認其仍得主張以履行地作為管轄地，以確實達到保障經濟上弱勢當事人利益之目的。

5. 消費契約及勞動關係訴訟等弱者保護

(1)消費訴訟

我國民事訴訟法中雖無有關消費訴訟管轄的特別規定，但我國消費者保護法（以下稱「消保法」）第47條針對消費訴訟，特別規定得由「消費關係發生地」之法院管轄。條文中雖未就消費關係地加以解釋，但參照消保法第2條第3款，所謂「消費關係」是指消費者與企業經營者間就商品或服務所發生的法律關係。因此，凡與消費關係發生密切關連的所在，亦即可以發生消費法律關係的所在，均為消費關係發生地[95]。又，消保法特別規定得以消費關係地作為管

---

95 詹森林、馮震宇、林明珠，消費者保護法問答資料，行政院消費者保護委員會，1995年2月初版，頁96。

轄原因，其目的在掃除消費者提起消費訴訟時之障礙，故適用該條規定時，應盡量將「消費關係發生地」作有利於消費者之解釋，以使消費訴訟之管轄法院能盡量接近消費者，並降低消費者的訴訟負擔。

由於消保法第47條並非專屬管轄，因此當事人仍得藉由「合意（由他法院）管轄」來排除消費關係發生地之管轄。此時，應注意民訴法第28條第2項規定：**「第二十四條之合意管轄，如當事人之一造爲法人或商人，依其預定用於同類契約之條款而成立者，按其情形顯失公平者，他造於爲本案之言詞辯論前，得聲請移送於其他管轄法院。但兩造均爲法人或商人者，不在此限**。」就此，有關「聲請移送」之規定，在國際訴訟程序中當然無法予以適用，但應參考其立法意旨，在為商人之一造當事人，以其預定用於同類契約之合意管轄條款與消費者訂立合意管轄時，由於締約之消費者就此條款多無磋商變更之餘地，為防止合意管轄條款之濫用，並保障經濟弱勢當事人之權益，如該消費者於為本案言詞辯論前，主張該管轄條款顯失公平時，應認為有關該管轄之合意無效。如此的解釋方式亦較符合國際裁判管轄之立法趨勢[96]。又，若該案件為訴訟標的價值在10萬元以下的小額訴訟事件，則承繼本文前述之相關見解，基於民訴法第436條之9，消費者仍得排除該管轄合意，主張由消費關係發生地的法院管轄，但若雙方所為之管轄合意對於消費者反而有利，例如約定以消費者住所為管轄之法院，在此情況下，則不須排除該合意管轄之約定。

(2)勞動關係訴訟

由於我國現行法制對於勞動關係訴訟未設有特別的管轄規定，因此，有關涉外勞動關係訴訟之國際裁判管轄，仍僅能依據民事訴訟法之相關規定加以推論判斷。除了普通審判籍之規定外，依據民事訴訟法第12條「債務履行地」之特別審判籍，有關因勞動契約涉訟者，應得由該勞動契約之履行地法院管轄，而勞工之勞務提供地，即為該勞動契約之債務履行地，其所在地之法院應有管

---

96 如此之解釋方式亦較能符合國際之趨勢。例如2000年關於民商事事件之裁判管轄與裁判執行之2000年12月22日的理事會規則（EC）44/2001第17條、1968年關於民商事事件之裁判管轄與判決執行之布魯塞爾公約第15條、1988年關於EC與EFTA之裁判管轄及判決執行之盧加諾公約第15條，以及海牙國際私法會議1999年草案第7條第3項等皆採類似的意旨以保護消費者。

轄權[97]。故若涉外勞動關係訴訟中，當事人所約定之勞務提供地位於我國時，我國法院對之應有國際裁判管轄權。

考量到跨國訴訟對於身為經濟弱者的勞工負擔甚大，在依本條解釋勞動契約履行地時，尤其在由勞動者對企業主提起訴訟的場合中，應非單純以訂約當時契約形式上約定之地作為履行地，而應以實際的勞務提供地作為該履行地，而在勞務提供地不明時，則可參考前述日本新法第3條之4第2項，以勞動者之「受僱營業所所在地」作為此特別審判籍的履行地，以保護受僱勞工之訴訟權利，同時兼顧訴訟當事人雙方的預見可能性。相反地，在企業主為原告而勞動者為被告時，則應盡量為有利於勞動者之解釋。

如同前述的消費訴訟，在有關勞動關係訴訟之合意管轄的部分，亦需特別注意我國民事訴訟法第28條第2項以及同法第436條之9的相關規定。站在弱者保護的立場上，當企業主以其預定用於同類契約之合意管轄條款與勞動者訂立契約時，為防止因勞動者就該條款無法磋商變更而造成合意管轄條款之濫用，如該管轄條款顯失公平時，應認為勞動者得於為本案之言詞辯論前，主張該管轄之合意無效。又，在案件訴訟標的價值低於10萬元的小額事件中，即使企業主於其預定用於同類契約之條款中定有債務履行地或以合意約定第一審管轄法院，依據同法第436條之9規定，此時不得適用第12條之特別審判籍或第24條之合意管轄規定，故有關該勞動關係訴訟之管轄，在無其他特別審判籍存在的前提下，則僅能回歸於由被告普通審判籍予以管轄[98]。

6. 智慧財產權存否或效力訴訟之專屬管轄

我國民事訴訟法對於有關因智慧財產權涉訟並無特別的管轄規定，原則上仍應依前述普通審判籍或特別審判籍定其管轄法院。然而，考量到如專利權或商標權等，須以登記為成立要件之智慧財產權，有關其因「登記」或「有效性」涉訟時，即使承認登記國以外之國對其有國際裁判管轄權，最終在依判決進行登記時，仍不得不遵循登記國之相關程序及要件；或者在因其有效性涉訟

97 相關裁判可以參照臺灣桃園地方法院95年度勞簡抗字第2號裁定、97年度勞訴字第2號判決。

98 同上所述，若該有關履行地或合意管轄之約定，對勞動者較爲有利，則解釋上應排除民訴法第436條之9的適用。

時，即使登記國以外之國作出確認專利權等無效之判決，該判決亦難以直接被登記國承認，而僅具有相對的效果。故有關此類訴訟，實應參照日本新法第3條之5，由登記國法院「專屬管轄」較為適當。至於智慧財產權侵害訴訟，因其仍屬「侵權行為訴訟」之一種，有關其國際裁判管轄自應類推適用民事訴訟法第15條，以「侵權行為地」法院作為管轄法院。

(二)特別情事論模式在我國實務之進展

其次，針對日本新法制定前，由判例法理中衍生而來的「特別情事論」，就其在我國之適用可能及進展，加以論述，希望提供我國將來在國際裁判管轄判斷上些許助益。

我國實務上最早出現類似以日本特別情事論來認定國際裁判管轄權有無的判決，應屬臺灣臺南地方法院92年度重訴字第295號民事判決。

1. 地院裁判：臺灣臺南地方法院92年度重訴字第295號判決

本案係有關請求給付借款之事件，原告係我國法人X銀行，訴外人A公司向原告的香港分行借款，並以被告Y為其連帶保證人。其後，A無法清償其債務，X遂依連帶保證之法律關係，向Y提起訴訟。相關裁判要旨與分析，闡述如下。

本判決首先闡明「**本件……爲涉外民事事件，又國際裁判管轄權乃獨立之訴訟要件，國際裁判管轄權之有無，乃法院於訴訟程序中應依職權調查之事項，是本件首應究明我國對於本件給付借款事件，有無國際裁判管轄權**。」其後，針對國際裁判管轄權有無之認定方式，其依循通說見解，表示我國法上並未存在相關明文規範，因此應採納「管轄分配說」，依「法理」來判斷：「**按我國對於國際裁判管轄權，除於民事訴訟法第四百零二條第一款之間接管轄權規定外，並無類如內國法院確認對於涉外事件有無管轄權之直接管轄權規定，而現行國際法上亦未建立明確之規範，除了區域性之國際公約外，亦無成熟之國際習慣法存在，是以，當受到國際承認的一般性準則並不存在，而國際習慣法又並非十分成熟的情況下，依照當事人間之公平與裁判正當、迅速理念之法理，作爲我國國際裁判管轄權有無之判斷，應較爲適當**。」

至於，有關符合上述「法理」的具體判斷方法，其明顯仿照日本「特別情事論」之模式，先表示原則上可參酌民事訴訟法相關管轄規定，「**如依我國民事訴訟法之規定，我國具有審判籍時，原則上，對於在我國法院提起之訴訟事件，使被告服從於我國的裁判權應屬妥當**」。接著，再調查是否有應例外排除管轄的特別情事存在，「**惟在我國法院進行裁判，如有違背期待當事人間之公平與裁判正當、迅速等理念之特別情事時，即應否定我國之國際裁判管轄權。**」以最終確認我國法院就本案是否具有國際裁判管轄權。

其後，再就本案事實具體認定：「**查本件原告爲依我國法律設立之本國法人，被告則係設立住所於我國境內之臺南縣，有被告之戶籍謄本二件在卷可按，原告向我國法院提起訴訟，自無不合，且此於本件證據之調查與兩造攻擊、防禦權之行使，亦無妨害當事人間之公平與裁判正當、迅速等理念之特別情事發生，從而，本件應肯定我國法院之國際裁判管轄權存在，又本院係被告住所之地之管轄法院，則本院對於本件給付借款事件即有管轄權。**」

本件判決為我國引進「特別情事論」之首例，該判決先依「法理」確認國際管轄原因，接著就個案具體調查，認為並無應否定國際裁判管轄之特別情事存在，進而肯定我國就該系爭涉外財產事件應有國際裁判管轄權，且臺南地院依土地管轄規則對本案有國內管轄權。本判決架構嚴謹，論理明確，可作為「特別情事論」在我國實務適用可能之重要參考。隨後，在我國地院判決書中，亦陸續出現採用「特別情事論」來判斷國際裁判管轄權有無的類似見解[99]。相較於地方法院，高等法院或最高法院等上級審法院卻遲遲未明確採納此原則，直到十二年後，高等法院終於出現藉由「特別情事論」來認定國際裁判管轄之代表性裁判。

2. 高院裁判：臺灣高等法院臺南分院104年度重抗字第12號裁定

本案係有關請求損害賠償之事件，訴外人A公司委由相對人Y1公司（以相對人Y2公司所有之油輪）運送油品一批至日本，Y1公司簽發清潔載貨證券予

---

[99] 例如臺灣嘉義地方法院嘉義簡易庭93年度嘉勞小字第7號民事判決、臺灣雲林地方法院98年度訴字第343號民事判決、臺灣高雄地方法院104年度海商字第9號民事判決、臺灣高雄地方法院100年度海商字第13號民事判決、臺灣高雄地方法院102年度鳳小字第55號民事判決、臺灣高雄地方法院101年度訴字第2168號民事判決、臺灣高雄地方法院102年度訴字第1154號民事判決、臺灣高雄地方法院103年度訴字第533號民事判決等。

A公司，嗣後A公司將該紙載貨證券轉讓予訴外人B公司，該批油品並因而轉運至雲林縣麥寮港。詎貨到麥寮港卸貨時發現短少，B公司損失八百餘萬元。抗告人X1～X6乃上開油品之運輸保險人，且已依約賠付B公司保險金。B公司乃將其對第三人之損害賠償請求權轉讓與抗告人等，為此抗告人等爰基於保險代位及運送契約債務不履行損害賠償及侵權行為損害賠償請求權等法律關係，請求相對人Y1及Y2公司賠償損害。相關裁判要旨與分析，闡述如下。

裁判書中針對原審法院有無管轄權部分，首先，闡述一般國際裁判管轄原理如下：「**按國際私法上所謂管轄權之確定，係指對於涉外民事事件，何國或何法域有權行使司法裁判權。學理上對於國際民事訴訟管轄權有無之認定，則係基於當事人利益之以原就被原則、服從性原則、有效性原則及兼顧公共利益之管轄原則考量，並須具備合理性之管轄基礎等判斷標準。而我國涉外民法並未明文規定，就具體事件是否有管轄權，則當依法庭地法加以判斷。而所謂國際管轄權行使之合理基礎，係指某國法院對某涉外案件主張有管轄權，係因該案件中之一定事實，與法庭地國有某種牽連關係，而法院審理該案件係屬合理，並不違反公平正義者而言，受訴法院尚非不得就具體情事，類推適用國內法之相關規定，以定其訴訟之管轄**。」乍看之下，與以往上級審所採的「類推適用說」並無不同。

其次，針對被類推適用的相關國內規定（主要為民事訴訟法第12條）加以論述，並就本案具體認定：「**運送契約之履行交貨地爲雲林縣麥寮港，已甚明確。而本件系爭貨物之買受人、要保人暨被保險人臺塑化公司、海上貨物保險人即抗告人，系爭貨物之卸貨港爲我國麥寮港，且系爭貨物毀損檢定等相關證據資料均在我國，足徵系爭貨物毀損之損害賠償情事與我國間之關係甚爲密切，我國法院自有本件之國際民事裁判管轄權無訛**。」

最後，採用特別情事論再度審視，「……**我國法院受理本件涉外民事之海商及保險事件，殊無礙於當事人間之公平使用審判制度機會，裁判之適正、妥適、正當，程序之迅速、經濟等民事訴訟法理之特別情事存在，故我國法院即原審法院，就本件訴訟有國際民事管轄權，應甚明確**。」爰將原裁定廢棄發回原法院。

本件裁定針對國際裁判管轄之判斷方法，明顯依據「特別情事論」模式，先基於訴訟法理，類推適用民事訴訟法之規定，當我國民事訴訟法中所規定的任一審判籍位於我國國內時，原則上即承認我國法院對其有國際裁判管轄權，除非依據個別案件之具體狀況，認為在我國進行訴訟有違反當事人間之公平的觀念，或裁判之適當及迅速的理念等特別情事存在時，始例外否定該國際裁判管轄權的存在。

透過以上論述可知，由於實務運作的需要，地方法院對於國際裁判管轄必要性的認識及發展，遠早於高等法院或最高法院[100]，不同於上級審法院多僅以「類推適用」民事訴訟法的管轄規則為主，地方法院的判斷模式則較為多樣且新穎，就某個層面而言，其似乎引領了高等法院及最高法院之判決。或許地方法院的判決在部分論理與架構上，嚴謹度略顯不足，但在視野的創新與引進方面，實具有相當大的貢獻及參考價值[101]。

正如同「特別情事論」在日本實務判例中的發展，最初由日本地方法院在1982年的裁判（東京地院昭和57年9月27日中間判決）中創制，其後雖然在下級審法院廣泛被採用，但最高法院對此見解卻遲遲未加以承認，直到十五年後，日本最高法院才在前述寄存金返還事件（最高法院平成9年11月11日判

100 有關我國各級法院實務見解分析，礙於篇幅，在此不再進一步闡述，相關研究請參見何佳芳，同註18，頁42-45；張銘晃，國際裁判管轄決定論—從總論方法評述我國實務現狀，法官協會雜誌第13卷，2011年12月，頁197-200。

101 值得一提的，於地方法院之判決中，除了有站在上述各學說立場以判斷國際裁判管轄者外，近年來更有採取「不便利法庭原則」以拒絕管轄之裁判出現。例如臺灣臺北地方法院89年度訴更字第4號民事裁定、臺灣臺北地方法院92年度訴字第1164號民事裁定、臺灣嘉義地方法院94年度重訴字第57號民事裁定、臺灣臺北地方法院96年度保險字第10號民事裁定、臺灣桃園地方法院98年度訴字第40號民事裁定等。然而，我國法院在此些判決中所展現對於「不便利法庭原則」之適用及解釋方式，實較接近日本「特別情事論」中對於「特別情事」之判斷，而非原本英美法中的「不便利法庭原則」。尤其是，原來有關「不便利法庭原則」的發動，應當是在確定受訴法院對該案件「有」管轄權之後，顧慮到包括「證據取得之容易性、原告選擇之尊重、替代法院之存在，與其他可使案件進行更容易、更快速、更經濟」等私的利益，以及「公共資源之支出、準據法及法庭地法，與人們有理由希望就涉及當地多數人之案件在眼前進行訴訟」等公共利益，認爲若由受訴法院繼續行使管轄加以裁判勢將造成不當之結果，所以該法院雖對該案件具有管轄權，但得以不便利法庭爲理由，「拒絕」管轄；而非如上述我國判決般，以此原則作爲判斷受訴法院對該訴訟「無」管轄權之理由。

決）中，正式追認了這個由下級審法院所創造，作為排除國際裁判管轄之例外規則的特別情事論。且該理論更在此次日本新法中，被明文採納為國際裁判管轄認定的基本模式。隨著上述高等法院裁判（臺灣高等法院臺南分院104年度重抗字第12號裁定）的出現，相信「特別情事論」在我國的影響與發展，將愈趨受到重視。

伍、結論

我國現行法制下對於國際裁判管轄之判斷，尚無明文規範存在，依據現階段實務見解可知，訴訟上有關國際裁判管轄之判斷，主要還是依存於民事訴訟法等相關國內管轄規定。然而，在涉外訴訟中，存在許多國內訴訟所沒有的特殊性，應作不同的考量，不宜全盤依據民事訴訟法等國內管轄之規定；且有關管轄權有無之判斷，對於涉外事件之當事人所造成的影響遠大於國內事件，其在訴訟中所占之重要性不容忽視，故有關國際裁判管轄判斷標準之明確化，實刻不容緩。

隨著全球化經濟活動的快速增加，對於此類國際民商事紛爭提供迅速且適當解決機制的需求逐漸升高。為因應此需求，日本歷經十餘年的努力，終於完成有關國際裁判管轄之立法，本文以此次日本新法之制定為契機，藉由對於日本國際裁判管轄法制化之背景、判例法理之演化，以及新法內容之說明等介紹，進而就我國現行管轄法制中不適合直接被運用到國際裁判管轄判斷上的規定予以探討，並針對近年的國際裁判管轄實務進行分析，探討「特別情事論」在我國之適用情形。

由本文之分析可知，不論在日本或在我國，當法院面對急速增加且類型多樣的國際裁判管轄爭議時，多肯定應以「當事人間之公平、裁判之適當與迅速」之國際民事訴訟法理作為判斷的核心準則。日本透過此次民事訴訟法之修正，將該「法理」明文化，於日本新法第3條之2到第3條之8明定國際裁判管轄之管轄原因，以確保「當事人之預見可能性」及「法的安定性」。同時，為兼顧「個案的具體妥當性」，更於同法第3條之9條賦予法院裁量權，使其得在日本法院依法具有國際裁判管轄權之個案中，進一步針對事案之性質、被告應訴所生之負擔、證據之所在等因素加以考量，若認為由日本法院審理及裁判將有害當事人間之公平，或有妨礙適當且迅速審理之實現的特別情事存在時，即得駁回該訴訟。其目的在藉由例外的利益衡量架構，來調整硬性的管轄規則之適用結果，以期同時滿足「當事人之預見可能性」、「法的安定性」，以及「個案的具體妥當性」三方面之要求。

而此由日本判例法理衍生而來的「特別情事論」，在我國現行法制針對國際裁判管轄尚無一般性明文規範的現狀下，正可提供我國法院在認定國際裁判管轄有無時之參考。亦即，在我國法院「類推」適用民事訴訟法中有關國內土地管轄規定時，若認為該涉外裁判在我國進行審理將有違「當事人間之公平、裁判之適當與迅速」之特別情事存在時，則應否定我國法院之國際裁判管轄權。

當然，不可諱言的，此等判斷模式雖說原則上參照民事訴訟法之規定，但在認定有無「特別情事」之過程中，尚須就整體案件相關因素比較衡量，故最終仍取決於法院對於「特別情事」之存在與否的判斷，事實上，仍可能導致預見可能性低落，造成當事人無法事先判斷管轄權存在與否，而徒增當事人時間及勞力上的浪費。因此，特別情事論在我國亦僅能暫時作為法無明文之過渡時期的權衡手段，而減少爭議的終極方法，還是需要立法者對於國際裁判管轄作出明確規範。

為正確且迅速地解決伴隨國際經濟活動而來的民事紛爭，無論我國是否仿照日本修法前之判例法理採納「特別情事論」來修正民事訴訟法中有關國內土地管轄規定之適用，有關國際裁判管轄規則之制定，勢在必行，此亦是我國邁向全球化、作為國際社會一分子所須面對的議題。希望透過本文對於日本有關國際裁判管轄規則新立法的介紹，能刺激各界對此問題的關注與研究，並期待於相關見解成熟後，我國亦能早日著手進行有關國際裁判管轄法制之立法。

參考文獻

一、中文部分

(一) 書籍

王甲乙、楊建華、鄭健才，民事訴訟法新論，三民書局，2010年6月初版。

陳隆修，國際私法管轄權評論，五南圖書，1986年11月初版。

詹森林、馮震宇、林明珠，消費者保護法問答資料，行政院消費者保護委員會，1995年2月初版。

劉鐵錚、陳榮傳，國際私法論，三民書局，2010年9月修訂5版。

蘇遠成，國際私法，五南圖書，1993年11月5版。

(二) 期刊論文

王志文，國際私法上不便利法庭原則之發展及應用，華岡法粹第18期，1987年11月。

何佳芳，日本國際裁判管轄理論及其立法，臺灣國際法季刊第5卷第3期，2008年9月。

何佳芳，日本民事訴訟法中國際裁判管轄之立法芻議與對我國之借鏡，臺灣法學雜誌第135期，2009年9月。

吳光平，涉外財產關係案件的國際裁判管轄權，法學叢刊第201期，2006年1月。

吳光平，民事訴訟法第三條於涉外案件之運用—最高法院九十三年度台抗字第一七六號裁定評析，月旦法學雜誌第151期，2007年12月。

徐維良，國際裁判管轄權之基礎理論，法學叢刊第183期，2001年7月。

張銘晃，國際裁判管轄決定論—從總論方法評述我國實務現狀，法官協會雜誌第13卷，2011年12月。

陳啟垂，英美法上「法院不便利原則」的引進—涉外民事法律適用法修正草案增訂第十條「不便管轄」的評論，臺灣本土法學雜誌第30期，2002年1月。

陳隆修，美國國際私法管轄權規定評論，中興法學第23期，1986年11月。

陳榮傳，不便利法庭原則宜謹慎適用，月旦法學教室第142期，2014年8月。

黃國昌，扣押財產作為行使國際民事管轄權之基礎：評最高法院九十三年度台抗字第一七六號裁定，月旦法學雜誌第124期，2005年9月。

蔡華凱，侵權行為的國際裁判管轄—歐盟的立法與判例研究，國立中正大學法學集刊第14期，2004年1月。

蔡華凱，國際裁判管轄總論之研究—以財產關係訴訟為中心，國立中正大學法學集刊第17期，2004年10月。

蔡華凱，國際契約訴訟事件之債務履行地管轄—兼論國際裁判管轄之定性，東海大學法學研究第32期，2010年6月。

(三) 專書論文

林秀雄，國際裁判管轄權—以財產關係案件為中心，收於國際私法理論與實踐（一）—劉鐵錚教授六秩華誕祝壽論文集，學林，1998年9月初版。

林益山，國際裁判管轄權衝突之研究，收於國際私法新論，自版，1995年6月初版。

邱聯恭，司法現代化之要素，收於司法之現代化與程序法，自版，1998年9月初版。

羅昌發，論美國法下之不便利法庭原則，收於國際私法論文集，五南圖書，1996年9月初版。

二、日文部分

(一) 書籍

小林秀之，国際取引紛争（第三版），東京：弘文堂，2003年4月3版。

中西康、北澤安紀、横溝大、林貴美，国際私法，東京：有斐閣，2014年4月初版。

日本弁護士連合会国際裁判管轄規則の法令化に関する検討会議（編），新しい国際裁判管轄法制—実務家の視点から（別冊NBL第138号），東京：商事法務，2012年1月初版。

佐藤達文、小林康彦（編著），一問一答・平成23年民事訴訟法等改正—国際裁判管轄法制の整備，東京：商事法務，2012年3月初版。

兼子一，新修民事訴訟法体系（增訂版），東京：酒井書店，1965年6月初版。

高橋宏志、加藤新太郎（編），実務民事訴訟講座（第3期）第6卷—上訴・再審・少額訴訟と国際民事訴訟，東京：日本評論社，2013年12月初版。

斎藤秀夫，民事訴訟法概論（新版），東京：有斐閣，1982年4月初版。

斎藤秀夫、小室直人、西村宏一、林屋礼二編，注解民事訴訟法（5）（第二版），東京：第一法規，1991年12月2版。

新堂幸司，新民事訴訟法（第二版），東京：弘文堂，2001年8月初版。

新堂幸司、小島武司（編），注釈民事訴訟法（1），東京：有斐閣，1991年4月初版。
廣江健司，国際私法，東京：国際書院，2015年2月初版。

(二) 期刊論文

NBL編輯部，「国際裁判管轄研究会報告書」のとりまとめについて，NBL第883号，東京：商事法務，2008年6月。
小野瀬厚，民事訴訟法等の動向，NBL第824号，東京：商事法務，2006年1月。
中西康，新しい国際裁判管轄規定に対する総論的評価，国際私法年報第15号，東京：信山社，2014年3月。
中野俊一郎，財産所在地の国際裁判管轄，神戸法学雜誌第43巻第2号，神戸：神戸法学会，1993年9月。
日暮直子、小島達朗、北村治樹、福田敦、齊藤恒久，民事訴訟法及び民事保全法の一部を改正する法律の概要（上），NBL第958号，東京：商事法務，2011年8月。
日暮直子、小島達朗、北村治樹、福田敦、齊藤恒久，民事訴訟法及び民事保全法の一部を改正する法律の概要（下），NBL第959号，東京：商事法務，2011年8月。
早川吉尚，判例における「特段の事情」の機能と国際裁判管轄立法，ジュリスト第1386号，東京：有斐閣，2009年10月。
江川英文，国際私法における裁判管轄権，法学協会雜誌第60巻第3号，東京：法学協会，1942年。
竹下守夫，判例から見た国際裁判管轄，NBL第386号，東京：商事法務，1987年10月。
竹下守夫、村上正子，国際裁判管轄と特段の事情，判例タイムズ第979号，東京：判例タイムズ社，1998年10月。
国際裁判管轄研究会，国際裁判管轄研究会報告書（3），NBL第885号，東京：商事法務，2008年7月。
国際裁判管轄研究会，国際裁判管轄研究会報告書（4），NBL第886号，東京：商事法務，2008年8月。
国際裁判管轄研究会，国際裁判管轄研究会報告書（6），NBL第888号，東京：商事法務，2008年9月。
牧山市治，国際裁判管轄権について，判例タイムズ第456号，東京：判例タイムズ社，1982年2月。

長田真里，国際裁判管轄規定の立法と国際取引への影響，国際商取引学会年報第13巻，東京：国際商取引学会，2011年6月。

柳田幸三、始関正光、小川秀樹，「民事訴訟手続に関する改正要綱試案」に対する各界意見の概要（10），NBL第570号，東京：商事法務，1995年6月。

渡辺惺之，財産所在地の国際裁判管轄権と民訴法八条（1），国際法外交雑誌第84巻第3号，東京：国際法学会，1985年8月。

道垣內正人，立法論としての国際裁判管轄，国際法外交雑誌第91巻第2号，東京：国際法学会，1992年6月。

道垣內正人，国際裁判管轄の決定における「特段の事情」，ジュリスト第1133号，東京：有斐閣，1998年5月。

道垣內正人，日本の新しい国際裁判管轄立法について，国際私法年報第12号，東京：信山社，2011年3月。

横溝大，国際裁判管轄法制の整備—民事訴訟法及び民事保全法の一部を改正する法律，ジュリスト第1430号，東京：有斐閣，2011年10月。

横山潤，総論的考察—立法の方向性から緊急管轄まで，国際私法年報第10号，東京：信山社，2009年3月。

澤木敬郎，涉外事件における裁判管轄に関する一考察，国際法外交雑誌第58巻第3号，東京：国際法学会，1959年7月。

（三）專書論文

小島武司，国際裁判管轄，判例民事訴訟法の理論—中野貞一郎先生古稀祝賀（下），東京：有斐閣，1995年12月初版。

安達栄司，ドイツにおける過剰管轄規制の動向—財産所在地の裁判籍（ZPO二三条）の制限をめぐって，国際民事訴訟法の展開，東京：成文堂，2000年5月初版。

池原季雄，国際的裁判管轄権，新・実務民事訴訟講座（7），東京：日本評論社，1982年9月初版。

池原季雄、平塚真，涉外訴訟における裁判管轄，実務民事訴訟講座第6巻，東京：日本評論社，1971年4月初版。

法務省民事局参事官室編，民事訴訟手続に関する検討事項，民事訴訟手続の検討課題

（別冊NBL第23号），東京：商事法務，1991年12月初版。

法務省民事局参事官室編，民事訴訟手続に関する改正要綱試案補足說明，民事訴訟手続に関する改正試案（別冊NBL第27号），東京：商事法務，1993年1月初版。

青山善充，国際的裁判管轄権，民事訴訟法の争点，東京：有斐閣，1979年3月初版。

海老澤美広，国際裁判管轄における「特段の事情」の考慮，平成9年度重判解（ジュリスト1135号），東京：有斐閣，1998年6月初版。

高橋宏志，国際裁判管轄—財產関係事件を中心にして，国際民事訴訟法の理論，東京：有斐閣，1987年3月初版。

渡辺惺之，判例にみる共同訴訟の国際裁判管轄，大阪大学法学部創立五十年記念論文集「二十一世紀の法と政治」，大阪：有斐閣，2002年12月初版。

(四) 網路資料

法制審議会，国際裁判管轄法制に関する中間試案，http://www.moj.go.jp/content/000005079.pdf（最後瀏覽日：2015.8.25）。

法制審議会，国際裁判管轄法制の整備に関する要綱案，http://www.moj.go.jp/content/000023366.pdf（最後瀏覽日：2015.8.25）。

法務省民事局参事官室編，国際裁判管轄法制に関する中間試案の補足說明（平成21年7月），http://www1.doshisha.ac.jp/~tradelaw/UnpublishedWorks/ExplanatoryNoteOnBillOfJurisdictionAct.pdf（最後瀏覽日：2015.8.25）。

櫻田嘉章，法制審議會第161回會議（平成22年2月5日）議事錄，http://www.moj.go.jp/content/000023362.pdf（最後瀏覽日：2015.8.25）。

三、英文部分

G. B. Born & P.B. Rutledge, *International Civil Litigation in United States Courts* (5th ed., 2011).

J. J. Fawcett, *Declining Jurisdiction in Private International Law* (1995).

5

國際管轄法則與訴訟權保障——以跨國環境侵權訴訟爲例[*]

賴淳良

壹、問題之提出

越南人民共計7,874人於民國108年委請我國之律師，在臺北地方法院起訴主張，越南政府於民國105年間公布其河靜省及周邊省分海域含有苯酚及氰化物等毒化物之廢水，經考察結果應為台塑河靜鋼鐵興業責任有限公司（Formosa Ha Tinh Steel Corporation，下稱台塑河靜公司）違法排放所致，已侵害原告等之工作權、健康權及配偶之生命權，遂以住所、事務所設在臺灣之台灣塑膠工業股份有限公司等共計13位法人、自然人，以及住所、事務所沒有設在臺灣之台塑河靜公司，另外還有擔任台塑河靜公司股東之台塑工業美國公司等共計10位自然人及法人為被告，起訴請求損害賠償。

臺北地院以108年度重訴字第674號裁定，以侵權行為地在越南，共同訴訟應由越南法院管轄為由，駁回原告起訴。經提起抗告後，臺灣高等法院108年抗字第1466號民事裁定駁回抗告。經再抗告，最高法院以109年度台抗字第1084號指出「惟按……法院受理涉外民商事件，於審核有無國際裁判管轄權時，固應就個案所涉及之國際民事訴訟利益與法庭地之關連性為綜合考量，並參酌民事訴訟管轄規定及國際民事裁判管轄規則之法理，衡量當事人間實質公平、程序迅速經濟等，以為判斷。……民事訴訟法關於管轄之規定，應在與國際裁判管轄規範性質不相牴觸，且具備妥當性之基礎上，始得引為法理參照。查民事訴訟法第20條但書有關被告數人之共同訴訟，倘各被告住所不在一法院管轄區域內，而有依同法第4條至第19條規定之共同管轄法院者，由該法院

* 原刊登於商業法律與財金期刊第4卷第1期，2021年12月，頁1-46。

管轄之規定，使該共同訴訟之管轄，排除普通審判籍規定之適用，僅得由該共同管轄法院裁判之。此於同一司法主權下而為內國法院管轄權之分配，固有所據，惟如援引為國際裁判管轄規範，將生依我國法律之規定，即得逕自決定何國法院為有權管轄之共同管轄法院，進而否定被告住所所在地國家因被告住所地之連結因素所生之裁判管轄權，與前述國際裁判管轄權規範，僅得直接規定何種情形下其內國法院得裁判某一涉外爭執之性質不合，且欠缺妥當性，無從作為定國際裁判管轄權之依據。」因此將臺灣高等法院之裁定廢棄，發回更審。

臺灣高等法院於民國110年3月31日以109年抗更一字第39號民事裁定，依據最高法院發回的意旨，認為我國法院對於住所或事務所設在臺灣的13位被告有國際管轄權，至於其他住所事務所沒有設在臺灣的共計11位被告沒有國際管轄權。

最高法院於本案所闡述的國際管轄法則，有四項問題值得討論。第一是國際管轄法則與領土主權之間的關係；第二是訟爭案件與法院關聯性如何判斷，連結因素之法律概念是否可以運用於國際管轄法則中；第三是因侵權行為地所取得之國際管轄，與因共同被告住所取得之國際管轄，可否並行；第四是我國法院如何決定管轄權行使之法則是否符合具體妥當性、促進當事人間實質公平、程序迅速經濟等。

本文試圖從比較各國的國際管轄法則或方法，分析出國際管轄法則的種類，進而從三個層次討論國際管轄法則形塑的可能性，第一層次是國際管轄受國際公法領土主權原則之限制，第二層次是以管轄因素為基礎的國際管轄法則之形塑，第三層次是以國際管轄權行使的裁量因素建構管轄權拒卻制度之可行性，並試圖在各個層次中考量分別納入當事人訴訟權保障的可行性。藉此討論最高法院判決當中所顯示的第一、二、四問題。

貳、國際管轄法則之比較法觀察

一、英格蘭

有效管轄領域為不列顛群島英格蘭、威爾斯等地區的英格蘭法院，其管轄法則（jurisdictional rules）來自於英格蘭法中立基於領土主權的原則[1]以及其綿延長久的訴訟制度。英格蘭法院對於案件是否有管轄權，首先必須視該案件是否適用普通法之傳統法則（traditional rule），或者是應適用其他國際條約或制定法所規定的管轄法則，後者例如歐盟布魯賽爾規約[2]而定。傳統法則已經成為英國「民事程序規則」（Civil Procedure rules）的內容，管轄權之行使明確規定在該法令中。各種國際條約有其適用範圍上的限制，歐盟布魯塞爾第一規約僅適用於民商事案件，其餘案件回歸傳統法則。而英格蘭自2020年起脫離歐盟（Brexit），制定脫歐之民事管轄及判決法（The Civil Jurisdiction and Judgments (Amendment) (EU Exit) Regulations），邁入不受布魯塞爾規約拘束的過渡階段。

適用傳統法則時，必須進一步區別對人訴訟（action in personam）或對物訴訟（action in rem）兩種訴訟類型，分別掌握是否取得管轄權以及是否行使管轄權[3]。對物訴訟由於是對於土地、船舶、飛行器本身權利的訴訟，因此僅以該土地是否位於英格蘭領域內，船舶、飛行器是否出現在英格蘭境內，即可判斷具有取得管轄權的基礎。

對人訴訟有兩個維度作為判斷的方法，第一個維度是管轄權的基礎，第二個維度是法院的裁量（discretion）[4]。以第一個維度而言，英格蘭法院取得管轄權的基礎有三項，分別是被告出現（presence）在英格蘭境內、被告自願遵從（submission）英格蘭法院的管轄，以及法院裁定准許對海外的合法送達（the service of process abroad）[5]。此三項取得管轄權的基礎，有一個程序上的共通點，即均須對被告送達。依照英格蘭民事程序法的規定，原告提出起訴狀後，必須在四個月之內將起訴狀送達被告，如果被告住在領域外，則必須在六個月之內送達。如果無法送達，英格蘭法院即無管轄權，反之，若合法送達，

---

1 Pippa Rogerson, Collier's Conflict of Laws 139 (U.K.: Cambridge University Press, 2008).

2 David McLean & Kisch Beavers, Morris The Conflict of Laws 113 (U.K.: Thomson Reuters Limited, 2009).

3 陳隆修，國際私法管轄權評論，五南圖書，1986年，頁29。

4 Rogerson, *supra* note 1, at 54-55.

5 McLean & Beavers, *supra* note 2, at 114; Rogerson, *supra* note 1, at 55.

英格蘭法院即取得管轄權。以送達為管轄權的基礎，呈現邏輯跳躍，令其他國家法律人感到困惑，被認為有過度管轄之虞。雖然如此，這仍是英格蘭繼續存在的傳統法則[6]。

第二個維度是法院的裁量，即必須由英格蘭法院決定應否行使或拒絕行使管轄權，特別是對海外的被告。19世紀時，為了處理對海外被告的送達，英格蘭法院採取由法院裁定（writ）准於送達的方式，被稱之為「11號命令」規則。這個規則後來成為英格蘭民事程序法第6.36、6.37條的內容，並且列為實務指引。法院是否准許送達，必須由法院根據行使管轄是否公平、是否具有實效性等因素，以裁量決定之。公平原則的判斷，包含是否落實歐洲人權公約第6條所規定接近法院的權利。實效性的判斷主要在於判決獲得執行的可能性、是否有足夠的財產[7]。

英格蘭法院裁量行使管轄權，是一件高度複雜的訴訟工程。因為決定之時，往往缺乏來自雙方當事人充分揭露的證據。而起訴者既然是原告，即必須負起提出更具說服力的論證（a much better argument），以履踐說服責任。論證的事項是證明本案訴訟，有值得英格蘭法院作出判決（a good arguable case）的事實或法律上依據。此並非指英格蘭法院是管轄權的正確法院，而是讓法院在心證上不會產生被告在英格蘭法院受到欺凌（bully）被告的事實。因此如果有事實足以證明確實存在相當的可能性，原告在英格蘭法院內有不適當的行為時，使被告受到欺凌，英格蘭即可認定不具行使管轄權的基礎[8]。

總體而言，英格蘭管轄法則呈現獨特的風貌，猶如由法則交織纏繞形成的叢林，以彈性、裁量追求當事人之間的正義[9]。

二、美國

屬於聯邦的美國，各州都有自己的法院系統，各州行使管轄權時，除了承

6 McLean & Beavers, *supra* note 2, at 114.

7 Rogerson, *supra* note 1, at 52-53.

8 Rogerson, *supra* note 1, at 55-56.

9 Rogerson, *supra* note 1, at 55.

繼英國普通法的傳統之外，起初也呈現受權力理論的影響，以領土為行使管轄權基礎之原則。美國聯邦最高法院1850年*D'Arcy v. Ketchum*援引聯邦憲法中之充分信任條款，肯定路易斯安那州拒絕承認紐約州判決的意見。緊接著在1878年*Pennoyer v. Neff*一案中，美國聯邦最高法院直接援用領土原則之公式，列為各州法院管轄的判斷標準。美國聯邦最高法院認為各州唯有在兩種條件之下才可以行使管轄權，第一條件是原告在起訴時已經在該管轄法院之內扣押被告財產，第二條件是被告曾經在該州內收受法院開庭通知書的送達。前者屬於物的領土主權的因素，後者是對人的領土主權的因素，兩者都是根據主權領土的原則引申，是權力理論的精緻呈現[10]。Pennoyer的判決植根於英美普通法領土主權的傳統，一如美國著名大法官Holmes在1917年*McDonald v. Mabee*一案寫下的著名判詞「管轄的基礎在於物理上的權力」[11]。

基於權力理論，依據主權領土原則之*Pennoyer*判決，一直支配著美國管轄理論。直至1945年，美國聯邦最高法院在*International shoe Company v. Washington*一案，進一步提出最低限度關聯原則。該案是一家依照美國德拉瓦州成立的國際鞋業公司（International shoe company），在美國華盛頓州設立據點，僱用人員，接受訂單，再將訂單交由密蘇里州的部門負責出貨。美國華盛頓州政府起訴主張國際鞋業公司沒有依照規定支付失業救濟分擔金，國際鞋業公司抗辯華盛頓州沒有管轄權，違反聯邦憲法正當程序之規定，擅自對於跨州商業活動課徵不必要的負擔[12]。華盛頓州法院駁回管轄權的抗辯，命該公司給付分擔金。美國聯邦最高法院由首席大法官Stone提出判決書，首先回顧引用*Pennoyer*一案的見解，認為傳統以來，美國各州法院行使管轄權，是植基於對於被告的事實上的權力（de facto power），此種權力展現拘束力，是來自被

---

10 李瑞生，美國短暫過境管轄權之研究—以聯邦最高法院案例爲中心，收於國際私法管轄與選法理論之交錯，五南圖書，2009年，頁13；黃國昌，國際民事管轄權之理論與實務，元照，2009年，頁4-18。SYMEON C. SYMEONIDES & WENDY COLLINS PERDUE, CONFLICT OF LAWS, AMERICAN, COMPARATIVE, INTERNATIONAL, CASES AND MATERIALS 744 (U.S.A.: West Group, 2012); HÉLÈNE VAN LITH, INTERNATIONAL JURISDICTION AND COMMERCIAL LITIGATION-UNIFORM RULES FOR CONTRACT DISPUTES 222 (Netherland: T.M.C Asser Press, 2009).

11 Lith, *supra* note 10, at 222.

12 李瑞生，同註10，頁16-17。

告出現在法院管轄的領土內。判決書論述沒有止步，進而申論引用美國聯邦憲法中之正當程序條款，認為管轄權除植基於事實上的權力之外，還必須被告與法院有其他特定的關聯（certain minimum contact）作為法院取得管轄權的最低度要求，以符合聯邦憲法正當程序條款揭露的公平程序（fair play）及實體正義（substantial justice）的理念。判決書再強調所謂特定的關聯，最低限度必須是被告公司曾經在法院管轄的領土界線範圍內，有系統地從事持續性的活動，而該活動來自於法規所賦予的利益以及保護，藉此形成法規保障的權利（privilege）。

美國聯邦最高法院於*International Shoe*一案所表示的意見，具有幾個重要的意義，第一個意義是提出有別於傳統權力理論的管轄理論，不再以表彰主權之事實上權力作為決定管轄的唯一因素，具有改革傳統理論的意義。第二個意義是將聯邦憲法中正當程序的基本原則，納為限制各州過度行使管轄權的理由，從保障被告受公平審判權利的觀點，重新審視管轄的基礎，不再拘泥於傳統的權力理論。第三個意義是法院管轄權有無的判斷因素，除了傳統彰顯權力的收受送達之外，還必須納入其他關聯因素的管轄基礎，創新了管轄理論。第四個意義是管轄基礎的判斷，除了被告與法院的關聯之外，還必須納入作為訴訟的訴因或原因事實與法院的關聯因素。

*International Shoe*一案雖然具有改革創新的意義，但是該案並沒有放棄主權領土原則。美國傳統的權力理論，仍然藉由本案最低限度關聯原則，繼續留存在美國管轄權理論中[13]。也因此形成所謂的雙重檢驗標準，管轄權判斷除了領土主權的原則之外，還必須著重於被告權利的保障[14]。最低限度關聯原則因此具有雙重功能，一是保障被告不會被要求到遙遠且不便利的法院應訴的權利，另外一項功能是確保各州之間不會逾越領土界線行使管轄，而破壞美國聯邦的各州主權平等原則[15]。

*International Shoe*一案之後，美國各州紛紛制定各種法規，賦予各州自己

---

[13] 黄國昌，同註10，頁54。

[14] 黄國昌，同註10，頁36。

[15] Symeonides & Perdue, *supra* note 10, at 751.

的法院取得管轄權的依據，被稱之為長臂管轄法規（long-arm statute）[16]。

各州制定長臂管轄法規可分為三種類型，第一種類型是採取簡單的一條法條文字（one-sentence statute），內容是適用美國聯邦憲法正當程序條款，譬如加州法規定「法院得於不違反美國聯邦及加州憲法下，以任何基礎行使管轄權」[17]；第二種類型是規定各州法院取得管轄的依據，另外附加一項條款正當程序條款適用的條文，例如奧勒岡州以及紐約州，紐約州民事程序法（New York Civil Practice Law）第301、302條分別規定依照訴因而取得管轄之管轄因素[18]，並再列入法院裁量行使管轄原因應考慮之因素，包含本案應適用之準據法、當事人以及證人的便利性、原告接近其他法院的可能性、法院審判本案訴因的政策上利益、及其他非因本案訴因所生之關聯性[19]；第三種類型是詳細臚列（laundry list）法院根據不同案件事實，取得管轄權的依據，包含依照被告住所、公司營業地取得管轄的一般管轄法則（general jurisdiction），以及各種針對各類特定事件取得管轄的特定管轄（specific jurisdiction）法則，例如密西根州、華盛頓特區等。

採取第一種一句型長臂管轄法規者，有採負面表列者，反而被解釋為不欲行使管轄權，例如美國聯邦最高法院在1978年審理一件有關非加州住民而負擔子女扶養義務的案件中，認為由於加州沒有行使管轄權的積極法律，所以判定加州法院對本案無管轄權。有學者便指出依照美國聯邦最高法院的結論，採取正面表列之法規與負面表列，內容相同，卻可能得出完全不同的結論[20]。

採取第三種長臂管轄法規，有些州法不再附加正當程序條款條，於判斷是否有管轄權時，就必須先判斷訴訟案件的事實是否落入長臂管轄法規法條文

---

[16] Russell J. Weintraub, Commentary on the Conflict of Laws 203 (U.S.A.: Foundation Press, 2006).

[17] http://www.lrcvaw.org/laws/calongarm.pdf, last visited 2021.5.30.

[18] http://www.kentlaw.edu/perritt/courses/civpro/ny-longarm.html, last visited 2021.5.30.

[19] Adolf Homburger, *The Reach of New York's Long-Arm Statute: Today and Tomorrow*, 15 Buff. L. Rev. 61 (1965), https://digitalcommons.law.buffalo.edu/buffalolawreview/vol15/iss1, last visited 2021.5.30.

[20] Weintraub, *supra* note 16, at 205.

字中，第二個步驟必須判斷行使管轄權是否符合美國聯邦憲法的正當程序條款[21]。

鑑於各州長臂管轄法規各有風貌，美國州法統一委員會曾經於1962年提出一份統一長臂管轄法規，為若干州採用。這份統一長臂法規規定了六項州法院行使管轄權的管轄因素[22]：

（一）法院就自然人本身或委由代理人依訴因所生之請求，得對於該自然人行使管轄權。

（二）在該州境內為營業行為。

（三）在該州境內，因作為或不作為造成侵權行為之損害。

（四）在該州境外，因作為或不作為在該州境內造成侵權行為損害，且在該州經營業務或顧問業務，或有其他持續性的行為，或因為在該州提供貨物使用、服務使用、消費或服務提供而得到實質上的利益。

（五）在該州境內擁有不動產或其他不動產上之利益。

（六）提供人身或財產上的保險，或者於保險契約締約時，保險契約承保之危險在該州境內。

三、歐盟

自歐洲聯盟成立後，歐盟法律有直接在各會員國發生效力的直接效力，且具有優先效力。歐盟在決定國際管轄的方法上，依然遵循歐陸的法律傳統，不允許法院裁量，而且不以判決是否能獲得他國承認為行使國際管轄權的考慮因素[23]。又為了避免各國各自解讀布魯塞爾的內容，導致規約失去穩定性，因而採取規約內容自主性以及統一性的解釋方法，也就是各國不能擅自依照自己的法律文字定義規約所使用的法律名詞。歐盟致力於國際管轄法則的制定，分別制定了與民商事國家管轄法則之布魯賽爾第一規約（COUNCIL REGULATION (EC) No 44/2001 of 22 December 2000 on jurisdiction and the

---

21 *Id.* at 204.

22 Luther L. McDougal, Robert L. Felix & Ralph U. Whitten, American Conflicts of Law 702 (U.S.A.: Lexis Law Publishing, 1998).

23 Heinrich Nagel & Peter Gottwald, Internationales Zivilprozessrecht, 6 Aufl., 2007, S. 79.

recognition and enforcement of judgments in civil and commercial matter; Brussels regulation），以及家事事件國際管轄法則之布魯賽爾第二規約（COUNCIL REGULATION (EC) No 2201/2003 of 27 November 2003 concerning jurisdiction and the recognition and enforcement of judgments in matrimonial matters and the matters of parental responsibility; Brussels regulation II）。之後，並有修訂。

屬於歐盟會員國的德國，並沒有太多管轄理論，除了遵循歐盟布魯塞爾規約之外，德國有自己的管轄法則。1871年德意志統一時，德意志帝國的民事訴訟程序，採取中央集權的體制，制定統一適用的法律，而不是聯邦的體制，這個制度一直維持到現在。1877年制定德國民事訴訟法（Civilprozessordnung），作為帝國司法法（Reichjustizgesetze）的一部分，於1879年與法院組織法、刑事訴訟法等法律一起施行，成為德意志帝國首部統一施行於全國的法典[24]。除了適用於內國案件之外，也同時適用於涉外案件的管轄。德國學界普遍認為該管轄法則既符合公平的原則，也符合權力理論的要求。當時德國的社會政經實況相當的在地化，德國的司法系統沒有急迫的壓力去思考國際管轄法則的各種理論，反而致力於從11世紀以來，受到義大利波隆納大學教授伊內里奧（Irnerius）所帶領的羅馬法復興運動的法律傳統，力求統一德國法律。在此之後，德國於1900年公布施行民法典，法律學者更將目光集中在民法典的解釋與適用。隨著兩次世界大戰爆發，德國法學者始終沒有把目光放在國際民事管轄權的理論發展上。二次世界大戰結束之後，雖然受到美國*International shoe*一案的影響，也同時開始與其他歐洲國家草擬1966年海牙民商事判決承認及執行公約、1968年歐洲經濟體的外國民商事判決承認執行公約。然而德國學者對於國際管轄法則的理論發展，依然抱持跟美國學者相當不同的態度。德國學者更著重於客觀名詞的解釋適用，以產生出可以合理預測的法律適用結果，此與美國學者更願意採取一種對結論開放的法律適用態度，相當不同[25]。德國於2009年制定家事事件及非訟程序法（Gesetz über das Verfahren in Familiansachen und in den Angelengenheiten der freiwilligen Gerichtsbarkeit），該法第97條以下規定各種家事事件的國際管轄，明文化國

[24] Richard Zöller, Zivilprozessordnung, Kommenter, 30 Aufl., 2014, S. 1.

[25] Symeonides & Perdue, *supra* note 10, at 862-865.

際管轄法則。

此外，屬於歐盟重要會員國的法國，其國際管轄法則也有其特色[26]。

四、日本

日本於2011年前，無國際管轄權法則的明文法律，於2011公布修正民事訴訟及民事保全法一部改正之法律，將國際管轄法則明文化，納入法院裁量的特別情事原則[27]。

根據日本最高法院昭和56年馬來西亞航空事件、以及平成9年寄存金返還事件所揭示的國際裁判管轄的基本法理，日本新法將原本民事訴訟法中內國審判的規定，列為國際裁判管轄的明文並加以增補。新法區別一般審判籍以及特別審判籍，分別規定國際裁判法則。並明文規定採用特別情事原則，於行使管轄權時，可以依照事案的性質、被告應訴所生特別負擔、證據的所在地，考量由日本法院審理及裁判是否有害當事人的公平、是否妨害迅速適當審理的實現等因素後，駁回訴之全部或一部[28]。

五、中國大陸

中國大陸1991年制定之民事訴訟法，於第265、266條分別規定國際管轄的條文。學理上有一元論或二元論的爭論，討論民事訴訟法是否可以直接適用於涉外案件的審理[29]。有學者直接引用民事訴訟法中有關法院管轄的條文，闡述國際管轄法則，將管轄區分為一般管轄、特殊管轄、專屬管轄以及協議管轄。一般管轄是以被告住所與以原就被原則所構成，特殊管轄則是民事訴訟法根據涉外案件的性質規定特殊的管轄法則，例如侵權行為由侵權行為的法院管轄等。專屬管轄是為了保護中國大陸人民的根本利益，規定特定類型的涉外案件

---

[26] 許耀明，歐盟國際私法新議題與歐盟國際私法，元照，2009年，頁88-104。

[27] 何佳芳，從日本民事訴訟法之修正談國際裁判管轄規則之法制化，輔仁法學第52期，2016年12月，頁101-187。

[28] 何佳芳，同註27。

[29] 何其生，比較法視野下的國際民事訴訟，高等教育出版，2015年，頁5-8。

由中國大陸法院管轄，其他國家沒有國際管轄權[30]。專屬管轄的制度，也在中國大陸引起討論，專屬管轄固然有明確性的優點，但是時而過於寬泛，可能無法獲得其他國家的認可，而影響內國法院判決的實效性[31]。

雖然中國大陸民事訴訟法沒有明文納入不便利法庭原則，但是最高人民法院所發布2005年「第二次涉外審判紀要」第11條明確承認「非方便法院原則」，規定如果被告抗辯非方便法院、中國大陸法院有管轄權、當事人之間不存在合意管轄、案件不屬於中國大陸專屬管轄案件、不涉及中國大陸公民法人和其他組織利益案件、爭議主要事實不在中國大陸境內、且準據法不適用中國大陸法律、而受理該案在認定事實適用法律存有重大困難、外國法院對案件審理更加方便時，法院即可適用非方便法院原則，駁回原告之訴。司法實踐上，的確有許多案例採用非方便法院原則駁回起訴[32]。

此外，中國大陸就涉外案件之審理有法院級別管轄。依照民事訴訟法第18條的規定，重大的涉外民事案件由中級人民法院管轄，而不是由基層人民法院管轄。2001年最高人民法院頒布「集中管轄規定」，調整級別管轄，將涉外案件集中於某些類型的法院。到2011年7月，中國大陸共有186家中級人民法院以及99家基層人民法院有涉外商事案件的第一審管轄權[33]。級別管轄屬於一種事務管轄，是中國大陸人民法院就涉外案件取得國際管轄權之後，將該涉外案件分配由哪一層級哪一所法院審理的事務管轄法則，於涉外審判實務具有重要性，但非嚴格意義的國際管轄法則。

中國歷史悠久，在當時世界各地視為充滿機會的唐朝土地上，許多化外人懷抱著實踐夢想，來到唐朝。各種受到迫害的宗教，如景教、摩尼教、索羅亞斯德教徒，都來到長安等唐朝各城市居住生活，最會作生意有伊朗血緣的粟特人，也經由絲綢之路來到唐朝的土地，留下許多由摩尼教徒譯成粟特文字、阿拉伯文的漢文文獻[34]。阿拉伯人、新羅人等各地商人齊聚在長安、寧州、溫

---

30 韓德培主編，肖永平主持修訂，國際私法，高等教育出版，2014年，頁496-499。

31 何其生，同註29，頁135。

32 何其生，同註29，頁113-114。

33 何其生，同註29，頁113-114。

34 La Route De La Soei Ali Mazahéri著，耿昇譯，絲綢之路—中國波斯文化交流史，中國藏學

州、福州、泉州、廣州等經商。根據阿拉伯商人所寫的「蘇萊曼遊記」，記錄伊斯蘭教徒即穆斯林之間訴訟處理的問題，記載這類訴訟是由教徒擔任審判官，組成特別裁判所進行審理，適用該教徒的本國法律來裁判，完全採取屬人主義。此項原則由「宋刑統」、「遼制」、「金律」、「高麗律」、「安南黎律」、以及「日本律」原封不動地繼承下來，一直到「大明律」、「清律」才改變[35]。無論是準據法的選擇或是國際管轄都採取屬人主義，於國際管轄法則，有文化上的況味。

參、國際管轄法則之種類

由上述比較法的觀察，可以將國際管轄法則劃分為以下種類，以便理解及適用。

一、一般國際管轄法則與特別國際管轄法則

管轄法則依是否適用於所有的訴訟類型，包含契約、侵權行為、離婚等，可以區分為一般管轄（general jurisdiction: allgemeine Gerichtstand）法則以及特別管轄（specific jurisdiction: Besondere Gerichtstand）法則[36]。一般管轄法則是指該法則所規定的管轄因素可以適用於所有的案件類型，包含契約、侵權行為、離婚、扶養等事件，例如我國民事訴訟法第1條所規定的被告住所。特別管轄法則是依照不同的訴訟類型、英美法上之訴因（cause of action）或者是法律上紛爭類型，預設特定的管轄因素，例如契約履行地、侵權行為地，唯有該管轄法則所定的訴訟類型或訴因，才可以依照該特定之管轄因素取得管轄

出版社，2014年，頁315。

35 朴漢濟，大唐帝國的遺產，八旗文化公司，2020年，頁64-65、79、83；嚴茹蕙著，高明士主編，論「化外人」與文化認同—以八世紀的渡唐日本人爲例，唐律與國家秩序，元照，2013年，頁312。

36 Weintraub, *supra* note 16, at 207; Lith, *supra* note 10, at 38.

權[37]，例如我國民事訴訟法第12條規定因契約涉訟者由履行地之法院管轄[38]。有學者以一般審判籍（管轄權）及特別審判籍（管轄權）稱之[39]，本文以此種管轄法則的種類，稱之為通用型與特定型，更加契合。然為了避免名詞上的困擾，僅援用已經普遍使用的名詞。

特別管轄法則有兩項重要的組成要素，一是涉外案件的原因事實，德國學者直接以訴訟標的（Streitgegensatnd）稱之，另一是管轄因素。特別管轄法則，如侵權行為由侵權行為地之法院管轄，所謂侵權行為就是該特別管轄法則的原因事實或法律紛爭事實，侵權行為地即為管轄因素。由於特別管轄法則訂有界定適用範圍之訴訟標的或紛爭事實，學者有認為此有定性問題[40]。管轄因素則有學者以連繫因素[41]或管轄連結因素[42]稱之，也有稱之為管轄原因者[43]。一般管轄法則只有管轄因素的設定，並無涉外案件原因事實的範圍限定，與特別管轄法則不同。

兩種管轄法則，適用方法有所不同。適用特別管轄法則，必須認定是否屬於該法則預設之原因事實或紛爭事實，進而琢磨原因事實以及管轄因素之間的關聯性，而一般國際管轄法則僅需著重於管轄因素之有無。

一般管轄法則與特別管轄法則，於法院可否裁量拒卻行使國際管轄權，也有所不同。英格蘭雖然採用不便利法庭原則作為拒卻行使國際管轄權的理由，然而多半限於短暫出現在英格蘭境內因而取得管轄權之案件，屬於一般管轄法則，此乃因英格蘭法院於決定是否准許對外國被告行使管轄權，業經裁量決

---

37 Haimo Schack, Internationales Zivilverfahrensrcht, Verlage C.H. Beck, 4 Aufl., 2006, Rdnr. 194.

38 *Ebd.* Rdnr. 191.

39 柯澤東、吳光平增修，國際私法，元照，2020年，頁308；李後政，國際民事訴訟法論，五南圖書，2015年，頁36-37；蔡華凱，侵權行爲的國際裁判管轄—歐盟之立法與判例研究，國立中正大學法學集刊第14期，2004年1月，頁283。

40 李後政，同註39，頁65-66；蔡華凱，同註39，頁258。

41 李後政，同註39，頁66。

42 蔡華凱，同註39，頁265。

43 何佳芳，同註27，頁64。

定[44]。而在美國，以不便利法庭原則拒卻行使管轄權的事由，還包含美國各州所制定的長臂管轄法規取得之管轄權，其中很多屬於特別管轄法則[45]。

一般管轄規則主要以被告之住所地為管轄因素，乃因為住所是被告的生活重心，足以保障障被告應訴的權利，也是原告可以到達的地點，更可能是未來執行的財產所在地。也有國家如法國，捨棄被告住所，而以被告國籍為首要的管轄因素[46]。

至於我國民事訴訟法第3條所規定扣押財產所在地以及請求標的物所在地，我國有學者列為特別審判籍[47]，並主張必須以財產與原告之請求有直接牽連方可成為管轄因素[48]。若可以透過解釋方法，將財產所在地之管轄因素與特定之紛爭事實連繫，自亦具有特別國際管轄法則之性質。

二、管轄因素與裁量法則

國際管轄法則依照是否由法院裁量，可以區分為以管轄因素為基礎的國際管轄法則以及裁量之國際管轄法則。前者如被告住所地、契約履行地之國際管轄法則。後者如不便利法庭原則、特別情事原則等。

以管轄因素為基礎之國際管轄法則，適用上必須確認管轄因素是否存在。如侵權行為之訴訟，必須確認行為地是否在我國境內。而管轄因素的確認，也必須確定意涵，如侵權行為地是否包含環境侵權或生態污染造成損害之虞的侵權行為地。而國際管轄法則之裁量法則，是由法院綜合案件的各項因素、利益之後，裁量決定是否行使或拒卻行使國際管轄權，不便利法庭原則以及特別情事原則為其中之著例。

不便利法庭原則係指當受理訴訟之法院，基於證據調查之便利性、當事人應訴之經濟等理由，該受理訴訟之法院裁量決定不行使國際管轄權而言[49]。

---

44 J.G. COLLIER, CONFLICT OF LAWS 84 (UK: Cambridge University Press, 2008).

45 Lith, *supra* note 10, at 457-458.

46 Schack, a.a.O. (Fn. 37), Rdnr. 192.

47 柯澤東、吳光平增修，同註39，頁308-309。

48 何佳芳，同註27，頁164-165。

49 劉鐵錚，國際私法論叢，三民書局，2000年6版，頁264-266。

不便利法庭原則是由屬於市民法體系的蘇格蘭法院在19世紀所發展，認為經過考量當事人的利益以及正義的需求後，案件由蘇格蘭法院管轄，將不是最適當的法院，更且無法落實正義，因此蘇格蘭法院可以拒絕行使管轄權[50]。美國聯邦法院於1947年*Gulf Oil Corp. v. Gilbert*一案接受不便利法庭原則，提出以是否構成對被告的「濫訴與壓迫」（vexation and oppression）為不便利法庭原則判斷的基準，考慮的因素包含個人利益（private interest）以及公共利益（public interset）兩類。所謂個人利益包含證據取得的便利性、原告選擇法院、是否存在有其他管轄法院以及案件進行的便利性、容易度、費用高低等因素。所謂公共利益則是以公共資源的支出、法院在地案件的情況、本案準據法等因素判斷之[51]。美國聯邦法院隨後又在1981年*Piper Aircraft v. Reyno*著名的案例中進一步肯定在跨國民事案件適用不便利法庭原則，駁回一件蘇格蘭原告在美國法院起訴美國公司之訴訟。

英格蘭法院一直到1984年*Abidin Daver*一案中方採納不便利法庭原則，1987年由Lord Goff於*Spiliada Maritime Corpn v. Cansulux Ltd.*一案中闡述英格蘭法院適用不便利法庭的基本原則。第一個原則，為了所有當事人的利益以及正義的實現，必須確認有其他更適合的法院審理本案；第二個原則，必須由被告負舉證責任，證明英格蘭法院不是「順理成章且適合的」（nature and appropriate）審理法院；第三個原則，是否為「順理成章的」法院是指法院與訴訟之間具有最真實且實質的連繫，必須檢視包含便利性、花費金額等因素，也必須檢視準據法、當事人的住所以及營業所在地等因素；第四個原則，如果因現存的表現證據足以認定有其他更適合的審理法院，英格蘭法院即應裁定停止訴訟，但被告可以提出不應停止訴訟之主張及證據，包含外國法院有嚴重的訴訟遲延、外國法院缺乏專家的協助以達到公平聽審、或者是外國法院存在著

---

50 許兆慶，國際私法上「不便利法庭原則」與「特別情事原則」之研析—以最高法院104年度台抗字第589號裁定爲中心，收於新時代法學理論之建構與開創—劉鐵錚大法官八秩華誕祝壽論文集，法源資訊，2018年，頁642；LAWRENCE COLLINS, DICEY & MORRIS ON CONFLICT OF LAWS (VOL. 1) (London: Stevens and Sons Limited, 1987); McLean & Beavers, *supra* note 2, para. 5-036.

51 羅昌發，論美國法下之不便利法庭原則，收於國際私法研究會叢書（三）—國際私法論文集慶祝馬教授漢寶七秩華誕，五南圖書，1996年，頁88-91。

種族或政治上的偏見；第五個原則，被告個人或司法上的利益，縱使具有正當性，也不是決定性的因素[52]。

布魯塞爾規約規定在特定的情形之下，法院可以拒卻行使管轄權或裁定停止訴訟程序[53]。訴訟先後繫屬於兩國法院的情形，法院可以決定是否行使管轄權。而拒卻行使管轄權又可以分為法院有裁量權以及無裁量權兩種類型。2012年布魯塞爾第一規約第29條（原第27條）規定，訴訟已經合法繫屬於有管轄權之法院，後繫屬之法院應拒卻（decline）行使管轄權。若當事人有依照第23條為合意管轄時，後繫屬法院應停止訴訟程序，等候先繫屬法院之裁判。法院之拒卻以及停止訴訟程序，均無裁量空間。此外有兩種情形下法院有相當程度的裁量權，一種情形是當先繫屬法院的管轄權被爭執時，後繫屬法院可以裁量選擇裁定停止訴訟程序，然而後繫屬法院仍不能審查先繫屬法院有無管轄權。另外一種情形是訴訟同時繫屬於多個會員國法院，後繫屬法院有裁量權選擇停止訴訟程序。此種有限度的裁量應考慮的要素是先繫屬的法院是否為較佳審理的法院，因而具有裁量成分[54]。

歐陸法系國家有學者提出上述布魯塞爾規約之規定，可以適用於其他非歐盟非會員，而具有之「折射效理論」（doctrine of the Reflex Effect）。住所設在歐盟會員國之被告的訴訟，因為有其他非會員國法院更適合審理該案，會員國法院可以類推適用布魯塞爾規約之規定拒卻行使管轄權。折射效理論之提出，是因為布魯塞爾規約賦予對若干管轄因素更強的管轄理由，例如不動產所在地。當不動產所在地位於歐盟非會員國境內，而被告住所地在會員國境內時，會員國法院也可以類推適用布魯塞爾規約，拒卻行使管轄權。折射效犯理論是基於互惠、自制以及禮讓等基本原則而產生的理論[55]。折射效理論適用於三類情形，第一種情形是不動產坐落在非會員國；第二種情形是當事人合意選擇由非會員國法院審理；第三種情形是非會員國的法院已經受理類似或相關的

[52] McLean & Beavers, *supra* note 2, at 133-135.

[53] Lith, *supra* note 10, at 115.

[54] Lith, *supra* note 10, at 56-57.

[55] Thalia Kruger, Civil Jurisdiction Rules of the EU and their Impact on third States para. 3.11 (N.Y.: Oxford University Press, 2008).

訴訟。因此，歐盟會員國法院可以類推適用布魯賽爾第一規約第22條專屬管轄的規定、第23條合意管轄的規定、以及第27條到第30條重複起訴的規定，拒卻行使管轄權，而由歐盟非會員國的法院管轄該案[56]。

然而，歐盟布魯塞爾規約之折射效理論，由於涉及到規約之強制性質，學者之間仍然有不同意見。肯定折射效理論的學者認為，如不動產訴訟應由不動產所在地法院管轄，既是歐盟布魯塞爾規約的規定，也是世界普遍接受的管轄法則，因此應承認布魯塞爾規約的折射效。承認折射效使得所有歐盟會員國的管轄法則趨於一致，不因各國內國管轄法則不同，而有不同的判斷，使布魯塞爾第一規約成為一個完整且一致的管轄法規則體系。另外有學者否定折射效理論，認為由於布魯賽爾第一規約僅適用於會員國之間，不適用於會員國與第三國，因此會員國與涉及第三國的訴訟案件時，不能適用布魯塞爾第一規約，只能回歸各會員國國內的國際管轄法則，以判斷是否應該拒卻行使國際管轄權[57]。歐洲法院於2000年*Coreck Maritime*一案的判決當中，針對當事人合意選擇管轄權約款的效力，認為應適用會員國的內國國際管轄法則，但並沒有討論被告住所在歐盟會員國境內的國際法則的適用，因此該案例雖然與布魯塞爾第一規約的折射效有關，歐洲法院卻沒有明確的提出答案[58]。

日本2011年新民事訴訟法第3條之9特別規定了「特別情事原則」，也是一種國際管轄的裁量法則。裁量法則之適用，可以溯自日本最高法院在1981年馬來西亞航空事件的判決。該判決揭示國際管轄權的行使判斷應考量當事人間的公平以及裁判的迅速適當等因素，當日本法院審理涉外案件，無法達到當事人的公平以裁判的迅速適當之特別情事時，可以認為日本法院沒有國際管轄權，裁量駁回原告之訴[59]。

---

56 Lith, *supra* note 10, at 57.

57 Kruger, *supra* note 55, paras. 3.15-3.16.

58 Kruger, *supra* note 55, para. 3.17; Lith, *supra* note 10, at 58.

59 何佳芳，國際裁判管轄上之特別情事原則—從日本新法談起，華岡法粹第60期，2016年6月，頁73-76；許兆慶，同註50，頁647-655。

肆、國際民事訴訟中之訴訟權保障

一、法源依據

訴訟權是我國憲法第16條所保障的基本人權，無論是本國人或外國人，均同享訴訟權保障，此毋寧可解為克己復禮正義理論的體現。此外，聯合國公民與政治權利國際公約（公政公約）第2條第1項規定「本公約締約國承允尊重並確保所有境內受其管轄之人，無分種族、膚色、性別、語言、宗教、政見或其他主張民族本源或社會階級、財產、出生或其他身分等，一律享受本公約所確認之權利」。具有外國籍的人民以及住所居所設在外國的人民，屬於因「其他身分」而應受平等保障。所謂平等保障，係指禁止任何不合理的差別待遇或是非理性的偏見，基於正當目的或是正當性的政府目標而為差別待遇，並不受平等原則的限制[60]，此均揭示了內外國人應受平等保障的規定。歐盟條約第12條也明文規定了反歧視的條文，確保不分國籍的人民，同受訴訟權保障。且公政公約第14條第1項後段也規定訴訟權之保障。

至於比較法上之法源，歐洲聯盟基本權利憲章（Charter of Fundamental Rights of the European Union; CFREU）第47條規定「有效救濟與公平審判之權利」（Right to an effective remedy and to a fair trial），內容是「於歐洲聯盟法律所保障之權利與自由受到侵害時，人人均享有符合本條規定之法庭前獲得有效救濟之權利。」、「人人均享有於適當合理時間在獨立且公正之已依法設立之法庭中獲得公平且公開之審理之權利。人人均應有機會獲得律師建撥我要我要我要議、辯護與代理之機會。」、「就欠缺充分適足資源者，應於確保司法程序有效進行之必要範圍內，給予司法協助。」[61]。此項基本人權，並不限於刑事程序，而是包含所有程序，此由憲章第48條第2項規定「尊重人民應訴的權利，應受到保障」，沒有限定屬於刑事程序，可以確認。而歐洲人權法院也

[60] Weintraub, *supra* note 16, at 282.

[61] 引自東吳大學張佛泉人權研究中心，歐洲聯盟基本權利憲章，http://www.scu.edu.tw /hr/document_imgs/documents/cfreu.htm（最後瀏覽日：2021.5.13）。

肯定，所有程序有應受公平審判權的保障。

此外，歐洲人權公約第6條第1項有更為明確的規定，「在決定人民的民事權利與義務（civil rights and obligations）[62]或在決定對人民的任何刑事罪名時，任何人有權在合理的時間內受到依法設立的獨立與公正的法庭之公平與公開的審訊。……。」雖然歐洲人權公約並不是歐盟的法規，因而有得否直接適用於歐盟會員國的爭議，然而上述歐盟權利憲章第47條仍然肯定訴訟權確實是應受保障的基本人權，也有聲音呼籲應將歐洲人權公約視為歐洲的基本人權法案，歐盟法規應力求符合歐洲人權公約的規定[63]。

歐洲人權公約第6條所規定「民事」一詞，其含義並不依賴各國內國法定之，而是由人權公約本身界定，此為歐洲人權法院在1988年的*Belilos v. Switzerland*中即採取的見解。據此，包含契約、侵權行為、離婚以及其他家事訴訟都是屬於歐洲人權公約第6條所規定的民事權利與義務，應受公平審判權利的保障[64]。權利與義務的意義，包含是否存在以及範圍，也包含新的權利是否應該承認[65]。雖然歐洲人權公約保障訴訟權，然而歐洲人權法院認為只能以四大基本自由，而不能以人權標準去審視各國國際管轄法則，因此遲遲不願意討論歐洲人權公約第6條於國際管轄法則的適用問題[66]。

我國民事訴訟法學重視新程序保障論，我國之國際民事訴訟法學，也應同時探討國際管轄法則與憲法應有的關聯[67]，從當事人之程序主體地位，探討應受保障的訴訟權內涵，進而由國民主權之民主溝通程序特性、檢視並形塑合乎程序保障之國際管轄法則。

---

62 有譯為公民權利與義務者。本文認為從以下英國學者文獻之討論，應譯為民事權利與義務。

63 Lith, *supra* note 10, at 64-65.

64 James Fawcett, Maire Ní Schúilleabháin & Sangeeta Shah, Human rights and Private International Law para. 3.09 (N.Y.: Oxford University Press, 2016).

65 *Id.* para. 3.11.

66 Lith, *supra* note 10, at 62.

67 邱聯恭，程序選擇權論，三民書局，2000年，頁5-6。

二、訴訟權之內涵

(一) 接近司法的權利

所謂接近法院（access to court）的權利，是指當人民的權利受到侵害而試圖尋求救濟時，必須有法則可以使人民尋求法院審判的救濟而言[68]。法諺稱為「有權利即有救濟」，也成為訴訟權保障的核心，我國司法院大法官會議第653號解釋理由書闡述「憲法第十六條保障人民訴訟權，係指人民於其權利遭受侵害時，有請求法院救濟之權利（本院釋字第四一八號解釋參照）。基於有權利即有救濟之原則，人民權利遭受侵害時，必須給予向法院提起訴訟，請求依正當法律程序公平審判，以獲及時有效救濟之機會，此乃訴訟權保障之核心內容（本院釋字第三九六號、第五七四號解釋參照），不得因身分之不同而予以剝奪（本院釋字第二四三號……）」，可以說已經明白肯定人民有平等接近司法的權利。

歐洲人權公約第6條所規定的受公平審判權利，經由歐洲人權法院擴大解釋，除了武器平等原則之外，還包含接近司法（access to court）的權利[69]。歐洲人權法院2002年*McVicar v. U.K.*一案中認為接近法院的權利是原告可以接近法院，啟動公平審判程序解決紛爭的權利。為了保障接近法院的權利，即必須確認當人民權利受到侵害時，不會找不到法院申訴，以及應避免國際管轄之消極衝突。法國最高法院1999年*Pordea v. Times Newspape*一案的判決當中，指出高昂的訴訟費用造成對人民接近司法權利的侵害，構成對公共秩序的違反，因此拒絕承認英格蘭法院高額訴訟費用的裁判[70]。

我國司法實務上，臺灣高等法院109年度抗字第1092號民事裁定闡述認為「按接近法院（Access to Justice）之權利，乃憲法保障人民訴訟權之重要內涵，亦為聯合國所昭告之人權原則。基此，對人民請求進入民事訴訟程序以解決私法上權利義務之爭執，自宜降低障礙，給予充分的機會。……」，其他

68 Fawcett, Schúilleabháin & Shah, *supra* note 64, para. 3.15.

69 Lith, *supra* note 10, at 60.

70 Fawcett, Schúilleabháin & Shah, *supra* note 64, para. 5.113.

法院闡述接近法院權利的議題時，多從討論訴訟救助（臺灣高等法院花蓮分院109年度聲字第19號裁定）、起訴要件審查（臺灣高等法院109年度抗字第160號裁定）、法官闡明權行使（最高法院106年度台抗字第1279號裁定、臺灣高等法院臺中分院105年度抗字第407號裁定）等訴訟要件問題。

應有救濟管道的權利，固然指向實體法上的權利，然而在環境權利保護上面，程序參與權已經是1998年奧爾胡斯公約所確認的權利內涵。奧爾胡斯公約所列舉的程序性環境基本權有三項支柱，分別是適當接近環境資訊的權利、參與重要環境行政決策的權利以及適當接近司法的權利。當前兩種權利受到侵害時，締約國應允許透過一定的程序，包含行政訴訟程序請求救濟，包含作為不作為的請求權，承認團體訴訟等，此亦屬於接近司法的權利[71]。

(二) 受公平審判的權利（right to fair trial）

國際管轄法則應以司法程序成熟、且有效率地進行、以完成審理為追尋之正當目標。因此必須以平衡保障原告接近法院權利，以及被告受公平審判的權利，讓原告很容易找到可以起訴請求保障其權利的法院，同時也必須兼顧被告可以預見在該地應訴所應有的程序利益。

國際管轄於被告方面，必須考慮受公平審判的權利是否受到侵害。公平審判權的內容，包含武器平等原則的利益、對審審判程序（adversarial trial process）以及有效的參與，使被告得以作有效主張的機會。因為被告應訴，必須面對諸多訴訟上的困難，有不熟悉的外國訴訟程序、外國選法規則、選擇適用之外國實體法、審理程序中使用外國的語言、翻譯的費用、外國律師服務的費用、交通的問題以及各種信件溝通方法所產生的費用等，另外還有證據的接近以及到法院出庭等諸多困難[72]。

所謂武器不平等原則，係限於被告應訴相對於原告有明顯的不利益時，明顯不利益的判斷，可以由兩方面來檢視，第一是被告到庭應訴的能力，第二是被告與法庭地的連結程度。如果被告已經在法院所在地設置營業處所，應該可

---

71 王韻茹，接近司法之權力的擴張—以歐洲環境法與德國環境救濟法作爲觀察，國立中正大學法學集刊第62期，2019年12月，頁171-249。

72 Fawcett, Schúilleabháin & Shah, *supra* note 64, para. 4.25.

以認為被告對於當地法律以及語言已相當熟悉，連結程度比較強，公平審判權利受侵害的可能性也就變弱[73]。

公平審判權的內容應包含受迅速審判的權利[74]，原告利用起訴程序，藉由先起訴先審理、本案管轄權調查主張等拖延訴訟之策略，妨礙被告在有管轄權的國家法院應訴或提起訴訟，可能被認為構成對被告受公平審判權利的侵害。然而在歐盟的實踐上，也有認為基於互信且可預測的管轄法則之重要性，遠高於對於被告公平審判權的保障[75]。

三、歐盟之實踐

以歐洲人權公約第6條所規定人民受公平審判權檢視國際管轄法則的觀點，縱使在歐盟，無論是學術界或是歐洲法院，都還不是普遍被接受的觀點。歐洲曾經在1976年之前，受理一件有關希臘人民主張管轄的案件，執委會認為歐洲人權公約第6條授予人民公平審判的權利，並不意味人民可以選擇法院接受審判[76]。

歐盟於1983年處理一件契約履約之案件，也討論公平審判與國際管轄之問題。該案是一家美國公司與英國石油公司之間有關投資利比亞石油事業的爭議，這家美國公司取得利比亞政府開採石油的特許，美國公司將一部分的權利移轉給英國石油公司，英國石油公司投入資金開採石油，並約定取得優先股（preferential share）權利。然而英國政府在1971年撤出該區域，伊朗政府隨即取得波斯灣的三個小島，利比亞政府認為英國石油公司與伊朗政府共同謀劃取得波斯灣小島，因此沒收了英國石油公司的股份。美國公司則與利比亞政府合作繼續開採石油，一直到1975年為止。美國公司的股份之後被利比亞政府沒收，美國公司乃與利比亞政府針對股份沒收一事達成和解。英國石油公司於

73 *Id.* paras. 4.26-4.27.

74 吳志光，適當期間接受裁判權之實踐—以歐洲人權法院Kudia v. Poland案暨相關裁判爲核心，收於林鈺雄、顏厥安主編，人權之跨國性司法實踐—歐洲人權裁判研究（一），元照，2007年，頁3-35。

75 Lith, *supra* note 10, at 62-63.

76 Fawcett, Schúilleabháin & Shah, *supra* note 64, para. 4.19.

是根據契約關係，在英國法院起訴請求美國公司給付英國石油公司契約上的利益。在訴訟進行過程中，美國公司主張該案之準據法是美國德州法律，不是英格蘭法，英格蘭法院對本案沒有國際管轄權，英格蘭高等法院沒有採納該抗辯。美國公司轉而向歐盟執委會申訴主張，英格蘭法院違反歐洲人權公約第6條公平審判權之基本人權，但是歐盟執委會認為該申訴已經逾歐洲人權公約所規定的申訴法定時間，因此沒有受理。不過，歐盟執委會已經肯定國際管轄權是一個可以討論的議題[77]。

歐洲*Bamberski v. Krombach*醫師一案，該案發生在1982年7月9日，一位德國籍的K醫師對一位14歲的法國籍女孩B注射針劑，當時這位女孩住在德國的家中，注射隔日，女孩死亡。德國以K醫師涉嫌謀殺提起訴訟，但是該案件因為證據不足而無法繼續進行。女孩的父親B是一位會計師，在法國法院對K醫師提起訴訟，並在該訴訟中附帶為民事賠償的請求。法國法院對K醫師發出逮捕令，但是K醫師始終沒有出現在法國的法庭。審理期間有兩位律師要求代表K醫師出庭陳述，但是法國法院以K醫師並沒有出庭為理由，拒絕了兩位律師的請求。法國法院審理後，判決K醫師必須賠償B。判決確定之後，B持該判決要求德國法院許可執行該判決。德國第一審法院准許執行，K醫師以法國法院判決僅以被害人屬於法國人民為理由，行使國際管轄權，違反德國公共政策，上訴到德國最高法院，德國最高法院將爭點提交歐洲法院裁判。歐州法院認為內國法中公共政策的內涵，應由各內國法院自己決定，歐洲法院僅能針對布魯塞爾規約當中規範公共政策適用上的限制作出判決。因此本案法國法院是否構成對德國法律公共政策的違反，應由德國法院自己決定。歐洲法院在此案建立了公共政策原則與基本人權侵害之間的連繫，指出雖然有外國判決實質審查禁止原則，然而承認國法院對外國判決有明顯損及基本人權的情形，仍可以侵害基本人權違反公共秩序為理由拒絕承認該外國判決。此項原則，被之後的許多判決所引用[78]。

---

77 *Id.* paras. 4.20-4.21.

78 *Id.* para. 5.118.

四、訴訟權保障於國際管轄法則之適用

歐盟以歐洲人權公約第6條之規定，審視各會員國之國際管轄法則，態度顯得慎重，毋寧是避免過度干預各國法令，避免過度擴張歐盟權力的基本立場。然而由於在我國而言，訴訟權既然是憲法所保障的權利，外國人也同受訴訟權之保障，公政公約也揭示了訴訟權保障的原則。自有必要從訴訟權的保障檢視、形塑國際管轄法則。必須重新檢視向來由逆推知說所推衍管轄因素的正當性以及合意管轄、不便利法庭原則、法理說、利益衡量說等。

形塑國際管轄法則，或是在具體個案中行使、拒卻行使國際管轄權，應納入人民訴訟權保障的問題意識，當兩者有所衝突時，必須尋找解決問題的方法。問題的解決方案，可能有兩種，一種是國際人權法解決方案，將訴訟權的保障置於優先適用效力，改變既有的國際管轄規則或者修正國際管轄權的行使。另外一種方式是所謂國際私法的方式，採用英美國家國際管轄法則當中的不便利法庭原則，將訴訟權保障納入不便利法庭裁量考慮的因素。亦即當涉外案件將由外國法院管轄，而此足以造成對當事人訴訟權的嚴重損害時，法院可以拒卻行使管轄權。

以英格蘭而言，採用國際私法解決方案，具有比較高的實踐可行性。因為如果採用國際人權法的解決方案，英格蘭法院審理當事人聲請停止在英格蘭法院訴訟的案件中，必須討論英格蘭法院本身之作為是否將違反國際人權法所負義務，因而陷入不確定性。反之，如果採取國際私法的解決方法，英格蘭法院僅需討論由外國法院審理是否損害受公平審判的權利，以及英國法院的決定是否構成在外國受公平審判的拒絕，因此國際人權保障的標準即可納入考量的因素，並且使國際私法正義概念發揮功能[79]。當涉外案件在英格蘭法院起訴，當事人以該案另外在外國法院起訴為理由，向英格蘭法院聲請裁定停止在英格蘭法院的訴訟。英格蘭法院依照不便利法庭原則，可以審查當事人依照歐洲人權公約第6條所保障的訴訟權，是否在外國法院受實質侵害之危險，作為准駁停止訴訟的考量因素。換言之，歐洲人權公約第6條所保障的訴訟權，成為英格

[79] *Id.* para. 6.163.

蘭法院駁回訴訟在外國進行的正當理由[80]。

由於訴訟權之保障有兩項功能，一是保障權利／程序主體之權利，一是確保規範論證及其形成的正當程序。第二項功能於全球／跨國治理框架逐步形成的過程中，尤其重要。此於跨國環境侵權訴訟以及跨國金融訴訟等引發眾多當事人或集團訴訟，形塑國際管轄權法則的時，突顯為必須慎重權衡的因素。

伍、國際管轄法則之形塑

我國並無國際管轄法則的明文規定，學術及實務上向來有類推適用說、逆推知說、管轄分配說、利益衡量說、新類型說等，借用民事訴訟法管轄法則之規定[81]而為之說明。本文以各項學說之內容，分層次說明以下三項。

一、國際公法之領土主權原則

國際管轄涉及政治哲學核心問題的適用，此項核心問題就是政府何時可以正當地行使其權威。在歐洲中世紀封建體系下，政府的權威來自於屬民與領土間多層的權利義務關係，屬民必須對領土忠誠並提供服務，領主則提供屬民一定的保護，且帶給屬民正義的秩序。當時政府權威的正當性，就來自於這種人際紐帶之間的關係。在現代國家興起之後，不同的理論取代了封建時期人際紐帶關係的理論。一種理論是從布丹、霍布斯、奧斯汀等人所提出的權力現實性的觀點，從主權的權力屬性，著力於闡述權力本身就具有正當化。另外一派見解則是有洛克、邊沁從工具主義以及效益主義的觀點，討論政府權威的正當性。後一個理論在回答人民為何要服從政府的權威時，洛克提出社會契約論，以人民之同意為基礎。邊沁提出的理由，則是因為遵循政府的權威，比不

80 *Id.* para. 6.164.

81 柯澤東、吳光平增修，同註39，頁305-307；蔡華凱，台灣涉外民事訴訟之理論與實務—以財產關係訴訟之國際裁判管轄權總論爲中心，收於兩岸國際私法研討會論文集，玄奘大學法律學院出版，2005年，頁626-629；張銘晃，侵權行爲事件之國際裁判管轄權研究，司法研究年報第29輯，2012年12月，頁87-104。

遵循政府權威，可以獲得更普遍通認的快樂與幸福（general happiness）。如果採取重視權力的權力理論（power theory），會主張爭議的標的如果是不動產，應該由不動產所在地的法院管轄。如果重視案件與某國的關係的關聯理論（relational theory），認為當事人共同的國籍或是不動產所在地，都是可以行使國際管轄的法院[82]。

領土、政府、境內的人民以及因為社會或物理上顯著性而形成法律人格，是構成國家的要素。一個國家對領土內事務之權限，通常被稱為主權（sovereignty）或者管轄權（jurisdiction）。兩項名詞交替使用，主權通常被指向國家權力在規範上的意義，而國家特定的權利通常被稱為管轄權，例如立法管轄、司法管轄等。主權一詞描述一個具有國家型態的法律上簡稱，管轄一詞這指向國家實質上擁有的權利、自由跟權力[83]。主權概念延伸之原則，包含國家有權決定領土內發生的事物、各國主權平等原則、對於他國行使主權不應任意干預的原則。

傳統的國際民事管轄理論，也由管轄屬於國家主權一環的原則出發，認為一個國家的法院對涉外案件行使管轄權，通常是基於領土原則，亦即以事實所在地，輔以當事人願意接受該國法院管轄的意思，包括設立住所或者訴訟前的同意、訴訟中的默示承認等因素，也包含在法院所在地擁有財產[84]。也有學者指出國際公法之管轄法則屬於他律性，一國行使裁判權屬於主權之行使，必須遵循國際公法之原則及習慣，而一國法院行使涉外民事事件之管轄權則屬於自律性規範，在國際公法他律性規範範圍內，得自由廣泛地行使裁判管轄權。此由前述英美國家的比較法觀察即可得知，而德國學者也認為國際民事訴訟法的基本原則包含領土原則（Territorialitätprinzip）、互惠原則（gegenseitigprinzip）以及平等原則（Gleichheit）等。所謂領土原則是指一個國家的國際民事訴訟法只能在其領域範圍內有效[85]。所謂平等原則是基於國際

---

[82] Symeonides & Perdue, *supra* note 10, at 744-746.

[83] Jan Brownlie, Principles of Public International Law 105-106 (N.Y.: Oxford University Press, 1990).

[84] *Id.* at 302.

[85] Hartmut Linke, Internationales Zivilprozessrecht, 3 Aufl., 2001, S. 13.

公法上各主權國家平等地位之理念，延伸出各個國家法律保護制度居於平等地位的原則，此包含各個國家在自己的領土之內適用自己的法律、依照自己的法律審理案件，均屬於不可放棄的權利，也唯有在平等的原則下，才能進一步的討論判決承認以及其他國際交往的可能性[86]。常設國際法院於1927年法國控土耳其的蓮花號刑事案件中，也根據主權領土原則，闡述國際管轄與主權之間的關係，只不過該案是刑事案件[87]。

由此衍生出國際私法與國際公法交錯領域之問題，國際民事管轄權是否不受國際公法之拘束？一個國家行使國際管轄權是否全然屬於裁量？如果屬於裁量，是否不須受到拘束？如果需要受到拘束，是受到國際公法有關管轄權法則之拘束，或是僅受到國內法之拘束？如果認為應受到國際公法之拘束，具體的管轄法則何在？就此而言，國際私法學說上有實證法主義者與國際法主義者的爭論，前者認為由於國際公法並無明確的規則限制國家行使管轄權，每一個國家均擁有無限制的權力行使管轄權。國際法主義者則認為國際法上的管轄規則均屬強行規定，各國均應受到拘束，不得任意決定是否行使管轄[88]。有學者指出一國法院對於某一涉外民事事件行使管轄權，應係基於一國主權之作用，也同時展現權力（power）。但權力是否存在（exist）與是否應當行使（exercise），涉及不同層面的問題，必須加以區別。權力是否存在必須透過與各國之間相互的討論承認，方得以被確認，無法藉由某特定國家片面的宣稱而取得，因此具有國際公法的性質。但權力是否行使則委由各國自行裁量決定，考量的因素主要是各國對於正義的認知，包含當事人訴訟權益之保障以及訴訟程序之勞費等因素，屬於各國國內法的問題[89]。我國也有學者指出「惟此種對人、對物的他律性的限制，其具體內容在國際法上，尚欠缺明確的法則或國際習慣法之規範。職是，前開原則之反面解釋為，在他律的限制所容許的範圍內，主權國家民事裁判權行使之範圍，得以盡量地加以延伸……換言之，

---

86 Schack, a.a.O. (Fn. 37), S. 11.

87 Lith, *supra* note 10, at 21.

88 Alex Mills, The Confluence of Public and Private International Law 7 Cambridge University press, UK (2009).

89 *Id.* at 6-7.

關於民事裁判權之行使範圍，亦須經由各國之國內法來加以規整」[90]。常設國際法院也指出任何國家對於如何行使其司法管轄權，擁有相當廣泛的裁量權（wild measure of discretion），可以依照各國認為最適當（most suitable）、最佳（best）的原則行使國際管轄[91]。

國際管轄法則，應從主權的領土原則出發，雖是目前普遍被接受的原則，然而也有學者倡導從管轄因素與法院關聯性的強弱來判斷是否有國際管轄權，而形成一種新的理論模型[92]。而在跨國環境保護的議題上，當「全球變遷」（global change）成為跨國環境保護言說討論的一項典範前，生態與主權的對立爭辯，是國際政治中的另一項重要議題。南方開發中的國家擔憂北方已開發國家，藉由倡導生態環境保護阻礙經濟發展及工業化。此於1972年斯德哥爾摩會議中，成為兩方各持立場的爭執，南方國家以國家主權作為拒絕環境保護，保護各國經濟發展權力的主要依據。最終，斯德哥爾摩宣言第21點也圍繞著主權的問題，敦促各國應依照各國的環境政策，行使其對資源開發的主權權利，並在管轄範圍之內承擔責任，確保各種活動不會對其他國家或領域的環境造成損害[93]。

實則，領土原則來自於民族國家的主權概念，是1648年西發利亞民族國家體系國際關係的基礎，國家既是一個政治單位也是一個經濟單位。19世紀至20世紀上半葉，全球的經濟活動都是以國家為基礎進行，貿易由在各國設立的公司進行，資本流動是透過一個個文件的投資行為完成，股票交易也是在個別的交易所進行，國家經濟是整個全球經濟活動的最主要行動者。對於每一個個人而言，國家是經濟、軍事安全的提供者。然而在今日的世界中，經濟活動互相緊密結合，跨國公司透過同一公司集團在各地的分支機構控制了大部分的貿易

[90] 蔡華凱，同註81，頁620。

[91] Lith, *supra* note 10, at 21.

[92] Joseph Halpern, *Exorbitant Jurisdictions and Brussels Convention Toward a Theory of Restraint*, 9: 369 THE YALE JOURNAL OF PUBLIC WORLD ORDER 370-373 (1983).

[93] Ken Conga, *Environmental Protection, International Norms and State Sovereignty, the case of the Brazilian Amazon*, in BEYOND WESTPHALIA? STATE SOVEREIGNTY AND INTERNATIONAL INTERVENTION 150-151 (GENE LYONS & MICHAEL MASTANDUNO, EDS., The Johns Hopkins University Press, Baltimore, 1995).

活動，全球資本市場取代了區域的市場，國家對經濟活動的控制力嚴重削弱，領土已經不再如以往成為國際政治理論的基本概念[94]。形塑國際管轄法則，不能只停留在領土原則。

二、以管轄因素爲基礎之國際管轄法則

以主權之行使標誌國際管轄權時，當一個國家的法院認為有權力命令一位當事人必須給另外一位當事人一定金額或完成特定事項時，在法律上就可以說這個國家法院對該當事人形成了管轄權（jurisdiction to adjudicate）。同樣地，當一個國家的法院對於某一個財產的權益內容，認為自己有權力作出決定時，該國法院對該物權也就形成了管轄權[95]。在這種意涵下的國際管轄權，只呈現國家權力行使的一面，並無形塑法則加以約束之必要。然而在相互依存度愈來愈高的全球化時代裡，遵循國際間通行的法則，是尋求參與全球治理的必要責任。因此，國際管轄法則也就有存在的法理上基礎。由以上各國比較法的觀察，參酌歐盟布魯塞爾規約以及海牙國際私法會議的成果，都可以肯定以管轄因素形塑之國際管轄法則（jurisdictional rule）[96]已經是國際間實踐上的必要。

以管轄因素形塑國際管轄法則，具有明確性的優點，可以在相當程度提高對於訴訟當事人訴訟權的保障。以這種方法形塑的國際管轄則，參考上述各國法例以及我國民事訴訟法之管轄法則，可以有一般國際管轄法則以及特別國際管轄法則。兩種國際管轄法則有其共通的要素，亦即有預定的管轄因素。一般國際管轄法則中，以自然人之住所地、慣居地、國籍等、或者以法人或企業的登記地、主事務所所在地等為管轄因素。特別國際管轄法則是除了管轄因素之外，還特定管轄因素與紛爭事實之關聯性，以預訂管轄因素，例如侵權行為由侵權行為地法院管轄、契約爭議由契約履行地法院管轄等。

以管轄因素形塑國際管轄法則，雖然具有明確性之優點，卻可能因為無法考慮每件案件與預定管轄因素之關聯性，而造成過度管轄，損害當事人公平審

94 Chris Brown, Sovereignty, Rights and Justice: International Political Theory Today 212-213 (U.S.A.: Polity Press, 2002).

95 Weintraub, *supra* note 16, at 117.

96 Lith, *supra* note 10, at 38.

判權利。因此，確定管轄因素時，必須經由限縮性解釋方法，考量紛爭事實與所預定管轄因素之間的關聯度強弱多寡，於確保當事人之訴訟權下，限制國際管轄法則之適用。此在國際管轄法則上，有所謂過度管轄法則，以限縮管轄因素。所謂過度管轄（exorbitant jurisdiction）是指一個國家之法院取得國際管轄所依據的法則，並不符合國際間通認的標準，亦即法院與案件之當事人、案件之環境事實、訴訟的原因事實間必須有足夠的關聯（sufficient connection）[97]。

以布魯塞爾第一規約第7條第2項侵權行為國際管轄為例，該規定內容為「不法行為、侵權行為以及準侵權行為之事件，由損害造成或可能造成地法院管轄」（in matters relating to tort, delict or quasi-delict, in the courts for the place where the harmful event occurred or may occur），很容易造成被告必須四處應訴的窘境。在妨害名譽的訴訟中，特別是透過傳播媒體所形成之侵權行為，因為涉及各國言論自由保障尺度的問題，妨害名譽侵權訴訟由各國自行管轄，各自適用各自的國內法[98]，因此造成被告必須分別到不同國家應訴的困境。網路侵權行為，也容易造成相同的困境[99]。歐洲法院於2011年*eDate advertising GmbH v. X and Oliver Martinez and Robert Martinez v. Société MGN Limited*一案中，針對網路侵害人格權的案件，寬鬆地解釋適用損害造成地，認為被告設置或任何設備使網址得以使用或已經使用之所在地、原告所受損害涉及之主要利益所在地（centre of interests）等均屬於損害造成地，該地之法院依照布魯塞爾第一規約之規定，享有國際管轄權。該見解，沒有注意到被告受公平審判權保障的問題，也忽略人格權保障中隱私權界線及表現自由的問題[100]。商品製造人之國際管轄也有公平審判權保障的問題，有學者認為要求商品製造人到預期之外的商品銷售地應訴，確實不公平且有害正當程序原則。例如有些商品不能長途運送，但卻有消費者在某國境內購買商品後，運送在其他國家使用而發生損害。

再以布魯塞爾第一規約第7條第1項規定契約爭議之國際管轄為例，該規

97 Fawcett, Schúilleabháin & Shah, *supra* note 64, para. 4.08.

98 賴淳良，跨國侵權行爲法論叢，新學林，2019年，頁163、170。

99 李復甸、黃正一、李世榮，網際網路的空間之民事管轄，發表於21世紀資訊網路法治國際研討會，世新大學法學院、中華民國法官協會主辦，2000年。

100 Fawcett, Schúilleabháin & Shah, *supra* note 64, para. 4.12.

定採取以契約債務履行地為國際管轄因素之法例。適用於貨物買賣，則以貨物交運地或應交付地為國際管轄因素。若是服務契約，以服務提供地或應提供地為國際管轄因素，固然有所依據。但此項規定若適用於現金為給付內容之契約時，即遭學者批評認為違反正當程序原則，因為以給付現金之債務履行地，不具有取得管轄的正當性。因為法院與契約爭議之唯一連結只有現金之債務履行地，其他如被告住所、證人住所，均與該法院無關，則要求被告到該法院應訴，即可能構成對被告公平審判請求權的拒絕，而形成過度管轄[101]。

再以被告財產所在地為例，該管轄因素因為有德國民事訴訟法第23條的規定，而被廣泛檢討。各國雖有以財產所在地為管轄因素，然而有些國家必須限於財產與訴訟請求有關方得行使國際管轄。德國學者鑑於該條有過度管轄之疑慮，備受批評，因此有主張採取限縮性的解釋，以起訴時被告設有居所在財產所在地，方可取得國際管轄[102]，也有認為應揚棄德國聯邦最高法院向來採取的法律上財產法律概念，改採經濟上的財產觀念，以被告的財產可否滿足原告債權為要件[103]。而德國聯邦最高法院於1991年的判決認為必須有其他充足的連結因素時，才可以成為有效的國際管轄因素，此見解成為德國司法實務的主流意見[104]。

財產所在地可否成為國際管轄的唯一管轄因素，我國學者多採取質疑的態度。有認為民事訴訟法第3條只能適用於內國案件，不能適用於國際案件，因為財產所在地之管轄基礎可以由其他如侵權行為地、契約訂立地、契約履行地等取代之，沒有必要增加這種國際管轄因素[105]。有學者認為還必須考量判決實效性以及調查證據可能性等因素綜合考量[106]；也有認為只有財產所在地單一之

101 Fawcett, Schúilleabháin & Shah, *supra* note 64, para. 4.30.

102 Schack, a.a.O. (Fn. 37), Rdnr. 195.

103 陳瑋佑，國際民事訴訟管轄權之規範與解釋—以財產所在地審判籍爲例，臺北大學法學論叢第93期，頁135-181。

104 陳瑋佑，同註103，頁162。

105 陳隆修，同註3，頁144-145。

106 林秀雄，國際裁判管轄權—以財產關係案件爲中心，收於國際私法理論與實踐（一）—劉鐵錚教授六秩華誕祝壽論文集，學林，1998年，頁132。

連結因素，不能使管轄權公平合理的行使，如果訴訟與該財產無任何關聯，將造成與被告合理預期可能性的範圍，不合於訴訟之便利性又無任何助益[107]；有認為必須該財產與訴訟請求有直接關聯，且訴訟標的價額與該財產價值相當，我國法院方得行使國際管轄權，否則即屬過度管轄[108]。有學者認為必須該財產即為該訴訟之訟爭標的，且與法庭地有正當化的連結關係時，法院方得行使國際管轄權，而且僅因原告住所地設於我國境內，還不足以使我國法院可以行使國際管轄權[109]。也有學者認為民事訴訟法第3條應從解釋論上，考量被告應受保障的公正程序請求權以及國際管轄上的以原就被原則，認為僅於被告之財產於起訴時經原告證明有高於執行費用而有（部分）清償債權的價值，方可取得國際審判籍[110]；也有學者質疑德國聯邦最高法院1991年判決，認為創設內在關聯性的要件，限縮國際管轄因素，造成與其他特殊管轄因素如侵權行為地標準不同，理論不一致的缺失[111]。

總之，以管轄因素形塑國際管轄法則，具有明確性的優點。卻也可能因為關聯性不足而有過度管轄的問題。有賴法院行使裁量，斟酌個案情形，於具有正當理由時，拒卻行使國際管轄權。

三、國際管轄權行使之拒卻

所謂國際管轄權行使的拒卻，是指我國法院依照國際管轄法則可以取得國際管轄權，卻因當事人訴訟權保障、公共利益、當事人利益等因素拒卻行使管轄權，因此裁量決定駁回原告之訴或停止訴訟程序。國際管轄權之行使屬於主權的展現，其拒卻也是具有裁量之性質。常設國際法院指出任何國家對於如何行使其司法管轄權，擁有相當廣泛的裁量權（wild measure of discretion），可以依照各國認為最適當（most suitable）、最佳（best）的原則行使國際管

107 李後政，同註39，頁105。

108 柯澤東、吳光平增修，同註81，頁309。

109 黃國昌，同註10，頁122-123。

110 陳瑋佑，同註103，頁168。

111 蔡華凱，同註81，頁646。

轄[112]。因此管轄權之拒卻，具有裁量法則之性質。

我國民事訴訟法第一篇第一章第一節管轄的規定，雖然沒有不便利法庭原則或特別情事原則等明文規定，但並不意味我國民事訴訟法就法院管轄權完全沒有裁量法則。民事訴訟法第23條之指定管轄，即為由直接上級法院裁量決定管轄法院之例證。而涉外案件的審理時，民事訴訟法第149條第3款規定，於應於外國送達而無法進行時，受訴法院可以經由當事人聲請裁定准為公示送達，該條所稱准於裁定公示送達，雖屬送達方法之一，然若搭配民事訴訟法第第116條第1項第1款以及第249條第1項第7款之規定，原告陳報的住所不明，法院經調查後，也無法查知，可以認為起訴不備其他要件，駁回原告之訴。則是否准於公示送達，即展現為法院是否行使管轄權的結果。臺灣高等法院97年度家抗字第72號民事裁定即認為「按原告起訴，應於起訴狀記載被告之住所或居所，倘未記載，其起訴不合程式，受訴法院應定期間命原告補正，原告如未遵期補正，受訴法院得以裁定駁回原告之訴，民事訴訟法第116條第1項第1款、第249條第1項固定有明文。惟原告於起訴狀已記載被告之住所或居所，僅被告現時未真正住居於該址，原告並已陳明被告所在不明者，受訴法院應依職權調查被告是否確有應為送達之處所不明之情事，並於認定有此情事時，依民事訴訟法第149條第1項或第3項規定，曉諭原告聲請受訴法院對被告為公示送達，或由受訴法院依職權命為公示送達，受訴法院尚不得以原告未補正被告真正住所或居所為由，以裁定駁回原告之訴。」形同肯定我國法院就該案有無國際管轄權，可以經由法院裁量裁定准為公示送達而決定之。

又民事訴訟法第182條之2有關外國法院訴訟繫屬於我國法院之效力[113]，可否裁定停止我國之訴訟，法條明文規定考量的因素，包含可預期承認外國判決，以及被告在外國應訴是否有重大不便，此兩者均屬法院裁量的範圍。有學者指出重大不便不限於空間上的不便利，金錢上的浪費、不諳外國語言及訴訟程序、對於被告在訴訟程序上不利的因素均屬之[114]，也屬於裁量因素的判斷。

---

112 Lith, *supra* note 10, at 21.

113 賴淳良，外國法院訴訟繫屬在內國之效力，收於國際私法論文集慶祝馬教授漢寶七秩華誕，五南圖書，1996年，頁249-257。

114 林恩瑋，國際管轄權之積極衝突—以我國民事訴訟法第182條之2爲重心，發表於東海國際私法論壇論文研討會，東海大學主辦，2007年。

至於我國是否應採取一般性的裁量性管轄法則，如不便利法庭原則，學者有認為可以作為防止管轄權衝突的有效工具[115]，有不斷為文介紹者[116]，有認為應採取謹慎態度者[117]。亦有學者肯定國際管轄權之行使存有法院裁量的空間，然而法院裁量應受一定制約，必須植基於程序選擇權及程序主體權應受保障的法律，賦予當事人兩造共享程序選擇權，使程序保障，以平衡追求實體利益與程序利益，適度調整界定法律的安定性及具體妥當性，並在實體利益與程序利益的平衡點上，確認真實，尋求法之所在，貫徹適時審判請求權的基本要求[118]。有認為應採取調和論，調和類推適用民事訴訟法以及利益衡量，參酌美國法上的最低度接觸原則及合理公平原則，從公、私利益綜合判斷行使國際管轄權是否適當[119]。

我國司法實務上有直接在判決文中引用不便利法庭原則[120]，有綜合考量各種因素決定是否行使管轄權者。智慧財產法院107年度民商上字第21號判決認為「故於判斷涉外民事事件與法庭地法院之連繫因素時，管轄之基本原則包括以原就被、侵權行為之行為地及結果地、債務履行地、財產所在地等均應納入考量，且必須基於當事人間之實質公平、裁判正當、迅速、經濟、調查證據方便、判決得否執行之實效性等國際民事訴訟程序基本原則，綜合考量各項因素而為利益衡量之個案判斷，以求個案之具體妥當性，倘法庭地法院對當事人而言，較其他有連繫因素之他國法院較不便利而無法獲得程序上實質公平之保護時，庭地法院縱有管轄連繫因素，亦應拒絕管轄，此即國際間所謂不便利法庭原則」。最高法院104年度台抗字第589號民事裁定「法院應依內國法之規定或概念決定爭執法律關係之性質，以確定內國對訟爭事件有無國際民事管轄權。惟我國有關國際管轄權之規定，就訟爭事項欠缺明文。故法院於認定有無

115 劉鐵錚，同註49，頁264。

116 許兆慶有所多篇文章介紹，詳見許兆慶，同註50，頁623以下。

117 陳榮傳，不便利法庭原則宜謹慎使用，月旦法學教室第142期，2014年7月，頁36-38。

118 邱聯恭，程序制度機能論，國立臺灣大學出版中心，2018年增補2版，頁32-33。

119 吳光平，海商法與國際私法研究，臺灣財產法暨經濟法研究協會，2007年，頁193-204。

120 詳見許兆慶，同註50，頁646以下。

國際民事裁判管轄權時，除應斟酌個案原因事實及訴訟標的之法律關係外，尚應就該個案所涉及國際民事訴訟利益與關連性等為綜合考量，並參酌內國民事訴訟管轄規定及國際民事裁判管轄規則之法理，基於當事人間之實質公平、程序之迅速經濟等概念，為判斷之依據。」可見我國司法實務上，並沒有完全排斥管轄之裁量法則。

本文認為基於上述民事訴訟法承認管轄權之裁量法則，再依據國家主權行使應有一定的裁量權，國際管轄既屬於國家主權行使的一環，是否行使國際管轄權，應由國家機關享有一定程度的裁量，只是必須受到國際公法以及朝向互信之博弈發展的外部界限以及內國民事訴訟法所揭示管轄因素的內部界限拘束。於此，訴訟權的保障也應納入裁量的因素中，以符合我國憲法以及基本人權保障之法規。以原告接近法院的權利而言，如果原告可能找不到其他可以起訴的法院，則我國法院就不應該拒卻行使國際管轄權。以被告受公平審判權利的保障而言，如果被告在我國法院進行訴訟，將遭到因為語言、訴訟程序不熟悉等因素，導致武器不平等，我國法院即得裁量不行使國際管轄，以避免被告受公平審判的權利受侵害。至若證據調查上的不便利，若於當事人之訴訟權保障並無妨礙，不應成為拒卻行使國際管轄權的考慮因素。至於當事人對於事件管轄法院的預見可能性[121]，也應可以將訴訟權保障列入而為更具體的考量標準。

至於選擇應適用之本案準據法是否應成為法院行使國際管轄顯的考慮因素，美國聯邦最高法院與1981年*Piper Aircraft*一案中，由馬歇爾大法官執筆的多數意見，即表示本案準據法的選擇不能成為決定是否行使國際管轄的唯一因素，甚至不能作為重要判斷的因素，因為依據不便利法庭原則決定是否行使國際管轄，應該避免使法院陷入複雜的比較法研究，既要了解法院本身應適用的本案準據法，又要了解其他法院可能選擇的準據法，進而比較權利、救濟以及程序上的優劣。不過馬歇爾大法官也指出實務操作的方法，因為本案準據法對於當事人至關重要，因此訴訟策略上，可能會要求法院先針對本案準據法作出類似中間判決之先決裁判（summary judgment），當本案準據法確認並非法院

121 張銘晃，同註81，頁38-39。

地法後，再提出不便利法庭的抗辯，被接受可能性將大大提高。然而學者也指出，準據法的選擇不再只是在地圖上別上別針就可以確認了，而是必須考量各種法律的政策才能作出決定[122]。我國學者有認為運用不便利法庭時應考慮的因素，包含原告是否會因另一法庭適用不同於所適用的法律而不利[123]。鑑於管轄因素與選法規則之連繫因素，在我國涉外民法當中有相當高度的重疊，尤其是特別國際管轄法則，因此將案件應適用之準據法納入國際管轄之裁量法則中，應可有效促進訴訟。

陸、跨國環境侵權訴訟之國際管轄

一、案例

(一) 印度博帕爾氰化物外洩事件

1984年發生在印度博帕爾化工工廠氰化物外洩事件，是一件跨國環境侵權訴訟的案例。該案發生於1984年12月3日凌晨，事故地點是美國聯合碳化物（Union Carbide）所屬的聯合碳化物（印度）有限公司（UCIL），設於印度中央邦博帕爾Bhopal貧民區附近一所農藥廠，該廠發生氰化物洩漏事件。藥廠逸漏異氰酸甲酯（Methyl Isocyanate），一旦遇水會產生強烈的化學反應。根據事件的調查報告，逸漏的原因主要是有水滲入載有異氰酸甲酯的儲藏罐內，使得儲藏罐內產生極大的壓力，最後因為受不住壓力，罐內的化學物質洩漏到博帕爾市。當時居住在該市內的2,000多名博帕爾貧民區居民立即喪命，後來更有多達2萬人死於這次災難，20多萬博帕爾居民永久殘廢，當地居民的患癌率及兒童夭折率，仍然遠高於印度其他城市，這事件被認為史上最嚴重的工業災難之一。事件發生後，印度中央政府在1985年通過博帕爾氣體逸漏災難處理法（the Bhopal Gas Leak Disaster (Processing of Claims) Act, 1985），成立一個

[122] Weintraub, *supra* note 16, at 282-284.

[123] 劉鐵錚，同註49，頁265。

專門的組織，處理訴訟、損害賠償分配等事項。該組織先在美國紐約南區聯邦地方法院，對於美國美國聯合碳化物母公司起訴請求損害賠償。但是美國紐約南區聯邦地方法院以印度博帕爾地區的公司具有獨立人格為理由，依照美國聯邦最高法院*Reyno*一案所揭示的原則，分析當事人利益與公共利益，認為從訴訟文件的翻譯、當事人應訴的通譯、原告所在地在印度、美國法院現場會勘的可能性；再從公共利益分析，認為印度法院有案件審理上的優勢、事故發生地點在印度、由美國法院裁判有強加價值觀於印度之疑慮等，採取美國法院對該事件屬於不便利法院的結論[124]。並於要求美國公司必須同意接受印度法院管轄、放棄時效抗辯、履行印度法院判決、受美國聯邦民事程序法證據開啟程序拘束等條件後，駁回原告的訴訟[125]。印度政府轉而向印度法院對於該公司起訴。之後由於公司提出和解的條件，印度最高法院裁決接受美國公司必須向印度政府賠償4億7,000萬美元，並出售該集團持有的聯合碳化物（印度）有限公司50%股權，用以興建治療受影響居民的醫院和研究中心，同時免除該公司的其他民事責任以及公司職員的刑事責任[126]。

(二) 2003年波利維亞的迪薩瓜德羅河油管漏油事件

2003年11月17日拉丁美洲內陸國的波利維亞總統Gonzalo Sanchez de Lozada，經過一個月的民眾抗議後，同意辭職。導火線是總統在2002年以來推動的天然氣出口計畫。計畫中有一家經營石油跟天然氣的跨國公司Transredes在波利維亞境內的Desaguadero River鋪設的油管，發生嚴重的漏油事件，損害

124 該案受理法院爲United States District Court, S. D. New York. 引註案號爲634 F. Supp. 842, 54 U.S.L.W. 2586，裁判日期爲1986年5月12日。該案經上訴到美國聯邦第二巡迴區上訴法院，該院以Nos. 301,383,496 Docket 86-7517, 86-7589, 86-7637案受理後，仍維持原裁定。不過該案上訴聯邦最高法院之後，被廢棄發回。並且因有其他訴訟同時在法院受理中，例如美國聯邦第二巡迴區上訴法院2004年3月17日宣判之No. 03-7416案，仍就管轄權的問題維持地方法院的判決，也因爲每個案件在代理權取得上等諸多問題，使得全案遲遲無法定讞。

125 羅昌發，同註51，頁86-88。

126 賴淳良，論選法所保障的個人權利，收於國際私法理論與實務問題之探討—劉鐵錚教授七秩華誕祝壽論文集（二），元照，2008年，頁176-178。

當地人民的水源，污染了環境，侵害到當地人民健康生活的權利。該公司是由美國德州能源公司Enron以及英國shell兩家公司輪流持有50%股份，玻利維亞政府退休基金也擁有34%的股份。事故引發侵害人權的問題，包含用水權、健康權以及損害當地原住民族Uru Moratos在當地生存的權利。賠償的訴訟也在法院進行，但是賠償的範圍存有爭議，最後以和解結案[127]。

(三) 1970年代拉丁美洲殺蟲劑系列案件

發生於1970年代一系列因為美國陶氏化工公司（Dow Chemical Co.）、西方石油公司（Occidental Petroleum Company）、殼牌石油公司（Shell Oil Company）共同生產並供應給食品公司，由南美洲哥斯大黎加以及亞洲菲律賓水果園種植工人使用的有毒殺蟲劑DBCP。1983年首先有哥斯大黎加的58名中水果園工人在佛羅里達州對美國公司起訴，案件被移到聯邦法院，美國公司提出不便利法庭的抗辯，聯邦法院根據前述*Piper*一案的原則，分析公共利益跟私人利益之後，認為美國法院確屬不便利法庭，駁回原告之訴。1987年再有212名哥斯大黎加工人分別在美國加州以及德州法院提起訴訟。在德州法院提起的訴訟，美國公司依然抗辯要求將案件移到聯邦法院，該抗辯沒有得到德州州法院的支持。州法院決定受理，而成為*Dow Chem Co. v. Castro Alfaro*一案[128]。德州州法院第一審審理時，美國公司依舊提出不便利法庭的抗辯，德州第一審法院採認抗辯，駁回訴訟。上訴法院推翻第一審法院的見解，認為由於德州有法律明文規定有關人身傷害及意外死亡的訴訟不得援用不便利法庭原則。案件上訴到最高法院，德州最高法院維持第二審法院的見解，並進一步說明不便利法庭原則。法官認為雖然原告都是哥斯大黎加人，但是生產製造DBCP的文件、公司、科技人員都在德州休士頓，決定產生並銷售DBCP是由兩家美國公司在美國境內的辦公室作成的，被告兩家公司都在美國有大規模的商業活動，受理本案並不會造成當地案件的阻塞，而且法院承辦案件的壓力也不是拒絕受理案件的正當理由。儘管德州最高法院於本案中拒絕適用不便利法

127 賴淳良，文化認同與國際私法，收於法律哲理與制度（國際私法）—馬漢寶教授八秩華誕祝壽論文集，元照，2006年，頁463-470。

128 https://casetext.com/case/dow-chemical-co-v-castro-alfaro, last visited 2021.6.21.

庭原則，然而德州立法機關於事後通過法律，允許法官駁回非美國人民所提起的訴訟，包含人身損害以及致死的案件，推翻德州最高法院判決的意見。

一系列的訴訟並沒有因此停止，1993年由哥斯大黎加、巴拿馬以及菲律賓等國的工人再度在德州法院提起訴訟，本件被移送美國聯邦地方法院審理，合併多數案件審理。被告之美國公司同樣提出不便利法庭的抗辯。雖然原告一再主張由原告本國法院管轄，不是適當的權利救濟管道等理由。美國聯邦法院仍然於分析私人利益以及公共利益後，認為原告是否長期暴露在殺蟲劑下等證據，無法在美國進行調查，而且殺蟲劑使用的國家一共有23個，不是只有在德州發生，更認為其他國家法院適用之準據法不能成為決定管轄的因素[129]。

(四) 德克薩科石油公司輸油管道油污厄瓜多事件

美國德州的跨國公司德克薩科公司（Texco Inc.）自1972年起，在厄瓜多設立石油管道運送石油，卻發生輸油管破裂，又排放有害廢棄物，導致居民用水權受到侵害、健康受到損害。1993年Sequihua代表厄瓜多居民向德州法院起訴請求損害賠償，案件依然移由美國聯邦地方法院審理。被告提出不便利法庭抗辯，美國聯邦地方法院分析個人利益及公共利益之後認為證據都在厄瓜多、在厄瓜多出庭的費用比在美國低廉，而且厄瓜多有解決本案相關空氣、土地、用水的利益，因此駁回原告的訴訟。

1993年另由Aguinda代表厄瓜多原住民在紐約的聯邦地方法院提起訴訟，要求德克薩科公司損害賠償，紐約聯邦地方法院也同樣引用國際禮讓及不便利法庭原則駁回了原告的訴訟，除了與德州聯邦法院相同的理由之外，紐約的聯邦地方法院更指出，原告要求厄瓜多石油公司全面清理污染的土地、油管全面改道、受直接監測等事項，都必須由厄瓜多國營的石油公司才有能力進行[130]。

(五) 中國大陸吉林省松花江苯污染事件

2005年11月13日下午2時至3時左右，在中國大陸吉林省吉林市，吉林石化

129 胡敏飛，跨國環境侵權的國際私法問題研究，復旦大學出版社，2009年，頁86-92。

130 胡敏飛，同註129，頁92-95。

公司101場或稱為吉林雙苯工廠，發生連續爆炸事件，爆炸造成5人死亡，另有1人失蹤、2人重傷、21人輕傷。工廠的苯等物質混雜著當時滅火所使用之物質，流入松花江以及黑龍江。數萬居民緊急疏散，松花江上產生一條長達80公里的污染帶，污染帶通過哈爾濱市，使得哈爾濱市停水五天之久[131]。流入黑龍江的污染物質，同時影響了中國大陸隔鄰的俄羅斯，黑龍江在俄羅斯被稱之為阿姆河（Amur River）。此事件引起中國大陸內部的高度注意，同時也促使中國大陸與俄羅斯協商採取松花江水污染防治及控制計畫，中國大陸投入1,000萬人民幣進行水污染的防治，同時也大幅度修正水污染防治法[132]。

除了中國大陸行政部門所採取的防治行動之外，受害人民透過訴訟尋求救濟。根據北京大學一位教授的分析，指出遵守國際環境法的一般原則，非住民的基本人權應受平等的保障，因此可以有相同請求救濟的權利。因為本案侵權行為作成地在中國大陸，損害造成地在俄羅斯，所以俄羅斯被害人可以在中國大陸對吉林石化公司起訴，也可以在俄羅斯對吉林石化公司起訴[133]。不過，北京大學一位教授對帶領著5位學生到黑龍江高級人民法院提起公益訴訟，該法院通知這幾位原告不受理該案[134]。

（六）Trafigura公司在非洲象牙海岸洩載有毒化學廢料案

總部設在新加坡的跨國公司Trafigura，經營能源以及金屬的交易，是世界第二大或第三大的石油貿易公司。2005年底該公司購買未經提煉的原油，交由一艘船舶運送。2006年8月19日該船在非洲象牙海岸Abidjan一處開放的場地卸載該批原油的化學廢料。很快的，在該場所附近的居民隨即罹患疾病，至少10

131 https://zh.wikipedia.org/wiki/2005, last visited 2021.6.22.

132 Song Ying, *International Legal Aspect of the Songhua River Incident*, in China and International Environmental Liability, Legal Remedies for Transboundary Pollution 315-317 (Michael Faure & Song Ying, eds., U.S.A: Edward Elgar Publishing Limited, 2008).

133 Wang Jin, Huang Chiachen & Yan Houfu, *Reflections from the Transboundary Pollution of Songhua River*, in China and International Environmental Liability, Legal Remedies for Transboundary Pollution 283-285 (Michael Faure & Song Ying, eds., U.S.A: Edward Elgar Publishing Limited, 2008).

134 *Id.* at 284.

萬人接受治療，也有為數不少的人死亡。2006年11月，設在倫敦的英格蘭高等法院受理了3萬名象牙海岸人民以trafigura公司為被告提起的訴訟。2009年3月23日英格蘭高等法院核發禁制令，禁止Trafigura公司接觸案件原告，以避免原告們改變陳述。2009年11月9月雙方於英格蘭法院的訴訟，達成和解。另外，於2010年1月22日象牙海岸的上訴法院判決原告勝訴，然而被害人並沒有因為該判決而得到任何的賠償。於此同時，荷蘭檢察官以Trafigura公司違反荷蘭環境法為理由，提起公訴。2010年7月荷蘭法院判處公司罰金100萬歐元，經上訴後，2011年4月上訴法院認為公訴部門並無必要起訴Trafigura公司在象牙海岸堆置廢棄物的犯罪行為。然而在2012年1月，阿姆斯特丹法院決定公司共同創立人以及董事長可以因為Trafigura公司非法出口廢棄物而被起訴，2012年11月荷蘭檢察官部門與Trafigura公司達成庭外和解。2015年2月，一個基金代表的訴訟在荷蘭法院起訴，起訴Trafigura公司必須賠償每位被害人2,500歐元並清除廢棄物。2016年11月法院駁回訴訟，認為基金並不能夠證明其起訴請求，確實代表了受害之象牙海岸人民的最佳利益[135]。

此案發生之後，引發學界許多檢討的聲浪。有一種聲音認為此為國際之間有關處理廢棄物運送問題的失敗案例，是一個跨國環境規範的問題。也因為廢棄物清運的兩公約存在著落差以及歧異，導致案件無法獲得完善的處理。也因為各國之間缺乏協調的行動，共同處理廢棄物的製造以及運送問題。因此，處理這類問題的方案，應求諸國際公法。另外一種聲音是認為這是國內法體系無法為被害人提出實質正義結果的失敗案例，這種見解指出私法上的跨國請求，在訴訟上存在著法律以及行政上的障礙。因為如以跨國侵權訴訟解決上述問題，必須排除兩項障礙。第一項障礙是在損害發生地提起訴訟，可能因為當地法院的訴訟程序缺乏效率；第二個障礙是在損害發生地法院起訴跨國公司，可能因為缺乏重要資產，而無法取得真實的賠償，如果到跨國公司的本國請求執

[135] Horatia Muir Watt, Lucia Bíziková, Aagatha Brandão de Oliveira & Diego P. Fernández Arroyo, eds., Global Private International Law - Adjudication without Frontiers 92 (UK & USA: Edward Elgar Publishing, 2019).

行，也存在著許多困難[136]。

二、跨國環境侵權管轄之國際條約

(一) 核子事故

國際間針對特定領域的跨國環境侵權定有若干國際管轄法則的條約。1960年核能領域第三方責任公約是第一個有關核損害民事責任的國際條約，簡稱巴黎公約，公約第13條針對和損害賠償訴訟管轄權作出規定。該公約於1997年以「核損害補充賠償公約」（Convention on Supplementary Compensation for Nuclear Damage; CSC）補充之。由國際原子能組織第41屆大會上通過，截至2021年底，僅有美國、印度等21個國家簽署[137]。該公約第14條以下分別針對管轄權以及準據法作出規定，與上述的第三方責任公約大約相同。第14條規定管轄權「1.除本條另有規定外，對於與核事件所造成核損害有關的訴訟的管轄權僅屬於發生核事件的締約方的法院。2.當核事件發生在一締約方專屬經濟區區域內，或如果尚未建立此種經濟區，締約方倘若建立此種經濟區，在不超出該區界限的區域內，對於與該核事件造成的損害有關訴訟的管轄權，為了本公約的目的應只屬於該締約方法院。……3.當核事件未發生在任何締約方領土內或按第2條通知的區域內，或不能確切確定發生核事件的地點時，對於與該核事件所造成核損害的有關訴訟的管轄權僅屬於裝置國的法院。4.在超過一個締約方的法院對有關核損害的訴訟有管轄權的情況下，這些締約方應通過協商一致確定哪個締約方的法院應有管轄權。」

上述公約的規定，性質上屬於核子事故之特殊國際管轄法則，採取核子事件發生的以及裝置國所在地法院為管轄因素。我國雖然訂有核子損害賠償法，

[136] Simon Archer, *The Trafigura Actions as Problems of a Transnational Law*, in Global Private International Law - Adjudication without Frontiers 105-106 (Horatia Muir Watt, Lucia Bíziková, Aagatha Brandão de Oliveira & Diego P. Fernández Arroyo, eds., UK & USA: Edward Elgar Publishing, 2019).

[137] https://www.ecolex.org/details/treaty/convention-on-supplementary-compensation-for-nuclear-damage, last visited 2021.6.27.

第11條以下規定核子事故損害賠償責任，但是沒有規定核子事故的國際管轄法則。

(二) 油污事故

1967年一艘在利比亞登記的油輪Torrey Canyon，在英國西南海岸的公海領域，發生1.9萬加侖原油溢漏事故，造成生態浩劫的黑潮。國際社會於是在1969年通過「國際油污損害民事責任公約」（International Convention on Civil Liability for Oil Pollution Damage），公約第9條規定油污損害事件之國際管轄「1.如已在一個或若干個締約國領土（包括領海）內發生油污損害事件，或已在上述領土（包括領海）內採取防止或減輕油污損害的預防措施，賠償訴訟便只能向上述的一個或若干個締約國法院提出。……2.每一締約國都應保證它的法院具有處理上述賠償訴訟的必要管轄權。」

上述公約，經過修正，而於1992年議定「國際油污損害民事責任公約」，第9條延續上述公約，規定了國際管轄法則，「1.當某一事故在一個或多個締約國的領土（包括第2條所述的領海或區域）內造成了污染損害時或在這種領土（包括領海或區域）內採取了防止或減少污染損害的預防措施時，賠償訴訟僅可向上述任何一個或多個締約國的法院提起。……2.各締約國須保證它的法院具有處理上述賠償訴訟的必要管轄權。3.在按照第5條規定設立基金之後，基金所在國的法院是唯一有法定資格決定有關基金、分攤和分配的一切事項的法院。」

上述兩項公約都是以油污損害發生地以及採取預防措施所在地為國際管轄因素，是因為造成油污事故之船舶是移動的，溢漏石油經常發生在公海領域，無法確認侵權行為作成地，因此以損害造成地為管轄因素。而且公約排除以船舶所有人慣居地為管轄因素[138]，也是鑑於船籍國、權宜船籍[139]等實務上之因素。

138 胡敏飛，同註129，頁33。

139 賴來焜，海事國際私法學（上）—比較海商法與國際私法之交會爲中心，神州出版公司，2002年，頁130。

此外，公約第5條採用責任限制[140]以及設置基金擔保賠償的制度，由賠償責任人於訴訟前或訴訟中，提供相當於責任限制額之基金為擔保的制度。而賠償責任限制基金，即由限制海事賠償責任的責任人，選擇在有管轄權的法院設立基金，以求在賠償責任限額內清償。1976年「海事索賠責任限制公約」第11條第1項規定了基金制度，中國大陸「海商法」第213條也規定：責任人要求依照「海商法」限制賠償責任的，可以在有管轄權的法院設立責任限制基金。此外，中國大陸「海事訴訟法」第101條也有設置基金的程序規定。由於基金必須在有管轄權的法院設置，因此1969年油污公約以及2001年議定書第9條第3項，責任人設立責任限制基金之後，由所在地法院「收編」油污事件的國際管轄[141]，亦即由設立基金之所在法院取得國際管轄。

我國海洋污染防治法第2條規定「本法適用於中華民國管轄之潮間帶、內水、領海、鄰接區、專屬經濟海域及大陸礁層上覆水域。」第13條規定損害賠償責任，第35條前段再規定「外國船舶因違反本法所生之損害賠償責任，於未履行前或有不履行之虞者，港口管理機關得限制船舶及相關船員離境。」我國有學者認為船舶油污染案件，得類推適用民事訴訟法第15條第1項侵權行為管轄法則，以行為造成地與損害發生地為取得國際管轄權之管轄因素[142]。

(三) 船舶燃油事故

海上石油污染，除了運送石油油輪外，一半以上污染事件是船舶燃油溢漏以及排放所造成，國際海事組織（International Marine time Organization; IMO）於2001年通過「國際燃油污染損害民事責任公約」（International Convention on Civil Liability for Bunker Oil Pollution Damage），第9條規定民事責任之管轄權「1.如已在一個或多個締約國的領土包括領海或第2(a)(ii)條所述區域內發生了污染事故，或已在此種領土包括領海或此種區域內採取了防止或減輕污染損害的預防措施，則對船舶所有人、保險人或為船舶所有人責任提供擔保的其

140 賴來焜，同註139，頁109-115。

141 何麗新、謝美山，海事賠償責任限制研究，廈門大學出版社，2008年，頁255。

142 吳光平，同註119，頁226。

他人提起的賠償訴訟，可僅在任何此種締約國的法院中提起。2.根據第1款提起的任何訴訟的適當通知，均須送交被告人。3.每一締約國須確保其法院具有受理本公約規定的賠償訴訟的管轄權。」也與上述兩項油污公約相同，採取以損害發生地以及防止損害措施地為管轄因素的國際管轄法則。

(四)海上運送有害有毒物質公約

海上運送物資種類繁多，也包含有害有毒物資。運送有害有毒物質，無論是船舶本身或船員都有較高的要求，運送的有害有毒物資一旦洩漏將造成嚴重的污染。國際海事組織於1996年通過「國際海上運送有毒有害物資損害責任及賠償公約」（International Convention on Liability and Compensation for Damage in Connection with the Carriage of Hazardous and Noxious Substances by Sea; HNS），經過2010年修訂，成為完整的公約條文[143]。公約採取責任限制以及責任限制基金的制度，分別於第38條及第39條規定訴訟的國際管轄。

公約第38條對於船舶所有人的訴訟，內容是「1.如果事故在一個或多個締約國的領土……中造成損害，或在此種領土（包括領海或此種區域）中採取了旨在防止或最大程度地減少損害的預防措施，則僅可在此種締約國的法院中向船舶所有人或為船舶所有人的責任提供經濟擔保的其他人提起賠償訴訟。2.如果事故造成的損害完全在任何國家的領土包括領海之外，……僅可在下列締約國的法院中向船舶所有人或為船舶所有人的責任提供經濟擔保的其他人提起賠償訴訟：(a)船舶在其境內登記的締約國，或對於未登記的船舶，船舶有權懸掛其國旗的締約國；或(b)船舶所有人的常居地或主要營業地在其境內的締約國，或(c)按第9條第3款在其境內設立基金的締約國。」廣泛採取損害發生地、採取預防措施所在地、以及其他船舶登記地、懸掛國旗地、船舶所有人常居地、營業地、基金設立地為國際管轄因素。

第39條就限制責任基金之訴訟，規定「1.在本條下文中的規定的前提下，為第14條規定的賠償向有毒有害物質基金提起的任何訴訟，僅可在根據第38條向對有關事故造成的損害負有責任的船舶所有人提起的訴訟具有管轄權的法院

143 胡正良主編，韓立新副主編，海事法，北京大學出版社，2012年，頁487-488。

或在船舶所有人負有責任時則須由其主管的締約國法院提起。2.在未能查明運輸造成損害的有毒有害物質的船舶時，第38條第1款的規定須比照適用於對有毒有害物質基金的起訴。」也採取類似油污公約的國際管轄因素。

（五）環境損害責任公約

歐洲理事會於1993年制定對環境有危害活動所造成之損害的條約，條約名稱是「對環境有危害的活動造成損害之民事責任公約」（Convention on Civil Liability for Damage Resulting from Activity Dangerous to the Environment），公約第19條針對各種不同的請求規定管轄法院。第1項針對損害賠償的訴訟，規定由遭受損害地、危險性活動進行地以及的被告慣居地取得管轄權；第2項規定如果提出獲取活動具體信息資料的請求，可以向危險活動進行地或可能進行地之法院，起訴請求提供訊息；若是由團體提出請求，必須向危險活動進行的或即將進行地的法院和行政當局提出請求。

此外，北歐的丹麥、芬蘭、挪威、瑞典等四個國家，曾經在1974年簽訂北歐環境保護公約（The Nordic Environmental Protection Convention），就所有對環境有害的活動進行規範。該公約第3條也針對管轄權作出規定，該條第1項規定締約國內任何受到對環境造成損害活動而受影響的人，都可以到該活動所在地的法院提起訴訟或對行政機關提出請求。依照這項公約的規定，僅限於環境危害活動行為地才是國際管轄因素。此項國際管轄因素，似乎對於被害人造成訴訟上的不便利，不過因為是北歐四國，地理環境、文化、法律規定內容相近，所以並不會造成過多的負擔[144]。

三、跨國環境侵權之國際管轄法制

（一）一般管轄法則

跨國環境侵權是屬於一種侵權行為的型態，依照一般國際管轄法則，被告之住所地可以成為管轄因素，原告前往被告住所地法院起訴，既符合我國民事訴訟法第1條的規定，也符合以原就被的基本程序原則，對於被告的訴訟也沒

144 胡敏飛，同註129，頁37。

有造成侵害，因此被告住所地法院應可成為跨國環侵權訴訟的一般國際管轄法則，國際條約也多半肯定之。此外由於慣居地已經成為重要的連繫因素，因此以被告之慣居地為國際管轄因素，學者亦有採取肯定見解者[145]。至於被告的居所或短暫出現在我國境內之所在地，學者多認為不得據為管轄因素[146]。至於法人，應以主事務所或主營業所所在地，或持續性的營業行為所在地為一般管轄因素。

(二) 特殊管轄法則

跨國環境侵權訴訟，屬於一種侵權行為，應以侵權行為地為特殊國際管轄法則的管轄因素。所謂侵權行為地，可以包含行為作成地以及損害造成地。依照上述國際公約的規定，環境侵權的事故發生地，通常是指環境污染源的裝置地，如工廠所在地，應屬於可資採取的管轄因素。至於損害造成地，於作為管轄因素時，應包含直接損害發生以及間接損害發生地[147]，此由上述國際條約已規定依損害發生地為管轄因素，亦可得知。至於若我國有採取防止措施之地點，也可以取得管轄權。

(三) 裁量法則

跨國環境侵權之國際管轄法則，以訴訟權保障之觀點而言，當原告到被告的住所或營業所所在地提起訴訟，既符合以原就被的原則，並不會造成對被告訴訟權之侵害，因此為了保障原告接近法院的訴訟權，應無再適用裁量法則，拒絕受理原告提起訴訟之理。至於在特殊國際管轄法則之適用而言，如果以事故發生地點為跨國環境侵權之管轄因素，由於被告可以掌握的機具、工廠、船舶等地點，自不應再允許拒卻行使管轄權。但若是事故發生之後，造成損害結果的地點，超乎被告的預期時，即有綜合考量保障被告受公平審判權利以及原告接近法院之權利，以拒卻行使國際管轄權。

---

145 吳光平，同註119，頁212。

146 吳光平，同註119，頁209；何佳芳，同註27，頁63。

147 兩者之差異，請參見賴淳良，同註98，頁156-157。

柒、結論

跨國環境侵權事件，照映出眾多貧苦生命在生存邊緣的掙扎苦境，不得不省思，究竟是何種利益受到損害，是受污染事件直接影響的人民個人財產及身體、健康、生命的人格利益而已，或是人與環境自然共存的利益。當環境侵權訴訟，由內國案件移向跨國案件時，個人財產人格利益轉向人與環境自然同存利益的思考，容將影響國際管轄法則之形塑。

我國國際管轄法則的形塑，經由立法例以及政治哲學思考後，在當前的國際秩序架構下，於彰顯領土主權原則時，應同時兼顧訴訟權保障，以求主權行使風行草偃的正當性。對於在我國境內發生的事件，基於主權領土原則，自應行使國際管轄權。對於與我國無關的事件，也應基於主權平等，不干預他國內政的原則，不應行使國際管轄權。

我國民事訴訟法之管轄法則，為形塑國際管轄法則提供豐富的材料。仿造民事訴訟法之管轄法則，區分為一般國際管轄法則與特殊國際管轄法則，前者以被告住所、國籍、慣居地、主營業所、登記地為管轄因素。後者以紛爭事實與管轄因素之連繫密切度，以確保原告接近法院權利以及被告受公平審判權利，適當限縮管轄因素，避免過度管轄，進而形成明確穩定的國際管轄法則。

最後再佐以如家事事件法第53條第2項、民事訴訟法第182條之2、第149條等規定，擴括出法院拒卻行使國際管轄的裁量空間，形成國際管轄法則中的裁量法則。

國際管轄權之行使與拒卻，代表著這片土地人民，參與跨國治理規範形成的責任與能力，也代表著對國際私法公平原則的呼喚與體悟。

PART 2

財產事件之國際管轄

1

涉外連動債爭訟之國際管轄與準據法適用——以最高法院104年度台上字第74號裁定之基礎事實爲中心*

游悅晨

壹、前言

2008年9月15日雷曼兄弟控股公司（Lehman Brothers Holding Inc.）公司（下稱雷曼公司）依美國破產法第十一章聲請破產保護之事件，引發全球性金融海嘯，其中在我國引起最大爭議者，莫過於金融機構銷售連動債[1]金融商品予一般金融投資人所引發之爭議。

根據研究，自連動債爭議開始至2013年9月4日為止，絕大多數之連動債爭訟集中於大臺北地區，主要原因在於信託業者及金融經構之主要營業所設於臺北市，其中，臺灣臺北地方法院就有高達169則判決[2]；上開判決中，原告皆為

* 原刊登於中華國際法與超國界法評論第13卷第1期，2017年6月，頁99-124。

1 連動債（又稱連動式債券，Structured Note），是一種結構型金融商品（Structured Product）。所謂的連動式債券，主要是結合了固定收益產品及衍生性金融商品，當中的固定收益產品，則以債券商品爲主，在衍生性金融商品部分，則可以連結匯率、利率、期貨、選擇權、股價指數或一籃子股票等；一般而言，連動式債券多以外幣計價的方式投資於海外債券。連動式債券的投資方式，大多是將大部分的投資資金配置於債券，以期獲得固定的報酬收益，而剩餘的小部分資金，則配置於高風險高報酬的衍生性金融商品之中，簡而言之，連動式債券是一種兼具保本及增值的金融商品。而依連結的標的物不同可以區分爲股票型指數連動債券及利率連動債券兩大類。詳參陳肇鴻，連動債糾紛的司法實踐—二〇〇九至二〇一〇年間相關判決之研究，中研院法學期刊第10期，2012年3月，頁161-221；杜怡靜，金融商品交易上關於說明義務之理論與實務上之運用—對連動債紛爭之省思，月旦民商法雜誌第26期，2009年12月，頁50-66。

2 許兆慶主持，營業信託受託人責任之研究與建議，中華民國信託業商業同業公會委託，2014年1月24日，頁47-48。詳參http://www.trust.org.tw/files /103000008701.pdf（最後瀏覽日：2017.3.30）。

投資人，包括我國籍及外國籍者，被告皆為銀行，包括我國銀行及外商銀行，相關法律爭議在我國各級法院持續纏訟多年。

最高法院104年度台上字第74號裁定之基礎事實為典型涉外連動債爭議，歷經三審發回更審判決後，最高法院裁定駁回上訴而確定。本件爭議，在確定前之更一審判決針對涉外連動債爭訟有關之國際管轄及準據法問題，判決文均有論述，且其中與國際私法、國際民事訴訟法相關之問題，法院皆有巧妙的處理，饒富趣味。

本文第一部分引介涉外連動債爭訟之由來，第二部分簡述本件最高法院裁定之基礎事實與背景，第三部分論述涉外連動債爭訟之國際管轄，第四部分說明涉外連動債爭訟之準據法適用，第五部分則以本文之論述為基礎，評析本案例與國際私法、國際民事訴訟法相關之議題，第六部分則為本文之結論。

貳、案例基礎事實[3]簡析

一、事實摘要

被上訴人（即原告）X1公司之法定代理人A及被上訴人（即原告）X2公司之法定代理人B前經訴外人華僑商業銀行股份有限公司（下稱華僑銀行）[4]前經理C告知，稱該行正銷售英國巴克萊銀行有限公司（下稱巴克萊銀行）發行之「五年期美金計價K1環球基金固定配息連動債」（下稱系爭連動債），A、B乃先後於2007年5月7日、同年月17日以X1公司、X2公司名義，各投資美元（下同）300萬元、1萬5,000元，分別與華僑銀行簽訂系爭信託契約，並已如數匯款。期間，被上訴人基於系爭連動債業已領取若干配息，最後之淨值則因2008年金融海嘯牽連而進入清算。被上訴人爰就其損失部分，主張契約不

3 本文討論之案例事實，係以最高法院104年度台上字第74號確定裁定前臺灣高等法院103年度重上更（一）字第11號民事判決所認定之事實爲基礎。

4 華僑銀行於2007年12月3日經核准與花旗（臺灣）商業銀行股份有限公司合併，並以花旗銀行爲存續公司。

成立、受詐欺而為意思表示、債務不履行等法律關係，訴請花旗銀行為賠償給付。

二、高等法院裁判意旨[5]

（一）被上訴人係依英屬維京群島國際商業公司法（International Business Companies Act）組織登記之公司，有英屬維京群島公司註冊處出具之公司證明在卷可稽，並為兩造所不爭執，被上訴人核屬公司法第4條所稱之外國公司，具有涉外因素。又國際私法上定國際管轄權或合意國際管轄權之效力，係依各國司法實務之發展及準用或類推適用內國民事訴訟法上關於定管轄權之原則為之，且係依起訴之法庭地法決定國際管轄權之有無。我國法院對本件有無國際管轄權，自應類推適用民事訴訟法之規定。按對於私法人或其他得為訴訟當事人之團體之訴訟，由其主事務所或主營業所所在地之法院管轄，民事訴訟法第2條第2項定有明文。上訴人為私法人，設主事務所於我國臺北市信義區，有上訴人公司變更登記表可佐，被上訴人向我國法院訴請上訴人賠償損害，我國法院對本件應有國際管轄權。

（二）被上訴人既為外國公司，則本件應適用如何之法律，亦應依涉外民事法律適用法有關規定以為決定。按2010年5月26日修正公布，2011年5月26日施行之涉外民事法律適用法第62條規定：「涉外民事，在本法修正施行前發生者，不適用本法修正施行後之規定。但其法律效果於本法修正施行後始發生者，就該部分之法律效果，適用本法修正施行後之規定。」查本件被上訴人因其法定代理人A、B先後於2007年5月7日、同年月17日以被上訴人名義，分別與華僑銀行簽訂「五年期美金計價K1環球基金固定配息連動債」信託契約（下稱系爭信託契約）而涉訟。兩造就配息付款日係約定：「除了到期日外，依據營業日慣例，自（含）二○○七年十一月起算到二○一一年十一月的每一個五月與十一月的

5 本文以涉外連動債爭訟之國際管轄與準據法適用爲題，因此，此處摘要之要旨，以臺灣高等法院103年度重上更（一）字第11號民事判決（下稱更一審判決）中與國際管轄及準據法適用有關部分爲主。

第三十個曆日計算。」預定到期日則約定：「二〇一二年六月二十九日」，核屬涉外民事法律適用法修正後持續發生法律效果之涉外民事債之關係，本件自應適用修正後之涉外民事法律適用法。又系爭契約雖載以英國法為準據法，惟兩造自起訴後對準據法之適用尚無爭執，且於發回更審後均明白表示以我國法為準據法，基於當事人意思自主原則，本件應依涉外民事法律適用法第20條第1項規定，以我國法為解釋適用之準據法。

三、最高法院裁定意旨

本件上訴人對於原判決提起上訴，雖以該判決違背法令為由，惟核其上訴理由狀所載內容，係就原審取捨證據、認定事實之職權行使及依職權解釋契約所論斷……等情，指摘其為不當，並就原審所為論斷，泛言未論斷或論斷矛盾，而未表明該判決所違背之法令及其具體內容，暨依訴訟資料合於該違背法令之具體事實，並具體敘述為從事法之續造、確保裁判之一致性或其他所涉及之法律見解具有原則上重要性之理由，難認其已合法表明上訴理由，應認其上訴為不合法。

由上開最高法院駁回理由可知，針對確定前高等法院更一審判決有關國際管轄以及準據法適用之認定理由，最高法院並未具體表達意見，當然更一審判決理由也因裁判確定而成為連動債爭訟之確定見解。

參、涉外連動債爭訟之國際管轄

一、序說

從上開更一審判決要旨可知，法院基本上係將本件連動債爭議定性為涉外信託契約之爭議。有關涉外信託之國際裁判管轄問題，國際間早有規範前例。歐洲主要國家在1968年9月27日於布魯塞爾締結了「關於民事及商事事件之裁判管轄暨判決之承認執行公約」[6]，即通稱的「布魯塞爾管轄公約」（Brussels Convention），其中第5條第6項即是關於涉外信託特別管轄之規定，該公約第17條第3項則是涉外信託定合意管轄有專屬管轄效力之規定[7]；上開布魯塞爾管轄公約，於2001年經歐盟理事會加以規則化，成為歐盟各國間有拘束力之規範，一般稱之歐盟管轄規則Ⅰ（Brussels Regulation I）[8]，其中第5條第6項與布魯塞爾管轄公約第5條第6項同，係有關涉外信託特別管轄[9]之規定，而同規則第23條第4項與布魯塞爾管轄公約第17條第3項，係有關涉外信託合意管轄之規定[10]。此外，若干信託法制先進國家或法域，針對涉外信託之管轄亦有可資參考之規範，分述如下。

二、布魯塞爾管轄公約與歐盟管轄規則

(一) 一般管轄與特別管轄

國際民事訴訟之管轄原因類如內國民事訴訟之管轄原因，某人（自然人或法人）之本據地（一般均以自然人之住所或法人之主事務所所在地為認定基準）法院，乃處理該人訴訟事件基礎法院，除專屬管轄事件應向專屬管轄法院

6 The Convention of 27 September 1968 on Jurisdiction and the Enforcement of Judgments in Civil and Commercial Matters, http://curia.europa.eu/common/recdoc/convention/en/c-textes/brux-idx.htm, last visited 2017.3.30. *See* also Peter Stone, Civil Jurisdiction and Jurisdictions in Europe 1 (London: Longman, 1998).

7 中西　康，民事及び商事事件における裁判管轄及び裁判の執行に関するブリュッセル条約（一），民商法雜誌第122卷第3號，2000年，頁426、447-448。

8 Council Regulation (EC) No. 44/2001 of 22 December 2000 on Jurisdiction and the Recognition and Enforcement of Judgments in Civil and Commercial Matters, O.J, 2001, L12/01 (hereinafter "Brussels Regulation I"), http://eur-lex.europa.eu/LexUriServ/LexUriServ.do?uri=CELEX:32001R0044:EN:HTML, last visited 2017.3.30; also *available at* http://curia.europa.eu/common/recdoc/convention/en/c-textes/2001R0044-idx.htm, last visited 2017.3.30. 關於歐盟管轄規則Ⅰ規則化的經緯，詳參蔡華凱，侵權行爲的國際裁判管轄—歐盟的立法與判例研究，國立中正大學法學集刊第14期，2004年1月，頁243-294；另參Michael Bogdan, Concise Introduction to EU Private International Law 33-36 (Groningen: Europa. Law Publishing, 2006).

9 Bogdan, *id.* at 54.

10 Brussels Regulation I, *supra* note 8; *see* also infra.

起訴外，本據地法院對於該人之任何民事訴訟事件，均具備管轄基礎；換言之，基於國際管轄權中「一般管轄」（普通管轄）原則，亦即國際民事訴訟法上「以原就被原則」，住所（或主事務所）設於我國境內之被告，我國法院對其所有涉外民事訴訟事件，除國際專屬管轄事件外，均具備國際管轄權。此與我國民事訴訟法上「普通審判籍」之基本法理相同，差別之處僅在前者係針對國際民事爭訟而立論，後者則係針對單純內國爭議而為規範。布魯塞爾管轄公約與歐盟管轄規則Ⅰ之一般（普通）管轄基礎，與前述國際管轄之一般管轄基礎，並無二致；質言之，委託人、受託人或受益人，針對其間信託關係所生爭議，得在其他信託關係人之屬人法所在地（自然人之住所／慣居地、法人之主營業所）法院提起訴訟。

布魯塞爾管轄公約及歐盟管轄規則Ⅰ第5條第6項[11]均針對涉外信託之特別管轄基礎而為規範。住所於會員國之委託人、受託人或受益人，針對法定信託關係、本於信託契據所創設之信託關係或口頭創設而有其他書面文據可證之信託關係，得在該信託關係本據所在之其他會員國法院被訴。所謂「信託關係本據所在」（the trust is domiciled）之決定，參照歐盟管轄規則Ⅰ第60條第3項之規定[12]，受訴法院應依其內國國際私法有關決定（信託）本據地（住所）之相關規定決定之。

（二）合意管轄與擬制合意（應訴）管轄

民事訴訟法第24條規定：「當事人得以合意定第一審管轄法院。但以關於由一定法律關係而生之訴訟為限。前項合意，應以文書證之。」據此，在國內民事訴訟場合，當事人針對一定法律關係得以合意定第一審管轄法院，此即合

[11] Article 5(6), Brussels Convention, *supra* note 6; Article 5(6), Brussels Regulation I, *supra* note 8. ("A person domiciled in a Member State may, in another Member State, be sued: ... as settlor, trustee or beneficiary of a trust created by the operation of a statute, or by a written instrument, or created orally and evidenced in writing, in the courts of the Member State in which the trust is domiciled.")

[12] Article 60(3), Brussels Regulation I, *supra* note 8. ("In order to determine whether a trust is domiciled in the Member State whose courts are seised of the matter, the court shall apply its rules of private international law.")

意管轄原則或稱協議管轄原則。國際間，海牙國際私法會議於2005年制定通過「合意選擇法庭公約」[13]，擬藉由制定簽署國際公約之方式，使各簽署國在國際民事訴訟有關合意選擇法庭之議題上達成共識。

類如多數國家內國民事訴訟法均有「合意管轄」之規定，布魯塞爾管轄公約第17條第3項[14]及歐盟管轄規則第23條第4項[15]係有關涉外信託之合意管轄基礎。信託契據上所指定之會員國法院，就信託關係人間權益義務關係所生爭議而對委託人、受託人或受益人所提起之任何訴訟，有專屬管轄權。基此，信託關係創設時，信託當事人得合意選定管轄法院，而信託契據上所記載之合意管轄法院，除有違反其他專屬管轄之規定外，針對信託關係人間有關系爭信託之所有爭議，具有專屬之管轄權。

類如多數國家內國民事訴訟法均有「擬制合意管轄」或稱「應訴管轄」之規定，布魯塞爾管轄公約第18條[16]及歐盟管轄規則Ⅰ第24條[17]亦規定有關涉外

---

13 Hague Convention of 30 June 2005 on Choice of Court Agreements, http://www.hcch.net/index_en.php?act=conventions.text&cid=98, last visited 2017.3.30; 關於2005年海牙合意選擇法庭公約之內涵，詳參陳隆修，二〇〇五年海牙法院選擇公約評析，五南圖書，2009年，頁1以下；許耀明，二〇〇五年海牙合意管轄公約評述，收於國際私法理論與實務問題之探討—劉鐵錚教授七秩華誕祝壽論文集（二），元照，2008年，頁368-399。

14 Section 3, Article 17, Brussels Convention, *supra* note 6. ("The court or courts of a Contracting State on which a trust instrument has conferred jurisdiction shall have exclusive jurisdiction in any proceedings brought against a settlor, trustee or beneficiary, if relations between these persons or their rights or obligations under the trust are involved.")

15 Article 23(4), Brussels Regulation I, *supra* note 8. ("The court or courts of a Member State on which a trust instrument has conferred jurisdiction shall have exclusive jurisdiction in any proceedings brought against a settlor, trustee or beneficiary, if relations between these persons or their rights or obligations under the trust are involved.")

16 Article 18, Brussels Convention, *supra* note 6. ("Apart from jurisdiction derived from other provisions of this Convention, a court of a Contracting State before whom a defendant enters an appearance shall have jurisdiction. This rule shall not apply where appearance was entered solely to contest the jurisdiction, or where another court has exclusive jurisdiction by virtue of Article 16.")

17 Article 24, Brussels Regulation I, *supra* note 8. ("Apart from jurisdiction derived from other provisions of this Regulation, a court of a Member State before which a defendant enters an appearance shall have jurisdiction. This rule shall not apply where appearance was entered to contest the jurisdiction, or where another court has exclusive jurisdiction by virtue of Article 22.")

信託之擬制合意管轄基礎。除依本公約（規則）其他規定取得管轄權外，倘被告自願至會員國法院出庭應訴者，該會員國法院即取得管轄權；但被告若係專為抗辯法院無管轄權而出庭，或其他法院依（布魯塞爾管轄公約）第16條（或歐盟管轄規則第24條）之規定具備專屬管轄之基礎者，不在此限[18]。基此，除被告專為抗辯法院無管轄權而出庭應訴，或依公約（規則）存在其他專屬管轄法院者外，涉外信託爭訟事件之被告自願出庭應訊者，該法院即取得行使管轄之基礎。

(三) 專屬管轄之特別規定

布魯塞爾管轄公約及歐盟管轄規則Ｉ之架構下，若干爭訟事件均規定有專屬管轄之規定；在此前提下，本公約（本規則）架構下其他法律關係之管轄基礎，均不得與專屬管轄之規定相違背。

在涉外信託爭訟事件中，前已言及，信託關係之當事人依布魯塞爾公約第17條第3項或歐盟管轄規則Ｉ第23條第4項之規定，得於信託契據約定或指定合意管轄法院，受合意選定或指定之會員國法院，取得專屬管轄權；但布魯塞爾管轄公約第17條第4項及歐盟管轄規則Ｉ第23條第5項規定，信託契據上之約定或條款所為管轄權之約定或指定，違反本公約（規則）其他特別規定[19]或合意管轄條款所欲排除之法院，依本公約（本規則）第16條（第22條）有關專屬管轄之規定者，不生效力[20]。

---

18 Elefanten Schub v. Jacqmain, Case 150/80; [1981] ECR 1671.

19 依布魯塞爾管轄公約第17條第4項前段及歐盟管轄規則Ｉ第23條第5項前段之規定，合意管轄之約定或指定，不得違反公約或規則有關保險事件、消費者爭訟事件以及僱傭關係（勞資）事件（勞資事件部分公約並未規定，但法制趨勢應予肯定）有關管轄之特別規定。

20 Section 4, Article 17, Brussels Convention, *supra* note 6. ("Agreements or provisions of a trust instrument conferring jurisdiction shall have no legal force if they are contrary to the provisions of Articles 12 or 15, or if the courts whose jurisdiction they purport to exclude have exclusive jurisdiction by virtue of Article 16."); Article 23(5), Brussels Regulation I, *supra* note 8. ("Agreements or provisions of a trust instrument conferring jurisdiction shall have no legal force if they are contrary to Articles 13, 17 or 21, or if the courts whose jurisdiction they purport to exclude have exclusive jurisdiction by virtue of Article 22.")

三、內國法制

(一) 美國

針對涉外信託之國際裁判管轄，美國雖無成文立法規範，但為凝聚全國法律共識，並作為各州立法之典範，美國「全國統一州法委員會」[21]持續多年進行「模範法典」（或稱統一法典）的工作，關於信託部分，「全國統一州法委員會」持續進行「統一信託法」[22]的草擬與修訂工作，許多州並已採納而完成內州法之立法[23]；2010年最新修訂版第2條針對信託之管轄問題，亦制定相關規範。大致而言，統一信託法第2條主要針對與信託相關之若干司法程式問題而為規範，特別是牽涉複數法域（國家或州）之信託關係；然而，本條規定內容，無意也不可能涵蓋所有與信託相關之管轄與司法程式問題，有關管轄與司法程式事項，允宜由各法域之民事訴訟規則或法庭規則規範之。

具體而言，第201條指出，法院管轄權之基礎係由利害關係人所賦予或由法律所授與。與信託之管理事項相關之爭議事件，原則上係由信託事務主要管理地之法院管轄，條文規定如下：

第201條　法院在信託管理中之功能

1. 在信託利害關係人所指定或法律所規定之管轄權範圍內，法院得介入信託事務之管理。
2. 除有法院之命令外，信託關係不受司法之持續性監督。

---

21 The National Conference of Commissioners on Uniform State Laws (NCCUSL), see http://www.uniformlaws.org/, last visited 2017.3.30.

22 統一信託法最初版本於2000年公布，其中經過若干修訂，最近一次修訂版則爲2010年版本，NCCUSL, Uniform Trusts Code (UTC), http://www.uniformlaws.org/shared/docs/trust_code/UTC_Final_2017jan25.pdf, last visited 2017.3.30.

23 截至2017年，已完成内州立法者，包括Alabama, Arizona, Arkansas, District of Columbia, Florida, Kansas, Kentucky, Maine, Maryland, Massachusetts, Michigan, Minnesota, Mississippi, Missouri, Montana, Nebraska, New Hampshire, New Jersey, New Mexico, North Carolina, North Dakota, Ohio, Oregon, Pennsylvania, South Carolina, Tennessee, Utah, Vermont, Virginia, West Virginia, Wisconsin, Wyoming. See http://www.uniformlaws.org/LegislativeFactSheet.aspx?title=TrustCode, last visited 2017.3.30.

3. 與信託相關之司法程式可能牽涉任何與信託管理相關之事項，包括聲請法院給予指示以及請求法院宣告特定權利[24]。

統一信託法第202條另規定，受託人及受益人就與系爭信託相關之任何爭議，視為同意信託主要管理地法院之管轄權，條文規定如下：

第202條　對受託人及受益人之管轄權

1. 當受託人接受以本州作爲信託事務主要管理地之受託人地位，或將信託主要管理事務轉移至本州時，針對信託相關事務，視爲受託人同意接受本州之司法管轄。
2. 針對主要管理地位於本州之信託關係，有關受益人信託利益相關事項，受益人應接受本州之司法管轄。
3. 本條之規定，並不排除（原告）依其他管轄基礎而對受託人、受益人或其他由信託關係取得財產之人取得司法管轄權[25]。

至於第203條及第204條則是有關事物管轄與土地管轄之非強制性相對應規

---

[24] Section 201 (Role of Court in Administration of Trust), Uniform Trusts Code, *supra* note 22. ("(a) The court may intervene in the administration of a trust to the extent its jurisdiction is invoked by an interested person or as provided by law. (b) A trust is not subject to continuing judicial supervision unless ordered by the court. (c) A judicial proceeding involving a trust may relate to any matter involving the trust's administration, including a request for instructions and an action to declare rights.")

[25] Section 202 (Jurisdiction over Trustee and Beneficiary), Uniform Trusts Code, *supra* note 22. ("(a) By accepting the trusteeship of a trust having its principal place of administration in this State or by moving the principal place of administration to this State, the trustee submits personally to the jurisdiction of the courts of this State regarding any matter involving the trust. (b) With respect to their interests in the trust, the beneficiaries of a trust having its principal place of administration in this State are subject to the jurisdiction of the courts of this State regarding any matter involving the trust. By accepting a distribution from such a trust, the recipient submits personally to the jurisdiction of the courts of this State regarding any matter involving the trust. (c) This section does not preclude other methods of obtaining jurisdiction over a trustee, beneficiary, or other person receiving property from the trust.")

範，條文規定如下：

第203條 事物管轄權

1. 信託利害關係人指定之法院，針對由受託人或受益人所提起有關信託管理之事項，有專屬管轄權。
2. 信託利害關係人所指定之法院，與牽涉系爭信託而在本院其他地區提起訴訟之法院，有併存之管轄權[26]。

第204條 管轄法院

1. 除本條2.另有規定外，與信託有關之司法程式應由本州境內現在或將來之信託事務主要管理地【郡】法院管轄；在遺囑信託之場合，且遺產處理程式尚未終結時，則以遺產程式處理地【郡】之法院管轄。
2. 信託關係無受託人者，有關指定受託人之司法程式，應由受益人住所地【郡】、信託財產所在地【郡】之法院管轄，在遺囑信託之場合，則應由過去或現在處理遺產程式之所在地【郡】之法院管轄[27]。

---

[26] Section 203 (Subject-Matter Jurisdiction), Uniform Trusts Code, *supra* note 22. ("(a) The [designate] court has exclusive jurisdiction of proceedings in this State brought by a trustee or beneficiary concerning the administration of a trust. (b) The [designate] court has concurrent jurisdiction with other courts of this State of other proceedings involving a trust.")

[27] Section 204 (Venue), Uniform Trusts Code, *supra* note 22. ("(a) Except as otherwise provided in subsection (b), venue for a judicial proceeding involving a trust is in the [county] of this State in which the trust's principal place of administration is or will be located and, if the trust is created by will and the estate is not yet closed, in the [county] in which the decedent's estate is being administered. (b) If a trust has no trustee, venue for a judicial proceeding for the appointment of a trustee is in a [county] of this State in which a beneficiary resides, in a [county] in which any trust property is located, and if the trust is created by will, in the [county] in which the decedent's estate was or is being administered.")

(二) 比利時

比利時於2004年制定通過國際私法典（下稱比利時新法）[28]，並已自2004年10月1日起生效[29]；其中關於涉外信託部分，比利時新法亦有具體規範[30]。

比利時新法第123條[31]係關於信託國際管轄之規定，該條規定：「§1比利時法院，除本法另有規定外，於下列情形，對所有關於委託人與受託人或受益人間之關係，具有國際管轄權：1.信託之管理地在比利時境內者；或2.訴訟繫屬時，信託財產位於比利時境內者。§2信託契據指定比利時法院或外國法院為管轄法院者，準用第六條[32]及第七條[33]之規定。」

---

28 Aude Fiorini, *The Codification of Private International Law: The Belgian Experience*, 54 I.C.L.Q. 499-519 (2005).

29 16 JUILLET 2004. - Loi portant le Code de droit international privé (hereinafter Belgium New Code), http://www.ejustice.just.fgov.be/cgi/article_body.pl?language=fr&caller=summary&pub_date=2004-07-27&numac=2004009511#top, last visited 2017.3.30; also *available at* http://www.ejustice.just.fgov.be/cgi_loi/loi_a1.pl?language=fr&la=F&cn=2004071631&table_name=loi&&caller=list&F&fromtab=loi&tri=dd+AS+RANK&rech=1&numero=1&sql=(text+contains+(''))#LNK0156, last visited 2017.3.30.

30 有關信託法律適用部分，比利時新法參照海牙信託公約之內容，於第124條第1段規定：「信託應以委託人所選定之法律爲準據法；該項選擇必須明示於創設信託之契據或證明信託關係存在之文件，或者可由上開契據或其他原因行爲之客觀情況探尋得之。委託人並得針對信託關係之一部或全部而選定準據法。」詳參許兆慶，信託法律適用法之比較法觀察，玄奘法律學報第10期，2008年12月，頁75、100以下；亦收於國際私法理論與實務問題之探討—劉鐵錚教授七秩華誕祝壽論文集（二），元照，2008年，頁285-331。

31 Article 123, Belgium New Code, *supra* note 29. ("§1er. Les juridictions belges sont compétentes pour connaître de toute demande concernant les relations entre le fondateur, le trustee ou le bénéficiaire d'un trust, outre dans les cas prévus par les dispositions génerales de la présente loi, si: 1 le trust est administré en Belgique; ou 2 la demande concerne des biens situés en Belgique lors de son introduction. §2. Lorsque l'acte constitutif d'un trust attribue compétence aux juridictions belges ou aux juridictions d'un Etat étranger, ou à l'une d'elles, les articles 6 et 7 sont applicables par analogie.")

32 第6條係關於合意管轄、擬制合意管轄之規定；合意選定比利時法院爲管轄法院者，須系爭事件與比利時有相當之牽連，合意選定比利時法院爲管轄法院有專屬管轄之效力。同註29。

33 第7條係關於國際管轄競合情形發生時，比利時法院應如何處理之規定。同註29。

有關涉外信託之國際管轄問題，比利時新法率先歐洲各國而以國內立法方式加以法制化，就法制發展趨勢而言，仍屬前瞻。質言之，比利時新法關於跨國信託關係所生爭議事件，亦制定特別管轄原因基礎，凡信託之管理地在比利時境內，或訴訟繫屬時，信託財產位於比利時境內者，比利時法院針對信託關係人間之爭議，均具備特別管轄之原因基礎；比利時新法同時肯定信託當事人得於信託契據合意選定比利時法院為管轄法院，經合意選定比利時法院為系爭信託事件之管轄法院者，即具有專屬管轄之效力。上開規定內容，基本上沿襲前述布魯塞爾管轄公約及歐盟管轄規則關於信託國際裁判管轄之規定，此一經驗，堪可作為其他歐陸國家（其他成文法國家亦同）將來立法修法之參考。

(三) 英屬維京群島

英屬維京群島（British Virgin Islands, BVI）向以避稅天堂或紙上公司而聞名，但關於境外信託（offshore trust）領域，在英國普通法之基礎上，BVI另發展出因地制宜的跨國信託法制，其中關於信託之國際裁判管轄部分，該地受託人法（Trustee Act）第82條規定，當信託準據法為BVI法、受託人之住所或營業所位於BVI、信託之管理事務需於BVI執行或信託財產位於BVI境內者，BVI法院就該信託所生爭議即有特別管轄原因基礎[34]。

類同於吸引外資前往BVI設立公司而有相對寬鬆、保護投資人之公司法規定，為吸引外資前往BVI創設信託關係，相關法令之設計，多趨向保護信託關係人之方向而規劃，使信託當事人得合意適用該地信託實體法，發生爭議時，得於該地法院處理，因此，擴大管轄基礎，自是法令設計之主要重心所在；因此，修正前第82條曾規定，凡BVI法院「認為適當者」（where the court thinks it appropriate），亦得作為BVI法院行使管轄之基礎，但因此一管轄基礎過於寬鬆，可能無法獲得他國（法域）承認執行，因此在英國Jonathan M. Harris教授的建議之下，將上開「過剩的」管轄規定刪除，並代之以英國法普通法上之管轄基礎，將英國傳統管轄規範明文化，規定信託當事人之屬人法連繫因素所

34 Christopher McKenzie, *Trust Law in the British Virgin Islands*, in Trusts in Prime Jurisdictions 207, 213 (Alon Kaplan & Paul Ogden, eds., London: Globe Law and Business, 2000).

在（住所）位於BVI者、信託當事人同意BVI法院之管轄基礎（至BVI應訴）或信託契據約定BVI法院為管轄法院者，BVI法院即具備行使管轄之基礎，並已自2004年3月1日起生效[35]。

肆、涉外連動債爭訟之準據法適用

一、序說

承前所述，上開更一審判決，基本上係將本件連動債爭議定性為涉外信託契約之爭議；因我國現行涉外民事法律適用法並未針對涉外信託契約之法律適用訂定準據法條款，前開更一審法院乃進而將本件爭議解釋為「持續發生法律效果之涉外民事債之關係」，適用契約準據法之規定為法律適用。針對涉外信託爭訟之原因行為部分，在欠缺涉外信託契約準據法特別規定之情況下，以契約準據法定其應適用之法律，應值贊同。此外，針對涉外信託本身之爭議而言，國際間已有準據法規範之前例，當代涉外信託準據法適用之共同特徵，可謂均係尊重當事人意思自主原則，亦即以委託人明示或默示選定之法律為準據法[36]；而於委託人意思欠缺，亦即委託人未選定準據法時，或委託人選法瑕疵，亦即委託人雖有選定信託關係準據法，但所選定之準據法（國）不具備信託法制或欠缺委託人所意欲創設之信託類型之情形時，多數法制則採行「最重要關連理論」或「最密切牽連原則」作為輔助之選法準據[37]，具體敘述如下。

35 Christopher McKenzie, British Virgin Islands: New BVI Conflict of Laws Rules Relating to Trusts, http://www.mondaq.com/article.asp?articleid=35822, last visited 2017.3.30.

36 依學者研究所見，國際間關於信託法律適用之當事人意思自主原則，均併採當事人（委託人）明示及默示之意思，唯一例外僅採當事人明示之意思者，僅大陸地區之「中華人民共和國國際私法示範法」中之規定。詳參許兆慶，跨國信託法律適用之研析，國立中正大學法律研究所博士論文，2005年，頁447-452。

37 許兆慶，跨國信託之法律衝突與法律適用，財產法暨經濟法第13期，2008年3月，頁117-167。

二、海牙信託公約

海牙信託公約[38] 所規定之信託法律適用法則，基本上，即以「當事人（委託人）意思自主原則」為基礎，並以「最密切牽連原則」為輔之選法架構[39]。公約第6條第1項規定：「信託，依委託人之意思定其應適用之法律；委託人之意思，包括信託契據或證明信託關係存在之文件條款中委託人所明示或默示之意思；默示意思之確定，得依個案情形予以解釋。[40]」詳言之，涉外信託法律關係之準據法，依委託人意思定其應適用之法律，所稱委託人之「意思」，包括委託人明示或默示之意思，且此一選法之意思，必須明示或默示於信託契據或證明信託關係存在之文件的條款中；又委託人默示意思之確定，並非毫無標準或限制，依公約規範意旨，探求委託人默示之意思，亦應如同確定委託人明示之選法意思一般，先就信託契據相關條款或證明信託關係存在之文書資料中加以確定，倘信託契據或證明信託關係存在之文件條款仍無法確認委託人默示之選法意思，承審法院於必要時，仍應根據系爭案件之客觀情況，適當解釋當事人之默示意思。

海牙信託公約之準據法適用法則，沿襲晚近選法理論彈性化之趨勢，採用「最密切牽連原則」[41]為補充選法準據。詳言之，當跨國信託法律關係欠缺委

---

38 Convention on the Law Applicable to Trusts and on Their Recognition ("Hague Trusts Convention"), http://hcch.e-vision.nl/index_en.php?act=conventions.text&cid=59, last visited 2017.3.30.

39 Maurizio Lupoi, *The Recognition of Common Law Trusts and Their Adoptions in Civil Law Societies: The Civil Law Trust*, 32 VAND. J. TRANSNAT'L L. 967 (1999).

40 Article 6, 1st paragraph, Hague Trusts Convention, *supra* note 38. ("A trust shall be governed by the law chosen by the settlor. The choice must be express or be implied in the terms of the instrument creating or the writing evidencing the trust, interpreted, if necessary, in the light of the circumstances of the case.")

41 最密切牽連原則內涵與相關介紹，詳參林益山，國際私法上「最重要牽連因素原則」之研究，收於國際私法之理論與實踐（一）—劉鐵錚教授六秩華誕祝壽論文集，學林，1998年，頁441；許兆慶，國際私法上「最重要關連原則」之理論與實際，東海法學研究第16期，2001年12月，頁153；賴來焜，國際私法中「最重要牽連關係原則」之研究，法學叢刊第47卷第3期，2002年7月，頁1；吳光平，論最密切牽連關係理論之立法化，法學叢刊第47卷第4期，2002年10月，頁97-116。

託人明示或默示之選法意思時，海牙信託公約第7條規定：「當事人未選定準據法者，應適用與信託具有最密切牽連之法律（第1項）。欲確定與信託有最密切牽連之法律，特別應考慮：一、委託人指定之信託管理地；二、信託財產所在地；三、受託人之居住地或營業地；四、信託本旨與信託本旨實現地（第2項）。[42]」此外，委託人於創設信託關係時雖曾指定準據法，但若委託人所選定之準據法不具備信託法制或欠缺委託人所欲創設之特定信託類型時，海牙信託公約第6條第2項規定：「依前項規定（即當事人意思自主原則）所選定之法律不具備信託法制或欠缺系爭信託類型者，不適用之，並應依第七條之規定（即最密切牽連原則）定其應適用之法律。[43]」第6條第2項之主要功能，在於當委託人所選定之信託準據法不具備信託法制或欠缺委託人意欲成立之信託類型時，不致使信託關係直接歸於無效，同時賦予承審法院得依第7條所列要件，尋求與系爭信託最密切牽連之法域的法律為準據法。此一設計，無疑亦是為了呼應信託有效解釋原則[44]，並落實使委託人創設信託之正當合法意願盡可能實現之信託法上共同價值[45]。

---

[42] Article 7, Hague Trusts Convention, *supra* note 38. ("Where no applicable law has been chosen, a trust shall be governed by the law with which it is most closely connected. In ascertaining the law with which a trust is most closely connected reference shall be made in particular to - (a) the place of administration of the trust designated by the settlor; (b) the situs of the assets of the trust; (c) the place of residence or business of the trustee; (d) the objects of the trust and the places where they are to be fulfilled.")

[43] Article 6, 2nd paragraph, Hague Trusts Convention, *supra* note 38. ("Where the law chosen under the previous paragraph does not provide for trusts or the category of trust involved, the choice shall not be effective and the law specified in Article 7 shall apply.")

[44] 信託有效解釋原則，除本條規定可見外，海牙信託公約第14條：「本公約不限制承審法院適用其他更有利於信託承認之法律。」亦可窺見其政策目的。比較法觀察上，美國國際私法第二新編第269條(b)(ii)之規定：「立遺囑人未爲前款指定或指定無效時，依立遺囑人死亡時住所地之實體法決定之，但若有必要適用信託管理地法使信託效力得以維持者，則適用信託管理法域之實體法。」亦是本於相同之政策精神。英國權威著作亦闡揚信託有效原則之重要性。*See* DICEY & MORRIS, THE CONFLICT OF LAWS 652 (London: Sweet & Maxwell, 1975). ("[I]n cases involving a conflict of laws, there is an observable tendency for court to choose a law which will sustain the validity of the trust, if they can reasonably do so.")

[45] A. L. I., Restatement (Second) of Conflict of Laws (hereinafter "Second Restatement"), Ch 10, Introductory Note (1971). ("The chief purpose in making decisions as to the applicable law is to

應補充說明者，海牙信託公約之準據法適用法則並不用以規範信託據以創設之原因行為，該公約第2條關於信託之定義揭示該公約所規範之信託包括遺囑信託與契約信託，此適與我國信託法第2條所規定信託創設之方式相一致，該公約第4條復規定：「本公約不適用於信託財產據以移轉予受託人的遺囑及其他行為的有效性相關的先決問題。[46]」準此可知，「海牙信託公約」之規定，僅限於信託關係本身之準據法適用與外國信託效力之承認，至於信託是否有效成立之先決問題，則非本公約所規範，此部分爭點，應留待承審法院依法庭地國際私法處理該先決問題之選法規則，另為處理[47]。

三、英國法制

英國[48] 堪稱是信託法制發展歷史最悠久也最成熟的國家，關於跨國信託法律關係，英國已於1986年1月10日簽署海牙信託公約，嗣於1989年11月17日批

carry out the intention of the creator of the trust in the disposal of the trust property.") *See* also WILLIS REESE ET AL., CONFLICT OF LAWS - CASES AND MATERIALS 658 (New York: Foundation Press, 1990). ("Of the many policies and purposes of choice of law and other decisions affecting trusts, one stands out as primary: to carry out the intent of trust's creator in establishing the trust and declaring his desires.") J.-G. CASTEL, CANADIAN CONFLICT OF LAWS 537 (Canada: Butterworths Law, 1997). ("In the field of trusts, the most important objective or policy is the fulfillment of the justified expectations of the creator of the trust in the disposal of the trust property.")

46 Article 4, Hague Trusts Convention, *supra* note 38. ("The Convention does not apply to preliminary issues relating to the validity of wills or of other acts by virtue of which assets are transferred to the trustee.")

47 Explanatory Report on the Convention on the Law Applicable to Trusts and on their Recognition by Alfred von Overbeck, para. 53, in Proceedings of The Fifteenth Session of The Hague Conference on Private International Law, Tome II, Trusts - Applicable Law and Recognition 381 (Permanent Bureau of Hague Conference on Private International Law, ed., 1985).

48 就信託法而言，蘇格蘭法與英格蘭法截然不同，蘇格蘭信託法並不存在普通法固有信託之最大特色，亦即法律上所有與衡平上所有分離之體制。*See* George L. Gretton, *Trusts without Equity*, 49 INT'L & COMP. L. Q. 599, 610 (2000). 及至今日，蘇格蘭仍保有不同於普通法固有信託而類同於歐陸民法體制的信託法制。*See*, K.G.C. REID, NATIONAL REPORT OF SCOTLAND, IN PRINCIPLES OF EUROPEAN TRUST LAW 67-68 (D. J. Hayton et al., eds., Leiden: Kluwer Law International, 1999). 因此，本文所稱英國，係指大不列顛與北愛爾蘭聯合王國（UK）中除蘇格蘭以外之法域而言。

准海牙信託公約，成為海牙信託公約1992年1月1日正式生效之最初締約國[49]；國內法制部分，英國國會亦於1987年制定信託承認法[50]，將海牙信託公約相關條文內容引致成為英國內國法律，亦即將海牙信託公約國內法化。惟在英國簽署海牙信託公約及信託承認法生效前，英國司法實務運作上，早已存在若干與涉外信託法律適用相關之判例法則，這些判例法原則，與海牙信託公約或信託承認法不相牴觸部分，在英國法制上仍具有法律效力。

承前所述，英國傳統判例法原則，即已揭示當事人意思自主原則為主，並輔以最密切牽連原則為補充之信託法律適用法則，以生前意定信託為例，判例法則即顯示：動產生前意定信託之有效性、解釋及效力，由其適當法決定；委託人創設信託關係時，未明示或默示選定適當法時，應依與系爭信託關係具有最密切、最真實牽連之法律為準據法[51]。及至英國簽署、批准海牙信託公約並因應制定信託承認法，海牙信託公約規範內涵中以當事人意思自主原則為主、以最密切牽連原則為輔之信託法律適用法則，亦藉由信託承認法而成為英國現行法制[52]。

四、美國法制

針對信託法律衝突之準據法適用法則，美國主要仍以判例法為基礎，但因美國多年來從事判例「條文化」不遺餘力，「美國法律學院」[53]所編整的一系

---

49 許兆慶，海牙信託公約簡析，財產法暨經濟法創刊號，2005年3月，頁95、123。

50 The Recognition of Trusts Act 1987, Statutory Instrument 1987 No. 1177 (C.31); JONATHAN HARRIS, THE HAGUE TRUSTS CONVENTION – SCOPE, APPLICATION AND PRELIMINARY ISSUES 44, 442-447 (2002).

51 Dicey & Morris, *supra* note 44, at 655; *see* also DICEY & MORRIS, THE CONFLICT OF LAWS 678 (London: Sweet & Maxwell, 1980). ("The validity, the interpretation and the effect of an inter vivos trust of movables are governed by its proper law, that is, in the absence of an express or implied selection of the proper law by the settlor, the system of law with which the trust has its closest and most real connection.")

52 國內關於英國信託法律適用法制之論述，詳參許兆慶，英國信託法律適用法則，東海大學法學研究第25期，2006年12月，頁159。

53 American Law Institute (ALI), http://www.ali.org/, last visited 2017.3.30.

列法律整編以及前揭「全國統一州法委員會」[54]所制定的各領域模範法（統一法），就是最具有代表性的成果。就信託之準據法適用法制而言，指標性的國際私法第二次整編（下稱第二新編）信託章[55]與「統一信託法」[56]第107條，相當程度彰顯當代美國信託準據法適用法則，尤其統一信託法業經美國多數內州立法[57]，足堪作為美國現行法之表徵[58]。

統一信託法第107條：「信託條款之解釋及其效力，依下列情形定其準據法：(1)信託條款中所指定應適用之法域之法律，但所指定法域之法律如與系爭爭點關係最密切法域之重要公共政策相牴觸者，不在此限；(2)倘若信託條款中欠缺有效準據法之指定者，應以與系爭爭點具有最重要關連關係法域之法律定之。[59]」可謂直接參照海牙信託公約之規定，針對信託相關爭議，採當事人意思自主原則為基礎並輔以最重要關連關係為補充之法律適用架構。

五、比利時

就涉外信託之內國立法而言，比利時新法具有開創性之歷史意義，緣以比利時新法可謂歐陸主要成文法國家中第一部將涉外信託法制立法規範之法典，開主要歐陸國家涉外信託法制成文立法之先河，堪稱大陸法系國家涉外信託法制成文立法的第一道曙光。比利時新法領先其他歐陸成文法國家國際私法新立（修）法之腳步，將涉外信託法制加以明文立法，就大陸（或成文）法系國家

54 NCCUSL, *supra* note 21.

55 Second Restatement Ch 10, *supra* note 45.

56 Uniform Trust Code, *supra* note 22.

57 *Supra* note 23.

58 有關美國信託法律適用法制之文獻，詳參許兆慶，美國信託法律適用法則簡析，法令月刊第57卷第10期，2006年9月，頁34。

59 Section 107, Uniform Trust Code, *supra* note 22. ("The meaning and effect of the terms of a trust are determined by: (1) the law of the jurisdiction designated in the terms unless the designation of that jurisdiction's law is contrary to a strong public policy of the jurisdiction having the most significant relationship to the matter at issue; or (2) in the absence of a controlling designation in the terms of the trust, the law of the jurisdiction having the most significant relationship to the matter at issue.")

跨國信託法制之發展而言，比利時新法有指標意義與指導功能。有關信託準據法適用部分，比利時新法參照海牙信託公約之內容，於第124條第1段規定：「信託應以委託人所選定之法律為準據法；該項選擇必須明示於創設信託之契據或證明信託關係存在之文件，或者可由上開契據或其他原因行為之客觀情況探尋得之。委託人並得針對信託關係之一部或全部而選定準據法。[60]」

伍、最高法院裁定評析

一、國際管轄之基礎應類推適用國內民事訴訟法

上開更一審判決意旨略以：「國際私法上定國際管轄權或合意國際管轄權之效力，係依各國司法實務之發展及準用或類推適用內國民事訴訟法上關於定管轄權之原則為之，且係依起訴之法庭地法決定國際管轄權之有無。我國法院對本件有無國際管轄權，自應類推適用民事訴訟法之規定。」

有關我國法院究應如何認定國際管轄有無之基礎，司法實務似尚無定論，惟實務上似仍以類推適用說為有力見解。最高法院104年度台抗字第589號裁定意旨略以：「按我國涉外民事法律適用法並無關於管轄權之規定，原法院依當事人間之公平、裁判之正當與迅速法理，審酌再抗告人Y公司實際營業行為地點、保險連繫地、當事人與法庭地法之關聯性，認我國法院有管轄權，於法無違。」似採國際管轄權學理分類上之法理說及特別情事原則作為判斷我國法院管轄權有無之基礎。

然而，最高法院104年度台抗字第1004號裁定意旨略以：「按關於涉外事件之國際管轄權誰屬，涉外民事法律適用法固未明文規定，惟受訴法院尚非不得就具體情事，類推適用國內法之相關規定，以定其訴訟之管轄。又我國民事訴訟法第十五條所謂因侵權行為涉訟者，指本於侵權行為請求損害賠償或防止侵害之訴，或以侵權行為為原因之積極或消極確認之訴等是。特別法就特殊侵權行為類型，如無管轄之特別規定，亦有上開規定之適用。故在我國法院提起

60 詳參許兆慶，同註30，頁285-331。

涉外民事訴訟，請求確認被告本於侵權行為對於原告請求排除侵害之權利不存在者，應類推適用我國民事訴訟法第一條、第二條、第十五條第一項及第二十一條規定，認被告住所地或法人主事務所、主營業所所在地及侵權行為地（包括實施行為地及結果發生地）之法院，俱有管轄權。」顯仍採取向來的多數見解類推適用說。

本文所討論之最高法院確定裁定並未廢棄更一審有關國際管轄之認定，諒係因兩造並未針對國際管轄有所爭執所致，惟以更一審判決所採認之基礎，顯仍依循多數實務先例；前開最高法院104年度台抗字第589號裁定所採之法理說，日後是否將成為實務普遍認同之見解，仍有待觀察。

二、尊重當事人選定涉外信託契約之準據法

上開更一審判決意旨略以：「系爭契約雖載以英國法為準據法，惟兩造自起訴後對準據法之適用尚無爭執，且於發回更審後均明白表示以我國法為準據法，基於當事人意思自主原則，本件應依涉外民事法律適用法第二十條第一項規定，以我國法為解釋適用之準據法。」

涉外契約之當事人，基於當事人意思自主原則，得選定契約準據法，已無疑義，現行涉外民事法律適用法第20條第1項：「法律行為發生債之關係者，其成立及效力，依當事人意思定其應適用之法。」即是本此意旨所為立法。實務上，最高法院105年度台上字第649號判決意旨即揭示：「按法律行為發生債之關係者，其成立及效力，依當事人意思定其應適用之法律，涉外民事適用法第二十條第一項定有明文。本件上訴人為○國籍人士，被上訴人○○學校則係○○非營利性質財團法人，……兩造所簽僱傭契約第十一條明確約定本合約之準據法及解釋悉依中華民國法律，為原審合法認定之事實。則原審本諸上開規定所揭櫫之當事人意思自主原則，就兩造關於僱傭契約離職等相關事項之爭執，……難謂違誤。[61]」

[61] 比較遺憾者，多年來，最高法院認定載貨證券背面所載（準據法）約款係運送人或船長單方意思表示，不適用當事人意思自主原則之立場，至今似仍未改變。見最高法院103年度台上字第1193號判決意旨：「載貨證券乃運送人或船長於貨物裝載後，因託運人之請求所發給，託運人收受後再轉讓給受貨人憑以受領貨物（海商法第53條、第58條參照），

比較法上，2008年「歐盟關於契約之債準據法規則」[62]（即通稱之「羅馬規則Ｉ」）第3條第1項規定：「契約依當事人所選擇應適用之法律。[63]」亦採當事人意思自主原則。前開更一審判決認：「……基於當事人意思自主原則，本件應依涉外民事法律適用法第二十條第一項規定，以我國法為解釋適用之準據法。」與我國現行法、實務先例及國際立法趨勢相符，自值贊同。

三、系爭契約原先約定之準據法事後得變更約定

上開更一審判決意旨略以：「系爭契約雖載以英國法為準據法，惟兩造自起訴後對準據法之適用尚無爭執，且於發回更審後均明白表示以我國法為準據法，基於當事人意思自主原則，本件應依涉外民事法律適用法第二十條第一項規定，以我國法為解釋適用之準據法。」

有關契約當事人合意選擇應適用之準據法之時點，過往多認應於雙方契約關係成立時為之。然因當事人意思自主，可謂契約關係之至上原則，契約雙方於契約關係成立時未及選定準據法，而於契約關係成立後合意選定準據法者，本於當事人意思自主之精神，自無不可；甚且，契約當事人於契約關係成立時曾經選定準據法，契約關係成立後，變更原本已選定之準據法而另行合意選定其他應適用之法律，本於尊重當事人意思自主，亦難認有何不可。實務上，爭議多年之伊朗國防部與彰化銀行間電匯款爭議事件，兩造間對準據法適用迭有爭議，嗣於該案發回更審審理過程，經兩造合意適用我國法律[64]，即屬我國法院同意當事人得於契約關係成立後、訴訟過程中選定準據法之先例。

其上就有關準據法所附記之文字，爲單方之意思，除經託運人明示或默示同意外，尚無『當事人意思自主原則』（修正前涉外民事法律適用法第六條第一項、修正後同法第二十條第一項）之適用（本院64年台抗字第239號判例意旨參照）。原審認關於本件運送契約及載貨證券之準據法，應依該載貨證券背面之條款而定，所持之法律見解並有可議。」

[62] Regulation (EC) No 593/2008 of the European Parliament and of the Council of 17 June 2008 on the law applicable to contractual obligations (Rome I), http://eur-lex.europa.eu/legal-content/EN/ALL/?uri=CELEX%3A32008R0593, last visited 2017.3.30.

[63] Section 1, Article 3, Rome I, *id.* ("A contract shall be governed by the law chosen by the parties.")

[64] 最高法院91年度台上字第1508號民事判決意旨參考。

我國現行涉外民事法律適用法第20條固未規定當事人得於契約關係成立後始選定準據法，惟解釋上，「事後選法」仍屬當事人意思自主之範疇，應無不准之道理，且我國涉民法第31條關於非契約之債亦得由當事人於起訴後選定中華民國法律為準據法[65]，從立法體例解釋上，自應認契約之債亦應許可當事人於契約關係成立之後選定準據法。

晚近立法趨勢方面，德國國會於1999年5月21日通過關於非契約之債權與物權關係之國際私法立法[66]，該法第42條規定：「非契約之債所由生之事件發生後，當事人得合意選定準據法。但第三人之權利不受影響。[67]」此外，前揭羅馬規則Ⅰ第3條第2項更明確規定：「當事人得於任何時刻同意其契約適用有別於先前支配該契約之法律的其他法律，不論該先前支配契約之法律是否為先前基於本條或本規則其他條款之選擇。[68]」就此而言，前開更一審判決依當事人意思，變更原本信託合約所約定之準據法（英國法），改依兩造當事人於訴訟中合意選定之準據法中華民國法律，自屬妥適，且與國際立法趨勢相符，誠值贊同！

陸、結論

早在1940年代末期，法國國際私法法儒亨利巴迪福（Henri Batiffol）教授

65 涉民法第31條規定：「非因法律行爲而生之債，其當事人於中華民國法院起訴後合意適用中華民國法律者，適用中華民國法律。」

66 Gesetz zum internationalen Privatrecht fuer ausservertragliche Schuldverhaeltnisse und fuer Sachen vom 21.5.1999. 詳參賴來焜，德國1999年新國際私法（下稱德國新法），法令月刊第51卷第4期，2000年4月，頁43、48；Peter Hay, *From Rule-Orientation to "Approach" in German Conflicts Law: The Effect of the 1986 and 1999 Codification*, 47 AM. J. COMP. L. 633, 636 (1999).

67 Hay, *id.* at 651. ("After the event giving rise to a non-contractual obligation has occurred, the parties may choose the law that shall apply to the obligation; rights of third parties remain unaffected.") 條文德文原文，參賴來焜，同註66，頁50。

68 Section 2, Article 3, Rome I, *supra* note 62. ("The parties may at any time agree to subject the contract to a law other than that which previously governed it, whether as a result of an earlier choice made under this Article or of other provisions of this Regulation.")

就曾闡述：「與英國人或美國人從事交易的法國律師，沒有一個不曾面臨有關信託法制的問題[69]」，如此的描述，在今日往來更形密切的跨國商務交易世界，無疑更顯貼切。美國信託法著名學者Austin Scott教授即曾表示：「信託係英美法所創造最富有彈性的制度之一。[70]」並曾謂：「創設信託的目的，猶如律師的想像力一般，毫無邊際。[71]」信託極富彈性的特質與多重功能，造就「信託無國界」之事實，信託法律爭議以及法律衝突問題亦隨之而起。本文所討論之連動債，就是英美金融機構藉由信託機制連結金融投資所架構之金融商品，也是信託目的毫無邊際、信託制度彈性運用的最佳事例；但正因連動債複雜度甚高，投資糾紛也接踵而起，前開更一審判決將本件連動債爭議定性為涉外信託契約之爭議，應屬卓見。

就涉外信託之國際管轄而言，除符合「一般管轄」（以原就被）之規範，信託關係人得至被告住所、營業所所在地針對信託爭議提起訴訟外，布魯塞爾管轄公約、歐盟管轄規則Ⅰ、比利時新國際私法、美國統一信託法、英屬維京群島等境外中心均明定涉外信託「特別管轄」之原因基礎。一般而言，信託關係人住所、營業所所在地之法院，針對系爭國際信託爭議，均具備行使管轄之基礎；信託財產所在地，針對系爭信託之爭議，尤其直接牽涉該信託財產之爭議，亦具備特別管轄之原因基礎；信託關係人針對其間信託法律關係合意選定管轄法院者，除違背其他專屬管轄之規定外，該受合意選定之法院即取得管轄權，且通常而言，合意管轄法院條款具有專屬管轄之效力[72]。上開有關涉外信

---

[69] Henri Batiffol, *Trusts-the trust problem as seen by a French lawyer*, 33 J. Comp. Legis. & Int'l L. 18 (1951). ("There is no French lawyer doing business with English people or Americans who is not faced with the institution of the Trust.")

[70] Austin W. Scott, Fifty Years of Trusts, 50 Harv. L. Rev. 60, 76 (1936). ("The trust is one of the most flexible of the instruments in the armory of our jurisprudence.")

[71] William F. Fratcher, Scott on Trust 2 (New York: Little Brown & Co Law & Business, 1987). ("The purposes for which trusts can be created are as unlimited as the imagination of lawyers.")

[72] 合意管轄法院約款，除違反專屬管轄之規定或當事人明示管轄約款爲非專屬的管轄約定外，法理上應解爲具有排他、專屬管轄之效力。然我國司法實務似採不同之見解，詳參許兆慶，國際私法上之合意管轄—以最高法院九十一年臺抗字第二六八號裁定之事實爲中心，中華國際法與超國界法評論第3卷第2期，2007年12月，頁259-293。

託國際管轄基礎之一般原理原則，均得作為我國日後相關立法之參考。

至於涉外信託之準據法適用，我國現行涉外民事法律適用法，並無信託法律適用之條文，信託法中，亦未制定關於涉外信託之規範，基於信託性質之多樣化，現行條文顯不足因應。關於信託據以創設之契約或遺囑的有效性爭點，亦即信託成立與否之先決問題，國際通論及海牙信託公約均認應依法庭地有關契約或遺囑之準據法選法規則處理之[73]；關於信託關係本身之爭議，在我國針對涉外信託爭議制定準據法適用規範前，我國法院若承審涉外信託爭訟事件，關於涉外信託準據法之確定，至少在明示意定信託場合，歸納本文所引介之海牙信託公約、英國、美國、比利時及英屬維京群島等法制，採行「當事人意思自主原則」，以委託人明示或默示選定之法律為準據法，若委託人未選定準據法，或委託人選定之準據法不具備信託法制或欠缺委託人意欲創設之信託類型時，則以「最密切牽連原則」作為補充，亦即依據與系爭信託爭議事件關係最密切之法律為準據法；且由於不違背法庭地重大公序之前提下，尊重委託人創設信託之正當合法意願乃國際間處理信託爭議的最高指導原則[74]，因此建議我國法院在操作最密切牽連原則時，應以實現委託人正當合法意願為首要考量。

最高法院104年度台上字第74號裁定所確定之更一審判決，針對涉外信託之國際管轄，依循過往實務多數見解，認應類推適用我國民事訴訟法相關規定，並基於被告為在我國登記之銀行，主事務所設於我國臺北市信義區，進而肯認我國法院對於本件之國際管轄基礎，應值贊同！此外，針對涉外信託契約之法律適用，肯定當事人意思自主，並認當事人於訴訟進行中得變更原本信託契約所約定之準據法，（重新）合意本件訴訟應適用我國法為準據法，符合涉外信託契約與當事人意思自主之法理，且與國際立法趨勢相符，誠值贊同！

[73] *Supra* note 47.

[74] *Supra* note 45.

2

涉外股東臨時會決議之管轄權與準據法決定
——最高法院98年台上字第2259號民事判決評釋*

許耀明

壹、本案事實

本件上訴人為賴比瑞亞商開隆航業公司，其主張：被上訴人於2007年12月14日召開股東臨時會，議事內容包含：減少資本新臺幣（下同）44億7,767萬640元、配合減資案而擬修正被上訴人公司章程部分條文、選舉董事及監察人等（下稱「系爭股東臨時會」）。伊除收到開會通知書外，未取得與該次會議議事內容有關資料，而被上訴人最大股東經濟部指派法人代表有21人，僅9人出席簽到，且被上訴人至該日累積之虧損僅十餘億元，復未編造決議時之資產負債表及財產目錄，竟依2006年12月31日之虧損數字資料，決議辦理減資及減少股東之股份，有違公司法第281條準用第73條第1項之規定，依同法第191條規定，系爭股東臨時會自屬無效，伊已於會議中當場表示異議，惟系爭股東臨時會仍以多數決通過該議案，因該決議違反公司法第181條之規定，依同法第189條規定應予撤銷等情。爰提起先位、備位之訴，分別求為確認系爭股東臨時會決議不成立、撤銷系爭股東臨時會決議之判決。

被上訴人為台灣國際造船股份有限公司，則以：依公司法第228條第1項規定，股份有限公司辦理減資應以前一年度之虧損報表作為依據，伊公司辦理系爭減資案已編造資產負債表及財產目錄，系爭股東臨時會決議內容並無上訴人所稱違反法令而當然無效之情形。又上訴人訴請確認系爭股東臨時會所為全部決議不成立之目的，意在除去減資案決議之結果，因伊公司減資後，財務報表已無累積虧損，減資後每股之價值即上升，不影響其股東權益，自難認其法

* 原刊登於月旦裁判時報第4期，2010年8月，頁78-85。

律上地位有何不安狀態存在。況伊公司之政府股東經濟部所指派代表人乙○○等21人，實際出席者雖僅有乙○○等9名代表人，然已共同行使表決權及選舉權，並無違反公司法第181條第2項之規定等語，資為抗辯。

貳、爭點

一、涉外股東臨時會之管轄權決定

二、涉外股東臨時會之定性問題

三、涉外股東臨時會之準據法決定：包括召集程序、決議程序與實質內容之準據法

四、系爭股東臨時會決議是否成立？得否撤銷？（本文以下不討論我國公司法之實體法適用問題）

參、判決理由

一、關於管轄權之決定，最高法院認為：「確認涉外公司股東會決議不成立（或無效）及撤銷事件之國際管轄權，涉外民事法律適用法並無明文規定，應**類推適用**民事訴訟法第2條第2項規定，認被上訴人主事務所所在地之我國法院有國際管轄權。」

二、關於本案之法律性質，最高法院認為應「**依內國法之規定或概念，就爭執之法律關係予以定性後，決定應適用之法律**」，並指出：「撤銷股東會決議部分，事涉召集程序及決議方法之違反，**屬法律行爲方式**之爭議……有關減資決議無效部分，因系爭股東臨時會所為上開減資決議，將致被上訴人須變更章程為減資登記，並換發新股票，且對於不於期限內換取之股東，依公司法第二百七十九條第二項規定，即喪失股東之權利，因而在被上訴人與其股東間，**發生一定債之關係**……。」

三、關於本案之準據法決定，最高法院認為：「一、撤銷股東會決議部分，

事涉召集程序及決議方法之違反，屬法律行為方式之爭議，**依涉外民事法律適用法第五條第一項前段：『法律行爲之方式，依該行爲所應適用之法律』規定，自應以我國公司法之相關規定**，作為判斷籍屬我國之被上訴人公司系爭股東臨時會召集程序或決議方法有無違法之依據。二、另有關減資決議無效部分，因系爭股東臨時會所為上開減資決議，將致被上訴人須變更章程為減資登記，並換發新股票，且對於不於期限內換取之股東，依**公司法**第二百七十九條第二項規定，即喪失股東之權利，因而在被上訴人與其股東間，**發生一定債之關係，依涉外民事法律適用法第六條規定，該決議之效力，即應依當事人意思定其應適用之法律，意思不明時，同國籍者依其本國法，國籍不同者依行爲地法**。本件兩造為國籍不同之人，對於減資決議效力所應適用之法律，自決議作成迄本件事實審言詞辯論終結時，**均未爭執應適用我國法，已可定準據法爲我國法。縱謂意思不明，亦仍應適用行爲地之我國法**。三、**原審就本件涉外事件我國法院有管轄權及其準據法爲我國法一節，以兩造不曾爭執而未予先行確定，並記載其理由，固有未周**。然揆諸上揭說明，我國法院既有國際管轄權，且其準據法為我國法，其結論與原判決結果尚無二致，原判決仍應予以維持。」

肆、評析

一、涉外股東會決議之涉外因素認定與管轄權決定

最高法院此一判決，牽涉到實務上相當重要且棘手之問題：有外國股東參與之我國籍公司，其股東會決議之程序與效力，我國法院究竟有無管轄權？究竟應適用何一準據法以決定該股東會決議之法定程序與效力？

蓋「國際私法者，乃對於涉外法律關係，就內外國之法域與法律，決定其由何國法律管轄及適用何國法律之內國公法」[1]。然而何謂涉外案件？依國內

1 劉鐵錚、陳榮傳，國際私法論，三民書局，2008年9月修正4版，頁3。關於國際私法之定義，國內學者大同小異，另可參見如馬漢寶，國際私法（總論、各論），自刊，2008年9

學界通說，不外「涉及外國人者」、「涉及外國地者」與「既涉及外國人復涉及外國地者」[2]。本案中，最高法院亦認為：「民事事件涉及外國人或外國地者，為涉外民事事件，**內國法院應先確定有國際管轄權，始得受理，次依內國法之規定或概念，就爭執之法律關係予以定性後，決定應適用之法律**（即準據法）。查依上訴人名稱及其提出之設立證明書所示，上訴人為一賴比瑞亞國公司，本件即為一涉外民事事件。」此一論理結構，與學界通說一致。

其次，在涉外民事法律關係之紛爭中，於國際管轄權之決定，由於我國並未針對國際管轄之問題為立法，學說上曾從日本學說，主張「類推適用說」、「管轄分配說」、「利益衡量說」與「新類型說」等[3]，本案中，亦以類推適用我國民事訴訟法第2條第2項規定之做法，認被上訴人主事務所所在地之我國法院有國際管轄權。

二、涉外股東會決議之定性

然而，本案系爭之法律關係，究竟屬於哪一法律關係？在國際私法之「定性」學說上，雖有各項如「法庭地法說」、「本案準據法說」、「分析法理與比較法說」與「初步與次步定性說」等爭論，然而基於便利起見，實務上多採法庭地說法[4]。而本判決中，亦已明言採取法庭地法以為定性：「次依內國法之規定或概念，就爭執之法律關係予以定性後，決定應適用之法律」。此外，判決中之「撤銷股東會決議部分，事涉召集程序及決議方法之違反，屬**法律行爲方式**之爭議……減資決議無效部分，因系爭股東臨時會所為上開減資決議，將致被上訴人須變更章程為減資登記，並換發新股票，且對於不於期限內換取之股東，依**公司法**第二百七十九條第二項規定，即喪失股東之權利，因而在被上訴人與其股東間，**發生一定債之關係**」等語，尤其是直接以我國「公司法」

月再版，頁4；柯澤東，國際私法，元照，2006年9月，頁15。

2 馬漢寶，同註1，頁4-5；劉鐵錚、陳榮傳，同註1，頁4-5。

3 劉鐵錚、陳榮傳，同註1，頁600；李沅樺，國際民事訴訟論，2007年2版，頁169-170；蔡華凱，國際裁判管轄總論之研究—以財產關係訴訟爲中心，國立中正大學法學集刊第17期，2004年10月，頁1-85，此處各學說，參見第17-21頁。

4 馬漢寶，同註1，頁263-272；劉鐵錚、陳榮傳，同註1，頁518-521。

之條文為說理，明顯地係採取以法庭地法，即我國法，來判斷系爭法律關係之性質。而系爭股東會決議，依我國民法通說，為法律行為中之「合同行為」。

三、涉外股東會決議方式要件之準據法決定

因此，在確定系爭法律關係之性質後，當需依我國涉外民事法律適用法之相關規定[5]，決定本案應適用何一準據法。有趣的是，對於本案之兩個爭點「股東會決議之召集程序與決議方法」與「減資決議無效」，最高法院分別定性為「法律行為之方式」與「法律行為發生債之關係」，也就是學說上所稱之法律行為之方式要件與實質要件。而於準據法之選擇，最高法院於本判決中稱，關於前者方式要件之問題，「法律行為方式之爭議，**依涉外民事法律適用法第五條第一項前段：『法律行爲之方式，依該行爲所應適用之法律』**規定，**自應以我國公司法之相關規定**，作為判斷籍屬我國之被上訴人公司系爭股東臨時會召集程序或決議方法有無違法之依據」，此一將我國涉外民事法律適用法第5條第1項之「該行為所應適用之法律」，逕自詮釋成「**自應以我國公司法之相關規定**」而無相關論理，是否妥當？

要回答此一問題，必須先回到學理上關於法律行為準據法之一般理論上理解。誠如我國通說，涉外法律行為，可區分為形式與實質兩要件加以檢驗，其法律效力，亦可區分為形式與實質兩部分[6]。關於此兩部分之準據法，自中世紀以來即受到法則區別說之「場所支配行為」（*Locus regit actum*）原則與後續興起之「當事人意思自主」（l'autonomie de la volonté; party autonomy）原則消長影響，而有不同之階段區分：在中世紀場所支配行為原則之「絕對適用」時代，關於法律行為之方式要件與實質要件，皆適用行為地法；而後，由於當事人意思自主原則之興起，進入了場所支配行為原則之「相對適用」階段，亦即關於法律行為之方式要件，適用行為地法，但實質要件，適用當事人意思自主原則；迄當代，場所支配行為原則在法律行為之要件上，其重要性已不復，

5 我國涉外民事法律適用法已於2010年5月26日進行數十年來之第一次重大修正，原31條條文，修正增訂爲63條，並預計於公布日後一年施行；然本案所涉條文，當仍爲舊法。

6 馬漢寶，同註1，頁130以下、145以下、341；劉鐵錚、陳榮傳，同註1，頁286以下、303以下。

而幾乎全由當事人意思自主原則所取代，而進入所謂「補充適用」之階段，亦即關於法律行為之方式要件與實質要件，皆適用當事人意思自主原則，而行為地法僅作為補充或選擇適用。此觀諸我國涉外民事法律適用法第5條第1項自明：「法律行為之方式，依該行為所應適用之法律。但依行為地法所定之方式者，亦為有效。」其但書行為地法，即為補充適用或選擇適用之例。

然而，何謂「該行為所應適用之法律」？關於此一方式準據法，學理上有「行為地法主義」與「行為地法與本案準據法選擇適用主義」二者，也就是說，關於法律行為之方式要件，學理上有適用「行為地法」或是「本案準據法」之論。所謂本案準據法，當指該法律行為實質要件之準據法[7]。以我國現行立法為例，涉外民事法律適用法第5條第1項所稱之「該行為所應適用之法律」，應指依同法第6條所決定之實質要件準據法。

因此，回到最高法院判決來看，其稱「法律行為方式之爭議，**依涉外民事法律適用法第五條第一項前段：『法律行爲之方式，依該行爲所應適用之法律』規定，自應以我國公司法之相關規定**，作為判斷籍屬我國之被上訴人公司系爭股東臨時會召集程序或決議方法有無違法之依據」等語，雖結論正確，但恐有論理不明之處：因該行為所應適用之法律，並非直接以我國公司法為準據法，而須找出此一股東會決議之實質要件準據法（詳見下述「四」），而依該實質要件準據法；或者，依涉外民事法律適用法第5條第1項但書，依行為地法（在本案為我國法）亦為有效。

四、涉外股東會決議實質要件之準據法決定

然而，本案之實質準據法為何？最高法院亦稱「在被上訴人與其股東間，**發生一定債之關係，依涉外民事法律適用法第6條規定，該決議之效力，即應依當事人意思定其應適用之法律，意思不明時，同國籍者依其本國法，國籍不同者依行爲地法**。本件兩造為國籍不同之人，對於減資決議效力所應適用之法律，自決議作成迄本件事實審言詞辯論終結時，**均未爭執應適用我國法，已可定準據法爲我國法。縱謂意思不明，亦仍應適用行爲地之我國法**。」此處關於

7 馬漢寶，同註1，頁342；劉鐵錚、陳榮傳，同註1，頁294。

當事人意思自主原則之適用，其選定時點，可否為「事後」於「訴訟」中合意選定？或者是，本案可否解釋成，在當初外國股東入股時，已「默示合意」適用我國法為準據法？甚至，關於股東會決議，由於其屬於法律行為中之合同行為，亦牽涉到法人之運作問題，是否在立法政策上，需要有特殊之準據法考量？

首先，關於當事人意思自主原則之行使時點問題，學理上似無特別之討論。但從此一原則之最新發展來看，其不僅適用於契約領域，在比較國際私法上，更已擴展到親子關係、婚姻效力、繼承、離婚以及侵權行為責任等範疇[8]。如其適用範圍已不僅限於財產行為，也及於身分行為[9]，則在行使時點上，似乎並無限制之必要。此從歐盟2008年最新關於當事人意思自主原則適用之立法例「羅馬規則Ｉ」[10]中，亦可得見。該規則第3條第2項明訂，「當事人**得於任何時刻**同意其契約適用有別於先前支配該契約之法律的其他法律，不論該先前支配契約之法律是否為先前基於本條或本規則其他條款之選擇」（粗體字為筆者自加）[11]。從此一最新立法例來看，當事人得「隨時」合意「變更」準據法。因此，回到本案，最高法院認為「本件兩造為國籍不同之人，對於減資決議效力所應適用之法律，自決議作成迄本件事實審言詞辯論終結時，**均未爭執應適用我國法，已可定準據法爲我國法**」應可維持，縱使當事人於「訴訟

8 Dominique Bureau et Horatia Muir Watt, *Droit international privé,* Tome I, Partie générale, 2007, p. 532; Pierre Mayer et Vincent Heuzé, *Droit international privé*, 9ᵉ éd., 2007, p. 525.

9 在我國涉外民事法律適用法之適用上，關於身分行爲，學説上多主張其方式要件應依各該身分行爲之準據法，而實質要件，則有現行涉外民事法律適用法第11條以下之規定可資適用，因此，第5、6條之法律行爲，在我國法上應僅指財產行爲，而不包括身分行爲。

10 此爲1980年契約債務準據法公約（Convention on the Law Applicable to Contractual Obligations）之歐盟法化，正式名稱應爲「關於契約債務準據法」規則，參見REGULATION (EC) No. 593/2008 OF THE EUROPEAN PARLIAMENT AND OF THE COUNCIL of 17 June 2008 on the law applicable to contractual obligations (Rome I), http://eur-lex.europa.eu/LexUriServ/LexUriServ.do?uri=OJ:L:2008:177:0006:0016:EN:PDF（最後瀏覽日：2010.7.7）。

11 Art.3.2 of the Regulation "Rome I": "The parties ***may at any time*** agree to subject the contract to a law other than that which previously governed it, whether as a result of an earlier choice made under this Article or of other provisions of this Regulation ...."

中」方選定準據法，亦無不許之理。

其次，本案可否解釋成，在當初外國股東入股時，已「默示合意」適用我國法為準據法？筆者於此暫且撇開關於我國涉外民事法律適用法第6條第1項究竟僅指明示之意思抑或兼指默示之意思之法解釋學爭論，而僅從學理上觀察當事人默示意思，甚至推定或假設之意思之解釋可能[12]。關於默示之意思，學說上咸認可從契約之性質、內容、文句推敲，因此在本案之情形，外國股東既欲為我國籍公司之股東，似可解釋成已默示合意適用我國法；蓋我國籍公司，其成立與運作，必受我國法之拘束。縱無法認為有此一默示意思之存在，在法官推敲當事人推定或假設之意思時，不管採取當事人意思之主觀說，或採取契約最真實關係之客觀說，似皆可認為成為我國籍公司之股東，則當事人間已有合意適用我國法之意思。然前此所引用之最高法院判決理由中，並未從此角度出發而為詮釋。

再次，關於股東會決議，由於其屬於法律行為中之合同行為，亦牽涉到法人之內部運作問題，是否在立法政策上，需要有特殊之準據法考量？在法人之國籍上，學理上有「設立準據法說」、「住所地法說」與「控制說」等區分[13]，我國現行涉外民事法律適用法，就此則並未有明文規定；其第2條所稱「外國法人經中華民國認許成立者，以其住所地法為其本國法」，學說上認為僅屬「法人屬人法」之規定，而非法人國籍之規定[14]。甫通過之新涉外民事法律適用法第13條，則規定「法人，以其據以設立之法律為其本國法」，則此為法人國籍之規定？抑或是法人屬人法之規定？依文義觀之，既以「設立準據法」為本國法，則此應同時可解為設立準據法國為法人之國籍所屬國。甚者，新法第14條規定，外國法人之特定事項，依其本國法（設立準據法），包括法人之設立、性質、權利能力與行為能力、法人之機關、法人之章程以及法人之其他內部事項等。因此，本文所討論之股東會決議，如在外國法人之情形，應可解為屬於「法人之機關及其組織」或是「法人之其他內部事項」，因此依法

12 馬漢寶，同註1，頁166；劉鐵錚、陳榮傳，同註1，頁308。

13 劉鐵錚、陳榮傳，同註1，頁278。

14 馬漢寶，同註1，頁328；劉鐵錚、陳榮傳，同註1，頁283。

人之本國法（設立準據法）決定，而不依法律行為之合同行為準據法（當事人意思自主）。事實上，法人之成立與運作，各國均有特殊規範，如任由當事人意思自主選擇法律，將有礙法人據以成立之法律秩序。因此，至多例如A國股東入股B國公司之購買股份「契約」，可有當事人意思自主原則之適用，然A國股東一旦成為B國公司之股東，則其權利義務之行使，以及與其他股東之關係、股東會之組織與運作，當仍依B國法決定。此從我國新修正第15條亦可見其相同意旨：「依中華民國法律設立之外國法人分支機構，其內部事項依中華民國法律。」因此，新法施行後對於「法律行為」發生債之關係準據法之適用範圍，應當限縮解釋，僅指單獨行為與契約行為，而不包括股東會決議等合同行為。

最後，如本案事實解釋成當事人「意思不明」，則依現行涉外民事法律適用法第6條第2項，以及最高法院判決所言，「在被上訴人與其股東間，**發生一定債之關係，……意思不明時，同國籍者依其本國法，國籍不同者依行爲地法**。本件兩造為國籍不同之人，……**縱謂意思不明，亦仍應適用行爲地之我國法**。」此一解釋，在現行法下雖無疑問，然於新法施行後，此應依新法，適用法人之本國法（設立準據法）。

3

電子商務事件國際裁判管轄權之研究
——從美國Zippo案看發展ODR之可行性*

李瑞生

壹、前言

涉外處理涉外民事事件的第一個步驟是決定國際裁判管轄權。所謂國際裁判管轄權，係指一案件事實之權利爭執是否具有特定之牽連因素，使某一國之法院得以合法的審判該案件[1]。申言之，任何一涉外案件，國際裁判管轄權是分配某一個案件應由哪一國之法院審判。職是，任一審理涉外案件之法官，首先即需處理管轄權問題，如無管轄權而任意受理，則所作判決並非無效[2]，而是在外國法院將不被承認及執行。國際裁判管轄權因各國對於司法管轄權之認定不同，尤其在早期，因法院盡量擴充內國管轄權，很容易發生積極衝突[3]。

* 原刊登於玄奘法律學報第10期，2008年12月，頁245-290。

1 關於國際裁判管轄權之意義，參照陳隆修，國際私法管轄權評論，五南圖書，1986年11月初版，頁3；李沅樺，國際民事訴訟法論，五南圖書，2007年3月2版1刷，頁22；陳啓垂，民事訴訟之國際裁判管轄權，法學叢刊第42卷第1期，1997年4月，頁75-86；王德凱，論網際網路涉外民事案件之國際裁判管轄權，國立海洋大學海洋法律研究所碩士論文，2002年，頁3。

2 關於欠缺國際裁判管轄權之法效果，國內學說上有「非無效說」與「無效說」，詳細論述請參陳隆修，同註1，頁301；蔡華凱，國際裁判管轄總論之研究—以財產關係訴訟爲中心，國立中正大學法學集刊第17期，2004年10月，頁65。

3 例如法國民法第14條規定，只要原告爲法國人，不論被告與法國有無其他關連，法國法院均取得對被告之管轄權，縱然契約在外國訂定亦不例外。如此不合理之擴張管轄權，即招致義大利、奧地利、比利時及葡萄牙等國之立法報復。詳參劉鐵錚，國際私法論叢，三民書局，2000年8月6版1刷，頁259。惟應注意，因歐盟制定「關於民事商事案件之管轄權、判決承認與強制執行規則」（COUNCIL REGULATION (EC) No. 44/2001 of 22 December 2000, on jurisdiction and the recognition and enforcement of judgments in civil and commercial matters），法國該民法規定已不能在歐盟會員國之間適用。

晚近雖然國際上有統一管轄規則之倡議[4]，但距離普遍實現仍有努力之空間。

網際網路蓬勃發展，功能不斷創新[5]，促使電子商務快速變動不斷推陳出新[6]，尤其是行動裝置的普及與運用軟體（APP），因此很難予以周延之定義。本文認為所謂電子商務[7]，係指經由網際網路媒介，合致完成商品交易、資訊服務、金融匯兌、市場情報交換、電信服務、藝文影視節目提供等商務活動。申言之，凡是經由電腦網路作為訊息傳遞之媒介，達成意思表示一致成立契約者，不論交易之內容為實體之商品；或虛擬之商品及服務之提供，均可歸屬於電子商務之範圍。電子商務有諸多特性，下列二種特性與國際裁判管轄權有關：

一、無國界：所謂網路無國界，係因電腦網路連結繁複而綿密，任何兩節點之間，可以有複數之網絡相連結，資料封包之流動可能循不同之路徑殊途同歸，到達相同之目的地；猶如蜘蛛網一般連結之網路電纜，並無法如實體世界般區分國界。內國人民藉由綿密之網路連結，可輕易跨越實體國界與他國人民作成各式各樣法律行為。也因網路無國界，可能藉由遠端遙控操作技術執行電子商務，導致行為地、履行地認定困難[8]。

二、多樣性：電子商務內容繁多舉凡實體商品買賣（書籍）、數位商品買賣（電腦軟體網路銷售下載）、線上影音服務（中華電信隨選視訊MOD），交易價值輕重不一，價值輕者例如數十元的CD，價值高者例

---

4 例如前揭註3提及之歐盟44/2001號管轄規則即爲歐洲區域之統一成文法，另外在國際上有2005年海牙選擇法院公約（Hague Convention on Choice of Court Agreement 2005）也試圖統一國際上關於當事人約定管轄法院條款之法律有效性，可惜並未成功。

5 前Google CEO Eric Schmidt以「人類創造出自己都不完全理解的一場最大的無政府狀態的實驗」來形容網際網路，轉引自Saxon R. Shaw, *There is no silver bullet: solutions to Internet jurisdiction,* Int. J. Law Info Tech (2017) 25(4): 283.

6 參Soon-Yong Choi, Dale O. Stahl & Andrew B. Whinsto, *The Economics of Electronic Commerce*, 薛夙珍譯，跨世紀電子商務出版社，2000年3月2版1刷，頁12。

7 有關電子商務之定義，國內法學界並不統一，本文參考學者馮震宇之定義。馮震宇，網路法基本問題研究（一），學林，1999年7月1版，頁232。

8 例如使用者在臺灣遙控操作，指揮架設於美國之電腦伺服器發出交易訊息，經由線上向德國之廠商購買電腦軟體程式，該軟體程式直接透過網路下載而完成交付。此種情形究竟如何認定要約地、履行地，並不明確。

如數十萬元的電腦加上軟體，而且新的商業模式不斷出現（例如線上掃毒），很難以單一標準予以類型化[9]。尤其在小額交易之情形，發生爭執時跨國爭訟之勞費將使當事人得不償失。因此，界定國際裁判管轄時更應考慮當事人之程序與實體上公平性。

綜上，電子商務案件之國際裁判管轄權議題面臨雙重困難：其一在於國際裁判管轄權原本即為見解分歧的問題。其二在於電子商務為新興之社會現象，如何加以規範仍有待持續研究[10]。誠如美國聯邦最高法院早於1958年即曾於案例中宣示：「隨著科技進步增加了商業之流動……必須對非居民實施管轄權之情況也一樣在增加……但想當然的推論這種趨勢發展之結果將除去法院實施對人訴訟管轄權之限制則是錯的……」[11]。中外學者對於此一議題之論著逐漸累積之中[12]，美國係網際網路發展最早最先進，且州際間交易頻仍，關於管轄權之案件甚多，因此相關之判例、文獻最多，深具參考價值。但與民、刑法等傳統法學相較，學術土壤之豐沃程度仍然差距甚遠。尤其是我國實務界對於電子商務案件之國際裁判管轄權議題，一直無指標性之裁判見解；直至民國93年，最高法院始針對一具體案件作出關於管轄權之裁定，因此；關於各外國立法例的比較研究，極具參考價值。

本文擬於標題貳，對美國關於電子商務管轄權的一些重要案例予以介紹說明。標題參則討論最具指標性的*Zippo*案件。標題肆則先簡要介紹美國ODR發

---

9 如以交易對象區分，電子商務可分爲企業對企業（Business to Business）與企業對消費者（Business to Consumer）、消費者對消費者（Consumer to Consumer）三類，如以標的內容區分，可分爲實體商品交易與虛擬商品交易及服務提供。

10 國際裁判管轄權之法制與蓬勃發展之電子商務相比，美國法院以「猶如初生嬰兒階段」形容之。See *Zippo Mfg. Co. v. Zippo Dot Com, Inc.*, 952 F. Supp. 1119, 1123 (W.D. Pa. 1997). (noting that "with this global [information] revolution looming on the horizon, the development of the law concerning the permissible scope of personal jurisdiction based on internet use is in its infant stages.")

11 *Hanson v. Denckla*, 357 U.S. 235, 250-51 (1958).

12 我國學者賴來焜於其著作中以整章之篇幅詳述討論Internet之發展將對國際私法理論產生嚴重的挑戰，並大膽提出革命性的「網址法原則」，顯然是相當先趨性之見解，詳細論述請參賴來焜，當代國際私法學之構造論—建立以「連結因素」爲中心之理論體系，神州，2001年9月初版，頁102。

展沿革及實際操作規則，再檢討ODR優缺點，並提出若干修法建議。最後於標題伍提出ODR作為輔助國際裁判管轄規則不足之處的替代方案的可行性，俾供參考。

再者；因電子商務民事訴訟多半與行為人之責任有關，本文提到的關於美國之管轄權規則，僅限於對人訴訟管轄，不及於對物訴訟或準對物訴訟管轄，先予敘明。

貳、美國法院關於電子商務之案例

隨著近年來電子商務在美國蓬勃發展，因電子商務跨國或跨州涉訟之案例亦逐漸出現，在這些案例中法院對於管轄權之有無亦必須加以判斷，以下即針對一些案例加以介紹[13]。

一、設立網站刊登廣告

非居民於外地架設網路伺服器，成立一網站，並於網站上刊登產品資訊、服務內容或特價快報等招徠顧客之廣告，吸引網路使用者（包含法院地之居民）閱覽。此種情形是否足以構成管轄權之基礎？目前各州之法院判決差異甚大，以下分別就正反見解加以說明[14]：

(一) 認為取得管轄權者

早期部分州法院認為外州居民架設網站刊登廣告資訊，只要讓本州居民能接觸到，就算符合進行商業活動之要件，不論有無成立交易行為，也不管網站架設之地點是否在法院轄區之內，州法院對之有管轄權。典型案例為*Maritz, Inc. v. CyberGold, Inc.*[15]，被告為加州廠商，於加州架設其網站提供各項電子郵

13 關於美國電子商務管轄權相關案例介述，參陳麗玲，試析互聯網對國際私法的影響—由管轄爭議談起，全國律師第8卷第5期，2004年5月，頁104。

14 詳細論述參馮震宇，網路法基本問題研究（一），學林，1999年7月1版，頁35。

15 *Maritz, Inc. v. CyberGold, Inc.* 947 F. Supp. 1328 (E.D. Mo. 1996).

件與投遞名單之服務，原告為密蘇里州之居民，認為被告在網站上提供之服務侵害其權利，乃在密州控告被告。密州法院認為加州之被告刊登於網路上之廣告可以為任何使用者（包含密州居民）利用，如此即構成最低限度關連，法院對其有管轄權。其他持類似見解之法院諸如康乃狄克、華盛頓特區等[16]。

與此見解類似者為*Hall v. LaRonde*[17]案件中，美國法院認為當事人利用電子郵件傳遞交易訊息，收受訊息之州法院亦因此而構成最低限度關連點，取得管轄權。

(二) 反對取得管轄權者

晚近有愈來愈多法院認為僅僅在網路上刊登廣告，並不足以構成最低限度關連，必須進一步考慮是否有其他之關連。例如於*Bensusan Restaurant Corp. v. King* [18]案中，紐約一家著名的爵士俱樂部對密蘇里州的一家小爵士俱樂部起訴，主張被告在網路上刊登的廣告中，使用了與原告商標相同之字眼，侵害原告之專用權。紐約南區聯邦法院審理之結果認為對被告無管轄權。其理由為在網路上設立網站刊登資訊，猶如將一個產品放在於商業管道中，雖然可以在全美國看到該資訊，但如果沒有其他積極之行為，就不能認定被告係故意以紐約州為目標。而且也無任何證據顯示被告積極的鼓勵紐約州居民接觸該網站資訊，也不能證明被告於紐約州經營商業，申言之，除了在網站上刊登廣告資訊，被告根本無其他任何與紐約州之關連，也為出現在紐約州。基上，法院認定，如果僅因設置網站即對其取得管轄權，將違反美國聯邦憲法適當程序條款之要求。其他採取類似見解者諸如加州聯邦法院、伊利諾州聯邦法院、第九聯邦巡迴上訴法院等[19]。

---

16 贊同取得管轄權之案例： *Inset System, Inc. v. Instruction Set, Inc.*, 937 F. Supp. 161 (D. Conn. 1996), *Heroes, Inc. v. Heroes Foundation,* No. 96-1260, slip op. (D.D.C. Dec. 12, 1996).

17 *Hall v. LaRonde*, 1997 Cal. App. Lexis 663(Aug. 7, 1997).

18 *Bensusan Restaurant Corp. v. King*, 937 F. Supp. 295 (S.D.N.Y. 1996).

19 否定之案例： *McDonough v. Fallon Mcelligott, Inc.*, 1996 U.S. Dist. LEXIS 15139, No.95-4037, slip op. (S.D. Cal. Aug. 6, 1996); *Cybersell, Inc. v. Cybersell, Inc.*, 1997 U. S. App. Lexis 33871 (9th Cir., Dec. 2. 1997).

二、電子商務契約爭議

電子商務成立契約之情形最為常見，若雙方合意於契約中明文約定準據法及管轄法院，則比較不發生管轄權爭議。惟若是企業經營者片面以定型化契約約定管轄法院，此種管轄權條款是否為正當之管轄權基礎？再者；多數的案件都顯示，雙方並未約定管轄法院，此時，該如何決定管轄權之所在？以下分別就有無約定說明之。

(一) 以契約約定管轄權

此有*Compuserve Inc. v. Patterson*[20]案例可供參考。該案事實略為：被告為居住於德州之Patterson，經由其德州辦公室利用網路與原告Compuserve Inc.（主事務所在俄亥俄州）簽訂兩份服務契約，一份為被告付費使用原告提供之網路連線服務，另一份則為「分享軟體註冊合約」（Shareware Registration Agreement），約定被告利用原告公司之「電腦程式銷售系統」，在原告之網站上出售被告撰寫之電腦程式。原告於二份契約上均明文記載，契約訂立於俄亥俄州，管轄法院約定為俄亥俄州法院。原告公司之線上契約設計成循序跳出式畫面，由被告閱讀後逐項按鈕同意，方能完成簽約行為，其後雙方也不爭執契約之成立。訂約後被告依約於1991年至1994年間由網路傳送了32次電腦程式到原告公司的網站上，由原告公開展示於網路使用大眾，網友如有需要該程式者，可直接下載該程式限期試用版，若試用滿意，即可支付價金予原告，由原告抽取15%費用並將餘額轉交被告。但銷售不佳，僅數百美元之業績。其後原告公司乃自行設計銷售與被告所販售相同功能之程式，被告乃以電子郵件通知原告停止此項行為，否則將控告原告侵害商標權及不公平競爭。原告為避免被訴，主動向俄亥俄州法院提起宣告判決（declaratory judgment），請求法院判決其不構成侵害商標權及不公平競爭，被告於訴訟中主張俄亥俄州法院對伊無管轄權。俄亥俄州聯邦地方法院認為被告係在德州以網際網路為媒介，與在俄亥俄州之原告訂立契約，被告既未居住於俄亥俄州，亦未在此經營商業，因此不應對其取得管轄權。

---

20 *Compuserve Inc. v. Patterson*, 89 F. 3d 1257 (6th Cir. 1996).

原告不服並上訴於聯邦第六巡迴上訴法院，上訴法院廢棄原審判決，改判原審有管轄權應審理本案。上訴法院指出，若本案兩造僅簽訂網路連線服務契約，尚難以認定原審之管轄權。事實上兩造間簽訂了兩份契約，分別明文約定管轄法院為俄亥俄州法院，可見被告有意接受約定管轄。再者，被告一再將其電腦程式傳送到俄亥俄州的原告網站，並且在原告公司之網站上刊登廣告銷售其程式，顯然其主動、有意的建立與法院地的原告一種持續的商業關係，當然可預見其行為將在俄亥俄州造成一些作用，因此，俄亥俄州對被告應有管轄權。

(二) 未約定管轄權

如果當事人雙方並未於契約中就管轄權之問題有所約定，則法院對於有關網路交易所生之爭議，採取各州長手法規[21]加以認定其管轄權，較多法院通常會其對爭議的案件擴張其管轄權。以下介紹兩個案例供參考。

在*Resuscitation Technologies, Inc. v. Continental Health Care Corp.*[22]一案，原告為一印第安那州之醫療用品的新設公司，為尋求資金的奧援，乃在網路上設站尋求投資人投注資金。被告公司於得知此事後，乃透過電子郵件展開接觸。隨後，雙方進而以傳真、信件、甚至見面進行協商。不過，由於協商失敗，原告乃於印第安那州聯邦地方法院起訴，請求法院判決確認其與被告並無成立任何契約，被告則抗辯主張法院應駁回原告之訴，因為其在印州並無任何資產，亦未進行任何商業行為，且其之所以與原告接觸乃是由於原告在網路上的廣告，故法院對其並無管轄權。

---

21 長手法規（long arm statutes）國內又有譯爲長臂規則者，係指美國各州制定對非州民或非居民，列舉其管轄原因使之服從該州法院管轄權之成文法規。其理論基礎並非一般管轄權，毋寧較接近特定原因發生管轄權之特別管轄權，最早之長手法規爲伊利諾州於1956年制定之民事程序法第17條，其後各州亦紛紛制定長手規則，形成州法院行使管轄權之依據。國內文獻詳參陳隆修，國際私法管轄權評論，五南圖書，民國75年11月初版，頁136；蔡華凱，美國涉外民事訴訟之對人管轄總論，收於超國界法律論集—陳長文教授六秩華誕祝壽論文集，三民書局，2004年11月初版1刷，頁283。

22 *Resuscitation Technologies, Inc. v. Continental Health Care Corp.*, 1997 U.S. Dist. LEXIS 3525 (S.D. Ind. 1997).

不過法院卻駁回被告之主張，並認定印州對於本案具有管轄權。其理由在於，雖然本案係由原告在其網站上的廣告而起，但是雙方透過電子郵件之通信多達80餘次，法院認為如果只有零星的一、二次聯絡，可能無法使印州對外州居民取得管轄權，但是此種持續大量運用網路的活動卻足以證明被告有在印州從事商業活動，故印州對被告具有管轄權。

另一件深值注意的案件，也就是著名的搜尋引擎Alta Vista商標權歸屬的爭議案件[23]。於這件案件中總公司位於麻州的DEC公司控告加州公司ATI侵害其Alta Vista的商標專用權。事實上，Alta Vista商標原為被告所創，但是被告卻於1996年將該標章的所有權利轉讓與DEC，不過DEC同意被告可在其網站或商業名稱中繼續使用該名稱，但不得使用該名稱於其產品或服務之上。嗣後，ATI在其網站中公然使用Alta Vista為其產品的名稱，因此DEC乃提出告訴。被告ATI則抗辯麻州對其並無管轄權，原告之訴應予以駁回。

法院於審理本案時，亦特別指出將傳統管轄權的觀念適用於網路爭議的困難之處，在於「網際網路並無疆界的限制……實質的疆界亦通常形成法律的疆界，事實上界標的設立就警告人們，若越過界標就將會受到不同法規的拘束。而將傳統疆界的觀念運用到網路商業化的現代，將會有極為重大的影響，也會使網路使用者暴露在50個州、甚至全球並不一致的規範之下[24]」。

不過，法院特別指出，本案並不涉及任何人利用網路的行為，若為無商業性之利用，又無廣告或要約的引誘，亦無買賣契約或其他與法院地有關的契約，又無商標侵害的潛在傷害，因此法院認為本案乃係一個單純商標授權契約與管轄權的問題。由於被告ATI與DEC的授權契約禁止ATI使用Alta Vista於其商品或服務之上，而被告卻仍以該名稱銷售其產品給包括麻州居民在內的消費者，違反了授權契約的規定，因此法院判決麻州對被告具有管轄權。但是法

23 *Digital Equipment Corp. v. Alta Vista Technology, Inc.*, Civ. Action 96-12192NG (D. Mass. March 12, 1997).

24 Id. "The Internet has no territorial boundaries ... Physical boundaries typically have framed legal boundaries, in effect creating signposts that warn that we will be required after crossing to abide by different rules. To impose traditional territorial concepts on the commercial uses of the Internet has dramatic implications, opening the Web user to inconsistent regulations throughout fifty states, indeed, throughout the globe."

院也相對地指出，如果有廣告或要約的引誘，或是有買賣契約或其他類型之契約，或是有侵權行為等問題，則其見解將會有所不同。

參、Zippo案提出新原則

一、案件事實

1997年發生於賓夕法尼亞州的*Zippo*案[25]，可以說是關於電子商務裁判管轄權之經典判決。該案原告為Zippo牌打火機製造商，該公司設立於賓夕法尼亞州，被告為加州人，在網址為Zippo.com的網站上，提供該網站的資訊、廣告以及免費（free）、基本（original）、超級（super）三種等級的新聞群組之訂閱服務，其中基本等級與超級等級的訂閱者須在線上填妥申請表格，包括有訂閱者的姓名與住址，並且須經由網路或電話提供訂閱者的信用卡卡號以支付訂閱費用。而被告於賓夕法尼亞州並無辦公室、受僱人或代理人，因此其與賓夕法尼亞州間的接觸僅存在於網際網路，賓夕法尼亞州居民僅得透過網路接觸被告所設網站之資訊，而當時該網站之訂閱戶中有3,000人為賓夕法尼亞州居民（約占全部訂戶的2%）。此外，被告亦曾與兩個賓夕法尼亞州之網路連線提供者締結契約，使其在賓夕法尼亞州的訂閱者得以接觸該網站。原告Zippo製造公司以被告侵害其商標權（trademark infringement）為由，向賓夕法尼亞州西區地方法院起訴，但被告抗辯賓夕法尼亞州法院對其不具對人訴訟裁判管轄權。

二、法院判決理由

賓夕法尼亞州西區地方法院拒絕了被告之抗辯，認為其對被告具有對人訴訟裁判管轄權。法院指出，由於網際網路行為的類型繁多，因此應建立一套新的判斷標準以判斷網際網路行為人對人訴訟裁判管轄權。基此，法院認為網際網路應區分為「主動性網站」（active website）、「被動性網站」

25 *Zippo Manufacturing Co. v. Zippo Dot Com. Inc.*, 952 F. Supp. 1119 (W.D. Pa. 1997).

（passive website）以及介於這二類型網站之間的「互動性網站」（interactive website）[26]：由於「主動性網站」為「明顯透過網際網路進行商業行為……與域外管轄區域之居民締結契約，明知且重複的經由網路傳輸電腦檔案」，故對其主張具有對人訴訟裁判管轄權乃為適當；「被動性網站」為「其行為僅係將資訊張貼於網路上，並使域外管轄區域之居民得以接觸之」，故不得對其主張具有對人訴訟裁判管轄權；而「互動性網站」由於使用者得與主電腦（host）交換資訊，故此時應取決於「該網站所進行的互動性程度以及資訊交換之商業化程度」（level of interactivity and commercial nature of the exchange of information that occurs on the web）[27]，判斷是否得對其主張具有對人訴訟裁判管轄權，「網路活動商業性之性質與質量，應直接與合憲地主張對人訴訟裁判管轄權的可能性形成正比」（the likelihood that personal jurisdiction can be constitutionally exercise is directly proportionate to the nature and quality of commercial activity that an entity conducts over the internet）[28]。

而由被告所經營的「互動性網站」與賓夕法尼亞州訂閱人進行資訊交換的互動性程度及商業化程度看來，被告與賓夕法尼亞州已建立了「最低度關連」，故賓夕法尼亞州法院對其具有對人訴訟裁判管轄權。

賓夕法尼亞州法院於本案中對於網際網路行為人對人訴訟裁判管轄權，建立一套區分「主動性網站」、「被動性網站」及「互動性網站」的新判斷標準[29]，一般稱為「相應浮動原則[30]」（sliding scale test）；而自本案後，美國多數法院處理網際網路行為裁判管轄權的問題，即大量引用此「相應浮動原則」。要言之：在相應浮動原則的光譜裡，一端是主動性網站，積極的對外進

[26] 952 F. Supp. 1124.

[27] *Id.*

[28] *Id.*

[29] *See* Roger J. Johns, Jr. & Anne Keaty, *Caught in the Web: Websites and Classic Principles of Long Arm Jurisdiction in Trademark Infringement Cases*, 10 Alb. L.J. Sci. & Tech. 65, 94 (1999).

[30] *See* Louis U. Gasparini, *Comment: The Internet and Personal Jurisdiction: Traditional Jurisprudence for the Twenty-first Century Under the New York Cplr*, 12 Alb. L.J. Sci. & Tech. 191, 199 (2001).

行商業行為，因而容易被各地法院主張管轄權。光譜另一端則是被動性網站，僅將其資訊置放於網頁上，由網路使用者自己主動來閱讀該資訊，因此，外州法院不應對其行使管轄權。至於在中間的互動性網站，則視其網路活動商業性之性質與質量，來決定是否對其主張管轄權。

三、其他實務與學者見解

本文查找比對發現[31]，美國各法院；包括聯邦司法系統之巡迴法院或地區法院與各州司法系統之州法院，對「相應浮動原則」絕大部分均予以正面之肯定與援用，自1997年以迄2009年，各法院跟隨援引（followed）*Zippo*而作成之判決有195件，直接表達反對立場者（criticized）僅5件，另有36件則是謹慎的加以區別後引註（distinguished）之。若以最近三年作統計基礎，跟隨援引*Zippo*而作成之判決有47件，直接表達反對立場者僅1件，另有11件區別後引註，詳如表2-3-1所示。

表2-3-1　美國各法院對「相應浮動原則」之見解[32]

件數／比例	跟隨援引	直接表達反對	區別後引註	統計
1997～2018	473（80%）	24（4%）	94（16%）	591（100%）
1997～2003	75（82.5%）	3（3.2%）	13（14.3%）	91（100%）
2004～2009	120（82.8%）	2（1.3%）	23（15.9%）	145（100%）
2010～2018	278（78.3%）	19（5.4%）	58（16.3%）	355（100%）

資料來源：本文整理製作。

31 本文比對美國法院判決之方法係經由美國LEXIS線上法學資料庫，以判決中提及*Zippo*案作爲索引，搜索出各法院判決再加以比較分析（部分判決也曾比對過美國另一線上法學資料庫WestLaw，結果並無不同），該二電子資料庫需付費，網址如下：www.lexis.com、www.westlaw.com。

32 其實本文找到的有提到*Zippo*案的判決多達1,307筆，但是仔細閱讀發現判決文中明確表達跟隨的意思地或者是明確表達反對的如表所示，其餘的僅是引註並不表達贊成或反對，或者根本與電子商務無關，這些就不予以列入統計中。

從表2-3-1可以看出二十一年來高達80%（473件）之法院支持*Zippo*規則，僅有4%的法院（24件）直接表明反對，若以1997～2003年來看，有82.5%之法院（75件）支持*Zippo*規則，僅有3.2%（3件）的法院直接表明反對，以2004～2009年來看，有82.8%（120件）之法院支持*Zippo*規則，僅有1.3%（2件）的法院直接表明反對，再以2010～2018年來看，有78.3%（278件）之法院支持*Zippo*規則，僅有5.4%（2件）的法院直接表明反對，長期統計與三次短期統計相較，比率並無大幅變化，顯示美國法院對於*Zippo*規則接受之程度依然頗高，而且2009年並無任何法院反對*Zippo*規則。舉例而言，2018年4月25日賓州東區聯邦地區法院的*Arnold v. Ir. Bred Pub Concepts Co.*[33]及2007年4月13日俄亥俄州西區法院作成的*Tewart Enterprises, Inc. v. Jonathan W. Dawson*等判決[34]，法院都是直接援引*Zippo*規則，並無任何懷疑或批評。

至於少數法院不接受*Zippo*規則方面，有些同屬聯邦巡迴法院，有些則是地區法院，其中最直接批評*Zippo*規則的案例為2007年4月24日由伊利諾州上訴法院作成之*ALVIN HOWARD v. MISSOURI BONE AND JOINT CENTER, INC.*判決[35]，該判決直言不同意*Zippo*規則，並認為區分互動性網站這種類別並無意義，互動性網站就像電話或郵政通信方法一樣；而被動性網站更像在收音機廣播或雜誌上刊登廣告。在網路上刊登廣告與在任何傳統之媒體上刊登廣告並無任何不同，只要在上面留下電話都可以聯繫到被告，其僅不過是宣傳或要約引誘，伊利諾州法院長久以來即決定宣傳或要約引誘不足以構成本州之對人訴訟管轄權[36]。此判決乃筆者所看過，最率直表達「網際網路與其他媒體並無不

[33] 2018 U.S. Dist. LEXIS 69896.

[34] 2007 U.S. Dist. LEXIS 28723.

[35] 2007 Ill. App. LEXIS 414.

[36] *Id.* at 13-14, stating "... We disagree with the arbitrary 'sliding scale' approach adopted by *Zippo* .... Instead, we find that the web page's level of interactivity is irrelevant. In reality, an interactive web site is similar to telephone or mail communications. A passive website is much the same as advertising on the radio or in a magazine. An ad on the Internet is no different than an ad in any other medium that provides a telephone number or other means to contact a potential defendant. It is mere advertisement or solicitation of business. Illinois courts have long held that a mere advertisement or solicitation is not enough to sustain personal jurisdiction in Illinois ...."

同」者。而2010年第七巡迴法院的*uBID, Inc. v. GoDaddy Grp., Inc.*[37]則明確表達，在互動性網站的情況，縱然產生侵害網域名稱的行為是由第三人在被告的網站上實施，被告無法事先審查也不知道會侵害到原告，但是法院認為被告在法院地有數十萬個客戶獲取數百萬美元的利益，這樣已經足以導致法院行使管轄而不違反傳統的公平以及實質正義原則[38]。

另一個不同意見出自2004年威斯康辛州西區聯邦地區法院所作成之*Hy Cite Corp. v. Badbusinessbureau.com, L.L.C.*[39]，該判決直言法院不能單憑區分主動性、被動性網站，就決定是否對其構成管轄權，也不應想當然的認為每個網站都可以被明確的歸入某一類。即使是被動性的網站也有可能因為故意的利用網站傷害法院地的原告，而被主張管轄權；相同之理，互動式或商業網站如果不把法院地居民列為其活動目標，也不應被主張管轄權[40]。

可惜的是，美國聯邦最高法院迄今並無案例可以看出該院對於*Zippo*規則之見解。

並非所有學者均肯定相應浮動原則，有學者在文章中批評，網際網路的行為有其複雜多樣之特性，僅依主動或被動，再加上商業性之質量就要區辨所有的管轄權問題，並不足夠[41]。該文章並主張，仍應回歸傳統的最低限度關連原則，並遵循聯邦最高法院許多案例所累積起來的各種判斷規則，諸如公平合理

---

37 623 F.3d 421, 423-36 (7th Cir. 2010).

38 *Id.* at 430.

39 297 F. Supp. 2d 1154 ; 2004 U.S. Dist. LEXIS 206, 70 U.S.P.Q.2D (BNA) 1266.

40 297 F. Supp. 2d 1160, stating "A court cannot determine whether personal jurisdiction is appropriate simply by deciding whether a website is 'passive' or 'interactive' (assuming that websites can be readily classified into one category or the other). Even a 'passive' website may support a finding of jurisdiction if the defendant used its website intentionally to harm the plaintiff in the forum state. Similarly, an 'interactive' or commercial website may not be sufficient to support jurisdiction if it is not aimed at residents in the forum state."

41 *See* Scott Isaacson, *NOTE: Finding Something More in Targeted Cyberspace Activities*, 68 Rutgers L. Rev. 905 (2016), at 955 stating "Plaintiffs can use the sliding scale test of interactivity, the intentional effects test of customized digital interactions, and the 'something more' test of personalized and targeted conduct to hold defendants liable for their damage-causing conduct."

性、繼續而有計畫的經營商業、綜合加以運用[42]。

另外在國際旅遊利用電子商務訂房服務之類型，是否適用*Zippo*規則亦有學者存疑；此蓋因旅客在旅館網頁上所為僅是保留房間之資訊，住宿契約必須等到旅客check in才能合致，就此觀點而言，該網頁之性質與免付費訂房熱線並無不同，僅因該網頁而對於外州旅館主張管轄權並不適當[43]。從此一觀點可以了解，電子商務類型眾多且日新月異，欲以*Zippo*規則此一簡單的三分法來決定管轄權恐怕難以周延。

肆、ODR線上紛爭解決機制之可行性

利用訴訟外的機制來解決電子商務紛爭，是一個值得深思的方向，尤其是在國際裁判管轄規則仍然未能統一，且各國管轄規則仍有若干缺點之情形下，利用一些訴訟外的紛爭解決機制，似乎更能快速解決問題。線上紛爭解決機制（online dispute resolution, ODR）的概念來自於訴訟外紛爭解決機制（alternative dispute resolution, ADR），從字面上來看，其意義在於利用選擇性的、可替代性的制度來解決紛爭；從法律意義而言，則是指「有別於訴訟程序的」、「訴訟外的」或「非實體訴訟」的紛爭解決程序。ADR事實上早存在於現代法治社會，例如依據仲裁法由仲裁人仲裁、或者由鄉鎮市公所調解委員會調解均為是例。

至於線上紛爭解決機制則是利用網路科技的ADR，所謂網路科技，主要是指線上空間、線上工具及電腦螢幕，ODR係借用ADR的概念及內容，另外

42 *See* Dennis T. Yokoyama, *You Can't Always Use the Zippo Code: The Fallacy of a Uniform Theory of Internet Personal Jurisdiction*, 54 DePaul L. Rev. 1147, 1193 (2005).

43 *See* Thomas A. Dickerson, *The Marketing of Travel Services over the Internet and the Impact upon the Assertion of Personal Jurisdiction: 2004*, Int'l Travel L.J. 36 (2004), stating "... the internet exchange is simply preliminary to the individual traveling outside the forum state to use the service. In this respect, the exchange of information over the internet is not unlike a toll-free reservation hotline. The purpose of the internet interaction is not achieved until the resident customer leaves the forum state and arrives at the hotel destination."

加入了第四方（the Fourth Party）的架構，成為一個全新或輔助的紛爭解決程序，或者我們可以說，相對於ADR至多為三方當事人，透過面對面程序的基本設定解決紛爭，ODR是僅需螢幕對螢幕的基本要求，但可以有四方當事人一起共同進行紛爭的解決，使爭議解決可以取得從所未有的獨特專業價值[44]。而第四方的功能在於利用科技營造一個適於和談的虛擬環境，提供強大及多樣的線上工具，幫助資訊的組織、合力作成合意的解決方案、評估資訊、監督履行、辨明當事人優先利益之所在等並協助作成紀錄。

一、發展沿革

美國在1990年代早期，僅有大學與軍方得以使用剛開始發展之網際網路，甚至網際網路創始機構美國國家科學基金會（National Science Foundation, NSF）一度禁止商業用途使用網際網路[45]。大學生使用網路當然也會引發爭執[46]，當時還沒有ODR，因此只能循一些傳統的程序來解決前述爭議。

1995年商業使用跨出里程碑，Amazon網路書店與eBay線上拍賣網站成立，原本對於網際網路興趣缺缺的軟體巨擘Microsoft也在這一年，如大夢初醒般急著推出網路瀏覽器Internet Explorer。這一年，網際網路商業化的浪潮澎湃洶湧而起，電子商務以不可抵擋之勢席捲全世界！

隨著電子商務成長，紛爭自然亦不可免的增加。如何解決這紛至沓來的爭執？傳統法律制度面臨巨大之衝擊與嚴酷之考驗，1996年美國國家自動化資訊研究中心（National Center for Automated Information Research, NCAIR）贊助了第一個ODR的研究計畫[47]，同年，全世界最早的兩篇討論ODR的學術論文出現

44 關於第四方之概念係由美國ODR權威學者Ethan Katsh提出，See Ethan Katsh & Leah Wing, *Ten Years of Online Dispute Resolution (ODR): Looking at the Past and Constructing the Future*, 38 U. Tol. L. Rev. 19, 25-26 (2006)；中文文獻請參梁滸心，線上解決爭議機制之研究，世新大學法學院碩士論文，2004年，頁13-23。

45 該禁令直到1992年才開放。See Ethan Katsh & Leah Wing, *supra note*, at 25-26 (2006).

46 例如1995年10月維吉尼亞州一位大學生在網路上貼文辱罵同性戀者，1995年11月康乃爾大學一位大一新生散發「女人（潑婦）不應擁有言論自由的75個理由」電子郵件，引發懲罰與維護該學生言論自由的廣大爭議。

47 包括Virtual Magistrate Project, the Online Ombuds Office.

於美國[48]，從此開啟了ODR的發展歷程。

線上拍賣網站eBay在1999年受大量成長的拍賣爭執所困擾，乃請求麻州大學安赫斯特資訊科技與紛爭解決中心（University of Massachusetts Amherst Center for Information Technology and Dispute Resolution）主持一個協助買賣雙方調解的先導計畫[49]。該計畫在兩週之內成功處理了200件紛爭，也促使eBay日後將ODR納入交易失敗之雙方解決問題之選項，逐漸發展之後成為知名之ODR網站Square Trade[50]。與此同時，許多ODR網站如同雨後春筍一一出現，有些是完全由電腦軟體運作，協助當事人找尋平衡點解決爭議；有些則是由調解人來調解爭執，有些是在法院體制內將ADR制度上線運作，可謂百花齊放甚為興盛。

ODR經過幾年民間之發展，官方[51]及國際組織也逐漸重視。1999年12月經濟合作發展組織（Organization for Economic Cooperation and Development, OECD）公布了「電子商務消費者保護指導原則」（Guideline for Consumer Protection in the Context of Electronic Commerce）[52]，此一指導原則希望協助消除業者及消費者在面對電子商務時所遭遇之不確定性，並釐清雙方在電子商務相對之權利及義務，其中有關選擇性交易爭端解決基本原則第6項清楚指示「……替代性爭議處理機制及賠償：業者應在不增加消費者費用和負擔前提

48 Ethan Katsh, *Dispute Resolution in Cyberspace*, 28 Conn. L. Rev. 953 (1996); E. Casey Lide, *ADR and Cyberspace: The Role of Alternative Dispute Resolution in Online Commerce, Intellectual Property and Defamation*, 12 Ohio St. J. on Disp. Resol. 193 (1996).

49 See Ethan Katsh, Janet Rifkin & Alan Gaitenby, *E-Commerce, E-Disputes, and E-Dispute Resolution: in the Shadow of "eBay Law"*, 15 Ohio St. J. on Disp. Resol. 705, 708-09 (2000).

50 Square Trade截至2006年之統計已處理600萬件電子商務紛爭，幾乎相當於一年100萬件，其所發揮疏減訟源之功能令人刮目相看。

51 行政院消費者保護會（行政院臺90院消企字第01290號函）發布電子商務消費者保護綱領，其中有提及公正第三者所提供之替代爭議處理機制，詳參https://www.cpc.ey.gov.tw/cp.aspx?n=97E610626B9F499E（最後瀏覽日：2018.10.3）。

52 中文請參林廣宏譯，OECD電子商務消費者保護指導原則，收於行政院消費者保護委員會編印，消費者保護研究（七），2001年9月，頁381以下。原文參：http://www.oecd.org/sti/consumer/oecdguidelinesforconsumerprotectioninthecontextofelectroniccommerce1999.htm（最後瀏覽日：2018.10.10）。

下，提供消費者公平且即時之爭議處理及賠償機制。企業界、消費者代表及政府應共同合作以持續使用及發展，包含選擇性爭議處理機制之公平、有效及透之業者自律計畫及其他政策和程序，來處理企業對消費者電子商務中消費者申訴並解決消費爭議，尤其應考量跨國界之交易。」OECD並於2000年12月間，在海牙與有關國際私法海牙會議（Hague Conference on Private International Law, HCPIL）、國際商會（International Chamber of Commerce, ICC）聯合舉辦研討會[53]，討論B2C網路交易糾紛解決之議題，該研討會之目標其中即包括：探究線上替代性爭端解決機制是否能夠，或如何協助解決B2C間因為隱私權或是其他消費者保護議題產生之爭議，進而建立對電子商務之信心。

亞太經濟合作會議（APEC）則在2000年7月20日在曼谷就電子商務之消費者保護議題召開研討會[54]，該研討會之前提在於積極肯認消費者信心之建立，為B2C電子商務之發展關鍵。而建立消費者對於電子商務之信心有賴於參與之各經濟體之相互合作，於研討會中並具體指出建立消費者信心之措施，首先被提出的就是有效之消費者保護法令，以及替代性爭端解決機制之建構。

全球電子商務論壇GBDe（Global Business Dialogue on e-Commerce）[55]係於1998年由European Commission成員創立，以開創民間電子商務市場為導向之全球性組織，目的是透過電子商務之全球化，建構電子商務之消費者信賴環境，推動有關電子商務規範之自主性管理，以及制定電子商務相關策略，並與政府暨各界團體進行調和。GBDe每年召開四次工作小組會議及一次年會，針對當前電子商務面臨之問題進行討論，所討論之結論與建議均彙整成一份年度建議書，作為全球電子商務法制政策研擬之參考。而2003年於美國紐約召開之會議，同樣針對現階段各國面臨且關切之重點課題提出討論與建議，其中也提及B2C電子商務發展未如預期順利，主要原因為消費者對於網路交易缺乏信心，除了擔心交易安全問題外，因網路消費而發生糾紛之後續處理方式不明

53 See “Building Trust in the Online Environment: Business to Consumer Dispute Resolution”, Report of the Joint Conference of the OECD, HCPIL, ICC, the Hague, December 2000.

54 See Consumer Protection in Electronic Commerce, Report and proposal for action following the APEC working shop on consumer protection held in Bangkok on July 2000.

55 See http://www.gbde.org, last visited 2018.9.10.

確，亦是造成B2C電子商務發展緩慢之主因。網路消費遇到紛爭並不像實體消費來的容易解決，尤其當進行跨國交易時，更因為不確定由哪一方來處理網路購物所造成之糾紛問題，使得消費者對B2C電子商務望之怯步。倘若因此而上了國際法庭，其費用更是驚人，通常比原購買之產品或服務費用高出許多，也因此須發展出線上紛爭處理機制來解決B2C電子商務糾紛。

此外，世界各國有關於替代性爭端解決機制之政策方面，美國聯邦貿易委員會（Federal Trade Commission, FTC）與商務部（Department of Commerce, DOC）於2000年6月間聯合舉行研討會[56]，探討B2C網路交易之線上爭端解決機制之議題，承諾未來努力方向為：尋找一個全球化之紛爭解決模式，加強消費者對於替代性爭端解決機制之認識及信賴、建立多元化之替代性爭端解決機制、確保此等機制其程序之公正與效率、消費者及企業經營者之再教育等；鑑於美國對於替代性爭端解決機制之努力，部分歐盟會員國也引進線上替代性爭端解決機制，例如會員國之一德國即有Cybercourt.org之機構，而2001年歐盟執委會公布「協助消費者建立跨國爭端解決機制之新歐洲網路」[57]報告中提及：「對於建立有效之商業環境及消費者對於跨區域交易之信心，一個法庭外之網路機制是重要之創制。電子商務之發展與遠端交易之方式，可能導致跨區域之高風險。若運作不當，採取傳統之訴訟方式，對於消費者及業者而言，缺乏效率又不經濟。」同時，2000年6月所施行之歐盟電子商務法律指令（Directive on Electronic Commerce）[58]，更明確規定各會員國應致力於法庭外紛爭解決機制之建立。

---

56 See Summary of Public Workshop June 6-7, 2000 Federal Trade Commission and Department of Commerce, November 2000. http://www.ftc.gov/bcp/aldisresolution/summary.htm, last visited 2018.9.13.

57 New European Network to help consumer settle cross-border dispute out-of court, http://europa.eu.int/comm/dgs/health_consumer/library/press/press197_en.pdf, last visited 2018.9.13.

58 該指令第17條規定「1.會員國應確保當資訊社會服務提供者與服務接受者意見不一致時，其內國立法不致妨礙其內國法下可得使用之法庭外機制之使用，包括適宜之電子方式。2.……。」關於歐盟電子商務法律指令之全文翻譯，參閱行政院消費者保護委員會編印，外國消費者保護法（十），2002年11月。

二、制度架構介紹

美國仲裁協會（American Arbitration Association, AAA）[59]，成立於1962年，其宗旨在於透過有紀律之仲裁向世界商業提供有效之仲裁服務，並鼓勵更多地利用此類服務，此外，其本身也另提供調解（Mediation or Conciliation）之服務，受理各種型態之爭議，目前也開始受理網路交易爭端之事件，由於該協會歷史悠久，其所建立之仲裁規則（Supplementary Procedure for Online Arbitration, SPOA）多為後來所成立替代性爭端解決機構所遵循，故本文將針對AAA之仲裁規則予以介紹。

(一) 仲裁協議

首先當事人必須同意適用AAA之SPOA來解決糾紛，方能使SPOA之內容成為當事人仲裁協議之一部分。此外，若經過當事人與仲裁人協議，此輔助程序亦可在其他仲裁規則下所引導之仲裁程序中加以利用[60]。當事人既已協議透過此輔助程序進行仲裁，則當事人也因此授權AAA就整個仲裁程序予以規制[61]。

(二) 線上仲裁之啓動

申請人必須經由AAA網頁上之申請節點（Administrative Site）提出仲裁之申請，並且須在提交仲裁申請後五日內繳交相關申請費用。該仲裁申請之內容須詳載以下各項：1.當事人曾約定之仲裁協議；2.任何有關仲裁人之人數、身分、資格與選任方法之當事人協議；3.在合理之範圍內容許以電子媒介之方式提出相關文件；4.關於爭議之性質；5.支持其仲裁主張之法律上之論述；6.可能範圍內所主張之金額與補償。此外，亦應詳載當事人之姓名、住所地址及傳真號碼和申請人電子郵件信箱，併相對人最近已知有效之電子郵件信箱等[62]。

59 See http://www.adr.org, last visited 2018.9.24.

60 See Supplementary Procedure for Online Arbitration, Sec.1.a.

61 See Supplementary Procedure for Online Arbitration, Sec.1.e.

62 See Supplementary Procedure for Online Arbitration, Sec.3.

若仲裁申請符合前述記載且申請費用業已繳清，則AAA應該在五天之內建立系爭案件之案件節點（Case Site），並且以該網址建立之日視為仲裁程序開始之日，AAA並須以電子郵件通知當事人該網址業已建立[63]。所有案件資料之檔案與當事人所提交之文件，皆須儲存在該案件節點，僅限於該案當事人、仲裁人和AAA之特定人員有權讀取前開資料。

如果AAA無法以申請人所提供相對人之電子郵件取得與相對人之聯繫，則AAA得決定本案無法以線上仲裁之程序進行[64]；此外，AAA若認為相對人欠缺參予線上仲裁程序之能力，或經其裁量後認為本案性質不適合者，皆得決定不採行線上仲裁程序[65]。

(三) 仲裁之答辯與審理

相對人在案件節點建立後三十天內須在案件節點提出答辯，答辯內容需記載：1.答辯之原因事實、相關文件及法律上之論旨；2.針對仲裁庭之管轄權、仲裁人之人數、身分、資格與選任方法、此線上仲裁輔助程序之可適用性等之異議；3.相對人接受案件節點通知之電子郵件信箱；4.反對主張[66]。

原則上仲裁人僅就所提交之資料進行書面審理。除非當事人之一方要求進行言詞審理，言詞審理之方式則可以親自到場、電話、視訊會議或其他方式為之[67]。

(四) 使用之語言

關於仲裁程序所使用之語言，本規則與前述AAA之國際仲裁規則第14條類似，除非當事人另有約定，仲裁程序應使用含有仲裁協議之文件中所使用之語言，但是仲裁人有權另行作出決定[68]。

---

[63] See Supplementary Procedure for Online Arbitration, Sec.4.a.

[64] See Supplementary Procedure for Online Arbitration, Sec.4.b.

[65] See Supplementary Procedure for Online Arbitration, Sec.1.c.

[66] See Supplementary Procedure for Online Arbitration, Sec.5.

[67] See Supplementary Procedure for Online Arbitration, Sec.9.

[68] See Supplementary Procedure for Online Arbitration, Sec.8.

(五) 仲裁判斷

由於仲裁程序係透過網際網路進行，有必要決定仲裁判斷地，本規則規定當事人得以書面協議關於仲裁判斷地（place of award），若欠缺當事人書面協議則仲裁人得逕自決定仲裁判斷地[69]，再者，此處所指之書面協議可以傳統紙本之形式為之，依據SPOA更可以利用電子紀錄之方式[70]。

仲裁人須將仲裁判斷傳送至案件節點，且該仲裁判斷於傳送完成時視為已經作成，同時需透過電子郵件通知當事人該仲裁判斷業已上傳至案件節點，仲裁判斷作成後三十天內當事人得隨時瀏覽該案件節點[71]。

三、優缺點與可行性分析

(一) 優點

1. 費用低廉

大部分ODR之費用均甚低廉，原因在於第一，線上仲裁員之費用比法院低；第二，無律師費用；第三，無出庭交通費用；第四，無郵遞費用。ODR利用網頁直接填寫或電子郵件傳遞申請或答辯文件，需要會談時則利用視訊會議（video conferencing）、網路聊天室（chat room conference）或即時訊息傳送（instant messaging）等技術，解決當事人間國界限制之障礙，毋庸親自出席亦得進行爭端處理程序，大大縮減為解決爭議而支出之相關費用。

2. 程序迅速

相較於傳統ADR對於爭議之處理多須花費數天或數月，訴訟程序甚且要花費數年之時間，ODR對於爭議之處理時限則顯得經濟許多，可能是數天甚至數小時內即可獲得解決。ODR機制之運作是二十四小時而不停歇的，是以，爭議當事人得隨時上線在ODR服務提供者之網站上，填寫相關線上表格提出申請，ODR業者即可馬上向他造當事人接觸，並在短時間內給予申請人

---

69 See Supplementary Procedure for Online Arbitration, Sec.10.

70 電子紀錄之定義請參Uniform Electronic Transaction Act, UETA, §2, electronic record.

71 See Supplementary Procedure for Online Arbitration, Sec.11

回應而無任何遲延。而網路也使得當事人能隨時獲取有關於其爭議案件之訊息，當事人得隨時點選即可獲取所有關於其案件之文件、資訊等，便利當事人為案件作後續之準備。

3. 電子方式出席降低衝突

ODR提供當事人迴避正面對立衝突之機制（non-confrontational mechanism），整個程序之進行既然是透過電子通訊之方式進行（例如電子郵件或視訊會議），不同於實體出席之爭端處理程序（當事人須針對他造之主張即時作出回應，而無充裕之思索時間），當事人可以在無任何時間壓迫下，先仔細思考其利害，且參酌仲裁人提供之衝突項目利益分析，然後再以電子郵件回覆，而且隔著網路可以避免當面溝通時所引發之非理性之情緒衝突，讓當事人得冷靜地思索爭議之所在，尋求解決之道。

4. 親和性高

傳統訴訟途徑相關之律師費、跨國訴訟交通費用等，富人易如反掌而窮人捉襟見肘，突顯訴訟當事人經濟實力差距之不公平性，反之，ODR承前所述，其主要之特色即在於費用低廉，窮人也能接近使用，消弭經濟實力差距之不公平性，同時ODR係在虛擬之網路空間舉行，為中立之裁決場所（neutral forum），減少議約能力較強者強勢主導訴訟進行地而弱勢者疲於奔命應訴之情形。

(二) 缺點

1. 溝通效果較差

對於仲裁人而言，欲深入地了解雙方真意所在並尋求合理之解決模式，透過文字等書面式之表達是比面對面口頭陳述之方式，更難達此目的；再者，電子郵件之發送者認為其已明確表達其意思，但是對於若干文字表達亦可能因雙方認知程度之不同而產生誤解之風險；此外，由於欠缺面對面接觸之機會，因而剝奪了仲裁人當面地積極撮合雙方、提升雙方信賴感之機會，足令雙方溝通不良之情況加劇。

2. 資訊安全疑慮

電子商務交易當事人有時並不願意讓他人知道其交易資訊，此時隱私之需求必須尊重；而任何透過網路所傳送之資訊都有被駭客滲透侵入之風險，因此線上仲裁程序應如何確保線上傳輸資訊之安全性（security）以滿足隱密性之需求，殊堪憂慮。

3. 語言障礙

電子商務具跨國性，發生爭議時通常會涉及不同國家之語言，因此語言之隔閡將成為線上仲裁程序順暢進行之障礙，而且難以期待一般之消費者具備足夠之外語能力來進行線上仲裁程序，從而也降低消費者使用之意願。

4. 數位落差

雖然網路之使用近年來已趨於普及，但是離全球化之程度仍有一段差距，而退一步言之，即使當事人有相關途徑得以利用到網路設備，但不表示當事人有足夠之知識去運用此些通訊技術於線上仲裁程序中，故ODR在運作上即被此等因素所限制，惟這只能被動地隨著時間推演，讓此些新興科技逐漸普及後，方能漸漸解除限制。

四、法制障礙

(一) ODR條款之方式

如將ODR直接視為線上進行的仲裁，則依仲裁法第1條第3項「仲裁協議應以書面為之」、同條第4項規定「當事人間之文書、證券、信函、電傳、電報或其他類似方式之通訊，足認有仲裁之合意者，是為仲裁協議成立」。問題關鍵在於：Internet之環境下成立ODR協議，能否該當於「其他類似方式之通訊」？第4項列舉之通訊方式有一共同特徵：均以傳統之紙張承載通訊文字。換言之，這些通訊方法都有紙本得以憑藉。反觀ODR協議只有電腦中存在的電子訊號，恐怕難以納入第4項之範疇[72]。現今電子資訊傳送以取代傳統紙本形式之文書已漸成趨勢，而這些無實體（intangible）電子文件、電子簽章似乎不能與現行仲裁法所要求之書面與簽章之概念相符，形成ODR發展之法制障礙。

72 查詢仲裁法第1條之立法理由，亦不能看出有任何將電子文書納入之意思。

(二) 執行力之問題

ODR調解人協助當事人作成仲裁判斷後，當事人若甘服而自動予以履行，事件即可圓滿落幕；一旦當事人拒絕履行，則ODR仲裁判斷必須能得到公權力的支持，進入強制執行程序落實雙方之權利義務關係；此即為執行力之問題。內國之ODR仲裁判斷有可能需要在內國法院執行，也有可能要求外國法院協助執行，以下分別敘述之：

1. 內國執行力

我國民事法院依據強制執行法辦理民事強制執行，而強制執行法第4條詳細列舉各項執行名義，其中並無ODR仲裁判斷之明文，僅第1項第6款其他法律規定得為強制執行名義者，連結仲裁法第37條，仲裁判斷聲請經法院裁定後得為強制執行[73]。問題是ODR仲裁判斷能否該當於仲裁法第37條所稱之仲裁判斷？依據仲裁法仲裁必須由具備法定資格之仲裁人為之，而一般ODR之調解人是否符合仲裁人資格？並且向依法設立之仲裁機構申請登記？這些問題如果答案為否，則其作成之判斷不能被強制執行[74]，對當事人之實益甚低，影響當事人利用ODR之意願。

2. 外國執行力

仲裁判斷在外國之執行，依據紐約公約，相較於法院判決而言，有更大的執行可能性，迄2009年紐約公約已有144個國家批准或加入[75]。在我國雖然不是紐約公約的簽署國，並且有互惠原則的規定[76]，但是實務及學術都傾向限縮解釋互惠原則的使用，不以他國承認我國仲裁判斷為必要，也不須以有邦

73 仲裁法第37條第2項：「仲裁判斷，須聲請法院爲執行裁定後，方得爲強制執行。」

74 參許耀明，跨國B2C買賣契約的法律問題—國際裁判管轄權、準據法決定及線上爭端解決機制（ODR），東海大學法學研究第26期，2007年6月，頁139。

75 關於紐約公約之介紹請參林俊益，仲裁法實用權益，永然文化，2001年4月初版，頁352。關於參與紐約公約之國家，請見紐約公約官方網頁：http://www.newyorkconvention.org/new-york-convention-countries（最後瀏覽日：2009.10.25）。

76 我國現行仲裁法第49條第2項之規定，「外國仲裁判斷，其判斷地國或判斷所適用之仲裁法規所屬國對於中華民國之仲裁判斷不予承認者，法院得以裁定駁回其聲請。」

交關係為前提[77]，在紐約公約的條件下，盡量承認外國仲裁判斷的效力。而紐約公約第4條第1項明文規定，聲請仲裁判斷的承認與執行，必須提出由仲裁人親自簽名的原本，或是合法認證的繕本[78]，而原本或繕本是實體世界裡紙張化的法律秩序，而線上仲裁判斷是典型的電子書面，以文字型態呈現在電腦螢幕上，根本沒有所謂原本、正本或繕本的概念，另外數位簽章制度（Digital Signature）[79]，早期學者認為並非廣泛地被各國採用及承認，直至現今，世界

77 臺灣高等法院92年度抗字第3871號以及89年度抗更字第9號民事裁定：「仲裁法第四十九條第二項（原商務仲裁條例第三十二條第二項）固規定：外國仲裁判斷，其判斷地國對於中華民國之仲裁判斷不予承認者，法院得駁回其承認外國仲裁判斷之聲請。惟查此項互惠原則，並非謂外國仲裁判斷，須其判斷地國對於我國之仲裁判斷先予承認，我國法院始得承認該外國仲裁判斷，否則，非但有失禮讓之精神，且對於促進國際間之司法合作關係，亦屬有礙，參以上述法條規定，其判斷地國對於我國之仲裁判斷不予承認者，我國法院並非『應』駁回其承認該外國仲裁判斷之聲請，而係僅『得』駁回尤明。」；臺灣高等法院90年度抗字第3935號民事裁定：「仲裁法第四十九條第二項規定『外國仲裁判斷，其判斷地國或判斷所適用之仲裁法規所屬國對於中華民國之仲裁判斷不予承認者，法院得以裁定駁回其聲請。』係採彈性互惠原則，亦即外國仲裁判斷之承認，非以其判斷地國對我國仲裁判斷予以承認爲必要條件。」

78 See Article IV of the New York Convention, "1. To obtain the recognition and enforcement mentioned in the preceding article, the party applying for recognition and enforcement shall, at the time of the application, supply:
(a) The duly authenticated original award or a duly certified copy thereof;
(b) The original agreement referred to in article II or a duly certified copy thereof."

79 數位簽章是以密碼學上的公開金鑰密碼系統（Public Key Cryptosystem），又稱「非對稱密碼系統」（Asymmetric Cryptosystem）爲基礎來施作，亦即在該系統中，每一位使用者必須自行產生自己所擁有的金鑰對（Key Pair）：一把密鑰與一把公鑰（Public Key）。其中使用者必須秘密地保存自己的密鑰，並且將其公鑰公布於網路中。之後，使用者可以利用自己的密鑰對文件進行簽署；而數位簽章的接收者可以利用該簽署者的公鑰來驗證數位簽章的有效性。一個安全且有效的數位簽章，除了簽署者必須要以正確且有效的方法來對電子文件進行簽署外，其所產生的數位簽章之有效性亦需要一個合適的驗證方法來驗證。數位簽章機制（Digital Signature Mechanism）便是以密碼學（Cryptography）爲基礎，來定義安全的簽章產生與簽章驗證方法，此機制包括：簽章產生機制（Signature Generation Mechanism）與簽章驗證機制（Signature Verification Mechanism）。並請見91年4月1日施行的電子簽章法第2條第3款「三、數位簽章：指將電子文件以數學演算法或其他方式運算爲一定長度之數位資料，以簽署人之私密金鑰對其加密，形成電子簽章，並得以公開金鑰加以驗證者。」、第9條「依法令規定應簽名或蓋章者，經相對人同意，得以電子簽章爲之。前項規定得依法令或行政機關之公告，排除其適用或就其應用技術與程

各國之潮流紛紛肯認並採用[80]，縱然如此，電子仲裁判斷仍不符合現行紐約公約對於仲裁判斷原本或繕本的要求，而無法提交承認及執行，我國現行仲裁法第33條第2項[81]、第34條[82]及第48條第1項及第2項[83]，也是採取相同的規定，建議的做法是，線上仲裁人在作出仲裁判斷後，還是應該簽發紙張化的仲裁判斷書面，給予爭議兩造便於其聲請強制執行[84]。

序另爲規定。但就應用技術與程序所爲之規定，應公平、合理，並不得爲無正當理由之差別待遇。」、第10條「以數位簽章簽署電子文件者，應符合下列各款規定，始生前條第一項之效力：一、使用經第十一條核定或第十五條許可之憑證機構依法簽發之憑證；二、憑證尚屬有效並未逾使用範圍。」等規定。

80 請見財團法人中華民國國家資訊基本建設產業發展協進會—臺灣國際電子商務中心，EC研究報告，跨國電子商務交易法律議題報告（上）（下），http://www.nii.org.tw/cnt（最後瀏覽日：2009.10.20）。

81 判斷書之原本，應由參與評議之仲裁人簽名；仲裁人拒絕簽名或因故不能簽名者，由簽名之仲裁人附記其事由。

82 仲裁庭應以判斷書正本，送達於當事人。前項判斷書，應另備正本，連同送達證書，送請仲裁地法院備查。

83 外國仲裁判斷之聲請承認，應向法院提出聲請狀，並附具下列文件：1.仲裁判斷書之正本或經認證之繕本；2.仲裁協議之原本或經認證之繕本；3.仲裁判斷適用外國仲裁法規、外國仲裁機構仲裁規則或國際組織仲裁規則者，其全文。前項文件以外文作成者，應提出中文譯本。

84 如線上仲裁判斷符合紐約公約的規定，那麼它對於紐約公約的簽署國就具有執行力，但是它還有另外一個難題要克服，線上仲裁判斷是否須印出並由仲裁人親自簽名以證，紐約公約第4條對於仲裁判斷的執行有明文規定，聲請人必須提出仲裁人親自簽名的原本或是合法公證的繕本，法院才能進行執行，而線上仲裁判斷係在電腦上以電子形式表現，仍然有許多國家對於電子仲裁判斷，不能承認它爲有效地執行文件，因爲它們仍然不是原本及公證繕本，在情況不明的狀況下，當線上仲裁判斷作成後，最好印出並由仲裁人親自簽名，以防無法取得仲裁判斷執行力。仲裁判斷必須作成書面，由仲裁人以筆墨親自簽名於上，始符合紐約公約的規定要件。所以在法律未有明確承認電子形式仲裁判斷前，線上仲裁人最好還是將仲裁判斷印出，並且親自簽名於上，以雙掛號的方式，寄送仲裁當事人，使仲裁判斷具有執行力。

伍、結論

經由前文之比較分析，可以得知美國關於管轄權基礎之法制發展甚早，體例亦稱完備，但對於眾多之電子商務案例，各法院仍然未能形成一致之見解，學者間也是眾說紛紜，但都認為問題一定必須解決[85]。其實，關於電子商務管轄權案件的判斷規則應該更充分融合網路科技特性。*Zippo*規則以類型化區分網站的性質進而認定管轄權，此種方法簡易而明確，因此獲得比較多數法院採用，但仍有少數法院及學界人士批評其過於簡化管轄權問題，而美國聯邦最高法院迄今尚未對此問題有明確之判決。

而ODR具有迅速、低廉及簡易等重要優勢，非常值得推廣。在法制上建議調整如下：

一、仲裁判斷書面要件之調整

依據仲裁法第33條第1、2項仲裁判斷應以書面為之並記載各項法定要式且經仲裁人於書面上簽名。而電子形式之仲裁判斷如何符合此一書面要求？本文建議得援引電子簽章法第4條第2項：「依法令規定應以書面為之者，如其內容可完整呈現，並可於日後取出供查驗者，經相對人同意，得以電子文件為之。」、第9條：「依法令規定應簽名或蓋章者，經相對人同意，得以電子簽章為之。」先在ODR制度上設計使之符合「內容可完整呈現，並可於日後取出供查驗」之要件，此在當今軟體科技已非難事；然後於當事人申請利用ODR時說明以電子文件取代傳統紙本書面之流程以及以電子簽章取代傳同書面簽名，並取得其同意，如此即可符合仲裁法之書面、簽名等要件[86]。

---

85 See Saxon R. Shaw, *There Is No Silver Bullet: Solutions to Internet Jurisdiction*, Int. J. Law Info Tech 25(4), 283 (2017). stating "If the problem of Internet jurisdiction is not solved, the risk is two-fold: national and international legal systems will continue to produce uncertainty and instability, with the burden imposed upon commercial and civil society. The Internet will continue to spiral further into fragments."

86 但是必須雙方當事人及仲裁人都有使用電子簽章，這又是關於電子簽章普及率的另一個問題了。樂觀一點地看，既然當事人都能使用電子商務來進行交易，且願意使用ODR，

二、ODR仲裁判斷執行力之賦予

ODR仲裁判斷欠缺執行力之問題前已述及，其主要關鍵在於仲裁機構、仲裁人資格及前項之仲裁判斷書。仲裁判斷書可以電子簽章法來解決，仲裁機構依據仲裁法第54條得由各級職業團體或社會團體設立，問題也不大。比較困難的是仲裁人資格的問題。仲裁法第6條規定仲裁人之積極資格[87]，第7條則規定消極資格[88]，第9條在規定應經講習或免講習之要件，綜合觀之，一位仲裁人之養成絕非易事，而仲裁法之所以如此嚴格，係因仲裁大都是大額的商事或工程爭議，而考量電子商務大都是小額之尋常交易，本文建議仿效民事訴訟法第436條之8以下小額訴訟程序之精神，應於仲裁法增訂ODR專章，明文規定線上仲裁之程序、適度放寬仲裁人資格、明文承認電子文件之適用、賦予ODR仲裁判斷執行力之要件等事項，相信應能解決執行力的問題。

我國對於國際裁判管轄權之法制、學說，均尚在發展之中，實務上關於電子商務之國際裁判管轄權案例仍然很少，我國實務界對於裁判管轄權仍然未建立清晰之基礎理論，當然也就無法有統一之見解[89]。隨著電子商務之發達與我國國際化之程度日深，未來法院處理國際裁判管轄之案件必將與日俱增，本文建議或可調整仲裁法，解決ODR仲裁判斷書面問題、仲裁執行力問題，加強宣導利用ODR線上解決紛爭，應能適度舒緩電子商務國際裁判管轄規則之發展瓶頸。

也許他們都會使用電子簽章吧。

87 例如曾任法官、檢察官；具律師、會計師、建築師、技師五年以上經驗，或大學助理教授五年以上等。

88 例如貪污、瀆職或其他一年以上有期徒刑之罪、或褫奪公權尚未復權、或破產宣告尚未復權等。

89 甚至被上訴人已明白質疑法院無國際裁判管轄權，法院完全不予回答，即直接審理並作實體判決。參最高法院96年度台上字第24號民事判決。

參考文獻

一、中文部分

(一) 書籍

Soon-Yong Choi, Dale O. Stahl & Andrew B. Whinsto, The Economics of Electronic Commerce, 薛夙珍譯，跨世紀電子商務出版社，2000年3月2版1刷。

李沅樺，國際民事訴訟法論，五南圖書，2007年3月2版1刷。

林俊益，仲裁法實用權益，永然文化，2001年4月初版。

林廣宏譯，OECD電子商務消費者保護指導原則，收於行政院消費者保護委員會編印，消費者保護研究（七），2001年9月。

邱聯恭，司法之現代化與程序法，臺大法學叢書，1995年10月3版。

國際私法理論與實踐（一）—劉鐵錚教授六秩華誕祝壽論文集，學林，1998年9月。

許兆慶，國際司法與比較法研究，台灣財產法暨經濟法研究協會，2005年9月初版。

陳隆修，國際私法管轄權評論，五南圖書，1986年11月初版。

馮震宇，網路法基本問題研究（一），學林，1999年7月1版。

劉鐵錚，國際私法論叢，三民書局，2000年8月6版1刷。

賴來焜，當代國際私法學之構造論—建立以「連結因素」為中心之理論體系，神州，2001年9月初版。

(二) 期刊論文

尤清，網路所涉及之司法管轄權問題，法令月刊第51卷第10期，2000年10月。

吳光平，美國國際私法選法方法論與裁判管轄權之法則之簡析，法令月刊第50卷第7期，2005年7月。

李瑞生，美國短暫過境管轄權之研究—以聯邦最高法院案例為中心，國立中正大學法學集刊第19期，2006年4月。

杜維武，美國關於資訊授權與管轄相關問題（上），法令月刊第50卷第3期，2005年3月。

林益山，國際裁判管轄權衝突之研究，中興法學第36期，1993年9月。

馬漢寶，談國際司法案件之處理，軍法專刊第28卷第11期，1984年。

許耀明，跨國B2C買賣契約的法律問題—國際裁判管轄權、準據法決定及線上爭端解決機制（ODR），東海大學法學研究第26期，2007年6月。

陳啟垂，民事訴訟之國際裁判管轄權，法學叢刊第42卷第2期，1997年4月。

陳啟垂，英美法上「法院不便利原則」的引進—涉外民事法律適用法修正草案增訂第十條「不便管轄」的評論，臺灣本土法學雜誌第30期，2002年1月。

陳啟垂，以缺乏國際裁判管轄權為上訴理由，法學叢刊第47卷第2期，2002年4月。

陳隆修，父母責任、管轄規則與實體法方法論相關議題評析，東海大學法學研究第25期，2006年12月。

陳麗玲，試析互聯網對國際私法的影響—由管轄爭議談起，全國律師第8卷第5期，2004年5月。

蔡華凱，國際裁判管轄總論之研究—以財產關係訴訟為中心，國立中正大學法學集刊第17期，2004年10月。

蔡華凱，美國涉外民事訴訟之對人管轄總論，收於超國界法律論集—陳長文教授六秩華誕祝壽論文集，三民書局，2004年11月初版1刷。

(三) 學位論文

王德凱，論網際網路涉外民事案件之國際裁判管轄權，國立海洋大學海洋法律研究所碩士論文，2003年7月。

梁瀞心，線上解決爭議機制之研究，世新大學法學院碩士論文，2004年。

謝宏明，網際網路法律問題管轄權之研究，中國文化大學法律學研究所碩士論文，2002年7月。

二、日文部分

澤木敬郎、青山善充合編，國際民事訴訟法の理論，東京：有斐閣，昭和62年3月30日初版1刷。

三、英文部分

(一) 書籍

Arthur Taylor von Mehren, *The Theory and Practice of Adjudicatory Authority in Private International Law: A Comparative Study of the Doctrine, Polices and Practices of Common- and Civil Law Systems*, 295 Recueil des Cours 9 (2003).

Dicey & Morris, *On the Conflict of Laws*, V.1.2 Sweet & Maxwell, 2000.

Eugene F. Scoles, Peter Hay, Patrick J. Borchers & Symeon C. Symeonides, *Conflict of Laws* (3rd ed., 2000).

Gerald R. Ferrera, Stephen D. Lichtenstein, Margo E. K. Reder, Robert C. Bird & William T. Schiano, *CyberLaw: Text and Cases*, Thomson, 2004.

Janine S. Hiller & Ronnie Cohen, *Internet Law & Policy*, Pearson Education Inc., 2002.

Roy J. Girasa, *CyberLaw: National and International Perspectives*, Pearson Education Inc., 2002.

(二) 期刊論文

Dennis T. Yokoyama, *You Can't Always Use the Zippo Code: The Fallacy of a Uniform Theory of Internet Personal Jurisdiction*, 54 DePaul L. Rev. 1147, 1193 (2005).

Douglas A. Mays, *NOTE: Burnham v. Superior Court: The Supreme Court Agrees on Transient Jurisdiction in Practice, But Not in Theory*, 69 N.C.L. Rev. 1271, 1281 (1991).

Ethan Katsh & Leah Wing, *Ten Years of Online Dispute Resolution (ODR): Looking at the Past and Constructing the Future*, 38 U. Tol. L. Rev. 19, 25-26 (2006).

Louis U. Gasparini, *Comment: The Internet and Personal Jurisdiction: Traditional Jurisprudence for the Twenty-first Century Under the New York Cplr*, 12 Alb. L.J. Sci. & Tech. 191, 199 (2001).

Ralph U. Whitten, *The Constitutional Limitation on State-Court Jurisdiction: A Historical-Interpretative Reexamination of the Full Faith and Credit and Due Process Clauses (Part One)*, 14 Creighton L. Rev. 499 (1981).

Roger J. Johns, Jr. & Anne Keaty, *Caught in the Web: Websites and Classic Principles of Long Arm Jurisdiction in Trademark Infringement Cases*, 10 Alb. L.J. Sci. & Tech. 65, 94 (1999).

Saxon R. Shaw, *There Is No Silver Bullet: Solutions to Internet Jurisdiction*, Int. J. Law Info Tech *25*(4), 283-306 (2017).

Scott Isaacson, *NOTE: Finding Something More in Targeted Cyberspace Activities*, 68 Rutgers L. Rev. 905 (2016).

Thomas A. Dickerson, *The Marketing of Travel Services over the Internet and the Impact upon the Assertion of Personal Jurisdiction: 2004*, Int'l Travel L.J. *36* (2004).

von Mehren & Trautman, *Jurisdiction to Adjudicate: A Suggested Analysis*, 79 Harv. L. Rev. 1121, 1135-1145 (1966).

四、網路資料

財團法人中華民國國家資訊基本建設產業發展協進會，台灣國際電子商務中心，EC研究報告「跨國電子商務交易法律議題報告（上）（下），網址http://www.nii.org.tw/cnt。

4

跨國B2C買賣契約之國際管轄權、準據法決定與線上爭端解決機制（ODR）*

許耀明

壹、前言

網路通訊科技由於具有無國界、與實際所在地理位置無關、一對多、低成本、普遍人人皆可使用、可攜性、互動性與缺乏中央統一控制等特性，已經深深影響了現代人的生活。尤其是隨著此等科技之發展，傳統上之面對面交易型態產生了巨大的演變，進而使得傳統法學之概念與詮釋、適用有時而窮，而影響了有關財產權概念之演進、契約締結之認定與爭端解決之方式[1]，也影響了課稅之方式[2]，甚至撼動了關於傳統以國家主權為基礎的國際私法理論[3]。其中最引人矚目的，無非各種電子商務（Electronic Commerce, E-Commerce）之發展[4]。所謂電子商務，目前學者間定義略有差異，但不外「以電子方式進行的商品與服務之生產、分配、市場營銷、銷售或交付」[5]以及相關之資訊交

---

* 原刊登於東海大學法學研究第26期，2007年6月，頁105-149。

1 Bruce L. Benson, The Spontaneous Evolution of Cyber Law: Norms, Property Rights, Contracting, Dispute Resolution and Enforcement without the State, 1 J. L. Econ. & Pol'y 269 (2005).

2 馮震宇，從爭議到共識—從電子商務發展看課稅議題，月旦法學雜誌第130期，2006年3月，頁5-22；馮震宇，論網路電子商務發展與相關法律問題，收於網路法基本問題研究（一），學林，2000年，頁229-274。

3 Dan Jerker B. Svantesson, The Characteristics Making Internet Communication Challenge Traditional Models of Regulation - What Every International Jurist Should Know about, 13 Int'l J. L. & Info. Tech. 39 (2005).

4 電子商務之發展與新興模式，參見馮震宇，電子商務之發展與電子商務法制之建構，收於企業e化、電子商務與法律風險，元照，2002年，頁68-87。

5 吳嘉生，電子商務法導論，學林，2003，頁4；周忠海，電子商務法新論，神州，2002年，頁9；王傳芬，網路交易法律錦囊，元照，2000年，頁9；Thomas J. Smedinghoff, eds.,

換、電子資料交換與付款機制。以具體進行電子商務之行為主體分類，則主要有企業與企業間（Business to Business, B2B）、企業與個人間（Business to Consumer, B2C）與個人與個人間（Consumer to Consumer, C2C）等型態[6]。本文以下討論者，主要為B2C之「跨國」電子商務所引起的相關國際私法問題與其他「替代爭端解決機制」（Alternative Dispute Resolution, ADR），尤其是「線上爭端解決機制」（Online Dispute Resolution, ODR）。

貳、B2C買賣契約之特性

線上購物（Online Shopping），依交易之客體區分，大略可分為「商品交易」與「服務提供」兩大類，前者又區分為「實體商品交易」與「數位化商品交易」兩大類[7]。其中實體商品交易僅是以網路取代傳統之店家訪價、締約、郵購買賣等交易型態，也就是說，除了交易之方式由傳統之方式改為網路之外，其他的交易客體仍為傳統有形之商品，例如目前最常見的書籍、CD唱片、錄影帶或VCD、DVD、小家電等線上購物網站。而數位化商品交易除了交易方式改變之外，交易客體也變成經由電子訊息交換傳遞之數位化產品，例如軟體程式、MP3音樂、圖片之下載（download）、線上掃毒等[8]。目前我國消費者保護法第2條第10款，於2003年修正時，將此種線上購物定性為「郵購買賣」之一種，規定「郵購買賣指企業經營者以廣播、電視、電話、傳真、型錄、報紙、雜誌、**網際網路**、傳單或其他類似之方法，使消費者未能檢視商品

Online Law 75 (1996); Philippe le Tourneau, *Contrats informatiques et électroniques*, 2002, p. 235; Guy Hervier, *Le Commerce électronique*, 2001, p. 17.

6 此一分類參見：吳嘉生，同註5，頁30；林麗眞，電子商務契約民事法律問題之研究，臺北大學博士論文，2005年6月，頁23；另有學者認爲應該另外加入「政府」之主體而另有「企業與政府」、「個人與政府」間之電子商務活動。參見周忠海，同註5，頁12-14。關於政府與個人間之線上爭端解決機制，可參見Anita Ramasastry, Government-to-Citizen Online Dispute Resolution: A preliminary Inquiry, 79 Wash. L. Rev. 159 (2004).

7 林麗眞，同註6，頁27-29。

8 Philippe le Tourneau, *supra* note 5, p. 235.

而與企業經營者所為之買賣。」（粗體字為筆者自加）。但由於以「郵購買賣」通稱此等契約似有名實不符之疑，因此最新之「消費者保護法部分條文修正草案」，參酌歐盟立法，擬改為以「遠距通訊交易」稱之[9]。歐盟1997年「遠距契約消費者保護指令」[10]則以「遠距契約」（distance contracts）涵蓋此種線上購物行為。此外，歐盟2000年「電子商務指令」[11]更精確地整合了資訊服務行為之各成員國法制。

線上購物，依前述定義，可認定仍屬於傳統「買賣契約」之法律概念涵攝範圍[12]。蓋買賣契約之法律規範中，僅就交易主體之行為能力、意思表示合致以及交易客體之物加以規範，對於交易型態，例如係由拍賣或傳真訂購，概所不問。但諸如當事人身分之確定、行為能力之有無、意思表示生效之時點、特殊要件之履踐[13]等，在此類線上購物契約，引發許多關於「事實」之詮釋問題[14]。例如：我國人甲於臺北家中上網至美國www.allyouwantwehave.com公司購買書籍一本，並以線上授權信用卡扣款方式支付該書價金，三個月過後，石沈大海，甲依該網頁所示地址電話查詢書籍寄送進度，答曰已經寄出，途中滅失責任由買受人自行承擔。其中牽涉之問題為：締約地為何？契約履行地為何？契約準據法為何？若該網站購物結帳之前有一長篇之定型化契約，約定危

---

9 行政院消費者保護委員會「消費者保護法部分條文修正草案總說明」，http://www.cpc.gov.tw/npdetail.asp?id=573（最後瀏覽日：2007.5.2）。相關評釋，可參見林玫君，遠距金融服務與消費者保護之法律問題—以歐盟遠距行銷金融服務指令爲借鑑，法令月刊第58卷第3期，2007年3月，頁90-105，相關評釋參見該文第101-105頁。

10 Directive 97/7/EC of the European Parliament and of the Council of 20 May 1997 on the protection of consumers in respect of distance contracts；關於電子商務時代的消費者保護問題，另可參見吳嘉生，同註5，頁381-426；馮震宇，論網際網路與消費者保護問題，收於網路法基本問題研究（一），學林，2000年，頁173-228；林麗眞，同註6，頁139-176。

11 Directive 2001/31/EC of the European Parliament and of the Council of 8 June 2000 on certain legal aspects of information society services, in particular electronic commerce, in Internal Market.

12 王傳芬，同註5，頁50。

13 例如拍賣之要式要件，參見民法第391條以下。

14 吳嘉生，同註5，頁133-149；周忠海，同註5，頁46-76；林麗眞，同註6，頁61-117，皆有詳盡的關於電子商務契約之成立與當事人認定、意思表示效力問題之解說。

險負擔之移轉時點為出賣人將貨物交付運送人時，此約定之效力如何[15]？

在數位化商品之交易，問題變得更為複雜：例如上例中某甲購買之商品為遊戲程式乙套，線上付款後，進入下載畫面，某甲發現該下載所連結之網站出現「錯誤」或「無法連結」訊息，此時某甲如何主張自己之權利？按此類契約，目前德國學說上認為有「權利買賣說」、「類似買賣契約說」、「類似租賃契約說」及「介於買賣和權利租賃契約說」等說法[16]，本文限於篇幅，僅討論實體商品交易契約之問題，合先敘明。

此等線上購物契約，如果發生爭端，例如債務不履行，在國內法層次上，問題解決比較單純，僅涉及前述諸多事實點之認定問題。然而，現代網路無國界之特性，使得此等契約之當事人，可能分屬不同國家，在爭端發生時，應由何一法院管轄？該適用何等法律處理？以下茲分析國際私法上對於此等契約之管轄權決定問題與準據法適用問題。

參、跨國B2C買賣契約之國際管轄權決定

關於涉外案件之國際管轄權決定，國內學者討論甚多[17]，本文不擬重複其論述，以下僅簡要敘述其分類與基本原則。一般言之，關於涉外案件之國際管轄權（或稱國際裁判管轄權），學理上有「間接管轄權」（compétence

15 民法第374條：「買受人請求將標的物送交『清償地』以外之處所者，自出賣人交付其標的物於爲運送之人或承攬運送人時，標的物之危險，由買受人負擔。」（條文內之引號爲筆者自加）茲有疑義者是，本案之「清償地」應爲臺北？或是該公司實際上座落之處？

16 王傳芬，同註5，頁63。

17 關於國際管轄權之通論，例可參見陳隆修，國際私法管轄權評論，五南圖書，1986；陳榮宗，國際民事訴訟之法律問題，收於國際民事訴訟與民事程序法，自版，1998年，頁1-46；蔡華凱，國際裁判管轄權總論之研究—以財產關係訴訟爲中心，國立中正大學法學集刊第17期，2004年10月，頁1-85；吳光平，涉外財產關係的國際裁判管轄權，法學叢刊第51卷第1期，2006年1月，頁57-106；吳光平，國際裁判管轄權的決定基準—總論上方法的考察，政大法學評論第94期，2006年12月，頁267-334。

indirecte）之與「直接管轄權」（compétence directe）之分[18]，前者係屬一國法院之判決是否受到他國法院承認執行之問題，後者係案件審理權限於各國法院間分配問題。此外，另有「國際管轄權」（compétence internationale）與「國內管轄權」（compétence interne）之區分，前者為「何國（法域）法院」得管轄之問題，後者為一國內法院管轄權限分配之問題。需要特別說明者是，法國學理上對國際管轄權又稱一般管轄權（compétence générale），國內管轄權又稱特別管轄權（compétence spéciale）[19]，我國多數學者也從此一分類[20]。然而，布魯塞爾公約Ⅰ[21]以及後續的歐盟管轄規則Ⅰ[22]，亦用「一般管轄權」與

[18] Dusan Kitic, *Droit international privé*, 2003, p. 98; 國內學者亦採此種分類，參見馬漢寶，國際私法（總論、各論），自版，2004年，頁198；林秀雄，國際裁判管轄權—以財產關係案件爲中心，收於國際私法理論與實踐（一）—劉鐵錚教授六秩華誕祝壽論文集，1998年，學林，頁119-135，參見頁121。

[19] Pierre Mayer et Vincent Heuzé, *Droit International Privé*, 8e éd., 2004, n°276; Yvon Loussouarn, Pierre Bourel et Pascale de Vareilles-Sommières, *Droit international privé*, 8e éd., 2004, n°441-2.

[20] 參見馬漢寶，同註18；劉鐵錚、陳榮傳，國際私法論，三民書局，2004年3版，頁600；林秀雄，同註18；李沅樺，國際民事訴訟法論，五南圖書，2007年3月2版，頁22。

[21] Convention of 27 September 1968 on jurisdiction and the enforcement of judgments in civil and commercial matters, http://curia.europa.eu/common/recdoc/convention/en/c-textes/brux-idx.htm, last visited 2007.5.9. 1968公約Ⅰ制定後，現行歐盟各國，依加入歐體之順序，陸續亦參加該公約，於1996年其時歐盟15國全部加入該公約。值得一提的是，依1971年6月3日公約議定書，歐體法院對此公約有解釋權。此外，於1988年就歐體成員國與歐洲自由貿易聯盟（Association Européenne de Libre-Échange, AELE）之間，亦簽訂類似布魯賽爾Ⅰ公約的盧加諾公約（Lugano Conventions），以爲各國間決定民商事管轄權之依據，並爲相互判決執行之基礎。盧加諾公約，請參見Convention of 16 September 1988 on jurisdiction and the enforcement of judgments in civil and commercial matters, http://eur-lex.europa.eu/smartapi/cgi/sga_doc?smartapi!celexapi!prod!CELEXnumdoc&lg=EN&numdoc=41988A0592&model=guichett, last visited 2007.1.23.

[22] Council Regulation No 44/2001 of 22 December 2000 on jurisdiction and recognition and enforcement of judgments civil and commercial matters, http://europa.eu.int/eur-lex/pri/en/oj/dat/2001/l_012/l_01220010116en00010023.pdf, last visited 2007.5.9. 此一規則對丹麥有除外規定，仍適用布魯塞爾公約Ⅰ（第1條第3項）。關於1968布魯賽爾Ⅰ公約與歐盟44/2001號規則的遞嬗關係，此處不擬詳論，參見許耀明，歐盟統一國際私法之發展：以管轄權規則與契約準據法公約爲例，月旦法學雜誌第110期，2004年7月，頁93-110；亦可參見Georges A. L. Droz et Hélène Gaudemet-Tallon, La transformation de la Convention de Bruxelles du 27 septembre 1968 en Règlement du Conseil concernant la compétence judiciaire, la

「特別管轄權」，前者係指從國內法院基於對案件有普通審判籍而得出之國際管轄權，原則上以「以原就被原則」為基礎；後者係從國內法院對案件有特別審判籍而得出之國際管轄權，屬於以原就被原則之例外，故稱之為特別管轄權。兩種術語使用意義上之不同，實須在不同討論脈絡下辨明。海牙「民商事管轄權公約」草案（Preliminary Draft Convention on Jurisdiction and Foreign Judgments in Civil and Commercial Matters, 1999）[23]，亦採取同布魯塞爾公約Ｉ的分類方式。而法國學者，也有從此布魯塞爾公約Ｉ看法，認定一般管轄權與特殊管轄權者[24]。為免閱讀誤會，法國學理上所稱之一般管轄權與特別管轄權，宜稱「國際管轄權」與「國內管轄權」為宜[25]。本文以下所討論者，僅為「直接」「國際」管轄權，合先敘明。

一、美國之學說與實務

在跨國B2C買賣契約之直接國際管轄權具體決定上，美國與歐陸有不同之主張。美國聯邦部分，對外國人之管轄權部分，係採取「最低限度的關連點」原則（minimum contact），根據美國憲法修正案第14條正當程序（due process）條款之要求，認為非居民被告與審判地之間，必須存在一定程度之接觸，並且該訴訟之進行並不違反「傳統上公平及正義之原則」（traditional

reconnaissance et l'exécution des décisions en matière civile et commerciale, *Revue Critique de Droit International Privé*, n°90(4) octobre- décembre 2001, pp. 601-652; 歐盟官方對於44/2001號規則與後續因應歐盟東擴新成員國相關法制修正之說明，參見：http://europa.eu/scadplus/leg/en/lvb/l33054.htm（最後瀏覽日：2007.1.23）。

23 Oct. 30, 1999草案條文與相關說明，可參見Peter Nygh and Fausto Pocar, Report on the preliminary draft Convention on Jurisdiction and Foreign Judgments in Civil and Commercial Matters (2000), http://www.hcch.net/index_en.php?act=publications.details&pid=3494&dtid=35, last visited 2007.5.1.

24 例如：Bernard Audit, Le droit international privé en quête d'universalité, Cours général de l'Académie de droit international 2001, Recueil des Cours de l'Académie de Droit International, tome 305, 2003, p. 395.

25 我國學者蔡華凱亦認為一般管轄與特殊管轄之區分實無必要，參見蔡華凱，同註17，頁8-9。

notions of fair play and substantial justice）[26]。基於此一原則，在美國各州管轄權延伸部分，則有所謂「長臂法」（long-arm statute），認為非本州之自然人或法人，在該州境內從事某些活動，達到一定接觸程度，則該州法院對於該人有管轄權[27]。但此一管轄權之行使，需符合「被告在該州從事商業活動」、「訴因與該州有關」與「不違反傳統之公平與實質正義原則」等要求[28]。在當事人間無契約約定管轄權之情形，美國法院傾向以此長臂原則為管轄權之認定，例如在*Resuscitation Technologies, Inc v. Continental Health Care Corp.*一案[29]中，由於原被告之間有多達80多次的電子郵件往來，因此法院認定此構成一定之商業活動，因此原告所在地之印第安那州對於本案有管轄權。而在合意管轄之情形，原則上，電子商務契約亦為一種民事契約，沒有理由否定當事人得合意訂其管轄[30]。但合意管轄之判斷上，美國第六巡迴上訴法院在*Compuserve Inc. v. Patterson*一案，法院認為單純的與網路服務提供者（ISP）簽約，並不足以因此使ISP之總公司所地在法院取得管轄權，但是如果另有傳送軟體、下載等行為，就足以使法院依據雙方之「合意管轄」而取得管轄權[31]。因此，本文

26 陳隆修，同註17，頁122；陳隆修，父母責任、管轄規則與實體法方法論相關議題評析，東海大學法學研究第25期，頁191-324，參見第261頁。馮震宇，論網路商業化所面臨的管轄權問題，收於網路法基本問題研究（一），學林，2000年，頁23-62，此處參見第30頁；周忠海，同註5，頁262-266；陳榮傳，網際網路行爲的涉外法律問題，月旦法學雜誌第84期，2002年5月，頁241-252。美國憲法第十四修正案（1868年7月9日修正）："All persons born or naturalized in the United States, and subject to the jurisdiction thereof, are citizens of the United States and of the State wherein they reside. No State shall make or enforce any law which shall abridge the privileges or immunities of citizens of the United States; **nor shall any State deprive any person of life, liberty, or property, without due process of law**; nor deny to any person within its jurisdiction the equal protection of the laws."（粗體字筆者自加）

27 馮震宇，同註26，頁31；林麗眞，同註6，頁232-236。

28 馮震宇，同註26，頁31-32。

29 1997 U.S. Dist. LEXIS 3525 (S. D. Ind. 1997)，轉引自馮震宇，同註26，頁47。

30 林麗眞，同註6，頁231；關於國際管轄合意，可參見：陳啓垂，國際管轄權之合意—評最高法院九十二年度台上字第二四七七號民事判決，月旦法學雜誌第131期，2006年4月，頁151-165；黃國昌，國際訴訟之合意管轄—以排除效果之有效性要件爲中心，政大法學評論第90期，2006年4月，頁301-354。

31 馮震宇，同註26，頁45-47。

所討論之線上購物契約（B2C買賣契約），依前述意旨，在無合意管轄之情形下，如果是透過線上購物之「一次性」網路下單締結買賣契約，似乎無法被認定為被告在「原告」所在地「有商業行為」；而一般來說，線上購物契約之合意管轄又常以網路企業經營者之主事務所所在地為合意管轄地，此等約定如被認定為有效，對於原告，似有應訴不便之議（例如原告在加州，被告在紐約），因此，是否可能以違反「公平原則」排除此一合意管轄之約定，而使得原告所在地之法院取得管轄權？理論上應無問題，但仍待實際案例之建立認定。

二、歐盟之學說與實務

在歐盟層次上，目前歐盟管轄規則 I 則將被告之住所所在地視為契約之一般管轄權[32]，而以債務履行地為特別管轄權[33]。此等債務履行地之認定，除非當事人另有合意，在物品之買賣，為物之運送出發地或應交付運送之地；在服務之提供，為服務之提供地或應提供地[34]。在電子商務交易，原則上適用前述決定方法，但此等法律如不明確，例如在交易客體為數位商品時，或有認為則

[32] Regulation 44/2001, art. 2.1: "Subject to this Regulation, persons domiciled in a Member State shall, whatever their nationality, be sued in the courts of that Member State." 關於布魯塞爾規則 I 之一般管轄權與特別管轄權之詳細說明，參見Peter Stone, EU Private International Law 45 (2006); Michael Bogdan, Concise Introduction to EU Private International Law 43 (2006); Hélène Gaudemet-Tallon, *Compétence et exécution des jugements en Europe: Règlement no 44/2001, Conventions de Bruxelles et de Lugano*, 3e éd., 2002, p. 59 et s.; 許耀明，法國國際私法上之國際管轄權決定原則：以涉外勞動契約之國際管轄權決定爲例，興大法學創刊號，2007年6月。

[33] Regulation 44/2001, art. 5.1(a): "A person domiciled in a Member State may, in another Member State, be sued: in matters relating to a contract, in the courts of the place of performance of the obligation in question."

[34] Regulation 44/2001, art. 5.1(b): "for the purpose of this provision and unless otherwise agreed, the place of performance of the obligation in question shall be: --in the case of the sale of goods, the place in a Member State where, under the contract, the goods were delivered or shall have been delivered, --in the case of the provision of services, the place in a Member State where, under the contract, the services were provided or should have been provided."

以出賣人之住所地為管轄法院[35]。此外，當事人間（至少其一於成員國內有住所）亦得合意選擇另一成員國之法院為管轄法院[36]。此等合意管轄，實際運作上通常亦約定為出賣人之主事務所所在地。以此觀之，在B2C買賣契約，對於原告，可能仍有訴訟成本過高之問題。因此，歐盟管轄規則Ⅰ第16條特別就消費者訴訟，規定消費者得於企業經營者所在地國或消費者住所地國法院提起訴訟[37]。

三、海牙國際私法會議草案

在國際合作上，1999年10月30日海牙國際私法會議通過了「民商事管轄權與外國判決公約」草案，對於買賣契約之管轄權，也有特殊規定。該草案第6條以商品之給付地、服務之提供地或主要債務履行地為有管轄權法院[38]。但針對消費者之特別保護，草案第7條則規定，消費者為原告時，得於其慣居地法院起訴[39]，此顯然較為保護消費者。準此，本文所關切之跨國B2C契約，對消

[35] 林麗眞，同註6，頁240。

[36] Regulation 44/2001, art. 23.1: "If the parties, one or more of whom is domiciled in a Member State, have agreed that a court of the courts of a Member State are to have jurisdiction to settle any disputes which have arisen of which may arise un connection with a particular legal relationship, that court or those courts shall have jurisdiction."

[37] Regulation 44/2001, art. 16.1: "A consumer may bring proceedings against the other party to a contract either in the courts of the Member States in which the party is domiciled or in the courts for the place where the consumer is domiciled."

[38] HCCH, Preliminary draft Convention on Jurisdiction and Foreign Judgments in Civil and Commercial Matters, art. 6: "A plaintiff may bring an action in contract in the courts of a state in which a) in matters relating to the supply of goods, the goods were supplied in whole or in part; b) in matters relating to the provision of services, the services were provided in whole or in part; c) in matters relating both to the supply of goods and the provision of services, performance of the principle obligation took place in whole or in part."

[39] HCCH, Preliminary draft Convention on Jurisdiction and Foreign Judgments in Civil and Commercial Matters, art. 7.1: "A plaintiff who concluded for a purpose which is outside its trade or profession, hereafter designated as the consumer, may bring a claim in the courts of the State in which it is habitually resident ...."

費者則可較有訴訟之便利性。此外，在2000年海牙國際私法會議[40]中，針對電子商務與國際管轄權，特別提出電子商務中消費者契約之管轄權問題加以討論，認為雖基於保護弱勢之原則，海牙「民商事管轄權與外國判決公約草案」第7條以消費者慣居地之法院為有管轄權法院，但此亦可能引發企業經營者「全球被訴」之風險，尤其是愈來愈多的小企業也開始經營線上交易，該如何也均衡此等小企業之利益？頗值考量[41]。此會議中也提出了對於促進本文最後要討論的ADR與ODR之重要性，但該2000年會議認為也許海牙「民商事管轄權與外國判決公約草案」並非列入此等ADR或ODR之適當規範處所，但此一草案亦不能作為ADR／ODR日後發展之限制[42]。

四、我國學說與實務

我國目前對於涉外民事案件，並無管轄權之成文規定。學說上有以「逆推知說」（二重機能說）、「管轄分配說」（法理說）、「利益衡量說」與「新類型說」等學說處理者[43]，而實務上則多以「類推適用說」為主而以我國民事訴訟法規定類推適用之。例如，在最高法院96年台上字第582號判決中，認為「涉外剩餘財產分配事件之國際管轄權，涉外民事法律適用法未有規定，應**類推適用**民事訴訟法之規定」[44]；而最高法院95年台抗字第2號裁定中，也指出「關於涉外事件之國際管轄權誰屬，涉外民事法律適用法固未明文規定，

40 HCCH, Ottawa, 18 February to 1 March 2000, Summary of discussions, Electronic Commerce and International Jurisdiction, http://www.hcch.net/upload/wop/jdgmpd12.pdf, last visited 2007.5.2. 亦可參見林麗眞，同註6，頁246以下。

41 *Id.*, Summary of discussions, p. 7.

42 關於海牙國際私法會議「民商事管轄權與外國判決公約草案」與2000年Ottawa海牙國際私法會議之相關說明與其適用於電子商務之限制，以及ADR／ODR之適用可能，參見Mary Shannon Martin, Keep it Online: The Hague Convention and the Need for Online Alternative Dispute Resolution in International Business-to-Consumer E-Commerce, 20 B. U. Int'l L. J. 125 (2002).

43 蔡華凱，同註17，頁17-21。

44 以下最高法院判決，皆檢索自司法院法學資料檢索系統：http://jirs.judicial.gov.tw（最後瀏覽日：2007.4.11）。

惟受訴法院尚非不得就具體情事，**類推適用**國內法之相關規定，以定其訴訟之管轄」；又最高法院93年台上字第1943號判決則稱「查涉外民事法律適用法並無關於離婚事件國際管轄權之規定，惟**綜合**民事訴訟法第568條關於離婚事件管轄權之**規範意旨及原理**，應解為我國就離婚事件之國際管轄權，係以當事人本國法院管轄為原則，輔以住所地法院管轄權及原因事實發生地法院之管轄權。」此雖未明言類推適用，但論理上實為此意[45]。

因此，在前述B2C買賣契約，如被告為我國人，依我國實務見解，我國法院自有國際管轄權（類推適用民事訴訟法第1條）[46]；又或債務履行地在我國，亦有國際管轄權（類推適用民事訴訟法第12條）。此一債務履行地之認定，在B2C實體商品交易契約，認定較無困難，依我國民法第314條規定，「清償地，除法律另有規定或契約另有訂定，或另有習慣，或得依債之性質或其他情形決定者外，應依左列各款之規定：一、以給付特定物為標的者，於訂約時，其物之所在地為之（下略）」。但此一類推適用之做法，就被告為外國人，或債務之履行地在外國之情形，對於我國之原告即有保護不周之虞。而我國消費者保護法第47條則規定：「消費訴訟，得由消費關係發生地之法院管轄」，此得否類推適用於涉外消費訴訟？依前述我國實務，似無不許之理，但在跨國B2C買賣契約，如何認定「消費關係發生地」？仍有疑問。

實則，跨國B2C買賣契約之特性，使得前述不管是美國、歐盟或海牙國際

---

45 蔡華凱教授在對本文評論時（2007.5.18）提出質疑，認爲觀諸民事訴訟法第568條，並未有「國籍管轄」之規定，此等類推適用，有不當擴張我國管轄之嫌，實屬反面教材。蔡華凱教授並認爲，此以歐盟管轄規則Ｉ中禁止「國籍管轄」自明。筆者認爲，歐盟管轄規則Ｉ原則上雖以「住所」爲管轄連繫因素，但該規則第4條第2項，針對非居住於歐盟成員國之被告，認爲「對於此等被告，不論任何國籍之人，若居住於歐盟成員國境內，則可以如該國國民一般，援引其所居住之歐盟成員國法上現行管轄權規則，特別是明示於本規則附錄一者。」（As against such a defendant, any person domiciled in a Member State may, whatever his nationality, avail himself in that State of the rules of jurisdiction there in force, and in particular those specified in Annex I, in the same way as the nationals of that State.）本規則附錄一中，則有法國民法第14條與第15條之「國籍管轄」。因此，歐盟管轄規則Ｉ原則上雖以被告之住所地爲一般管轄，但例外時，在被告並非居住於歐盟成員國境內時，例外也允許「國籍管轄」之使用。參見Peter Stone, *supra* note 32, at 57.

46 此等國籍管轄之類推適用，是否妥適？蔡華凱教授評論本文時亦認爲有問題。限於篇幅，他日將另行爲文討論之。

私法會議草案之管轄權認定，皆有時而窮。由於網路網路空間的非中心性，使得傳統國家司法主權之概念受到動搖，司法管轄界線亦變得模糊，尤其是傳統以當事人之住所、國籍、財產、行為與意思等因素決定國際管轄權有無之基礎，在網路網路與物理空間並無關連之時，此等決定國際管轄權之因素，將變得難以適用。此亦為本文提倡ODR原因之一，詳見下述「伍」。

肆、跨國B2C買賣契約之準據法決定

從傳統國際私法理論來看，不僅是對於跨國B2C買賣契約，不僅是國際管轄權難以決定，在準據法選擇部分亦有所爭議，以下茲先敘述傳統國際私法上如何決定此等契約之準據法加以說明，其次指出此等契約準據法具體適用時之問題，再次討論國際私法學說上關於契約準據法如何決定之原則，最後作出對於跨國B2C買賣契約準據法決定之建議。

一、跨國B2C契約準據法決定之處理順序

在本文「貳」所舉之例中，由於跨國B2C買賣契約涉及之交易主體、交易客體、交易場所常涉及數法域[47]，因此在法律適用上，須先闡明應適用何種法律為該契約之準據法問題。因之，如該案件繫屬在我國法院，依我國國際私法學說習用之方式[48]，須依序檢討以下各點：

(一)該案件是否爲涉外私法契約？

在我國對於涉外案件之解決，須適用「涉外民事法律適用法」以決定以何一準據法為該案件之實體法而加以適用。其適用之前提，則須以發生涉外私法案件為前提。在跨國B2C買賣契約中，將涉及外國自然人或法人，因此為涉外

47 法域（territorial unit），指基於一立法主權，所制定之法律的有效施行地理範疇。例如目前中華民國民法，僅於臺澎金馬地區有其施行效力。因之中華民國民法之法域，即爲臺澎金馬地區。

48 馬漢寶，談國際私法案件之處理，軍法專刊第28卷第10期，1982年11月，頁3。

案件；本案係為買賣契約，為私法事件。因之有臺灣涉外民事法律適用法之適用。

(二) 我國法院對該案有無國際管轄權？

原則上，因甲為我國人，我國法院對本案自有管轄權。此外，若當事人合意以我國法院為第一審管轄法院，通說亦認為此時得類推適用臺灣民事訴訟法取得國際私法上之國際管轄權[49]。

(三) 本案應定性爲何種法律關係？

定性（Characterization或Qualification）[50]，依通說有「法庭地法（*Lex Fori*）說」、「本案準據法（*Lex Causae*）說」、「初步及次步定性說」（Primary and secondary Characterization）、「分析及比較法理說」（Comparative and Analytical Jurisprudence）等。以法庭地法說為便利而為多數所採。依我國民法，本案宜定性為「買賣」契約。

(四) 準據法之選擇

依涉外民事法律適用法第6條第1項：「法律行為發生債之關係者，其成立要件及效力，依當事人意思定其應適用之法律。」本案如有當事人合意，則理論上（詳下述契約準據法之決定部分之討論）應適用當事人合意之法律。

如果當事人間無合意，則依同法第6條第2項：「當事人意思不明時，同國籍者依其本國法。國籍不同者依行為地法，行為地不同者以發要約通知地為行為地，如相對人於承諾時不知其發要約通知地者，以要約人之住所地視為行為地。」本法目前所採取之方式，係屬「準據法一般確定式」（general choice of

---

49 陳榮傳，同註26，頁245；另參見劉鐵錚、陳榮傳，同註20，頁604。

50 亦譯爲識別（大陸譯名）。對於此一概念，討論之文獻頗多，參見Cheshire & North, Private International Law 43 (11th ed., 1987); Kegel/Schuig, Internationales Privatrecht 278 (8 Aufl. 2000); Pierre Mayer et Vincent Heuzé, *supra* note 19, n°166 ; Yvon Loussouarn, Pierre Bourel et Pascale de Vareilles-Sommières, *supra* note 19, n°183；馬漢寶，同註18，頁257；劉鐵錚、陳榮傳，同註20，頁518；柯澤東，國際私法，元照，2006年9月，頁64。

law）中之「硬性規則」（rigid rules）[51]。

(五)準據法之適用

通常在當事人意思自主原則之行使下，由於並無國籍、住所等連繫因素介入，所以無國籍衝突、住所衝突以及一國數法、反致等問題。可能有問題者是，當事人所約定之外國法牴觸我國公序之問題（涉民法第25條）。由於篇幅之關係，此處不擬詳述[52]。

---

51 關於當事人意思不明時法律之選擇，學說上有「準據法一般確定式」（general choice of law）與「準據法個別確定式」（individualized choice of law），前者又分為由立法者設定一定法律適用順序之「硬性之一般規則」（rigid rules），如我國現行涉民法第6條第2項，以及較為彈性的「表面規則」（*Prima Facie* rules）。參見陳榮傳，當事人意思自主原則，月旦法學雜誌第6期，1995年10月，頁56-57。「準據法個別確定式」主見於英美法系國家，交由法官於具體個案中斟酌案件之各種具體情狀綜合判斷契約之準據法，例如「契約適切法」理論（a proper law of contract），大陸學者又譯「自體法」，參見傅靜坤，契約衝突法論，人民出版社，2001年，頁36；我國學者亦有採此一譯名者，參見賴來焜，當代國際私法學之構造論，神州，2001年，頁752。「準據法一般確定式」則常見於大陸法系成文法典中，「表面規則」僅設定基本原理原則供法官判斷時之參考，實則為準據法個別確定式之成文化而已。例如臺灣涉外民事法律適用法修正草案（2003.10.28）中，關於契約準據法之選擇，於當事人意思不明時改訂為（草案第15條第2項）：「當事人無明示之意思或其明示之意思依前項應適用之法律無效時，依『關係最切』之法律。」（引號為筆者自加），係採取「最重要牽連說」（Theory of Most Significant Contacts）之精神。而現行第6條第2項，則係採取一定順序之連繫因素，依序由「共同國籍」、「行為地」、「發要約通知地」、「要約人之住所地」指向準據法之適用，此種法律適用方式，亦有學者稱為「梯級適用」（參見賴來焜，本註前揭書，頁736）。

52 公序（l'ordre publique; public order/policy）概念首見於1804年法國民法典前加篇（Titre Préliminaire）第3條第1項：「凡關於警察及公共安全之事項，拘束所有法國境內一切人民。」（Les lois de police et de sûreté obligent tous ceux qui habitent le territoire.）此亦為現代歐陸國際私法新思潮「即刻適用法」（大陸學者譯為「直接適用法」）（lois de police; lois d'application immédiate; immediately applicable law）概念之起源。在現代國際私法學說論述體系上，公序概念為「外國法適用論」之一環，主要說明在何種情形下，經過選法程式而找出之準據法並不能適用而必須被排除。當然，在目前各國提倡各國法律平等適用及促成國際間判決一致之國際私法發展理想前提下，以公序為由排除外國法之適用，理應屬於一種例外情形。相關公序概念說明，可參見Pierre Mayer et Vincent Heuzé, *supra* note 19, n°199; Yvon Loussouarn, Pierre Bourel et Pascale de Vareilles-Sommières, *supra* note 19, n°246；馬漢寶，同註18，頁235；劉鐵錚、陳榮傳，同註20，頁218；柯澤東，同註50，頁88。關於即刻適用法，參見柯澤東，從國際私法方法論討論契約準據法發展新趨勢—並

二、具體案件中關於跨國B2C買賣契約成立要件、契約效力與面臨之問題

前段所述者為在臺灣涉外民事法律適用法下對於跨國B2C實體交易契約準據法決定的一般原則，乍看之下，似乎沒有太多疑義。如決定以某國法（甚至非一國實體法，例如國際條約）為準據法後，法院即以該法律為該案實體判決之依據。但我們要回過頭來，試想一下如果本案係以中華民國民法為裁判依據時，臺灣法院在適用實體法時考量的究竟是什麼？之所以要回到實體法作討論，乃因實際上在「定性階段」，我們係以我們民法之概念為定性。所以雖然說國際私法上盛傳著「程序依法庭地法」之原則而主張實體須平衡適用內外國法，但是由於定性階段之法律概念分類，實際上實體上因素早已滲進選法程序中，再加上「準據法選擇」階段所依據之「主要條文」係由法庭地國立法者依法庭地實體概念歸納分類各種典型案件，預設連繫因素，指向一定之準據法而來。因之其實在「準據法選擇」之階段，法庭地實體概念亦滲進選法程序。我們要說，這樣的選法程序，是不是一種「假面具」式的假平等，而枉顧當事人實際上之意思及利益呢？反觀英美法系之「契約適切法」理論、「最重要牽連說」理論等，直接賦予法官一定之權限斟酌具體個案具體情狀而為綜合判斷，擺明就是「司法至上」之主張，是不是顯得較不虛偽呢？

在現行架構下，我們為了突顯目前大陸法系選法模式之僵化，特別是在網際網路發達之今天，對於各種交易模式準據法選擇之無所適從，我們先回到我國實體法層次看看：

目前依臺灣學者之通說，契約之成立，須有三要件：「當事人」、「意思表示」及「標的」；契約之生效，則須「當事人有行為能力」、「意思表示有

略評兩岸現行法，臺大法學論叢第23卷第1期，1993年12月，頁292-297（亦收於柯澤東，國際私法新境界—國際私法專論，元照，2006年，頁141-184）。其他新近討論即刻適用法之文獻，亦請參見許兆慶，海事國際私法上「至上條款」與「即刻適用法」簡析—兼評新海商法第七十七條之訂定，月旦法學雜誌第78期，2001年11月，頁124-141（亦收於國際私法與比較法研究，翰蘆，2005年，頁47-86）；吳光平，即刻適用法及其於海事國際私法上貨物運送法律關係之運用—並論我國海商法第七十七條之規定，法學叢刊第189期，2003年1月，頁101-116；吳光平，重新檢視即刻適用法—源起、發展，以及從實體法到方法的轉變歷程，玄奘法律學報第2期，2004年12月，頁147-196。

效合致」與「標的係適法、可能與確定」[53]。對照在國際私法選法程序上，一個實體交易契約，其實須有多種準據法之適用。依通說之看法，當事人能力及契約標的若為「物」，則必須另行適用行為能力準據法及物權準據法。於是一個現實上發生之涉外契約，其實有多種準據法之同時適用，這樣的法律適用方式稱為「分割適用」（Dépéçage）[54]。我們以這樣的標準，檢視一下前述跨國B2C買賣契約，將發現網際網路的特性，使得目前決定契約成立及效力之事實情狀，變得模糊難辨，試想：

（一）關於行為能力。企業對於坐在電腦桌前以滑鼠鍵盤漫遊網路世界的個人，何從判斷其行為能力之有無？（年齡通常為行為能力取得之法定要件，但現在電腦日益普及，小學生上網已成家常便飯）更何況企業往往由網路主機自動回應接收之電子訊息，更無識別能力去從事此等判斷。而國際私法對於行為能力此類屬人法（*Lex Personia*）之適用，若非採「本國法主義」（*Lex Patriae*），如臺灣，即採「住所地法主義」（*Lex Domicilii*），如英美。企業何從得知當事人之國籍？住所？網際網路，何時何地皆能上網，締約人之國籍為何？實無從辨識。而住所應如何認定？以上網之電腦實際所在地點擬制？此又失去住所與自然人實際生活重心連結之意義。

（二）關於當事人意思表示之有效與合致。有效部分，意思能力之有無（比如說締約人其實已酩酊大醉），在網路上亦無法彰顯。合致部分則比較單純，通常目前實務上以點選「同意」鈕之按擊滑鼠動作，彰顯同意。茲較有疑問者是，何時意思表示合致生效而契約成立？傳統上英美法系大多對承諾之意思表示採取「發信主義」，則契約於相對人為承諾時成立，大陸法系對之則採「到達主義」，則契約通常於承諾之意思表示達到要約人時方生效而契約成立。不管採取何者，由於通說認為在網頁（webpages）上刊載價目表不視為要約，而為要約之誘引[55]，因之消費

53 王澤鑑，民法實例研習：民法總則，自版，1990年，頁193；孫森焱，民法債篇總論（上冊），自版，2004年，頁23。

54 賴來焜，同註51，頁724。

55 王傳芬，同註5，頁108。

者點選欲購買之商品應屬要約，而承諾由於實為企業主機因程式設計而自動回應，可視為企業行為之延伸，因之承諾之時點，由於網際網路電子訊息傳遞只在彈指間，所以幾乎在消費者點選完畢送出訊息後，同時間企業已為承諾。採取發信或到達主義，關於契約成立時點差異不大。差異者在於契約成立之「地點」（締約地）：在英美法系發信主義契約成立地在承諾人處，大陸法系到達主義則在要約人處[56]。但如上述，傳統上之所以有這兩派之爭，主要牽涉到「意思表示之撤回」、「遲到」等問題因而衍生契約成立地不同之問題。今在網路上既契約成立於一瞬間，何必倒因為果斤斤計較契約成立地？

（三）關於物權準據法。在以數位化商品為交易標的時，此問題更為複雜。因為傳統之「物權依物之所在地法（*Lex Rei Sitae*）」原則根本無從適用。軟體程式之所在地為何？企業之主要主機實際所在地？網路交易之伺服器（server）所在地？在實體商品交易契約，由於有實際物品占據一定之物理空間，所以此原則之適用較不成問題。

三、國際私法學說上關於契約準據法之決定

目前國際私法上關於契約準據法之決定，大抵有「當事人意思自主原則」、「契約重心地理論」、「特徵性履行契約」以及「契約適切法」等理論。

（一）當事人意思自主原則（l'autonomie de la volonté）[57]：此一原則為法國學者Dumoulin於16世紀針對Bartolus法則區別說（Theory of Statutes）中關於「混合法則」（*Statuta Mixta*）之法律適用不明而提出。本說主張關於契約之成立要件與效力，在準據法選擇上適用當事人自己合意所選定之法律，法官即以此為當事人間權利義務關係之定奪[58]。

---

56 陳隆修，國際私法契約評論，五南圖書，1986年，頁36-37。

57 詳細資料，請參見賴來焜，同註51，頁229；亦請參見傅靜坤，同註51，頁29。

58 此說現成爲大陸法系連繫因素論中之一環。在當事人爲明示合意時，法官適用法律有明確之準據，但在當事人意思不明時，應如何適用法律，以及如何找出「當事人推定或假

（二）契約重心地理論（center of gravity）[59]：所謂契約重心地理論，係指法官就契約之締約地、履行地、債權人住、居所地以及債務人住、居所地等，斟酌具體契約中，與系爭法律關係最有關係者係為何地，以該地之法律作為契約準據法之謂。

（三）特徵性履行契約（Characteristic Performance）[60]：特徵性履行契約為契約適當法之一種類型，受到最重要牽連說（Theory of Most Significant Theory）[61]之影響，大陸法系就各種債之關係，分門別類分別主張其適當法之適用，此為最重要牽連說之具體化。1980年羅馬「契約準據法公約」[62]在當事人無明示或默示之選法時，就契約準據法之決定，於該公約第4條第1項規定依「最密切關連」（les liens les plus étroits）之國之法律。此須綜合考量締約地、履行地、當事人住所地或營業地以及契約之性質與主要目的。而公約第4條第2項另以瑞士法上之「特徵性履行」（la prestation caractéristique）為最密切關連之判準。認為在各類契約有典型之履行特徵時，履行債務人締約時之慣居地即為最密切關連之地。

（四）契約適切法（Proper Law Theory）[63]：契約之適切法理論認為於確定契

設之意思」，有許多學理上爭議。參見賴來焜，同註51，頁299；傅靜坤，同註51，頁42。

[59] 此爲美國法之主張，參見許兆慶，美國國際私法選法理論之變遷，收於國際私法與比較法研究，翰蘆，2005年，頁257-286，本處參見第263頁。

[60] 柯澤東，同註52；柯澤東，同註50，頁213-222。

[61] 美國紐約州上訴法院於1963 *Babcock v. Jackson*中，採用契約重心地理論之精神，於侵權行爲之準據法選擇上，捨傳統機械僵化之侵權行爲地法，採取較爲彈性之最重要牽連說。其後此說之精神逐次擴張到整個選法理論，而成爲與傳統連繫因素論分庭抗禮之選法方式，又稱「彈性選法主義」。參見許兆慶，同註59；賴來焜，同註49，頁591。

[62] CONVENTION ON THE LAW APPLICABLE TO CONTRACTUAL OBLIGATIONS opened for signature in Rome on 19 June 1980, http://www.rome-convention.org/instruments/i_conv_orig_en.htm, last visited 2007.5.9. 目前關於此一公約，亦有「歐體法化」之呼聲，參見許耀明，同註22，頁103。

[63] 大陸學者譯爲「自體法」，參見傅靜坤，同註51，頁36。我國學者則譯爲「適當法」，參見李復甸，網際網路行爲準據法之研究，收於國際私法理論與實踐（一）—劉鐵錚教授六秩華誕祝壽論文集，學林，1998年，頁15-36，此處參見第26頁。

約之準據法時，法官並非以契約之締約地或履行地為排他的、機械的唯一準據法，係以當事人之意思，綜合契約之條款、當事人之狀況與締約時之客觀情狀綜合判斷。當事人有明示合意時，通常法官及以此為準據法，當事人無合意或合意不明時，法官即以「公正理性之人」（just and reasonable persons）在締約時所必須考慮之法律作為準據法[64]。

綜合前述，我們可以得見，國際私法上對於傳統契約準據法之選擇，大抵是以「當事人意思」為中心，由當事人自行決定其法律關係應適用之法律，在當事人意思不明時，則由法官依一定之法則決定該契約應適用何法律。以上各說，除當事人意思自主原則外，其餘各說名稱或有不同，但實質上精神頗為接近。

四、跨國B2C契約準據法決定之建議

由於網際網路之特性，許多傳統連繫因素論據以決定準據法之方式將受到重大衝擊，例如傳統屬人連繫因素，在網際網路中不論「國籍」或「住所」等連繫因素皆無法彰顯其作用，主要是因為「身分真實性」目前在網際網路上仍舊為有待發展之技術。再如傳統屬地之連繫因素，例如行為地，由於網路空間係屬虛擬，行為地之認定並無實際之地理意義。而對傳統主觀連繫因素，當事人意思，於消費契約常有「定型化契約」之問題，各國關於消費者保護之「即刻適用法」，勢必限制當事人意思之行使[65]。而最重要牽連說、特徵性履行契約、契約適切法等彈性選法理論，面臨網路上層出不窮之契約類型，亦有時而窮[66]。

因此，對於網際網路法律行為之選法，有學者提出「網址法原則」，主張有關Internet所生之國際民商事法律關係，以「網址」（IP Address/URL）為

64 傅靜坤，同註51，頁37。

65 參見賴來焜，同註51，頁696-702；陳榮傳，同註51，頁248。其進一步主張，如在臺灣法院進行該等案件審理，在實體法適用上，須注意消費者保護法第11條到第16條，判斷該定型化契約關於準據法合意之效力。

66 賴來焜，同註51，頁705-709。

連繫因素而採取「網址法」為準據法[67]。對於此一主張，學理上有肯定說、否定說及區分說、未定說等四說。肯定說認為網址在網路空間中的位置是可以確定的，而ISP與其實際座落地之管轄區域間具有關連性，因此主張以網址作為準據法決定之連繫因素以及國際民事訴訟管轄權決定之審判籍。否定說認為網址為虛擬性空間，不符客觀現實關係，法院應另行擇定連繫因素以為準據法之決定。區分說認為須區分「被動型網址」（Passive Web Sites）與「交互型網址」（Interactive Web Sites），被動型網址將供上網者瀏覽資訊，交互型網址則非僅瀏覽，尚可讓上網者留下如自己之E-Mail，被動型網址不足構成聯繫，互動型網址則足以以此為連繫因素。未定論說則主張，網址在網際網路空間中雖有一定之穩定性，但其與具體特定之地理空間關係，其聯繫度尚無定論[68]。

前揭數說，筆者認為以未定說為可採。蓋肯定說所持之主張，以目前國際間通用之網址編排方式，雖可識別網址所在ISP之實際地理位置，例如www.xyz.com.tw，所指者為以xyz（自然人或法人均可能）為名所申請之商業網站，座落地為臺灣，又如www.123.edu.jp所指為以123為名所申請之教育網站，座落於日本，如kkk.net，則是以kkk為名之網路服務業網站，座落地為美國（美國網站名後不加.us），但是此處所稱之「座落地」，事實上僅為申請地，因為該企業或個人實際上可能位於日本而在臺灣申請該網址，或是位於臺灣而於美國註冊網址名稱。因此，若僅以網址為判斷基準而決定準據法之適用，仍可能有「規避法律」（la fraude à la loi）之嫌。

五、跨國B2C契約準據法決定之困難

綜前所述，可以得知國際私法理論迄今仍無法妥善解決關於跨國B2C買賣契約之準據法決定問題。究其原因，並非傳統國際私法理論有理論上之缺陷，而是因為電子商務「無國界」之特性很難以傳統上以「國家主權」為建構概念中心的國際私法加以規範[69]。例如，在國際管轄權決定上，網路經營者之主事

67 賴來焜，同註51，頁710。

68 賴來焜，同註51，頁712-714。

69 José Edgardo Muñoz López, Alternative Dispute Resolution for E-Commerce, 10 VJ (Vindobona Journal of International Commercial Law & Arbitration) 53, 57 (2006).

務所所在地如何認定？以網址認定？目前仍眾說紛紜。又如在準據法選擇上，羅馬公約中判斷最密切關連之「締約地、履行地、當事人住所地或營業地」等，在網路世界亦難以認定。縱如歐盟已經於2000年通過「電子商務指令」（Directive 2000/31 on electronic commerce）[70]，以調和歐體內部市場關於資訊社會服務（information society services）之各國法制，但其亦明言「本指令不建立額外的國際私法規則，亦不處理國際管轄權之問題」[71]，由此可知此一問題在傳統國際私法上之難度。

因此，面臨傳統國際私法理論在網路世界適用之疑義，學者間倡議對於電子商務之跨國爭端，基於網路法（Cyberlaw）[72]自身「無國界」之特性，也許應該尋求其他「非訴訟」的ADR[73]，而其中ODR正方興未艾，前述歐盟2000/31號電子商務指令第17條亦鼓勵此種發展[74]，詳見下述。

---

[70] Directive 2000/31/EC of the European Parliament and of the Council of 8 June 2000 on certain legal aspects of information society services, in particular electronic commerce, in the Internal Market. 關於本指令之逐條釋義，參見Lilian Edwards, ed., The New Legal Framework for E-Commerce in Europe (2005).

[71] Directive 2000/31/EC, art. 1(4): "This Directive does not establish additional rules on private international law nor does it deal with the jurisdiction of Courts."

[72] 關於網路法之發展，可參見Bruce L. Benson, *supra* note 1; Christiane Féral-Schuhl, *Cyberdroit*, 3e éd., 2002; 馮震宇，網路法律問題導論，收於網路法基本問題研究（一），學林，2000年，頁11-22。

[73] Yun Zhao, Dispute Resolution in Electronic Commerce 37 (2005); Mohamed Wahab, Globalization and ODR: Dynamics of Change in E-Commerce Dispute Settlement, 12 Int'l J. L. & Info. Tech. 123, 128 (2004).

[74] Directive 2000/31/EC, art.17: "
1. Member States shall ensure that, in the event of disagreement between an information society service provider and the recipient of the service, their legislation does not hamper the use of out-of-court schemes, available under national law, for dispute settlement, including appropriate electronic means.
2. Member States shall encourage bodies responsible for the out-of-court settlement of, in particular, consumer disputes to operate in a way which provides adequate procedural guarantees for the parties concerned.
3. Member States shall encourage bodies responsible for out-of-court dispute settlement to inform the Commission of the significant decisions they take regarding information society services and to transmit any other information on the practices, usages or customs relating to electronic

伍、跨國B2C買賣契約適用線上爭端解決機制（ODR）之可行性

以下首先闡述ODR之源起、意義與類型，其次則討論此種新興爭端解決模式，是否足以妥善解決本文關心的跨國B2C買賣契約。

一、線上爭端解決機制（ODR）之意義與類型

所謂ADR，係指以傳統訴訟途徑以外之解決爭端方式，又稱「裁判外紛爭處理」。具體類型有調解、和解、仲裁等[75]。歐盟執委會（Commission）於2002年之「民商事ADR綠皮書」[76]中，亦定義ADR為「由中立第三人進行之法庭外爭端解決程序」[77]，而可區分為「司法程序中誘導之ADR」（ADR in the context of judicial proceedings）與「訴訟程序外當事人合意之ADR」（conventional ADR），或區分為「第三人需作出爭端解決決定」（又區分為有拘束力與無拘束力）與「第三人無需作出爭端解決決定，僅由當事人自行達成協議」之諸次類型。此一ADR發展，由於各種知識與資訊流通之迅速，加上ODR之出現，也逐步邁向全球化，並兼容各種不同文化之需求與強調資訊

commerce."

關於歐盟電子商務指令中ODR之設計，參見Paul Motion, *Online Dispute Resolution: A View from Scotland*, THE NEW LEGAL FRAMEWORK FOR E-COMMERCE IN EUROPE 137 (Lilian Edwards eds., 2005).

[75] Karim Benyekhler & Fabien Gékinas, Le règlement en ligne des conflits, 2003, p. 65; Aashit Shah, Using ADR to Resolve Online Disputes, 10 Rich. J. L. & Tech 25 (2004); Amy S. Moeves & Scott C. Moeves, Two Roads Diverged: A Tale of Technology and Alternative Dispute Resolution, 12 Wm. & Mary Bill Rts. J. 843 (2004); Krik W. Schuler, ADR's Biggest Compromise, 54 Drake L. Rev. 751, 754 (2006)；沈冠伶，訴訟權保障與裁判外紛爭處理，元照，2006年，頁334；梁瀞心，線上解決爭議機制之研究，世新大學法律學研究所碩士論文，2004年，頁75。

[76] COM (2002) 196, Green Paper on Alternative Dispute Resolution in Civil and Commercial Law, http://eur-lex.europa.eu/LexUriServ/site/en/com/2002/com2002_0196en01.pdf, last visited 2007.4.30.

[77] *Id.* at 6.

科技可接近性之普及[78]。

ODR興起於1990年代中期，實為替代爭端解決機制（ADR）的具體型態之一，係透過各種網路科技之輔助而作成。所謂ODR，依早期倡導ODR有力之學者Katsh與Rifkin之看法，包括線上協商（Online Negotiation）、線上調解（Online Mediation）與線上仲裁（Online Arbitration）[79]，近期也開始有線上申訴（Online Complaint）制度之發展[80]，甚至有線上陪審團（Online Jury）[81]或「實體法院線上化」[82]之制度。ODR之適用，未必限於因線上行為所產生之爭端，實體世界之爭端也可適用ODR來處理[83]。其具體適用案例類型，除本文關切之電子商務行為之外，也有學者認為更適用於身分法或勞資爭議等傳統因為面對面處理而可能有更多問題的爭端類型[84]。

ODR不僅利用E-Mail等網路科技之輔助達成爭端之解決[85]，更強調ODR

[78] Nadja Alexander, Mobile Mediation: How Technology Is Driving the Globalization of ADR, 27 Hamline J. Pub. L. & Pol'y 243, 244 & 253 (2006).

[79] Ethan Katsh & Janet Rifkin, Online Duspute Resolution: Resolving Conflicts in Cyberspace 9 (2001); 亦可參見Lucille M. Ponte & Thomas D. Cavenagh, Cyber Justice: Online Dispute Resolution for E-Commerce 38, 62, 82 (2005); Karen Stewart & Joseph Matthews, Online Arbitration of Cross-Border, Business to Consumer Disputes, 56 U. Miami L. Rev. 1111 (2002); 陳思廷，B2B電子商務訴訟外爭議處理（ADR）機制之研究（上），科技法律透析第14卷第5期，2002年5月，頁31-43，參見第37頁。

[80] 梁瀞心，同註75，頁48。

[81] Lucille M. Ponte & Thomas D. Cavenagh, *supra* note 79, at 100.

[82] Lucille M. Ponte, The Michigan Cyber Court: A Bold Experiment in the Development of the First Pubic Virtual Courthouse, 4 N. C. J. L. Tech 51 (2002).

[83] Arno R. Lodder & John Zeleznikow, Developing an Online Dispute Resolution Environment: Dialogue Tools and Negotiation Support Systems in a Three-Step Model, 10 Harv. Negot. L. Rev. 287, 300 (2005).

[84] Andrea M. Braeutigam, Fusses that Fit Online: Online Mediation in Non-Commercial Contexts, 5 Appalachian J. L. 275 (2006).

[85] Ethan Katsh & Janet Rifkin, *Supra* note 79, at 120; José Antonio Garcia Alvaro, Online Dispute Resolution: Unchartered Territory, 7 VJ (Vindobona Journal of International Commercial Law & Arbitration) 187 (2003).

「與ADR三方架構有點不同，而有第四方（the Fourth Party）之加入」[86]。此一第四方，就是網路科技之線上空間、線上工具與電腦螢幕。此一主張，亦獲得其他學者之支持，而強調科技在ODR之重要性[87]。例如可進行「喊價」（Blind Bidding）之ClicknSettle或Cybersettle此類線上工具，在當事人間僅涉及一定金錢之爭端時，可以迅速的替當事人找到平衡點[88]。又如諸即時通訊軟體（MSN, Yahoo Messenger）、電子聊天室與視訊裝置等，亦可提供給當事人即時協商的環境[89]。

現今之ODR服務網站，大約有70多個，大多分布在美、歐盟、加、澳等地區[90]，其具體類型包羅萬象[91]，例如在線上協商，與著名拍賣網站Ebay合作SquareTrade公司提供的協商軟體，可以在調解人介入前由當事人自行協商[92]。而線上調解，有可能是電腦完全自動化之線上調解程序，例如Cybersettle公司所提供之線上工具。也有可能是有調解人介入，伴隨電腦程式之半自動化線上調解，或是兼用傳統與線上調解程序之網站。線上仲裁最著名者，即為「網

86 Ethan Katsh & Janet Rifkin, *supra* note 79, at 93; Ethan Katsh, Bringing Online Dispute Resolution to Virtual Worlds: Creating Processes through Code, 1 N. Y. L. Sch. L. Rev. 271, 284-290 (2004-2005).

87 Colin Rule, Online Dispute Resolution For Business: B2B, E-Commerce, Consumer, Employment, Insurance, and Other Commercial Conflicts 55 (2002)；邇來甚至有主張應利用XML (e**X**tensible **M**ark-up **L**anguage)程式語言以設計ODR網站之主張，參見Jim Keane & Debi Miller-Moore, Linking Information Technology and Dispute Resolution: Framing the Future of Online Dispute Resolution Using OdrXML, 59-APR Disp. Resol. J. 58 (2004); Darryl Mountain, XML E-Contracts: Documents that describe themselves, 11 Int'l J. L. & Info. Tech. 274 (2003).

88 Ethan Katsh & Janet Rifkin, *supra* note 79, at 13.

89 Janice Nadler, Rapport in Legal Negotiation: How Small Talk can Facilitate E-Mail Dealmaking, 9 Harv. Negot. L. Rev. 223 (2004); 關於對話線上工具之發展與ODR之關係，參見Arno B. Lodder & John Zeleznikow, *supra* note 83, at 303.

90 梁瀞心，同註75，頁51；Joseph A. Zavaletta, Using E-Dispute Technology to Facilitate the Resolution of E-Contract Dispute: A Modest Proposal, 7 J. Tech. L. & Pol'y 2 (2002).

91 梁瀞心，同註75，頁28-48。

92 Ethan Katsh, *supra* note 87, at 277. 關於SquareTrade之可信度（Accountability）研究，可參見Orna Rabinovich-Einy, Technology's Impact: The Quest for a New Paradigm for Accountability in Mediation, 11 Harv. Negot. L. Rev. 253 (2006).

際網路名稱與號碼分配組織」（the Internet Corporation for Assigned Names and Numbers, ICANN）之「網域名稱爭議解決方法統一政策」（Uniform Domain Name Dispute Resolution Policy, URDP）中的線上仲裁機制[93]。

二、線上爭端解決機制（ODR）適用於跨國B2C買賣契約之可行性

在目前跨國B2C買賣契約之爭端，如前所述，傳統國際私法理論之適用有時而窮；更甚者是，由於此等契約之訴訟標的大致都在100美金以下，當事人實無可能耗費大量時間與金錢進行跨國訴訟。對於經營線上購物之企業來說，ODR也為較佳的解決爭端方案。因為ODR不但降低了企業在處理各種線上購物爭端之時間與成本，亦可藉此建立與消費者較好之互動關係，而有利於企業之永續經營[94]。而對一般消費者來說，ODR也節省了當事人諸多金錢與時間[95]、消除了所有物理空間上之限制、可以從世界各地尋找公正之第三人解決紛爭，而其通訊方式更可以是即時之線上對談或視訊會議，或是非即時之E-Mail往來。由於在特定爭端中，當事人常有「仇人相見分外眼紅」之心態，因此傳統面對面之協商常常無法達成共識，因為面對面之方式常會激起不必要之情緒。ODR之距離感，適足以讓當事人冷靜思考問題真正之所在，進而理性地達成協議[96]。而文字之溝通方式，通常也比語言來的理性、平和許多（雖然ODR也不排斥視訊會議等方式，但大多數之ODR目前仍是以E-Mail文字解決）。甚者，由於非面對面式的爭端解決，原本可能有的種族、文化差異等因素將被弭平，而可達成當事人間平等的普遍主義（universalism）理想[97]。因

93 *Id.* at 279.

94 Graham Ross, Online Dispute Resolution and Business, 8 VJ 301, 301-305 (2004).

95 Lucille M. Ponte & Thomas D. Cavenagh, *supra* note 79, at 24; José Antonio Garcia Alvaro, *supra* note 85, at 190-191; Robert Bennett Lubic, Reducing Costs and Inconveniences in International Commercial Arbitration and Other Forms of Alternative Resolution through Online Dispute Resolution, 15 Am. Rev. Int'l Arb. 507 (2004); Youseph Farah, Critical Analysis of Online Dispute Resolutions: the Optimist, the Realist and the Bewildered, 11 C.T. L. R. 123 (2005).

96 Andrea M. Braeutigam, *supra* note 84, at 292.

97 Benjamin G. Davis, International Commercial Online and Offline Dispute Resolution: Addressing Primacism and Universalism, 4 J. Am. Arb. 79 (2005).

此，似乎ODR為跨國B2C買賣契約爭端解決之較佳方案。但果真如此？

事實上，雖然目前已有許多ODR之應用，但其紛爭解決之功能，多半來自於當事人間自願之合意。然而，ODR之所以無法普及，除了部分當事人對於網路科技之使用仍有技術上之困難外，ODR制度本身也有一些障礙尚待克服[98]。首先，雖然ODR技術上沒有困難，但是由於目前存在各種不同技術之應用，並沒有統一之技術標準，因此在不同ODR之間，技術整合等可能上有困難。其次，利用ODR之過程中，目前完全倚賴當事人自願之合意與服從，各項通訊行為，並沒有法律上的拘束力。例如關於電子簽章之真正性與效力，各國規定不一，關於電子文件傳遞之效力與證明等，各國立法也不一，此等缺乏法律效力之ODR，將使得潛在的使用者對其不夠信任而望之卻步。

除了因為無強制力與法律拘束力所產生的不信任感之外，ODR在紛爭解決之過程上，也出現一些問題。首先，傳統面對面之爭端解決方式，當事人可以透過臉部表情、肢體語言等，得到非言語之資訊，以作為協商時之資訊參考。然而，在ODR程序中，缺乏面對面之互動，當事人無從感受對方之肢體語言與情緒等，因此對於協商所需之資訊，可能將有遺漏[99]。雖然網路世界也開始出現一些表情符號之運用，例如「☹」表示不開心，「☺」表示開心，但此與面對面接觸相比，仍有相當大之差距。此種非即時性之溝通，為ODR便利之優點，但卻也成為資訊可能遺漏之缺點。此外，部分當事人對於資訊科技與網路之不熟悉，可能會造成資訊歧視與不平等（disparity）之問題。此本為ODR之特性，卻也可能造成傳統訴訟所沒有之缺點。甚者，目前ODR之進行，多半以英文進行，此對於非英語系國家之當事人來說，也可能造成實質上之不平等。

另一方面，ODR之發展也牽涉到當事人之隱私權保障問題[100]。現代司法制度之特徵原本即為公開審理，因此本無隱私權之問題。但由於ADR制度之

98 José Antonio Garcia Alvaro, *supra* note 85, at 190-192.

99 Lucille M. Ponte & Thomas D. Cavenagh, *supra* note 79, at 32; Andrea M. Braeutigam, , *supra* note 84, at 288.

100 Orna Rabinovich- Einy, Going Public: Diminishing Privacy in Dispute Resolution in the Internet Age, 7 Va. J. L. & Tech. 4 (2002).

興起，當事人之隱私開始得到相當保障（甚至還被譏為有錢人的私人正義）。然而，ODR制度之出現，似乎在這兩者間創造出中間類型。在資訊時代，有些人可能對於個人購物習慣之資訊可能會遺留在網站中這樣的新發展漠不關心，甚至認為此種下次再造訪該網站之廣告（藉由之前的購物習慣分析）或透過郵件軟體發送之廣告，對於個人購物參考相當有幫助；但也有些人愈來愈擔憂資訊時代個人資料之保護問題。此二種對於資訊時代隱私權的不同態度，也會影響到關於ODR之發展。依學者之樂觀評估，如果ODR日後可能會愈來愈多，甚至逐漸取代法院，如此ODR也將逐漸擔負法院處理爭端時代「公開性」之任務（對於潛在可能發生爭端者之告示作用），則資訊時代之爭端解決「透明度」之發展應為未來之趨勢。但此種將傳統之調解「去隱私化」之做法，可能反而會降低當事人利用ODR之意願，因此反過來不利於ODR之普及。而如ODR不夠普及，則ODR並沒有必要擔負法院公開性之任務。如此陷入一個弔詭的兩難境界。因此，日後各ODR網站可能傾向於至少公布在ODR之成立合意清單，而僅對於實際ODR最後爭端解決之條件與內容保密，如此可兼顧隱私權保障與透明度之問題[101]。此外，關於ODR隱私權的另一問題是，當事人間相關通訊資料的保密與資訊安全問題[102]。除了電腦駭客之資訊安全問題外，當事人也能輕易將電子文件傳送至第三人，而有礙另一當事人之隱私。因此，文件加密技術之發展將不可或缺。

以上談到的對於ODR之「不信任感」與「隱私權」疑慮等問題，其實都需要政府之介入。關於ODR之發展，究竟要由相關業者與當事人自律？還是由政府介入？一直有不同聲音出現。然由於ODR本身不具有拘束力與強制力，也缺乏對於ODR經營者之適當聲譽評估機制，對於ODR可能作出之爭端解決方案，更沒有可預測性，因此，學者主張應該由政府扮演適當之加持角色，以其公信力與資金對ODR進行最小干擾之協助[103]。首先，可以由政府進行各ODR網站之評估，建立所謂的「信任標章」（trustmark）制度。其次，

---

101 *Id.* at 114.

102 *Id.* at 123.

103 Thomas Schultz, Does Online Dispute Resolution Need Governmental Intervention? The Case for Architectures of Control and Trust, 6 N. C. J. L. & Tech. 71, 79-90 (2004).

甚至可以由政府建立ODR之交換所機制（clearinghouses），由政府提供良好之ODR名單以供當事人篩選。而若要建立ODR之司法化，透過線上上訴機制（Online Appeals）之建立，也可增加ODR爭端解決之正當性[104]。

陸、結論

科技的日新月異，帶來許多新興的法律問題。法律如何因應與處理這些新科技潮流所帶來的新法律適用問題？此為現代法律人之職志所在。

關於跨國B2C買賣契約之國際管轄權決定與準據法決定，目前依舊眾說紛紜。傳統大陸法系國際私法以連繫因素決定準據法之做法，在電子商務時代，造成所謂「當事人意思」獨大，但意思不明時卻又無法可用之問題（以臺灣涉民法第6條第2項為例：何謂共同本國法？何謂行為地？何為要約人住所地？）。例如目前線上購物「定型化契約」氾濫之情形，空以「當事人意思自主」為名，而漠視網路上法律行為準據法決定之適當性，此相當有待斟酌。因為在B2C之情形，消費者往往無暇、也無力細覽該契約，而只是簡單地點選「同意」者為多。而此類定型化契約常常出現準據法、管轄合意偏袒企業一方之情形，此時諸如內國之消費者保護相關法令規定，得否作為即刻適用法而排除當事人合意？亦無定論。甚至，是否得直接在涉民法中規定諸如「涉外實體商品買賣契約，依涉民法決定應適用之法律。但依本法對消費者保護較優者，不適用之。」等即刻適用法以為明確規定？然而此種一面倒地以消費者為中心以求消費者權利之保護，有無矯枉過正之問題？此皆為懸而未決之問題。針對此等跨國B2C買賣契約，或有學者主張得以特徵性履行契約之概念，以「交貨地」為行為地，決定契約準據法[105]。然而，在如數位化商品之買賣契約，又如何決定「交貨地」？相較於前述大陸法系選法理論之問題，英美之彈性選法主義雖然藉由賦予法官較大之權限以求個案公平正義之實現，然而亦失之明確、

104 *Id.* at 96-100.

105 參見賴來焜，同註51，頁698。

無從遵循。

此類法律問題，已變成目前國際間共同之課題。然而回想一下當初國際私法屬人法兩大主義之衝突所造成之法律衝突現象以及法律適用之困擾（例如為求國際間判決一致而有反致制度之設計），在本法律問題方興未艾、各國尚未形成習慣法或完成立法之前，如果以國際統一實體法之方式來加以規範，是否也不失為一個解決方法？但國際統一實體法之訂立，亦非一蹴可幾。

因此，放下國際私法國際管轄權決定與選法理論之爭執，本文探討了ADR中ODR之可行性問題。雖然ODR本身還有一些問題存在，例如當事人對ODR之不信任、缺乏拘束力與強制力、網路科技之普及性問題與隱私權保障等問題，但此等問題似可逐漸透過政府之適度背書與介入而解決。此仍有待ODR之持續發展[106]。如果ODR之利用能逐漸普及，此將能同時減輕實體世界法院小額訴訟之案件負擔，並讓當事人間的爭端能夠迅速且低成本地解決。

106 在技術面上，目前甚至有關於人工智慧（Artificial Intelligence）之ODR研究。參見Arno B. Lodder & John Zeleznikow, *supra* note 83, at 289.

參考文獻

一、中文部分

(一) 書籍

王傳芬，網路交易法律錦囊，元照，2000年。

王澤鑑，民法實例研習：民法總則，自版，1990年。

吳嘉生，電子商務法導論，學林，2003年。

李沅樺，國際民事訴訟法論，五南圖書，2007年3月2版。

沈冠伶，訴訟權保障與裁判外紛爭處理，元照，2006年。

周忠海，電子商務法新論，神州，2002年。

林麗真，電子商務契約民事法律問題之研究，臺北大學博士論文，2005年6月。

柯澤東，國際私法，元照，2006年9月。

孫森焱，民法債篇總論（上冊），自版，2004年。

馬漢寶，國際私法（總論、各論），自版，2004年。

梁瀞心，線上解決爭議機制之研究，世新大學法律學研究所碩士論文，2004年。

陳隆修，國際私法契約評論，五南圖書，1986年。

陳隆修，國際私法管轄權評論，五南圖書，1986年。

劉鐵錚、陳榮傳，國際私法論，三民書局，2004年3版。

賴來焜，當代國際私法學之構造論，神州，2001年。

(二) 期刊、專書論文

吳光平，即刻適用法及其於海事國際私法上貨物運送法律關係之運用—並論我國海商法第七十七條之規定，法學叢刊，第189期，2003年1月。

吳光平，重新檢視即刻適用法—源起、發展，以及從實體法到方法的轉變歷程，玄奘法律學報第2期，2004年12月。

吳光平，涉外財產關係的國際裁判管轄權，法學叢刊第51卷第1期，2006年1月。

吳光平，國際裁判管轄權的決定基準—總論上方法的考察，政大法學評論第94期，2006年12月。

李復甸，網際網路行為準據法之研究，收於國際私法理論與實踐（一）—劉鐵錚教授六秩華誕祝壽論文集，學林，1998年。

林秀雄，國際裁判管轄權—以財產關係案件為中心，收於國際私法理論與實踐（一）—劉鐵錚教授六秩華誕祝壽論文集，學林，1998年。

林玫君，遠距金融服務與消費者保護之法律問題—以歐盟遠距行銷金融服務指令為借鑑，法令月刊第58卷第3期，2007年3月。

柯澤東，從國際私法方法論討論契約準據法發展新趨勢—並略評兩岸現行法，臺大法學論叢第23卷第1期，1993年12月（亦收於國際私法新境界—國際私法專論，元照，2006年）。

馬漢寶，談國際私法案件之處理，軍法專刊第28卷第10期，1982年11月。

許兆慶，海事國際私法上「至上條款」與「即刻適用法」簡析—兼評新海商法第七十七條之訂定，月旦法學雜誌第78期，2001年11月（亦收於國際私法與比較法研究，翰蘆，2005年）。

許兆慶，美國國際私法選法理論之變遷，收於國際私法與比較法研究，翰蘆，2005年。

許耀明，歐盟統一國際私法之發展：以管轄權規則與契約準據法公約為例，月旦法學雜誌第110期，2004年7月。

許耀明，法國國際私法上之國際管轄權決定原則：以涉外勞動契約之國際管轄權決定為例，興大法學創刊號，2007年6月。

陳思廷，B2B電子商務訴訟外爭議處理（ADR）機制之研究（上），科技法律透析第14卷第5期，2002年5月。

陳啟垂，國際管轄權之合意—評最高法院九十二年度台上字第二四七七號民事判決，月旦法學雜誌第131期，2006年4月。

陳隆修，父母責任、管轄規則與實體法方法論相關議題評析，東海大學法學研究第25期。

陳榮宗，國際民事訴訟之法律問題，收於國際民事訴訟與民事程序法，自版，1998年。

陳榮傳，當事人意思自主原則，月旦法學雜誌第6期，1995年10月。

陳榮傳，網際網路行為的涉外法律問題，月旦法學雜誌第84期，2002年5月。

馮震宇，網路法律問題導論，收於網路法基本問題研究（一），學林，2000年。

馮震宇，論網路商業化所面臨的管轄權問題，收於網路法基本問題研究（一），學林，2000年。

馮震宇，論網路電子商務發展與相關法律問題，收於網路法基本問題研究（一），學林，2000年。

馮震宇，論網際網路與消費者保護問題，收於網路法基本問題研究（一），學林，2000年。

馮震宇，電子商務之發展與電子商務法制之建構，收於企業e化、電子商務與法律風險，元照，2002年。

馮震宇，從爭議到共識—從電子商務發展看課稅議題，月旦法學雜誌第130期，2006年3月。

黃國昌，國際訴訟之合意管轄—以排除效果之有效性要件為中心，政大法學評論第90期，2006年4月。

蔡華凱，國際裁判管轄權總論之研究—以財產關係訴訟為中心，國立中正大學法學集刊第17期，2004年10月。

二、外文部分

(一) 書籍

Bernard Audit, Le droit international privé en quête d'universalité, Cours général de l'Académie de droit international 2001, Recueil des Cours de l'Académie de Droit International, tome 305, 2003.

Cheshire & North, Private International Law (11th ed., 1987).

Christiane Féral-Schuhl, Cyberdroit, 3e éd., 2002.

Colin Rule, Online Dispute Resolution For Business: B2B, E-Commerce, Consumer, Employment, Insurance, and Other Commercial Conflicts (2002).

Dusan Kitic, Droit international privé, 2003.

Ethan Katsh & Janet Rifkin, Online Dispute Resolution: Resolving Conflicts in Cyberspace (2001).

Guy Hervier, Le Commerce électronique, 2001.

Hélène Gaudemet-Tallon, Compétence et exécution des jugements en Europe: Règlement n°44/2001, Conventions de Bruxelles et de Lugano, 3e éd., 2002.

Karim Benyekhler & Fabien Gékinas, Le règlement en ligne des conflits, 2003.

Kegel/Schuig, Internationales Privatrecht 278 (8 Aufl., 2000).

Lilian Edwards, ed., The New Legal Framework For E-Commerce In Europe (2005).

Lucille M. Ponte & Thomas D. Cavenagh, Cyber Justice: Online Dispute Resolution For E-Commerce (2005).

Michael Bogdan, Concise Introduction to EU Private International Law (2006).

Peter Stone, EU Private International Law (2006).

Philippe le Tourneau, Contrats informatiques et électroniques, 2002.

Pierre Mayer et Vincent Heuzé, Droit International Privé, 8e éd., 2004.

Thomas J. Smedinghoff, ed., Online Law (1996).

Yun Zhao, Dispute Resolution In electronic Commerce 37 (2005).

Yvon Loussouarn, Pierre Bourel et Pascale de Vareilles-Sommières, Droit international privé, 8e éd., 2004.

(二)期刊、專書論文

Aashit Shah, Using ADR to Resolve Online Disputes, 10 Rich. J. L. & Tech 25 (2004).

Amy S. Moeves & Scott C. Moeves, Two Roads Diverged: A Tale of Technology and Alternative Dispute Resolution, 12 Wm. & Mary Bill Rts. J. 843 (2004).

Andrea M. Braeutigam, Fusses that Fit Online: Online Mediation in Non-Commercial Contexts, 5 Appalachian J. L. 275, 292 (2006).

Anita Ramasastry, Government-to-Citizen Online Dispute Resolution: A preliminary Inquiry, 79 Wash. L. Rev. 159 (2004).

Arno B. Lodder & John Zeleznikow, Developing an Online Dispute Resolution Environment: Dialogue Tools and Negotiation Support Systems in a Three-Step Model, 10 Harv. Negot. L. Rev. 287 (2005).

Benjamin G. Davis, International Commercial Online and Offline Dispute Resolution: Addressing Primacism and Universalism, 4 J. Am. Arb. 79 (2005).

Bruce L. Benson, The Spontaneous Evolution of Cyber Law: Norms, Property Rights, Contracting, Dispute Resolution and Enforcement without the State, 1 J. L. Econ. & Pol'y 269 (2005).

Dan Jerker B. Svantesson, The Characteristics Making Internet Communication Challenge Traditional Models of Regulation - What Every International Jurist Should Know about, 13

Int'l J. L. & Info. Tech. 39 (2005).

Darryl Mountain, XML E-Contracts: Documents that describe themselves, 11 Int'l J. L. & Info. Tech. 274 (2003).

Ethan Katsh, Bringing Online Dispute Resolution to Virtual Worlds: Creating Processes through Code, 1 N. Y. L. Sch. L. Rev. 271, 284-290 (2004-2005).

Georges A. L. Droz et Hélène Gaudemet-Tallon, La transformation de la Convention de Bruxelles du 27 septembre 1968 en Règlement du Conseil concernant la compétence judiciaire, la reconnaissance et l'exécution des décisions en matière civile et commerciale, Revue Critique de Droit International Privé, n°90(4) octobre- décembre 2001, pp. 601-652.

Graham Ross, Online Dispute Resolution and Business, 8 VJ 301 (2004).

Janice Nadler, Rapport in Legal Negotiation: How Small Talk can Facilitate E-Mail Dealmaking, 9 Harv. Negot. L. Rev. 223 (2004).

Jim Keane & Debi Miller-Moore, Linking Information Technology and Dispute Resolution: Framing the Future of Online Dispute Resolution Using OdrXML, 59-APR Disp. Resol. J. 58 (2004).

José Antonio Garcia Alvaro, Online Dispute Resolution: Unchartered Territory, 7 VJ (Vindobona Journal of International Commercial Law & Arbitration) 187 (2003).

José Edgardo Muñoz López, Alternative Dispute Resolution for E-Commerce, 10 VJ (Vindobona Journal of International Commercial Law & Arbitration) 53 (2006).

Joseph A. Zavaletta, Using E-Dispute Technology to Facilitate the Resolution of E-Contract Dispute: A Modest Proposal, 7 J. Tech. L. & Pol'y 2 (2002).

Karen Stewart & Joseph Matthews, Online Arbitration of Cross-Border, Business to Consumer Disputes, 56 U. Miami L. Rev. 1111 (2002).

Krik W. Schuler, ADR's Biggest Compromise, 54 Drake L. Rev. 751 (2006).

Lucille M. Ponte, The Michigan Cyber Court: A Bold Experiment in the Development of the First Pubic Virtual Courthouse, 4 N. C. J. L. Tech 51 (2002).

Mary Shannon Martin, Keep It Online: The Hague Convention and the Need for Online Alternative Dispute Resolution in International Business-to Consumer E-Commerce, 20 B. U. Int'l L. J. 125 (2002).

Mohamed Wahab, Globalization and ODR: Dynamics of Change in E-Commerce Dispute Settlement, 12 Int'l J. L. & Info. Tech. 123 (2004).

Nadja Alexander, Mobile Mediation: How Technology Is Driving the Globalization of ADR, 27 Hamline J. Pub. L. & Pol'y 243 (2006).

Orna Rabinovich-Einy, Going Public: Diminishing Privacy in Dispute Resolution in the Internet Age, 7 Va. J. L. & Tech. 4 (2002).

Orna Rabinovich-Einy, Technology's Impact: The Quest for a New Paradigm for Accountability in Mediation, 11 Harv. Negot. L. Rev. 253 (2006).

Paul Motion, Online Dispute Resolution: A View from Scotland, THE NEW LEGAL FRAMEWORK FOR E-COMMERCE IN EUROPE 137 (Lilian Edwards, ed., 2005).

Robert Bennett Lubic, Reducing Costs and Inconveniences in International Commercial Arbitration and Other Forms of Alternative Resolution through Online Dispute Resolution, 15 Am. Rev. Int'l Arb. 507 (2004).

Thomas Schultz, Does Online Dispute Resolution Need Governmental Intervention? The Case for Architectures of Control and Trust, 6 N. C. J. L. & Tech. 71 (2004).

Youseph Farah, Critical Analysis of Online Dispute Resolutions: the Optimist, the Realist and the Bewildered, 11 C.T. L. R. 123 (2005).

三、網路資料

COM (2002) 196, Green Paper on Alternative Dispute Resolution in Civil and Commercial Law, http://eur-lex.europa.eu/LexUriServ/site/en/com/2002/com2002_0196en01.pdf.

Convention of 16 September 1988 on jurisdiction and the enforcement of judgments in civil and commercial matters, http://eur-lex.europa.eu/smartapi/cgi/sga_doc?smartapi!celexapi!prod!CELEXnumdoc&lg=EN&numdoc=41988A0592&model=guichett.

Convention of 27 September 1968 on jurisdiction and the enforcement of judgments in civil and commercial matters, http://curia.europa.eu/common/recdoc/convention/en/c-textes/brux-idx.htm.

CONVENTION ON THE LAW APPLICABLE TO CONTRACTUAL OBLIGATIONS opened for signature in Rome on 19 June 1980, http://www.rome-convention.org/instruments/i_

conv_orig_en.htm.

Council Regulation No 44/2001 of 22 December 2000 on jurisdiction and recognition and enforcement of judgments civil and commercial matters, http://europa.eu.int/eur-lex/pri/en/oj/dat/2001/l_012/l_01220010116en00010023.pdf.

HCCH, Ottawa, 18 February to 1 March 2000, Summary of discussions, Electronic Commerce and International Jurisdiction, http://www.hcch.net/upload/wop/jdgmpd12.pdf.

司法院法學資料檢索系統：http://jirs.judicial.gov.tw。

行政院消費者保護委員會「消費者保護法部分條文修正草案總說明」：http://www.cpc.gov.tw/npdetail.asp?id=573。

歐盟官方對於44/2001號規則與後續因應歐盟東擴新成員國相關法制修正之說明：http://europa.eu/scadplus/leg/en/lvb/l33054.htm。

5

外國域名爭議的國際裁判管轄權——最高法院104年度台抗字第1004號民事裁定研析*

陳榮傳

壹、前言

我國電信及通訊事業發達，網際網路的使用相當普遍[1]。在網際網路形成的「網路世界」或「虛擬世界」（cyber world）中，有各種具有法律重要性的行為。以侵權行為及法律行為為例，其行為的主體、客體及態樣，與傳統的行為均不相同，許多行為從是否具有「涉外性」，到「涉外」行為的法律問題應如何解決，都常發生爭議[2]。

傳統的行為，如其「行為地」係在內國「領域」之外（無論行為地是否屬於「外國」之領域），即為「涉外行為」，其判斷標準乃是「行為地」是

* 原刊登於台灣法學雜誌第351期，2018年9月，頁7-36。

1 國家發展委員會「106年個人家户數位機會調查報告」指出，我國12歲以上民眾曾經上網民眾由民國94年的62.7%增為106年82.3%，突破八成，換算為人數，網路族約1,738萬人。見https://www.ndc.gov.tw/cp.aspx?n=55c8164714dfd9e9（最後瀏覽日：2018.9.1）。此項數據來自推估，財團法人臺灣網路資訊中心（Taiwan Network Information Center, TWNIC）於2017年7月公布「2017臺灣寬頻網路使用調查」報告（https://www.twnic.net.tw/download/200307/20170721e.pdf，最後瀏覽日：2017.11.11），推估全國12歲以上上網人數達1,760萬人；而全國上網人數經推估已達1,879萬，整體上網率達80.0%。關於網民主要上網方式，同年12月發布的「2017年臺灣無線網路使用調查」，推估全國12歲以上曾使用無線上網比例高達75.1%，約1,586萬人；以年齡層來看，「20 24歲」、「25 29歲」受訪者皆達100%，見https://blog.twnic.net.tw/2017/12/22/38/（最後瀏覽日：2018.1.31）。

2 關於民事關係的「涉外性」，最高法院104年度台上字第917號民事判決曾指出：「按民事事件涉及外國者，為涉外民事事件，應依涉外民事法律適用法定其應適用本國或外國之法律。所稱涉外，係指構成民事事件事實，包括當事人、法律行為地、事實發生地等連繫因素，與外國具有牽連關係者而言。」相關的討論，請參閱陳榮傳，國際私法實用——涉外民事案例研析，五南圖書，2015年9月，頁45-52。

否在內國「領域」之內？在「物理世界」（physical world）或「現實世界」（real world）中，前述二者是國家的法律主權行使的標準，經過長期的討論與實踐，判斷上並無太大困難。不過，在虛擬世界中只有類似電話號碼或郵箱地址的「網域名稱」（Domain Name，簡稱「域名」）[3]，並無作為國家主權表徵的「國界」，再加上「行為」的概念模糊，「行為地」不僅在概念上難以界定，也無法以「地理位置」予以表述，乃出現傳統法律對網路行為在適用上的各種問題[4]。

解決上述問題的相關規範，目前仍在發展，具有一定程度的不確定性，再加上虛擬世界與現實世界各國均可以相連，其問題不只涉及各國制定的法律，也與虛擬世界的機構發布的規範有關，乃發生不同層次的法律衝突問題，值得仔細探究[5]。本文擬以我國tvbs.com域名爭議案的相關裁定為基礎，針對域名註冊及其爭議解決機制，在我國司法實務上衍生的問題，探討相關法律的適用現況及未來的展望，以供未來司法實務及相關立法參考。

---

3 「網域名稱」乃我國電信法第20條之1的用語，交通部電信總局於民國92年發布的「網際網路位址及網域名稱註冊管理業務監督及輔導辦法」第2條第2款，將其定義爲「用以與網際網路位址相對映，便於網際網路使用者記憶TCP/IP主機所在位址之文字或數字組合」。

4 相關問題，包括實體及程序等二類，前者涉及法律適用問題，後者主要爲法院裁判管轄權的問題。前者的討論，請參閱陳榮傳，網際網路行爲的涉外法律問題，月旦法學雜誌第84期，2002年5月，頁241-252；後者的討論，可參閱吳光平，網際網路案件國際裁判管轄權之決定基準—以美國跨州網際網路案件之裁判管轄爲中心，輔仁法學第38期，2009年12月，頁68-79；鄭嘉逸，網際網路管轄權之擴張與緊縮，經社法制論叢第43期，2009年1月，頁127-159。比較國際私法上，也有區別網際網路的管轄權及其行爲的責任問題，分別予以討論者，例如Pedro de Miguel Asensio, *Internet, jurisdiction*, in 2 ENCYCLOPEDIA OF PRIVATE INTERNATIONAL LAW 989-998 (Jürgen Basedow, Franco Ferrari, Pedro de Miguel Asensio & Giesela Rühl, eds., 2017); Pedro de Miguel Asensio, *Internet, liability*, in 2 ENCYCLOPEDIA OF PRIVATE INTERNATIONAL LAW 998-1006 (Jürgen Basedow et al., ed., 2017).

5 近來已有若干著作，是以「全球網際網路法」或「國際網際網路法」爲名，例如Michael L. Rustad, Rustad's Global Internet Law in a Nutshell (3rd ed., 2016); Joanna Kulesza, International Internet Law (translated by Magdalena Arent & Wojciech Wołoszyk, 2012).

貳、tvbs.com域名爭議案的香港申訴決定

一、香港的申訴決定

本件爭議涉及我國國民甲與香港乙公司。我國國民甲於1998年4月20日，以The Vacation Bacchic Studio之名義，在美國的域名註冊機構註冊一個tvbs.com的域名，香港之乙公司（正式名稱為Television Broadcasts Limited，簡稱TVB）已於1993年在香港及臺灣申請註冊「TVBS」之商標，並在臺灣獨家授權給聯意製作股份有限公司（TVBS Inc.，即TVBS公司）使用該商標。乙公司註冊其域名為www.tvb.com，並授權TVBS公司註冊其域名為www.tvbs.com.tw，後者在臺灣主要經營TVBS新聞臺及TVBS娛樂臺。由於甲的域名中主要部分為小寫的tvbs，與TVBS公司「TVBS」的商標文字，僅有英文大寫、小寫之別，儘管甲抗辯tvbs乃是其工作室英文名稱四個單字的字首字母的組合，與TVBS所簡稱的英文原字並不相同，乙公司發現該域名已先被註冊後，乃在香港向亞洲域名爭議解決中心（Asian Domain Name Dispute Resolution Center，下稱香港ADNDRC）提出申訴，請求判令甲禁止使用及強制移轉。本案涉及我國的著名電視頻道TVBS，其香港母公司（投資經營者）及我國子公司（TVBS商標在我國的商標權人）與前述域名註冊人，就其持有及使用該域名的問題發生爭議。

本件乙公司之所以先委任律師向在香港ADNDRC申訴，乃因香港ADNDRC為ICANN依UDRP在香港所設立的域名爭議處理機構[6]。乙公司提出申訴後，ADNDRC香港辦事處之行政專家組（Administrative Panel）依UDRP及相關規定，指定專家予以審理[7]。甲經通知後，僅透過電子郵件提出基本抗辯，未到場說明，該專家於2014年12月11日作成「專家決定書」，判定甲應將

6 ADNDRC目前設有香港、北京、首爾、吉隆坡辦事處。*See* https://www.adndrc.org, last visited 2018.9.2.

7 本件係由獨任之專家（Sole Panelist）David Kreider審理。

系爭域名移轉予乙公司（下稱系爭申訴決定）[8]。

依UDRP第4條第k項規定，行政專家組裁決註冊人的域名註冊應被撤銷或移轉時，除非ICANN在這十個工作日內，收到申訴人已依規定起訴的正式文件，否則，ICANN將在接到行政專家組裁決通知後十個工作日之後，執行該裁決[9]。甲不服香港ADNDRC系爭決定，於收到決定十日內提起向我國智慧財產法院起訴，聲明求為確認乙公司請求排除或禁止甲使用系爭域名的請求權不存在，並依據UDRP第4條第k項上述規定，通知ADNDRC，ADNDRC亦因而暫緩執行系爭申訴決定。

二、我國法院的三審裁定

香港ADNDRC作成系爭申訴決定後，域名原註冊人甲再向我國法院提起消極確認之訴，主張其就域名〈tvbs.com〉在美國登記及後續的使用，均為合法，並未侵害在我國登記的TVBS商標權，請求我國法院以判決予以確認，宣告乙公司並無排除甲之使用權並請求甲移轉域名之權利。由於乙公司為香港公司，非屬我國司法權當然所及之法人，再加上其所涉及的域名，係在美國ICANN授權的美國機構註冊，並非在我國登記，ICANN及辦理註冊的美國機

8 Case No. HK-1400665, 決定書在http://www.adndrc.org/diymodule/docUDRP/HK-1400665_Decision.pdf, last visited 2018.4.28.

9 UDRP中文版第4條第k項規定：「k.訴訟程序的可行性。根據第4條中所述的強制性行政程序要求，在此類強制性行政程序開始之前或結束之後，均不得妨礙你方或者投訴人向具有有效管轄權的法院提交爭議要求獨立解決。如果行政專家組裁決你方的域名註冊應被撤銷或轉讓，我方將在接到適當提供商發出的行政專家組裁決通知後十個工作日（以我方總部所在地的時間爲準）之後執行該裁決。除非我方在這十個工作日內收到你方的正式文件（例如由法院書記員簽字歸檔的投訴副本），表明你方已根據議事規則第3條(b)(xiii)的條款針對該訴訟在提交該訴訟的轄區內提起訴訟，否則我方將如期執行裁決。（通常，該轄區指我方總部所在地或在我方Whois資料庫中顯示的你方的位址。請參見議事規則的第1條和第3條(b)(xiii)了解詳細資訊。）如果我方在十個工作日內收到此類文件，我方將不會執行行政專家組的裁決並且不會採取進一步的行動，直至收到(i)令我方確信雙方已解決爭議的證據；(ii)令我方確信你方訴訟已被駁回或撤回的證據；或者(iii)由此類法院發出的駁回你方訴訟或者責令你方無權再繼續使用你方功能變數名稱的指令副本。」由於網頁註記「本文檔已翻譯爲多種語言，僅供參考之用」，故仍應以英文版爲準，詳細討論請參考第三部分關於「虛擬世界的域名法制」的說明。

構，亦非我國法人，其涉外因素相當明顯，雙方也對於我國法院就本案有無國際審判管轄權問題，發生爭議。

本案一方面是域名註冊的法律關係，另方面則涉及我國商標法第70條第2款的適用。該款規定明知為他人著名之註冊商標，未得商標權人同意，「而以該著名商標中之文字作為自己公司、商號、團體、網域或其他表彰營業主體之名稱，有致相關消費者混淆誤認之虞或減損該商標之識別性或信譽之虞者」，視為侵害商標權。乙公司在香港提起之程序，顯然是針對域名註冊的法律關係，但甲後來在我國法院依我國商標法提起訴訟，使虛擬世界的域名規範與現實世界的商標法直接碰撞，值得探究。

本案我國三審法院均不認為訴訟標的是甲所主張的tvbs.com域名使用權之訴，而是我國商標權之訴訟，但第一審法院認為我國法院無國際裁判管轄權，而第二審及第三審法院認為我國法院有國際裁判管轄權。第一審法院認為甲主張的侵權行為，是乙公司對甲提起申訴，而侵權行為地是在香港ADNDRC，我國法院無管轄權，且不能移送於有管轄權之香港地區法院，故裁定駁回甲之訴（智慧財產法院103年民商訴字第60號民事裁定）；甲不服，提起抗告，第二審法院認為本件為我國商標法事件，依智慧財產法院組織法第3條第1款規定，該院對本件訴訟有管轄權，而廢棄原裁定（智慧財產法院104年民商抗字第4號民事裁定）；乙公司不服，提起再抗告，最高法院維持第二審法院之抗告裁定，駁回再抗告（最高法院104年台抗字第1004號民事裁定）[10]。

不過，在我國法院就本件國際審判管轄權的問題，耗費偌多的時間及精力，歷經三審而作成確定裁定，確定得由一審法院進行實體問題的審理後，據筆者所悉，乙公司在第一審裁定作成後，即將其送交香港ADNDRC，香港ADNDRC未就該裁定是否已經確定之問題，詢問甲或向我國法院查證，即據以移轉域名[11]，故甲在第三審裁定作成後，認為訴訟已無意義，乃未再進行實

10 關於本案，最高法院曾邀請筆者於105年民事研討會（民國105年9月20日）發表論文提出評析。請參考陳榮傳，網域名稱註冊與商標權侵害的涉外民事，收於最高法院學術研究會編，最高法院一〇五年度第一次民事研討會，2017年11月，頁239-282。

11 依「全球WHOIS」網站上關於tvbs.com域名的註冊資料（https://www.whois365.com/tw/domain/tvbs.com，最後瀏覽日：2018.4.28），目前其註冊人爲TVBS公司的代表人Stranger

體問題之爭訟[12]。

三、最高法院再抗告裁定的主要見解

關於我國法院就本案的國際審判管轄權的法源，最高法院104年台抗字第1004號民事裁定的論述，大致可歸納為下列二點：

（一）類推適用民事訴訟法相關規定：「按關於涉外事件之國際管轄權誰屬，涉外民事法律適用法固未明文規定，惟受訴法院尚非不得就具體情事，類推適用國內法之相關規定，以定其訴訟之管轄。……我國民事訴訟法第十五條所謂因侵權行為涉訟者，指本於侵權行為請求損害賠償或防止侵害之訴，或以侵權行為為原因之積極或消極確認之訴等是。特別法就特殊侵權行為類型，如無管轄之特別規定，亦有上開規定之適用。故在我國法院提起涉外民事訴訟，請求確認被告本於侵權行為對於原告請求排除侵害之權利不存在者，應類推適用我國民事訴訟法第一條、第二條、第十五條第一項及第二十一條規定，認被告住所地或法人主事務所、主營業所所在地及侵權行為地（包括實施行為地及結果發生地）之法院，俱有管轄權。本件再抗告人為香港公司，屬涉外民事訴訟，就國際管轄誰屬，應類推適用我國民事訴訟法之規定以定之。」

（二）侵權行為地之認定：「查再抗告人係以相對人使用系爭域名之文字與再抗告人之『TVBS』商標文字相同，使消費者混淆誤認為由，依據UDRP規定向香港ADNDRC提出申訴，此乃原裁定認定之事實，並合於UDRP規定之申訴要件（……）。足見再抗告人係以商標權被侵害為原因，利用申訴程序請求排除侵害。則相對人為確認再抗告人上開請求排除侵害之權利不存在，提起本件消極確認之訴，揆諸前揭說明，自屬因侵權行為涉訟。從而原裁定類推適用我國民事訴訟法第十五條規定，認侵權行為結果一部發生地即『TVBS』商標註冊地之我國法院具有國際

Tsai，其創建域名日期爲1998年4月20日，最近一次更新日期爲2016年3月29日。以此推估，香港ADNDRC在此之前，即已執行系爭行政決定，將tvbs.com的域名移轉給乙公司，後來乙公司再移轉給TVBS公司。

12 筆者於2016年9月23日，向本案甲的訴訟代理人張清浩律師詢問該案的辦理情形。

管轄權，並依我國智慧財產法院組織法第三條第一款規定，應以智財法院為管轄法院，因而廢棄第一審所為駁回相對人之訴之裁定，經核並無適用法規顯有錯誤之情形。」

最高法院上述見解，認為本件的訴訟標的是因侵害商標權而生的侵權行為，類推適用民事訴訟法第15條之規定，肯定我國法院的裁判管轄權[13]。不過，從法院的審判心理層面推測，面對我國國民提起的訴訟，拒絕裁判管轄會面臨剝奪人民訴訟權（憲法第15條）的質疑，最大的壓力是在第一審法院，其考量應該是在我國法院裁判的實效性；對於第一審拒絕裁判管轄的裁定，第二審法院可能會以人民訴訟權的保障為重點，從嚴審查；至於第三審法院，由於是法律審，在下級審已認定應予裁判管轄的情形下，如無絕對的理由，通常會支持下級審的裁定。

從結果來看，我國法院即使對本案行使裁判管轄權，而且作出有利於甲的判決，該判決的可執行性也有問題。可見，此種涉及虛擬世界的域名爭議案件，除了現實世界的侵權行為相關規則之外，仍須針對具體的法律關係，考量其他應適用的規則，始能符合實際的需要。

參、域名爭議的本質及其法律關係

一、域名的虛擬世界法制

域名在電子商務的重要性，有比擬為傳統法律中的商標者[14]。域名的法

13 最高法院實務上已普遍採類推適用民事訴訟法規定之方法，以解決國際裁判管轄權之問題，採此一見解之裁判包括：最高法院93年台上字第1943號民事判決、94年台抗字第164號民事裁定、94年台抗字第165號民事裁定、95年台抗字第2號民事裁定、97年台抗字第185號民事裁定、97年台抗字第489號民事裁定、97年台抗字第560號民事裁定、98年台抗字第709號民事裁定、98年台上字第2259號民事判決、103年台上字第2213號民事判決。劉鐵錚、陳榮傳，國際私法論，三民書局，2018年6版，頁627。

14 Herbert J. Hammond & Justin S. Cohen, *Intellectual* Property Issues in E-commerce, 18 Texas Wesleyan Law Review 743, 748 (2012).

律關係，並不是由主權國家或現實世界的傳統法律予以規定，而是以非主權國家的組織所發布的虛擬世界的規範，作為治理及處理的依據。域名的登記及管理，是由在美國加州成立的「網際網路指定名稱與位址機構」（Internet Corporation for Assigned Names and Numbers, ICANN，下稱ICANN，其前身為Internet Assigned Numbers Authority, IANA）[15]或其授權之機構，原則上依「先到先選」（First Come, First Serve）的方式，分配全球域名（names）與IP位址（numbers），並管理全球網際網路的域名[16]。ICANN的治理權力，並非來自國家的主權作用，其治理的範圍也不受國家領域的限制，再加上其所授權的非政府組織，乃成為自成體系的虛擬世界規範的制定者。由於虛擬世界的域名註冊程序相當簡便，全球已登記的域名數量，其計算單位已邁入以「億」計的階段[17]。

域名的成立或發生，雖然是以虛擬世界的規範為依據，但域名可以與現實世界的姓名、名稱或商標產生連結，在沒有域名註冊的事前審查機制的情形下，對於名人姓名或著名商標的相關域名搶先註冊，再待價而沽的域名搶

15 ICANN的中文名稱，在其官網上原稱爲「互聯網名稱與數字位址分配機構」（https://www.icann.org/resources/pages/glossary-92-2014-02-04-zh，最後瀏覽日：2018.4.22），但後來已直接稱爲ICANN，僅作爲專有名詞之一，而作爲對照之中文，見https://www.icann.org/icann-acronyms-and-terms/zh/nav/H（最後瀏覽日：2018.9.2）。

16 關於ICANN的簡介，可參閱Michael L. Rustad, Global Internet Law 873 (2nd ed., 2016). 其設立及發展，亦可參閱劉靜怡，從 ICANN（the Internet Corporation for Assigned Names and Numbers）的成形與發展看網際網路公共資源分配和標準制定統籌管理機制的政策與法律問題：一九九八至二〇〇一年的國際趨勢觀察和省思，臺灣大學法學論叢第30卷第6期，2001年11月，頁95-163。

17 根據受ICANN指定、負責「通用頂級網域名稱」（Generic top-level domain, gTLD）管理的VeriSign公司之統計，截至2018年第二季（6月）止，全球的頂級網域名稱（top-level domains, TLDs），總數大約爲3億3,980萬，「國家與地區頂級域名」（Country code top-level domain, ccTLD）總數大約爲1億4,970萬。*See* VeriSign, The Verisign Domain Name Industry Brief Q2 2018, https://www.verisign.com/en_US/domain-names/dnib/index.xhtml, last visited 2018.9.1. 根據財團法人臺灣網路資訊中心（TWNIC）的統計，在2018年1月1日該中心所註冊的「.tw／.臺灣」的域名，總數爲734,831個，請參閱https://www.twnic.net.tw/item02.php（最後瀏覽日：2018.1.30）。根據統計，.com的域名數量，在1990年10月有1,151個，在1997年7月有13,001,000個，到2000年11月已超過2,000萬個。Ethan Katsh & Orna Rabinovich-Einy, Digital Justice: Technology and the Internet of Disputes 62 (2017).

註（Cybersquatting）事件，乃時有所聞。美國政府於1998年提出白皮書，促請相關機構及世界智慧財產權組織（World Intellectual Property Organization, WIPO）研究域名與商標權之衝突問題，WIPO於1999年4月向ICANN提出最終報告[18]。ICANN隨即於同年10月24日認可接受「統一域名爭議解決政策」（Uniform Domain Name Dispute Resolution Policy, UDRP）[19]及「統一域名爭議解決政策之規則」（Rules for Uniform Domain Name Dispute Resolution Policy）[20]，作為所有登記機構及其認可之域名爭議處理機構（Domain Name Dispute Resolution Service Provider），作為接受申訴及解決域名與商標權衝突問題之依據[21]。

UDRP連同其他ICANN授權的各等級的域名管理機構所發布的類似規範，已共同形成虛擬世界的域名法制。ICANN雖然不是國家或國際組織，卻扮演著治理虛擬世界的功能，UDRP雖然不是法律或國際條約，卻是無可替代的域名基本規範。虛擬世界的域名法制，與現實世界的法律有若干差異，因為在虛擬世界中，並無依國家主權劃定的國界或領域；實際治理域名的ICANN，既不承擔現實世界的政府功能，也不承認是依契約關係而為給付；ICANN發布的UDRP，雖是有效的規範，卻不具有「法律」之名，而僅以「政策」之名呈

18 WIPO, Final Report of the WIPO Internet Domain Name Process, https://archive.icann.org/en/wipo/wipo-report.htm, last visited 2018.4.28.

19 關於UDRP的內容，英文版在https://www.icann.org/resources/pages/policy-2012-02-25-en，中文版在https://www.icann.org/resources/pages/policy-2012-02-25-zh（最後瀏覽日：2018.9.29）。中文版網頁註記：「本文檔已翻譯爲多種語言，僅供參考之用」，即應以英文版爲準。本文在正文中所引述之條文內容，除特別說明外，是筆者依英文版自行翻譯。UDRP的簡介，可參閱Michael L. Rustad, supra note 5, at 877-878. 關於依UDRP作成之決定的效力，可參閱蔡志宏，關於UDRP決定司法效力之研究—以海峽兩岸法院裁判爲中心，科技法學評論第9卷第1期，2012年6月，頁205-242。

20 ICANN理事會於2013年9月28日通過「統一域名爭議解決政策之規則」之修正案，新規則適用於2015年7月31日起提起之申訴。其英文版內容在https://www.icann.org/resources/pages/udrp-rules-2015-03-11-en；中文版內容在https://www.icann.org/resources/pages/udrp-rules-2015-03-12-zh（最後瀏覽日：2018.9.2）。

21 關於本項政策的擬定及實施歷程，請參閱Timeline for the Formulation and Implementation of the Uniform Domain-Name Dispute-Resolution Policy, https://www.icann.org/resources/pages/schedule-2012-02-25-en, last visited 2018.9.2.

現；執行解決域名爭議功能的專家組，既無審級的設計，其「首次即終審」的決定，看似ICANN的行政決定，卻無救濟以及問責機制。

很明顯地，ICANN為提高自己的地位，不以營利的公司型態經營，而以非營利的法人形式運作，在域名的分配及爭議中，將自己定位為「治理者」，域名是由註冊人自己選擇，故所有風險必須由其自己承擔；域名的爭議即使應強制依UDRP處理，並由ICANN核定的機構負責爭端之解決，但其決定不能視為ICANN的處分，也不能向ICANN請求救濟，或要求ICANN對於專家組的申訴決定的對錯或結果負責。[22]

二、虛擬世界域名規範兼含程序及實體

鑑於域名的註冊並由各國政府以公權力為之，相對於以各國主權為後盾的商標權，ICANN深知域名無法與商標權抗衡，在二者衝突而發生爭議時，乃僅從域名註冊的一端，以虛擬世界的法制予以解決。ICANN以其非政府組織的形式，在UDRP的架構下設置關於域名爭議解決的機制，從域名的全球治理角度言，其實是嶄新而成功的模式。透過域名註冊人的概括同意，ICANN將域名註冊的法律關係，套進了訴訟外的爭議解決機制（alternative dispute resolution, ADR）[23]，所以「強制行政處理程序」（mandatory administrative proceeding）實際上也是以註冊人的同意為基礎，雖然其程序未以「仲裁」為名，行政處理程序的服務提供者，實際上多與各地的仲裁機構共建中心，其解決爭議的行政專家組的「決定」，本質上與仲裁判斷類似，但仍屬不同的爭議

[22] UDRP第6條規定ICANN對於域名爭議之處理，不以任何方式介入註冊人與第三人關於域名註冊之爭議，註冊人不得將其視爲當事人。原文如下："6. Our Involvement in Disputes. We will not participate in any way in any dispute between you and any party other than us regarding the registration and use of your domain name. You shall not name us as a party or otherwise include us in any such proceeding. In the event that we are named as a party in any such proceeding, we reserve the right to raise any and all defenses deemed appropriate, and to take any other action necessary to defend ourselves."

[23] Elizabeth C. Woodard, The UDRP, ADR, and Arbitration: Using Proven Solutions to Address Perceived Problems with the UDRP, 19 Fordham Intellectual Property, Media & Entertainment Law Journal 1169, 1170 (2009).

解決模式[24]。

UDRP第4條第a項規定，註冊人應適用強制行政處理程序解決其爭議的情形，是申訴人向服務提供者主張其符合下列三要件，並於程序中負舉證責任：（一）註冊人之域名與申訴人享有權利之商標或服務標章相同或類似而引起混淆；（二）註冊人就其域名欠缺權利或正當利益；（三）註冊人就域名之註冊及使用，係基於惡意（bad faith）。[25]本項規定具有程序及實體的雙重意義，上述三個要件不僅是認定是否適用強制行政處理程序的程序要件，也是決定域名是否應變動的實體標準。對於上述三個要件，UDRP對於商標或服務標章的權利及混淆部分，未就其認定標準設特別規定[26]，對於其餘二個要件，則有補充的規定。

UDRP第4條第b項先對於前述第三要件的「惡意」，規定數種例示情形，其內容略為：「下列任一例示情事，均可作為第四條第a項第三款基於惡意註冊及使用網域名稱之證據：一、有情事足以顯示當事人註冊或取得該網域名稱之主要目的，係在以超過當事人就該網域名稱所支出而有單據之直接費用之對價，而向就商標或服務標章有權利之申訴人或其競爭者，銷售、出租該網

24 由於仲裁在各國國內法及國際公約上，均有其獨立的規定及定義，故UDRP的申訴決定無法直接適用有關仲裁的規定。我國臺灣高等法院91年度上字第357號民事判決曾就美國NAF的UDRP申訴決定，認爲是仲裁判斷，並依中華民國美利堅合眾國友好通商航海條約第6條第4款規定，對該仲裁判斷應予以完全之信任。對於本判決的評論，可參見蔡志宏，同註19，頁230-231。

25 英文原文如下：a. Applicable Disputes. You are required to submit to a mandatory administrative proceeding in the event that a third party (a “complainant”) asserts to the applicable Provider, in compliance with the Rules of Procedure, that

(i) your domain name is identical or confusingly similar to a trademark or service mark in which the complainant has rights; and

(ii) you have no rights or legitimate interests in respect of the domain name; and

(iii)your domain name has been registered and is being used in bad faith.

In the administrative proceeding, the complainant must prove that each of these three elements are present.

26 有認爲ICANN的UDRP某程度等於將商標權延伸到網域名稱上，在網域名稱與商標之競合關係中，是「實體世界法規範的勝利」。請參閱王明禮等，網際網路法發展趨勢特別報導，科技法學評論第1卷第1期，2004年，頁5-6。

域名稱或以其他方式移轉該網域名稱。二、註冊人係為妨礙商標或服務標章所有人，將該商標或服務標章使用於相對應之網域名稱上，而註冊該網域名稱，但以註冊人已從事此種類型之行為為限。三、註冊人之註冊該網域名稱，主要目的係在阻撓競爭者之營業。四、註冊人之使用該網域名稱，係為獲取商業利益，故意藉由與申請人標章在來源、贊助或隸屬關係之可能混淆，吸引網際網路使用者前往其網站或其他網上位址，或對於其網站或網上位址，或對於其網站或網上位址之產品或服務，表示認同。[27]」

此外，UDRP第4條第c項對於前述第二要件，即「申訴人對域名之權利或正當利益」，也規定其例示情形，內容略為：「下列例示之情形，均可作為第四條第a項第二款註冊人對網域名稱具有權利或正當權益之證據：一、註冊人於接獲任何關於爭議之通知前，即已就該網域名稱或與相當於該網域名稱之名稱，使用或預備使用於產品或服務之善意提供。二、註冊人雖未取得商標或服務標章之權利，但其網域名稱以個人、營業或其他組織之形式，已為公眾周知。三、註冊人就該網域名稱，係為正當而非商業之使用或合理使用，且無意為商業之利益，而誤導消費者或對系爭商標或服務標章予以詆毀。[28]」

---

[27] 英文原文如下：b. Evidence of Registration and Use in Bad Faith. For the purposes of Paragraph 4(a)(iii), the following circumstances, in particular but without limitation, if found by the Panel to be present, shall be evidence of the registration and use of a domain name in bad faith:

(i) circumstances indicating that you have registered or you have acquired the domain name primarily for the purpose of selling, renting, or otherwise transferring the domain name registration to the complainant who is the owner of the trademark or service mark or to a competitor of that complainant, for valuable consideration in excess of your documented out-of-pocket costs directly related to the domain name; or

(ii) you have registered the domain name in order to prevent the owner of the trademark or service mark from reflecting the mark in a corresponding domain name, provided that you have engaged in a pattern of such conduct; or

(iii) you have registered the domain name primarily for the purpose of disrupting the business of a competitor; or

(iv) by using the domain name, you have intentionally attempted to attract, for commercial gain, Internet users to your web site or other on-line location, by creating a likelihood of confusion with the complainant's mark as to the source, sponsorship, affiliation, or endorsement of your web site or location or of a product or service on your web site or location.

[28] 英文原文如下：

在tvbs.com域名爭議案中，當事人乙公司是依UDRP第4條規定，對甲提出申訴。本條規定的，是域名註冊人必須遵守的強制行政處理程序，至於負責其爭議解決程序的服務提供者，乃是ICANN批准並登錄在www.icann.org/udrp/approved-providers.htm者，香港ADNDRC即為其中之一。根據UDRP第3條第1項第c款規定，包含香港ADNDRC在內的爭議解決機構依UDRP第4條作成的決定，ICANN將予以接受，並據以對於域名的註冊進行註銷、移轉或變更等變動。

三、二個「世界」域名法制的衝突

UDRP第4條第k項規定，依本政策第4條應進行之強制行政處理程序，不妨礙註冊人或申訴人於此程序開始前或終結後，就其爭議請求有權之法院為獨立之裁判。如行政專家組決定將註冊人之域名予以註銷或命其移轉，ICANN於受指定行政專家組之服務提供者通知其決定之十個工作日（以ICANN主事務所所在地為準）內，暫不執行其決定；如域名註冊人在該十個工作日內，向ICANN提出其已在申訴人依程序規則提出申訴之法域（jurisdiction to which the complainant has submitted under Paragraph 3(b)(xiii) of the Rules of Procedure）之法院，對申訴人起訴之正式文件，ICANN將在下列三種情形，始採取進一步行動：（一）當事人已解決其爭議，並經證明；（二）註冊人之訴訟已被駁回

c. How to Demonstrate Your Rights to and Legitimate Interests in the Domain Name in Responding to a Complaint. When you receive a complaint, you should refer to Paragraph 5 of the Rules of Procedure in determining how your response should be prepared. Any of the following circumstances, in particular but without limitation, if found by the Panel to be proved based on its evaluation of all evidence presented, shall demonstrate your rights or legitimate interests to the domain name for purposes of Paragraph 4(a)(ii):

(i) before any notice to you of the dispute, your use of, or demonstrable preparations to use, the domain name or a name corresponding to the domain name in connection with a bona fide offering of goods or services; or

(ii) you (as an individual, business, or other organization) have been commonly known by the domain name, even if you have acquired no trademark or service mark rights; or

(iii) you are making a legitimate noncommercial or fair use of the domain name, without intent for commercial gain to misleadingly divert consumers or to tarnish the trademark or service mark at issue.

或撤回，並經證明；（三）法院以裁判駁回註冊人之訴，或確認註冊人無繼續使用該域名之權，並提出裁判影本[29]。

上述規定的基礎，乃是虛擬世界與現實世界的法制衝突。因為域名的成立固然是以虛擬世界的法制為依據，但域名也與現實世界的商標及姓名的法律關係重疊，而有決定其法制衝突的必要。虛擬世界在ICANN的主導下，雖已形成不以國家的公權力為基礎，而兼含行為人「自治」與「共治」性質的規範與治理模式，但其中關於域名的法制，確實與現實世界的法院訴訟程序及商標法等實體規範相衝突。UDRP第4條面對上述法制衝突，一方面規定看似訴訟法上關於法院專屬管轄的第a項規定強制行政處理程序，另於第k項規定得向法院起訴，使域名爭議依虛擬世界法制作成的決定，不排除向法院起訴的權利。此一規定在tvbs.com域名爭議案中，更是本件甲受香港ADNDRC不利之決定後，向我國法院起訴的依據，顯見該規定不可與專屬管轄相提併論。

虛擬世界的法制，針對其與現實世界的法制之間的衝突，基於謙抑的原

[29] UDRP之英文版條文如下：

k. Availability of Court Proceedings. The mandatory administrative proceeding requirements set forth in Paragraph 4 shall not prevent either you or the complainant from submitting the dispute to a court of competent jurisdiction for independent resolution before such mandatory administrative proceeding is commenced or after such proceeding is concluded. If an Administrative Panel decides that your domain name registration should be canceled or transferred, we will wait ten (10) business days (as observed in the location of our principal office) after we are informed by the applicable Provider of the Administrative Panel's decision before implementing that decision. We will then implement the decision unless we have received from you during that ten (10) business day period official documentation (such as a copy of a complaint, file-stamped by the clerk of the court) that you have commenced a lawsuit against the complainant in a jurisdiction to which the complainant has submitted under Paragraph 3(b)(xiii) of the Rules of Procedure. (In general, that jurisdiction is either the location of our principal office or of your address as shown in our Whois database. See Paragraphs 1 and 3(b)(xiii) of the Rules of Procedure for details.) If we receive such documentation within the ten (10) business day period, we will not implement the Administrative Panel's decision, and we will take no further action, until we receive (i) evidence satisfactory to us of a resolution between the parties; (ii) evidence satisfactory to us that your lawsuit has been dismissed or withdrawn; or (iii) a copy of an order from such court dismissing your lawsuit or ordering that you do not have the right to continue to use your domain name.

則，規定系爭申訴決定與法院訴訟程序得平行進行，至少可確定當事人利用法院解決爭議的訴訟權，並未因UDRP的強制行政處理程序，而被剝奪。不過，現實世界的法律是否願意、如何面對「兩個世界」的法制衝突，頗值得觀察。

現實世界的傳統法律人，對於虛擬世界的規範，在轉化為現實世界的法律概念時，可能需要從「自治」與「共治」的角度，給予更多的包容與理解，不宜純因其欠缺現實世界法律的某些要素，即否認其規範的效力。在tvbs.com域名爭議案中，我國二審法院抗告裁定注意到UDRP第4條第k款，並認為甲依其規定，在專家組作出申訴決定後，仍得向法院起訴，似未否認其規範及申訴決定的效力[30]。從申訴決定不能作為向法院聲請強制執行的執行名義，與法院判決不同的面向來看，該申訴決定固無與法院判決相同的效力；但該申訴決定是供ICANN變動域名的依據，而且域名變動也無需法院強制執行，其在虛擬世界中具有解決爭議的類似「司法」的效力，乃是無法否認的事實。

肆、我國二個「世界」的域名法制

一、財團法人臺灣網路資訊中心網域名稱爭議處理辦法

我國法律對於域名之註冊及爭議，目前並未制定專法。關於在我國「財團法人臺灣網路資訊中心」（簡稱TWNIC）註冊的「臺灣域名」，該中心也仿ICANN的UDRP，訂有「財團法人臺灣網路資訊中心網域名稱爭議處理辦法」（簡稱TWDRP）[31]，作為爭議解決的處理依據。其第1條規定，其處理的爭議為：「註冊人於財團法人臺灣網路資訊中心及受理註冊機構註冊之網域名稱與

30 智慧財產法院104年度民商抗字第4號民事裁定：「因之，對於依UDRP網域爭議決定，受不利決定之人仍得向各管轄法院起訴請求救濟（參蔡志宏，關於UDRP決定司法效力之研究，……）。」

31 本辦法於民國90年3月8日通過，曾在90年12月4日及99年7月7日修訂，其內容請參閱https://www.twnic.net.tw/dnservice_argue_method_method.php（最後瀏覽日：2018.4.29）。相關的討論，請參閱伍偉華，網域名稱爭議之申訴處理及民事法律，環球法學論壇第7期，2010年3月，頁38-41。

第三人所生之爭議」；關於「網域名稱」的定義，第2條第1款規定「指註冊管理機構或受理註冊機構依財團法人臺灣網路資訊中心所公布相關辦法核發國家代碼（ccTLD）為『.tw』及『.臺灣』之名稱」。TWNIC不是我國政府的單位，TWDRP也不是法律，但依上述方式冠以我國代碼的域名，均由TWNIC依TWDRP管理並處理其爭議。

虛擬世界有關域名的自治或共治規範，理論上其適用並不受國界之限制，但為使域名的註冊及其爭端解決配合，註冊機構不僅有實體及程序規範的制定權，並得指定爭議處理機構。故ICANN接受註冊的域名，是未冠以國家或區域簡稱的頂級域名[32]，其爭議的處理適用UDRP；至於冠上國家或區域簡稱的域名，則由ICANN授權的機構負責註冊及治理，例如在我國的TWNIC註冊的「.tw／.臺灣」域名，其爭議的處理即以TWDRP為依據，TWNIC並自2001年3月29日開始，正式與財團法人資訊工業策進會科技法律研究所、臺北律師公會簽約，認可其作為域名爭議處理機構。[33]自此以後，我國域名的虛擬世界法制也已發展成形。

TWDRP的內容與UDRP基本上類似，第3條規定：「註冊人申請註冊、續用網域名稱，以及更改網域名稱之註冊資料時，應告知受理註冊機構並確保下列事項之真實性，如有侵害他人權益時，並應自負其責：一、申請書上所記載之陳述內容完整且正確。二、就註冊人所知，其註冊之網域名稱並未侵害他人之權益。三、非以不正當之目的註冊或使用該網域名稱。四、非故意以違反相關法令之方式註冊或使用該網域名稱。」關於網域名稱之取消或移轉，第4條第1項規定：「有下列情形之一，註冊管理機構得取消或移轉已註冊之網域名稱：……三、註冊管理機構收到爭議處理機構之決定書者。」關於TWNIC爭議處理之決定與法院訴訟之關係，TWDRP第10條規定：「本辦法之規定，不

---

32 ICANN開放新的頂級域名後，臺北市政府即向其申請並訂定協議，自2015年1月26日起，臺北市政府各機關網站啓用以.taipei爲頂級域名的網址，其因此而產生的爭議解決問題之探討，請參閱蔡志宏，網路世界的臺北（.taipei），誰管？，臺灣法學雜誌第275期，2015年7月，頁5-16。

33 詳見「爭議處理機構」，https://www.twnic.net.tw/dnservice_argue_company.php（最後瀏覽日：2018.9.2）。

妨礙當事人向法院提出有關該網域名稱之訴訟。專家小組作出取消或移轉註冊人之網域名稱之決定時，應由爭議處理機構寄送註冊管理機構與當事人。註冊管理機構於接獲爭議處理機構送達日起十工作日內，註冊人未依實施要點第三條第四項第十二款提出訴訟之證明文件者，註冊管理機構即執行該決定[34]。註冊人於前項期限內提出前項證明文件者，註冊管理機構暫不執行該決定。但任一方當事人向註冊管理機構提出下列文件者，應依該文件之內容執行之：一、經公證之當事人和解契約書。二、撤回訴訟之證明文件、法院之確定裁判或與確定判決有相同效力之證明文件。」

由上述TWDRP的規定可知，專家小組作出取消或移轉註冊人之網域名稱之決定後，能阻止該決定之執行者，是註冊人在十工作日內向法院起訴。此處之法院，係指有管轄權的法院，如其為註冊機構所在地的法院，其判決得直接拘束註冊機構，如為爭議處理機構所在地的法院，其判決似可就系爭決定，進行司法審查。此等法院的裁判，具有阻止爭議處理機構執行其決定的效力，即使不以「上訴」或「撤銷系爭決定」之形式為之，仍然是典型的救濟程序，向外國法院起訴得否具有上述效力，仍值得研究。

二、商標法中的域名法制

現實世界的法律必然具有屬地性，但網際網路形成的虛擬世界，並無依據各國主權劃分的國界；作為由現實世界進入虛擬世界門戶的域名，如要以現實世界的法律予以規範，基於管理及處理其在現實世界所生問題的需要，即必須設計一個連結因素，使一國的法院得據以行使裁判管轄權，或使一國的法律得據以適用。各國如果以現實世界的法律規範域名，首先應考慮的問題，也是該國的域名法制將適用於哪些域名？

不過，面對虛擬世界上述域名法制的形成，我國傳統法律並無大幅修正。

34 財團法人臺灣網路資訊中心網域名稱爭議處理實施要點第3條第4項第12款規定爲：「申訴書應記載下列事項，並應同時提出紙本及電子檔，但附件無電子檔者，得免提出電子檔：十二、敘明對網域名稱之取消或移轉之決定不服者，申訴人得向法院提起訴訟。」（https://www.twnic.net.tw/dnservice_argue_method_method.php，最後瀏覽日：2018.4.29.）上述規定，似與UDRP規定並非完全一致。

商標法於民國100年修正時，從保護現實世界的商標權角度，修訂第70條第2款，而規定：「明知為他人著名之註冊商標，而以該著名商標中之文字作為自己公司、商號、團體、網域或其他表彰營業主體之名稱，有致相關消費者混淆誤認之虞或減損該商標之識別性或信譽之虞者」，視為侵害商標權。此一規定雖與域名有關，但仍僅就商標權的面向為實體規定，未對域名問題為全面性之規範，其主要功能在使域名爭議被視為商標權之民事爭議。在此之前，域名爭議在現實世界的法律實務上，商標權人似多依公平交易法的規定，尋求法院裁判或行政機關處分，以保護商標或名稱的專用權[35]。

例如公平交易委員會在其2000年的(89)公處字第036號處分書中，針對家福股份有限公司擬以「carrefour」作為域名，向臺灣網路資訊中心（TWNIC）申請登記時，發現「carrefour」已為奕昕電腦有限公司搶先註冊，其無法註冊「carrefour」為其域名，進而喪失以消費者原熟悉之名稱，進入網路市場爭取交易之機會，公平會認為奕昕電腦有限公司之行為核已違反競爭效能，影響交易秩序，故已違反當時之公平交易法第24條。

三、域名問題的涉外因素

網際網路形成的虛擬世界基本上是全球互通，我國法律目前對於域名問題，並未明文承認其虛擬世界的法制，也未以現實世界的法律為全面性的規定，理論上將面臨域名爭議的涉外問題，司法實務上也將面臨如何行使法院裁判管轄權及如何適用法律的問題。

對於上述問題，本文認為可以考慮以域名的「域籍」作為連結因素。域名的「域籍」與「國籍」類似，其在現實世界的主要作用，是在區別各域名所屬的管理機構，以及其相關問題處理所應依據的規範。由於各個域名管理機構通常是依一國的法律設立，並獲得該國政府的授權或默許，以管理含有該國代碼的域名，故如果認為域名以其國家代碼，作為其「域籍」，該「域籍」與其所

35 相關的討論，請參閱周天，智慧財產權之行使與不公平競爭—由〈.tw〉網域名稱註冊爭議，收於第18屆競爭政策與公平交易法學術研討會論文集，公平交易委員會，2011年5月，頁73-114。https://www.ftc.gov.tw/upload/cda73a0a-bcfc-4d1e-ae76-00268440eb28.pdf（最後瀏覽日：2018.4.29）。

屬管理機構的「國籍」，基本上應屬一致。換言之，這種做法可以避開域名的國籍問題，採用「域籍」的概念，實際上卻可以達到相同的目的。因此，如要區別內國域名與外國域名，其區別的關鍵是在域名是否含有我國的國家代碼，也就是以域名是否在我國的域名管理機構註冊，為其區分的標準。根據這個標準，tvbst.com.tw乃是我國的域名，而tvbs.com則是在美國登記的外國域名。

目前在司法實務上，由於在我國法院涉訟的域名都是在TWNIC註冊的「.tw」域名，註冊人都是我國自然人或法人，引用的條文都是我國公平交易法、商標法或其他法律，即使原告為外國法人，法院也幾乎未討論法院國際審判管轄權，至多僅討論外國法人的受我國法律保護的問題。例如美商NBA產物股份有限公司（NBA PROPERTIES, INC.）因我國人民先在TWNIC註冊www.nba.com.tw域名，致其無法再註冊相同名稱，即向臺灣臺北地方法院起訴，請求依公平交易法第20條命被告應向TWNIC辦理註銷www.nba.com.tw網址名稱之登記，而臺灣臺北地方法院在90年國貿字第16號民事判決中，並未探討國際審判管轄權之問題，上訴後臺灣高等法院在其91年國貿上字第4號民事判決中，則特別就未經我國認許的美國法人，認為應依中華民國美利堅合眾國友好通商航海條約的規定，承認其得適用我國公平交易法並得向我國法院起訴[36]。

---

36 臺灣高等法院91年國貿上字第4號民事判決謂：「按公平交易法第四十七條規定：『未經認許之外國法人或團體，就本法規定事項得爲告訴、自訴或提起民事訴訟。但以依條約或其本國法令、慣例，中華民國人或團體得在該國享受同等權利者爲限；其由團體或機構互訂保護之協議，經中央主管機關核准者亦同。』故依上揭法條之規定，未獲認許之外國法人或團體如經司法機關認定基於互惠原則下，得享有公平交易法規定事項之民事訴訟權利。前開法條雖僅就告訴、自訴或提起民事訴訟加以規範，而未及於行政責任或行政保護等有關之事項，但衡諸公平交易法第四十七條關於外國法人或團體法律保障之立法目的，係採互惠原則，該條對於民事、刑事外之行政事項亦應有該條揭示之互惠原則的適用，是以未經認許之外國法人是否得受公平交易法之保護，宜視其本國有關法令是否規定中華民國國民得與該國人享同等權利而定（行政院公平交易委員會民國84年2月21日公研釋字第091號函參照）。依中華民國美利堅合眾國友好通商航海條約第九條前段規定：……。第六條第四項規定：締約此方之國民、法人及團體，不論爲行使或防衛其權利，應享有在締約彼方領土內向依法設立之各級有管轄權之法院、行政法院及行政機關陳訴之自由；……。從而，本件被上訴人縱爲未經認許之美商法人，亦有公平交易法之適用。」

伍、tvbs.com域名爭議案的訴訟標的

在tvbs.com域名爭議案中，由於我國法律對於域名問題並無明文規定，法院對於應如何對域名爭議予以定性，乃發生問題。我國三審法院的裁定，都注意到乙公司為香港公司，本件不是純粹國內案件，且就案件的定性，似採新訴訟標的理論，惟其定性的結論並不一致。本案的三審法院對於訴訟的內容，或為訴訟標的的法律關係，基本上都認為當事人是因侵權行為而涉訟，並就侵權行為訴訟的特別審判籍，予以詳細審酌。不過，關於侵權行為的具體事實究竟為何，我國三審法院的見解並非完全一致。

一、域名權的侵權行爲

第一審法院裁定將本件的侵權行為，定性為乙公司對甲的侵權行為，指出：「本件關於涉外網域名稱之紛爭，於網際網路虛擬世界中，依原告起訴所主張之事實係主張原告在我國使用系爭域名的權利，遭受被告侵害。原告主張被告侵害其使用系爭域名的權利，主因係加害人即被告向香港地區ADNDRC申訴，經ADNDRC的行政專家組依據UDRP於103年12月11日作成專家決定書，決定將tvbs.com域名移轉給被告，香港地區ADNDRC構成侵權行為要件事實之一部處所，屬於侵權行為一部實行行為之射程範圍，職是該爭議之侵權行為地位於香港地區，非在我國地域。查本件並非被告主張原告侵害被告於我國註冊之商標而涉訟，而係原告主張其在我國使用系爭域名的權利，遭受被告侵害涉訟，應以原告起訴主張之事實認定侵權行為地，即被告因向香港的ADNDRC申訴作成專家決定書，決定將tvbs.com域名移轉給被告，香港地區的ADNDRC則成為侵權行為地。[37]」

二、商標權的侵權行爲

第二審法院則將本件的侵權行為，定性為甲對乙公司的侵權行為。裁定指

[37] 智慧財產法院103年民商訴字第60號民事裁定。

出，甲之起訴聲明為：「確認相對人有權請求排除或禁止原告使用系爭域名之法律關係不存在」，其訴訟類型為消極確認之訴，亦即其因香港ADNDRC之決定，認其使用系爭域名之法律地位不安定，欲我國法院確認乙公司所主張之排除甲侵害商標請求權無效，因之，本事件之訴訟標的為乙公司之排除侵害商標請求權是否存在，故可定性為侵權行為訴訟。第二審法院裁定並指出：「相對人在上開事件主張抗告人之侵害商標行為地，包括臺灣、香港等地註冊之TVBS商標權，而抗告人就系爭域名活動主要地域為臺灣地區，亦即抗告人使用系爭域名之實行行為與行為結果之一部發生在臺灣地區，依前揭判例見解，我國法院對抗告人所提起之確認訴訟亦有管轄權。[38]」

對於侵權行為的內容，最高法院的第三審裁定指出：「再抗告人係以商標權被侵害為原因，利用申訴程序請求排除侵害。則相對人為確認再抗告人上開請求排除侵害之權利不存在，提起本件消極確認之訴，揆諸前揭說明，自屬因侵權行為涉訟。[39]」此一見解，似係認為我國法院之訴訟，乃是香港ADNDRC系爭申訴決定的救濟措施，或為對抗系爭申訴程序，而另外提起的訴訟，故相對於系爭申訴的聲明，本案甲的訴之聲明，為請求確認乙公司請求排除或禁止甲使用系爭域名的權利不存在，其訴訟為確認甲未侵害乙公司在我國登記的商標權的消極確認之訴。

三、新訴訟標的理論的採用

由以上可知，本件訴訟涉及系爭商標權是否被侵害，三審法院乃均認定其為民事訴訟法第15條所稱之「因侵權行為涉訟」。論者認為如採傳統訴訟標的理論，以實體法上之法律關係為定性，因本件訴訟是否以「侵權行為損害賠償請求權（回復原狀）」為訴訟標的，尚不能確定，則其是否為「因侵權行為涉訟」，仍有疑義，上述裁定對於此項定性並無疑義，顯見其乃採新訴訟標的理論，即以請求之基礎事實為定性對象[40]。關於我國法院是否有國際裁判管轄權

38 智慧財產法院104年民商抗字第4號民事裁定。

39 最高法院104年台抗字第1004號民事裁定。

40 魏大喨，網域名稱與商標權侵害之國際管轄權，收於最高法院學術研究會編，最高法院一〇五年度第一次民事研討會，2017年11月，頁297。就案件管轄權的決定，法院須就

的關鍵，乃是作為審判籍或裁判籍的「侵權行為地」，是否係在我國？如採新訴訟標的理論，侵權行為地是指其基礎事實發生地[41]，上述各審法院裁定似未認為甲之行為地在我國，而是強調其行為的結果乃侵害在我國登記的商標權，其結果發生地在我國。

本件第二審及第三審法院傾向於定性為商標權之侵權行為訴訟，並認定其為消極確認之訴，其主要理由是我國民事訴訟法第15條及第21條對侵權行為設有明文規定，而商標法第70條第2款復規定，明知為他人著名之註冊商標，而以該著名商標中之文字作為自己網域或其他表彰營業主體之名稱，有致相關消費者混淆誤認之虞或減損該商標之識別或信譽之虞，視為侵害商標權。第三審的最高法院裁定從涉外商標權侵害的角度出發，認為乙公司於申訴時主張甲之侵害商標權之行為地，包括臺灣、香港等地註冊之TVBS商標權，甲使用系爭域名之實行行為與結果之一部發生在臺灣，類推適用我國民事訴訟法第15條第1項規定，臺灣法院應有國際審判管轄權。

四、單面思考或全面思維

在前述tvbs.com域名爭議案中，我國三審法院決定是否行使國際審判管轄權的問題，均類推適用我國民事訴訟法第15條關於侵權行為之訴的規定，即均依據「侵權行為地法院」得行使國際審判管轄權的原則，予以認定。該條的規定顯然是以「地域性」為基礎的傳統法律，其前提是「行為」及「地域」都很清楚的現實世界，即定性為現實世界的侵權行為；不過，本案所涉及的系爭域名，其實是虛擬世界的門戶，雖然不是網際網路的侵權行為，但似無法否認其與虛擬世界的法制直接相關。

本案中的甲和乙公司的爭議，在虛擬世界中是域名的註冊及使用權問題，

其案件或訴訟類型予以定性，以決定應適用之管轄權規則；就涉外民事之法律適用言，法院須就其法律關係所屬之類型予以定性，以決定應適用之衝突規則。對於後者，法院應爲定性的主體，其定性應不受原告主張的拘束，即應採新訴訟標的理論，較爲適當。請參考陳榮傳，離婚後酌定、改定子女監護人之準據法—最高法院八十二年度台上字第一八八八號判決之評釋，國際私法各論集，五南圖書，1998年9月，頁350。

41 依新訴訟標的理論，不問起訴之實體法上請求權是否本於侵權行爲法律關係，均得定性爲侵權行爲之訴。魏大喨，同註40，頁297註釋18。

在現實世界中被我國法院理解為商標權的侵害問題。虛擬世界的UDRP第4條第a項第i款規定「域名與申訴人擁有的商標或服務標記相同或極其相似」，很巧妙地納入了現實世界的商標權保護問題，我國商標法第70條第1項第2款，將不當的域名註冊視為侵害商標權，固然將域名納入現實世界的商標法之中，但對於域名本身的保護，仍無充分而具體的規定。在此種情形下，域名問題主要仍依虛擬世界的規範地位沒有影響，虛擬世界依然依據UDRP實現其「數位正義」。

在本案中，香港ADNDRC的申訴決定，依據的是虛擬世界的UDRP的相關規定；我國三審法院所適用的，是現實世界中我國商標法的規定。前者的決定是ICANN的執行依據，後者的裁判是法院將來強制執行的基礎。當事人的重點如果是要ICANN維持或變動域名註冊，當然要以香港ADNDRC的申訴決定的程序及內容優先，本件案例中的甲未重視香港ADNDRC的申訴，而把攻防的重點拉回在我國法院的訴訟，策略上似有錯置。

本案在我國三審法院的裁定中，甲最初主張其在我國使用系爭域名的權利遭受侵害，並主張乙公司的侵權行為地是在我國，希望法院保護其關於域名的權利，其主張的是系爭域名的權利，其實是以虛擬世界的法律為依據；但我國法院似認為在我國應只問商標，不問域名，而集中在我國的商標權是否被侵害的問題，並認為侵權行為地及商標權受保護地都在我國，此等推論乃是現實世界的法律思維。此二種思維方向的差異很大，因為域名只有一個，而商標權的個數，等於其註冊的國家的數量；域名的管理需要有「全球治理」的思維，而商標權則回歸各國的國情考量。

本案的我國承審法院，固然掌握了在我國註冊的商標的特性，但我國商標法對其保護的效力僅侷限在我國境內而已，直接依據我國保護商標權的規定處理，其或許可以解決我國商標權的問題，但香港ADNDRC的申訴決定，針對的是全球唯一的域名，而全球性的域名的爭議，我國法院只能針對它的「臺灣面向」問題，予以處理。我國法院此種「單面」（unilaterally）思維，對於虛擬世界的法律問題，可能留下許多面向的問題未予解決；司法實務上未強調「涉外意識」及「涉網意識」，可能會使內國法律凌駕外國法律之上，也忽視虛擬世界法制的存在事實。

本案純依現實世界的法律予以考量的結果，是我國法院將訟爭問題的定性，完全依我國國內法的規定為之[42]，其試圖解決國內法上的問題，固無可厚非，但結果可能會與訴訟最初的目的，即改變香港ADNDRC的申訴決定，產生「斷鍊」情形。此種思維，只著重在國內商標法及商標權保護，對於系爭域名在美國的域名註冊機構註冊的事實及註冊的法律效果，以及甲的訴訟目的是在阻止香港ADNDRP系爭申訴決定的執行，ADNDRP系爭申訴決定的執行與在我國法院的訴訟間的關係，似未予以充分考量。甲經歷曠日廢時的審級救濟，在最後雖然獲得形式上對其有利的抗告裁定，卻面臨香港ADNDRC申訴決定已被執行，即「生米已經煮成熟飯」的困境，後續的訴訟已無意義，原告只好撤回其訴。可見國內訴訟的進行及結果，如何與外國相關程序銜接，在類似本件的情形，值得法院予以特別關注。

陸、二個「世界」的域名法制銜接

一、申訴決定與法院判決

在tvbs.com域名爭議案中，我國法院決定行使裁判管轄權後，卻已出現其訴訟已對原告無意義的情況，同時也發生在臺灣法院起訴，對於ICANN的域名變動是否有拘束力的嚴肅問題。因此，虛擬世界的法制與現實世界的法律，

---

42 關於定性的標準，國際私法上有法院地法（lex fori）、本案準據法（lex causae）、比較分析說、次步定性說等不同主張，請參閱馬漢寶，國際私法（總論、各論），自版，2014年9月3版，頁237-247；劉鐵錚、陳榮傳，同註13，頁545-548；曾陳明汝，國際私法原理（上）—總論篇，新學林，2003年6月改訂7版，頁324-427；陳隆修，論國際私法有關定性之問題，比較國際私法，五南圖書，1989年10月，頁6-16；施啓揚，國際私法上定性問題之歷史發展及其解決方法，馬漢寶主編，國際私法論文選輯（上），五南圖書，1984年7月，頁370-384；李後政，涉外民事法律適用法，五南圖書，2010年10月，頁23-43；賴來焜，海事國際私法學—比較海商法與國際私法學之交會爲中心（上），神州，2002年，頁344-354；柯澤東著、吳光平增修，國際私法，元照，2016年10月5版，頁45-53；陳榮傳，同註2，頁101-112；Stefania Bariatti, *Classification (characterization)*, in 2 Encyclopedia of Private International Law 357-359 (Jürgen Basedow et al., ed., 2017).

究應如何銜接？實值得探究。

本案雙方當事人爭執的法律關係，在香港ADNDRC申訴案件中，是系爭域名是否應依UDRP第4條第a項移轉給乙公司的問題；在我國法院的第三審裁定中，則是乙公司在我國的商標權是否未被侵害的問題。本案的甲和乙公司之間的爭議，從香港ADNDRC爭執到我國法院，究竟是同一事件或二個獨立的案件，也很值得重視。無論其是否為同一事件，此處涉及香港ADNDRC及我國法院的爭議解決機制之間的關係，也涉及此二種不同的程序應如何銜接配合的問題。此等問題，似宜從國際私法及涉外民事訴訟的法理，予以觀察及解決。

本件在我國法院的訴訟，如果考慮和香港ADNDRC的申訴決定銜接，則甲不服香港ADNDRC系爭決定，依據UDRP第4條第k項規定，於收到決定十日內提起向我國智慧財產法院起訴時，我國法院所面對的問題，是究應將ADNDRC系爭決定定性為外國的仲裁判斷、相當於仲裁判斷的準司法文件、供法院參考的專家鑑定書、或不具法律效力的文書[43]？我國法院的訴訟程序，究係香港ADNDRC系爭決定的救濟程序，或是和ADNDRC系爭決定平行而且無關的程序？如果是香港ADNDRC系爭決定的救濟程序，我國法院的裁判可否達到該目的？得否行使國際裁判管轄權？如果是另一獨立的程序，為訴訟標的的法律關係究竟為何？

對於上述問題，本件我國各審法院均確認甲「依據UDRP第四條第k項為規定，於收到決定十日內提起向我國智慧財產法院起訴」，但在其裁定中，均不認為係就ADNDRC系爭決定，予以審查或救濟，而是另一個獨立的訴訟程序，甚至認為ADNDRC系爭決定，不具有解決爭議的司法效力[44]。不過，

---

43 關於UDRP決定在司法上的效力認定，大致可分爲三種模式：1.完全不承認其司法效力；2.承認其專屬管轄效力；3.給予某種程度之效力承認。詳請參閱蔡志宏，同註19，頁210-213。

44 在網路法發展的初期，一般的爭論集中在虛擬世界是否有獨立主權，而不受現實世界的法律規範。就此而言，應以獨立主權否認説爲當。陳榮傳，虛擬世界的眞實主權，月旦法學雜誌第77期，2001年10月，頁158。但從虛擬世界的規範實況而論，其中雖無與國家完全相當之主權，是否仍有效力較弱的某種網路自主的「次主權」，在不同的發展階段，仍有其值得探討之處。就我國之相關司法實務，有認爲域名爭議依UDRP決定後，我

ADNDRC系爭決定依UDRP的規定，其效力固然較弱，並不排斥法院對其審查，或為結果不同之裁判，即原則上以法院的裁判優先，但其本身仍屬有效，如未經法院及時以裁判介入予以變更，該系爭決定在UDRP的體系內即具有執行力，得強制移轉域名。本案各審法院跳過與此相關的數個問題，從TVBS公司1998年在我國完成「TVBS」商標登記，其商標權受我國商標法保護的角度出發，認定本件為侵害商標權所生之訴訟，而無視UDRP的規定以及ADNDRC系爭決定的有效性及效力，似有不足。

二、共同管轄區法院的認定

依UDRP第4條第k項規定，本件域名註冊人應提出向法院起訴的證明文件，且其法院所屬的管轄區域，是指申訴人提出申訴地之法域，即香港，由於香港並非該條項所註記的ICANN主事務所所在地（即美國）或註冊人的地址所在地（即臺灣），似仍應以香港法院為指定的管轄法院，較能發揮註冊人尋求法院救濟的目的。其中所述的ICANN主事務所所在地，於本件似應由香港取代，較為妥適，至於註冊人地址所在的臺灣，倘非剛好為系爭商標登記的國家，徒憑其為原告住所地的事實，似難作為當地法院行使管轄權的依據。本條項的規定，究竟是對域名爭議的審判管轄權，「指定」管轄法院？或是對各國法院無拘束力的說明或建議？各國法院在普通審判籍之外，是否仍有得行使其審判管轄權的特別審判籍？

上述問題涉及UDRP本條項的解釋，按理應由ICANN判斷，如果從嚴解釋，本件甲在臺灣法院的起訴證明可能不為ICANN接受，形成我國法院即使就商標權的侵害有國際審判管轄權，因其訴訟標的與域名之申訴標的為不同之法律關係，而無法阻止申訴決定之執行。申訴人提出申訴時，依「統一域名爭

國法院仍受理域名紛爭的訴訟，並爲實體判決，即採獨立主權否認說者。魏大喨，同註40，頁290。對於UDRP的決定，如以其與法院裁判相比較，效力固然較遜，其爭議解決之功能與仲裁亦有差別，不能直接適用仲裁法之規定，但其畢竟爲有效的非訴訟爭議解決模式，其效力雖不能與仲裁判斷同視，但並非完全無效，並且已有效解決難以數計的域名爭議。但仍有認爲「不論從各國司法主權之行使、UDRP之制定意旨及其本身規定內容，乃至相關當事人實體及程序權利之保障，目前應採取完全不承認其司法效力之模式」者，蔡志宏，同註19，頁235。

議解決政策之規則」（簡稱「UDRP規則」）[45]第3條第b項規定，應於申訴書聲明：申訴人如對取消或轉讓域名的行政程序之決定或裁決不服，將向至少一個「共同管轄區」（Mutual Jurisdiction）內的法院起訴[46]。

至於「共同管轄區」，依「UDRP規則」第1條的定義，係指位於下列地區之法院管轄區：（一）註冊商總辦事處（假設域名持有者已將其註冊協議，提交給該管轄區之法院，請求法院對涉及域名使用或因域名使用而生之爭議予以審判）；或（二）在向提供商提出申訴時，域名持有者在註冊商Whois資料庫中所顯示，其用於註冊域名的地址[47]。由上述可知，「共同管轄區」是指域名註冊人與申訴人彼此訴訟的起訴法域，即域名註冊人在註冊商總辦事處之法

45 Rules for Uniform Domain Name Dispute Resolution Policy (the "Rules")，中文爲「統一域名爭議解決政策之規則」（「規則」），本件所涉及者，應爲ICANN董事會2009年10月30日通過，自2010年3月1日起施行的版本，英文版在https://www.icann.org/resources/pages/rules-be-2012-02-25-en，中文版在https://www.icann.org/resources/pages/rules-2012-02-25-zh。最新版本是ICANN董事會2013年9月28日通過，自2015年7月31日起施行，英文版在https://www.icann.org/resources/pages/udrp-rules-2015-03-11-en，中文版在https://www.icann.org/resources/pages/udrp-rules-2015-03-12-zh（最後瀏覽日：2018.9.2）。各版本對於共同管轄權的規定，並無實質上之差異。

46 Paragraph 3(b)(xii)英文如下：(b) The complaint ... shall: ... (xii)State that Complainant will submit, with respect to any challenges to a decision in the administrative proceeding canceling or transferring the domain name, to the jurisdiction of the courts in at least one specified Mutual Jurisdiction.

47 原文爲"Mutual Jurisdiction means a court jurisdiction at the location of either (a) the principal office of the Registrar (provided the domain-name holder has submitted in its Registration Agreement to that jurisdiction for court adjudication of disputes concerning or arising from the use of the domain name) or (b) the domain-name holder's address as shown for the registration of the domain name in Registrar's Whois database at the time the complaint is submitted to the Provider." 智慧財產法院於104年度民商抗字第4號民事裁定（即本件我國二審裁定），雖附註上述原文，但可能因爲引用資料之問題，將上述規定譯爲：「本規則之共同管轄權，係指申訴人可按下列方式擇一爲管轄法院：(1)網域名稱註冊機構所在地之法院（前提爲域名持有人已在其註冊協議中規定及其域名使用的爭議交由該法域的法院管轄），或(2)網域名稱註冊人於Whois數據資料庫中登記地址之所在地法院管轄。」此一譯文與英文條文之原意未盡一致。本件裁定據此理解，進一步認爲：「因之，不服ADNDRC決定，非限定以網域登記地之法院始有管轄權，亦得由其他法院管轄。」

院起訴，申訴人在Whois資料庫顯示的域名持有者地址起訴[48]。申訴人應聲明其將對申訴之裁決不服時，將在「共同管轄區」內之法院起訴，此種聲明似係對於申訴人將來之訴訟，預為管轄法院之選擇。

在tvbs.com域名爭議案中，由於系爭域名的註冊機構並非我國法人或機構，UDRP也非我國機構所發布，則在我國法院的起訴，是否符合UDRP的規定，而得暫緩香港ADNDRC申訴決定的執行，應由ICANN或域名註冊機構認定。我國法院即使作出與香港ADNDRC申訴決定相反的判決，如不符合UDRP的規定，似也難以阻止外國的域名註冊機構強制移轉系爭域名。換言之，此種域名爭議在虛擬世界的強制移轉問題，屬於虛擬世界的UDRP規範的範圍，應由其執法或執行機構依UDRP決定。故我國法院將此類案件，定性為純粹我國法上的商標權侵害或侵權行為訴訟，如不符合UDRP的規定，實際上並無太大意義；我國法院如認定有裁判管轄權，但最後的判決依UDRP卻無法推翻其申訴決定時，其訴訟即欠缺應保護的利益。

三、申訴目的與訴訟目的的配合

本件甲起訴的目的，是要阻止tvbs.com域名被強制移轉給乙公司，涉及香港ADNDRC對於我國法院的起訴，是否與其他國家法院的起訴同視，邏輯上也涉及我國法院裁判的效力是否被承認的問題[49]。如果從虛擬世界的ICANN域名法制來看，當事人的爭議始於乙公司擬註冊tvbs.com的域名，卻發現該域名由為相對人註冊，乃以乙公司之「TVBS」商標權被侵害為由，向香港ADNDRC申訴，經香港ADNDRC作成不利於甲的決定，甲再依UDRP第4條第

48 智慧財產法院104年度民商抗字第4號民事裁定關於本條的下列理解，有待商榷：「依UDRP施行細則第1條對法院管轄權規定：『本規則之共同管轄權，係指申訴人可按下列方式擇一爲管轄法院：(1)網域名稱註冊機構所在地之法院（前提爲域名持有人已在其註冊協議中規定及其域名使用的爭議交由該法域的法院管轄），或(2)網域名稱註冊人於Whois數據資料庫中登記地址之所在地法院管轄。』（英文原文略）（參鄭嘉逸，由UDRP處理原則探討網域名稱爭議於我國商標法之適用，本院卷頁19）。因之，不服ADNDRC決定，非限定以網域登記地之法院始有管轄權，亦得由其他法院管轄。」

49 香港終審法院於2000年*Chen Li Hung v. Ting Lei Miao*一案（3 HKCFAR 9），即認爲應個案承認我國法院判決。Graeme Johnston & Paul Harris SC, The Conflict of Laws in Hong Kong 642-643 (3rd ed., 2017).

k項在我國法院提起本件訴訟。本件訴訟即使與ADNDRC申訴為不同事件，依UDRP的規定，仍為有效的訴訟，而可阻止執行香港ADNDRC的決定，暫緩將甲的系爭域名移轉給乙公司。ICANN此種虛擬世界的認定，肯定我國法院的功能，仍具有重要意義。

本案的起訴，雖被認為符合UDRP的規定，即在我國法院的起訴符合UDRP第4條第k項「於收到決定十日內向法院起訴」的規定，而得據以暫緩系爭域名的強制移轉，最後仍因域名註冊機構不知第一審的駁回裁定已被提起抗告，尚未確定，致系爭域名被終局地強制移轉，即是我國法院未正視虛擬世界的法制，虛擬世界的ADNDRC未完全理解我國訴訟制度，導致此二個世界的不同程序未完全銜接的結果。

類似的問題，如發生在我國TWNIC所註冊的域名（我國域名），也頗值得重視，即：系爭域名的爭議在外國法院涉訟，TWNIC究應如何處理？如系爭域名被商標權人在我國提出申訴，並經爭議處理機構依TWDRP作成決定之後，最適合阻止該決定之執行的起訴法院，應該是我國法院[50]。如A國人甲在我國TWNIC註冊域名，因乙申訴，經爭議處理機構決定甲應移轉域名給乙後，甲赴A國法院對乙起訴，TWNIC得否暫不執行其決定？此一問題的根源，是爭議處理機構是否正確適用TWDRP的規定，如對其決定有爭議，最適合起訴而解決其爭議的，似仍應為我國法院。

上述結論，在現實世界的法律上，實際上也有其依據。因為域名的註冊及使用，乃是因註冊人與域名註冊機構訂定服務契約而發生，頂級域名的申請人都在契約中同意遵守ICANN的UDRP及其他規範，申請人同意依UDRP決定對域名爭議有管轄權的法院後，除該約款有顯失公平或其他法定理由得否定其效力外，註冊人理論上亦受其管轄合意拘束，不得於其他法院起訴。因此，如域名註冊人起訴的法院，即使依法院所屬國為有管轄權之法院，倘其非屬UDRP

50 依「網域名稱爭議處理機構」的統計，對其決定之爭議另向法院起訴，法院目前已作成之裁判爲：臺灣高等法院102年度上字第895號民事判決、臺北地方法院96年度智字第98號民事裁定、臺北地方法院91年度訴字第5864號民事判決、臺北地方法院91年度訴字第3223號民事判決、臺灣高等法院93年度上易字第453號民事判決。請參閱https://stli.iii.org.tw/twnic/bulletin.htm（最後瀏覽日：2018.4.29）。

所限定之法院，似應解為亦被註冊人之管轄合意所排斥。從此一觀點言，如tvbs.com域名爭議案的被告乙公司，提出甲已限定其域名爭訟的管轄法院的抗辯，我國法院似宜裁定駁回其訴，而不宜以我國為侵害商標權之結果地為理由，而行使管轄權。

四、省思與展望

域名法制發展至今，ICANN的網域治理者的地位已確立，UDRP的域名規範的功能，已難再予以否定，WIPO、ADNDRC及其他域名爭議處理機構的解決爭議的類似司法的功能，也普遍被承認。在這種情形下，關於域名的虛擬世界規範及爭議解決機制，與現實世界的法律及法院在功能上開始呈現分庭抗禮的情況。[51]在域名爭議原得由各國法院裁判，亦得由域名爭議處理機構依UDRP予以決定的情形下，其間已發生類似裁判管轄權的爭議處理或解決權之衝突；在依虛擬世界的法制，而提供爭議解決服務的機構之間，也開始發生「準管轄權」的衝突。

上述問題，在美國由於UDRP的申訴決定成本較低、效率較高[52]，直接訴諸法院的案例，相對較少。[53]此外，就同屬UDRP法制的爭議解決機制，在WIPO及ICANN直接授權的申訴服務機構之間，也存在著類似法院管轄權衝突的情況。在我國的TWDRP的架構下，其二個解決機構（財團法人資訊工業策進會科技法律研究所、臺北律師公會）之間，理論上也開始發生解決權的競爭及衝突。值得注意的是，由於UDRP法制在域名註冊人與商標權人之間，有偏向保護商標權人的傾向，準備提出申訴的商標權人，仍可能在各提供服務的

---

51 如以現實世界的法律爲標準，UDRP仍有若干不足之處。Elizabeth C. Woodard, *supra* note 23, at 1286-1212.

52 Jonathan S. Jennings, Developing Domain Name Enforcement Options, 34 FRANCHISE LAW JOURNAL 521, 534 (2015).

53 美國聯邦法律對於域名搶註之問題，因已1999年11月29日通過「防制域名搶註之消費者保護法」（Anti-Cybersquatting Consumer Protection Act）制定ACPA，可能吸引當事人直接向聯邦法院起訴，其法院判斷爭議的實體標準及案例，可參閱Sue Ann Mota, *The Anticybersquatting Consumer Protection Act: An Analysis of the Decisions from the Courts of Appeals*, 21 The John Marshall Journal of Information Technology & Privacy Law 355 (2003).

機構間，逛尋（shopping）對其較有利的申訴機構，各機構因為以爭取申訴服務、增加收益為目的，可能在有意無意之間，競相向申訴人（商標權人）表態「輸誠」，形成主動「兜售」（selling）其機構服務的現象[54]。

在tvbs.com域名爭議案中，原告甲在第一審的主張，是對於香港ADNDRC關於tvbs.com的域名移轉之決定不服，擬依規定請求我國法院予以裁判，以阻止ICANN執行系爭申訴決定。如果我國法院有國際裁判管轄權，其所應決定者，即使不是ADNDRC的決定是否正確，也應是系爭域名是否應撤銷或移轉給乙公司的問題。商標權人的權利保護，雖與域名問題有關，但其僅為域名爭議的先決問題，與域名爭議仍是不同的問題。此二問題的執行機關及執行方式，都各不相同，我國法院將其混為一談，似非妥適。

在本案第三審的最高法院裁定中，最高法院認為，我國為「TVBS」商標註冊地，故系爭域名的註冊可能構成對其商標權的侵害，我國乃是本件侵權行為結果一部發生地，故我國法院類推適用民事訴訟法第15條應具有國際裁判管轄權。根據此項見解，關於域名的爭議，只要涉及在我國註冊的商標，我國即為其侵權行為結果發生地之一部，不問域名的註冊人或商標的註冊人是否為外國人，我國法院對其域名的爭議均有國際裁判管轄權。本案中的乙公司其實並非在臺灣註冊的商標權人，且其在香港ADNDRC主張的商標權，包含在香港、臺灣、中國大陸、泰國、馬來西亞註冊的商標權，依最高法院上述見解，這些國家的法院對於同一域名的爭議，都將可以行使國際裁判管轄權，結果使各國的商標權人得在各該國，對域名註冊人起訴，使註冊人為應訴而在各國之間疲於奔命，也可能出現各國法院的判決不一致的情況。故最高法院上述

54 論者比較WIPO、全國仲裁（National Arbitration Forum, NAF）及eResolution等三個申訴服務機構在1999年12月到2001年6月之間的申訴決定，發現WIPO的審理期間最長，eResolution的申訴決定有利於商標權人的比例最低（60.1%），其餘二家均高過許多（WIPO 80.0%、NAF 81.1%），結果WIPO案件最多，eResolution暗然退出申訴服務的市場，認爲申訴服務機構被選擇的關鍵，不在案件審理的的時間效率，而在申訴決定有利於申訴人的結果傾向，並將其情形稱爲「兜售法庭」（forum selling）。Daniel Klerman, *Forum Selling and Domain-Name Disputes*, 48 Loyola University Chicago Law Journal 561, 569 (2016). 美國法院在專利訴訟及若干類型的案件，也有「兜售法庭」的情形，見Daniel Klerman & Greg Reilly, *Forum Selling*, 89 Southern California Law Review 241 (2016).

見解，使域名註冊人只因一個域名，竟須面對商標權人在各個商標登記國的訴訟，就國際裁判管轄權的合理基礎言，似難謂為合理。

柒、結論

網際網路形成虛擬世界之後，現實世界的法院對於虛擬世界的法律問題，究應逕依傳統法律予以處理，或依虛擬世界的新規範予以判斷，隨著虛擬世界新規範的發展及兩個世界的法制互動，未來將更趨明確。就域名法制而言，虛擬世界的法制似已較現實世界的法律更成熟，域名爭議絕大多數都是由爭議解決機構依UDRP等規範予以處理，並由註冊機構予以執行，法院在司法實務上似宜正面對待UDRP等規範，適時承認其具有類似法律的規範性質。UDRP或類似規範的申訴決定，性質上與法院裁判或仲裁判斷均不同，效力也有差距，甚至以法院裁判為救濟手段，但其效力較弱，並不等於「無效」，法院的司法實務亦宜適時承認其有效性及基本的效力。

註冊人為申請域名註冊，而與域名註冊機構訂定的服務契約，已將UDRP等規範納入，作為其契約的一部分或作為將來爭議解決的準據法，並指定其爭議解決的機構及法院。對於在外國註冊的域名，儘管得在我國境內使用並管理其網站，並得在我國瀏覽其網域，如我國法院未被列為可起訴的指定法院，仍不宜因為我國人民提起訴訟，即在「司法保護主義」的作用下，認為應保障人民之訴訟權，而認為對其訴訟當然有裁判管轄權。為適切地行使國際裁判管轄權，適時承認已經具體形成的新規範及爭議解決機制，並對UDRP的規範予以正確解釋及適用，似宜注意ICANN及域名註冊機構的具體操作模式，以期順利銜接各種不同之程序。

在tvbs.com域名爭議案中，第二審及最高法院的裁定均僅著眼於我國商標法的規定，認為涉及我國商標權者，我國法院即有國際裁判管轄權，形成過度裁判管轄的現象，未來似宜引以為鑑。法院對於外國域名的爭議，其行使國際審判管轄權宜考量當事人選擇爭議解決方式的自主決定，重視域名爭議解決機構的爭議處理權，以及二個世界的域名法制的銜接問題。

6

醫美器材跨國著作權侵害案件之國際管轄權問題*

林恩瑋

壹、前言

據新聞報導，「醫學美容」已經成為僅次於航空以及汽車的全球第三大產業。過去十餘年全球醫美產業每年平均年複合成長達10.9%；而亞洲地區的成長幅度又高於全球平均，估計年複合成長率達13%至15%[1]。在如此激烈競爭的環境中，美容醫學的進步與發展，往往與其技術、生技材料與器材的進步密不可分。

目前臺灣的醫美器材多賴進口，但亦有國內公司努力開發本土之醫美器材。根據資誠會計師事務所的一項報告指出[2]，2011年，臺灣醫療器材業總值估計約美金17億元，主要成長動力為來自美國、中國的需求，以及臺灣政府的支持。臺灣醫療器材業者約有500餘家，多數為中小型企業，生產中低階醫療器材。大約90%的業者係以製造為主，包括為跨國業者代工生產。然而，如果要擴展美容醫學的市場版圖，光固守臺灣的醫美市場，是遠遠不足的。自行研發設計製造並輸出醫美器材，將可達到拓展醫美產業市場版圖的目的。經濟部國貿局的「布局新興市場：灑錢愛美不手軟！越南白領階級醫學美容面面觀」手冊即提及「越南醫療器材市場逾2011年達5.99億美元，預估至2016年可年成長至12.14億美元，年複合成長率高達15.26%，當地廠商能量有限， 缺乏先進

---

* 原刊登於中華國際法與超國界法評論第13卷第1期，2017年6月，頁81-97。

1 參考東森新聞：真的全球瘋「變臉」！調查：一年超過1500萬人整形，http://www.ettoday.net/news/20160125/635759.htm（最後瀏覽日：2021.7.7）。

2 參考網址：https://www.pwc.tw/zh/industries/publications/assets/healthcare-zh.pdf（最後瀏覽日：2021.7.7）。

的製造技術，僅能生產基本醫療器材如注射器、病床或醫用耗材等為主，因此整體醫療器材市場極度仰賴進口，進口比重達90.7%[3]」。因此，醫美器材的法律面問題，將不僅侷限於臺 灣市場的內國法律問題，更將連結至國外市場的法律，而形成國際私法上的法律問題。

關於醫美器材所可能引發的法律爭議，大致上可包括器材的瑕疵造成之損害賠償問題、器材的進出口是否受國家法律管制之問題，以及器材的設計與製造在智慧財產權方面（包括專利權、商標權、關鍵技術及著作權等）所可能產生之侵權問題等。特別是後者，對於醫美器材的市場爭奪往往有著決定性的影響。有鑑於此，本文擬以智慧財產法院100年度民著訴字第53號民事裁定為例，分析說明醫美器材所可能遭遇之跨國著作權侵害問題，以期從中思考類似案件之訴訟策略布局，供相關企業法律風險控制之參考。

貳、裁定要旨

一、案件背景

原告臺灣A公司對被告美國B公司在臺灣起訴，主張B先與A簽訂有專屬授權銷售合約，由B公司取得北美地區的專屬銷售權後，利用A公司的信任又取得A公司相關著作，利用其人脈及相關資源，並且未經A公司之同意，自行利用A公司之著作（電療機）製造並銷售至美國及加拿大等地。

原告A公司主張：「被告所仿製之電療機與原告所生產之電療機外觀上並無二致，易使消費者產生混淆，若被告之品質管理未如原告之標準，如造成消費糾紛，對原告之商譽將造成無可回復之損害，為避免該損害發生，應禁止被告再行使用、製造、展示、銷售、出口原告所有著作物或其衍生物等行為。被告迄今仍利用原告之著作，一邊請求原告依上開合約履行，而一邊卻利用原告之著作於大陸生產外型相同、功能相同、價格相對低廉之電療機，並企圖利用

3　參考網址：file:///C:/Users/User/Pictures/8c71ed9b-c9cf-43b6-a7ca-fce184987034.pdf（最後瀏覽日：2021.7.7）。

法領域之不同，牟取不法利益，致原告受有損害，為避免原告之損害繼續擴大，應即刻要求被告將原告所有著作物或其衍生物不得再行使用、製造、展示、銷售及出口等行為，以保障智慧財權人之權利。」

二、爭議點

本案原告A公司所稱之著作物仿製品販賣之地點為美國、加拿大及中國大陸，並不涉及臺灣。因此本案所涉及之爭點，要臺灣法院究竟對系爭案件有無國際管轄權？

三、兩造主張

原告主張，臺灣法院對於本案有國際管轄權，理由有三：

（一）依涉外民事法律適用法第42條規定，智慧財產之爭議，應以智慧財產之產生地國法為準據法。智慧財產權，在國內應以登記為成立要件者，如專利權及商標專用權等，或不以登記為成立要件者，如著作權及營業秘密者，均係因法律規定而發生之權利，其於各國領域內所受之保護，原則上亦應依各該國之法律為準。以智慧財產為標的之權利，其成立及效力應依權利主張者認其權利應受保護之地之法律，俾使智慧財產權之種類、內容、存續期間、取得、喪失及變更等，均依同法律決定。該法律係主張權利者之主張而定，並不當然為法院所在國之法律，即當事人主張其依某國法有應受保護之智慧財產權者，即應依該國法律確其是否有該權利（民國99年5月26日涉外民事法律適用法第42條增訂理由）。依（原）智慧財產法院組織法第3條第1項之規定，原告所有之 著作權之取得，係依我國之著作權法而產生，依上開涉外民事法律適用法第42條之規定，原告應依我國之著作權法及相關法律規定，對被告主張相關權利。依上開智慧財產法院組織法之規定，就我國智慧財產事件，（原）智慧財產法院依法有第一審及第二審之管轄權，原告得依法向智慧財產法院提出本事件告訴，本事件亦因原告訴之提起而繫屬於智慧財產法院，智慧財產法院對本事件即有管轄權而可審理。故我國智慧財產法院就本事件具有審判權，並應依我國之法律規 定審理之。

（二）依北美事務協調委員會與美國在臺協會著作權保護協定第4條第3項之規定，原告於我國境內（即締約各方領域內）對被告提起侵權行為損害賠償之訴，亦合於上開北美事務協調委員會與美國在臺協會著作權保護協定之規定，我國法院依該協定亦就本事件有審判權。

（三）中華民國憲法第4條：「中華民國領土，依其固有之疆域，非經國民大會之決議，不得變更之。」而國民大會亦未曾為變更領土之決議。又中華民國憲法增修條文第11條復規定：

「自由地區與大陸地區間人民權利義務關係及其他事務之處理，得以法律為特別之規定。」且臺灣地區與大陸地區人民關係條例第2條第2款更指明：「大陸地區：指臺灣地區以外之中華民國領土。」揭示大陸地區仍屬我中華民國之領土；該條例第75條復規定：「在大陸地區或在大陸船艦、航空器內犯罪，雖在大陸地區曾受處罰，仍得依法處斷。但得免其刑之全部或一部之執行。」據此，大陸地區現在雖因事實上之障礙為我國主權所不及，但在大陸地區犯罪，仍應受我國法律之處罰，即明示**大陸地區猶屬我國領域**，並未對其放棄主權（最高法院89年度臺非字第94號刑事判決）。

被告則以「依民事訴訟法第15條規定，對於侵權行為涉訟者，得由行為地之法院管轄，依據上開法律規定以及原告起訴主張之事實，僅中國大陸、美國或加拿大之法院對於本件有管轄權之可能。是以，中華民國法院對本件並無管轄權」為由，提出國際管轄之抗辯。

四、判決結果

（原）智慧財產法院判決認為，本案臺灣法院無國際管轄權，理由整理如下：

（一）**本案首應探求者爲法院對本案有無國際管轄權：**法院在適用國際私法解決涉外法律糾紛時，乃以其就具體案件有管轄裁判權為前提，如非有管轄權之法院審理，其判決自難為其他國家之法院所承認。故法院就涉外案件，首先應決定者為有無管轄權之問題。國際私法上所謂「管轄權之確定」，係指一國家之「法院」有權管轄某一涉外案件。法國學者將整個國家之管轄權，稱之為「一般管轄權」，而對內國各區域之管轄權，稱之為「特殊管轄權」。又一國之法院對某種涉外案件有無管轄權，應以該國內國法之規定為準據，各國事實上均希望賦予本國法院較廣之管轄權，然倘若過分求其擴張，可能會導致其他國家之報復或抵制。尤其一國之判決常需其他國家之承認或在其他國家執行，更須得到其他國家之合作。故關於國際私法上管轄權之確定，應本諸公平合理之原則。

（二）**我國涉外民事法律適用法於我國法院在何種情形下，就涉外事件取得國際管轄權，欠缺直接明文規定，國內尚未形成統一之見解？**主要理論包括：逆推知說：從內國民事訴訟法有關土地管轄之規定，即可推知是否具國際裁判管轄權，內國民事訴訟法土地管轄之規定乃具「雙重機能性」，即符合內國民事訴訟法有關土地管轄規定之案件，不論其為純粹內國事件或涉外事件，法院皆可管轄。類推適用說：類推內國民事訴訟法有關土地管轄規定方式。利益衡量說：其中又可分為顧及說：內國民事訴訟法土地管轄之規定具有同時決定國際裁判管轄權之意義，故不能完全置內國民事訴訟法規定於不顧，而係應就每一案件之類型針對內國民事訴訟法各規定之機能重新賦予其意義，來判斷是否具國際裁判管轄權。獨立說：基於下列重要之政策考量判斷有無管轄權：當事人之便利、公平、預見可能性；裁判之迅速、效率、公平性；調查證據便利；判決之實效性（執行可能、他國承認）；訴訟地與案件之牽連或利害關係之強度；與準據法選擇間之關聯。

（三）**我國法院就本案無國際管轄權：**按涉外民事法律適用法未規定者，適用與民事法律關係最重大牽連關係地法律。又涉外民事，本法未規定者，適用其他法律之規定，其他法律無規定者，依法理，涉外民事法律適用法第30條定有明文。另按民事訴訟法第15條第1項規定：「因侵權行為涉訟者，得由行為地之法院管轄。」經查，被告為依美國法律設立之法人，主事務所或主營業所不在中華民國境內，原告主張被告取得原告著作，於大陸生產外型、包裝、內容物相同之電療機，以劣質之大陸製產品充當臺灣生產之優良產品，於美國、加拿大地區販賣，**是其侵權行爲發生地與結果地在中國大陸**、美國及加拿大，亦均不在我國境內。是以，我國法院就原告與被告間之糾紛並無國際管轄權。

（四）**原告混淆了管轄權與法律適用之問題：**原告雖稱：依涉外民事法律適用法第25條規定：「關於由侵權行為而生之債， 依侵權行為地法。但另有關係最切之法律者，依該法律。」

查被告原與原告簽有「EXCLUSIVE DISTRIBUTORSHIP AGREEMENT」，被告所侵害之著作係為因該合約而取得，本爭議最切法律為我國法，故我國法院有管轄權云云，然本件民事糾紛應適用修正前涉外民事法律適用法第9條「關於由侵權行為而生之債，依侵權行為地法。但中華民國法律不認為侵權行為者，不適用之」之規定，而非原告上開所稱之修正後規定，已如前述；況上開乃關於準據法擇定之規定，而非關於管轄權之規定，是原告上開主張將「準據法」與「管轄權」混為一談而為立論，自非可採。

（五）**涉外民事法律適用法與（原）智慧財產法院組織法之規定，並非國際管轄權之規定：**原告又稱：依涉外民事法律適用法第42條第1項規定：「以智慧財產為標的之權利，依該權利應受保護地之法律。」原告之著作權取得係依我國著作權法，再參酌智慧財產法院組織法第3條第1項之規定：「依專利法、商標法、著作權法、光碟管理條例、營業秘密法、積體電路電路布局保護法、植物品種及種苗法或公平交易法所保護之智慧財產權益所生之第一審及第二審民事訴訟事件」，原告得依法向智慧財產法院起訴，本事件亦因原告起訴而繫屬智慧財產法院，智慧財產法院對本事件即有管轄權云云。惟原告以涉外民事法律適用法第42條為其論據，同有混淆「準據法」與「管轄權」之違誤；又智慧財產法院組織法第3條第1項之規定乃我國法院就訴訟事件「特殊管轄權」之劃分，並非用以認定我國法院就本事件有無「一般管轄權」之依據，換言之，必先決定我國法院得管轄本事件後，再依智慧財產法院組織法第3條第1項或其他法規認定由我國何法院管轄。是原告前開主張，亦非可取。

（六）**北美事務協調委員會與美國在臺協會著作權保護協定亦非我國法院國際管轄權之規定：**原告復謂：北美事務協調委員會與美國在臺協會著作權保護協定第4條第3項規定：「著作人、著作權人及其受讓人或取得其專用權利之人，在締約各方領域內符合非前項所排除之程序要件時，應有權就本協定所賦予之權利之執行，於各該領域內依該領域之法令，提起著作權侵害之訴訟程序，及獲得刑事或海關之有效執行」，是原告於我國境內（即締約各方領域內）對被告提起侵權行為損害賠償之訴，亦合於上開規定，我國法院依該協定亦就本事件有審判權云云。然該協定乃確認著作權利人在締約各方領域內能獲得權利之實質保護，要非關於我國法院「一般管轄權」之規定，自不得據該協定認為著作權利人在欠缺其他關於管轄權法院決定之法律依據下，得僅憑該協定任意主張締約各方領域具有管轄權。是原告此一主張，同無理由。

（七）**中國大陸地區縱認仍爲我國領土，於該地區所生之侵權行爲案件，仍應由中國大陸地區法院取得國際管轄權：**原告末稱：依中華民國憲法第4條及臺灣地區與大陸地區人民關係條例第2條第2款，大陸地區仍屬我中華民國領土；在中國大陸犯罪，仍應受我國法律處罰（最高法院89年度臺非字第94號刑事判決），是被告在中國大陸地區侵害原告受我國著作權法保護之著作，其行為仍受我國法律拘束，我國法院自有管轄權云云。惟本件應依民事訴訟法第15條第1項規定定管轄權，已如前述，而本件侵權行為之行為地既在中國大陸地區及美國、加拿大，依該條即應由中國大陸地區及美國、加拿大之法院管轄，本院既非上述任一地方之法院，縱認大陸地區仍為我國領土，亦不影響管轄權法院依民事訴訟法第15條第1項應為之認定。至於最高法院89年度臺非字第94號刑事判決乃針對是否在中華民國領域內犯罪，進而應否適用中華民國法律論處之問題立論，與民事管轄法院之認定，性質完全不同，自不能比附援引。

參、裁定評析

綜合上述（原）智慧財產法院見解，本文認為有以下五點，可為進一步之分析：

一、一般管轄與特別管轄

首先，智慧財產法院明確指出，「國際私法上所謂『管轄權之確定』，係指一國家之『法院』有權管轄某一涉外案件。」並明確採用了法國國際私法關於「一般管轄」（compétence générale，即裁定中所稱「一般管轄權」）與「特別管轄」（compétence spéciale，即裁定中所稱「特別管轄權」）之分類。因此，本號裁定進一步指出，（原）智慧財產法院組織法第3條第1項之規定乃我國法院就訴訟事件「特殊管轄權」之劃分，並非用以認定我國法院就本事件有無「一般管轄權」之依據，原告以上開條文作為本案我國法院有國際管轄權之法律根據，並無理由。

區別「一般管轄」與「特別管轄」的實益，在國際私法學上主要在於表現其所論述之管轄權理論的特殊性，用來表示與國內法所稱之「管轄權」概念之差異。國內法上的管轄權概念，特別是土地管轄，與國際私法上的管轄權概念並不相同。國際私法所談的管轄權（一般稱「國際管轄權」）並非僅以地理的概念作為管轄權有無之判斷基礎，相反地，其所考慮之非地理因素，亦不在少數，即使案件與國家法院之間並無地理關係，在特定情形下，國家仍有可能對於案件取得國際管轄權。

以我國成文法源為例，家事事件法第53條規定：「婚姻事件有下列各款情形之一者，由中華民國法院審判管轄：一、夫妻之一方為中華民國國民。二、夫妻均非中華民國國民而於中華民國境內有住所或持續一年以上有共同居所。三、夫妻之一方為無國籍人而於中華民國境內有經常居所。四、夫妻之一方於中華民國境內持續一年以上有經常居所。但中華民國法院之裁判顯不為夫或妻所屬國之法律承認者，不在此限。被告在中華民國應訴顯有不便者，不適用前項之規定。」即為國際管轄權之標準。其中夫妻之一方為中華民國國民（國籍）、中華民國法院之裁判顯不為夫或妻所屬國之法律承認、被告在中華民國應訴顯有不便等，或作為判斷國際管轄權之積極條件，或作為消極條件，均與地理因素無關。

因此，智慧財產法院首先敘明國際管轄權之性質，並援用學理分類將二者明白區分，即在說明本案法院在判斷國際管轄權之有無問題上，不得直接適用內國民事訴訟法上關於土地管轄之規定，至少應當參照案件所特有之涉外性質，審慎地類推適用內國民事訴訟法上之管轄權規定，方能兼顧國際管轄權問題的獨特性[4]。

一般而言，在國際管轄權的標準上，法院應類推適用內國民事訴訟法關於土地管轄權之規定，並加以適當的調正與修正，作為判斷內國法院對於系爭案件有無國際管轄權之基礎。本件裁定在國際管轄權的特性認定上見解正確，僅一處小瑕疵，或屬可議：本案法官引用涉外民事法律適用法（舊法）第30條，以之作為橋樑條款，援引民事訴訟法第15條第1項作為判斷本案我國法院無國際管轄權之依據，推論上或屬多餘。良以涉外民事法律適用法之規定，主要係就案件之法律適用問題予以指示，而與國際管轄權之有無認定無關。以下即繼續說明二者間之區別。

二、立法管轄與司法管轄

立法管轄（compétence législative）與司法管轄（compétence judiciaire）是傳統法國法學對於國家權力的分類。前者指國家制定法律的權能，所涉及的是國家法律適用範圍的問題；後者則是指國家適用其所制定法律的權能，所涉及的是國家法院管轄權範圍的問題。而運用到國際私法上，前者所涉及者，為法律衝突之法則問題；後者所涉及者，則為管轄權衝突之法則問題。

法國法院在早期曾經將國際管轄權（管轄衝突）問題與法律衝突問題相混，認為案件如果可能適用外國法，則法國法院對於該案件即無管轄權[5]。時至今日這種理論已經被放棄，而將國際管轄權問題與法律衝突問題二者截然區分。換句話說，即使認為國家法院對於案件雖然具有國際管轄權，但在案件的法律適用問題上，未必就會適用法庭地國的法律[6]。

法國法院的見解之所以改變，主要是意識到管轄權衝突之法則與法律衝突

4 林恩瑋，國際私法理論與案例研究（1），五南圖書，2013年，頁16以下。

5 林恩瑋，同註4，頁5。

6 準據法之選擇與管轄權之確定，在法律邏輯上應爲兩種完全不同，而互相獨立之步驟，但由於有管轄權之法院國與案件常有適當之牽連，故有時此二步驟會被誤會爲互相有關聯。陳隆修，國際私法管轄權評論，五南圖書，1986年，頁99。

之法則，二者在性質上有相當的差異性。前者為實體法則（règle matérielle，日本學者或將之譯為實質法）性質，乃直接觸及管轄權有無之問題，而後者則為選法法則（règle deconflit）性質，乃間接決定實體上權益之問題。因此在涉外案件中，即便是法院對於系爭案件具有國際管轄權，仍須依照法院地國的衝突法則，決定案件法律之適用，而不能直接適用法院地法的規定解決系爭案件之法律問題[7]。

我國國際私法學界現今通說及法院見解，亦認為應將國際管轄權問題與法律適用問題相區別，應分別適用不同的法律規範，不可相混。本案（原）智慧財產法院認為原告主張「依涉外民事法律適用法第42條規定，『以智慧財產為標的之權利，依該權利應受保護地之法律。』原告之著作權取得係依我國著作權法，再參酌（原）智慧財產法院組織法第3條第1項之規定，『依專利法、商標法、著作權法、光碟管理條例、營業秘密法、積體電路電路布局保護法、植物品種及種苗法或公平交易法所保護之智慧財產權益所生之第一審及第二審民事訴訟事件』，原告得依法向智慧財產法院起訴，本事件亦因原告起訴而繫屬智慧財產法院，智慧財產法院對本事件即有管轄權云云」，有混淆「準據法」與「管轄權」之違誤，即是清楚地採取了區分管轄衝突與法律衝突二者的立場，並明確指出涉外民事法律適用法之規定並非國際管轄權標準之法源依據，其見解殊值肯定。

三、國際管轄權的標準

那麼，如何確認本案我國法院是否有國際管轄權呢？（原）智慧財產法院指出，應依照民事訴訟法第15條第1項規定：「因侵權行為涉訟者，得由行為地之法院管轄。」判斷之。惟本案法院雖然羅列了國際管轄權法理上的眾多學說：逆推知說（二重機能理論）、類推適用說以及利益衡量說（包括顧及說與獨立說）等，但判決並未明確說明究竟採哪一說。即便以類推適用民事訴訟法第15條第1項規定而言，智慧財產法院在本案我國法院是否具有國際管轄權的推論上，仍有部分見解尚待斟酌。

---

7 B. Audit, Droit international privé, Economica, 2013, 7e éd., n°318.

智慧財產法院認為：「經查，被告為依美國法律設立之法人，主事務所或主營業所不在中華民國境內，原告主張被告取得原告著作，於大陸生產外型、包裝、內容物相同之電療機，以劣質之大陸製產品充當臺灣生產之優良產品，於美國、加拿大地區販賣，是其侵權行為發生地與結果地在中國大陸、美國及加拿大，亦均不在我國境內。是以，我國法院就原告與被告間之糾紛並無國際管轄權。」並以「本件侵權行為之行為地既在中國大陸地區及美國、加拿大，依該條即應由中國大陸地區及美國、加拿大之法院管轄，本院既非上述任一地方之法院，縱認大陸地區仍為我國領土，亦不影響管轄權法院依民事訴訟法第15條第1項應為之認定」等為由，裁定我國法院對本案無國際管轄權，而駁回原告之訴。

成問題者，乃民事訴訟法第15條第1項所稱之「行為地」，究竟係指侵權行為作成地，還是侵權行為損害結果發生地，可能會影響本案法院在國際管轄權上的判斷。最高法院56年台抗字第369號判例認為：「按因侵權行為涉訟者，得由行為地之法院管轄，為民事訴訟法第15條第1項所明定，所謂行為地，凡為一部實行行為，或其一部行為結果發生之地皆屬之。」依此見解，則理論上，當被告開始進行侵害著作權之行為時，不待侵權行為結果之發生，其行為地法院亦可取得本案之國際管轄權。

但何時開始算是侵害著作權行為的開始？是從仿製工作開始？還是從意圖進行侵害著作權時開始？甚或是更早之前，從侵權行為人接觸到著作本身時開始算起？事實上，從侵權行為人（被告）開始接觸著作，到意圖重製著作，到重製完成，乃至於開始販賣散布仿作，這一系列的行為階段不但難以切割，也難以個別舉證。因此在涉外的著作權侵害案件中，如果將民事訴訟法第15條第1項所稱之行為地解釋為「為一部實行行為，或其一部行為結果發生之地皆屬之」的情形，則可能將侵權行為人的前行為階段，包括接觸到著作資訊的地點也列為一部實行行為地，如此寬廣的國際管轄權認定，雖有利於原告，但恐怕未必能為其他國家法院所接受。

在本案中，原告並未援用上開最高法院的見解作為國際管轄權之主張。從邏輯上來說，如果原告果真以上開最高法院見解為基礎，主張「因被告接觸著作之地點在臺灣，因此其一部實行行為之地在臺灣，而使臺灣法院對本案取得國際管轄權」時，智財法院似乎並無理由以原告之請求不符民事訴訟法第15條第1項之規定為由，裁定駁回原告之訴。但這種結論卻是顯然地過分擴張了我國法院國際管轄權的範圍，而有過剩管轄（exorbitant juris diction）之嫌。

就此一問題，比較法上參考德國馬普所歐洲智慧財產權衝突法小組所擬定之「智慧財產權之衝突法」（Conflict of Laws in Intellectual Property, CLIP）原則，第2:202條規定：「在涉及侵犯知識產權的爭議中，可以在發生或可能發生所述侵權行為的國家的法院起訴，除非被控侵權人在該國未開始行為或進一步侵犯他人，其行為不能被合理地視為是指向該國。」（In disputes concerned with infringement of an intellectual property right, a person may be sued in the courts of the State where the alleged infringement occurs or may occur, unless the alleged infringer has not acted in that State to initiate or further the infringement and her or his activity cannot reasonably be seen as having been directed to that State.）似乎是將這類案件的國際管轄權標準以「損害結果發生地」國法院作為管轄法院。CLIP原則如此解釋：通常損害發生地國在證據的取得和事實的證明上，均要較為容易，也符合侵權行為依行為地法（lex loci delicti commissi）這項古老的法則，是屬於比較實際的管轄規則。

CLIP原則採用的國際管轄權標準是「損害結果發生地」國，相較於「行為作成地」，在著作權侵害案件中要較為具體而可得確定。相類似的立法也可以在瑞士聯邦國際私法（ Loi fédérale sur le droit international privé, LDIP）中找到，其第109條第2項規定：「與侵害智慧財產權有關的訴訟得於被告在瑞士住所地之法院提起，被告無住所時，於被告在瑞士之習慣居所地法院提起[8]。此外，為受理在瑞士營業地行為之訴訟，行為地或結果地以及營業場所在瑞士者，瑞士法院亦有管轄權。」因此，依照比較法上的趨勢來說，在涉外著作權侵害案件中的國際管轄權標準，似不宜採取最高法院擴充行為地概念之見解，

8 原文爲：“Les actions portant sur la violation de droits de propriété intellectuelle peuvent être intentées devant les tribunaux suisses du domicile du défendeur ou, à défaut, ceux de sa résidence habituelle. Sont en outre compétents les tribunaux suisses du lieu de l’acte ou du résultat et, pour connaître des actions relatives à l’activité de l’établissement en Suisse, les tribunaux du lieu de l’établissement.”

而應以「損害結果發生地」作為行為地之判斷，較為實際。

四、國際管轄權的排除

本案另外一個未被提起的問題是，當實際發生侵害著作權所牽連到的國家不包含我國（法院地國）時，我國法院得否以證據蒐集地點散於國外，舉證上耗費時間過鉅，且被告可能在我國無財產可供執行，而有另外更為便利之國家法院可以受理本案時，主張「不便利法庭原則」（Forum Non Convenience）迴避其國際管轄權之行使？

不便利法庭原則在我國並無成文法源依據[9]，而係根據法院實務上操作援引法理而得[10]。這也使得在我國法院實務上，不便利法庭原則的運用受到了一些調整，例如法院在引用不便利法庭原則時，有時並未討論是否還有另外更為便利之法庭存在，僅著重於說明何以內國法院為不便利法庭[11]；即使在訴訟雙方當事人都未提出不便利法庭原則之情況下，法官仍得職權引用不便利法庭原則，迴避其國際管轄權之行使；並且不便利法庭原則被當成是一種判斷法院對於系爭案件有無國際管轄權之標準[12]，而非在認定法院地國具有國際管轄權的

---

9 因此亦有地方法院判決不採者，例如臺灣基隆地方法院90年度海商字第2號民事判決。

10 相同意見，參考智慧財產法院105年度民抗再字第2號民事裁定：「綜觀臺灣民事訴訟法之相關規定，並無不便利法庭原則之明文，且最高法院亦有認臺灣既有管轄權，又無調查證據之困難，故無依不便利法庭原則而拒絕管轄之確定裁判。」

11 例如臺灣臺北地方法院92年度訴字第1164號民事裁定：「本件原告主張被告與訴外人所Formosa International Telecom Inc.簽租約發生違約債權債務問題，被告應課以罰金美金二十萬元，訴外人Formosa International Telecom Inc.將美金二十萬元之罰金債權讓與原告，原告自得請求給付等事實。惟原告主張債權讓與之債權人即訴外人Formosa International Telecom Inc.及被告均爲外國人、外國公司或組織，被告之事務所在美國維吉尼亞州，訴外人Formosa International Telecom Inc.之住所在美國加州，關於系爭契約涉訟之準據法應適用美國法律，給付之 內容係美金，倘由本國法院調查，無異增加當事人及本國法庭訴訟之負擔，對被告訴訟權之保護，亦非周延，而由本國法院管轄，無論於調查證據或訴訟程序之進行，將無端耗費本國法院之勞力、時間與費用，對法庭地納稅人之負 擔，亦不公平。另原告自承被告在國內並無財產及事務所，在財產地部分，與本國亦無牽連關係。依上開考量，若由本國法院審理，符合上揭『不便利法庭原則』，認我國法院對本件訴訟並無一般管轄權。」並未說明是否另有更便利之法庭得爲本案之管轄法院。

12 例如臺灣臺北地方法院96年度保險字第120號民事裁定：「是自『公平、經濟考量』、

前提下去適用不便利法庭原則[13]。

依據本案之背景事實判斷，在一般情形下，我國法官很可能會因為本案所牽涉之侵權行為損害發生地不在臺灣，而於國外蒐集證據與傳喚證人均有重大不便的情形下，職權宣告不便利法庭的適用。但較為特別的是，（原）智慧財產法院並沒有討論這個原則是否在本案中有適用的餘地，這留下兩個可能的推論空間：一種是法官並未意識到本案或許有不便利法庭原則之適用，因此並未援用該項原則作為駁回原告主張我國法院有國際管轄權之基礎；另一個可能是法官可能意識到了不便利法庭原則，但鑑於本案我國法院對之並無國際管轄權，因此不具備適用不便利法庭原則之基礎（因為不便利法庭原則適用的前提之一，是主張不便利法庭之國家法院必須對於系爭案件本來就具有國際管轄權），從而對之並未加以討論。

無論是哪一種可能性，本文以為本案中應無須討論不便利法庭原則。主要的理由還是在於不便利法庭原則並非國際管轄權之判斷標準，本案所涉及者，為受訴法院有無國際管轄權之問題，而非在確認受訴法院有國際管轄權後，是否以不便利法庭為理由拒絕行使國際管轄權之問題。二者在國際管轄權的思考層次上，仍宜加以區別。

五、訴訟策略建議

在原告所述為真的前提下，就本案而言，主要的問題應該出自於原告與被告簽訂有專屬授權銷售合約，由被告取得北美地區的專屬銷售權時，該份專屬授權銷售合約中並無關於智慧財產權爭議之國際管轄權約定條款。以至於嗣後

『管轄原因集中』、『利益衡量』等觀點，亦應認為我國法院對於被告加拿大FedEx公司及被告FedEx公司欠缺本件私法紛爭之裁判管轄權，即符合上揭『不便利法庭原則』，我國法院對本件訴訟並無一般管轄權。」

13 與本文相同見解，如臺灣高雄地方法院99年度海商字第12號民事判決，認為：「我國法院殊有該涉外民商事事件之國際民事裁判管轄，雖與英美法系國家『不便利法庭原則』概念相似，惟前者乃就我國法院審理某一涉外民商事事件決定是否有國際民事裁判管轄之標準，後者則為具有國際民事裁判管轄之法院個案審酌後拒絕行使國際民事裁判管轄之理論，兩者在方法論上之推闡有間，委難遽以喚為兩者概念同一，至為明灼。」其立論正確，值得肯定。

被告未經原告之同意，自行利用原告之著作（電療機）製造並銷售至美國及加拿大等地時，原告欲選擇訴訟進行的法院地國時產生了障礙。

本文認為，類似這種專屬銷售合約的簽訂，製造商均不應忽視其所可能伴隨的智慧財產權爭議，而宜預先設定可能的救濟策略，將法律風險的成本降至最低，以避免與本案原告一般，在花費裁判費與律師委任費用後，卻仍然一無所得。

比較可行的方式，或許是在專屬授權銷售合約中加上智慧財產權爭議之國際管轄權約定條款，約定「**契約甲乙雙方同意，就與（契約標的產品）相關之一切智慧財產權爭議，包括但不限於**專利、商標、著作權、營業秘密、專有技術、其他專屬性權利與**衍生權益等，均交中華民國（地方）法院取得專屬管轄權**。」以此一條款，限定當事人間關於智慧財產權爭議僅能在臺灣法院提出訴訟，排除他國法院的管轄權行使，並控制將來可能產生之訴訟問題花費之成本。

肆、結論

隨著醫學美容市場在這幾年間的拓展，醫美器材的需求亦將愈見殷切。國產製造的醫美器材在進入到國外市場時，我國廠商也必須開始思考，萬一因為器材發生糾紛時，我們能夠將訴訟成本的風險控制到什麼程度？

以智慧財產法院100年度民著訴字第53號民事裁定為例，我們了解到如果未將標的器材的智慧財產權爭議預先考慮規劃，將來發生爭議時，會帶給我國廠商多麼不利的影響。特別是對於管轄法院並無約定時，我國廠商實無法預測對方會將仿製的器材運往何地販售（或甚至以網路方式販售，則屬地連結將更為欠缺）。若不能在事先約定專屬授權銷售合約中同時置入合意專屬國際管轄權之條款，則甚難控制我國廠商所可能面臨的訴訟成本花費。

智慧財產法院100年度民著訴字第53號民事裁定認為，系爭案件被告為依美國法律設立之法人，主事務所或主營業所不在中華民國境內，原告主張被告取得原告著作，於大陸生產外型、包裝、內容物相同之電療機，以劣質之大陸製產品充當臺灣生產之優良產品，於美國、加拿大地區販賣，其侵權行為發生地與結果地在中國大陸、美國及加拿大，亦均不在我國境內。是以，我國法院就原告與被告間之糾紛並無國際管轄權。此項見解，是否完全符合我國最高法院向來在涉外侵權行為案件中所持之國際管轄權標準，實不無疑問。

民事訴訟法第15條第1項所稱之「行為地」，究竟係指侵權行為作成地，還是侵權行為損害結果發生地，可能會影響本案法院在國際管轄權上的判斷。最高法院56年台抗字第369號民事判例認為：「按因侵權行為涉訟者，得由行為地之法院管轄，為民事訴訟法第15條第1項所明定，所謂行為地，凡為一部實行行為，或其一部行為結果發生之地皆屬之。」依此見解，則理論上，當被告開始進行侵害著作權之行為時，不待侵權行為結果之發生，其行為地法院亦可取得本案之國際管轄權。

從比較法的發展來看，著作權侵害的案件採用的國際管轄權標準多為「損害結果發生地」國，相較於「行為作成地」，此項標準在著作權侵害案件中要較為具體而可得確定，頗值我國法院在涉外案件國際管轄權問題的解釋上借鏡。

參考文獻

一、中文部分

林恩瑋，國際私法理論與案例研究（1），五南圖書，2013年。

陳隆修，國際私法管轄權評論，五南圖書，1986年。

二、外文部分

B. Audit, Droit international privé, Economica, 7e éd., 2013.

7

涉陸經貿案件的合意管轄*

陳榮傳

壹、前言

臺灣地區和大陸地區都是自有其獨特法律的法域，涉及兩岸人民的法律問題也不同於「涉外」法律問題，所以在大陸來看是「涉臺」法律問題；在臺灣來看則是「涉陸」法律問題[1]。當事人因此種法律問題所衍生的民事法律關係或權利義務，其爭議都可以循法治國家的司法程序予以解決。解決這些涉及不同於「外國」的「外法域」的民事問題的法律，具有「類似國際私法、又不是國際私法」的「準國際私法」的性質，在臺灣，因為憲法增修條文有「自由地區與大陸地區」的用語（第11條），並定有「臺灣地區與大陸地區人民關係條例」（以下簡稱兩岸條例），所以在眾多可能的用語中以「區際私法」最恰當[2]。本文為行文方便起見，依例稱此二地區為臺灣及大陸，也將當事人或法院所在的地區稱為「此岸」，將另一地區稱為「彼岸」。

臺灣地區人民和大陸地區人民[3]的往來情形，在臺灣的內政部入出國及移民署的網站中，有幾個值得注意的數字：從2002年到2009年9月止，大陸地區

* 原刊登於台灣法學雜誌第146期，2010年2月，頁27-46。

1 請參閱陳榮傳，兩岸法律衝突的現況與實務，2003年9月，頁16以下。

2 請參閱劉鐵錚、陳榮傳，國際私法論，2008年9月修訂4版，頁670；陳榮傳，兩岸法律衝突規則的立法問題，軍法專刊第37卷第12期，1991年12月，頁30-38；Rong-chwan Chen, “A Boat on A Troubled Strait: The Interregional Private Law of the Republic of China on Taiwan”, 16 Wisconsin International Law Journal 599-638 (1998).

3 本文所稱之「臺灣地區」、「大陸地區」、「臺灣地區人民」及「大陸地區人民」等名詞的定義，均依臺灣地區與大陸地區人民關係條例及其施行細則之規定，但有時爲行文之便，也將前二者簡稱「臺灣」、「大陸」。

人民申請並經核准來臺灣地區觀光的，共有803,278人[4]；從1988年到2009年9月止，大陸地區專業人士（文教、經濟）申請並經核准進入臺灣地區的，共有621,328人[5]；截至2009年9月止，與臺灣地區人民結婚的大陸地區配偶，有271,054人（另有港澳地區配偶11,708人）[6]。在財團法人海峽交流基金會（簡稱海基會），的網站中，也有一些統計資料：從1991年到2009年4月止，大陸地區人民因短期停留而合法進入臺灣地區的，共有2,187,278人次，經許可進入臺灣地區定居的，共有95,074人[7]；從1988年到2009年4月止，根據大陸「國家旅遊局」的統計，同一時期進入大陸地區的臺灣地區人民，總數已達52,441,259人次之多[8]。兩岸人民在正式交流之前，原來就累積了許多有待確定及解決的法律關係，交流以後又發生一些新的法律關係，這些法律關係的糾紛都需要根據法律予以解決。

根據筆者的觀察，臺灣地區的法院所審理的涉陸民事問題，隨著兩岸之間人民往來及交流的變化，重點也有所不同。在1992年制定兩岸條例以後的初期階段，案件的類型以大陸地區人民赴臺主張遺產繼承的案例居多，後來開放兩岸人民通婚及收養，案件的類型也逐漸轉型為以涉陸婚姻及涉陸收養為主。相對於此二種類型，本文認為兩岸人民在現階段的往來，已逐漸轉向觀光及經貿活動，故涉陸案件在第三階段的主流類型，應該會集中在兩岸經貿往來所發生的糾紛。

4 http://www.immigration.gov.tw/aspcode/9809/開放大陸地區人民來臺觀光人數統計表.xls（最後瀏覽日：2009.12.10）。

5 http://www.immigration.gov.tw/aspcode/9809/大陸地區專業人士進入臺灣地區申請案件統計表.xls（最後瀏覽日：2009.12.10）。

6 http://www.immigration.gov.tw/aspcode/9809/外籍配偶人數與大陸（含港澳）配偶人數.xls（最後瀏覽日：2009.12.10）。

7 詳細資料請參閱http://www.sef.org.tw/public/Data/961015324171.xls（最後瀏覽日：2009.12.10）。

8 http://www.sef.org.tw/public/Data/961015321071.xls（最後瀏覽日：2009.12.10），同一表格之中亦顯示，從1987年到2009年4月止，臺灣地區人民經移民署（境管局）許可進入大陸地區的，共有4,456,547人次，惟目前一般臺灣地區人民進入大陸地區，並不須經移民署許可，故大陸「國家旅遊局」的統計應較接近眞實情況。

貳、兩岸經貿紛爭的多元解決

一、兩岸經貿往來的現況

在兩岸的經貿往來方面，臺灣政府於1984年宣布實施「放寬自港澳轉口輸入大陸產品之限制」，開始正式展開兩岸的經貿交流；後來在1985年宣布「對港澳地區轉口貿易三項基本原則」，在1987年11月2日宣布開放大陸探親，兩岸人民往來愈趨頻繁；在1986年6月發布「大陸地區物品管理辦法」開放大陸物品得間接輸入後，兩岸經貿互動大幅成長[9]。在這段期間之內，臺灣歷經了1989年到1996年的間接管制時期、1996年到2001年的「戒急用忍、行穩致遠」時期、2001年到2005年的「積極開放、有效管理」時期、2008年以後的「互不否認、共創雙贏」時期。兩岸之間的經貿交往互動，雖在政治的對立下展開，隨著兩岸陸續加入WTO，更加自由化的經貿開放，經貿關係的日益密切已為不爭的事實。

根據臺灣的行政院大陸委員會關於兩岸貿易金額的統計及估算資料[10]，1991年至2008年臺灣與大陸之間的雙邊貿易呈現快速成長之勢，大陸占臺灣整體對外貿易比重亦快速提高。臺灣與中國大陸之貿易總值在1991年時僅80.5億美元，於2007年突破千億美元，2008年持續成長達1,053.7億美元，十七年間金額成長約13倍，占臺灣對外貿易比重自5.8%成長至21.2%，成長幅度驚人。值得注意的是，上述金額之統計並未將兩岸經由第三地轉口貿易之金額計入，若是將轉口貿易之金額算入，其金額更是可觀，兩岸間經貿往來的密切也可見一斑。在同一時期，依據大陸商務部臺港澳司之數據統計，兩岸之貿易總額亦從2000年之305億美元成長至2008年之1,233億美元[11]，此一數據和臺灣官方之統

9 參閱兩岸經貿白皮書，經濟部編印，1996年1月。

10 請參閱行政院大陸委員會網頁：http://www.mac.gov.tw/big5/statistic/em/197/5.pdf、http://www.mac.gov.tw/big5/statistic/em/197/6.pdf（最後瀏覽日：2009.9.26）。

11 請參閱中華人民共和國商務部臺港澳司網站：http://big5.mofcom.gov.cn/gate/big5/tga.mofcom.gov.cn/aarticle/jingmaotongji/redht/200902/20090206026859.html（最後瀏覽日：2009.9.26）。

計可謂相去不遠。

在兩岸的經貿依存關係上，若分別觀察兩岸進出口總值，2008年大陸為臺灣第一大出口市場，出口大陸之估算值達739.8億美元，占臺灣出口比重28.9%，於十七年間成長10.7倍；大陸亦為臺灣第二大進口市場，進口值為313.9億美元，占進口比重13.1%成長幅度更高達27.9倍[12]。陸委會的資料也顯示，自1991年至2008年臺商經核准赴中國大陸投資案件累計共37,181件，金額為755.6億美元。反觀大陸海關的統計資料，雖然兩岸雙邊貿易金額大幅成長，於2006年即突破1,000億美元，但大陸整體對外貿易快速擴張，對臺灣之出口比重介於1.8%至2.3%之間，而且近年來略有下降之勢。整體而言，近幾年大陸自臺灣進口之比重明顯下滑，因此貿易總額占大陸總進出口比重不升反減。這些數據在在都顯示臺灣對於大陸在經貿關係上之依賴[13]。

根據現有數據估算，2009年1月至8月臺灣對大陸貿易占臺灣外貿總額比重成長到22.5%；其中，出口占臺灣總出口比重29.9%，進口占臺灣總進口比重13.7%。（如果加計香港部分，我國對大陸及香港貿易占我國外貿總額比重為28.5%，出口占臺灣總出口比重為40.4%，進口占臺灣總進口比重為14.3%）截至2009年8月底止，企業赴大陸投資占臺灣對外投資總額比重為57.4%[14]。

從1999年以後即中斷的兩岸對話及協商機制，從2008年5月以後也有重要的發展。海基會和海協會恢復制度性的對話及協商，於2008年6月13日簽署「海峽兩岸包機會談紀要」及「海峽兩岸關於大陸居民赴臺灣旅遊協議」，於2008年11月4日簽署「海峽兩岸空運協議」、「海峽兩岸海運協議」、「海峽兩岸郵政協議」及「海峽兩岸食品安全協議」四項協議，於2009年4月26日簽署「海峽兩岸共同打擊犯罪及司法互助協議」、「海峽兩岸金融合作協議」與「海峽兩岸空運補充協議」三項協議，於2009年12月22日簽署「海峽兩岸農產品檢疫檢驗協議」、「海峽兩岸漁船船員勞務合作協議」、「海峽兩岸標準計

12 請參閱中華經濟研究院（臺灣WTO中心），兩岸經濟合作架構協議之影響評估，經濟部，2009年7月。

13 同註12。

14 請參閱行政院大陸委員會網頁：http://www.mac.gov.tw/public/Data/91112162902.pdf（最後瀏覽日：2009.12.13）。

量檢驗認證合作」三項協議[15]。面對未來兩岸經貿情勢之變化，兩岸的經貿關係勢必更迅速發展。將來無論是臺商或陸商，都有可能因為從此岸到彼岸投資設廠，或與彼岸人民進行相關經貿活動，而發生紛爭。如何有效率的解決兩岸經貿紛爭，無疑乃是兩岸司法機關應詳加探究的重要課題。

二、經貿往來紛爭的解決機制

兩岸經貿往來所發生的紛爭，其解決模式可以分為「當事人合意型」和「第三人裁決型」等二類，並可再細分為下列四種機制：和解、調解、訴訟和仲裁。

(一) 當事人合意型

1. 和解

和解是指發生經貿糾紛之當事人，採取直接交涉的方式以解決爭議的方法，其性質為法律行為，乃是私法自治的重要一環。和解成立與否取決於當事人間之合意，如當事人之地位不平等，則有可能造成對弱勢的一方不公平的情形發生。隨著臺灣當局執政黨之更易，海基會與海協會之交流漸漸加溫，透過海基會協助處理之案件較過往成長了將近2倍[16]，兩岸經貿紛爭透過兩會的協助，而達成和解的可能性似也大增。

2. 調解

調解是指法院於當事人間法律關係有經貿糾紛時，在尚未起訴前介入調停，使當事人為解決紛爭之合意。此與和解相同之部分在於皆須取得當事人之同意，而可靈活彈性地定出調解之方案[17]。不同點在於係由法院從中促成當事

---

15 詳細內容請參閱海基會網站：http://www.sef.org.tw/lp.asp?CtNode=4306&CtUnit=2541&BaseDSD=21&mp=19（最後瀏覽日：2010.2.1）；行政院大陸委員會網站：http://www.mac.gov.tw/ct.asp?xItem=67145&CtNode=5710&mp=1（最後瀏覽日：2010.2.1）；大陸國務院臺灣事務辦公室網站：http://www.gwytb.gov.cn:82/flfg.asp（最後瀏覽日：2009.9.26）。

16 請參閱財團法人海峽交流基金會網頁：http://www.sef.org.tw/public/Data/99813541271.xls（最後瀏覽日：2009.9.26）。

17 參閱王甲乙、楊建華、鄭健才，民事訴訟法新論，2005年7月，頁572。

人作出妥協和讓步。目前兩岸的法律上均承認調解制度，但臺灣法院對於大陸法院於離婚事件所作成的離婚調解書，並不認為具有與法院離婚判決相同的效力[18]。

(二) 第三人裁決型

1. 仲裁

仲裁是指由兩岸經貿往來的當事人間，就其現在或將來的爭議，預先訂立仲裁協議，於未來發生經貿糾紛時，由約定的仲裁人作出仲裁決定。仲裁制度也是本於私法自治及契約自由原則，而設計的私法紛爭自主解決機制。由於仲裁具有迅速、經濟、保密、專家判斷等優點，已成為解決國際或區際經貿爭議普遍採用的方式。

2. 訴訟

訴訟是指由法院居於中立第三人的地位，依強制性的訴訟程序而為判決，其結果對於當事人均具有拘束力。此岸的法院審理的案件，如為涉及彼岸的紛爭時，此岸的法院將會面臨是否有管轄權及準據法為何等問題。採取訴訟方式來解決經貿紛爭，其所耗費的勞力、時間、費用等訴訟成本較高，對於經貿案件所追求的迅速、經濟的目的，比較不利。

三、各種模式的綜合分析

兩岸經貿紛爭的解決，如能經由當事人自行協商，依其合意選擇解決爭議的方法，通常較可以符合當事人雙方的期待，也可以免除當事人勞力、時間、費用的浪費，並有效地保守當事人之間的營業秘密，避免糾紛爭議之擴大，有助於維持當事人間之和諧關係[19]。不過，當事人同意於紛爭發生之前，即選定

---

18 法務部83年12月22日法83律決字第27860號函，法規諮詢意見彙編（三），1997年，頁449。該函的主要見解認爲大陸地區法院作成之民事確定裁判，臺灣地區法院固得依法予以認可，但由於對「裁判」一詞採狹義解釋，法院的離婚調解書或其他非以裁判爲名的公文書，即使在大陸地區具有與裁判相同的效力，在臺灣地區亦非屬於法院得認可的標的。法務部85年4月23日法85律決字第09503號函亦採相同見解。

19 論者認爲在大陸解決涉外經貿糾紛時，如綜合各項因素予以評估，結果並不建議外國人堅持主張並爭取其合法之權利，和解及調解才是解決涉外經貿糾紛的首選對策。Rebecca

紛爭解決的方法，必須以雙方的互信及對於紛爭的認識與預期為基礎，在欠缺互信基礎的情形下，為保障當事人的權益，最後仍然必須訴諸公堂，由法院以判決予以解決。

兩岸的法律對於上述四種紛爭解決方法，均承認其為適法的機制，但從實務的角度來看，長期合作的經貿夥伴的紛爭較有可能私下和解，也比較可能經由第三人的介入調解，而達成解決紛爭的合意，初次往來或彼此不熟的當事人，較難利用此等模式。至於仲裁，乃是當事人避開法院的裁判，而由法院以外的第三人裁決紛爭的方式。所以仲裁是在當事人對於紛爭的解決無法達成合意，但又不透過法院裁決的另類選擇。當事人之所以選擇仲裁的方式，通常是當事人共同認為仲裁人的判斷，會比法院的判決更具效率且合理公允。對於彼此的交往尚不熟稔的當事人來說，將其紛爭交由法院審理，即使彼此對於法院均不完全信任，雙方各自承擔對其結果不滿意的50%的風險，也可以算是避免對方占便宜的一種盤算。

當事人選擇紛爭解決機制的首要考慮，是各該機制的結果在兩岸的法律上的效力問題，如果各種機制所產生的結果的效力完全相同，當事人則會考量成本的問題。兩岸經貿往來的活動，主要是以契約作為架構當事人之間法律關係的依據。在當事人欠缺互信基礎的情形下，如要一方當事人能信任他方當事人履行契約的誠意，至少應保障在他方當事人未履行債務時，可透過法院的裁判，強制其履行或尋求其他救濟。這種制度的保障，也有利於原來陌生的相對人，逐漸建立彼此之間的基本信賴[20]。

因此，交情不深、彼此尚有疑慮的兩岸經貿活動的當事人，通常不會選擇訴訟以外的另類（alternative）紛爭解決方法，但為控制訴訟的相關成本，仍不妨選擇對其比較方便或較為其所信賴的法院，作為審理雙方紛爭的管轄法院。此時法院行使管轄權的依據，乃是當事人為解決兩岸經貿紛爭所達成的管轄合意，被當事人指定或選擇的法院的管轄權即為「合意管轄」。

Fett, “Forum Selection for Resolution of Foreign Investment Disputes in China”, 62-APR Dispute Resolution Journal 73, 79 (2007).

20 Martin Raiser et al., “Trust in Transition: Cross-Country and Firm Evidence,” 24 Journal of Law, Economics & Organization 408 (2008).

參、臺灣法院對涉陸經貿案件的合意管轄

一、合意管轄的一般原則

在臺灣地區的法律上，合意管轄的主要依據是民事訴訟法第24條以下的規定。學說上一般都認為，法院的管轄權的決定，原則上是考量裁判事務的公平分配以及審理便利的公益因素，由法律直接規定管轄的原因，但在尊重當事人訴訟上主體權以及程序選擇權前提下，也應允許當事人以合意決定管轄的法院[21]。故在任意管轄的前提之下，當事人針對特定法律關係，得以雙方合意約定第一審管轄法院。

就涉外或涉陸案件的法院管轄權，臺灣地區的法律並未直接規定其合意管轄的問題，但此時臺灣地區的法院判斷裁判管轄權時，應先決定由何國或何一地區的法院管轄，即國際管轄權（international jurisdiction）區際管轄權的分配問題，如由臺灣地區的法院行使一般管轄權（即審判權），再依臺灣地區的民事訴訟法，決定應由何一法院予以管轄（local jurisdiction）[22]。

當事人如得以其管轄合意，而排除臺灣地區法院的管轄權，即是任由當事人以法律行為，排除臺灣法院本來依法可以行使的管轄權，其結果和當事人以合意拋棄訴權無異，對臺灣地區的法律秩序似將構成妨礙。但此種疑慮在國際間已普遍被認為是多餘的[23]，當事人關於由一定之法律關係所生之訴訟，合意由外國或外地區的法院管轄，僅係就該法律關係所生的爭執，決定其解決方法，並非拋棄訴權或規避國家對人民的司法管轄權[24]。在臺灣，依民事訴訟法第402條、強制執行法第4條之1及兩岸條例第74條規定，外國或外地區的法院所作成的確定判決得於臺灣地區予以承認及執行，因此，當事人合意排除臺灣

21 陳計男，民事訴訟法論（上），2007年4版，頁63。

22 劉鐵錚、陳榮傳，國際私法論，2008年9月修訂4版，頁596。

23 如1968年布魯塞爾民商事案件之管轄權及判決執行公約第17條第1項規定，即承認選擇法院協議之有效性及實質效力。

24 臺灣地區的法院的裁判，固然可作爲紛爭解決的途徑之一，但絕非唯一之途徑。陳計男，民事訴訟法論（上），2007年4版，頁66。

地區的法院的管轄權，尚難認為對臺灣地區的法律秩序有所妨礙。

如觀察臺灣地區民事訴訟法第24條至第26條的規定，我們可以發現合意管轄需符合若干要件：（一）合意所定之法院限於第一審法院，因為審級利益涉及公益，當事人不得以合意加以變更。（二）以一定法律關係所生的訴訟為限，不得概括地就所謂紛爭為法院管轄的合意。（三）須未違反專屬管轄規定，因為專屬管轄的規定多係基於公益的理由，當事人合意管轄的協議也不得違反其規定。（四）須以文書證明其合意，此乃法定方式的要求。（五）當事人須有訴訟能力，因為此時當事人的合意將直接發生管轄變更的訴訟法上效果，故當事人應具有能獨立為訴訟行為的訴訟能力。

合意管轄依當事人約定的內容及效力觀察，可區分為排他的合意管轄及並存的合意管轄。前者是指約定管轄法院後，會排除其他有管轄權法院的管轄，使當事人合意之法院取得優先管轄權；後者是指當事人約定的合意管轄，並不排斥其他法院的管轄權，僅使合意的法院取得與其他法院並存的管轄權而已。由於臺灣民事訴訟法第24條的規定僅是針對「第一審法院」，並未如德國民事訴訟法第38條規定，將合意管轄限於「無管轄權之第一審法院」，故其規定方式會發生合意管轄法院和法定管轄不相符合的情形，上述二種類型的合意管轄，在臺灣均屬有效。

當事人的管轄合意所指定得行使管轄權的法院，因其管轄合意所取得的管轄權，究竟具有排他管轄或並存管轄的性質，本文以為應探究當事人之真意而判斷之[25]。大致言之，如當事人合意約定由法定管轄法院以外之法院管轄，其真意是在於增加合意管轄法院，使其成為當事人得起訴的諸多法院之一，增加當事人更多重選擇的機會，則此種管轄約定應屬於並存的合意管轄；如其真意

25 最高法院91年度台抗字第268號裁定似採推定爲並存管轄之見解：「本院按國際裁判管轄之合意，除當事人明示或因其他情事得認爲具有排他亦即專屬管轄性質者外，通常宜解爲僅生該合意所定之管轄法院取得管轄權而已。」惟論者對此項見解有不少批評，請參閱陳啓垂，國際管轄權之合意—評最高法院九十二年度台上字第二四七七號民事判決，月旦法學雜誌第131期，2006年4月，頁151-165；黃國昌，國際訴訟之合意管轄—以排除效果之有效性要件爲中心，政大法學評論第90期，2006年4月，頁301-354；許兆慶，國際私法上之合意管轄—以最高法院九十一年臺抗字第二六八號裁定之事實爲中心，中華國際法與超國界法評論第3卷第2期，2007年12月，頁259-293。

是在於排除法定管轄，則應認為是排他的專屬管轄合意；如其真意是在數個原來就具有法定管轄原因的法院中，選擇其一為合意管轄法院，其目的是在排除其他法院的法定管轄時，亦應解為專屬合意管轄。

二、具體案例：惠州臺灣工業園區案

在臺灣地區的司法實務上，於兩岸交流之初即曾發生涉陸管轄合意的爭議，其中尤其以「惠州臺灣工業園區案」最具代表性及啟發性，本文特將其案情及相關裁判概述於此，以供參考。本件爭議發生於1993年間，雙方當事人皆為臺灣公司，因為對於以位於大陸地區的某土地為標的物的買賣契約，雙方對於其履行及價金的返還的問題發生爭議。本案原告在臺灣地區的法院起訴時，臺灣地區已制定兩岸條例，訴訟期間並歷經兩岸條例的重要修正，以及大陸地區最高人民法院頒行「最高人民法院關於人民法院認可臺灣地區有關法院民事判決的規定」，相關法律的發展對於合意管轄的影響，也都表現在歷審的裁判之中，可謂為臺灣地區的指標性裁判。以下謹先簡介本案的事實，再就雙方當事人對於涉陸管轄合意的爭執點，以及臺灣最高法院的歷審見解，進行整理。

(一) 事實概要

本案原告為喬貿電子工業股份有限公司（臺灣設立登記公司，下稱喬貿公司），被告為西陵建設股份有限公司（臺灣設立登記公司，下稱西陵公司）。原告委託被告取得「惠州臺灣工業園區」編號B-17之大陸土地五十年使用權，並為原告買受其上工業廠房。雙方於1993年8月31日簽訂「惠州臺灣工業園區國土使用證明書取得暨委託建廠契約書」（下稱系爭契約書）後，喬貿公司繳交新臺幣（下同）147萬元予西陵公司。其後西陵公司以編號B-17土地內有革命先烈廖仲凱墳墓，大陸當局反對遷墓，致土地無法取得使用權為由，要求喬貿公司將契約原定之土地變更為C-9，因喬貿公司不能接受，乃於83年10月27日通知西陵公司解除契約，並向臺北地方法院起訴，請求西陵公司依不當得利、民法第259條、第226條、契約第2條第4項及第11條第3項返還147萬元及其法定利息。

被告西陵公司抗辯臺北地方法院無管轄權，其理由是雙方於系爭契約書

第13條，約定以大陸地區惠州人民地方法院（下稱惠州地院）為第一審管轄法院。針對臺北地方法院有無管轄權的問題，本案在臺灣地區法院的歷審裁判，可列表如下：

臺北地方法院84年度訴字第246號判決	臺灣高等法院84年度上字第873號判決	最高法院85年度台上字第1880號判決
	臺灣高等法院85年度上更一字第329號判決	最高法院86年度台上字第2644號判決
	臺灣高等法院86年度上更二字第486號判決	最高法院88年度台上字第3402號判決
	臺灣高等法院89年度上更三字第28號判決	最高法院89年度台上字第1606號判決

(二) 主要爭點及最高法院的見解

本案的雙方當事人來回在各審法院之間，其所爭執的重點主要有二：1.當事人得否於系爭契約書第13條，約定以大陸地區法院為管轄法院？2.大陸地區法院是否認可臺灣法院的確定判決或裁定，是否影響系爭管轄合意的效力？對於此二問題，最高法院曾提出數項重要見解，值得重視。

1. 臺灣地區的法院承認大陸地區法院的合意管轄

本案的雙方當事人從原告起訴時起，即對第一審的臺北地方法院是否具管轄權之問題，爭執不休，歷經最高法院四次判決，始告塵埃落定。最高法院關於臺灣地區人民得否以管轄合意，約定大陸地區法院有管轄權的問題，在85年度台上字第1880號判決中，即依兩岸條例當時的規定採肯定之見解，並指出：「按臺灣地區人民，關於由一定法律關係而生之訴訟，合意定大陸地區法院為管轄法院，因依臺灣地區與大陸地區人民關係條例第七十四條規定，大陸地區法院之判決，臺灣地區法院非不承認其效力，倘該事件非專屬臺灣地區法院管轄，大陸地區法院亦認臺灣地區人民得以合意定管轄法院者，尚難謂其合意不生效力。若該合意已生效力，且屬排他性之約定，當事人又已為抗辯者，即難認臺灣地區法院為有管轄權。」可見最高法院認為，當事人合意以大陸地區法院為第一審管轄法院之約定，以該訴訟非專屬於臺灣地區法院管轄之案件為限，且必須與兩岸條例第74條的規定意旨相符，始能生效。

最高法院作成85年度台上字第1880號判決之時，大陸地區對於臺灣地區法院的裁判尚無予以認可的機制，但因兩岸條例關於認可大陸地區法院裁判的規定，並未規定應以兩岸互惠認可彼此的裁判為要件，乃形成上述見解。最高法院並於本件判決，以下列文字指出合意管轄的約定問題，在訴訟上屬於責問事項，有無管轄合意之問題須由當事人提出，法院始予以判斷：「本件兩造既於上述契約約定就契約之履行有爭執時，合意由惠州地院為第一審管轄法院，上訴人又已抗辯本件第一審法院臺北地院無管轄權，若本件非專屬臺灣地區法院管轄，大陸地區法院又認兩造得以合意定管轄法院，上述約定又屬排他性之合意者，揆諸上開說明，臺灣地區之法院即難認為有管轄權。」

2. 大陸地區法院的裁判認可與合意管轄的關係

在最高法院將本案發回更審期間中，兩岸條例第74條於1997年5月14日修正，增訂第3項關於互惠原則的規定。面對此種法律之變更，最高法院即於86年度台上字第2644號判決中，以相關法律已變更為理由，將本案發回更審。本件判決指出：「原審既係以依兩岸關係條例第七十四條第一項規定：『在大陸地區作成之民事確定裁判、民事仲裁判斷，不違背臺灣地區公共秩序或善良風俗者，得聲請法院裁定認可。』足證大陸地區法院之判決，我國亦承認其效力，為其認定應准許兩造合意定大陸地區法院為管轄法院之基礎，並進而為上訴人不利之判斷。第按臺灣地區與大陸地區人民關係條例第七十四條已修正增訂第三項：『前二項規定，以在臺灣地區作成之民事確定裁判、民事仲裁判斷，得聲請大陸地區法院裁定認可或為執行名義者，始適用之。』則大陸地區是否承認在臺灣地區作成之民事確定裁判，既與兩造得否合意定大陸地區法院為管轄法院所關至切，自應詳加調查，資為判斷，乃原審未及審酌澄清，即為上訴人不利之判決，尚有未洽。」

3. 時間因素或法律變更對合意管轄的影響

本案當事人後來對於兩岸條例第74條修正前後的新、舊規定，究應如何適用於本案的管轄合意的問題，亦發生爭執。最高法院於88年度台上字第3402號判決中，認為本件無論適用舊法或新法的規定，系爭管轄合意均屬有效，並指出：「查兩造就系爭契約履行之爭執，於八十二年八月三十一日合意以大陸地區惠州人民地方法院為第一審管轄法院時，臺灣地區與大陸地區人民關係條例業已公布施行，其第七十四條第一項明定『在大陸地區作成之民事確定裁判、民事仲裁判斷，不違背臺灣地區公共秩序或善良風俗者，得聲請法院裁定認可。』並無第三項互惠原則之規定，迄至被上訴人於八十四年一月十一日提起本件訴訟時止，該條並未增修。由上以觀，不論是約定合意管轄時，抑或被上訴人提起本件訴訟時，似均難謂斯時之臺灣地區法院不承認大陸地區法院作成之民事確定裁判。又嗣後上開條文於本件訴訟繫屬中，雖於八十六年五月十四日增訂第三項，明定同條第一項、第二項須在互惠原則下始有適用，但定有承認臺灣地區法院作成之民事確定裁判之大陸地區『最高人民法院關於人民法院認可臺灣地區有關法院民事判決的規定』，亦已於原審言詞辯論終結前之八十七年五月二十六日施行。」上述見解對於管轄合意的要件問題，究應適用當事人訂定管轄合意時、起訴時或為判決時的法律的問題，並未正面予以答覆，並明確採取「程序從新」的原則，殊屬可惜。

對於依據最高法院上述見解作成的更審判決，本件原告仍然不服，繼續自最高法院提起上訴，主張兩造之合意管轄約定，依法理應於民國86年5月14日兩岸條例增訂第74條第3項規定時，失其效力，因此第一審法院臺灣臺北地方法院即取得管轄權。最高法院並未採納此一主張，而於89年度台上字第1606號判決中重申前述見解：「查原判決以兩造約定合意管轄及上訴人提起本件訴訟時，依斯時兩岸關係條例第七十四條第一項之規定，臺灣地區法院並無不承認大陸地區法院作成之民事確定裁判，且有關大陸地區法院承認臺灣地區法院作成之民事確定裁判之規定，於原審前審言詞辯論終結前業已施行，亦無因兩岸關係條例在訴訟繫屬中增訂同條第三項互惠原則規定，而不得向兩造合意管轄之大陸惠州人民地方法院起訴，因認臺北地院無管轄權。」歷經四次最高法院的判決之後，本件關於管轄權的爭議，至此終告確定。

肆、大陸法院對涉臺經貿案件的協議管轄

一、涉臺事件的概況

隨著兩岸人民之間的經貿往來熱絡，兩岸經貿糾紛也愈來愈多。此種糾紛在臺灣地區尋求解決之道者，乃是「涉陸事件」；在大陸地區的人民法院所受理的，即為「涉臺事件」。就和「涉陸事件」的演進趨勢一樣，大陸新一波的「涉臺事件」，應該也會集中在兩岸的經貿糾紛。最高人民法院從1988年8月發布「關於人民法院處理涉臺民事案件的幾個問題」開始，即確立以制定相關法規以及司法解釋之方式，來解決涉臺事件的相關問題，最近發布的相關文件，當屬2009年3月30日發布（2009年5月14日起施行）的「最高人民法院關於人民法院認可臺灣地區有關法院民事判決的補充規定」[26]。

回顧處理涉臺事件的「涉臺法制」的發展，最初的起點應該是確立涉臺事件和「涉外事件」應嚴予區別的原則[27]，並肯定兩岸由於歷史因素及分治的事實，而在法律上形成需要特別予以處理的特殊問題。不過，關於「涉臺事件」的範圍，在理論與司法實務上的見解似未完全統一：採廣義說者認為，只要含有涉臺因素的法律事務，由人民法院受理後，皆屬於涉臺民事案件；採狹義說者認為由於涉臺事件具有特殊性，其訴訟時效將延長，並適用不同的規定，故不宜寬泛認定「涉臺事件」的範圍。本文以為「涉臺事件」的定義宜適度放寬，不論主體、客體或內容部分具有涉臺因素，即可認定其為「涉臺事件」。其中，主體部分是指當事人一方或雙方為臺灣地區之法人或臺灣居民[28]；客體

[26] 其內容以補充1998年5月22日公布，而於同月26日生效「最高人民法院關於人民法院認可臺灣地區有關法院民事判決的規定」。主要規定認可臺灣地區民事判決之程式及要件。

[27] 2002年3月1日起施行之「最高人民法院關於涉外民商事案件訴訟管轄若干問題的規定」第5條規定：「涉及香港、澳門特別行政區和臺灣地區當事人的民商事糾紛案件的管轄，參照本規定處理。」

[28] 就此有所爭議爲當事人一方或雙方户籍設於臺灣，但在大陸地區定居多年，於大陸地區發生糾紛，是否仍爲「涉臺事件」。法院見解仍爲「涉臺事件」，但學者認惟此非「涉臺事件」。參見楊立欣、張澤兵主編，涉臺、港民事糾紛司法對策，1993年9月1版，頁222。

部分是指當事人一方或雙方爭執之標的物，有部分或全部在臺灣地區；內容部分是指當事人間涉及民事關係，其發生、變更、消滅的法律事實發生於臺灣地區[29]。

關於涉臺事件的裁判管轄權問題，涉臺法制中已有重要的規定。例如自2002年3月1日起施行的「最高人民法院關於涉外民商事案件訴訟管轄若干問題的規定」中，第1條、第5條即規定就「涉臺事件」之管轄，原則上應由中級人民法院為之。但就基層人民法院仍有基於授權而得受理港澳臺之民商事件，如廣東省東莞市人民法院……等[30]。此外，「全國沿海地區涉外、涉港澳經濟審判工作座談會紀要」[31]、「第二次全國涉外商事海事審判工作會議紀要」[32]及若干涉及集中管轄的司法解釋，對於涉及港、澳、臺三地的區際民商事案件，也有裁判管轄權的相關規定。

二、協議管轄的一般原則

前述臺灣地區的合意管轄，在大陸地區稱為「協議管轄」，是指民商事案件的雙方當事人，在糾紛發生前或糾紛發生後，合意協商或依照法律規定確定他們之間的糾紛由哪一個法院管轄的民事訴訟法律制度。協議管轄可區分為明示的協議管轄與默示的協議管轄：明示的協議管轄是指當事人在糾紛發生前或

29 有學者指出第四個要件：臺灣居民回大陸定居未滿二年，因定居前發生的民事糾紛提起訴訟，需要適用對臺政策的特別規定處理的民事案件。齊樹潔，涉臺民事審判管轄的若干問題，廈門大學學報第4期，哲社版，1994年，頁73。

30 「最高人民法院關於內地與香港特別行政區法院相互認可和執行當事人協議管轄的民商事案件判決的安排」【頒布日期】2008.7.3，【實施日期】2008.8.1。
「最高人民法院關於加強涉外商事案件訴訟管轄工作的通知」第2點：「授權廣東省和各直轄市的高級人民法院根據實際工作需要指定轄區內的基層人民法院管轄本區的第一審涉外（含涉港澳臺）商事案件，明確基層人民法院與中級人民法院的案件管轄分工，並將指定管轄的情況報最高人民法院備案。」【頒布日期】2004.12.29，【實施日期】2004.12.29。

31 「全國沿海地區涉外、涉港澳經濟審判工作座談會紀要」【頒布日期】1989.6.12，【實施日期】1989.6.12。

32 「第二次全國涉外商事海事審判工作會議紀要」【頒布日期】2005.12.26，【實施日期】2005.12.26。

糾紛發生後，以明確的雙方協議認可方式確定糾紛的管轄法院；默示的協議管轄則指當事人雙方事前未就管轄法院達成協議，而在糾紛發生後，當事人一方向無管轄權的法院起訴，為被告的他方當事人未抗辯該法院無管轄權，且應訴答辯，乃在法律上認定原告所選擇的法院有管轄權[33]。

大陸地區的民事訴訟法第25條規定國內的協議管轄，另於第242條規定明示的涉外協議管轄，第243條規定默示的涉外協議管轄。該法第242條規定：「涉外合同或者涉外財產權益糾紛的當事人，可以用書面協議選擇與爭議有實際聯繫的地點的法院管轄。選擇中華人民共和國人民法院管轄的，不得違反本法關於級別管轄和專屬管轄的規定。」第243條規定：「涉外民事訴訟的被告對人民法院管轄不提出異議，並應訴答辯的，視為承認該人民法院為有管轄權的法院。」由此可見，大陸的民事訴訟法第242條及第243條規定的涉外協議管轄，適用的對象僅限涉外合同或者涉外財產權益糾紛[34]，當事人協議決定法院的選擇範圍，僅限於有實際聯繫的國家的法院[35]，且管轄協議只能以書面形式為之，對大陸法院的選擇也有限制。

關於管轄協議的書面，論者多認為應放寬形式要件之適用，而應就往來信函、電報、電傳、圖表等，能證明該協議存在者，都應被採納[36]，也有認為應參考「布魯塞爾規則」將書面形式擴大至符合當事人間的交易慣例或國際貿

33 王琦、陸建華，我國國內協議管轄制度的完善，海南大學學報人文社會科學版第27卷第2期，2009年4月，頁163。對於默示協議管轄，有論者認爲其非協議管轄，而是另一獨立的管轄制度（即「應訴管轄」），其主要理由爲：1.承認默示協議管轄將使協議管轄範圍無限擴大；2.默示協議管轄的成立是依據被告答辯的事實，所強調的是答辯能力，而協議管轄強調當事人的締約能力，二者顯有區別；3.默示協議管轄意味法院推定雙方當事人願意接受自己的管轄，所以是法院公權力的展現，並非協議的結果。韓傑，論默示協議管轄制度的完善，滄桑，2009年2月，頁92。

34 有論者提出「涉外合同」與「涉外財產糾紛」二者關係爲何，後者客觀上應包含前者之體系，但就後者「涉外財產權益糾紛」又該如何理解，有所不明確之處。王吉文、葉軒宇，我國涉外協議管轄制度的完善，江西社會科學，2008年4月，頁194。

35 國內協議管轄所得選擇的法院僅限於被告住所地等五地的法院，論者認爲涉外管轄協議的選擇空間相對較大，也可見國內協議管轄的限制太多。王琦、陸建華，我國國內協議管轄制度的完善，海南大學學報人文社會科學版第27卷第2期，2009年4月，頁166。

36 王吉文、葉軒宇，我國涉外協議管轄制度的完善，江西社會科學，2008年4月，頁194；李穎，內地和香港民商事管轄權衝突及其解決，法制與社會（上期），2008年3月，頁34。

易慣例，以及「選擇法院協議公約」將書面形式解釋包含電話、錄音等[37]。此外，2008年8月1日起生效的「關於內地與香港特別行政區法院相互認可和執行當事人協議管轄的民商事案件判決的安排」第3條第4款規定：「本條所稱『書面形式』是指合同書、信件和數據電文（包括電報、電傳、傳真、電子數據交換和電子郵件）等可以有形地表現所載內容、可以調取以備日後查用的形式。」對於書面的形式也採取廣義的見解。

在當事人協議以大陸的人民法院作為管轄法院時，即有大陸的民事訴訟法的適用，故應遵守其中關於級別管轄及專屬管轄的規定。不過，關於級別管轄的限制，論者有認為並不妥適者，因為對於涉外關係的當事人，特別是外國人，要求其對內國的法院結構有充分了解，實不合理，而且法律上容許當事人選擇人民法院來處理其間的爭議在先，卻又因其協議的法院不符合國內級別管轄之規定，而否定其效力，實際上形同自動放棄人民法院的管轄權，也使當事人的期待受到阻礙[38]。

三、具體案例：臺灣母女上海買房案

大陸地區法院對於涉臺事件的管轄權，須審查的情形主要有二：（一）如為原告起訴的案件，而被告抗辯受訴法院無管轄權時，法院應判斷其有無管轄權（直接管轄權）；（二）如當事人持臺灣地區法院的判決聲請認可時，法院亦應判斷為判決的臺灣地區的法院有無管轄權（間接管轄權）。大陸地區目前未如臺灣地區制定類似兩岸條例的明文規定，但自1980年以後，大陸地區即針對涉及臺灣的「涉臺」法律問題，陸續訂頒許多相關規定，法院並曾在許多涉臺的案例中，以判決表示具體的見解[39]。如果我們認為大陸地區亦有區際法律衝突法，則此等內容應可作為其法源。

例如在民事部分，最高人民法院在1988年8月發布「關於人民法院處理涉

---

37 張淑鈿，透視內地與香港協議管轄制度的整合—以國際趨勢和管轄權協調的角度，西南政北大學學報第10卷第5期，2008年10月，頁10。

38 王吉文、葉軒宇，我國涉外協議管轄制度的完善，江西社會科學，2008年4月，頁195。

39 唐德華，序，收於朱珍鈕，涉臺審判實務與案例評析，人民法院出版社，2001年11月，頁序3。

臺民事案件的幾個問題」，對涉臺婚姻問題、夫妻共同財產問題、撫養、贍養和收養問題、繼承問題、房產問題、債務問題及訴訟時效問題，都作出明文規定[40]；1991年4月最高人民法院也在全國人民代表大會上宣告：「臺灣居民在臺灣地區的民事行為及依據臺灣地區法規所取得的民事權利，如果不違反中華人民共和國法律的基本原則，不損害社會公共利益，可以承認其效力，對臺灣地區法院的民事判決也將根據這一原則，分別不同情況，具體解決其效力問題。[41]」

在臺灣的海基會的網站中，有一個大陸法院不認可臺灣地區的法院判決的案例：1994年7月，一對孫姓臺灣母女透過中國運通（英）國有限公司向上海新建置業有限公司購買了位於上海楊浦區黃興路的兩套房屋。1996年，孫氏母女將上述房屋出租給新建置業有限公司。後來，孫氏母女因上述房屋的過戶和租金問題與運通公司發生爭執，於是就向臺北地方法院提起訴訟。臺北地方法院先後作出了88年度簡上字第208號判決和89年度再易字第23號判決[42]。

2001年7月初，孫氏母女向上海市第二中級人民法院聲請認可臺北地方法院所作之二份判決，本案經上海市二中院審查認為，該案所涉及的房屋是不動產，位於上海市楊浦區，應由上海市人民法院「專屬管轄」。因為根據大陸民事訴訟法第34條第1款規定，因不動產糾紛提起的訴訟，由不動產所在地人民法院專屬管轄，該院認為臺北地方法院判決違反前述專屬管轄的案件。因此，依大陸最高人民法院「關於人民法院認可臺灣地區法院民事判決的規定」第9條第3款規定，臺灣地區有關法院的民事判決，具有案件係人民法院專屬管轄之情形者，裁定不予認可。

40 全文請參閱http://tw.people.com.cn/BIG5/14866/14930/5709161.html（最後瀏覽日：2007.12.24）。

41 全文請參閱http://www.people.com.cn/zgrdxw/zlk/rd/7jie/newfiles/d1100.html（最後瀏覽日：2007.12.24）。

42 本案的內容主要是參考海基會網站上的整理http://www.sef.org.tw/ct.asp?xItem=1561&ctNode=3746&mp=15（最後瀏覽日：2009.9.25）。

伍、兩岸合意管轄的法律衝突

一、合意管轄在兩岸經貿糾紛解決上的優點

在兩岸經貿糾紛解決的各種機制，如果當事人選擇以訴訟作為爭端解決之方式時，管轄權之歸屬對當事人而言即屬於重要之事項。基於保障當事人在訴訟程序之中的程序處分權及程序主體權，並對當事人意思自主原則的尊重，如當事人就管轄的法院達成其合意管轄的協議時，只要符合法律所規定的要件，即應承認該協議的法律效力。雖然當事人訂定法院管轄之協議，仍未改變是以訴訟方式解決其紛爭的結果，但對當事人及對兩岸經貿糾紛的解決，仍有下列各項優點：

（一）**避免兩岸法院對於民事訴訟管轄權的衝突：**由於兩岸的法院係依據各自的法律，決定其對兩岸經貿糾紛行使管轄權的標準或審判籍，因此不免發生管轄權衝突的情況。由於兩岸的法律都承認合意管轄，當事人如果就兩岸經貿糾紛，達成由臺灣地區或大陸地區的法院行使管轄權的協議，即可避免兩岸法院的管轄權發生積極衝突或消極衝突的情況。

（二）**有利於兩岸相互承認與執行法院判決：**法院的合意管轄乃是以當事人之間合意的內容，作為其對案件行使管轄權的依據，在兩岸的法律都承認當事人的管轄合意或協議的效力，而且兩岸的法院都尊重當事人意思自主原則的情形下，兩岸的法院對於基於當事人之間的管轄協議，而行使其管轄權的彼岸法院所作成的判決，應該不會以作成判決的彼岸法院無管轄權為理由，而不予以承認及執行。換言之，合意管轄乃是兩岸法院行使管轄權的共同原因，合意管轄也因此較有利於兩岸法院判決的相互承認與執行。

（三）**當事人對於兩岸經貿糾紛的審理較能預見及接受：**當事人合意選擇的管轄法院，對當事人而言，乃是其對公平正義的希望之所繫，所以其對於該法院的審理程序、事實認定及法律適用的信任度，理應比其他法院更高，其對於所有程序中的各種環節，都較能合理預見，對於最後的判決

結果，也比較能接受。

二、兩岸法律關於合意管轄要件的潛在差異

兩岸經貿活動的糾紛如依當事人間的協議，而雙方選擇的特定法院行使合意管轄權，在理論上至少應該具有上述優點，可以有效解決當事人之間的糾紛，應該為當事人普遍採用。不過，實際的情形仍有待驗證。

(一) 兩岸法院專屬管轄權的認定標準

在臺灣的司法實務上，最近已形成一項新見解，認為大陸地區的法院判決即使經臺灣地區的法院予以裁定認可，亦不具既判力[43]。根據此項見解，大陸

43 請參閱下列二則判決：1.最高法院97年度台上字第2376號判決：「按系爭大陸地區判決經我國法院依兩岸關係條例第七十四條規定裁定許可強制執行，固使該判決成爲強制執行法第四條第一項第六款規定之執行名義而有執行力，然並無與我國確定判決同一效力之既判力。債務人如認於執行名義成立前，有債權不成立或消滅或妨礙債權人請求之事由發生者，在強制執行事件程序終結前，即得依同法第十四條第二項規定，提起債務人異議之訴。至於確定判決之既判力，應以訴訟標的經表現於主文判斷之事項爲限，判決理由原不生既判力問題，法院於確定判決理由中，就訴訟標的以外當事人主張之重要爭點，本於當事人辯論之結果，已爲判斷時，除有顯然違背法令，或當事人已提出新訴訟資料，足以推翻原判斷之情形外，雖應解爲在同一當事人就與該重要爭點有關所提起之他訴訟，法院及當事人對該重要爭點之法律關係，皆不得任作相反之判斷或主張，以符民事訴訟上之誠信原則，此即所謂『爭點效原則』。惟依前所述，經我國法院裁定認可之大陸地區民事確定裁判，應祇具有執行力而無與我國法院確定判決同一效力之既判力。該大陸地區裁判，對於訴訟標的或訴訟標的以外當事人主張之重大爭點，不論有無爲『實體』之認定，於我國當然無爭點效原則之適用。我國法院自得斟酌全辯論意旨及調查證據之結果，爲不同之判斷，不受大陸地區法院裁判之拘束。」2.最高法院97年度台上字第2258號判決：「按臺灣地區與大陸地區人民關係條例第七十四條僅規定經法院裁定認可之大陸地區民事確定裁判，以給付爲內容者，得爲執行名義，並未明定在大陸地區作成之民事確定裁判，與確定判決有同一之效力，該執行名義核屬強制執行法第四條第一項第六款規定其他依法律之規定得爲強制執行名義，而非同條項第一款所稱我國確定之終局判決可比。又該條文就大陸地區民事確定裁判之規範，係採『裁定認可執行制』，與外國法院或在香港、澳門作成之民事確定裁判（港澳條例第四十二條第一項明定其效力、管轄及得爲強制執行之要件，準用民事訴訟法第四百零二條及強制執行法第四條之一之規定），仿德國及日本之例，依民事訴訟法第四百零二條之規定，採『自動承認制』，原則上不待我國法院之承認裁判，即因符合承認要件而自動發生承認之效力不同，是經我國法院裁定認可之大陸地區民事確定裁判，應祇具有執行力而無與我國法

地區法院判決的效力已被削弱，兩岸經貿活動的當事人在協議管轄合意時，也因此可能放棄選擇以大陸地區法院為管轄法院，而選擇在臺灣地區或其他地區（國家）的法院起訴，或以訴訟外的爭端解決方法予以代替。此外，兩岸關於合意管轄的法律雖然在形式或表面上幾乎相同，但由於兩岸對於同一概念（特別是「專屬管轄權」）的解釋或認定標準不同，也使當事人的管轄合意未能化解兩岸法院的管轄權衝突，其解決兩岸經貿糾紛的功能也被打了折扣。

我們從上述兩岸法院的實務案例，再進行假設性的延伸，將可以發現由於兩岸的法律規定及其解釋仍有差異，管轄合意不但未能完全化解兩岸法院管轄權衝突的疑慮，本身也有應該決定其準據法的問題。例如在臺灣的最高法院的「惠州臺灣工業園區案」的判決中，最高法院認為兩造的合意管轄約定，應以臺灣地區的法院無專屬管轄權者為限，始為有效。此項專屬管轄權有無的認定標準，最高法院並未說明其準據法，但似乎是依「程序，依法庭地法」的原則，而適用臺灣地區的法律予以判斷。

(二) 惠州臺灣工業園區案的檢討與延伸

在兩岸的法院各自依該地區的法律判斷管轄權的結果，由於兩岸的法律關於專屬管轄權的規定，仍有不一致之處，兩岸的法院對於同一案件，有時仍將發生兩岸認為有管轄權或均認為無管轄權的情況。這種情況即使是以前述案例為基礎，只要再進一步予以假設及延伸，就可以很清楚地發現。

以上述「惠州臺灣工業園區案」為例，為訴訟標的的法律關係乃是雙方當事人之間的契約，即被告承諾為原告取得惠州臺灣工業園區國土使用證明書以及該筆土地使用權的契約。當事人因為此項契約所生的權利，在兩岸的法律上即因為對其性質認定不同，而發生無法藉管轄合意而消弭兩岸法院管轄權衝突的情況。因為依臺灣地區民法通說的見解，該契約所生的權利乃是債權，並不因為其標的物為不動產而成為物權，故其訴訟並非應由不動產所在地法院專屬

院確定判決同一效力之既判力。本件兩造簽訂股權轉讓合同之目的，係為供辦理竹家公司股權轉讓手續之用，實未另成立股權買賣關係，乃原審合法確定之事實，則債務人如具備強制執行法第十四條第二項之規定，自得以執行名義成立前，有債權不成立或消滅或妨礙債權人請求之事由發生，於強制執行程序終結前，提起債務人異議之訴。」

管轄的訴訟[44]。最高法院認為本件非屬大陸地區專屬管轄的訴訟，應該即以上述理由為其依據。不過，如依大陸地區民事訴訟法第34條第1款的規定，「因不動產糾紛提起的訴訟」，均應由不動產所在地的人民法院專屬管轄。所以本件訴訟依臺灣的法律得由當事人合意決定其管轄法院，但依大陸的法律不得由當事人合意決定其管轄法院。大陸的惠州人民法院之所以對於本案有管轄權，乃是基於其關於土地的專屬管轄權，而非源自於雙方當事人的管轄合意。但臺灣的前述「三級九審」的判決，都是直接認定雙方當事人的管轄合意有效，完全未提及惠州人民法院有專屬管轄權的見解。

我們如果就本案的事實進一步予以假設或改變：假設本案的當事人約定訴訟應由臺北地方法院專屬管轄，也可以發現兩岸法院的管轄權仍將繼續衝突。因為此項管轄合意，依臺灣地區法律係屬有效，但依大陸地區法律則為無效，其結果是：臺灣地區的法院認為臺北地方法院有管轄權、惠州人民法院無管轄權，但大陸地區的法院認為臺北地方法院無管轄權、惠州人民法院有專屬管轄權。在此種情形下，無論是大陸地區法院所作成的裁判要在臺灣地區聲請認可及執行，或臺灣地區的法院所作成的裁判要在大陸地區聲請認可及執行，預料均將被拒絕，不只形成不合理的情況，也將使當事人的管轄合意功能盡失。此外，如果我們假設當事人之間並無管轄合意的約定，也會發生管轄權衝突的情況：臺灣地區的法院將認為兩岸的法院均有管轄權，但大陸地區的法院將認為惠州人民法院有專屬管轄權，臺灣地區的法院並無管轄權。

(三) 臺灣母女上海買房案的檢討與延伸

在大陸地區法院的上述「臺灣母女上海買房案」中，當事人一方為臺灣地區人民，另一方為大陸地區法人，契約履行地於大陸地區，當事人主要的爭執是圍繞在買賣不動產的債權契約的履行。本件的實際情況，是當事人未約定管轄法院，由於臺灣民事訴訟法第10條規定，因不動產之物權或其分割或經界涉訟者，始專屬於不動產所在地之法院管轄，其他不動產糾紛案件，則依一般原

44 臺灣民事訴訟法第10條第1項：「因不動產之物權或其分割或經界涉訟者，專屬不動產所在地之法院管轄。」

則決定法院的管轄權，故臺灣地區人民依臺灣民事訴訟法規定，就此種「因契約涉訟」的情形，得向臺北地院提起訴訟，且由於本件非屬民事訴訟法第10條第1項規定之「因不動產之物權或其分割或經界涉訟」，並非應由上海法院專屬管轄的案件，所以臺灣的法院有管轄權。不過，依大陸民事訴訟法第34條第1款規定，因不動產糾紛提起之訴訟，均應專屬不動產所在地人民法院管轄；而所謂「涉及不動產的糾紛」，包括所有與不動產有關之物權、買賣、租賃、互易、贈與、徵用拆遷及侵權損害等案件，範圍非常廣泛，且均專屬不動產所在地之法院管轄，因此上海的法院有專屬管轄權，而臺灣的法院並無管轄權。此時兩岸法院的管轄權的衝突情形是：依臺灣法律的規定，兩岸法院都有管轄權；但依大陸法律的規定，只有大陸的法院有管轄權，臺灣的法院並沒有管轄權。本件不動產糾紛雖然依臺灣的法律可以由臺灣地區的法院受理訴訟並判決，臺北地方法院實際上也據此作成判決，但因大陸地區的法院不認為臺灣地區的法院有管轄權，該判決最後不能在大陸地區獲得認可與執行，勝訴的一方仍須重新向大陸法院提起訴訟，嚴重影響當事人在時間上的權益。

假設在本案（「臺灣母女上海買房案」）中，該涉臺事件的當事人經協議決定由臺灣地區的法院專屬管轄，也將形成下列兩岸法院的管轄權衝突的情況：由於該管轄協議在臺灣地區依臺灣的法律，將被認為有效，故結論將認為臺灣地區的法院有專屬管轄權，大陸地區的法院無管轄權；但該協議在大陸地區將依大陸地區的法律，被認為違反專屬管轄的規定，故結論將認為大陸地區的法院有專屬管轄權，臺灣地區的法院無管轄權。此外，如果假設大陸地區的法院認為大陸地區的法院對本件訴訟的管轄權不是專屬管轄，當事人仍得合意決定管轄法院，兩岸法院的管轄權也可能還是發生衝突的情況：因為大陸地區的法律規定，合意管轄的法院應該有「實際聯繫」，只要大陸地區的法院認為涉臺事件的管轄協議，僅得協議由具有「實際聯繫」的法院管轄，而且當事人協議選擇的法院，被大陸地區的法院認為欠缺「實際聯繫」時，也將發生類似的管轄權衝突：依臺灣的法律，當事人協議選擇的法院有合意管轄權；依大陸的法律，當事人協議選擇的法院並無合意管轄權。

可見兩岸儘管都有決定法院管轄權及合意管轄的規定，也都定有關於承認及執行對岸的法院判決的規定，在由於兩岸法律的解釋標準不一致，仍有一些司法互助上的問題需要共同解決，如能透過協商方式達成某些共同標準，必定較能保障兩岸人民的訴訟權益。

三、涉陸管轄合意的準據法

由於兩岸關於合意管轄的法律仍然呈現大同小異的情況，兩岸經貿活動的當事人間即使已達成管轄合意（管轄協議），在訴訟上仍然會發生二個問題：（一）該管轄合意的要件，即其有效性（是否有效）的問題，應該以哪一地區的法律為準據法？（二）如果該管轄合意有效，其在訴訟法上的效力，即當事人在合意以外的法院起訴時，應如何處理的問題，應該哪一地區的法律為準據法？這些問題，都應該依據法律衝突的規則予以解決。

在臺灣，上述問題在兩岸條例並無明文規定，即使涉外管轄合意的問題，在涉外民事法律適用法上也欠缺直接的依據。本文以為，從國際私法的角度觀察，當事人的管轄合意因具有訴訟上契約行為的性質，所以具有涉外因素或涉陸因素的管轄合意，其性質乃是獨立於主契約以外的涉外訴訟契約，在理論上亦有獨立決定其準據法之必要[45]。

管轄合意亦為私法自治的具體表現，涉外管轄合意的要件的準據法的決定，在比較國際私法上有各種決定的方法[46]。本文認為，在臺灣的國際私法

---

45 海牙國際私法會議於2005年6月30日通過的「法院選擇協議之公約」（Convention on Choice of Court Agreements），即是關於涉外管轄合意的公約（簡稱2005年「法院選擇協議之公約」，條文內容可參閱http://www.hcch.net/index_en.php?act=conventions.text&cid=98，最後瀏覽日：2009.12.13）。本公約第3條第d款規定與本文見解相同，其規定爲：「專屬之法院選擇協議，如爲一契約之一部分者，應將其視爲該契約之其他條款外之另一獨立之協議。專屬之法院選擇協議之有效性，不單純因該契約之無效而受影響。」（An exclusive choice of court agreement that forms part of a contract shall be treated as an agreement independent of the other terms of the contract. The validity of the exclusive choice of court agreement cannot be contested solely on the ground that the contract is not valid.）

46 2005年「法院選擇協議之公約」第5條第1項規定認爲，被當事人指定爲專屬管轄權法律的締約國法院，應依該國的法律（即被選定的專屬管轄法院的法庭地法），決定當事人的管轄合意是否有效的問題。其規定爲：「專屬之法院選擇協議所指定之締約國之法院，除該協議依該國法律爲無效者外，對於應適用該協議之爭議，應有管轄權。」（The court or courts of a Contracting State designated in an exclusive choice of court agreement shall have jurisdiction to decide a dispute to which the agreement applies, unless the agreement is null and

上，可類推適用涉外民事法律適用法第6條之規定，以其明示或默示合意決定其準據法，再依據法庭地法，即臺灣的法律決定其管轄合意於訴訟上所發生之具體效力[47]。至於涉陸管轄合意的要件，雖然不能直接依據上述方法予以解決，但依據區際私法的原則，本文認為其準據法的問題，可類推適用兩岸條例第48條關於債權契約之規定[48]。至於管轄合意的效力問題，則應依訴訟地法的規定[49]，即如當事人合意在大陸地區的法院起訴，但原告卻在臺灣地區的法院起訴，法院即可依其合意的內容，決定臺灣地區的法院有無管轄權，如無管轄權，則依法予以裁定駁回，必要時並宜曉諭當事人到大陸地區的法院起訴。

陸、結論

隨著兩岸關係的躍進及發展，兩岸人民之間的法律關係已逐漸呈現以經貿關係為主軸的趨勢，兩岸的法院也勢必要迎接愈來愈多的經貿糾紛。雖然兩岸的經貿的糾紛，除了訴訟的方式之外，也可以藉由多元的另類方式，如和解、調解、仲裁等方式予以解決，但對於信賴法院的訴訟程序的當事人來說，訴訟的方式將無法被取代。此時，當事人如能選擇雙方都能信賴的法院，將其紛爭

void under the law of that State.）同條第2項規定管轄合意之效力不適用其他國家之規定，即應依法庭地法之規定。其規定爲：「依第一項規定有管轄權之法院，不得以該爭議另有其他國家之法院得予以裁判爲理由，而拒絕行使管轄權。」（A court that has jurisdiction under paragraph 1 shall not decline to exercise jurisdiction on the ground that the dispute should be decided in a court of another State.）

47 請參閱陳榮傳，涉外管轄合意的準據法，月旦法學雜誌第7期，1995年11月，頁39-40；劉鐵錚、陳榮傳，國際私法論，2008年9月修訂4版，頁608。

48 兩岸條例第48條規定：「債之契約依訂約地之規定。但當事人另有約定者，從其約定。前項訂約地不明而當事人又無約定者，依履行地之規定，履行地不明者，依訴訟地或仲裁地之規定。」本條規定與涉外民事法律適用法第6條的下列規定，略有不同：「法律行爲發生債之關係者，其成立要件及效力，依當事人意思定其應適用之法律。當事人意思不明時，同國籍者依其本國法，國籍不同者依行爲地法，行爲地不同者以發要約通知地爲行爲地，如相對人於承諾時不知其發要約通知地者，以要約人之住所地視爲行爲地。前項行爲地如兼跨二國以上或不屬於任何國家時，依履行地法。」

49 請參閱陳榮傳，涉外管轄合意之效力問題，月旦法學雜誌第8期，1995年12月，頁62-63。

交由該法院審理，對於雙方關係的穩定發展，將有所助益。本文基於前述說明，也鼓勵兩岸經貿關係的當事人，至少應達成此項協議。

兩岸的法律雖然都已規定合意管轄或協議管轄的制度，經過前述的詳細比較，我們仍然可以發現其間的「大同小異」，因此也必須面對兩岸法律衝突的問題。對於管轄合意的要件及效力的問題，本文根據區際私法的精神，建議就其要件的問題，類推適用關於債權契約的衝突規則決定其準據法，就其效力的問題，直接適用法庭地法予以判斷。

兩岸經貿關係的當事人，通常是依循「經濟理性」，而架構其間的法律關係。所以當法院的訴訟程序呈現不效率或其效力過於薄弱時，當事人選擇其他另類的紛爭解決模式，將成為一種正常的趨勢。從事司法實務工作的法律人，在鼓勵兩岸經貿糾紛採訴訟以外的另類方式予以解決，以減少訟源的同時，也應該思考如何改進訴訟程序的便利性及效率，以免悖反保障人民訴訟權益的正義大道。

8

國際私法上之合意管轄
——以最高法院91年台抗字第268號裁定之事實為中心*

許兆慶

壹、前言

國際私法研究之範圍，論者見解廣狹固異[1]，但晚近國際間多數國際私法教科書論述之內容，多以國際私法研究之領域兼及「國際裁判管轄權」、「法律適用（準據法選擇）」及「外國確定判決（仲裁判斷）之承認與執行」等三大領域[2]。我國涉外民商事法律學界及實務，一向偏重於準據法選擇（Choice-of-law）領域內問題之討論，對於「國際裁判管轄權」與「外國確定判決之承認與執行」等領域，文獻與實務裁判先例均稱有限，尤其影響訴訟勝敗至為關鍵之國際裁判管轄領域[3]，國內判決先例的比例依然偏低。

---

* 原刊登於中華國際法與超國界法評論第3卷第2期，2007年12月，頁259-293。

1 各國國際私法權威教科書詳細資料之整理與分類，詳參賴來焜，基礎國際私法學，三民書局，2004年6月，頁344-388。

2 陳隆修，國際私法管轄權評論，五南圖書，1986年11月，頁4；蔡華凱，國際裁判管轄總論之研究—以財產關係訴訟爲中心，國立中正大學法學集刊第17期，2004年10月，頁1；石黑一憲，國際私法と國際民事訴訟法との交錯，有信堂高文社，1988年7月，頁185；CHESHIRE & NORTH, PRIVATE INTERNATIONAL LAW 7 (13th ed., 2004); SYMEON C. SYMEONIDES ET AL., CONFLICT OF LAWS: AMERICAN, COMPARATIVE, INTERNATIONAL 2-4 (2nd ed., 2003); J.G. COLLIER, CONFLICT OF LAWS 3 (3rd ed., 2001); RUSSELL J. WEINTRAUB, COMMEN-TARY ON THE CONFLICT OF LAWS 1 (4th ed., 2001); WILLIS REESE ET AL., CONFLICT OF LAWS - CASES AND MATERIALS 1-3 (9th ed., 1990).

3 國際裁判管轄權有無之判定，影響訴訟勝負之關鍵事項包括（但不限於）：適用民事程序法之不同、訴訟使用語言之差異、訴訟之勞費與成本、強制律師代理之須否、證據調查程序與舉證責任分配的差異、適用之國際私法準據法選法規則不同等，各項因素均足以影響訴訟之勝負。詳參蔡華凱，侵權行爲的國際裁判管轄—歐盟的立法與判例研究，國立中正大學法學集刊第14期，2004年1月，頁243-299。

關於涉外事件之當事人能否以合意選定管轄法院，特別是外國法院管轄條款應否賦予效力之問題，早期各國見解仍甚為分歧，甚且多數採取否定之態度，及至晚近，國際公約及各國內國立法例與實務案例，多傾向肯定涉外事件當事人合意選定管轄法院之正當性與合法性[4]；抑有進者，海牙國際私法會議[5]於2005年通過「合意選擇法庭公約」[6]，期冀藉由肯認並屬行當事人間選擇管轄法庭之合意，以達程序穩定、訴訟經濟、可預見及期待可能的短期目標，長期而言則期許該公約能夠如同國際商務仲裁領域之「紐約公約」[7]一般，成為國際民事訴訟領域中各國共遵共行之國際規範[8]。

我國最高法院91年度台抗字第268號裁定即係有關國際私法上合意管轄爭議的案例，本件案例是國內司法實務史上少數自地方法院、高等法院至最高法院三審期間，兩造主要攻擊防禦均集中於我國「國際裁判管轄權」之有無，而最高法院亦明確針對我國國際裁判管轄權有無表示意見之案例，對於我國國際裁判管轄之學理研究與實務發展，均具指標性之意義[9]。

本文以下即以最高法院91年台抗字第268號裁定之案例事實為中心，簡要析述國際私法上合意管轄之相關問題。本文第二部分摘要最高法院91年台抗字第268號裁定之案例內容，包括事實概要、本件主要爭點、兩造主要攻擊防禦方法、歷審法院判決結果，以及最高法院裁定要旨；第三部分簡述涉外私法事件處理程序中有關國際裁判管轄權之基礎理論及其扮演之角色；第四部分進而

4 陳隆修，同註2，頁116、174-175。

5 關於海牙國際私法會議之介紹，詳參許兆慶，海牙國際私法會議簡析，法令月刊第57卷第6期，2006年6月，頁37-52。

6 Hague Convention of 30 June 2005 on Choice of Court Agreements (hereinafter "Hague Choice of Court Convention"), 44 Int'l Legal Materials 1294 (2005); also *available at* http://hcch.e-vision.nl/index_en.php?act=conventions.text&cid=98, last visited 2007.8.15.

7 Convention on the Recognition and Enforcement of Foreign Arbitral Awards, http://www.uncitral.org/uncitral/en/uncitral_texts/arbitration/NYConvention.html, last visited 2007.8.15 (also known as "New York Convention").

8 Trevor C. Hartley, *The Hague Choice-of-Court Convention*, 31 Euro. L. Rev. 414, 426 (2006).

9 國內有關國際民事訴訟合意管轄之專論，詳參黃國昌，國際訴訟之合意管轄，政大法學評論第90期，2006年4月，頁301；陳啓垂，國際管轄權的合意—評最高法院九十二年度台上字第二四七七號民事判決，月旦法學雜誌第131期，2006年4月，頁151。

析述國際合意管轄之基本問題；第五部分則簡評上開最高法院裁定之內涵與影響；最後於第六部分歸納本文之結論。

貳、案例內容摘要

一、事實概要[10]

住所於高雄市之我國籍人Y赴美旅遊期間，前往內華達州拉斯維加斯市合法設立之博奕場所（Casino）消費，簽署借據向博奕場經營者X借款玩賭，並於另行簽發之票據（下稱系爭票據）背面記載：本人承認本人於內華達州借用本票據所證明之債務，願受內華達州之任何州或聯邦法院之司法管轄等語[11]；嗣Y仍有餘款美金295,251元未清償，X乃向Y住所地之我國臺灣高雄地方法院（下稱高雄地院）訴請清償借款；Y則抗辯兩造已合意選定美國內華達州法院為管轄法院，高雄地院對本件無管轄權[12]。

二、本件之爭點

系爭票據背面記載：「本人（Y）承認本人於內華達州借用本票據所證明之債務，願受內華達州之任何州或聯邦法院之司法管轄等語」[13]，能否排除Y

[10] 本案例事實，詳請參閱最高法院91年度台抗字第268號裁定、臺灣高等法院高雄分院90年抗字第786號裁定、臺灣高雄地方法院88年重訴字第1025號裁定。

[11] 系爭票據除管轄權條款外，尚有準據法條款，指定以內華達州法律爲系爭爭議之準據法。詳參臺灣高雄地方法院88年重訴字第1025號裁定。

[12] 除管轄權抗辯外，關於程序事項，Y尚抗辯X的法人資格與法定代理人於我國提起訴訟之合法權限等。詳參臺灣高雄地方法院88年重訴字第1025號裁定。

[13] 此段文字係摘要最高法院裁定之文字，然而高雄地院第一審裁定文字則記載：「本人同意任何與本票據或與受款人有關之爭議*均應*（斜體爲筆者加註）由內華達州之法院或聯邦法院管轄。……」兩者並不相同，詳言之，若依最高法院裁定所載，票據上之管轄權條款並非「專屬」合意，惟若依高雄地院判決文所示，票據上之管轄權條款，似有專屬合意管轄之意義。但因筆者並無系爭票據背面條款之原文，因此本文相關論述，僅能以最高法院裁定所載文字爲討論。

住所地之法定管轄？

三、兩造爭執要旨及攻擊防禦方法[14]

(一) 原告部分

按訴訟由被告住所地之法院管轄，民事訴訟法第1條前段定有明文。被告之住所地為高雄市苓雅區××路××巷××號，本件訴訟應由高雄地院管轄。被告借據記載「本人同意任何與本票據或與受款人有關之爭議均應由內華達州之法院或聯邦法院管轄[15]。」係被告同意接受內華達州任一州或聯邦法院管轄之聲明，並未具體表明特定之第一審管轄法院，與民事訴訟法第24條所定「當事人得以合意定第一審管轄法院」不合，應不能認兩造有合意管轄之約定，又司法管轄權為內國公權利，應不得以當事人間之私法行為排除之，故縱上開記載具有合意管轄之效力，其約定排除高雄地院之法定管轄權，亦應屬無效。

(二) 被告部分

有關民事管轄問題，於涉外契約，均容許當事人依私法自治原則選擇準據法及管轄法院，此與刑事管轄等國家公權力之行使兩不相涉。而於合法選定管轄法院後，若仍容認當事人依其他判斷，於選擇管轄法院外之法院進行訴訟，則原管轄法院之約定即喪失規範意義，此實有背於私法自治之精神。因此，如X確係有權持有系爭「借據」（此為被告所否認），則本件自應由美國內華達州法院，依其體系對本件訴訟予以管轄，高雄地院對本件應無管轄權。

---

14 兩造在訴訟過程中固非僅就國際裁判管轄權之有無爲攻防，但因本文係以國際裁判管轄權爲論述中心，且本件最高法院裁定要旨最具意義之處亦在我國國際裁判管轄權之有無，因此本文關於爭執要旨與兩造攻防之摘要，亦以國際裁判管轄相關部分爲限。

15 若以原告提出之訴訟資料，系爭票據之管轄權條款，似有指定專屬內華達州（聯邦或州）法院管轄之意涵。但本文討論，係以最高法院裁定所揭示之文字爲基礎，同註13。

四、歷審裁判及理由要領

(一) 高雄地院一審裁定（88年重訴字第1025號）

1. 裁判結果：駁回原告之訴及假執行之聲請。
2. 理由要領：本件當事人就一定之法律關係而生之訴訟既已約定由外國法院管轄，自不得在其他有管轄權之法域提起，始符合當事人間選法自由原則，並可避免國際管轄權積極衝突之發生，且本件訴訟亦非專屬管轄，Y既抗辯應依據雙方合意管轄之約定，決定管轄權之歸屬，X自應向美國內華達州之州或聯邦法院管轄法院提起訴訟，始為適法，爰以裁定駁回X之訴及假執行之聲請（X不服上開高雄地院一審裁定而提起抗告）。

(二) 臺灣高等法院高雄分院（下稱高雄高分院）二審裁定（90年度抗字第786號）

1. 裁判結果：原裁定廢棄，發回高雄地院。
2. 理由要領：系爭票據上管轄條款之記載，乃Y單方向X表示願接受內華達州內之任何州或聯邦法院之司法管轄，並非與X達成有排他管轄之合意，自不能僅因Y在票據上有上開管轄條款之記載，而排除我國法院之管轄權。按訴訟由被告住所地之法院管轄，我民事訴訟法第1條第1項定有明文。X向Y之住所地法院提起本件訴訟，合乎管轄規定，且有利於Y應訴，日後所取得之確定判決，亦無須再以判決承認其效力，殊難認高雄地院對本件訴訟無管轄權，爰將高雄地院前開裁定廢棄，發回該院另為適法處理（Y對高雄高分院二審裁定不服而提起再抗告）。

(三) 最高法院三審裁定（91年度台抗字第268號）

1. 裁判結果：再抗告駁回，亦即本件應維持高雄高分院二審裁定之結果，將全案發回高雄地院進行實體審理[16]。

2. 裁定要旨：本院按國際裁判管轄之合意，除當事人明示或因其他特別情事得認為具有排他亦即專屬管轄性質者外，通常宜解為僅生該合意所定之管轄法院取得管轄權而已，並不當然具有排他管轄之效力。本件Y為中華民國國民，我國法院對以Y為被告之民事訴訟事件，本有管轄權。其雖於所簽發之票據上記載，其與X間就本票據所證明之債務涉訟，願受美國內華達州之州或聯邦法院之司法管轄等語，但此國際裁判管轄之合意，經核僅係Y表明如X在前開美國法院起訴請求Y給付時，Y不得以該美國法院無管轄權相抗辯之意思。兩造既未合意排除我國法院之管轄權，X向Y住居所地之我國法院提起本件訴訟，揆諸前揭說明，自非法所不許。

參、涉外事件之處理程序[17]與國際裁判管轄權之決定

一、涉外事件之處理程序

(一) 是否爲涉外私法事件之判斷

1. 是否為涉外事件

凡案件之事實牽涉外國者，則構成一涉外事件；換言之，一案件具有所謂「涉外成分」（foreign element）[18]者，即為涉外事件；因此，訟爭事件之主

---

16 本件發回高雄地院後，高雄地院業於93年9月7日以91年度重訴更（一）字第2號判決命被告Y應給付原告美金29萬餘元及遲延利息。

17 關於國際私法案件之處理程序，詳見馬漢寶，談國際私法案件之處理，軍法專刊第28卷第11期，頁1以下；劉鐵錚，反致條款與判決一致，政大法學評論第17期，1978年2月，頁48以下。

18 一般而言，涉外成分（或稱涉外因素）之種類，可得而言者，約有下列數端：1.牽涉外國人者；2.牽涉外國地者；3.牽涉外國人及外國地者。見馬漢寶，國際私法總論，自版，1990年8月11版，頁2；劉鐵錚、陳榮傳，國際私法論，三民書局，2000年8月再版2刷，頁4-5。

體、客體或法律關係牽涉外國，抑或當事人約定以外國法為準據法者，均可謂為涉外事件。就本件而言，雙方當事人中，X為美國法人，Y則為中華民國籍自然人，案件法律關係之主體牽涉外國人，是本件為涉外案件，應屬無疑。

2. 是否為私法事件

訟爭事件是否私法事件，基本上係以原告訴狀所記載之事實上與法律上主張是否為私權爭議為主要判斷基礎。本件原告係訴請被告清償欠款，換言之，依原告請求內容，兩造間之訟爭標的屬私權之紛爭，是本件應屬私法案件，亦無疑義。

(二) 判斷涉外私法事件之意義

國際私法之本質究屬程序法或實體法抑或法律適用法，學說見解論述固異[19]，然涉外民商案件之判定，涉及到兩項法院針對訟爭事件進入實體審理前主要必須加以確定之先決問題，亦即國際裁判管轄審認之必要性與國際私法是否應加適用之問題。詳言之，若判定非涉外民商案件，則逕依法庭地民事訴訟法適用法庭地民商實體法為裁判準據即可，然而若判定為涉外民商案件，合應先審認我國法院國際裁判管轄權之存否，若具備國際裁判管轄權，並應先依涉外民事法律適用法定其應適用之法律，事實審法院若忽略此先決問題而逕適用法庭地實體法為裁判基礎者，其判決當然違背法令[20]。學者間有主張當事人

19 我國文獻似無明主國際私法為實體法者。至國內學者採程序法說者，如劉鐵錚、陳榮傳，同註18，頁18；林益山，國際私法新論，自版，1995年8月，頁10。採法律適用說者，例如柯澤東，國際私法，自版，1999年10月，頁31；曾陳明汝，國際私法原理，自版，1994年5月，頁11。此外，尚有學者採「適用法則」說，認國際私法乃係一種適用法則（Rechtsanwendbarkeitsnormen），在性質上偏於程序法，而與實體法有區別……國際私法猶如法律施行法，並不直接處理案件之本身，而僅間接指示案件所應適用之法律為何，參看馬漢寶，同註18，頁16-17。晚近則有學者總和國際私法性質之各面向，提出所謂「綜合性法說」者，見賴來焜，當代國際私法學之基礎理論，自版，2001年1月初版，（總）頁182-184。

20 例如最高法院91年度台上字第95號判決：「查上訴人非本國（本文按：應係指內國）法人，本件應屬涉外民事事件。原審未依涉外民事法律適用法之規定確定其準據法，遽為判決，尚有疏略。」此外，最高法院90年度台上字第1232號：「查被上訴人××公司並非本國（本文按：應係指內國）法人，上訴人對其提起本件訴訟，應屬涉外民事訴訟事件。原審未依涉外民事法律適用法之規定確定其準據法，遽依我國法律而為判決，已有

未主張外國法之適用者，承審法院應逕以法院地法為裁判準據[21]，然而我國最高法院至今之有力見解仍認，涉外事件之承審法院未先適用國際私法而逕適用我國民商實體法為裁判者，其判決當然違背法令，得為上訴第三審之理由，實例上，至今仍常見最高法院以二審判決就涉外事件未先適用國際私法而逕適用我國法為實體裁判為廢棄發回更審之理由[22]。在現行法制下，最高法院針對涉外事件強調國際私法之強制適用性應值贊同，但上開學說建議，於實務上則有極大便利性，我國法院若欲採行此一方式，為強化合理性，本文建議得於審理過程藉由闡明權之行使或爭點之整理，以取得兩造同意適用法庭地法為準據法之合意，即可獲得以法庭地法為準據法之合理化基礎[23]。晚近有學者提出國際私法強制適用性軟化之提議，建議法院在訴訟過程中得藉由闡明權之行使，使兩造達成選定（法庭地法作為）準據法之合意，於實務運作上，深具實用意義[24]。

疏略。……」又最高法院90年度台上字第1230號：「查××公司係香港公司，其與××基金會訂立系爭契約時，香港仍由英國治理，本件自屬涉外事件，原審未依涉外民事法律適用法相關規定確定其準據法，遽依中華民國法律而爲判決，殊嫌疏略。」餘如最高法院93年度台上字第2121號、92年度台上字第150號、90年度台上字第516號、89年度台上字第671號、88年度台上字第3073號等均同此旨。

21 參看柯澤東，同註19，頁165-167。

22 查被上訴人爲外國法人，本件應屬涉外民事事件。原審未依涉外民事法律適用法之規定確定其準據法，遽依我國法律而爲上訴人不利之判決，自有可議。上訴論旨，指摘原判決違背法令，求予廢棄，非無理由（參看96年度台上字第846號、96年度台上字第651號、95年度台上字第1166號、94年度台上字第1765號、94年度台上字第1721號等）。

23 實務上最高法院91年度台上字第1508號給付電匯款事件，事實審法院於更審程序審理時，達成兩造同意以我國法律爲準據法之合意，藉以限縮爭點，最高法院對於事實審法院協調當事人達成事後選定我國法爲準據法之合意，亦表贊同；此一「事後選法」之合法性於該案事後的再審程序審理時，再經最高法院肯認，詳參最高法院92年度台再字第22號民事判決。將來我國法院受理涉外事件，遇有當事人未選定準據法之情形時，此一模式可作爲我國法院運用之參考。

24 詳參蔡華凱，外國法的主張、適用與證明—兼論國際私法選法強行性之緩和，東海法學研究第24期，2006年6月，頁175-240。

二、國際裁判管轄權之決定

(一) 國際裁判管轄權之意涵

某一涉外私法事件，應由何國法院裁判，乃屬國際裁判管轄權之問題；析言之，涉外私法案件所涉管轄權問題有二層次：首先，承審法院應先審認法庭地國（forum state）對系爭案件是否有國際裁判管轄權，倘屬肯定，承審法院始進而判定該法院是否係法庭地國內有管轄權之法院；前者乃法域的管轄權或稱國際裁判權，後者則為國內訴訟法上的管轄權或逕稱國內裁判權[25]；國際私法領域所研究者，當係指前者而言。

(二) 國際裁判管轄權之決定

1. 按我國現行法關於國際裁判管轄權，除民事訴訟法第402條第1項第1款間接國際管轄權之規定，用以作為外國確定判決於我國承認與執行之消極審查要件外，並無我國法院受理涉外私法事件審查國際裁判管轄權有無之直接管轄權相關明文規定，而各國法院受理涉外私法事件時，關於國際裁判管轄權有無之問題，除若干區域性公約、區域性立法或內國立法例外，仍乏普世認同

25 我國學者多數引述法國學者稱謂前者爲「一般管轄權」，稱後者爲「特別管轄權」之分類方式，見林秀雄，國際裁判管轄權，收於國際私法理論與實踐（一）—劉鐵錚教授六秩華誕祝壽論文集，學林，1998年9月1版，頁121；簡清忠，美國法上公司國際管轄權問題之研究，收於國際私法理論與實踐（二）—劉鐵錚教授六秩華誕祝壽論文集，學林，1998年9月1版，頁145；徐維良，國際裁判管轄權之基礎理論，法學叢刊第183期，2001年7月，頁69；劉鐵錚、陳榮傳，同註18，頁687-688；馬漢寶，同註18，頁174-175。然除法國學者之外，各國文獻上較少如此區分「一般管轄」與「特別管轄」，抑且，晚近「一般管轄權」通常用以表示國際裁判管轄權理論中「以原就被原則」之被告屬人「普通裁判籍」，以屬人法之連繫因素住所（或慣居地）爲判斷基準；而「特別管轄權」則係以訴訟標的之性質分類，用以表示法院就該特定性質之事件有裁判基礎之特別審判籍涵意。*See* e.g., Von Mehren & Trautman, *Jurisdiction to Adjudicate: A Suggested Analysis*, 79 HARV. L. REV. 1121, 1136-1164 (1966); GARY B. BORN, INTERNATIONAL CIVIL LITIGATION IN UNITED STATES COURTS 77-78 (3rd ed., 1996); LEA BRILMAYER, CONFLICT OF LAWS - CASES AND MATERIALS 587-623 (1999); CHESHIRE & NORTH, PRIVATE INTERNATIONAL LAW 199 (13th ed., 2004); 李雙元，國際私法，北京大學出版社，1991年9月1版，頁451-452；余先予，衝突法，法律出版社，1989年3月1版；MARTIN WOLFF原著，PRIVATE INTERNATIONAL LAW (2nd ed.)，李浩培、湯宗舜譯，國際私法，法律出版社，1988年8月1版，頁85-86。

之國際規範。

2. 一般而言，在欠缺內國明文規範、國際公約或國際習慣法之前提下，關於涉外財產事件之國際裁判管轄，應以當事人間之公平、裁判之公正與迅速等理念，依法理決定之[26]；而法理之根據，除內國民事訴訟法上關於管轄權之原因基礎，在性質相容且具備國際裁判管轄妥當性之基礎上，得引為法理參照外，部分區域性國際公約（例如前布魯塞爾公約、[27] 魯加諾公約[28]）、尚在研擬階段之1999年海牙國際管轄權公約草案[29]以及「歐盟管轄權規則Ⅰ」[30]，均已奠定可資參照之國際裁判管轄審查標準，均得作為我國法院審查涉外私法事件國際裁判管轄權有無之法理依據。

3. 另一方面，關於國際私法之研究領域，晚近多數著作均包括國際裁判管轄、法律適用，以及外國判決之承認與執行三大領域，業如前述[31]，與此一學理基礎相呼應者，歐陸地區國際私法新立法，似有將上開三大領域融於同一法

---

26 詳參蔡華凱，國際裁判管轄總論之研究—以財產關係訴訟為中心，國立中正大學法學集刊第17期，2004年10月，頁1-85。實務上採此見解者，請見臺灣臺南地方法院92年度重訴字第295號判決、臺灣嘉義地方法院93年度嘉勞小字第7號判決。

27 對於財產關係事件之國際裁判管轄問題，歐洲在1968年9月27日於布魯塞爾締結了「關於民事及商事事件之裁判管轄暨判決之承認執行公約」（the Convention of 27 September 1968 on Jurisdiction and the Enforcement of Judgments in Civil and Commercial Matters）。此公約於2001年理事會規則化（法典化），關於其經緯，見蔡華凱，侵權行為的國際裁判管轄—歐盟的立法與判例研究，國立中正大學法學集刊第14期，2004年1月，頁243-294。

28 Convention on Jurisdiction and the Enforcement of Judgments in Civil and Commercial Matters - Done at Lugano on 16 September 1988 (88/592/EEC), http://curia.europa.eu/common/recdoc/convention/en/c-textes/_lug-textes.htm; see also http://europa.eu.int/eur-lex/lex/LexUriServ/LexUriServ.do?uri=CELEX:41988A0592:EN:HTML, last visited 2007.8.15.

29 Preliminary Draft Convention on Jurisdiction and the Effects of Judgments in Civil and Commercial Matters, http://www.hcch.net/upload/wop/jdgmpd11.pdf, last visited 2007.8.15 (hereinafter "Draft Hague Jurisdiction Convention).

30 Council Regulation (EC) No.44/2001 of 22 December 2000 on Jurisdiction and the Recognition and Enforcement of Judgments in Civil and Commercial Matters, O.J, 2001, L12/01. See http://eur-lex.europa.eu/pri/en/oj/dat/2001/l_012/l_01220010116en00010023.pdf, last visited 2007.8.15 (known as "Brussels I").

31 同註2。

典之趨勢，例如義大利新法[32]、瑞士新法[33]均是，尤其瑞士新法，開西歐國家之先例，幾乎對所有法律類型均分別規定其管轄、選法，以及判決承認之基準[34]。此外，比利時繼1979年奧地利國際私法、1898年瑞士國際私法、1995年義大利國際私法及1986年、1999年德國國際私法等歐洲主要成文法國家制定（修訂）新國際私法法典（律）之後，亦於2004年制定通過國際私法典（下稱比利時新法）[35]，並已自2004年10月1日起生效[36]；比利時新法沿襲瑞士新法之立法體例，除總論性規範外，其餘（各論）法律類型，均分別針對其國際裁判管轄、法律適用及外國判決之承認與執行等三部分規範其適用準據[37]。上述歐陸國家關於國際裁判管轄基礎之立法例，於我國法院受理涉外事件時，亦得作為判斷我國法院國際裁判管轄權有無之法理基礎。

4. 基上，在我國法院提起之涉外財產爭訟，如依前開所述國際公約、區域性公約、區域性規範，以及各國內國立法所揭示之國際裁判管轄權法理基礎加以審查具備管轄之原因者，我國法院即具備國際裁判管轄權，惟若在我國法院進行訴訟，將有違當事人間之公平、裁判之公正與迅速等特別情事存在時，

---

[32] 義大利新國際私法已於1995年5月31日制定通過，全文共74條，其中除第64至71條（即有關外國判決在義大利承認執行之相關條文）自1996年12月31日起生效外，其餘條文均自1995年9月1日起生效。*See* ALBERTO MONTANARI & VINCENT A. NARCISI, CONFLICT OF LAWS IN ITALY (1997).

[33] 詳參劉鐵錚等，瑞士新國際私法之研究，三民書局，1991年10月。

[34] Symeon C. Symeonides, *The New Swiss Conflicts Codification: An Introduction*, 37 AM. J. COMP. L. 187, 188 (1989). ("It is the first statute in [west] Europe to overcome the traditional division between procedural and substantive law and to treat in a single integrated document the three topics whose interrelationship has so far been recognized only in theory--jurisdiction, choice of law, and recognition of foreign judgments.").

[35] 16 JUILLET 2004. - Loi portant le Code de droit international privé, http://www.juridat.be/cgi_loi/loi_F.pl?cn=2004071631, also *available at* http://www.notaire.be/info/actes/100_code_dip.htm, last visited 2007.8.5.

[36] http://www.belgium.be/eportal/application?languageParameter=fr&pageid=contentPage&docId=36536, last visited 2007.8.5.

[37] 許兆慶，跨國信託法律適用之研析—以意定信託為中心，國立中正大學法律研究所博士論文，2005年6月，頁426-427。

即應例外否定我國法院之國際裁判管轄權[38]。

（三）我國裁判管轄基礎之具體認定

1. 國際裁判管轄之一般管轄（普通管轄）基礎

國際民事訴訟之裁判管轄原因類如內國民事訴訟之管轄原因，某人（自然人或法人）之本據地（一般均以自然人之住所或法人之主事務所所在地為認定基準）法院，乃處理該人訴訟事件的基礎法院，除專屬管轄事件應向專屬管轄法院起訴外，本據地法院對於該人之任何民事訴訟事件，均具備管轄基礎；換言之，基於國際裁判管轄權中「一般管轄」（普通管轄）原則，亦即國際民事訴訟法上「以原就被原則」，住所（或主事務所）設於我國境內之被告，我國法院對其所有涉外民事訴訟事件，除國際專屬管轄事件外，均具備國際裁判管轄權。

2. 國際裁判管轄之特別管轄基礎

國際民事訴訟之裁判管轄原因亦類如內國民事訴訟之管轄原因，針對特定訴訟標的，特定法院對於當事人間就該特定訴訟標的所生之民事爭訟，亦得行使管轄權，惟僅限於該特定訴訟標的具備管轄基礎，例如契約履行地法院針對該契約履行事件具備管轄權，又如侵權行為地法院針對侵權行為事件具備管轄權等均是；此乃基於國際民事訴訟法上之特別管轄原因基礎，亦即國際裁判管轄權之「特別管轄」原則。舉例言之，韓國人Y與我國人X簽訂貨物買賣契約，約定Y應將買賣標的物運送至我國交付予X收受，詎Y違約未如期交貨，雙方交涉期間，XY於日本商展巧遇，X向Y表示若Y不於一星期內履行，X將展開法律行動，Y聞後大怒，乃揮拳重擊X下腹，至X受創住院，嗣X痊癒後回國，乃向我國法院以Y違約及侵權行為為由分別訴請損害賠償。就此案例，我國因係XY間買賣契約之履行地，因此我國法院對XY間之契約爭訟具有國際裁判管轄權；惟就XY間侵權事件而言，因侵權事件發生於日本，我國亦非Y之

38 此部分法理基礎係參考日本司法實務所發展出之「特別情事原則」而爲立論。相關裁判見解，詳參日本最高裁判所1981年馬來西亞航空事件，最昭判56.10.16判時1020號，頁9以及1997年返還德國銀行購車匯款事件，最平判9.11.11判時1626號，頁74。國內文獻詳參蔡華凱，同註26，頁22-27。

本據地（住所），是除非Y自願應訴，就侵權行為事件不抗辯我國法院無管轄權而為本案之言詞辯論，否則我國法院對Y之侵權事件應無國際裁判管轄權，並不因我國法院對XY間之契約事件有管轄權即取得對侵權事件之管轄權。

3. 國際裁判管轄之合意管轄基礎

國內民事訴訟，當事人得以合意定第一審管轄法院[39]，於國際民事訴訟之場合，除國際專屬管轄事件外，當事人亦得以合意定管轄法院；國際裁判管轄之合意，當事人得合意以原本即具備法定管轄基礎之法庭地作為管轄法院，亦得以合意創設原本不具備法定管轄基礎之法庭地作為管轄法院，相關問題，將於後述部分進一步說明。

肆、國際民事訴訟之合意管轄

一、意義

民事訴訟法第24條規定：「當事人得以合意定第一審管轄法院。但以關於由一定法律關係而生之訴訟為限。前項合意，應以文書證之。」據此，在國內民事訴訟場合，當事人針對一定法律關係得以合意定第一審管轄法院，此即合意管轄原則或稱協議管轄原則。此一原則援用於國際民事訴訟，即生國際民事訴訟合意管轄之效力。

二、當事人得否合意定管轄法院

(一) 否定說

在國內民事訴訟中，合意管轄之約定並不直接發生排除國內司法權之效果，但在國際民事訴訟之場合，若允許當事人合意定管轄法院，即有可能衍生排除國內司法管轄權之效果[40]，因此早年見解傾向否定涉外民事訴訟當事人選

[39] 民事訴訟法第24條參照。

[40] 藍瀛芳，國際民事訴訟法之排除管轄與合意管轄，收於國際私法論文選輯（上），五南圖書，1984年7月，頁248、266以下。

定管轄法院之合法性。以英美法系國家為例，英國與美國早期案例多以公共政策為由而拒絕承認合意選擇法庭條款之效力[41]，在*Nashua River Paper Co. v. Hammermill Paper Co.*一案[42]中，原告麻州造紙公司在麻州法院對被告賓州造紙公司提起訴訟，被告答辯指出兩造間契約約定，關於兩造間有關系爭契約之爭議，均應於被告公司所在地之賓州法院進行訴訟，美國麻州最高法院維持下級審之判決，認當事人不得以合意創設管轄權，亦不得以合意排除法定管轄權[43]；因認當事人間選擇管轄法院之合意違背公共政策應屬無效[44]。

我國實務上，最高法院91年度台抗字第566號民事裁定認：「載貨證券背面有『管轄合意條款』，屬定型化契約條款，相對人本無從決定，有違平等互惠原則，相對人應無為此管轄之合意，自難以載貨證券背面合意管轄條款記載，逕認相對人有管轄之合意。」似未排除涉外事件當事人合意管轄之可能性與合法性；然而此一裁定以載貨證券背後條款為「定型化契約條款」，因而認當事人無從決定，有違公平，因而否定載貨證券條款之效力，是否與國際商業慣例有違，仍非無探究之餘地。

(二) 肯定說

近世各國立法與國際公約多肯定涉外事件當事人得合意選定管轄法院[45]；以美國為例，1949年韓德法官在聯邦第二巡迴上訴法院*Krenger v. Pennsylvania*一案[46]的協同意見書即指出：拒絕承認合意管轄的合法性，無疑僅是敵意的

41 Born, *supra* note 25, at 373-374. 高鳳仙，美國國際私法之發展趨勢，臺灣商務印書館，1990年1月，頁146。

42 *Nashua River Paper Co. v. Hammermill Paper Co.*, 223 Mass. 8, 111 N.E. 678 (Mass. 1916).

43 *Id.*, 223 Mass. 14, 111 N.E. 679. "It is a well settled maxim that parties cannot, by their consent, give jurisdiction to courts, where the law has not given it; and it seems to follow, from the same course of reasoning, that parties cannot take away jurisdiction, where the law has given it."

44 參照陳隆修，同註2，頁174。

45 郭豫珍，涉外民事之國際管轄權的確定，國立政治大學法律學研究所碩士論文，2004年4月，頁192-194。

46 174 F.2d 556 (2d Cir. 1949).

表徵，縱然敵意依然存在，但並非不能改變[47]；及至1955年第二巡迴上訴法院*Wm. H. Miller & Co. v. Swedish American Line Ltd.*一案[48]維持下級審裁判理由，認兩造間選定瑞士法院為專屬管轄法院之合意並非不合理，明確改變傳統上拒絕承認合意管轄條款效力之態度，自此美國法院針對國際合意管轄即逐漸採取承認與接受的態度[49]；此後在1968年，全國統一州法委員會（National Conference of Commissioners on Uniform State Laws）通過「模範選擇法庭法」（Model Choice of Forum Act）[50]，提供當事人合意選定管轄法庭之合法性基礎，上開模範法之主要規範內容大致係以1965年「海牙合意選擇法庭公約」[51]之規範內容為藍本[52]；更具指標意義者乃美國法律學會於1971年通過的國際私法第二新編第80條明確編定：「當事人間關於訴訟地之約定，除不公平或不合理外，應賦予效力。[53]」上開新編條文通過一年後，美國聯邦最高法院於指標性的*The Bremen v. Zapata Offshore Co.*一案中即揭示：選擇法庭條款之效力，除經異議之當事人證明合意條款之適用將導致不合理之結果外，均應賦予其效力[54]。至此，國際合意管轄條款之適法性在美國即取得普獲尊重之效力；迨至晚近，美國聯邦最高法院於*Carnival Cruise Lines v. Shute*[55]一案之判決文中再次肯認合意選擇法庭條款之合法性，並強調合意條款有效性的排除僅在極少數的

---

47 *Krenger v. Pennsylvania R.R.*, 174 F.2d 556, 561 (2d. Cir.) (L. Hand, J., concurring), *cert. denied*, 338 U.S. 866 (1949).

48 224 F.2d 806 (2d Cir. 1955).

49 高鳳仙，同註41，頁146-147。

50 Willis L.M. Reese, *The Model Choice of Forum Act*, 17 Am. J. Comp. L. 292 (1969); *see* also Kurt H. Nadelmann, *Choice-of-Court Clauses in the United States: The Road to Zapata*, 21 Am. J. Comp. L. 124 (1973).

51 Convention of 25 November 1965 on the Choice of Court, 4 Int'l Legal Mat. 348-349 (1965); also *available at* http://hcch.e-vision.nl/index_en.php?act=conventions.text&cid=77, last visited 2007.8.5.

52 Born, *supra* note 25, at 376.

53 A.L.I., Restatement (Second) of Conflict of Laws §80 (1971). "The parties' agreement as to the place of the action ... will be given effect unless it is unfair or unreasonable."

54 407 U.S. 1, 10 (1972).

55 499 U.S. 585 (1991).

例外情況得允許之。

我國實務上，臺灣高等法院86年度上字第1153號民事判決認：「關於涉外事件之合意管轄條款效力如何問題，我國涉外民事法律適用法未明文加以規定，應適用民事訴訟法有關之規定。民事訴訟法第二十四條第一項規定：『當事人得以合意定第一審管轄法院。但以關於由一定法律關係而生之訴訟為限。』故當事人得以合意定第一審法院，當無疑義，至於當事人是否得以合意指定外國法院為專屬管轄法院而排除我國法院之管轄權此一問題，民事訴訟法並未加以明文規定，各國學說及實務多趨向採取肯定見解，國際公約亦多承認合意管轄條款之效力，例如：1968年之布魯塞爾民商事案件管轄權及判決執行公約第十七條第一項明定，當事人如指定特定法律關係之爭議由某締約國之法院管轄時，僅該法院有管轄權；海牙公約之締約國於1965年簽訂合意選擇法院公約，明文承認合意管轄條款之效力。因此，當事人於涉外案件中如約定以外國法院為特定法律關係所生爭議事件之專由某外國法院管轄時，除該約定因違背我國民事訴訟法關於專屬管轄之規定，依我國民事訴訟法第二十六條規定不應准許外，應認為僅該外國法院有管轄權。」即肯定涉外事件當事人合意選定管轄法院之正當性與合法性。

此外，最高法院89年度台上字第2555號判決亦認：「按民事訴訟所解決者為私法上權利義務事項，私法上之權利義務，當事人原則上得自由處分，是否行使其權利，如何行使，原則上應本於當事人之自由意思。當事人以關於由一定法律關係而生之訴訟，合意由外國法院管轄，以非專屬於我國法院管轄，且該外國法院亦承認當事人得以合意定管轄法院，及該外國法院之判決我國亦承認其效力者為限，應認其管轄之合意為有效。」

三、合意管轄之種類

(一) 明示合意與默示合意

在國內民事訴訟場合，我國民事訴訟法第24條規定：「當事人得以合意定第一審管轄法院。但以關於由一定法律關係而生之訴訟為限。前項合意，應以文書證之。」此即指明示合意而言；同法第25條規定：「被告不抗辯法院無管轄權，而為本案之言詞辯論者，以其法院為有管轄權之法院。」則指默示合意管轄。上述原理原則於國際民事訴訟亦屬同理，涉外事件當事人得以明示方式選定管轄法院；若被告不抗辯法院無管轄權而為本案之言詞辯論者，除專屬管轄之情形外，承審法院亦取得合法之管轄基礎。

(二) 併存（非專屬）合意與排他（專屬）合意

涉外事件當事人以合意定管轄法院之情形，可能會有多種可能性，析言之，當事人得以合意排除法定管轄、以合意創設管轄；在創設管轄的情形，當事人可能創設管轄而不排除法定管轄，亦可能在創設管轄時同時排除法定管轄[56]；前者即生併存管轄之效果，而後者即生排他管轄或專屬管轄之效力。臺灣高等法院88年度重上字第413號民事裁判謂：「按訴訟，由被告住所地之法院管轄，民事訴訟法第一條第一項前段定有明文，此乃我國民事訴訟法所採『以原就被』之原則。依民事訴訟法第二十四條第一項之規定，當事人固得以合意定第一審管轄法院，且依學者及實務之通說，不以合意一管轄法院為限，而在當事人之一方並非中國人之情形，當事人亦非不得合意定外國法院為管轄法院，惟該合意管轄之結果是否因而排除我國法院之管轄權，仍應其約定之性質係屬『排他』或『併存』的合意管轄而定。……當事人雙方係約定以香港法院為非唯一（non-exclusive）之管轄法院，即就原有管轄法院外，再合意加列香港法院為管轄法院，換言之，此乃不排除法定管轄法院之『併存合意管轄』之約定。」即係揭示併存、非專屬合意管轄與排他、專屬合意管轄分類之實務案例。

四、合意管轄之效力

(一) 受合意選定之法院取得管轄基礎

對人管轄的基礎，除自然人住所、法人主營業所等一般管轄原因，以及法庭地因特定事件（例如侵權行為地、契約履行地）所生特定訴訟標的之特別管轄原因外，雙方當事人基於自由意願，同意接受或選定由法庭地管轄，亦為合

56 藍瀛芳，同註40，頁266-267。

法之管轄原因。質言之，受選定之法院若係原本即具備管轄原因之法院，該法院得行使管轄權，固無疑問；縱若受選定之法院原本並非有管轄基礎之法院，本於雙方當事人之合意，該受選定之法院即取得合法行使管轄權之基礎。

(二) 併存合意之法定管轄法院非必喪失管轄基礎

從程序開啟的角度而言，法院得合法行使管轄權之原因基礎往往並非單一，受訴法院得基於被告住居於其管轄領域內而取得對被告之一般管轄原因，亦得因系爭契約將於法庭地履行而取得針對該契約履行事件對被告之特別管轄原因，同時亦可能因雙方當事人於系爭契約約定關於系爭契約所生爭議，雙方同意由該受訴法院管轄而取得管轄基礎。就合意管轄而言，當事人選擇管轄法院之合意可能是專屬的合意，亦可能係非專屬的合意，前者將生排他管轄之效果，後者則生併存管轄之效果。在併存管轄之場合，受選定之法院與原本即具備管轄基礎之法院（法定管轄法院）對於該訴訟事件均具備管轄基礎，原告向合意選定之法院起訴，固無疑義；然原告若選擇向法定管轄法院提起訴訟，亦無不可，受訴法院仍得合法行使管轄權。

(三) 專屬合意以外之法院喪失管轄基礎

當事人以合意選擇管轄法院之合意可能係專屬的合意，亦可能係併存之合意，業如前述，若當事人針對其間特定法律關係明確選定某法域之法院為專屬管轄法院者，除法定專屬管轄事件外，就該特定事件而言，當事人之合意即生排除其他原本具備管轄原因之法院的管轄基礎，受選定以外之法院縱有其他一般管轄或特別管轄原因，亦因當事人之專屬合意而喪失管轄基礎，僅受選定之法院得專屬的行使管轄權，原告僅得向受選定之法院提起訴訟，若原告向專屬管轄法院以外之法院起訴，法院應以無管轄權為由而駁回原告之訴。

(四) 法定專屬管轄之基礎不受合意管轄之影響

國際民事訴訟的裁判管轄基礎類如一般國內民事訴訟之管轄基礎，針對特定事件規定或承認僅某特定法域之法院得合法行使管轄權[57]。最明顯之事例合屬不動產產權之爭議，當事人間有關不動產產權所生之爭議，除該不動產所在地之法院有專屬管轄基礎外，其他法域之法院均欠缺正當、合法之管轄基礎[58]。此一專屬管轄之效力不因當事人合意選擇管轄法院而受影響，換言之，在法定專屬管轄之場合，當事人即使約定其間爭議將由專屬管轄法院以外之法院管轄，其約定亦屬無效，非法定專屬管轄法院之受訴法院應以無管轄權為由而駁回訴訟。

(五) 未明定專屬或併存合意管轄之效力爭議

涉外事件當事人以合意選定管轄法院時，若明確表明所選定之管轄法院為併存之合意管轄法院或排他之合意管轄法院，固屬明確；惟若當事人選擇管轄法院時未明定雙方所選擇之法院究為併存或排他之合意管轄法院者，自易滋生疑義。就此爭點，立法例與實務上有二截然不同之論點：

1. 併存說

「在較為概括性之比較法觀察下，英美法系之國家，於當事人意思不明時，通常將其解釋為併存之合意管轄」[59]。最高法院91年度台抗字第268號裁定意旨略以：「國際裁判管轄之合意，除當事人明示或因其他特別情事得認為具有排他亦即專屬管轄性質者外，通常宜解為僅生該合意所定之管轄法院取得管轄權而已，並不當然具有排他管轄之效力。」顯即採取併存說。

2. 排他說

海牙2005年合意選擇法院公約關於當事人選定管轄法庭之合意，原則上採取排他說之立場，亦即除當事人另有明確相反之約定外，當事人間選擇法

---

[57] *See* e.g., Article 22, Brussels I Regulations.

[58] 法定專屬管轄之效力，不因當事人合意選定其他法院爲專屬管轄法院而受影響；易言之，法定專屬管轄事件，縱當事人合意選定其他法院爲專屬管轄法院，其約定亦屬無效。臺灣高等法院86年度上字第1153號判決參照。*See* also Peter Stone, EU Private International Law—Harmonization of Laws 133 et seq. (2006).

[59] 黃國昌，同註9，（總）頁344。

庭之約款應視為專屬之合意[60]。此外，海牙1999年管轄權公約草案第4條[61]、前布魯塞爾公約第17條[62]、歐盟管轄規則Ⅰ第23條[63]、瑞士1989年新國際私法第5條[64]、中國大陸國際私法示範法第47條[65]等，均認管轄法院之合意除有相反約定外，應認係排他、專屬的合意管轄。

就我國內國民事訴訟上之合意管轄而言，「於當事人意思不明時應如何解釋之問題，我國學者間存有不同之見解。邱聯恭教授認為應區分當事人所約定之管轄法院，是否為原有法定管轄之法院而異其處理。如所合意約定者為原有法定管轄之法院，應解釋為專屬的合意管轄；如所合意約定者為非原有法定管轄之法院，立於避免減少當事人選擇機會之觀點，則認為應解釋為併存的合意管轄。陳計男教授雖亦認在前者應解釋專屬的合意管轄，惟在後者則認如當事人意思不明時，仍宜解為專屬的合意管轄，蓋通常當事人定合意管轄之目的，在於將來就該事件涉訟時，向雙方約定之法院起訴，故可推認其有排斥他法院

[60] Article 3 b, Hague Choice of Court Convention, *supra* note 6. "[A] choice of court agreement ... shall be deemed to be exclusive unless the parties have expressly provided otherwise."

[61] Article 4, Draft Hague Jurisdiction Convention, *supra* note 29. "If the parties have agreed that a court or courts of a Contracting State shall have jurisdiction to settle any dispute which has arisen or may arise in connection with a particular legal relationship, that court or those courts shall have jurisdiction, and that jurisdiction shall be exclusive unless the parties have agreed otherwise."

[62] Article 17, Convention of 27 September 1968 on Jurisdiction and the Enforcement of Judgments in Civil and Commercial Matters (known as "Brussels Jurisdiction Convention"), http://curia.europa.eu/common/recdoc/convention/en/c-textes/brux-idx.htm, last visited 2007.8.5. "If the parties ... have agreed that a court or the courts of a Contracting State are to have jurisdiction to settle any disputes ..., that court or those courts shall have exclusive jurisdiction."

[63] Article 23, Brussels I, *supra* note 30. "If the parties ... have agreed that a court or the courts of a Member State are to have jurisdiction to settle any disputes ..., that court or those courts shall have jurisdiction. Such jurisdiction shall be exclusive unless the parties have agreed otherwise."

[64] http://www.umbricht.ch/pdf/SwissPIL.pdf, last visited 2007.8.5. "The parties may agree on a court for an existing or a future dispute concerning pecuniary claims arising from a specified legal relationship ... Unless stipulated otherwise, the court agreed upon shall have exclusive jurisdiction."

[65] 中華人民共和國國際私法示範法，法律出版社，2000年8月1版，頁12。第47條協議管轄：「涉外合同或者涉外財產權益糾紛的當事人，可以在糾紛發生前後通過書面協議，選擇中華人民共和國法院或者外國法院管轄有關該合同或者該財產權益糾紛。……協議管轄是排他性的……」

管轄之意。[66]」大體而言，我國民事訴訟法學者亦有肯認，除非當事人明示合意管轄為併存的管轄，否則合意管轄當然具有排除法定管轄之效力，亦即合意管轄原則上均具有排他、專屬的效力[67]。

伍、最高法院91年台抗字第268號裁定評析

一、裁定意旨回顧

國際裁判管轄之合意，除當事人明示或因其他特別情事得認為具有排他亦即專屬管轄性質者外，通常宜解為僅生該合意所定之管轄法院取得管轄權而已，並不當然具有排他管轄之效力。本件再抗告人為中華民國國民，我國法院對以再抗告人為被告之民事訴訟事件，本有管轄權。其雖於所簽發之票據上記載，其與相對人間就本票據所證明之債務涉訟，願受美國內華達州之州或聯邦法院之司法管轄等語，但此國際裁判管轄之合意，經核僅係就上開債務表明如相對人在前開美國法院起訴請求再抗告人給付時，再抗告人不得以該美國法院無管轄權相抗辯之意思。兩造既未合意排除我國法院之管轄權，相對人向再抗告人住居所地之我國法院提起本件訴訟，揆諸前揭說明，自非法所不許。

二、評析

(一) 裁定意旨解析

針對上述最高法院裁定意旨，可得而言者，略有下列數端：

1. 傳統上認為管轄權乃國家主權之表徵，管轄權之具備與否，乃屬國家法律強制規範事項，屬國家公序之一環，無從由當事人自行變更、排除或創設[68]；

---

[66] 黃國昌，同註9，（總）頁344。

[67] 高鳳仙，同註41，頁143。實例上，臺灣高等法院86年度上字第1153號民事判決亦認，除違背專屬管轄之規定外，兩造合意選定外國法院管轄之條款具有排除我國法院管轄基礎之效力。

[68] See note 42-44, *supra*.

近世，各國多已肯認國際合意管轄之正當性。我國最高法院基本上是肯定涉外案件當事人得合意選擇管轄法院，且得合意選擇外國法院為管轄法院，亦即承認外國法院管轄條款之效力[69]。

2. 如前所述，國際裁判管轄原因基礎往往並非單一，針對同一法律爭議可能同時有多數（法域之）法庭具備管轄基礎，因此即產生國際管轄競合之可能性。最高法院前開裁定意旨明確闡釋並接受國際競合管轄（國際管轄權之積極衝突）存在之現象與可能性。
3. 當事人關於國際裁判管轄之合意，得為排他（專屬）之管轄合意，亦得為非排他（併存）之管轄合意；最高法院前開裁定意旨肯認當事人之管轄約款得為專屬、排他之管轄合意，亦得為非專屬、併存之管轄合意[70]。
4. 前開裁定意旨最重要、最核心之拘束見解，在於最高法院揭示當事人之合意管轄約款，「通常宜解為僅生該合意所定之管轄法院取得管轄權而已，並不當然具有排他管轄之效力」，有關排他之管轄合意，必須涉外案件當事人以「明示或因其他特別情事得認為具有排他亦即專屬管轄性質」之合意管轄，始足當之。
5. 承前所述，涉外事件當事人若未明示選定某法域之法院為「專屬」管轄法院，或因其他情事致當事人之管轄合意是否專屬合意管轄之意思不明者，最高法院於本裁定所揭示之立場明確採取併存說。

(二) 本件爭點的政策思考

1. 系爭事件的主要爭點應在於併存說與排他說的爭議

由前揭最高法院判決意旨不難得知，本件訴訟主要爭點在於選定管轄法院之合意究為併存合意或排他合意不明時，究應採取併存說抑或採取排他說之爭議。質言之，若法院最終見解採取排他說[71]，則我國法院應以無管轄權為由駁回原告之訴，原告若擬繼續對被告追償，勢必得重回原點，將系爭事件向美國

---

69 在本件裁定之前之相關見解，見最高法院89年台上字第2555號判決。

70 在本件裁定之前之相關見解，見臺灣高等法院88年度重上字第413號判決。

71 本件裁定，一審高雄地院所持見解，基本上即是採排他說。

內華達州管轄法院再行起訴，由於訴訟程序來回周旋，縱使原告於美國內華達州之訴訟獲得勝訴判決，將來再持該判決至我國聲請我國法院對被告財產強制執行時，即可能因被告已進行脫產行為而徒勞。反之，若法院最終採取併存說立場（亦即本件最高法院確定裁定所持見解），我國法院之國際裁判管轄基礎即具備，案件即必須發回高雄地院進行實體審理，原告債權獲得滿足、實現之可能性顯然大大提高。

2. 經濟分析

若不考慮本件事實之具體因素，關於併存說與排他說之爭議，採取排他說之立場似乎較符合整體國際民事爭訟程序法秩序之經濟效益。質言之，採取併存說之直接效果即產生國際競合管轄基礎之存在，從而導致國際多重訴訟（parallel litigation）發生之可能性，當國際競合管轄基礎存在時，當事人對訴訟結果之預期可能性將相對降低，關於訴訟所需花費之成本勢必增加，事後若國際多重訴訟果真發生，即使不考慮判決結果衝突所導致之後續程序爭議，從受訴法院之立場而言，不必要訴訟資源之浪費可以預見，而從訴訟當事人之立場而言，因訴訟所滋生之勞費更將大大提高。反之若採取排他說之立場，則具備管轄基礎之法院（法域）僅有一個，除可避免不必要之國際裁判管轄權的積極衝突現象外，當事人對於訴訟程序之開啟、進行甚至訴訟結果，都有較高之預見可能。

3. 訴訟經濟與私權保障

國際民事訴訟之功能在於提供爭端當事人迅速、穩定之爭端處理機制以實現當事人在實體法上之私權。針對本件案例事實而言，原被告既已選定內華達州法院為管轄法院，原告原可依兩造間管轄約款在內華達州法院對被告提起訴訟，且從現實層面而言，若原告在美國法院對我國被告起訴求償，勝訴機會應較原告至我國法院對我國被告起訴求償為高；然原告之所以捨近求遠，越洋至我國法院對被告提起訴訟，可推測之理由應是被告在我國有可供強制執行之財產，原告得於訴訟程序開啟前先行對被告財產進行假扣押，以防被告脫產，將來若取得我國法院之勝訴判決，可直接聲請我國法院對假扣押之財產強制執行，相較於原告若選擇在美國法院訴訟，須待取得美國之確定勝訴判決後，再行聲請我國法院承認該美國之確定判決而對被告財產進行強制執行而言，縱使不考慮美國訴訟期間被告可能脫產之危險性，對原告而言，選擇直接至我國法院起訴，顯然有其程序之便利性與實現債權之實益性與時效性。我國法院就本件採取併存說立場，肯定我國法院行使管轄權之基礎，從訴訟經濟與私權實現之立場而言，確實非無正當性。

4. 被告程序權利之保障

民事訴訟領域另一項重要之政策考慮因素即為被告程序權利之保障，此一考慮因素在國際民事訴訟場合尤其重要，蓋原告掌握程序開啟之主導權，從法制面與實際面而言，原告在開啟國際民事訴訟程序前，多已綜合評估過具備管轄基礎之各個法域的相關法律，從原告立場而言，原告勢必選擇一個最有利、最有勝訴機會的法域提起訴訟，縱然原告不曾詳細評估，但程序開啟之主導權仍然在原告之一方，從程序面而言，原告之立基點優於被告應屬無疑；基此，國際民事訴訟過程中原被告間相關程序爭議，被告程序權之保障，理應是法院適用、解釋法律之優先政策考量。

就本件而言，被告程序權保障之政策考量可有兩種思考模式，第一種詮釋可能，或認原告至被告住所地法院對被告起訴，符合訴訟法上以原就被原則，被告無須千里迢迢遠赴美國內華達州進行訴訟，有利被告應訴，因認被告程序權獲得較高保障[72]；另一詮釋則是，兩造間既有管轄約款，被告已可預期兩造間爭議將至美國進行訴訟，此際，若被告對於原告至我國法院起訴無異議，則我國法院管轄權之行使，自可解為是對被告程序權之保障，惟就本件而言，被告既已抗辯我國法院無管轄權，無論被告抗辯之動機與潛在意向為何，若我國法院採取排他說見解認為我國法院無管轄權而駁回原告之訴，被告程序權顯然直接受到保障，然前開裁定意旨採取併存說之見解，在兩造已有管轄約款之同時，仍認我國依然得行使管轄權，是否仍係對被告程序權之保障，即非無疑。

三、小結

最高法院91年台抗字第268號裁定是我國司法實務史上有關國際裁判管轄權領域中十分具有代表性與政策討論價值的案例，本裁定肯認國際合意管轄之

72 本件案例二審高雄高分院即採此見解。

正當性，認當事人得以合意選定管轄法院，當事人選定管轄法院之合意得為專屬、排他之合意，亦得為非專屬、併存之合意，當事人若未明示其間管轄合意為專屬合意者，應解為僅生併存合意之效果，亦即不生排除原有法定管轄基礎之效力。就本件而言，最高法院採取併存說，認當事人合意選擇外國法院為管轄法院並不排除我國法院之管轄基礎，固然非無其個案上之政策思考與正當性，但從整體國際民事訴訟體系，以及國際法規範發展趨勢[73]而言，我國法院未來是否仍將或仍宜採取併存說之見解，非無審慎研議之必要。

陸、結論

近年來，國際私法事件在我國司法實務上所占比例逐年增加，且案件所涉爭點由以往的準據法（法律選擇）爭議逐漸延伸到國際裁判管轄權有無，以及外國確定判決（仲裁判斷）之承認與執行等爭議，相當程度反映出學理上有關國際私法的研究與規範範圍。隨著涉外事件的逐步增加，實務上對於涉外事件的處理程序，以及相關爭點亦逐漸重視，尤其晚近若干社會矚目的國際民事爭議事件，法院在進入實體審理前多已詳加審認我國國際裁判管轄權之基礎，以及準據法之適用依據[74]，誠值肯定；最高法院近年來亦開始針對涉外事件實體審理前法院應審認之民事程序（主要為管轄爭議），以及準據法適用表示意見，姑不論就部分個案而言，最高法院之見解在理論上與運用上尚有可待精進之處，就法制發展面而言，最高法院的態度牽動並引領全國下級法院對國際民事處理程序的重視，此已意味我國司法實務針對國際民事爭訟事件的處理正朝向更加精緻化、國際化與合理化的方向邁進。

---

73 以歐盟國家間具有法規範效力之歐盟管轄規則I爲例，關於合意管轄之爭議，亦採排他說爲原則。*See* Stone, *supra* note 58, at 168. ("In general the effect under Article 23 of a valid agreement on jurisdiction is to confer exclusive jurisdiction on the chosen court ...") See also Michael Bogdan, Concise Introduction to EU Private International Law 66 (2006).

74 例如高雄地院90年親字第153號、90年監字第95號臺巴混血兒監護事件、嘉義地院93年嘉勞小字第7號泰籍勞工請求薪資事件、臺北地院95年監字第84號臺美不法拐誘子女事件等，均對國際管轄權有相當篇幅之論述。

就本文所討論之國際合意管轄爭議事件而言，涉外事件當事人得否合意選定管轄法院，傳統上多採取否定之見解，晚近發展趨勢，爭訟當事人得合意選定管轄法院已是國際通論，最高法院裁判要旨肯認國際合意管轄之正當性與合法性，應值肯定。其次，最高法院裁判意旨揭示當事人選定管轄法院得為併存之合意亦得為排他之合意，此與國際間通論亦屬相符，亦值讚許。再者，針對當事人選定管轄法院究為併存之合意抑或排他之合意意思不明時，最高法院在本件所採取的立場是採併存說，亦即「除當事人明示或因其他特別情事得認為具有排他亦即專屬管轄性質者外，通常宜解為僅生該合意所定之管轄法院取得管轄權而已，並不當然具有排他管轄之效力。」就上述第三爭點而言，併存說與排除說各有所本，國際間尚乏統一之規範與準據，最高法院針對本件採取併存說之立場，就個案結果而言，雖非不能贊同，但相關之立論基礎與政策考量，似可更加強化；又當事人選定之法院究為併存合意法院或專屬合意法院意思不明時，是否法院均應採取併存說之見解，由本件裁判意旨觀之，最高法院似採肯定立場，此一法政策抉擇之合法性與正當性何在，非無待商榷之處。

比較法之觀察上，當事人間國際裁判管轄之合意究為併存的合意管轄或是排他的合意管轄意思不明時，晚近之國際公約，以及法制發展趨勢傾向認定為排他之合意管轄，我國有無採取與國際公約及發展趨勢不同態度之必要性與正當性，有待我國司法實務界與學術界共同思考。本文以為我國國際裁判管轄之發展尚在萌芽階段，如何擷取法制先進國家之成功經驗，並盡可能與國際法秩序與發展趨勢接軌，毋寧是法政策抉擇上十分重要之考慮因素。其次，在國際競合管轄導致多重訴訟問題益行嚴重化的情況下，我國針對合意管轄爭議是否仍宜採取併存說而維持、甚至加重國際多重訴訟問題之嚴重性，亦或應考慮採取排他說以減低國際競合管轄之可能性，先進宏達可再評估。再者，就實際層面而言，在我國作成之民事判決，極可能有待勝訴當事人後續持我國確定判決至他國強制執行，若我國關於國際合意管轄所採併存說之立場與將來國際間可能發展形成之通論相左，敗訴當事人極可能以我國確定判決違背國際裁判管轄規則、不具備管轄權為由而挑戰我國確定判決之效力，以至於我國所進行之訴訟程序徒勞，造成我國訴訟資源之不必要浪費。基上考量，本文以為將來我國似以採取排他說之立場為允當。

就整體法制面而言，我國雖礙於國際局勢，現階段尚無法加入國際民事程序與國際私法相關之國際公約，但相關國際公約相當程度體現當今國際通論與法制趨勢，建議我國法院於承審涉外事件時，在我國法制不備或至少不相違背之前提下，應勇於參照國際公約及法制先進國家立法例，運用現行涉外民事法律適用法第30條之規定，將國際公約以及外國可資參照之立法例援為法理而適用之。當然此一任務有待朝野法曹共同努力，蓋以涉外事件的審理，無論國內外，在野法曹關於訴訟資料的蒐集與提供，尤其國際規範與外國法制的蒐集、運用，往往是訴訟成敗之關鍵，直接影響法制之進化與當事人之權益。

9

Legislation and Practice on Choice of Court Agreements in Taiwan*

Rong-Chwan Chen

1. Legislation on Freedom of Procedural Options

1.1 The Party Autonomy Principle

In Taiwan[1], choice of court agreements are legally acknowledged as an aspect of the party autonomy principle. The freedom to form contracts is embodied in Articles 71, 72 and 153 of the Taiwanese Civil Code (Min-Fa)[2], while the freedom of choosing the law applicable to contractual obligations is embodied in Article 20 of the Act Governing the Application of Laws in Civil Matters Involving Foreign Elements (She-Wai-Min-Shi-Fa-Lu-Shi-Yong-Fa, henceforth Taiwanese PILA)[3].

With regard to the resolution of disputes, the parties' freedom to resort to arbitration instead of litigation in courts is recognized in Article 1 of the Arbitration Act (Zhong-Cai-Fa)[4].

---

* Reprinted from Springer, *Optional Choice of Court Agreements in Private International Law* (Mary Keyes, ed.), pp. 387-407 (2020).

1 Taiwan bears the "Republic of China" (henceforth ROC) as its official name and coexists with the "People's Republic of China" on the Chinese Mainland. The geographic territory under its effective jurisdiction includes islands of Taiwan (formerly known as Formosa), Penghu, Kinmen, Matsu and their surrounding islands, as well as two major islands of Dongsha Island and Nansha Island.

2 Civil Code (Min-Fa), adopted in 1929 (174 Guo-Min-Zheng-Fu-Gong-Bao 2) and last revised in 2015 (7197 POG 27).

3 Act Governing the Choice of Law in Civil Matters Involving Foreign Elements (She-Wai-Min-Shi-Fa-Lu-Shi-Yong-Fa), promulgated on 6 June 1953 (403 POG 1), last revised in 2010 (6923 POG 24). For its English translation, see Chen (2014c), pp. 453-465; Chen (2017b), pp. 3880-3889.

4 Arbitration Act (Zhong-Cai-Fa), adopted in 1998 (6224 POG 40) and last revised in 2015 (7222 POG 31) to replace the Commercial Arbitration Act (Shang-Wu-Zhong-Cai-Tiao-Li) promulgated in 1961 (1194 POG 1).

1.2 Freedom to Contract About Jurisdiction

1.2.1 Legislative Provisions

As a part of the right of procedural option, the parties' freedom to contract about jurisdiction is explicitly recognized and stipulated in Article 24 of the Taiwanese Code of Civil Procedure (Min-Shi-Su-Song-Fa, henceforth Taiwanese CCP)[5]. It provides: "1. Parties may, by agreement, designate a court of first instance to exercise jurisdiction, provided that such agreement relates to a particular legal relation." "2. The agreement provided in the preceding paragraph shall be evidenced in writing."

1.2.2 Limits to the Freedom to Agree Upon Jurisdiction

Under these provisions, the parties' freedom to agree upon jurisdiction of a court is limited in the following respects:

(1) The agreement is required to be explicitly concluded. The defendant's implicit consent or the parties' implied agreement about jurisdiction is unenforceable if no other additional explicit legal prescription is provided to grant the chosen court jurisdiction. If an action was brought before a court which has no statutory jurisdiction, and the defendant proceeds orally on the merits without contesting lack of jurisdiction, such procedural facts indicate that the defendant agreed not to raise any jurisdictional issues and rather to proceed to the merits of the dispute. Article 25 of the Taiwanese CCP provides that the court thereby obtains jurisdiction over such action. This jurisdiction relates somehow to the defendant's fictional or implied consent to resolve the parties' dispute in such court. This is an exception to the principle of explicitness embodied in Article 24 of the Taiwanese CCP.

(2) The agreement is required to confer jurisdiction on a court of first instance. Courts of appeal are not within the scope of the parties' choice. The agreement

---

5 Taiwanese Code of Civil Procedure (Min-Shi-Su-Song-Fa), adopted in 1930 (659 Guo-Min-Zheng-Fu-Gong-Bao 15) and last revised in 2018 (7638 POG 38).

shall therefore be concluded before the lawsuit is initiated. Once a court is seized with the dispute, according to the rule established by the ROC Supreme Court in its Decision # Kang-16 of 1930, the parties can only follow or enforce the previous agreement, no further choice or alteration to it is permitted. Such freedom is obviously limited by the time element.

(3) The agreement is required to relate to a particular legal relation. The explanatory comment for the Taiwanese CCP mentioned in 1936 that the scope of choice shall basically be defined and limited to "a particular legal relation" such as a contract of sale or a contract of gift. The designated court is competent to decide disputes relating to damages for breach of contracts. The freedom of choice is thus limited in terms of contents as it requires the specification of definite scope of subject matters covered by the parties' choice. The disputes arising from the prescribed legal relation are all subject to the jurisdiction of the designated court. A general agreement on a court to exercise jurisdiction over all future disputes between the parties is unenforceable, as is an agreement on jurisdiction over disputes about unidentified legal relations.

(4) The agreement is limited to actions not subject to a Taiwanese court's exclusive jurisdiction. Under Article 26 of the Taiwanese CCP, the provisions on choice of court do not apply to an action that is subject to another court's exclusive jurisdiction under the CCP. The underlying principle is that the public interest to grant a court statutory exclusive jurisdiction shall not be infringed by the parties' exercise of procedural right of disposition[6].

---

[6] 6An exception is provided in Article 52 Sec 2 of the Family Matters Act 2012 (adopted in 2012, 7012 POG 35, and last revised in 2015, 7226 POG 106). Sec 1 provides: "With regard to matters concerning determination of the invalidity of a marriage, annulment of a marriage, divorce, or determination of the existence or non-existence of a marriage, the jurisdiction to hear the proceedings exclusively belongs to the courts listed in the following: 1. the court for the place of the domicile of the husband and wife; 2. the court for the place of the joint habitual residence of the husband and wife; or 3. the court for the place of the habitual residence of the husband or the wife from whom the transactions or occurrences that gives rise to the claim take place." Sec 2

1.2.3 The Form of Writing

Whether the choice of court agreement is required to be in writing is not beyond scholarly debate. The root of this problem is that the phrase adopted in Article 24 Sec 2 of the CCP is "evidenced in writing" instead of "concluded in writing". No matter what view is taken, the relevant "writing" is required in the court proceedings. With regard to the meaning or forms of "writing", Article 3 of the Taiwanese Civil Code provides that when a juridical act is required by law to be in "writing", it is not necessary that it was written by the person himself, but it must be signed by him; if the person uses a seal instead of his signature, the affixing of such seal has the same effect as his signature. Such a flexible attitude toward interpretation had easily adapted to the circumstances when the Taiwanese CCP was promulgated, but it has been superseded as the science and technology of information has created new forms to conclude contracts.

A signature is characterized as evidence of a party's consent. Two signatures are required to prove the mutual consent of the offeror and offeree to conclude a bilateral contract. However, there is no signature on an electronic contract which has been accepted by both parties, and only one signature exists on a ticket or waybill. A standard contract or contract of adhesion is usually the evidence of unilateral promise of its preparer. The other party's signature sometimes is found to be just evidence of accepting some portion of that contract while leaving other portions untouched. To cope with the evolution of communication technology, the requirement of "writing" shall be flexibly interpreted so as to include agreements evidenced by telegraph, fax, email or other electronic records.

---

provides: "Notwithstanding the provisions in the preceding paragraph, the parties may, by a written agreement, agree on the court that shall hear the proceedings." It is argued that the "exclusive" jurisdiction prescribed in Sec 1 is not a genuine exclusive jurisdiction in nature, since some courts, instead of only one court, possess statutory jurisdiction under it. The choice of court agreement is required to be concluded, instead of evidenced, in writing.

1.3 The Trend in Legal Treatment of Choice of Court Agreements

1.3.1 Legislative Development

The development of the law on arbitration has some influence on the trend in legal treatment of choice of court agreements. The parties' freedom to contract about jurisdiction has been explicitly acknowledged in the Taiwanese CCP. Choice of court agreements are widely used in commercial contracts. The original provisions on enforcing choice of court agreements are unchanged since the promulgation of the CCP in 1930 (although Article 23 has been renumbered to Article 24).

1.3.2 Influence of Arbitration Legislation

Due to its unique status in the international arena, Taiwan is not a UN member and thus is neither accepted as a member state of the Hague Conference on Private International Law nor allowed to accede to any of its conventions, or to the United Nations Convention on the Recognition and Enforcement of Foreign Arbitral Awards 1958 (the New York Convention)[7]. Article 1 Section 2 of the Commercial Arbitration Act[8] of 1961 provides that arbitration agreements shall be "in writing". This requirement was interpreted in the same way as in the context of the writing requirement for court choice agreements. Such provisions remain unchanged and were moved to Article 1 Section 3 when the Commercial Arbitration Act was replaced by the Arbitration Act (Zhong-Cai-Fa)[9] of 1998, while Section 4 was added to cope with the modern development of communication technology. Section 4 provides: "An arbitration agreement is deemed to be concluded if the parties' written documents, documentary instruments, correspondence, facsimiles, telegrams or any other similar types of communications are sufficient to evince that they agreed on it." There is no such provision concerning choice of court agreements although the

---

7 See Chen (2017c), pp. 945-962.

8 Commercial Arbitration Act (Shang-Wu-Zhong-Cai-Tiao-Li) promulgated in 1961 (1194 POG 1).

9 Arbitration Act (Zhong-Cai-Fa), adopted in 1998 (6224 POG 40) and last revised in 2015 (7222 POG 31).

situation of need is quite similar. In judicial practice, the above provision shall also be applied in analogy to the choice of court agreements to fill the legislative gap. Article 3 of Arbitration Act can also be applied in analogy to explain the severance of the jurisdiction clause from the principal contract within which it is included[10].

1.3.3 Influence of International Instruments

As mentioned earlier, Taiwan is currently not allowed to sign or to accede to many international conventions for which a state's membership of the UN is required. The Hague Choice of Court Agreements Convention 2005 is just one among them. Currently, no multilateral, regional, and bilateral instruments concerning jurisdiction that directly affect the Taiwanese law on choice of court agreements have been signed. However, the Hague Choice of Court Agreements Convention 2005 and the European Union instruments relevant to jurisdiction (the Brussels Convention, the Brussels I Regulation, and the Brussels I Recast Regulation) are highly valued and referred to by Taiwanese courts in some cases. It is certain that legislative preparation in the future will adopt the policy and the rules of the multilateral conventions and cite them in the explanatory comments as the drafters did for the Taiwanese PILA[11]. Such instruments about jurisdiction will undoubtedly have great indirect effects on interpreting the current law and its reform in the future.

2. Optional Choice of Court Agreements

2.1 Legal Sources

According to Article 24 Section 1 of the Taiwanese CCP, the parties "may, by agreement, designate a court of first instance to exercise jurisdiction". This

[10] Article 3 of the Arbitration Act provides that "The validity of an arbitration clause which forms part of a principal contract between the parties may be determined separately from the rest of the principal contract. A decision that the contract is nullified, invalid, revoked, rescinded or terminated shall not affect the validity of the arbitration clause."

[11] Chen (2017a), p. 2559.

consensual designation of court applies to both exclusive and optional choice of court agreements. No provisions on the effects of exclusive or optional choice of court agreements are prescribed in the CCP. The questions are left to the judicial practice.

2.2 Characterization of a Choice of Court Agreement

2.2.1 Choice of Law Rule

In Taiwan, the choice of law rules are embodied in the Taiwanese PIL Act. Modernized and amended in 2010, it deals basically with substantive international legal relationships, rather than procedural questions. Characterization of the legal relation at issue is necessary to identify the relevant choice of law rule to determine the law applicable to it. The standard of characterization is left open in the PIL Act to allow the courts to decide on a case-to-case basis[12]. There is no specific choice of law rule for choice of court agreements either in the PIL Act or the CCP. This gap is left for the courts to fill with a principle refined from the theory of private international law[13].

In such process, the nature of a choice of court agreement is essential in finding a principle to fill the gap. The effects of a choice of court agreement are that the designated court can thereby exercise its optional or exclusive jurisdiction over the prescribed dispute and the domestic court's jurisdiction under the domestic rules is thus co-shared or excluded. These effects indicate that such an agreement is procedural in nature. It is a general principle in private international law that procedural problems are governed by the lex fori, and no choice of law rule is necessary to determine the law applicable to them. But a choice of court agreement is different from other purely procedural activity at court in many respects. Besides

[12] Chen (2017a), p. 2563; Chen (2014a), pp. 77-80.

[13] Article 1 of the PILA states that "Civil matters involving foreign elements are governed, in the absence of any provisions in this Act, by the provisions of other statutes; in the absence of applicable provisions in other statutes, by the principles of law."

the procedural effects, it is similar to an obligatory contract.

This author is thus of the opinion that a choice of court agreement is a non-obligatory contract which does not fall into the category of "obligatory acts" in Article 20 of the PIL Act, yet the applicable law for its validity shall be decided under the "legal rationale" of conflict of laws. It is thus reasonable to apply Article 20 of the PIL Act in analogy to this question[14]. It can resort first to the parties' express intention and then to the law of the place which is most closely connected with the choice of court agreement[15].

2.2.2 Principles to Characterize a Choice of Court Agreement

The characterization of a choice of court agreement relates to exploration of the parties' real intent—whether to grant jurisdiction exclusively to the designated court or just nominate it as one of the jurisdictionally competent courts. This can be categorized as construction of the parties' expressed intent. The construction of the choice of court agreement sometimes was treated as the ascertainment of facts about the agreement. The forum law (lex fori) is thus applicable to its construction either under the idea that it is within the scope of the court's fact-finding authority or that such a procedural agreement is governed by the forum law under the Taiwanese PILA. The law of the designated forum competes with the law of seized forum when the action is initiated in a court other than the chosen or designated court. The problem which forum law shall be decisive to the construction of the parties' intent

14 Liu & Chen (2018), p. 639; Chen (2015), p. 28.

15 Article 20 of the PIL Act provides that "(1) The applicable law regarding the formation and effect of a juridical act which results in a relationship of obligation is determined by the intention of the parties. (2) Where there is no express intention of the parties or their express intention is void under the applicable law determined by them, the formation and effect of the juridical act are governed by the law which is most closely connected with the juridical act. (3) Where among the obligations resulting from a juridical act there is a characteristic one, the law of the domicile of the party obligated under the characteristic obligation at the time he/she undertook the juridical act is presumed to be the most closely connected law. However, where a juridical act concerns immovable property, the law of the place where the immovable property is located is presumed to be the most closely connected law."

remains to be solved.

2.2.3 Illustrative Court Decisions

It is apparent that the law of the designated court is more closely connected with the choice of court agreement than the law of the court seised, for deciding the validity and construction of the parties' agreement. The Supreme Court's Decision # Tai-Kang 259 of 2012 expressed well the judicial reasoning and illustrated the related problems.

In this Decision, X (a Taiwanese company) and Y (a Japanese company) signed a patent license contract in which the following jurisdictional clause was included:

"Any United States District Court will have jurisdiction over any claim or controversy arising under or in relation to this Agreement." X terminated the contract and stopped paying the licensing fee. Y first filed a lawsuit claiming damages for breach of contract in the US District Court for the Northern District of California. Then, Y withdrew this claim, and filed on the same day for the same purpose in the Superior Court of the State of California, County of San Francisco. A ruling against Y was granted after X contended that the US court is a forum non conveniens and an alternative Taiwanese court is appropriate to determine the dispute. X filed a lawsuit in the Taiwanese Court of Intellectual Property (of first instance). Y contended that Taiwanese courts' jurisdiction was excluded by the choice of court agreement.

In this case, the Taiwanese courts of three instances addressed their opinions in relation to several questions relating to the effect of the jurisdictional agreement. They all agreed that it is well established that the provisions of jurisdiction in the Taiwanese CCP shall be applicable by analogy to the choice of court agreement at issue. The enforceability of such an agreement was confirmed, while the three levels of court reached different conclusions about its nature and effects. With regard to the optional or exclusive nature of such agreement, their opinions differed in an interesting way. The Court of First Instance referred to the Hague Convention on Choice of Court Agreements 2005 and the Principles for Conflict of Laws in Intellectual Property 2010 (CLIP) and ruled that it is an exclusive agreement by which the Taiwanese court's jurisdiction was excluded. The Court of Appeal looked into the wording of the choice of court clause and ruled that it is an optional agreement so that the Taiwanese courts can exercise their statutory jurisdiction. The Supreme Court upheld the Court of Appeal's decision in its Decision # Tai-Kang 259 of 2012 and ruled that an agreement shall be presumed to be optional unless it has been proved to be exclusive.

The Supreme Court reiterated some principles in this Decision. First, the court stated that

If the designated court has no jurisdiction over such international litigation, unless otherwise provided by the lex fori, the choice of court agreement is not necessarily binding on such designated court. As there is no rule on international transfer of jurisdiction in legislation or judicial practice, the effects of choice of court agreements are not necessarily exclusive.

The judgment goes on to say that

The disputes on international jurisdiction by agreement shall be settled by contract construction case by case. The elements that shall be taken into account include the factual background, usage of trade, economic purpose, reasonable and objective notice of common society, principles of experience, and the effects intended by the parties when they expressed their willingness. The result of construction shall be reviewed by weighing the above elements in order to pursue fairness and justice.

The Supreme Court ruled that the parties' agreement on court jurisdiction, if any, is only valid in relation to disputes about patent infringements, noting that

This action on non-existence of obligation has nothing to do with patent. There is no federal element or federal interest in it, so it is not under jurisdiction of the US federal courts. The agreement on jurisdiction over patent infringements is therefore unenforceable over this action.

Since this action is not covered by the parties' agreement on jurisdiction, the jurisdiction of the ROC courts over it, if any, is not excluded by it. Article 3 Section

1 of the Taiwanese CCP provides: "In matters relating to proprietary rights, an action may be initiated against a defendant who either does not have a place of domicile in the R.O.C. or whose domicile is unknown, in the court for the location of the defendant's attachable property or the subject matter of the claim."

The Supreme Court held that, by analogy to such provision, the ROC courts' jurisdiction over this action was confirmed.

In this Decision, the law of the designated court was taken into account to evaluate the effects on jurisdiction of the court in which the action was initiated. The Supreme Court characterized the agreement as an optional choice of court without mentioning the applicable law in this case. Apparently the standards adopted to construe and characterize the agreement are some criteria evolved from the practice in the domestic courts. It seems a two-tier method underlies in this judicial thinking: the validity is governed by the law of the designated court, and the construction or characterization is governed by the forum law. The Supreme Court ruled in this decision that a choice of court agreement is characterized as optional if the parties' intentions are not established as exclusive. The fact that the word "shall" or "must" is used in the forum selection clause is not sufficient to indicate the exclusiveness of the selection.

When a choice of court agreement is characterized as exclusive, the Taiwanese courts often interpret its words so as to limit its scope of application. The Supreme Court's Decision # Tai-Shang 592 of 1989 illustrates this attitude. In this decision, the Supreme Court ruled that the Taiwanese courts are jurisdictionally competent to decide the dispute between a Swiss corporation and the manager of its Taiwanese branch who is a Swiss citizen. The Taiwanese branch sued the Swiss manager in Shi-Lin District Court where he had a residence provided by the former at the time the lawsuit commenced. The Swiss manager contended that Taiwanese courts have no jurisdiction because it was prescribed in the employment contract that the related disputes should be subject to the jurisdiction of the court at Zurich. The Supreme Court ruled that Taiwanese courts are jurisdictionally competent according to Article

1 Sections 1 & 2 of the Taiwanese CCP. The legal relationships that the Taiwan branch asserted are based on the tortious act and unjust enrichment which occurred after the employment contract was terminated, which the court said were beyond the scope of the choice of court clause. Therefore, the Taiwanese courts' jurisdiction was not affected by the choice of court agreement in favour of a foreign court at Zurich.

2.3 Applicable Law to the Legal Effect of an Optional Choice of Court Agreement

Choice of Law Principle

If the forum is not the court designated in an optional choice of court agreement, different aspects of the legal effects of such agreement will be considered under the laws of the places of the forum and of the selected forum. The Supreme Court thus ruled in its Decision # Tai-Shang 96 of 1975 that for the validity of a choice of court agreement, we have to look first to its effect under the law of the designated court, then to characterize it as optional or exclusive. The effect in the forum state is apparently governed by forum law[16]. The Supreme Court did not specifically determine the law applicable to the effect of an optional choice of court agreement.

Such principle referring to the lex fori is not expressly provided for in the Taiwanese CCP or Taiwanese PILA. The underlying doctrine is that the legal effect of a jurisdictional agreement is purely procedural, so the lex fori is applicable to it. Unlike the exclusive choice of court agreement, it is established that the parties to an optional choice of court agreement are not bound to initiate proceedings in the designated court even if it is otherwise jurisdictionally incompetent.

[16] Chen (2015), pp. 30-32.

2.4 Effect of an Optional Choice of Court Agreement in Favour of the Courts of the Forum

2.4.1 Waiver of the Parties' Rights to Contest Jurisdiction

According to Article 24 of the Taiwanese CCP, an optional choice of court agreement is effective if it meets the qualification set by the law applicable to it. If it is valid, whether it is in favour of the courts of Taiwan or other country, the legal effect is to prorogate the jurisdiction to the chosen court under the CCP. When the Taiwanese courts are chosen, they can exercise either the statutory jurisdiction under the CCP or the selected jurisdiction under the choice of court agreement. The main effect is that the jurisdiction which a court can exercise to decide the consented dispute is widened to include statutory jurisdiction as well as the consented jurisdiction. The courts with statutory jurisdiction will not be affected by the optional choice of court agreement. The defendant can challenge the validity of the agreement or the legal ground on which the forum's jurisdiction stands. It has nothing to do with waiver of contention to the jurisdiction or voluntary submission to the forum. Article 25 of the Taiwanese CCP is thus inapplicable to an optional choice of court agreement[17].

2.4.2 Exercise of the Option and Its Legal Effect

As mentioned above, it is established that an optional choice of court agreement does not derogate the jurisdiction of any court. Litigants can choose one among the jurisdictionally competent courts in which to initiate the lawsuit. If the option has been exercised by commencing proceedings in one court and the dispute or subject matter is seized with that court, the litigants are not prohibited by the Taiwanese law from instituting a new lawsuit in a foreign jurisdictionally competent court. In other words, the exercise of the option by a litigant does not affect the jurisdiction of the courts of other countries. Although parallel litigation in different domestic courts

[17] Article 25 of the Taiwanese CCP provides that "A court obtains jurisdiction over an action where the defendant proceeds orally on the merits without contesting lack of jurisdiction."

within Taiwan is not permitted, parallel litigation in courts of different countries is tolerated under the Taiwanese CCP. If one of the courts in which parallel litigation has been initiated is Taiwanese, it is stipulated in Article 182-2 of the Taiwanese CCP that the domestic forum can basically stay the proceeding and wait for a judgment from a foreign court.

2.5 Legal Effect of an Optional Choice of Court Agreement in Favour of Foreign Courts

An optional choice of court agreement in favour of foreign courts does not affect the jurisdiction the Taiwanese courts have under the Taiwanese CCP. The parallel jurisdiction will not change even if the option has been exercised by commencing proceedings in the nominated foreign court. The seized Taiwanese court will handle the problem of parallel litigation by staying proceeding and waiting for the foreign judgment.

In the Supreme Court's Judgment # Tai-Shang 2477 of 2003, a foreign corporation sued two Taiwanese corporations in Taiwan for performance of a contract which the parties agreed to subject to the jurisdiction of courts in London. The Supreme Court ruled that the principle of Actor Sequitur Forum Rei adopted by the CCP is to protect defendants from being sued in a distant court, and that if the plaintiff waived the jurisdiction of the chosen court in London, the Taiwanese courts are convenient for the defendants and have jurisdiction under the Taiwanese CCP despite the choice of court agreement.

2.6 Treatment of Optional Choice of Court Agreements

As mentioned above, an optional choice of court agreement only prorogates jurisdiction of the chosen court; no court will thus be derogated from exercising its jurisdiction. Under such circumstances, the jurisdiction of Taiwanese courts is parallel with courts of other countries, irrespective of whether the agreement is in favour of forum courts or foreign courts. Unless a judgement rendered by a foreign court is sought to be recognised and enforced in Taiwan, it is beyond the power of the Taiwanese courts to address the jurisdiction of courts of foreign countries. They can exercise jurisdiction either under the Taiwanese CCP or on the basis of the parties' agreements, so the agreements are basically treated consistently irrespective of which country the nominated court belongs to.

2.7 Protection of Weaker Parties

Article 28 Section 2 of the Taiwanese CCP plays a role in protecting weaker parties from adhesive choice of court agreement made by stronger parties. Based on the idea of equality of bargaining power and substantial fairness to both parties, it provides that choice of court agreements between legal persons and merchants are binding and enforceable, but the validity of such a choice of court clause in a standard contract shall be further examined.

Article 28 Section 2 states:

Before proceeding orally on the merits, a party may move the court to transfer the action to another court with jurisdiction when the court in which the action is pending obtains jurisdiction in accordance with the provision of Article 24 and such an agreement is part of a standard contract prepared by the opposing party which is either a juridical person or a merchant, and the contract is manifestly unfair under the circumstances.

In other words, the weaker party is protected from abuse of bargaining power by moving the action to a court that otherwise has jurisdiction. Such principle is also embodied in the Small-Claim Proceedings[18].

In Supreme Court's Decision # Tai-Shang 58 of 2016, an employee sued his employer, a computer chip corporation, and argued that the employment contract between them was still effective in the Taipei District Court. A clause in the standard

[18] Article 436-9 of the Taiwanese CCP states that "In cases where a party to a Small-Claim Proceeding is a juridical person or a merchant and it has, by the standard contract that it uses, designated either the place of performance of obligations or a court of the first instance to exercise jurisdiction, the provisions of Article 12 or Article 24 shall not apply, except when both parties to such action are legal persons or merchants."

employment contract stated that related disputes shall be subject to the jurisdiction of Shin-Chu District Court. The Supreme Court ruled that the employee is a weaker party relative to the corporate employer and it is not inconvenient for the corporation to go out of its domicile to litigate in Taipei. The employee was therefore not bound to the adhesive choice of law clause.

2.8 Possible Consequences of a Breach of an Optional Choice of Court Agreement

2.8.1 Stay of Proceedings

As mentioned above, the court nominated in an optional choice of court agreement does not have a superior position to other courts in exercising jurisdiction over the dispute. However, in dealing with problem of parallel litigation initiated in the courts of Taiwan and foreign countries, the nominated Taiwanese court's proceeding outweighs exceptionally the foreign court proceedings. Article 182-2 Section 1 of the Taiwanese CCP provides:

In cases where a party has initiated an action with regard to a subject matter for which an action is pending in a foreign court, if reasons exist for the court reasonably to believe that the foreign court's judgment on the action may be recognized in the R.O.C., and it is not substantially inconvenient for the defendant to litigate in such foreign country, then the court by a ruling may stay the proceeding until the entry of a final and binding judgment on the action in that foreign country, except where the parties have otherwise consented to have the subject matter adjudicated by the R.O.C. court. ... Before deciding on the ruling provided in the preceding paragraph, the court shall accord the parties an opportunity to be heard.

It is clear that if the Taiwanese court is seized in advance, it is not required to stay proceedings. If the Taiwanese court is nominated in the choice of court agreement, even though the foreign court is seized in advance, the proceedings in the Taiwanese court will not be affected.

2.8.2 Damages for Breach

As the choice of court agreement is only procedural in nature, no substantive effect is conferred on it. Parties to an optional choice of court agreement are not obliged to sue in the nominated court. Instead, they are allowed to sue in any jurisdictionally competent court. Therefore, unless otherwise agreed, it cannot be treated as breach of an obligatory contract when one party commences proceedings in a court other than that nominated in the optional choice of court agreement. The legal effects of breach of such an agreement are purely procedural. As there is no legal ground for a claim of damages, the opposite party can only contest the jurisdictional basis and assert the limited procedural interest created by the agreement.

2.8.3 Anti-suit Injunctions

The Taiwanese CCP deals only with the procedure and court activities in Taiwanese courts. It is beyond the authority of the Taiwanese forum to restrain courts of foreign countries from hearing related proceedings. No anti-suit injunction can be granted to restrain the commencement or continuation of foreign proceedings even if the other party was in breach of the choice of court agreement, not to mention that the other party commenced the proceeding in a jurisdictionally competent court other than the nominated one.

2.8.4 Anti-enforcement Injunctions

The judgments given by foreign courts are generally recognized and enforceable in Taiwan unless they fall into any one of the four negative categories provided in Article 402 Section 1 of the Taiwanese CCP. This states that:

A final and binding judgment rendered by a foreign court shall be recognized, except in case of any of the following circumstances: (1) Where the foreign court lacks jurisdiction pursuant to the R.O.C. laws; (2) Where a default judgment is rendered against the losing defendant, except in the case where the notice or summons of the initiation of action had been legally served in a reasonable time in the foreign country or had been served through judicial assistance provided under the

R.O.C. laws; (3) Where the performance ordered by such judgment or its litigation procedure is contrary to R.O.C. public policy or morals; (4) Where there exists no mutual recognition between the foreign country and the R.O.C.

In light of the limited legal effects of an optional choice of court agreements mentioned earlier, a court other than that nominated in it does not necessarily lack jurisdiction. A judgment given by that court does not automatically fall into the first category of the above provisions. It might still be recognized and enforced. The parties can bring a suit to ask the court to declare whether the conditions to the four categories are satisfied. No power to grant anti-enforcement injunctions is provided in the Taiwanese CCP.

2.8.5 Judgment Rendered by a Non-nominated Foreign Court

As mentioned above, suing in a court which is not nominated in an optional choice of court agreement in disputes within the scope of the agreement is not treated as breach of agreement or violation of law. The non-nominated court can exercise its jurisdiction under its own rules. A judgment rendered by a foreign court that is not nominated in an optional choice of court agreement will be recognized and enforced by the courts of Taiwan if there is no other bar to its recognition and enforcement.

2.9 Sub-national Units and the Law on Optional Choice of Court Agreements

In terms of Article 10 of the Additional Articles of the ROC Constitution (Zhong-Hua-Min-Guo-Xian-Fa Zeng-Xiu-Tiao-Wen)[19] of 1991, Taiwan, mainland China, Hong Kong and Macao are different and separate regions of a single country ("one China"). The legal system differs from region to region. The inter-regional conflict of laws problems between these four territories are dealt with in the Act on Relations between the People of the Taiwan Area and the Mainland Area (Tai-

[19] Additional Articles of the ROC Constitution (Zhong-Hua-Min-Guo-Xian-Fa Zeng-Xiu-Tiao-Wen) of 1991, 5403 POG 2 (1991).

Wan-Di-Qu Yu Da-Lu-Di-Qu Ren-Min-Guan-Xi Tiao-Li)[20] and the Act Governing Relations with Hong Kong and Macau (Xiang-Gang-Ao-Men-Guan-Xi Tiao-Li)[21]. It is a unique framework which differentiates inter-regional relations from international relations. However, unlike the sub-national units in a federation, there is no single constitution which applies to all four regions and regulates their links with each other. The Taiwanese CCP applies as a unified law wholly and only to Taiwan. The other three regions apply their own autonomous relevant statutes and rules[22].

2.10 Optional Choice of Court Agreements in Intranational Cases and International Cases

As mentioned earlier, an optional choice of court agreement only widens the range of courts with jurisdiction to decide the consented dispute. The jurisdiction of the nominated court is not exclusive. The non-nominated Taiwanese or foreign court's statutory jurisdiction is not thus derogated. Such a principle applies to intranational, interregional and international cases.

2.11 Effect of an Exclusive Choice of Court Agreement

2.11.1 Different Treatments of Domestic and International Exclusive Choice of Court Agreements

An exclusive choice of court agreement is derogative in nature. Basically, the nominated court has exclusive jurisdiction over actions arising from the subject matters covered in the agreement. If a court has exclusive jurisdiction over the action under the Taiwanese CCP, such jurisdiction will not be derogated or excluded by a choice of court agreement. The treatment of exclusive choice of court agreement

20 Act on Relations between the People of the Taiwan Area and the Mainland Area (Tai-Wan-Di-Qu Yu Da-Lu-Di-Qu Ren-Min-Guan-Xi Tiao-Li), adopted in 1992 (5601 POG 1) and last revised in 2015 (7192 POG 11).

21 Act Governing Relations with Hong Kong and Macau (Xiang-Gang-Ao-Men-Guan-Xi Tiao-Li), adopted in 1997 (6146 POG 14) and last revised in 2017 (7340 POG 4).

22 See Tu & Huang, in this collection, for further information on the law of the PRC.

in intranational litigation differs from their treatment in international litigation as mentioned earlier. Where a Taiwanese court is nominated as the sole and exclusive court to decide the dispute, unless otherwise provided in Taiwanese law, all other Taiwanese and foreign courts are derogated from exercising jurisdiction over it. However, the statutory jurisdiction of Taiwanese courts will not necessarily be excluded where a foreign court was selected as the exclusive court to decide the dispute at issue. Some additional conditions were required in judicial practice to derogate the statutory jurisdiction of Taiwanese courts. The scope of an effective exclusive choice of court agreement is often strictly confined to cover only very limited disputes[23].

2.11.2 Effects of an Optional and Exclusive Choice of Court Agreement

The effects of an optional choice of court agreement are quite different from those of an exclusive one. The former can only add the nominated court to the list of courts with jurisdiction, while the latter can make the nominated court the only court with jurisdiction and exclude the other courts from the list. For this reason, when Taiwanese courts are excluded from the list, the future recognition and enforcement of the judgment given by the nominated court shall be taken into account in deciding whether the Taiwanese courts shall exceptionally reserve their jurisdiction to protect the party's right to access the courts.

2.12 Law on Treatment of Choice of Court Agreements

2.12.1 Exclusive Choice of Court Agreements in Direct and Indirect Jurisdiction

Article 24 of the Taiwanese CCP deals with choice of court agreements as a

[23] In Supreme Court's Decision # Tai-Kang 165 of 2005, a Japanese company and a Taiwanese company agreed in their "contract of development, manufacture and sales" that "all the litigations related to this contract or litigations of disputes incidental to it shall be subject to the exclusive jurisdiction of Osaka District Court in Japan for their first instance trials," and that "Japanese Law is the law applicable to this contract and its interpretation." The Japanese company sued the Taiwanese company for infringement of copyright after the contract was terminated. The Supreme Court ruled in this case that the problem of jurisdiction should be decided separately because the case at issue may stand beyond the scope of that contract. See Chen (2014b), p. 29.

whole and treats optional and exclusive agreements together in a single article. Once a specific court is nominated by the parties, this Article provides that the jurisdiction of other courts is basically excluded. The nominated domestic court's jurisdiction is apparently presumed to be exclusive. In international litigation, the Taiwanese courts encounter two types of issues. The first is whether they have direct jurisdiction to hear the case, the other is whether the foreign rendering court had indirect jurisdiction to give the judgment. For some reason, most cases concern the first type. The core disputed problem is whether the Taiwanese courts' jurisdiction is excluded. The issues included in this problem are, inter alia, characterization of the choice of court agreement, the scope of disputes covered by the choice, and the effects of the choice of court agreement. The ROC Supreme Court ruled in its Decision # Tai-Shang 96 of 1975 that an international choice of court agreement can only exclude Taiwanese courts' jurisdiction under two conditions: first, the nominated foreign court is jurisdictionally competent under the law of the designated forum; and secondly, its judgment will be recognized in Taiwan.

2.12.2 Optional Choice of Court Agreements

Comparatively, optional choice of law agreements seldom caught the judicial attention. To cope with the need for judicial practice, scholars gave greater attention to exploring problems of exclusive choice of court agreements than to those of optional choice of court agreements. It is beyond doubt that the pragmatic diversity and academic significance of optional choice of court agreements are still to be explored.

3. Asymmetrical Choice of Court Agreements

3.1 Validity and Effectiveness of an Asymmetrical Choice of Court Agreement

In an asymmetrical choice of court agreement, the parties are subject to different conditions of initiating actions against the other party. The agreement on designated courts is binding on one party while the other party enjoys greater freedom to institute suits in convenient courts. Such an agreement is not invalid merely because it is asymmetrical. As a reflection of the principle of party autonomy, its validity shall be decided pursuant to Articles 24 and 28 of the Taiwanese CCP. It is generally valid if the requirements of Article 24 are satisfied. However, when "such an agreement is part of a standard contract prepared by the opposing party which is either a juridical person or a merchant, and the contract is manifestly unfair under the circumstances", it is ineffective under Article 28 Section 2, which is designed to protect the weaker party.

3.1.1 Effect of the Optional Component of an Asymmetrical Agreement

The legal effects of an asymmetrical choice of court agreement depend on the intention expressed by the parties. Interpretation and construction of the relevant intention are essential at this stage. The optional component allows one party to optionally sue in two or more designated courts. In this respect, the consented submission to jurisdiction is as valid as other optional choice of court agreements. Such party therefore has the option of commencing proceedings in any court with jurisdiction.

3.1.2 Exercise of the Option

Asymmetric choice of court agreements require one party to sue in the courts of a specified jurisdiction only whilst allowing the other party to sue in any court with jurisdiction. The party with the option is not restricted to sue in a designated court. If the option has not been exercised, the only problem is whether the exclusive component restricts the plaintiff to sue in the designated court. If it has been exercised by commencing proceedings in a court, the jurisdictional dispute is whether such option is legally granted to the plaintiff, or whether the parties are equally bound by the exclusive designation of that court. It is also possible that the other party institutes parallel litigation in the designated court. The root of the problem in such situations is whether the drafted option is unfair to the other party and should therefore be invalidated. If so, the issue whether the exclusive component is also binding on this party will automatically arise.

The Supreme Court's Decision # Tai-Kang 571 of 2014 illustrates the situation in which the option was not exercised. In this case, a Taiwanese corporation purchased a machine from a German corporation under a contract of sale. The asymmetrical choice of court agreement in their contract includes the following sentences:

If the customer is a merchant ('Kaufmann') ... the exclusive venue for all disputes arising from the Contract shall be Stuttgart, Germany .... The same shall apply if the customer has no general venue in the Federal Republic of Germany or moved its ordinary residence to a country outside Germany after the conclusion of the Contract. ... MAYER & CIE shall be entitled, however, to sue the customer at any other court having statutory jurisdiction.

The Taiwanese corporation commenced court proceedings in Taiwan, while the German corporation contended that the action was subject to the exclusive jurisdiction of courts in Stuttgart, Germany because of their agreement, and that the Taiwanese courts were without jurisdiction. The Supreme Court focused on the validity of the exclusive component and did not address the optional component. It ruled that the Taiwanese corporation was not a weaker party during their negotiation process, and that the asymmetrical choice of court agreement was far from unfair. "As the parties had agreed on exclusive jurisdiction, the jurisdiction of courts other than the designated one is derogated accordingly to make it exclusive. The non-designated courts lost their statutory jurisdiction due to that exclusive choice of court agreement."

3.2 Party in Whose Favour the Option Is Drafted

As asymmetrical choice of court agreements are subject to provisions on scrutiny of adhesive contracts or standard clauses, the test in Article 28 Section 2 of the Taiwanese CCP applies. Instead of judging which party is weaker or stronger, the criteria are: (1) whether only one party is a legal person or merchant, (2) whether the choice of law clause is included in a standard contract prepared by one party, and (3) whether the agreement is manifestly unfair under the circumstances. The party in whose favour the option is drafted is, as a matter of fact, quite often the stronger party to the transaction. But that imbalance of bargaining power is not presumed in Taiwanese law or judicial practice. Taiwanese courts emphasize evaluating the parties' substantial bargaining power and fairness of the agreement on a case-tocase basis. In its Decision # Tai-Kang 571 of 2014, the Supreme Court took a serious look at the Taiwanese corporation's substantial bargaining power, and ruled that it is not unfair to enforce their asymmetrical choice of court agreement.

4. Conclusion

The effectiveness of a choice of court agreement was envisaged and recognized in the Taiwanese CCP. The provisions are basically designed for exclusive choice of court agreements. Optional choice of court agreements are subject to the same provisions unless otherwise indicated by legal theory. The legal treatment is too unrefined to deal with all related problems. The effects of optional choice of court agreements can differ from case to case, dependent on the intent of the parties. Asymmetrical choice of court agreements just illustrate the diversity of optional choice of court agreements.

It is foreseeable that the problems of several other kinds of optional choice of court agreements and their diverse effects may be disputed in the future judicial practice. Without concrete provisions to rely on, the parties to such agreements will face uncertainties and cost in enforcing their agreements to resolve the disputes. There is currently no governmental plan or proposal to reform the related laws on choice of court agreements, yet the experiences of the Hague Convention of 30 June 2005 on Choice of Court Agreements and the Brussels Ibis Regulation of European Union will somehow affect the legal treatment. It is expected the problems mentioned above will all be well addressed both in legislative reform and judicial practice.

References

1. Books & Book Chapters

Chen, Rong-Chwan, "General Provisions in the Taiwanese Private International Law Enactment 2010", in Jürgen Basedow & Knut B. Pissler, eds., Private International Law in Mainland China, Taiwan and Europe, Mohr Siebeck, Tübingen (2014a), pp. 77-80.

Chen, Rong-Chwan, "Jurisdiction, Choice of Law and the Recognition of Foreign Judgments in Taiwan", in Jürgen Basedow & Knut B. Pissler, eds., Private International Law in Mainland China, Taiwan and Europe, Mohr Siebeck, Tübingen (2014b), pp. 17-38.

Chen, Rong-Chwan, "Taiwanese PIL Act 2010," Jürgen Basedow & Knut B. Pissler, eds., Private International Law in Mainland China, Taiwan and Europe, Mohr Siebeck, Tübingen (2014c), pp. 453-465.

Chen, Rong-Chwan, Private International Law in Practice: Analytical Study on Civil Cases with Foreign Elements (Guo-ji Si-fa Shi-yong) (in Chinese), Wu-nan Publisher, Taipei (2015).

Chen, Rong-Chwan, "Taiwan", in Jürgen Basedow, Giesela Rühl, Franco Ferrari & Pedro de Miguel Asensio, eds., Encyclopedia of Private International Law, vol. 3, Edward Elgar, Cheltenham (2017a), pp. 2559-2569.

Chen, Rong-Chwan, "Act Governing the Choice of Law in Civil Matters Involving Foreign Elements", in Jürgen Basedow, Giesela Rühl, Franco Ferrari & Pedro de Miguel Asensio, eds., Encyclopedia of Private International Law, vol. 4, Edward Elgar, Cheltenham (2017b), pp. 3880-3889.

Chen, Rong-Chwan, "Interpretation and Application of the New York Convention in Taiwan", in George A. Bermann, ed., Recognition and Enforcement of Foreign Arbitral Awards-The Interpretation and Application of the New York Convention by National Courts, Springer, Cham (2017c), pp. 945-962.

Liu, Tieh-Cheng & Chen, Rong-Chwan, Liu and Chen on Private International Law (Guo-ji Si-fa Lun) (in Chinese), 6th ed., San-Ming, Taipei (2018).

2. Legislations

Act Governing Relations with Hong Kong and Macau (Xiang-Gang-Ao-Men-Guan-Xi-Tiao-Li), adopted in 1997, 6146 Presidential Office Gazette (Zong-tong-fu Gong-bao) 14 (1997), and last revised in 2017, 7340 Presidential Office Gazette (Zong-tong-fu Gong-bao) 4 (2017).

Act Governing the Choice of Law in Civil Matters Involving Foreign Elements (She-Wai-Min-Shi-Fa-Lü-Shi-Yong-Fa, adopted in 1953, 403 Presidential Office Gazette (Zong-tong-fu Gong-bao) 1 (1953), and last revised in 2010, 6923 Presidential Office Gazette (Zong-tong-fu Gong-bao) 24 (2010).

Act on Relations between the People of the Taiwan Area and the Mainland Area (Tai-Wan-Di-Qu-Yu-Da-Lu-Di-Qu-Ren-Min-Guan-Xi-Tiao-Li), adopted in 1992, 5601 Presidential Office Gazette (Zong-tong-fu Gong-bao) 1 (1992), and last revised in 2015, 7192 Presidential Office Gazette (Zong-tong-fu Gong-bao) 11 (2015).

Additional Articles of the ROC Constitution (Zhong-Hua-Min-Guo-Xian-Fa-Zeng-Xiu-Tiao-Wen) of 1991, 5403 Presidential Office Gazette (Zong-tong-fu Gong-bao) 2 (1991).

Arbitration Act (Zhong-Cai-Fa), adopted in 1998, 6224 Presidential Office Gazette (Zong-tong-fu Gong-bao) 40 (1998), and last revised in 2015, 7222 Presidential Office Gazette (Zong-tong-fu Gong-bao) 31 (2015).

Civil Code (Min- Fa), adopted in 1929, 174 Guo-Min-Zheng-Fu-Gong-Bao 2 (1929), and last revised in 2015, 7197 Presidential Office Gazette (Zong-tong-fu Gong-bao) 27 (2015).

Commercial Arbitration Act (Shang-Wu-Zhong-Cai-Tiao-Li), adopted in 1961, 1194 Presidential Office Gazette (Zong-tong-fu Gong-bao) 1 (1961), replaced by Arbitration Act (Zhong-Cai-Fa), adopted in 1998, 6224 Presidential Office Gazette (Zong-tong-fu Gong-bao) 40 (1998).

Family Matters Act (Jia-shi Shi-jian Fa), adopted in 2012, 7012 Presidential Office Gazette (Zong-tong-fu Gong-bao) 35 (2012), and last revised in 2015, 7226 Presidential Office Gazette (Zong-tong-fu Gong-bao) 106 (2015).

Supreme Court Decisions and Judgments: Supreme Court's Decision # Tai-Kang 165 of 2005, Decision # Kang-16 of 1930, Decision # Tai-Kang 259 of 2012, Decision # Tai-Shang 592 of 1989, Decision # Tai-Shang 96 of 1975, Judgment # Tai-Shang 2477 of 2003, Decision # Tai-Shang 58 of 2016 and Decision # Tai-Kang 571 of 2014.

Taiwanese Code of Civil Procedure (Min-Shi-Su-Song-Fa), adopted in 1930, 659 Guo-Min-Zheng-Fu-Gong-Bao 15 (1930), and last revised in 2018, 7638 Presidential Office Gazette (Zong-tong-fu Gong-bao) 38 (2018).

10

應訴管轄規定於涉外案件中的適用問題*

林恩瑋

壹、前言

我國成文法中關於涉外案件之國際管轄權規定，除個別程序法規以外，幾乏明文[1]。在司法實務上，法官大多以類推適用民事訴訟法上關於土地管轄之規定，作為確認法院是否對系爭案件具有國際管轄權之標準[2]。然而類推適用畢竟只是對於法律無明文直接規定之事項，另擇其關於類似事項之法律規定，以為適用的一種法學方法，對於性質上與內國案件差異甚大的涉外案件，要如何在具體的個案中類推適用土地管轄之規定，以定國際管轄權之有無，甚至於判斷其國際管轄權的效果（例如是否發生專屬、排他管轄權之效力），在實際操作上仍面臨許多問題，例如合意管轄是否生排他的效果，在我國最高法院的見解認為，除當事人明示或因其他特別情事得認為具有排他，亦即專屬管轄性質者外，通常宜解為僅生該合意所定之管轄法院取得管轄權而已，並不當然具有排他管轄之效力（參照最高法院91年度台抗字第268號裁定）而國內學者間

---

* 原刊登於台灣法學雜誌第414期，2021年4月，頁109-120。

1 例如家事事件法第53條規定：「婚姻事件有下列各款情形之一者，由中華民國法院審判管轄：一、夫妻之一方爲中華民國國民。二、夫妻均非中華民國國民而於中華民國境內有住所或持續一年以上有共同居所。三、夫妻之一方爲無國籍人而於中華民國境內有經常居所。四、夫妻之一方於中華民國境內持續一年以上有經常居所。但中華民國法院之裁判顯不爲夫或妻所屬國之法律承認者，不在此限。被告在中華民國應訴顯有不便者，不適用前項之規定。」一般均認爲此爲極少數我國民事程序法關於國際管轄權之成文規定。

2 何佳芳，國際裁判管轄之特別情事原則，收於賴淳良主編，國際私法裁判選析，元照，2020年增訂3版，頁3以下。

則多有不同之見解[3]。

一般而言，在國際管轄權的標準方面，可將之區分為兩大部分，其一為法定的國際管轄權標準，又可分為一般／普通的國際管轄權標準（即以原就被原則，以被告住居所、主營業所或事務所所在地為判斷受訴國家法院有無國際管轄權之標準，相當於普通審判籍之概念。此處之一般的國際管轄權標準，並非我國國際私法學界上傳統所稱之「一般管轄」（compétence générale），而是指國際管轄權的原則性標準）[4]、特別的國際管轄權標準（即依照案件事實與性質作為判斷受訴國家法院有無國際管轄權之標準，相當於特別審判籍之概念）與專屬國際管轄權標準（例如不動產專屬不動產所在地法院管轄）等；其二為意定的國際管轄權標準，又可分為明示的合意國際管轄權標準與擬制的合意國際管轄權（即應訴管轄）標準。在處理涉外民事案件的國際管轄權問題時，內國法官均可比附援引內國民事訴訟法關於上開管轄權標準分類之規定，作為判斷系爭涉外民事案件國際管轄權爭議之參考，而顧慮到涉外民事案件的特殊性質，一般學理上均同意應適當地賦予法官在國際管轄權判斷上一定的裁量權[5]，作為調整與避免機械性適用土地管轄標準時所可能帶來不合理結論的一種法律工具。

在意定的國際管轄權標準方面，我國學界與實務界對於明示的合意國際管轄權標準相關之論述與判決已有許多，茲不深論[6]。相對地，在擬制的合意國

3 相關文章，可參考吳光平，國際合意管轄之效果—從最高法院101年度台抗字第259號裁定談起，月旦法學雜誌第220期，2013年8月，頁289-300；黃國昌，國際訴訟之合意管轄，政大法學評論第90期，2006年4月，頁301-354。

4 相關名詞的使用及辨正，參考林恩瑋，國際私法理論與案例研究（1），五南圖書，2016年，頁12以下。

5 例如不便利法庭原則的適用，參考許兆慶，國際私法上「不便利法庭」原則之最新發展，以美國聯邦最高法院Sinochem International Co. Ltd. v. Malaysia International Shipping Corporation案爲中心，中華國際法與超國界法評論第4卷第2期，2008年12月，頁525-557。

6 專書部分，可參考陳隆修，2005年海牙法院選擇公約評析，五南圖書，2009年。期刊論文，可參考吳光平，同註3；許耀明，2005年海牙合意管轄公約述評，玄奘法律學報第10期，2008年12月，頁37-73；許兆慶，國際私法上之合意管轄—以最高法院91年臺抗字第268號裁定之事實爲中心，中華國際法與超國界法評論第3卷第2期，2007年12月，頁259-293；陳啓垂，國際管轄權的合意—評最高法院92年度台上字第2477號民事判決，月旦法學雜誌第131期，2006年4 月，頁151-165。

際管轄權標準之問題討論上，相對較為欠缺。本文之撰寫目標，主要希望能夠補足這方面的國內研究資料；同時，本文亦觀察到新近最高法院作成之108年度台抗字第171號民事裁定，對於應訴管轄在國際管轄權類推適用的問題上，多有著墨，因此以下即以本號裁定為中心，進一步評論我國民事訴訟法上之應訴管轄規定於涉外案件中的適用問題，期能拋磚引玉，激發更多的討論。

貳、案件背景

本案原告為一家註冊在賽席爾（Seychelles），名為富康股份有限公司（Full Kang Co. Ltd.，為依賽席爾法律設立，並在賽席爾註冊登記，但未經我國認許之外國法人，下稱「富康公司」）之股東，原告同時也擔任富康公司的董事。原告以富康公司為被告，起訴主張富康公司之一名股東於民國107年1月9日以書面請求富康公司董事會召開股東會，而在董事會尚未決定是否召開之情況下，同日就記載任命新任董事，以及董事會主席辭職等語之股東書面決議，並稱有表決權過半數之股東於書面決議上簽名，惟此一股東書面決議違反賽席爾國際商業公司法之規定，應為無效，因此富康公司之新任董事隨後於107年2月8日召開之董事會決議亦為無效，並聲明：確認系爭董事會決議無效。

以下整理本案歷審判決狀況：

一、第一審臺灣臺北地方法院作成107年度訴字第1526號民事裁定，駁回原告之訴。其理由略為：

（一）本案為涉外案件，就國際管轄權（審判權）部分應類推適用民事訴訟法管轄規定：本案被告為賽席爾外國法人且未經我國認許，有涉外因素而屬涉外民事法律事件，應由法院地法確認我國有無審判權，並類推適用我國民事訴訟法管轄規定確認本件訴訟有無管轄權。

（二）適用以原就被原則，我國法院無國際管轄權：被告係依賽席爾公司法設立登記，註冊地址為1st Floor, #5 DE KK House, De Zippora Street, Providence Industrial Estate, Mahe, Republic of Seychelles，依民事訴訟法

第2條第2項以原就被原則之規定，僅係其主事務所或主營業所所在地法院即賽席爾之法院始得管轄。況被告既未經我國認許，依公司法規定自不得在我國境內營業，難認有何主事務所或主營業所所在地位於本院轄區之情事；參諸原告提出之系爭董事會議紀錄，亦記載系爭董事會係在「賽席爾共和國馬埃島卡斯柯德區布瓦隆海灘薩沃伊水廳渡假酒店」召開。

（三）本案無其他足認我國法院具有國際管轄權之因素，依以原就被原則，應由賽席爾法院管轄：本件既係「確認系爭董事會決議無效之訴」，非財產權或業務涉訟事件，與他人無涉，法人有其獨立人格，不因董事、股東國籍而異，果依原告主張者，豈非法人只須有一外國股東或董事者，他人即得任在該外國對該法人提起訴訟？經本院遍查現有卷內資料，既無其餘足認我國法院有何具國際管轄權之因素，本件訴訟自應由被告主事務所或主營業所所在地之賽席爾法院管轄。是以，本件訴訟不能依民事訴訟法第28條裁定移送至我國其他法院，臺北地方法院爰依上開規定，裁定駁回原告之訴。

二、第一審原告不服，提起抗告，其抗告意旨略為：「原法院未先徵詢相對人之意見，俟其表明是否為管轄權之抗辯，即逕行駁回抗告人之訴，違反民事訴訟法第25條規定，顯有適用法規錯誤及未盡調查之違法，原裁定應予廢棄」第二審臺灣高等法院因此作成107年度抗字第945號民事裁定，駁回抗告，理由略為：

（一）重申國際管轄權在概念上之層次：按民事事件涉及外國人或外國地者，為涉外民事事件，內國法院應先確定有國際管轄權，即審理管轄權，始得受理，故國際管轄權與國內裁判管轄權，乃不同層次之問題。原則上，就涉外民事事件應先決定由何國法院管轄後，始依該國之民事訴訟法規定，決定應由該國之何一法院管轄。倘內國法院就該涉外民事事件並無國際管轄權，自無再適用該國民事訴訟法進行訴訟程序或為調查之餘地。

（二）我國法院既無國際管轄權，亦無再徵詢相對人是否為管轄權抗辯之必要：經查相對人既為外國法人，而抗告人在法院所提事證，並無法確定我國法院對相對人公司有國際管轄權，業經原法院論斷綦詳，本院意見與之相同，予以援用。且系爭訴訟標的之系爭董事會決議係在賽席爾境內召開董事會作成，益見我國法院無審理確認系爭董事會決議無效事件之管轄因素，依上開說明，原法院就抗告人與相對人間系爭訴訟，並無審理管轄權，亦無再斟酌我國民事訴訟法第25條規定，徵詢相對人是否為管轄權抗辯之必要。綜上，原法院裁 定駁回抗告人之訴，於法並無不合。抗告意旨指摘原裁定不 當，聲明廢棄，為無理由，應予駁回。

參、最高法院裁定

抗告人不服，因此向最高法院提出再抗告，經最高法院作成108年度台抗字第171號裁定，內容如下：

一、主文：原裁定廢棄，應由臺灣高等法院更為裁定。

二、最高法院認為：

（一）當事人能力方面：查本件相對人固為未經我國認許其成立之外國法人，雖不能認其為法人，然仍不失為非法人之團體，而得為訴訟當事人。

（二）國際管轄權方面，整理其意見如下：

1. 國際管轄權得類推適用國內法之相關規定：按關於涉外事件之國際管轄權誰屬，涉外民事法律適用法固未明文規定，惟受訴法院尚非不得就具體情事，類推適用國內法之相關規定，以定其訴訟之管轄。次按對於外國法人或其他得為訴訟當事人之團體之訴訟，由其在中華民國之主事務所或主營業所所在地之法院管轄。民事訴訟法第2條第3項定有明文。
2. 我國似為相對人之主營業所所在地，應再予調查：觀諸再抗告人所提出，訴外人即相對人股東陳建福等人107年1月9日請求相對人董事會召開股東會之書面資料，首頁左上角即記載「董事會臺北市○○區○○○○○路○○段○○號8樓」，而再抗告人之抗告狀繕本經臺北地院寄送南京東路址向相對人送達，係由相對人之法定代理人陳生貴本人親收，原裁定經寄送南京東路址向相對人送達，亦係由署名徐同維之人以相對人受僱人身分簽收，送達證書上並蓋有相對人名義之印文，則再抗告人主張南京東路址為相對人公司營運決策所在地，是否全不足採？我國是否就本件訴訟全無管轄因素？尚非無調查審認之必要。

3. 涉外民事訴訟應優先考慮被告程序權之保障：民事訴訟之功能，在於提供當事人迅速、穩定之爭端處理機制以實現當事人在實體法上之私權，國際民事訴訟亦然。而原告開啟涉外民事訴訟程序，除該事件為專屬管轄事件外，法庭地法院應優先考慮被告程序權之保障。
4. 民事訴訟法第25條應訴管轄不宜逕排斥適用：基於上述訴訟經濟、被告程序權之保障與原告實體法上私權保護綜合考量，原告所提起之涉外事件，倘非與法庭地顯無相當之連繫因素，復並無輕率起訴、隨意選擇法庭或不符公眾利益之情形，且被告不抗辯法庭地法院無管轄權，並為本案之言詞辯論，被告對於在法庭地法院進行訴訟，並無防禦上之不便或困難，其程序權得獲相當之保障，法庭地之法院不宜逕排斥民事訴訟法第25條應訴管轄規定之適用，以兼顧個案具體妥當性之確保，此際，將訴訟相關文書送達被告，俾被告得選擇是否應訴，始得謂當。
5. 本案有無應訴管轄之規定適用，應予研求：本件參酌上開書面資料記載及送達情形，併相對人法定代理人陳生貴戶籍地在臺北市（見一審卷第334頁），考量相對人法定代理人設籍我國，在我國應訴，似非無其便利性，則本件訴訟有無使相對人得藉應訴管轄，於我國就近應訴之機會？非無進一步研求之餘地。

肆、裁定評釋

以下謹就歷審及最高法院裁定，分別評釋如下：

一、類推適用第2條第2項或是第2條第3項？

在下級審裁定中，大致上法院均認為國際管轄權為國內裁判管轄權之優先確定事項，亦即我國法院得類推適用我國民事訴訟法上關於土地管轄之規定，於本案中，即民事訴訟法第2條第2項「對於私法人或其他得為訴訟當事人之團體之訴訟，由其主事務所或主營業所所在地之法院管轄」之規定，據以認定我國法院是否有國際管轄權。

此一觀點基本上亦為最高法院所肯定，不過其見解與第一、二審法院仍略有不同。後者認為應類推適用民事訴訟法第2條第2項之規定，因認富康公司主事務所或主營業所所在地係設於賽席爾，且「富康公司未經我國認許，依公司法規定自不得在我國境內營業，難認有何主事務所或主營業所所在地位於本院轄區之情事」，因此判斷我國法院無國際管轄權。前者則是考慮，本案除富康公司外，相關之當事人包括董事及股東均為中華民國籍人，是以下級審法院應再調查審認我國是否為富康公司之主營業所所在地（營運決策所在地），如為肯定，對於外國法人之訴訟，應類推適用民事訴訟法第2條第3項之規定：「對於外國法人或其他得為訴訟當事人之團體之訴訟，由其在中華民國之主事務所或主營業所所在地之法院管轄。」以此認定我國法院對本案具有國際管轄權。

細譯民事訴訟法第2條第2項與第3項之區別，主要在於第2項僅抽象規範「對於私法人或其他得為訴訟當事人之團體之訴訟，由其主事務所或主營業所所在地之法院管轄」，至於具體的主事務所或主營業所所在地究竟位處內國還是外國在所不問， 尚須視具體個案的情況而定；而第3項之規範「對於外國法人或其他得為訴訟當事人之團體之訴訟，由其在中華民國之主事務所或主營業所所在地之法院管轄」則相對具體許多，此處「外國法人」當指不具中華民國籍之法人者而言，因此類推適用第2條第3項之結果，僅需外國法人在中華民國境內有主事務所或主營業所所在地，即認中華民國法院具有國際管轄權。

由於對於內國法院而言，國際管轄權乃指國家法院對於系爭涉外案件是否具有裁判之權限（本案第一審臺北地方法院裁定稱「審判權」，第二審高等法院稱「審理管轄權」），因此在國際管轄權的問題上，特別是直接的一般管轄問題，原則上並不討論外國法院對於系爭涉外案件有無國際管轄權（事實上外國法院也不受內國法院在國際管轄權判斷之拘束），僅討論內國法院受理系爭涉外案件是否符合內國之國際管轄權標準（無論是成文的，或是解釋上的）[7]。從此一觀點來說，第一審臺北地方法院類推適用民事訴訟法第2條第2項，認「本件訴訟自應由被告主事務所或主營業所所在地之賽席爾法院管轄」在論述上是不具意義的，而最高法院類推適用民事訴訟法第2條第3項，諭知原審法院應調查審認是否我國就本件訴訟具有管轄因素，應較符合國際管轄權問題上的判斷要點。易言之，在法律已有明文的情形下，於本案中所應類推適用者，應為民事訴訟法第2條第3項之規定，至於民事訴訟法第2條第2項，於被告為外國法人時，似不宜類推適用，引為判斷我國法院有無國際管轄權之標準。

二、國際管轄權原則的抽象標準

本案中另一個重要的問題，為民事訴訟法第25條：「被告不抗辯法院無管轄權，而為本案之言詞辯論者，以其法院為有管轄權之法院。」之應訴管轄規定，在國際管轄權的標準判斷上有無類推適用之可能？此一問題係在抗告程序中由抗告人（即本案原告）提出，主張原裁定法院未先徵詢相對人之意見，俟其表明是否為管轄權之抗辯，即逕行駁回抗告人之訴，違反民事訴訟法第25條規定，顯有適用法規錯誤及未盡調查之違法。而經臺灣高等法院以因我國法院無國際管轄權，故無再斟酌我國民事訴訟法第25條規定，徵詢相對人是否為管轄權抗辯之必要，輕描淡寫地迴避了抗告人提出之問題。

最高法院則是注意到了這個問題，基本的立場是認為在國際管轄權的場合，我國法院可以類推適用民事訴訟法第25條之應訴管轄規定，並且進一步闡述國際管轄權之標準，可從三方面說明：

（一）訴訟程序方面：在我國進行訴訟，需非顯無相當之連繫因素，並且應符合訴訟經濟、被告程序權之保障與原告實體法上私權保護之原則。

（二）原告方面：非輕率起訴、隨意選擇法庭或有不符公眾利益之情形。

（三）被告方面：被告不抗辯法庭地法院無管轄權，並為本案之言詞辯論；被告對於在法庭地法院進行訴訟，並無防禦上之不便或困難。

最高法院裁定中所謂「倘非與法庭地顯無相當之連繫因素」，似可認為係受美國法院的「最小限度關聯」（minimum contacts）原則的影響，而以另一

7 林恩瑋，國際私法理論與案例研究（1），五南圖書，2016年，頁3以下。

種間接表述的方式說明國際管轄權的判斷上至少需要系爭案件存在與法庭地相當之管轄連繫因素[8]。但究竟何謂「相當之連繫因素」，最高法院並沒有具體的說明，從某方面來說，這相當於賦予我國法官在判斷我國法院是否具有國際管轄權上的一項裁量權力，當然，這也意味著這種裁量權的判斷範圍將會不斷受到挑戰，存在一定程度的不穩定性。

從原告方面判斷內國法院是否適合管轄系爭案件，最高法院提出的原則為原告並非輕率起訴、隨意選擇法庭或有不符公眾利益之情形。輕率起訴之具體內涵為何，較不得而知，因為通常原告選擇在某國進行訴訟程序，均經過相當的計算與考慮，輕率起訴的情形應該不多，相對於原告之輕率起訴，如採英國法院傳統上的困擾（vexation）或壓迫（oppression）原則，亦即當事人一方若繼續進行訴訟將對他方當事人造成困擾及壓迫，或有濫用訴訟程序時，內國法院可考慮拒絕行使其國際管轄權者，則相較於原告輕率起訴之事實要來得容易確認[9]。

而起訴「不符合公眾利益」，顯然應該是指內國（即法庭地國）之公眾利益，而非外國之公眾利益。然而，公眾利益概念十分抽象，具體的內涵與外延均不清楚，如何在個案中判斷原告起訴不符合公眾利益，進而認定內國法院對於系爭案件無國際管轄權，本文預料法院在操作此一概念上將可能遭遇許多困難。此外，原告起訴是否為「隨意選擇法庭」，最高法院認為此亦屬於國際管轄權應綜合考量事項之一，這應該是最高法院首次表達對於選購法院（forum shopping）問題之看法，本文原則上認同此一見解，並認為應該進一步探求隨意選擇法庭／選購法院的具體內涵為何：如果原告選購法院將造成訴訟當事人間程序上不平等之現象，我國法院應以原告惡意選購法院為由，拒絕管轄系爭訴訟案件[10]。

8 有關最小限度關聯原則之介紹，參考李瑞生，美國短暫過境管轄權之研究—以聯邦最高法院案例爲中心，收於陳隆修、許兆慶、林恩瑋、李瑞生合著，國際私法：管轄與選法理論之交錯，五南圖書，2009年，頁16以下；陳隆修，中國思想下的全球化管轄規則，五南圖書，2013年，頁159以下。

9 陳隆修，國際私法管轄權評論，五南圖書，1986年，頁84以下。

10 林恩瑋，國際私法理論與案例研究（2），五南圖書，2017年，頁125以下。

三、涉外案件之應訴管轄應如何理解？

最高法院認為「被告不抗辯法庭地法院無管轄權，並為本案之言詞辯論」可作為國際管轄權綜合考量事項之一，亦即有類推適用民事訴訟法第25條應訴管轄規定之可能。一般而言，被告如自願出現於法院，除非為「特別出庭」（special appearance），亦即被告出庭之目的只為抗辯法院之無管轄權，而不作任何實體的抗辯，亦不要求法院給予救濟，否則被告自願出席於訴訟程序中，即便未親自出庭，只是透過訴訟代理人（如律師）出庭，通常均會讓法院對案件取得管轄權[11]，此在英美法系稱之為服從性原則（voluntary submission）[12]。並且英美法院大多認為此時法院僅對於被告所出庭訴訟之訴因有管轄權，如原告後來又提起其他訴之請求，增加新的訴因時，則不在此管轄權之範圍，亦不得解釋為被告有接受新訴因管轄之合意。但如原告僅是修改請求，不構成新的訴因時，因被告對該訴因已出庭，故法院對於修改請求之部分仍有管轄權[13]。惟關於此一問題，在我國法院似尚無相關之案例可資參考，解釋上英美法之訴因與我國民事訴訟司法實務上採行權利保護請求權說之訴訟標的概念未必相同，但本文認為，基於被告（除反訴被告外）程序權保障之考慮，似亦應採與英美法院同一之解釋方向[14]。

因此，在涉外產品責任案件中，外國人在國外因使用我國廠商製作之產品而受傷，原告（外國受害者）先於我國法院對我國廠商提起侵權行為訴訟，我國廠商應訴後，因考慮時效問題，原告於訴訟中將權利主張變更為依契約責任（加害給付）請求我國廠商賠償損害，此時似宜認為原告僅是修改其攻擊防禦之請求主張，因被告對該同一基礎原因事實之案件已出庭，故法院對於修改請求之部分（加害給付之主張）仍有國際管轄權。

---

11 陳隆修，同註9，頁114以下。

12 劉鐵錚、陳榮傳，國際私法論，三民書局，2018年修訂6版，頁625以下。

13 陳隆修，同註9。另參考劉鐵錚，國際私法論叢，三民書局，1991年2版，頁262以下亦同此見解。

14 反訴之被告，爲本訴之原告，其原本起訴即具有接受法院管轄之意，因此在此情形所考慮之國際管轄權與被告程序權保障問題，與本訴之被告有所差異。易言之，反訴之被告與反訴之原告間應認具有默示管轄之合意，似無疑問。

在大陸法系的法國，應訴管轄被稱為管轄的延長（prorogation de compétence），或默示的管轄延長（prorogation tacite de compétence）同樣也適用在涉外民事訴訟的場合。比較法制上，例如比利時國際私法典第6條規定：「除本法另有規定外，比利時法官對於出庭的被告有權對審理其提出的申訴，除非被告出庭的主要目的是為了抗辯管轄權[15]。」瑞士1987年聯邦國際私法第6條亦規定：「在財產案件方面，除非法院在本法第5條第3項規定的範圍內拒絕管轄，被告在不作保留的情況下根據案情進行訴訟的法院具有管轄權[16]。」同樣的規 定亦見諸於歐盟第44/2001號關於民事和商業事件中的管轄權和判決的承認與執行規則（Council Regulation (EC) No. 44/2001 of 22 December 2000 on jurisdiction and the recognition and enforcement of judgments in civil and commercial matters）第24條：「除本規則之其他規定所賦予的管轄權外，被告出庭之成員國法院應具有管轄權。在為抗辯管轄權而出庭或根據第22條另一法院具有專屬管轄權的情況下，上開規則不適用[17]。」

而何謂管轄之抗辯？其內涵亦值得討論。當被告直接提出法院無國際管轄權之論據與說明時，固為管轄之抗辯，如被告係主張系爭涉外案件應適用民事訴訟法第182條之2先繫屬優先（litispendence）之規定，認為法院應停止訴訟程序時，是否也得認定為管轄之抗辯？本文認為，此時被告並非直接挑戰法院之國際管轄權，僅是主張為防止平行訴訟，而應依上開法律規定停止訴訟程序，故本質上仍非為管轄之抗辯，故內國法院仍不得以此認為被告已提出管

15 原文爲："Hormis les cas où la présente loi en dispose autrement, le juge belge devant lequel le défendeur comparaît est compétent pour connaître de la demande formée contre lui, sauf si la comparution a pour objet principal de contester la compétence."

16 原文爲："En matière patrimoniale, le tribunal devant lequel le défendeur procède au fond sans faire de réserve est compétent, à moins qu'il ne décline sa compétence dans la mesure où l'art. 5, al. 3, le lui permet."

17 英文版本爲："Apart from jurisdiction derived from other provisions of this Regulation, a court of a Member State before which a defendant enters an appearance shall have jurisdiction. This rule shall not apply where appearance was entered to contest the jurisdiction, or where another court has exclusive jurisdiction by virtue of Article 22." 即原1968年布魯塞爾管轄及執行民商事判決公約第18條規定。

轄抗辯，而拒絕類推適用民事訴訟法第25條應訴管轄規定之可能[18]。另外，在被告提出抵銷或是時效抗辯時，應當認為非為管轄之抗辯，而屬於實體性質的（本案的）抗辯，基於訴訟經濟及紛爭一次性解決的考慮，仍應認法院得應被告之出席因未為管轄抗辯，而有類推適用民事訴訟法第25條應訴管轄規定之可能[19]。

另一值得探討之問題為，如被告消極的不為管轄抗辯，而出席法庭時，法官得否逕依職權宣告我國法院無國際管轄權，而無須徵詢被告意見？從管轄權為法院依職權認定之事項角度來看，我國法院對於系爭涉外案件有無國際管轄權之認定，不受訴訟當事人主張之拘束，得依法以職權宣告法院對系爭涉外案件有無國際管轄權。然而，當被告出席法庭時，並沒有任何程序行為，也未表達程序上的意見，甚或是單純的沉默時，我國法院有無主動「徵詢相對人之意見，俟其表明是否為管轄權之抗辯」之義務，待確認被告無進行管轄權之抗辯時（確定無法類推適用民事訴訟法第25條之規定），再為准駁原告之訴之裁定？

就此一問題，第二審臺灣高等法院僅表達：「原法院就抗告人與相對人間系爭訴訟，並無審理管轄權，亦無再斟酌我國民事訴訟法第25條規定，徵詢相對人是否為管轄權抗辯之必要。」但究竟為何沒有斟酌之必要？法院並未說明理由。最高法院則是羅列了負面條件（我國法院無國際管轄權之情形），當所例示的負面條件不存在時，在「兼顧個案具體妥當性之確保」的考慮下，應當可以類推適用民事訴訟法第25條應訴管轄之規定。然而這裡有一個邏輯上的問題：**如果不存在國際管轄權之負面條件，亦即認爲我國法院對系爭案件具有國際管轄權之條件存在時，又何須類推適用民事訴訟法第25條應訴管轄之規定**[20]？

從另一方面來看，此一問題亦可理解為，我國法院是否可以僅憑被告出庭

---

18 相同見解，參考Dicey & Morris, The Conflict of Laws, 13th ed., 2001, p. 282.

19 類似意見，參考Cheshire & North, Private International Law, 13th ed., 2004, p. 246.

20 本案後續之臺灣高等法院108年度抗更一字第21號裁定，即認爲：「抗告人主張南京東路址爲相對人營運決策所在地，其在中華民國有主營業所等語，洵屬有據，揆之前揭說明，我國法院自有管轄權。」而未再討論應訴管轄之問題。

且未為管轄之抗辯此一事實，遽認我國法院對系爭涉外案件具有國際管轄權？在被告事實上未為任何管轄之抗辯之情形下，即使系爭案件可能在國際管轄權連繫因素上非常薄弱，甚或沒有其他國際管轄權連繫因素存在時（連最小限度關聯都不構成），無論被告是有意或無意的疏忽其「可以」提出管轄抗辯，僅因被告出庭，且未為管轄抗辯，一律都讓受訴法院取得國際管轄權，是否完全合理？從這個角度來說，類推適用民事訴訟法第25條應訴管轄之規定不免有點像在「制裁」被告程序上疏忽提出管轄抗辯的味道了[21]。

本文認為，考慮到涉外訴訟的高成本與訴訟環境高差異性等特質，並參酌比較法上之立法與實務運作，應訴管轄之規定似較宜作為法院判斷國際管轄權之輔助性標準，而不宜毫無保留類推適用。易言之，即使符合應訴管轄之要件，法官仍應審酌系爭涉外案件是否仍有其他國際管轄權連繫因素之存在，特別是有無專屬管轄之管轄權連繫因素的存在，而不宜僅憑被告出庭且未為管轄之抗辯此一事實，遽認我國法院對系爭涉外案件具有國際管轄權。從此一觀點而論，如被告消極的不為管轄抗辯，而出席法庭時，法官確認並無其他國際管轄權連繫因素存在後，應得逕依職權宣告我國法院對事件無國際管轄權，而無須徵詢被告意見。

最後回到本案，尚有疑問的是，即使類推適用民事訴訟法第25條之規定，認為當事人符合應訴管轄之要件，而使得我國法院取得本案之國際管轄權，但因為本案所審理之事件，為一外國公司在外國作成之董事會決議是否有效之問題，因此即使我國法院受理本案，最終判決結果恐仍須在外國執行（例如必須就董事會決議之內容進行變更登記）。如此，我國法院受理本案是否仍具有實益，實值懷疑（附帶一提者，我國立法上對於何種類型的涉外民事事件屬於我國法院專屬國際管轄權事件，目前尚乏明文，實務的意見似乎也不甚明確，實值有識之士繼續共同研究之）。對於此類公司組織或登記的訴訟，外國立法例中有將之列為國際專屬管轄權之範疇，而認此類型事件不適用應訴管轄者，其見解頗值參考[22]。

21 類似見解，Y. Loussouarn, P. Bourel et P. de Vareilles-Sommières, Droit international Privé, Précis Dalloz, 9e éd., 2007, p. 678.

22 例如日本會社法第835條規定：「会社の組織に関する訴えは、被告となる会社の本店の

參考文獻

一、中文部分

吳光平，國際合意管轄之效果—從最高法院101年度台抗字第259號裁定談起，月旦法學雜誌第220期，2013年8月。

林恩瑋，國際私法理論與案例研究（1），五南圖書，2016年。

林恩瑋，國際私法理論與案例研究（2），五南圖書，2017年。

許兆慶，國際私法上之合意管轄—以最高法院91年臺抗字第268號裁定之事實為中心，中華國際法與超國界法評論第3卷第2期，2007年12月。

許兆慶，國際私法上「不便利法庭」原則之最新發展，以美國聯邦最高法院Sinochem International Co. Ltd. v. Malaysia International Shipping Corporation案為中心，中華國際法與超國界法評論第4卷第2期，2008年12月。

許耀明，2005年海牙合意管轄公約述評，玄奘法律學報第10期，2008年12月。

陳啟垂，國際管轄權的合意—評最高法院92年度台上字第2477號民事判決，月旦法學雜誌第131期，2006年4月。

陳隆修，國際私法管轄權評論，五南圖書，1986年。

陳隆修，2005年海牙法院選擇公約評析，五南圖書，2009年。

陳隆修，中國思想下的全球化管轄規則，五南圖書，2013年。

陳隆修、許兆慶、林恩瑋、李瑞生共著，國際私法：管轄與選法理論之交錯，五南圖書，2009年。

所在地を管轄する地方裁判所の管轄に専属する。」對於公司組織事件的訴訟，設有專屬管轄之規定，又日本民事訴訟法第3條之5亦規定：「会社法第七編第二章に規定する訴え（同章第四節及び第六節に規定するものを除く）、一般社団法人及び一般財団法人に関する法律（平成18年法律第48号）第六章第二節に規定する訴えその他これらの法令以外の日本の法令により設立された社団又は財団に関する訴えでこれらに準ずるものの管轄権は、日本の裁判所に専属する。」中文譯爲：「公司法第七編第二章所定訴訟（同章第四節及第六節所定事項除外），有關一般社團法人及一般財團法人之法（平成18年法律第48號）第六章第二節所定訴訟，或其他基於上述法令以外之日本法律所設立之社團或財團，因此類事項而涉訟者，該訴訟專屬於日本法院管轄。」顯見爲實效考慮，此類型訴訟不適用應訴管轄。

黃國昌，國際訴訟之合意管轄，政大法學評論第90期，2006年4月。

劉鐵錚，國際私法論叢，三民書局，1991年2版。

劉鐵錚、陳榮傳，國際私法論，三民書局，2018年修訂6版。

賴淳良主編，國際私法裁判選析，元照，2020年增訂3版。

二、外文部分

Cheshire & North, Private International Law, 13th ed., 2004.

Dicey & Morris, The Conflict of Laws, 13th ed., 2001.

Y. Loussouarn, P. Bourel et P. de Vareilles-Sommières, Droit interna tional Privé, Précis Dalloz, 9e éd., 2007.

11

涉外假扣押程序的國際管轄權問題*

林恩瑋

壹、前言

在涉外案件中，保全程序作為確保權利的一種重要法律工具，往往影響著權利保障的訴訟目標是否能夠順利實現。而保全程序的實質內涵，亦隨著其定義而有所變化。廣義的民事保全，包括了特別法上的一些保全規定，例如家庭暴力防治法第二章以下，關於民事保護令之規定，或是公司法第287條關於公司重整時，所針對公司財產進行之保全處分，都可屬於廣義民事保全的規定[1]。而狹義的民事保全，則專指民事訴訟法中，關於假扣押、假處分之程序規定而言，後者為本文討論之中心，合先敘明。

一如國內案件般，涉外案件的當事人得利用保全程序排除其將來權利難以恢復，或是無法恢復之風險。但由於涉外案件所具有的特殊跨國界、多邊主權關係等性質，使得吾人在思考涉外案件之保全程序問題時，不能僅依內國程序法律之概念進行推論，而應正視這類型案件所具有的特殊性，並且適當地配合國際現勢予以合理的解釋。

一般來說，假扣押或假處分裁定並未涉及到訴訟當事人間權利義務之判斷，僅著重於執行上是否可以有效的保全債權人權利，避免債務人脫產或使財產消失之行為，或是請求標的物變更，以至於日後有不能執行或甚難執行之虞。是以一國法院之保全程序裁判原則上並無域外效力，無法拘束外國法院，頂多只有建議性[2]。此與外國法院確定判決所產生之「間接管轄」問題性質不

---

* 原刊登於月旦法學雜誌第260期，2017年1月，頁45-54。

1 李木貴，民事訴訟法（下），元照，2010年，頁10-34以下。

2 陳隆修，國際私法管轄權評論，五南圖書，1986年，頁154。

同，宜予辨明[3]。

民事訴訟法第524條規定：「假扣押之聲請，由本案管轄法院或假扣押標的所在地之地方法院管轄（第1項）。本案管轄法院，為訴訟已繫屬或應繫屬之第一審法院。但訴訟現繫屬於第二審者，得以第二審法院為本案管轄法院（第2項）。」本條規定應係針對內國假扣押案件而設，在涉外案件中，因為現行法欠缺涉外假扣押程序國際管轄權之明文規範，上開規定應可類推適用。因此，如果內國法院對於涉外案件的本案訴訟具有管轄權時，債權人聲請內國法院對將來可能起訴之債務人進行涉外保全措施，類推適用民事訴訟法第524條第1項之結果，內國法院對於系爭案件應有國際管轄權，要無疑問。成問題者，為系爭涉外案件之本案訴訟如在外國提起（即本案訴訟繫屬外國第一審法院情形），但債權人卻聲請內國法院進行保全程序，內國法院對這種保全程序的聲請究竟有無國際管轄權？則有討論之必要。

就此一問題，本文以下即以我國法院相關裁定為例，進一步說明之。

貳、案件事實

本件A女主張，其與B男為夫妻，均為美國人，B男於臺北市有經常居所。因B男與C女通姦，將無法自理生活之A女遺棄於美國，並將夫妻財產至少美金96萬5,000元移轉至臺灣，屬隱匿財產之行為。A已向美國喬治亞州Gwinnet郡高等法院提起離婚暨夫妻剩餘財產分配之訴，待勝訴即應在臺灣進行強制執行，堪認日後有不能強制執行或甚難執行之虞，依據上開理由，A女於是向臺灣臺北地方法院（下稱臺北地院）聲請對B之財產在新臺幣3,000元範圍內為假扣押。

3 關於「間接管轄」之概念與理論基礎，請參考林恩瑋，國際私法理論與案例研究，五南圖書，2013年，頁23以下。

參、法院裁定

一、下級審法院意見

A女之聲請經臺北地院司法事務官裁定駁回後，A女不服，提出異議，再由臺北地院法官以103年度執事聲字第260號裁定駁回其異議後，A女提起抗告。

對A女之抗告，臺灣高等法院以下列理由駁回[4]：

（一）依據程序法應適用法院地法為國際私法之大原則，A女聲請假扣押事件，屬程序事項，自應適用法院地法，即臺灣法律之規定。

（二）涉外民事，本法未規定者，適用其他法律之規定；關於假扣押之聲請，由本案管轄法院或假扣押標的所在地之地方法院管轄；本案管轄法院，為訴訟已繫屬或應繫屬之第一審法院，涉外民事法律適用法第1條前段、民事訴訟法第524條第1項、第2項本文分別定有明文。

（三）因臺灣之涉外民事法律適用法並無聲請假扣押法院管轄之規定，故就具體事件受訴法院是否有管轄權，應依臺灣之民事訴訟法管轄規定定之。

（四）查本件兩造均係外國人，屬涉外事件。A女自承已向美國法院提起訴訟，且基於本案管轄法院之管轄原因而聲請本件假扣押，依上規定，本件假扣押聲請之本案訴訟既繫屬於美國法院，臺北地院對本件假扣押之聲請，並無管轄權，且不能移送於其管轄法院，因此A女向臺北地院為假扣押之聲請，不符合規定，不能准許。

二、最高法院意見[5]

（一）**我國法院對於本案訴訟有國際審判管轄權：**依據家事事件法第53條第1項第4款本文規定，夫妻之一方於中華民國境內持續一年以上有經常居所，婚姻事件由中華民國法院審判管轄。至何種情形始得謂為「經

---

4 臺灣高等法院103年度家抗字第71號裁定。

5 最高法院103年台抗字第1020號民事裁定。

常」，則委由法院依個案具體事實判斷之。因此夫妻均為外國人，其中一方於我國境內持續一年以上有經常居所者，雖該夫妻無家事事件法第53條第1項第2款所示之住所或共同居所，為便利當事人提起訴訟，使我國法院對該涉外婚姻事件有國際審判管轄權。

（二）**我國何法院對本案有管轄權應另外認定：**依家事事件法第53條規定決定我國有國際審判管轄權後，應由我國之何法院管轄該事件，則依同法第52條土地管轄之規定判斷。而不能依家事事件法第52條第1項至第3項規定定法院管轄者，由被告住、居所地之法院管轄，同法條第4項前段亦有明定。

（三）**本案訴訟我國法院有國際審判管轄權，對假扣押亦有國際裁判管轄權：**假扣押之聲請，由本案管轄法院或假扣押標的所在地之地方法院管轄。本案管轄法院，為訴訟已繫屬或應繫屬之第一審法院。民事訴訟法第524條第1項、第2項本文定有明文。此項規定，於涉外事件，並未違反當事人間之公平、裁判之正當與程序之迅速等原則，是就訴訟之本案在我國有管轄權，原則上應可認我國法院對保全本案之假扣押事件有國際裁判管轄權。

（四）**本案相對人B在臺灣有經常居所，可隨時在臺灣起訴：**兩造雖均為美國人，然相對人B於臺灣經商近三十年，每年在臺灣居住時間超過六個月以上，在臺北市松山區有經常居所。依家事事件法第53條第1項第4款本文規定，臺北地院為本件假扣押之本案管轄法院，B隨時可向臺北地院起訴，A似非不得向臺北地院提起本件假扣押之本案訴訟。

（五）**A雖已在美國起訴，非不得在臺灣另行提起訴訟：**A雖已向美國法院提起本案訴訟，惟根據民事訴訟法第182條之2規定，A仍可向我國法院更行起訴，我國法院自亦不失為同法第524條第2項所稱之應繫屬法院。果爾，則A主張臺北地院為上開規定之本案訴訟「應」繫屬之第一審法院，臺北地院就本件假扣押有管轄權云云，是否全然不足採？即有再為研究之必要。

於是裁定原裁定廢棄，應由臺灣高等法院更為裁定。

對於最高法院的意見，臺灣高等法院原則上予以維持[6]，並認為B男於臺灣有經常居所，依家事事件法第53條第1項第4款本文規定，原法院為本件假扣押之本案管轄法院，抗告人A女即得向原法院提起本件假扣押之本案訴訟。依家事事件法第53條規定決定我國有國際審判管轄權後，應由我國之何法院管轄該事件，則依同法第52條土地管轄之規定判斷。又假扣押之聲請， 由本案管轄法院或假扣押標的所在地之地方法院管轄，而本案管轄法院，為訴訟已繫屬或應繫屬之第一審法院。民事訴訟法第524條第1項、第2項本文定有明文。此項規定，於涉外事件，並未違反當事人間之公平、裁判之正當與程序之迅速等原則，是就訴訟之本案在我國有管轄權，原則上應可認我國法院對保全本案之假扣押事件有國際裁判管轄權。

不過，對於再抗告人A女所提：「A已向美國喬治亞州GWINNET郡高等法院提起離婚暨夫妻剩餘財產分配之訴，待勝訴即應在臺灣進行強制執行，堪認日後有不能強制執行或甚難執行之虞」之理由方面，臺灣高等法院認為：「民事訴訟法第523條第2項所謂『應在外國為強制執行者，視為有日後甚難執行之虞』，乃慮及債務人之財產均在外國，而外國非我國法權所及，將來對之聲請強制執行，困難甚多，為解決債權人釋明之困難，而為擬制之規定（最高法院102年度台抗字第716號裁定參照），**是該條項所指『外國』係指我國司法權所不及之國家而言**。我國法院對於抗告人欲實施假扣押之相對人在臺灣之財產非無強制執行之權力，自與前開條項所指『應在外國為強制執行』之定義不符，更何況依民事訴訟法第402條及強制執行法第4條之1規定，外國法院之確定判決及裁定可認其效力並執行之，是則抗告人以其在美國法院提起本案訴訟，但美國法院就相對人於臺灣之財產無法強制執行，故相對人在臺灣之財產即屬該條項所謂『應在外國為強制執行者』，應視為有日後甚難執行之虞云云，顯無可採。」

因此，由於聲請假扣押「非有日後不能強制執行或甚難執行之虞者，不得為之」，且「請求及假扣押之原因應釋明之」，臺灣高等法院認為再抗告人A女並未對相對人B男有將移往遠方、隱匿財產之情事進行釋明，相對人B男之

6 臺灣高等法院103年家抗更（一）字第7號民事裁定。

財產總額並無減少，其 他財產亦足供強制執行，難謂有日後不能強制執行或甚難執行之虞等情事，因而裁定抗告人就假扣押之原因，未盡釋明之責，其假扣押之聲請，不應准許，將再抗告駁回。

肆、案件分析

上開最高法院與高等法院之裁定，值得進一步分析者，約有下列數端：

一、一般管轄（copmpétence générale）與特別管轄（compétence spéciale）

國內法上的管轄權概念，特別是土地管轄，與國際私法上的管轄權概念並不相同。國際私法上所討論的管轄權，並非僅以地理性因素作為管轄權有無之判斷基礎，有時即使案件與國家間無地理關係，國家仍有可能對於案件具備管轄權，例如以國籍，或當事人間之合意，作為國際私法上管轄權基礎的判斷。

因此傳統上，國際私法學者將管轄問題區分為「一般管轄」與「特別管轄」二種，用以表現與國內法所稱「管轄權」之差異[7]。一般管轄指的是某國家法院對於系爭涉外案件具有國際管轄權者，特別管轄則是指在確認某國家對系爭涉外案件有國際管轄權後，由該國之何地方法院受理管轄案件者[8]。

最高法院雖然在法律用語上不同（以「國際審判管轄權」代替「一般管轄」，以「土地管轄」代替「特別管轄」），但在概念上卻顯然接受了國際私法學上這種管轄權分類方式，而將家事事件法第53條第1項第4款本文規定，認為是一般管轄之規定， 即「我國法院對該涉外婚姻事件有國際審判管轄權」，並進一步說明，「依家事事件法第53條規定決定我國有國際審判管轄權後，應由我國之何法院管轄該事件，則依同法第52條土地管轄之規定判斷」，即將家事事件法第52條，認為係特別管轄之規定。此一見解，殊值肯定。

7 馬漢寶，國際私法（總論、各論），翰蘆，2014年3版，頁187以下。

8 林恩瑋，同註3，頁20以下。

二、平行訴訟（parallel proceedings）的問題

最高法院同時也在裁定中特別強調，再抗告人A雖已向美國法院提起本案訴訟，惟根據民事訴訟法第182條之2之規定，A仍可向我國法院更行起訴，我國法院自亦不失為同法第524條第2項所稱之應繫屬法院。此一推論，在國際私法學上稱為平行訴訟問題。

在國際訴訟中，由於並無一個統一、至上的國際管轄權規範，各國法院對於系爭涉外案件是否具有國際管轄權，仍依照個別主義（particularisme）的原則，由各國自行依照其國內之國際管轄權規範判斷之。因此，在國際訴訟中，原則上無所謂訴訟合併的問題，各國按照其各自之程序規定，得就同一涉外案件分開平行地進行訴訟，且他國受理系爭涉外案件，並不影響內國法院對於系爭案件之國際管轄權存在[9]。

就本案而言，最高法院明確指出，雖然本案訴訟在美國提起，但因為國際管轄權問題之特殊性，使得平行訴訟現象依然可能發生，因此作為內國之中華民國法院並不會因為美國法院受理管轄本案訴訟，而失去對本案訴訟之國際管轄權，進而推論臺北地方法院即為民事訴訟法第524條所稱之「本案管轄法院」，並認為臺北地方法院對本件假扣押之聲請有國際管轄權。此一見解，洵為正確。

三、本案訴訟我國法院有國際審判管轄權，對假扣押亦有國際裁判管轄權

根據民事訴訟法第524條第1項、第2項規定：「假扣押之聲請，由本案管轄法院或假扣押標的所在地之地方法院管轄。」

「本案管轄法院，為訴訟已繫屬或應繫屬之第一審法院。」最高法院因此認為，上開規定雖然是對國內假扣押程序之管轄規定，但於涉外案件中，亦可援用，「是就訴訟之本案在我國有管轄權，原則上應可認我國法院對保全本案之假扣押事件有國際裁判管轄權。」

---

9 林恩瑋，國際私法上選購法院（forum shopping）問題之研究，東海大學法學研究第47期，2015年12月，頁237-268。

民事訴訟法之所以規定假扣押之聲請由本案管轄法院管轄，主要著眼於保全程序的從屬性[10]。實則就立法體例而言，上開規定應僅針對國內保全程序之管轄，而不及於涉外保全程序之情形。而即使認為上開規定得適用於涉外保全程序，所謂「本案管轄法院」，解釋上亦應認為限於「中華民國法院」，亦即「為訴訟已繫屬或應繫屬之『中華民國』第一審法院」。因為當本案管轄法院為外國法院時，內國保全程序的從屬性將被弱化，於此情形內國保全程序之管轄所要考慮者，要為保全程序的實施是否對於債權人具有實效性的問題。

四、民事訴訟法第523條第2項應屬國內假扣押程序規定之條文

民事訴訟法第523條規定：「假扣押，非有日後不能強制執行或甚難執行之虞者，不得為之（第1項）。應在外國為強制執行者，視為有日後甚難執行之虞（第2項）。」就條文文義，乍看之下本條規定似指只要我國法院就系爭涉外案件假扣押聲請有管轄權，縱使必須在外國強制執行，我國法院亦得為命假扣押之裁定，實則這種說法似有誤解，上開條文第2項規定應被理解為假扣押聲請之特別要件。良以假扣押程序之啟動，除需法院對系爭假扣押案件取得管轄權外，尚須具備保全的必要性要件。從而，此一保全的必要性要件（有效要件），與管轄權規定（合法要件）均作為我國法院是否得命假扣押裁定之聲請要件[11]。假扣押之聲請僅符合管轄權規定者，尚不足以令法院命為假扣押之裁定，如聲請人無法釋明非有日後不能強制執行或甚難執行之虞者，仍無從發動假扣押程序。民事訴訟法第523條第2項規定，僅係對於保全的必要性要件之擬制[12]，為減少聲請人釋明困難之便宜規定爾。

進一步言，民事訴訟法第523條第2項應屬國內假扣押程序規定之條文，方法論上為一單面法則式的立法規定，於涉外案件之場合，似無適用之餘地。因

---

10 或稱「附屬性」、「附隨性」。一般來說，保全程序事件之特性具有暫定性、緊急性、從屬性及密行性，主要係爲了確保終局執行爲目的，屬於手段方法之性質，僅能依賴本案訴訟之存在始有意義。因此，民事保全裁定程序爲從屬於本案訴訟程序之程序，這方面的特色，稱爲從屬性。李木貴，同註1，頁10-36。

11 陳計男，民事訴訟法論（下），三民書局，2005年，頁438以下。

12 吳明軒，民事訴訟法（下冊），三民書局，2009年修訂8版，頁1636以下。

此，再抗告人A主張本案訴訟在 美國提起，待勝訴即應在臺灣進行強制執行，依據上開條文規定，堪認日後有不能強制執行或甚難執行之虞，用以向我國法院聲請假扣押之見解，嗣後即受到臺灣高等法院糾正，認為「民事訴訟法第523條第2項所謂『應在外國為強制執行者，視為有日後甚難執行之虞』，乃慮及債務人之財產均在外國，而外國非我國法權所及，將來對之聲請強制執行，困難甚多，為解決債權人釋明之困難，而為擬制之規定（最高法院102年度台抗字第716號裁定參照），**是該條項所指『外國』係指我國司法權所不及之國家而言**。我國法院對於抗告人欲實施假扣押之相對人在臺灣之財產非無強制執行之權力，自與前開條項所指『應在外國為強制執行』之定義不符」云云，臺灣高等法院之見解，即在說明民事訴訟法第523條第2項係針對內國假扣押程序所為之規定， 於涉外案件中，並無適用之餘地。

五、民事訴訟法第524條第2項所稱之「訴訟已繫屬或應繫屬之第一審法院」爲外國法院時，我國法院對系爭案件之假扣押聲請仍非無國際管轄權

原則上，民事訴訟法第524條之管轄權規定應係針對內國假扣押案件而設，因此，該條第1項所稱「假扣押之聲請，由本案管轄法院或假扣押標的所在地之地方法院管轄」。其中「本案管轄法院」者，應理解為依據我國民事訴訟法土地管轄規定，對本案具有管轄權之法院。惟於涉外案件中，因為現行法欠缺涉外假扣押程序國際管轄權之明文規範，如欲類推適用上開規定以決定涉外假扣押法院之管轄權，則尚須依據現實狀況相應調整。

民事訴訟法第524條第2項規定：「本案管轄法院，為訴訟已繫屬或應繫屬之第一審法院。但訴訟現繫屬於第二審者，得以第二審法院為本案管轄法院。」則當本案訴訟之管轄法院，為外國法院時，債權人（通常為原告）如欲在我國法院提出假扣押聲請時，我國法院對之有無國際管轄權？

此一問題又可分為兩種情形，第一種情形是依據我國法律規定，我國法院對本案亦有國際管轄權時，則產生國際訴訟管轄競合之問題。此時依據上開最高法院的見解，我國法院對本案仍有國際管轄權，不失為訴訟應繫屬之法院，亦即本案管轄法院，因此即使債權人已在外國提起本案訴訟，類推適用上開民

事訴訟法規定之結果，我國法院對債權人假扣押之聲請，仍有國際管轄權。

第二種情形則是我國法院對於本案無國際管轄權，僅外國法院對本案有國際管轄權時，則類推適用上開規定之結果，將視假扣押標的所在地是否位於我國境內，以決定我國法院對債權人假扣押之聲請是否有國際管轄權。立法上如2000年歐盟44/2001號管轄及承認與執行民商事案件判決規則（一般譯稱為「布魯塞爾規則Ｉ）第31條[13]、2004年ALI/UNIDROIT Principles of Transnational Civil Procedure第2.3條亦採取相同之觀點[14]，均准許於財產所在地得提起假扣押、假處分之請求，可資參考[15]。

伍、結論

綜上所述，在處理涉外假扣押案件的國際管轄權問題上，我國法院所遇到的困難主要在於明文法規的欠缺。因此，判斷受假扣押聲請之法院究竟有無國際管轄權，仍必須參考民事訴訟法上對於內國假扣押程序之管轄權相關規定，並予以適當修正，始能妥善解決涉外假扣押聲請之問題。

最高法院103年台抗字第1020號民事裁定對此一問題表達了明確的意見：家事事件法第53條第1項第4款本文規定，為「一般管轄」，亦即判斷我國法院對於假扣押之聲請有無國際管轄權；因為國際管轄權問題之特殊性，雖然本案訴訟在美國提起，作為內國之中華民國法院並不會因為美國法院受理管轄本案訴訟，而失去對本案訴訟之國際管轄權；如就訴訟之本案在我國有管轄權，原則上應可認我國法院對保全本案之假扣押事件有國際裁判管轄權等。上開意見，符合國際私法學法理，殊值肯定。

---

13 英文版條文爲：“Application may be made to the courts of a Member State for such provisional, including protective, measures as may be available under the law of that State, even if, under this Regulation, the courts of another Member State have jurisdiction as to the substance of the matter.”

14 條文內容爲：“A court may grant provisional measures with respect to a person or to property in the territory of the forum state, even if the court does not have jurisdic tion over the controversy.”

15 陳隆修，中國思想下的全球化管轄規則，五南圖書，2013年，頁197以下。

進一步地說，縱使我國法院對於假扣押之本案無國際管轄權，僅外國法院對本案有國際管轄權時，則類推適用民事訴訟法第524條第1項之結果，將視假扣押標的所在地是否位於我國境內，以決定我國法院對債權人假扣押之聲請是否有國際管轄權。此一觀點，係著眼於假扣押聲請之實效性，亦與國際發展趨勢相符。

參考文獻

吳明軒，民事訴訟法（下冊），三民書局，2009年修訂8版。

李木貴，民事訴訟法（下），元照，2010年。

林恩瑋，國際私法理論與案例研究，五南圖書，2013年。

林恩瑋，國際私法上選購法院（forum shopping）問題之研究，東海大學法學研究第47期，2015年12月。

馬漢寶，國際私法（總論、各論），翰蘆，2014年3版。

陳計男，民事訴訟法論（下），三民書局，2005年。

陳隆修，國際私法管轄權評論，五南圖書，1986年。

陳隆修，中國思想下的全球化管轄規則，五南圖書，2013年。

12

從國際裁判管轄權之決定基準論我國法上海事案件國際裁判管轄權之決定*

吳光平

壹、前言

在涉外私法案件中，海事案件所占比例甚高，此乃因國際貿易活動與航海運送乃相互依賴，航海事業的興盛，不但是使國際貿易發達的主因，更是促成內外國人交往頻繁並因而法律衝突問題的原因之一，特別是國際貿易之海上運送與海上金融所涉及之法律行為，均含有「涉外成分」（foreign element），為最典型的涉外私法案件，影響所及，海事法律衝突之發生日益頻繁，於是處理海事法律衝突的海事國際私法（private international maritime law or conflict of maritime laws）便應運而生。所謂海事國際私法，依加拿大McGill大學海商法與國際私法權威學者William Tetley教授於2000年所表之「國際海事法：國際海事私法的劃一——對國際公約的贊成、反對及抉擇——如何接受國際公約」（International Maritime Law: Uniformity of International Private Maritime Law--The Pros, Cons, and Alternatives to International Conventions--How to Adopt to International Convention）一文中指出，「海事國際私法乃是解決不同國家之私當事人間有關海事法律選擇、海事管轄權選擇與外國海事判決承認與執行等爭議之法規的總稱」（Private international maritime law [or conflict of maritime law] is the collection of rules used to resolve maritime disputes as to choice of law, choice of jurisdiction and recognition of foreign judgment between parties subject to the laws of different states.）[1]，而我國學者賴來焜教授於民國91年所出版之我

* 原刊登於中原財經法學第16期，2006年6月，頁233-300。

1 Tetley, William, *International Maritime Law: Uniformity of International Private Maritime Law--*

國第一本海事國際私法專書「海事國際私法學——比較海商法與國際私法學之交會為中心」中，則將海事國際私法定義為：「海事國際私法是以平等主體間國際海事法律關係為適用對象，以解決海事法律衝突為中心任務，以衝突法選擇適用何『國』或何『法域』之法律為核心，同時包括外國船舶之船籍國之規範為前提，避免與消除法律衝突之統一海商實體規範（直接規範），並經國際海事訴訟或國際海事仲裁程序規範進行司法程序之獨立的法律總稱。[2]」二說對海事國際私法的範圍廣狹顯有不同認定[3]，但顯然地，二說皆對海事國際私法包含海事案件國際裁判管轄權的決定這一點，是無爭議的。

關於涉外私法案件的國際裁判管轄權，由於目前尚無任何國際機關來指定各國對涉外私法案件的國際裁判管轄權，因此以內國土地管轄為前提之指定管轄或訴訟事件移送之民事訴訟法相關規定，於決定涉外私法案件的國際裁判管轄權時即無法加以適用[4]，從而縱使我國法院就某涉外案件判斷我國無國際裁判管轄權而依民事訴訟法第28條第1項之規定裁定駁回訴訟並諭知他國有國際裁判管轄權，該他國亦不受此裁定之拘束（亦即無我國民事訴訟法第30條移送裁定之拘束力），其結果則為國際裁判的拒絕，造成國際裁判管轄權之消極衝突（negative conflict of jurisdictions、negativer Kompetenzkonflikt）。由於大陸法系立法例上鮮少有於民事訴訟法典或國際私法典中直接規定涉外私法案件的國際裁判管轄權[5]，故每一國家對於系爭涉外私法案件是否具國際裁判管轄

The Pros, Cons, and Alternatives to International Conventions--How to Adopt to International Convention, 24 TUL. MAR. L. J. 782 (2000).

2 參閱賴來焜，海事國際私法學—比較海商法與國際私法學之交會爲中心上冊，自版，2002年初版，頁38-41。

3 此對海事國際私法範圍廣狹的不同認定，乃因對國際私法範圍廣狹的不同認定而來。國際私法的範圍，有最狹義說、狹義說、廣義說、最廣義說的不同，最狹義說以衝突法則爲唯一範圍，狹義說則爲衝突法則以及性質上屬於程序法事項的管轄權法則及外國判決的承認與執行，廣義說則爲狹義說的範圍加上國籍法與外國人法，最廣義說則爲廣義說的範圍加上國際商事仲裁法與統一實體法。有關國際私法學的研究範圍，請參閱吳光平，從國際私法體系論涉外民事法律適用法之修正，立法院院聞第31卷第7期，2003年，頁34-41。

4 參閱陳啓垂，審判權、國際管轄權與訴訟途徑，法學叢刊第189期，2003年1月，頁33。

5 但是近年來，立法例上已逐漸採取於國際私法典明文規定國際裁判管轄權的方式，例如

權，只能依自己認為「合目的」（zweckaβig）或「適當的」（angemessen）規定，來決定受自身領域限制的程序法適用範圍或自身裁判管轄權的空間範圍，但由於各國規定不一，致使國際裁判管轄權之衝突（除上述的消極衝突外，尚有因國際裁判管轄權競合所造成的國際裁判管轄權之積極衝突positive conflict of jurisdictions、positiver Kompetenzkonflikt）經常發生，故為了防止國際裁判管轄權之衝突，近年來統一管轄權法則國際公約的立法逐漸盛行，諸如1965年「收養之管轄、準據法與裁決公約」（Convention on Jurisdiction, Applicable Law and the Recognition of Decree Relating to Adoptions，簡稱為「海牙收養公約」）、1968年「民事及商事事件之裁判管轄權與判決執行公約」（Convention on Jurisdiction and the Enforcement of Judgments in Civil And Commercial Matters，簡稱為「布魯塞爾公約」，此公約並於2000年12月22日經歐盟理事會規則化成為「2000年12月22日關於民事及商事事件之裁判管轄權與判決執行的歐洲共同理事會規則」Council Regulation (EC) No.44/2001 of 22 December 2000 on Jurisdiction and the Enforcement of Judgments in Civil and Commercial Matters[6]，簡稱為「布魯塞爾規則Ｉ」EU Regulation I，後由「2012年12月12日關於民事及商事事件之裁判管轄權與判決執行的歐洲議會與理事會規則」Regulation (EC) No. 1215/2012 of the European Parliament and of the Council of 12 December 2012 on Jurisdiction and the Recognition and Enforcement of Judgments in Civil and Commercial Matters，簡稱為Brussels I bis Regulation所取代，並已於2015年12月12日起適用，Brussels I bis Regulation為現行之規則，以下仍簡稱「布魯塞爾規則Ｉ」）與1996年「父母保護子女責任與相關事務之管轄、準據法、判決與執行及合作公約」（Convention on Jurisdiction, Applicable Law, Recognition Enforcement and Co-operation in respect of Parental Responsibility and Measures for Protection of Children，簡稱為「海牙父母保護子女責任與相關事務公約」），甚至1999年海牙國際私法會議所更曾通過「民

1989年「瑞士國際私法」、1992年「羅馬尼亞國際私法」、1995年「義大利國際私法」、1999年「斯洛伐尼亞國際私法」、2004年「比利時國際私法」等，皆明文規定了國際裁判管轄權。

6 O.J. 2001, L 12/01.

事及商事事件之裁判管轄權與外國判決公約預備草案」（Preliminary Draft Convention on Jurisdiction and the Foreign Judgments in Civil and Commercial Matters，簡稱為「新海牙管轄權公約預備草案」）等，決定國際裁判管轄權的國際統一標準漸次形成，此等國際統一標準勢對相關國家的規定發生影響，進而開始趨同化的進程[7]。因此，決定涉外私法案件國際裁判管轄權的規定，除了上述各國自己認為合目的或適當的內國相關規定外，尚包含已加入之國際裁判管轄權法則國際公約的相關規定。但是宥於國際政治的現實，我國要加入以主權國家為締約主體的國際公約機會甚低，因此要加入如「海牙國際私法會議」將來所通過的「新海牙管轄權公約」，恐有現實上的困難。

我國若干法律中雖有國際裁判管轄權之個別性規定（「海商法」第78條、「家事事件法」第53條、「勞動事件法」第5條），然現行「民事訴訟法」與「涉外民事法律適用法」中並無關於國際裁判管轄權之一般性規定，故在我國未完成相關修法前，我國法院應採取何種基準來決定涉外私法案件國際裁判管轄權，即有探究之必要，而外國相關規定與統一管轄權法則國際公約的相關規定實可提供我國現時運用與將來修法之借鏡，特別是「統一國際裁判管轄權法則調整式」並非參與國際裁判管轄權法則趨同化進程的唯一方式，吾人實可採取「國際裁判管轄權法則立法主義的趨同化」之方式，參考比較法與相關的統一國際裁判管轄權法則國際公約，藉由採酌因制定統一國際裁判管轄權法則國際公約所形成之具國際趨勢的國際裁判管轄權法則立法主義，將該國際裁判管轄權法則立法主義納入我國立法之中，如此方式等同於間接加入了相關統一國際裁判管轄權法則國際公約，以「國際裁判管轄權法則立法主義趨同化」的方

7 法律的趨同化，乃指不同國家的法律，隨著社會發展的需要，在國際交往日益發達的基礎上，逐漸相互吸收、滲透，從而趨於接近甚至趨於一致的現象，其表現在國內法律的創制和運作過程中，愈來愈多涵納國際社會的普遍實踐與國際慣例，並積極參與國際法律統一的活動等。管轄權法則的趨同化，透過「統一國際裁判管轄權法則調整式」與「國際裁判管轄權法則立法主義的趨同化」二種方式進行：前者乃是透過訂定國際公約的方式，使得決定涉外私法案件國際裁判管轄權時得以越過締約國內國相關規定而依該公約爲之（除非聲明保留），進而避免國際裁判管轄權之衝突，使國際裁判管轄權法則趨同化之現象益發明顯，「布魯塞爾公約」即爲一顯例；「國際裁判管轄權法則法立法主義的趨同化」，乃各國就其國際裁判管轄權法則進行內部改造，將國際裁判管轄權法則立法主義趨向同一，以降低國際裁判管轄權之衝突。

式，積極參與「國際裁判管轄權法則立法主義的趨同化」及「統一國際裁判管轄權法則調整式」所共同進行的國際裁判管轄權法則趨同化進程。而有鑑於實務上涉外私法案件中海事案件所占比例甚高，且「海商法」第78條之增訂乃採取「國際裁判管轄權法則立法主義的趨同化」方式繼受1978年「聯合國海上貨物運送公約」（United Nations Convention on the Carriage of Goods by Sea，簡稱為「漢堡規則」（Hamburg Rules））的重要成果，故依我國現行法應如何決定海事案件國際裁判管轄權，乃撰述本文之目的也。基此，本文之論述將分為二部分：第一部分乃就「國際裁判管轄權之一般決定基準」此一屬於總論上的課題加以論述；而第二部分則以於第一部分所得出總論上的方法為基礎，就我國法上海事案件國際裁判管轄權之決定基準加以分析、討論之。

貳、國際裁判管轄權之一般決定基準

大陸法系立法例上因少有直接規定涉外私法案件的國際裁判管轄權，故每一國家乃依自己認為合目或適當的規定來決定是否行使國際裁判管轄權，這些合目或適當的規定，乃是內國民事訴訟法之管轄法則，由內國民事訴訟法中普通審判籍與特別審判籍之管轄法則，可反映出內國法院對系爭涉外私法案件的國際裁判管轄權是否具有「一般管轄權」（general jurisdiction）與「特別管轄權」（specific jurisdiction）[8]。至於內國民事訴訟法之管轄法則如何反映出內

8 關於國際裁判管轄權，我國國際私法學說多引用法國學說，將國際裁判管轄權爲「一般管轄」（compétence générale）與「特別管轄」（compétence spéciale）的概念分類，就某一涉外私法案件應依一般管轄決定應由何國法院管轄後，再依特別管轄決定應由該國之何一法院管轄，而我國法院的國際私法實務，亦引用我國國際私法學說，採取「compétence générale」與「compétence spéciale」的概念分類。然而「compétence générale」與「compétence spéciale」概念分類的引用，卻與「布魯塞爾公約」、「布魯塞爾規則I」、「新海牙管轄權公約預備草案」，以及歐洲法院與美國聯邦最高法院所採取「一般管轄權」（general jurisdiction）與「特別管轄權」（specific jurisdiction）的概念分類有別。按「general jurisdiction」與「specific jurisdiction」的概念分類，乃是美國國際私法學者Arthur T. von Mehren教授與Donald T. Trautman教授於1966年在「哈佛法律評論」所發表「裁判管轄權：一個主張的分析」（Jurisdiction to Adjudicate: A Suggested

國法院對系爭涉外私法案件具有國際裁判管轄權，亦即決定一國法院是否具有國際裁判管轄權的方法，則眾說紛紜，而各說差異之處，主要在如何看待實證的民事訴訟法規範。就此而言，決定國際裁判管轄權的方法，可概分為三大類群：依賴實證的民事訴訟法規範之形式論、不依賴實證的民事訴訟法規範之實質論、折衷二說以上之調和論。茲分述如下。

一、第一類群：形式論

形式論類群採取的是依賴實證的民事訴訟法規範之方法，雖然此類群之諸

Analysis）一文所提出，主張依某國民事訴訟法之管轄法則，若該國某一法院具被告之普通審判籍或特別審判籍時，則反映出該國對該涉外私法案件具國際裁判管轄權，而基於普通審判籍所反映出的國際裁判管轄權爲「一般管轄權」，基於特別審判籍所反映出的國際裁判管轄權則爲「特別管轄權」。「compétence générale」與「compétence spéciale」以及「general jurisdiction」與「specific jurisdiction」的概念分類，並無絕對地優劣，然而若從國際裁判管轄權的問題本質觀之，「general jurisdiction」與「specific jurisdiction」的概念分類較「compétence générale」與「compétence spéciale」的概念分類，對國際裁判管轄權的決定較具實益。蓋國際私法或國際民事訴訟法須解決之裁判管轄權問題，爲國際社會上分擔裁判某一涉外私法案件任務之最適法院地爲何處之問題，亦即決定法院地國（或法域），至於法院地國（或法域）決定後應由該國何一法院裁判，爲內國民事訴訟法的問題，並非國際私法或國際民事訴訟法之任務，從而另創實質上等同於內國民事訴訟法上法院的土地管轄分配問題之「compétence spéciale」概念，對國際裁判管轄權的決定，並不能起任何實質功用。尤有進者，大陸法系民事訴訟法之管轄法則，諸如我國、德國、日本之民事訴訟法等，法院之土地管轄，係由被告之普通審判籍與特別審判籍所構成，而國際裁判管轄權上「general jurisdiction」與「specific jurisdiction」的概念分類乃是由此所反映出，普通審判籍與特別審判籍以及「general jurisdiction」與「specific jurisdiction」二者具有構造上同一性，習於依普通審判籍與特別審判籍之構造決定土地管轄的大陸法系法院，對於依相同構造之「general jurisdiction」與「specific jurisdiction」來決定國際裁判管轄權，勢必熟稔而能減少運用上的謬誤。更何況「布魯塞爾公約」、「布魯塞爾規則Ⅰ」、「新海牙管轄權公約預備草案」，以及歐洲法院與美國聯邦最高法院，皆採取「general jurisdiction」與「specific jurisdiction」的概念分類，「compétence générale」與「compétence spéciale」的概念分類於國際社會並不具普遍性。故本文以爲，「compétence générale」與「compétence spéciale」的概念分類，於我國法上並不具法律依據且無必要，有關涉外私法案件應由我國何一法院管轄（「compétence spéciale」的問題），依我國民事訴訟法土地管轄之概念與規定決之即可，而國際裁判管轄權，應從功能性以及國際社會上之普遍性考量，採取「general jurisdiction」與「specific jurisdiction」的概念分類。

說對實證的民事訴訟法規範依賴之程度不同，但皆以法安定性為其核心思想，希望國際裁判管轄權能依據固定的決定基準，以方便法官判斷而維持法安定性。此類群有「逆推知說」與「類推適用說」。

「逆推知說」主張，從內國民事訴訟法有關土地管轄之規定，即可推知是否具國際裁判管轄權，蓋內國民事訴訟法土地管轄之規定乃具「雙重機能性」（Doppelfunktionaltät）。亦即，若符合內國民事訴訟法有關土地管轄規定之案件，不論其為內國案件或涉外案件，法院皆可加以管轄，例如侵權行為地在我國境內，則由我國民事訴訟法第15條即可推知我國具有國際裁判管轄權。此說於德國稱為「雙重機能理論」（Doppelfunktionaltät Zuständigkeit），並為德國通說[9]（但於德國法上，則認為國際裁判管轄權應類推適用德國民事訴訟法土地管轄之規定），亦為日本早期之有力說[10]，我國學者蘇遠成亦採此說[11]。

「類推適用說」主張，裁判之公平、有效、經濟與當事人間平等待遇等訴訟法上理念，無論是內國民事訴訟法或國際民事訴訟法應無不同，故於實證法中無國際裁判管轄權明文規定之情形下，應類推適用內國民事訴訟法有關土地管轄規定的方式補充之。但對於類推適用時是否須加修正，則又有否定與肯定之不同見解。否定見解認為內國民事訴訟法或國際民事訴訟法並無不同，故於實證法中無關於國際裁判管轄權明文規定之情形下，應直接類推適用內國民事訴訟法有關土地管轄的相關規範，而由於否定見解認為國際裁判管轄權之決定直接類推適用內國民事訴訟法即可，故可稱之為「單純類推適用說」，我國學者劉鐵錚與陳榮傳採此說[12]。肯定見解認為內國案件與涉外案件存有重要之

---

9 參閱陳啓垂，民事訴訟之國際管轄權，法學叢刊第166期，1997年4月，頁77。

10 參閱池原季雄、平塚眞，涉外訴訟における裁判管轄，收於実務民事訴訟講座（6）—涉外訴訟、人事訴訟，日本評論社，1978年1版4刷，頁11。

11 參閱蘇遠成，國際私法，五南圖書，1993年5版2刷，頁130-131。然該書除了以逆推知說爲基本見解外，復認爲亦須考量涉外民事訴訟關係本身之性質，另爲特別解釋，似又兼採修正類推適用說。

12 參閱劉鐵錚、陳榮傳，國際私法論，三民書局，2004年修訂3版1刷，頁604-605。然該書除了以完全類推適用說爲基本見解外，復認爲在採取從寬認定我國法院之國際裁判管轄權之情形下，爲避免與外國法院之國際裁判管轄權發生衝突，或造成有國際裁判管轄權，卻於我國卻無土地管轄的規定以資配合之現象，亦宜考慮引進英美法上「不便利法

差異，蓋內國案件之當事人為同國人，系爭法律關係、訴訟程序與結果所涉及的範圍限於一國之內，內國案件之裁判機能係由同一國家之法院加以分攤，而涉外案件當事人多為不同國籍之人，系爭法律關係、訴訟程序與結果所涉及的範圍超越一國，涉外案件之裁判機能係由歷史、法律、語言、宗教、倫理觀等均不同之各國際間協力分擔，故而類推適用內國民事訴訟法時，應考量內國案件與涉外案件之差異，依裁判之公平、有效、經濟與當事人間平等待遇等國際民事訴訟法之法理而作部分之修正類推適用，且亦可以法院地未加入的管轄權法則國際公約為國際民事訴訟法之法理而作部分之修正類推適用。而由於此說認為類推適用內國民事訴訟法決定國際裁判管轄權時，尚須依涉外案件裁判機能由各國間協力分擔之國際民事訴訟法法理加以修正，故稱為「修正類推適用」、「管轄分配說」或「法理說」，而此說為日本近期之有力說[13]，我國學者蔡華凱亦採之[14]。

二、第二類群：實質論

實質論採取的是不依賴實證的民事訴訟法規範之方法，雖然此類群之諸說對實證的民事訴訟法規範有程度不同參酌，但皆以具體妥當性為其核心思想，希望國際裁判管轄權最好不要有固定的決定基準，以方便法官依據每一個案的具體事實分別判斷而達成具體妥當性。此類群有「利益衡量說」與「新類型說」。

「利益衡量說」認為，國際裁判管轄權之決定，應對系爭案件之諸要素作利益衡量，但是否逸脫內國實證的民事訴訟法規範為利益衡量，則又有否定與肯定的不同見解。否定見解認為決定是否具國際裁判管轄權時，應事先對諸系爭案件之要素作利益衡量（如弱者保護或與法地之牽連），但由於內國民事

庭原則」，由法院在具體個案中，宣告放棄對該案之國際裁判管轄權，似又兼採新類型說（新類型說詳見下述）。

13 參閱池原季雄、平塚眞，同註10，頁13-14；木棚照一、松岡博、渡邊惺之，国際私法概論，有斐閣，19983版1刷，頁247-248。

14 參閱蔡華凱，國際裁判管轄總論之研究—以財產關係訴訟爲中心，國立中正大學法學集刊第17期，2004年10月，頁49-51、76-77。

訴訟法土地管轄之規定具有同時決定國際裁判管轄權的意義，故並不能完全置內國民事訴訟法之規定於不顧，而係應就每一案件之類型針對內國民事訴訟法各規定之機能重新賦與其意義，來判斷是否具國際裁判管轄權。由於此說認為於利益衡量時仍須顧及內國民事訴訟法規定，故似可稱之為「顧及說」。此說為日本學者東京大學教授石黑一憲所主張[15]。我國學者馬漢寶亦採之[16]。肯定見解則認為決定是否具國際裁判管轄權時，應基於六個重要的政策考量等，判斷法院地國是否適宜行使國際裁判管轄權，包括：第一，訴訟當事人之便利、公平、預見可能性；第二，裁判之迅速、效率、公平性；第三，調查證據、詢問證人容易否；第四，判決之實效性，例如內國所為之勝訴判決是否有得執行之財產，或為外國承認之可能性；第五，訴訟地與案件之牽連或利害關係之強度；第六，與準據法選擇間之關連。由於此說所提出的六個須考量的政策，已脫離了內國民事訴訟法之規定，故本文稱之「獨立說」，此說為日本學者帝塚山大學教授松岡博所主張[17]。

「新類型說」則主張，國際裁判管轄權之決定，不應拘泥於內國民事訴訟法之規定，而應自由形成國際民事訴訴法之管轄法則，致於內國民事訴訟法之規定，不過是應就案件類型形成國際民事訴訴法管轄法則之相關資料罷了。此說認為由於利益衡量說具有不確實、不安定與預測不可能等缺點，故為了法律安定性，一方面應依案件之類型形成明確之國際民事訴訴法管轄法則，另一方面亦應考慮具體個案中所存在之「特別情事」[18]，對依據國際民事訴訴法之管

15 參閱石黑一憲，現代国際私法上冊，東京大學出版會，1986年初版，頁291；石黑一憲，国際民事訴訟法，新世社，1996年初版，頁134。

16 參閱馬漢寶，國際私法（總論、各論），自版，2004初版，頁201-205。然該書除了以利益衡量說（考量當事人利益與公共利益）爲基本見解外，復認爲我國民事訴訟法第一編第一章第一節「管轄」之大部分條文，第568條婚姻案件專屬管轄之規定，第583條收養關係案件專屬管轄之規定，第589條認領案件專屬管轄之規定等，適用於涉外訴訟時，與國際上之共通原則相符合，似又兼採修正類推適用說。

17 參閱松岡博，改訂国際私法，三浦正人編，青林書院，1994年2版2刷，頁244。

18 日本實務上關於國際裁判管轄權之決定，所發展出的「特別情事原則」（特段の事情論），乃是判斷對某一具體個案行使國際裁判管轄權，是否「合理」與「公平」，其功能相當於美國法上判斷是否具有對人訴訟裁判管轄權之「合理公平原則」，而與「不便利法庭原則」（forum non conveniens）無涉。參閱蔡華凱，同註14，頁27-33。

轄法則所為之判斷結果加以修正。此說與利益衡量說之不同之處為，利益衡量說係依據個案為利益衡量，但此說則認為應依類型化之法則為利益衡量。此說為日本學者早稻田大學教授道垣內正人所主張[19]。

三、第三類群：調和論

調和論認為，為了保障平等使用法院之機會，國際裁判管轄權之決定應調和形式論與實質論的諸說，惟應如何調和，則有不同見解。

邱聯恭教授提出了四項標準調和諸說：第一，為賦予實質上平等使用審判制度之機會，以保護弱者之權利，當決定國際裁判管轄權時，應就個案為利益衡量而考慮，不因國際裁判管轄權之否定，致造成對經濟上或地理上處於劣勢之人，難能期待至國外進行訴訟之狀況；第二，系爭物之所在地、容易蒐集證據之地或當事人據以生活或從事經濟活動之地等均可為定國際裁判管轄權之標準，亦即管轄各該地之國有國際裁判管轄權，基此，我國民事訴訟法第6條、第10條第2項、第15條、第16條、第18條第1項等規定，原則上可類推適用於國際裁判管轄權之決定；第三，例如我國民事訴訟法第1條第1項（被告之住所地）、第2條第2項（被告為法人時，其主事務所，營業所所在地）之「以原就被原則」，可為決定國際裁判管轄權之標準，蓋以此項標準能顧慮到原告通常已為相當準備而起訴及被告係處於可能因被訴而受襲等利害，如此顧慮始符合當事人間之實質上公平及實現權利之方便，但於特殊情形，倘嚴格貫徹「以原就被原則」，將導致實質上否定原告受救濟機會之結果時，亦應考慮原告所蒙受之不利益，另行探求被告住所地以外之管轄決定標準，例如私人係以從事國際交易活動之大企業公司為相對人，締結附合契約（保險契約、旅客運送契約）之情形；第四，為提高涉外案件之審判的效率及迅速性，也應考量程序進行之難易及判決之實際效用（強制執行之可能性），故我國民事訴訟法第3條第1項後段（請求標的物之所在地）、第8條、第9條、第11條（擔保物之所在地）及第17條亦可類推適用於決定國際裁判管轄權，但鑑於涉外案件中權利人

[19] 參閱道垣内正人，外国航空機製造會社に對する製造物責任の国際裁判管轄権，判例時報／判例評論310第1129號，1984年，頁203。

之權利實現往往加倍困難而處於不安定狀態，特有就債務人存於國內之財產，獲得清償之需要，故將我國民事訴訴法第3條第1項前段（可扣押之財產所在地）在一定的條件下，類推適用於決定國際裁判管轄權，非全無實益，故而除考慮以請求金額與債務人在國內之財產的均衡為承認管轄之要件外，為避導致頻發一部訴求，似可另考慮在國內有可供執行之財產時，以該財產經假扣押而被固定為要件，承認管轄[20]。此四標準中，第一標準採利益衡量說，第二標準採單純類推適用說，第三標準採新類型說，第四標準採修正類推適用說。

林秀雄教授認為，應採取調和修正類推適用說與利益衡量說的方法，來決定有無國際裁判管轄權。林教授認為，修正類推適用說與利益衡量說具有相輔相成之關係，修正類推適用說可從利益衡量的觀點來尋求修正類推適用內國民事訴訟法之論理依據，利益衡量說並未排斥修正類推適用說，若認為類推適用內國民事訴訟法之規定，亦能符合當事人之利益或公共利益時，自亦有類推適用之可能，若民事訴訟法無明文規定得以類推適用時，則只有依據利益衡量說以決定該涉外私法案件之國際裁判管轄權[21]。

李後政教授認為，判斷有無國際裁判管轄權應類推適用民事訴訟法之規定，如符合民事訴訟法所規定之土地管轄，則原則上該法院係適當之法院而得行使國際裁判管轄權，惟如有例外情形，應認為係不適當之法院而不得行使國際裁判管轄權，但是否有例外情形，應由當事人主張，再由法院依職權調查個案之情形時既認定之，而所謂適當之國際裁判管轄權行使基礎，主要指：（一）被告之住所或居所（由於被告居於被動之地位，且係被告生活重心，應訴較為方便）；（二）法人或其他團體之事務所或營業所（但未必要與訴訟標的有關連）；（三）履行地（但不包括侵權行為之債務履行地，以免使被告出乎預測而應訴不便，亦不包括契約原來之請求轉化而成之損害賠償債務之履行地，因亦出乎被告之預測可能性）；（四）財產所在地（但以與訴訟標的有關或具有相當價值而已由當事人扣押者為限）；（五）侵權行為地（指加害行

20 參閱邱聯恭，司法現代化之要素，收於司法之現代化與程序法，自版，1994年再版，頁100-102。

21 參閱林秀雄，國際裁判管轄權—以財產關係案件爲中心，收於國際私法理論與實踐（一）—劉鐵錚教授六秩華誕祝壽論文集，學林，1998年初版，頁128。

為地，因蒐集證據較為便利、被害人起訴較為便利且不違反加害人之預測之故）；（六）損害發生地（但以不違反加害人之預測者為限）；（七）船舶碰撞之最初到達地（因事件原因調查或證據蒐集較為便利之故）；（八）不動產所在地（因與該不動產之法制有密切關連，且有登記等官方證明，蒐集證據較為便利）；（九）被繼承人住所地（通常大部分為遺產或證據書類所在）[22]。

四、本文見解

我國為大陸法系國家，民事訴訟之管轄權法則與德、日等國之民事訴訟法相仿，故除了「海商法」第78條載貨證券國際裁判管轄權之明文規定外，現行之「民事訴訟法」與「涉外民事法律適用法」中並無關於國際裁判管轄權之一般性規定。因此，我國法上國際裁判管轄權決定之法律體系，自以參酌民事訴訟管轄法則體例相近的德、日等大陸法系國家為適宜，而於彼等之逆推知說、單純類推適用說、修正類推適用說、利益衡量說、新類型說等諸說中，擇其中作為解釋我國法上國際裁判管轄權之決定基準。然美國法近五十多年來所發展出的「最低度接觸法則」（minimum contacts）與「合理公平原則」（reasonableness and fairness），亦提供了一公正、合理地決定國際裁判管轄權之基準，故我國法上國際裁判管轄權法律體系之建立，雖應以德、日等大陸法系國家國際裁判管轄權決定之法律體系為體，但亦應以美國法上裁判管轄權決定之基準為用[23]，蓋若觀察德、日等大陸法系國家國際裁判管轄權法律體系

22 參閱李後政，外國法院確定裁判之承認要件及效力之問題，收於國際私法論文集慶祝馬教授漢寶七秩華誕，五南圖書，1996年初版1刷，頁190-191。

23 事實上，美國聯邦最高法院於1945年*International Shoe Co. v. Washington*案所確立揭櫫「充分牽連」理念之「最低度接觸法則」以及揭櫫「衡量被告、原告、法院地三方之公、私利益」理念之「合理公平原則」，竟與德、日等國於1980年代後關於決定國際裁判管轄權之法院實務的發展趨向異曲同工，例如德國聯邦最高法院於1991年7月2日關於塞普勒斯建設公司案的判決（BGHZ, 115/NJW 1991）中，追認了下級法院所提出輔以「內國牽連性」作爲判斷是否具國際裁判管轄權的標準，此即同於「最低度接觸法則」所揭櫫「充分牽連」之理念，而日本最高裁判所平成9年11月11日關於德國進口轎車案的判決（最判平9.11.11判時第1626號，頁74）中，追認了下級法院所提出輔以「特別情事原則」（特段の事情論）作爲判斷是否具國際裁判管轄權的標準，此恰符合「合理公平原則」所揭櫫、「衡量被告、原告、法院地三方之公、私利益」之理念。

的發展軌跡，無論「內國牽連性」的要求（德國）抑或「特別情事原則」（特段の事情論）的提出（日本），皆合於美國法於1945年所確立的「最低度接觸法則」與「合理公平原則」。有鑑於此等「充分牽連」、「衡量被告、原告、法院地三方之公、私利益」之理念於美國發展已久、討論亦豐，因此，本文以為，若能於既有之大陸法系民事訴訟體制上，兼採美國法的經驗，實能收相輔相成之效矣！故本文以下所提出之國際裁判管轄權決定基準，即本此立場而來。

(一) 採取調和論：調和修正類推適用說與利益衡量說

德、日等國關於國際裁判管轄權之決定基準，之所以形成形式論與實質論之爭鋒，實導因於注重法安定性以及要求具體妥當性的根本思考上差異，從而使二者之差異不易調和[24]：前者（形式論）希望國際裁判管轄權之問題能依據固定的決定基準，如此能方便法官判斷，以維護法安定性；而後者（實質論）希望儘可能作成肯定內國法院與系爭案件因具牽連性故具國際裁判管轄權之判斷，蓋涉外事件之勝訴敗訴事實上大多取決於管轄決定，因此最好不要有固定的決定基準，以方便法官儘可能作成肯定內國法院具國際裁判管轄權之判斷，如此方能達成具體妥當性。實則，法安定性與具體妥當性並非對立的緊張關係，法安定性與具體妥當性，應同為國際裁判管轄權決定的兩大最主要價值，故吾人不應採取非此即彼的絕對劃分，而應就形式論與實質論各自之缺憾部分，分別提出補強之道，以調和法安定性與具體妥當性。

形式論之缺憾乃缺乏彈性，但具法安定性為其優點，而實質論正好相反，缺乏標準乃其缺憾，但符合具體妥當之要求則為其優點。然而，若考量到大陸法系實證法的法制傳統因而使大陸法系國家的法官對實證法律條文有極深的依賴，未提供任具體判斷標準的實質論諸說，恐有流於法官主觀意志的運用上

24 這樣不易調和的差異，與準據法選擇上「法則」（rules）與「方法」（approaches or methods）的對立相似。有關法安定性與具體妥當性於準據法選擇上的本質差異以及準據法選擇上「法則」與「方法」的區別，可參閱吳光平，論最密切牽連關係理論之立法化，法學叢刊第188期，2002年10月，頁97-98；吳光平，國際私法上侵權行爲準據法發展新趨勢，軍法專刊第49卷第1期，2003年1月，頁18-19、21。

風險，因此衡諸弊害的輕重，形式論諸說雖有因缺乏彈性而失之具體妥當的缺憾，但於現階段仍屬必要，因為「經過法安定性與具體妥當性的相互妥協」後的修正式形式論（調和論），比起大陸法系國家法官所不熟悉之「著重具體妥當性」的實質論諸說，所能發揮的功效更大。故本文認為，以法安定性與具體妥當性兼具的修正類推適用說（管轄分配說或法理說）為基礎，並以利益衡量說加以調和之調和方法，不失為調和法安定性與具體妥當性之適當國際裁判管轄權決定方法。蓋修正類推適用說原則上類推適用內國土地管轄的規定，法官對內國土地管轄規定的適用上相當熟悉，且內國土地管轄的規定可為當事人所預見，故法安定性得以維持；而於類推適用時，則可從利益衡量的觀點，參酌美國法上「最低度接觸法則」與「合理公平原則」，來尋求修正類推適用內國土地管轄規定之論理依據，若認為類推適用內國土地管轄之規定，能夠符合具有國際裁判管轄權時所要求的「充分牽連」，亦能符合被告、原告、法院地三方之公、私利益時，自可類推適用，若無明文之土地管轄規定得以類推適用時，則以相關的管轄原因事實，就利益衡量的觀點綜合判斷之，如此一來，具體妥當性亦得以兼顧。

（二）於利益衡量時，應參酌美國法上最低度接觸法則與合理公平原則，從被告、原告、法院地三方之公、私利益，綜合判斷行使國際裁判管轄權是否適當

所謂類推適用，乃是將法律針對某構成要件或多數彼此相類的構成要件而賦予之規則，轉用於法律所未規定而與前述構成要件相類的構成要件，轉用的基礎在於二構成要件在與法律評價有關的重要觀點上彼此相類，因此二者須作相同之評價，其核心即在於「與法律評價有關的重要觀點上彼此相類而須作相同之評價」。因此，國際裁判管轄權是否類推適用內國土地管轄的相關規定，即須視國際裁判管轄權與內國土地管轄「與法律評價有關的重要觀點上是否彼此相類而須作相同之評價」。按內國案件之當事人為同國人，系爭法律關係、訴訟程序與結果所涉及的範圍限於一國之內，內國案件之裁判機能係由同一國家之法院加以分攤，而涉外案件當事人多為不同國籍之人，系爭法律關係、訴訟程序與結果所涉及的範圍超越一國，涉外案件之裁判機能係由歷史、法律、

語言、宗教、倫理觀等均不同之各國際間協力分擔，因此內國案件與涉外案件乃存有重要之本質上差異。故判斷國際裁判管轄權與所欲類推適用的內國土地管轄規定「重要觀點上是否彼此相類」時，必須以內國案件與涉外案件之本質差為核心概念，依「最低度接觸法則」就內國土地管轄規定所呈現的牽連關係強度判斷是否已達於具有國際裁判管轄權時所要求的「充分牽連」，並依「合理公平原則」綜合考量被告、原告、法院地三方之公、私利益，得出類推適用、修正之類推適用或不類推適用之結論。倘無明文之土地管轄規定作為判斷對象時，則以相關的管轄原因事實，先就「量」的觀點觀察系爭案件是否具有相關管轄原因事實，再就系爭案件所具管轄原因事實之組合以「質」的觀點，依「最低度接觸法則」就系爭案件所具管轄原因事實之組合是否已達於具有國際裁判管轄權時所要求的「充分牽連」，並依「合理公平原則」綜合考量被告、原告、法院地三方之公、私利益，以判斷具有國際裁判管轄權是否適當。至於須衡量的被告、原告、法院地三方之公、私利益，則包括了：

1. 是否具充分牽連

此乃就法院地與被告間或法院地與訴訟標的間牽連或利害關係之強度，判斷是否達於具有國際裁判管轄權時所要求的「充分牽連」（法國法則稱是否有「實體鄰近性」（proximité matérielle））。此時可利用美國法上「最低度接觸法則」作為判斷基準。按美國法早期基於「所在權力理論」（presence power theory），關於對人訴訟裁判管轄權的判斷，認為只要法院地為被告的家庭州、被告在法院地能受法院送達，或基於被告自願出庭或有管轄合意者，法院即有對人訴訟的裁判管轄權，此種依「所在權力理論」所行使的對人訴訟裁判管轄權，實際上乃以「單一接觸」（single contact）作為管轄連繫因素，支配了美國對人訴訟裁判管轄權的決定近七十年。惟在1945年*International Shoe Co. v. Washington*案[25]中，美國聯邦最高法院認為對人訴訟裁判管轄權的行使，須被告與法院地間存在有無害於「傳統上公平與實質正義概念」的「最低度接觸」（Due process requires only that in order to subject a defendant to a judgment in personam, if he be not present within the territory of the forum, he

[25] 326 U.S. 310 (1945).

have certain minimum contacts with it such that the maintains of the suit does not offend "traditional notions of fair play and justice."），方能通過美國憲法上「正當程序條款」（Due Process Clause）的檢驗，法院也才能行使對人訴訟裁判管轄權（in personam jurisdiction or personal jurisdiction or jurisdiction over the person）。該案中美國聯邦最高法院認為，International Shoe公司在華盛頓州雖然沒有營業處，但卻有十幾名銷售人員長期在華盛頓州為其銷售貨物，這種持續銷售貨物構成了最低度接觸，因此華盛頓州法院對International Shoe公司具對人訴訟裁判管轄權的基礎。*International Shoe Co. v. Washington*案所建立的「最低度接觸法則」自此成為判斷對人訴訟裁判管轄權的主要基準，修正了依「所在權力理論」的「Pennoyer法則」[26]以「單一接觸」作為判斷是否具裁判管轄權的基準，而以此單一接觸是否達到「充分接觸」作為判斷是否具裁判管轄權的基準，亦即判斷重心從「量」（單一）改為「質」（充分）。惟可惜的是，美國聯邦最高法院於*International Shoe Co. v. Washington*案對最低度接觸未提出明確基準，故美國聯邦最高法院試圖於之後的判決中提出一些判斷基準。

例如在1958年的*Hanson v. Denckla*案[27]中，原告（信託人）由德拉瓦州搬到佛羅里達州，後來由德拉瓦州的被告（受託人）寄錢至佛羅里達州給原告，美國聯邦最高法院認為被告之寄錢行為只不過是對原來居住於法院地外之顧客的服務，並無與佛羅里達州發生關係以從佛羅里達法受利益與受保護之目的在其中，故被告與佛羅里達州並未達到最低度接觸。換言之，美國聯邦最高法院於本案提出了一判斷有無最低度接觸的標準，即「被告於法院地的活動，有無利用法院地法以受利益與受保護之目的在其中」（... the defendant purposefully avails itself of the privilege of conducting activities within the forum state, thus

[26] 所謂「Pennoyer法則」，乃美國聯邦最高法院於1877年*Pennoyer v. Neff*案（95 U.S. 714 (1877)）所建立之對人訴訟裁判管轄權的基準。*Pennoyer v. Neff*案中，美國聯邦最高法院認爲對非法院地居民的裁判管轄權（personal jurisdiction over nonresident defendant），乃基於「所在權力理論」，故「只要被告在法院地能受法院送達者，或基於被告自願出庭者，法院即有對人訴訟的裁判管轄權」（... determination of the personal liability of the defendant, he must brought within its jurisdiction by service of process within the state, or his voluntary appearance.）。

[27] 357 U.S. 235 (1958).

invoking the benefits and protections of its law.），此標準稱為「目的利用原則」（purposefully avail），惟被告的何種活動可用來決定是否達到最低度接觸，本案並未說明而徒留模糊空間[28]。但很明顯地，美國聯邦最高法院認為，構成與法院地間最低度接觸之被告行為，必須是有意識會受到法院地法拘束之行為，無此意識者，例如本案中單純的寄錢行為，即非會與法院地間構成最低度接觸之行為。

2. 證據方法是否集中

謹慎而正確之裁判係出自於正確之事實認定和法律適用，以及當事人間充分之訴訟活動，而其中關於事實之認定受證據方法充實與否極大之影響。因此，法院即須衡量調查證據、詢問證人等證據方法是否集中於法院地，以免證據方法過於分散而造成訴訟的延宕與法院地司法資源的浪費。

3. 判決是否具實效性

從判決之迅速、經濟觀點，判決之實效性與原告的利益有極大關係，特別是給付判決之情況，若能迅速、經濟實現給付判決內容之地，則對原告的利益有較佳的保障。另判決為外國承認與執行的可能性亦須同時考量。

4. 被告應訴的負擔

若國際裁判管轄權的實行將使被告須至對其而言遙遠的或不方便的法院應訴，此會對被告造成的極大負擔，對被告而言顯失公平，故被告應訴的負擔自應作為利益衡量時的考慮因素之一。而被告應訴的負擔包括了出庭的困難度、出庭所需花費的時間與金錢、語言使用、訴訟制度的了解等問題。

5. 保護身為弱勢者與被害者之原告

被告與原告間地位不對等時，例如係以從事國際交易活動之大企業公司為相對人，締結附合契約（保險契約、旅客運送契約、勞動契約）之情形，於此時應考慮是否藉由法院地訴訟制度的實行以保護為弱勢者或被害人之原告；而當原告為重大意外事故之被害者時，亦應考慮原告起訴的便利性，使身為被害人之原告得藉由於法院地之訴訟，儘速獲得救濟。

上述2.至5.之證據方法是否集中、判決是否具實效性、被告應訴的負擔與

---

[28] Gene R Shreve & Peter Raven-Hansen, Understanding Civil Procedure 59 (2nd ed., 1994).

保護身為弱勢者與被害者之原告，乃運用美國聯邦最高法院於1980年的*World Wild Volkswagen Corp. v. Woodson*案[29]對「合理公平原則」所提出的判斷標準。該案中，原告於奧克拉荷馬州因車禍而受傷，故向奧克拉荷馬法院起訴於法院地外之非法院地居民的車商與法院地外之非法院地居民的區域經銷商，但被告於法院地內並無推銷汽車或賣車，亦無將其產品運至法院地，更無於法院地有代理商或作廣告，被告與法院地唯一的關係為，被告生產或經銷的車子係於紐約出賣給一個紐約人（原告），但路經法院地時卻偶然發生意外。美國聯邦最高法院認為被告雖可預見（foresee）汽車可能行至奧克拉荷馬州，但此並未達到最低度接觸，因單一的「可預見性」（foreseeability）從來就不是於「正當程序條款」下判斷是否具有對人訴訟裁判管轄權的有效基準，故奧克拉荷馬法院對被告不具裁判管轄權。於本案中，美國聯邦最高法院除了再度確認了最低度接觸須符合「目的利用原則」，更近一步認為*International Shoe Co. v. Washington*案所確立的「最低度接觸法則」具有二個相關但可區別的功能，一是確立被告與法院地間是否具有接觸，另一則是保障被告能拒絕去遙遠的或不方便的法院應訴之負擔（It protects the defendant against the burdens of litigating in a distant or inconvenient forum.），而此種保障被告能拒絕不方便訴訟的功能，稱為「合理性」（reasonableness）或「公平性」（fairness）。質言之，行使對人訴訟的裁判管轄權須具有二要件：1.與法院地的接觸須符合「目的利用原則」；2.行使對裁判管轄權須符合「合理公平原則」；而聯邦最高法院並提出了五個判斷是否符合「合理公平原則」的標準：1.被告的負擔（the burden of defendant）；2.法院地州的利益（the interests of the forum state）；3.原告獲得救濟的利益（the plaintiff's interest in obtaining relief）；4.獲得最有效率解決紛爭之州際司法制度利益（the interstate judicial system's interest in obtaining the most efficient revolution controversies）；5.數州間所共同分享之促進基本社會政策的利益（the shared interest of the several States in furthering fundamental substantive social policies）。按被告的負擔，乃判斷裁判管轄權的實行是否使被告須至對其而言遙遠的或不方便的法院應訴，蓋此將對被告造成的極大負

---

[29] 444 U.S. 286 (1980).

擔，對被告而言顯失公平；法院地州的利益，乃判斷裁判管轄權的實行對法院地是否有利益，是否會因證據方法之分散而造成訴訟的延宕與法院地司法資源的浪費；原告獲得救濟的利益，乃判斷原告是否能藉由於法院地之訴訟而儘速獲得救濟，以及原告所獲得之勝訴判決是否能獲得有效性地實行；獲得最有效率解決紛爭之州際司法系統利益，亦為判斷原告是否能藉由於法院地之訴訟而儘速獲得救濟。

6. 法院地是否實踐國際公法上的基本權價值

此一利益衡量的因素，屬於原則上不斟酌但於例外情形方須納入考量的特殊因素，蓋此因素係植基於「普遍主義」，違背了以「牽連關係」為基礎所形成的國際裁判管轄權體系。按某些嚴重侵害基本人權的行為，例如依集體屠殺、種族滅絕、戰爭犯罪、刑求、奴隸制度、強迫勞動或販賣人口等，國際公法上已形成了即使與系爭案件無明顯牽連的國家亦能具有刑事管轄權的制度，此種因某一（犯罪）行為侵害到國際社會之利益，故所有國家皆對該行為人具有管轄權的制度，稱為「普遍主義」（universal principle）[30]。為了貫徹對嚴重侵害基本人權行為刑事管轄權的「普遍主義」，相關案件的受害人對加害人提起民事損害賠償訴訟時，刑事犯罪的部分倘能隨同民事損害賠償的部分一併審理、裁判，對嚴重侵害基本人權行為的制裁將更為有效，「普遍主義」更能貫徹；而某國在行使相關案件的刑事管轄權時，倘能就民事損害賠償的部分一併審理、裁判，亦符合受害人的期待[31]。因此，針對嚴重侵害基本人權行為之侵權行為，法院地藉由訴訟制度的實施並適用對受害人較有利的法院地法，而能實踐國際公法上的基本人權價值，縱使法院地與系爭案件無明顯牽連，此時法院地對系爭案件具有國際裁判管轄權仍有實益。「新海牙管轄權公約預備草案」，就將此納為國際裁判管轄權的決定基準，於第18條第3項即規定：「締約國之法院依其國內法，對下列行為之（請求救濟）（請求損害賠償）訴訟行

---

30 Peter Malanczuk, Akehurst's Modern International Law 112-13 (7th ed., 1997); Tim Hillier, Sourcebook on Public International Law 280-82 (1998).

31 See Peter Nygh & Fausto Pocar, *Report on Preliminary Draft Convention on Jurisdiction and Foreign Judgments in Civil and Commercial Matters*, Preliminary Document No 11 of August 2000 for the attention of the Nineteenth Session of June 2001, at 84.

使國際裁判管轄權，不在本條禁止之列：【第一案】一、（依國際刑事法院規則所定義之）集體屠殺、侵害人權或是戰爭犯罪；或二、國際公法上之對自然人嚴重犯罪行為；或三、對國際公法所建立之自然人無法貶損之基本權為嚴重侵害行為如刑求、奴隸化、強迫勞動或失蹤人口。【第二案】一國對於某一國際公法上的嚴重犯罪行為，若其具有刑事管轄權符合其所加入的國際條約，且為對該犯罪行為所致之死亡或嚴重的身體侵害請求填補性損害賠償[32]。」惟以「普遍主義」作為決定國際裁判管轄權之基準，極易造成國際裁判管轄權的積極衝突與國際紛爭，故法院以此一衡量因素作為決定國際裁判管轄權之基準，必須極其謹慎與小心，應採取嚴格之態度，而本文以為唯有符合以下二要件，方得據以作為決定國際裁判管轄權之基準，以免造成國際紛爭與衝突法則的形骸化：第一，須系爭案件之行為明確為國際條約或習慣國際法所肯認之嚴重侵害基本人權的犯罪行為，而系爭案件之行為是否為國際條約或習慣國際法所肯認之嚴重侵害基本人權的犯罪行為，須採取與刑事法學相同之嚴格解釋的立場，不得任意擴大解釋；第二，須法院地法對受害人能提供較有利的保護，例如在舉證責任、責任構成、賠償範圍、消滅時效等方面。

---

32 Article 18(3): Nothing in this Article shall prevent a court in a Contracting State from exercising jurisdiction under national law in an action [seeking relief] [claiming damages] in respect of conduct which constitutes –

Variant One:

(a) genocide, a crime against humanity or a war crime[, as defined in the Statute of the International Criminal Court]; or

(b) a serious crime against a natural person under international law; or

(c) a grave violation against a natural person of non-derogable fundamental rights established under international law, such as torture, slavery, forced labour and disappeared persons.

Variant Two:

a serious crime under international law, provided that this State has established its criminal jurisdiction over that crime in accordance with an international treaty to which it is a party and that the claim is for civil compensatory damages for death or serious bodily injury arising from that crime.

參、我國法上海事案件國際裁判管轄權之決定基準

不似英美法系國家般海事訴訟（admiralty action）可為以船舶為被告之對物訴訟（actions in rem）或準對物訴訟（actions quasi in rem）[33]，我國為大陸法系國家，海事訴訟的被告只有可能是自然人或法人。大陸法系民事訴訟法之管轄法則，諸如我國、德國、日本等之民事訴訟法，法院之土地管轄，係由被告之普通審判籍和特別審判籍所構成。普通審判籍依「以原就被原則」（actor sequitur forum rei）之普世價值，使法院不分訴訟類型，對被告具有一個一般性的管轄權限，故普通審判籍所在地的法院，具有一般性、廣泛之管轄；特別審判籍乃「以原就被原則」之例外，係以訴訟標的法律關係來決定其和法院地間的牽連（claim-court nexus），故特別審判籍所在地的法院，僅有特別（special）、特定（specific）之管轄權。此種管轄法則之結構，反映到國際裁判管轄權時，即為國際裁判管轄權上的「一般管轄權」（general jurisdiction）與「特別管轄權」（specific jurisdiction）。以下即依本文所提出調和修正類推適用說與利益衡量說的觀點，依「一般管轄權」與「特別管轄權」之類型區分，分析我國法上海事案件國際裁判管轄權之決定基準。

一、被告住所地或主事務所所在地位於我國

「以原就被原則」乃是自羅馬法以來即被承認的普世價值。以此原則作為國際裁判管轄權之決定基準乃屬妥當，「布魯塞爾規則Ⅰ」第4條第1項（Subject to this Regulation, persons domiciled in a Member State shall, whatever their nationality, be sued in the courts of that Member State.）即採之。蓋被告之住所地（自然人）或主事務所所在地（法人）為其生活、經濟或事業關係之本據，被告之財產亦多位在其住所地或主事務所所在地，故原告於被告住所地法院或主事務所所在地法院獲得勝訴判決後，即可強制執行被告之財產，具有判

33 有關英美法系上的對物訴訟（actions in rem）或準對物訴訟（actions quasi in rem），請參閱吳光平，美國國際私法選法方法論與裁判管轄權法則之簡析，法令月刊第56卷第7期，2005年，頁33-34。

決之實效性，況原告於起訴前已有相當的準備，而被告卻處於被突襲性起訴之立場，為求原告與被告間之公平與方便，要求原告在被告住所地法院或主事務所所在地法院起訴，實不為過。

觀我國民事訴訟法第1條第1項前段：「訴訟，由被告住所地之法院管轄」與第2條第3項：「對於外國法人或其他得為訴訟當事人之團體之訴訟，由其在中華民國之主事務所或主營業所所在地之法院管轄。」之規定可發現，民事訴訟法所以規定以被告之住所、主事務所或主營業所所在地為其普通審判籍，乃因被告之住所、主事務所或主營業所所在地為其生活、經濟或事業關係之本據，為了防止原告濫訴，徒增被告跋涉之勞，並保護原告之利益，乃以被告之住所、主事務所或主營業所所在地為其普通審判籍[34]。由此可知，我國民事訴訟法第1條第1項前段與第2條第3項普通審判籍規定之「法律評價的重要觀點」，與國際裁判管轄權上一般管轄權之「法律評價的重要觀點」完全相同——皆為「以原就被原則」，故我國法院於決定涉外案件之國際裁判管轄權時，得類推適用民事訴訟法第1條第1項前段與第2條第3項之規定。職是，以外國自然人為被告者，若被告於我國設有住所者，則我國法院具有國際裁判管轄權，以外國法人為被告者，若被告於我國設有主事務所或主營業所者，則我國法院具有國際裁判管轄權。

涉外海事案件中，無論被告為船舶所有人、傭船人、運送人、託運人、受貨人，只要為被告於我國設有住所（被告為自然人）或主事務所或主營業所（被告為法人），因類推適用民事訴訟法第1條第1項前段或第2條第3項，我國法院乃具國際裁判管轄權上一般管轄權。然而實務上，涉外海事案件以海上件貨運送契約或載貨證券的爭執為常，故被告通常為身為運送人之法人（船公司、貨運公司），因此類推適用民事訴訟法第2條第3項，以決定涉外海事案件國際裁判管轄權上一般管轄權，於海事國際私法上甚為重要。此外，海商法第101條第1款：「關於碰撞之訴訟，得向下列法院起訴：一、被告之住所或營業所所在地之法院。」之規定，與民事訴訟法第1條第1項前段與第2條第3項有異曲同工之妙，「法律評價的重要觀點」亦為「以原就被原則」，故我國法

34 參閱陳計男，民事訴訟法論上冊，三民書局，1994年初版，頁28。

院於涉外船舶碰撞之海事案件中有無國際裁判管轄權，則可類推適用海商法第101條第1款之規定決定之，若被告於我國設有住所（被告為自然人）或營業所（被告為法人），則我國法院具有國際裁判管轄權上一般管轄權。

二、被告居所地或最後住所地位於我國

我國民事訴訟法第1條第2項：「被告在中華民國現無住所或住所不明者，以其在中華民國之居所，視為其住所；無居所或居所不明者，以其在中華民國最後之住所，視為其住所。」之規定，是否得完全類推適用於國際裁判管轄權之決定上，學說上有肯否之不同見解。肯定說認為，外國法院有無國際裁判管轄權之問題，原應依該外國法律決定，我國法律不宜介入其判斷，且我國法院之國際裁判管轄權，基於屬地主權及實效性原則，亦不應因外國法院主張一般管轄權而受影響，故無論被告為內、外國人，只要其依我國法律，在我國境內有住所、居所、或曾有住所，無論其在外國是否有住所或居所，我國法院對其訴訟即有國際裁判管轄權[35]。否定說則認為，該條項關於自然人之普通審判籍之規定，其場所之效力既限於在我國領域內，則被告之住所設在外國之場合，依該規定之旨趣言之，應無普通審判籍，基於此，就國際裁判管轄權之觀點言，在涉外案件，如被告在我國有住所，我國法院即有國際裁判管轄權，反之，如被告在我國並無住所者，我國法院並無國際裁判管轄權，而以被告在我國有無住所間接劃分我國法院國際裁判管轄權之界限，抑且民事訴訟法第1條第2項關於補充的普通審判籍之規定，係為防止被告並無住所或居所，致任何國家之法院均無國際裁判管轄權之情形而設之救濟辦法，被告既在外國設有住所，而承認外國法院有國際裁判管轄權者，則毋須另以居所地之我國法院受理該涉外案件，況被告去國多年，仍須回其最後住所之國家應訴，對其甚為不利，且被告之最後住所地未必即為法律關係發生地，法院於訊問證人、調查證據上均有困難，而被告最後住所之我國與該涉外案件並無任何牽連，所為之判決亦難獲他國之承認。故民事訴訟法第1條第2項補充的普通審判籍之規定，應

[35] 參閱劉鐵錚、陳榮傳，同註12，頁605。

解釋為被告在外國並無普通審判籍存在之情形為限，始可類推適用[36]。

以上肯否二說應以否定說為當，蓋民事訴訟法第1條第2項之規定係為防止被告因無住所或無居所而無一般審判籍，故該條項「法律評價的重要觀點」乃為「防止一般審判籍之真空」；然就國際裁判管轄權之觀點言，若被告於外國亦無住所時，為免「國際裁判管轄權之真空」，此時類推適用民事訴訟法第1條第2項之規定自屬適當，蓋二者「法律評價的重要觀點」皆為「防止一般管轄之真空」。惟，若被告於外國現有住所者，則該住所地法院對之即有國際裁判管轄權上一般管轄權，此時即無國際裁判管轄權上一般管轄權的真空現象，於此種情形下，即不應類推適用民事訴訟法第1條第2項之規定，況以居所作為管轄連繫因素，於現今國際民事訴訟法的趨勢上乃認為不具妥當性，此乃因居所雖有居住之事實但卻不具有久住的意思[37]，故極易設定，若以居所作為國際裁判管轄權上一般管轄權的決定基準，易引起國際裁判管轄權之積極衝突，且於居所地所為判決較不具實效性。更何況，若認為對於在外國現有住所之人，我國法院仍可類推適用民事訴訟法第1條第2項後段以最後住所地行使國際裁判管轄權，則對一個只是「曾經所在」而非「現在所在」我國之被告行使國際裁判管轄權，未免過度擴張國家裁判管轄權（national adjudicatory jurisdiction）之範圍，而有「過度管轄」（exorbitant jurisdiction）之嫌，且依「最低度接觸法則」加以利益衡量觀之，被告最後住所之我國與系爭案件不見得具「充分牽連」，若再依「合理公平原則」加以利益衡量，此時我國法院所為之判決恐難獲他國承認與執行，此即不具判決實效性，而被告去國多年，卻仍須回其最後住所地應訴，此對被告甚為不利，況被告之最後住所地，未必即為法律關係發生地，此時法院於訊問證人、調查證據上，亦有困難。因此，民事訴訟法第1條第2項之規定僅能部分類推適用於國際裁判管轄權之決定，即限於被告於國內外均無住所時，方能類推適用於第1條第2項之規定。

36 參閱池原季雄，國際裁判管轄權，收於新・実務民事訴訟講座（7）—國際民事訴訟、会社訴訟，日本評論社，1985年1版3刷，頁31；蘇遠成，同註11，頁132；小島武司、石川明編，國際民事訴訟法，青林書院，1994年初版1刷，頁44；林秀雄，同註21，頁131。

37 參閱邱聰智，民法總則上冊，三民書局，2005年初版1刷，頁271。

如前所述，由於第1條第2項之類推適用，須限於被告於國內外均無住所之情形，從而於涉外海事案件中，無論被告為船舶所有人、傭船人、運送人、託運人、受貨人，須被告於於國內外均無住所而於我國設有居所或無居所或居所不明但曾設有住所，我國法院方因類推適用民事訴訟法第1條第2項而具有國際裁判管轄權上一般管轄權。然而第1條第2項之類推適用係以被告為自然人為前提，實務上，涉外海事案件以海上件貨運送契約或載貨證券的爭執為常，故告通常為身為運送人之法人（船公司、貨運公司），因此修正類推適用民事訴訟法第1條第2項，以決定國際裁判管轄權上一般管轄權的情形，於涉外海事案件應甚少發生。

三、被告慣常居所地或持續性商業活動地位於我國

居所作為管轄連繫因素之妥當性，於現今國際民事訴訟法的趨勢上乃受否定，但慣常居所（habitual residence）作為國際裁判管轄權之決定基準，則因「海牙國際私法會議」提倡「慣常居所地」（habitual residence）最力，致晚近加入海牙公約之國家已有改以慣常居所地為國際裁判管轄權決定基準之趨勢，此趨勢殊值吾人注意，而「新海牙管轄權公約預備草案」第3條第1項亦以慣常居所地取代住所地，為國際裁判管轄權上一般管轄權的決定基準（Subject to the provisions of the Convention, a defendant may be sued in the courts of the State where that defendant is habitually resident.）。另依「合理公平原則」加以利益衡量觀之，倘以被告之居所地作為行使國際裁判管轄權之依據，則其他居所地不見得承認或執行原告之勝訴判決，故而不具判決實效性，且因居所即易設定，因而易引起國際裁判管轄權之積極衝突；而慣常居所則與居所不同，慣常居所雖亦為居所，但基於居住的慣常性，其數目必較居所為少，且通常亦與住所重疊，故以之作為行使國際裁判管轄權之依據，引發國際裁判管轄權積極衝突之機率較低，況且基於居住的慣常性，被告於慣常居所地之「出現」（presence）顯較其他居所地為頻，故被告在其慣常居所地應訴亦為方便，且慣常居所地因亦為被告日常生活、經濟關係之主要發生地，故常為訴訟標的原因事實之發生地，此時法院訊問證人、調查證據亦為便利，法院所為之判決亦較易於執行而具實效性，故以慣常居所地作為國際裁判管轄權上一般管轄權之

決定基準，應為妥當。

另就法人言，持續性商業活動地（regular business operations）為法人日常商業活動關係之發生地，常為訴訟標的原因事實之發生地，故就如同慣常居所地之於自然人一般，以持續性商業活動地作為國際裁判管轄權上一般管轄權的決定基準，應屬妥當，而依「合理公平原則」加以利益衡量之結果，類同於慣常居所地，故於此不贅述。惟須注意者，持續性商業活動之意義如何，實可借鏡於美國美國法上的解釋，端視該法人是否「經常性地及有計畫性地於法院地營業」（regular and systematic dealing），亦即由「繼續性」（continuous）與「計畫性」（systematic）二要素所構成，具體的判斷標準如：是否於法院地有辦公室、代表、職員、財產、銀行帳號、倉庫、廣告電話簿登錄等[38]。

綜上所述，慣常居所地（被告為自然人）或持續性商業活動地（被告為法人）皆可作為我國法院決定國際裁判管轄權上一般管轄權的基準，惟因我國民事訴訟法土地管轄尚無規定可資類推適用，故其依據乃是國際民事訴訟法之法理。應特加說明的是，以慣常居所地（被告為自然人）或持續性商業活動地（被告為法人）作為我國法院決定國際裁判管轄權上一般管轄權的基準，於涉外海事案件中甚具意義，蓋1978年「聯合國海上運送公約」（United Nations Convention on the Carriage of Goods by Sea，簡稱為「漢堡規則」（The Hamburg Rules））第21條第1項第1、2款以及1980年「聯合國國際多式聯運公約」（United Nations Convention on International Multimodal Transport of Goods，簡稱為「日內瓦公約」（The Geneva Convention））第26條第1項第1、2款，皆以「被告無主事務所所在地，無主事務所者，其慣常居所地」、「契約若係於被告之主事務所、分所或代理商所簽訂者，該契約簽訂地」作為國際裁判管轄權的決定基準，該二款並未為我國海商法所繼受（我國海商法第78條僅繼受「漢堡規則」第21條第1項第3、4款），故「漢堡規則」第21條第1項第1款與「日內瓦公約」第26條第1項第1款，正可納入為國際民事訴訟法之法理，將慣常居所地作為國際裁判管轄權上一般管轄權的決定基準（雖然「漢堡規則」第21條第1項第1款與「日內瓦公約」第26條第1項第1款之被告慣常居

38 參閱陳隆修，國際私法管轄權評論，五南圖書，1986年初版，頁124。

所地，須以被告無主事務所所在地或無主事務所為前提），而「漢堡規則」第21條第1項第2款與「日內瓦公約」第26條第1項第2款，亦可納入為國際民事訴訟法之法理，將持續性商業活動地作為國際裁判管轄權上一般管轄權的決定基準（雖然「漢堡規則」第21條第1項第2款與「日內瓦公約」第26條第1項第2款之主事務所、分所或代理商所等持續性商業活動地，須同時為契約簽訂地）。

四、被告財產所在地位於我國

在被告財產所在地之法院起訴而獲勝訴判決者，即可就被告之財產強制執行，故就判決實效性之觀點言之，以之作為行使國際裁判管轄權上特別管轄權的依據，原則上應屬妥當。依通說之見，我國民事訴訟法第3條：「（第1項）對於在中華民國現無住所或住所不明之人，因財產權涉訟者，得由被告可扣押之財產或請求標的所在地之法院管轄。（第2項）被告之財產或請求標的如為債權，以債務人住所或該債權擔保之標的所在地，視為被告財產或請求標的之所在地。」之規定，亦可類推適用於國際裁判管轄權之決定[39]，故被告在我國現無住所或住所不明，而在外國有住所時，我國法院本無國際裁判管轄權上的一般管轄權，惟如可扣押財產或請求標的物在我國時，我國具有國際裁判管轄權上的特別管轄權。此種因可扣押財產於法院地所生的裁判管轄權，稱為「差押管轄」（forum arresti）、「查封管轄」（attachment jurisdiction）或「財產的審判籍」（Vermögensgerichtsstand）。

然類推適用民事訴訟法第3條時，是否不問可扣押財產之價值貴重與否，均具有國際裁判管轄權，則有疑義。例如，被告之PDA一具因於我國機場轉機時遺留於我國，而該涉外海事訴訟係涉及新臺幣8,000萬元之載貨證券訴訟者，於此情形下若承認我國法院具有國際裁判管轄權，實有失均衡。此種廣泛的承認財產所在地國際裁判管轄權之情形，實有「過度管轄」之嫌。按民事訴訟法第3條以被告可扣押財產或請求標的所在地作為其特別審判籍之規定，於「法律評價的重要觀點」乃是「便於將來之強制執行」[40]，然就國際裁判管轄

---

39 參閱蘇遠成，同註11，頁134；劉鐵錚、陳榮傳，同註12，頁607；林秀雄，同註21，頁131。

40 參閱陳榮宗、林慶苗，民事訴訟法上冊，三民書局，2003年修訂3版1刷，頁134。

權的決定而言，倘有「過度管轄」之情形發生，即使原告獲得勝訴判決，判決亦不具實效性，蓋訴訟標的之價值與被告於法院地可扣押財產或請求標的物之價值相差懸殊，於法院地強制執行對原告並無多大實益。故於此情形，依「合理公平原則」加以利益衡量觀之，應認為類推適用民事訴訟法第3條行使國際裁判管轄權，並不合於該條「便於將來之強制執行」之「法律評價的重要觀點」，從而若出現「過度管轄」之情況，即不得類推適用民事訴訟法第3條之規定[41]。

反之，若訴訟標的之價值與被告於法院地可扣押財產或請求標的物之價值相當時，則合於民事訴訟法第3條「便於將來之強制執行」之「法律評價的重要觀點」，但此時是否即得類推適用之以行使國際裁判管轄權，尚有須視財產所在地與原告之請求間是否須具有直接牽連之不同看法。對此，否定說認為，只要訴訟標的之價值與被告於法院地可扣押財產或請求標的物之價值相當，財產所在地與原告之請求縱無直接牽連，法院亦具有國際裁判管轄權[42]；而肯定說認為，縱然於法院地有相當價值之財產，但該財產所在地與原告之請求無直接牽連時，法院於訊問證人、蒐集證據上有其困難，此對被告亦屬不利，因此仍有「過度管轄」之嫌[43]。本文則以為，若財產所在地與原告之請求無直接牽連，則法院地之國家裁判管轄權，是否有必要強加諸於被告在法院地以外地方所為之引發訴訟的行為，不無疑義，蓋於此依「最低度接觸法則」加以利益衡量時，則不免生過度擴張國家裁判管轄權範圍的結果，況且再依「合理公平原

41 參閱林秀雄，同註21，頁132；石黑一憲，同註15，頁136-137；小島武司、石川明編，同註36，頁46；秋原佐一郎，國際民事訴訟法，國書刊行会，1994年，頁114。

42 參閱池原季雄，同註37，頁29；木棚照一、松岡博、渡邊惺之，同註13，頁254-255；小島武司、石川明編，同註39，頁46；林秀雄，同註21，頁132。

43 參閱秋原佐一郎，同註41，頁115；松岡博，同註17，頁251；李後政，外國法院確定裁判之承認要件及效力之問題，收於國際私法論文集慶祝馬教授漢寶七秩華誕，五南圖書，1996年初版1刷，頁191；陳長文，外國判決之承認—從歐盟「布魯塞爾判決公約」及美國「對外法律關係整編」評析民事訴訟法第四〇二條，收於國際私法理論與實踐（一）—劉鐵錚教授六秩華誕祝壽論文集，學林，1998年初版，頁236-237；黃國昌，扣押財產作爲行使國際民事管轄權之基礎—評最高法院九十三年度台抗字第一七六號裁定，月旦法學雜誌第124期，2005年9月，頁245-246。

則」加以利益衡量觀之，於此情形下法院於訊問證人、蒐集證據等證據方法確實較為困難，故美國1977年*Shaffer v. Heitner*案[44]所建立「位於法院地之特定物須與法院地有最低度接觸，法院方能行使準對物訴訟裁判管轄權」，以及德國1991年7月2日塞普勒斯建設公司案[45]「被告於德國之財產和本件訴訟及法院地

[44] 443 U.S. 186 (1977). 該案中，原告基於德拉瓦州的一間公司之股東身分，於德拉瓦州法院以違反忠實義務爲由起訴該公司一名職員，但被告並非德拉瓦州居民，德拉瓦州法院對其並無法行使對人訴訟的裁判管轄權，而依德拉瓦法，公司股份之所在地（presence）爲公司主事務所所在地，原告既對被告於公司的股份爲假扣押，則德拉瓦州法院即有準對物訴訟的裁判管轄權，惟美國聯邦最高法院卻認爲，該訴訟與被告的股份無關，且訴因爲非法院地居民於法院地外之行爲，故僅股份之所在地於法院地尚不能夠成法院主張行使準對物訴訟裁判管轄權（quasi in rem jurisdiction）的「充分接觸」。

[45] BGH, NJW 1991, S. 3902, 3903. 該案中，原告爲主事務所位於塞普勒斯首都的一間建設公司（訴外人）的實際負責人，訴外人塞普勒斯之建設公司與利比亞軍方締結價金爲2億2,100萬美金之利比亞的港灣設施建設的承攬契約，並事先收受了3,700萬美金的頭期款。訴外人利比亞之銀行基於訴外人塞普勒斯之建設公司的委任而爲此頭期款之保證人，而主事務所位於土耳其安卡拉，並於德國斯圖加特（Stuttgart）設有事務所之被告土耳其銀行，爲訴外人塞普勒斯之建設公司與訴外人利比亞之銀行間的保證人，爲了擔保被告的共同保證債務，訴外人塞普勒斯之建設公司在被告銀行存放2,000萬美金。1976年，利比亞政府與訴外人塞普勒斯之建設公司解除契約，並要求返還頭期款，訴外人利比亞之銀行基於保證契約而履行了該款項之清償，嗣後由被告以訴外人塞普勒斯之建設公司存放在被告的2,000萬美金支付於訴外人利比亞之銀行。對於被告向訴外人利比亞之銀行的給付，訴外人塞普勒斯之建設公司主張其違反保證契約上之約定，故於英國起訴請求被告返還該2,000萬美金。訴外人塞普勒斯之建設公司主張該公司主要的董事或股東大多居住於英國，無法期待在土耳其能獲得公平的審理，故選擇在英國起訴，然被告抗辯土耳其才是審理本件訴訟最適當的法院地。英國高等法院接受被告的抗辯，援用「不便利法庭原則」（forum non conveniens）停止訴訟（stay）。後來原告從訴外人塞普勒斯之建設公司接受保證金返還請求權之讓與，於被告的資產所在地德國斯圖加特起訴請求保證金返還訴訟。後德國聯邦最高法院判決指出，「德國民事訴訟法」第23條「財產的審判籍」之規定對於財產額度或內國牽連關係未爲任何限制，但判例上對該條規定極度擴張解釋之故，在國際間受到「過盛管轄」之批評，尤其是「布魯塞爾公約」第3條已加以禁止，且觀「德國民事訴訟法」第23條「財產的審判籍」的立法沿革，其規範目的係爲保護居住於德國之債權人，故而對於在內國無住所之當事人間的紛爭，完全就第23條之條文解釋，以被告於內國之財產爲依據而肯定國際裁判管轄權的結果，將造成「任擇法院」，此有違立法者原意。本案中原告雖有遷居法蘭克福之户籍爲證，惟資料顯示原告在英國以及塞浦勒斯亦擁有住居所，故原告於德國既無住所地亦無慣常居所之事實無庸置疑，從而與德國的牽連關係應予否定，故聯邦最高法院認爲德國法院對本件訴訟不具國際裁判管轄權。

間欠缺牽連關係」之見解，實可為我國法院所參考。

綜上所言，若被告於我國可扣押財產或請求標的物之價值與訴訟標的之價值相當，且與我國有直接牽連者，則類推適用民事訴訟法第3條之規定，我國法院具有國際裁判管轄權上的特別管轄權，從而涉外海事案件中，無論被告為船舶所有人、傭船人、運送人、託運人、受貨人，只要有可扣押財產或請求標的物於我國，而該財產或請求標的物之價值與訴訟標的之價值相當且與我國有直接牽連者，我國法院乃具有國際裁判管轄權上的特別管轄權。而實務上，由於涉外海事案件以有關海上件貨運送契約或載貨證券的爭執為常，故被告通常為身為運送人或船舶所有人之法人（船公司、貨運公司），又被告之財產所在地通常為其主事務所所在地，而其主事務所所在地通常亦為船籍國，此乃因船籍國多為經營船舶海上運送者之業務中心所在地之故。但須注意者，同一船舶所有人所有之其他船舶（姊妹船）亦屬被告之財產，若更航行於我國領海或停泊於我國港口者，即屬被告可扣押財產位於我國之情形，此時若類推適用民事訴訟法第3條之規定，須該船舶之價值與訴訟標的之價值相當且與我國有直接牽連者，始足當之，否則即有「過盛管轄」之嫌。同理，倘被告為託運人或受貨人時，託運貨物乃為被告之財產，若該託運貨物位於我國或裝載於航行於我國領海或停泊於我國港口之船舶上時，此時須該託運貨物之價值與訴訟標的之價值相當且與我國有直接牽連者，我國法院方得因類推適用民事訴訟法第3條之規定而具有國際裁判管轄權。

五、我國爲船籍國

船舶視為船籍國之浮動領土，為船籍國領土主權所及，故船舶之國籍，於法律上極為重要，就如同人之國籍，象徵著對該國的忠順關係，與船籍國關係最為密切。而船籍國亦多為經營船舶海上運送者之業務中心所在地，故船籍國對船舶的控制力最強，船舶須依據船籍國的法律為船籍登記，船籍國即發給船籍證書，船舶受船旗揭揚權，並受船旗國的船舶檢查，而船籍國對船舶所有人、船長、海員、旅客具有對人管轄權，故船籍國關於船舶本身之狀態掌握最足，資料最豐，因此，以船籍國作為國際裁判管轄權上特別管轄權的決定基準，從調查證據之便利性以及判決實效性的觀點言之，原則上應屬妥當。

民事訴訟法第7條規定：「對於船舶所有人或利用船舶人，因船舶或航行涉訟者，得由船籍所在地之法院管轄。」乃以船籍所在地為特別審判籍，蓋因船舶本身而涉訟者，訴訟標的乃本於船舶本身所生權利義務關係，例如確認船舶所有權之訴、共有船舶分割之訴等，而因航行涉訟者，訴訟標的乃本於船舶航行所生權利義務關係，例如船長船員所生報酬之請求等，在在皆與船舶本身或船舶所配置人員有關，而船籍國對船舶之管理乃由船籍所在地之航政機關為之，船籍國中與船舶關係最為密切者，厥為船籍所在地，且船籍所在地亦多為經營船舶海上運送者之業務中心所在地，故以船籍所在地作為特別審判籍，「法律評價的重要觀點」乃「調查證據之便利性」[46]；就國際裁判管轄權而言，基於「合理公平原則」加以利益衡量的觀點，以船籍國作為涉外之船舶本身或船舶航行所生爭議案件國際裁判管轄權上特別管轄權之依據，即考量到船籍國之法院調查證據較為便利，船籍所在地之於船籍國，就如同船籍國之於世界，船籍國為船舶的家，船籍所在地為船舶於家中的房間，故以船籍國作為國際裁判管轄權決定基準的「法律評價的重要觀點」，與民事訴訟法第7條規定相同，皆為「調查證據之便利性」。故民事訴訟法第7條之規定，可完全類推適用於涉外之船舶本身或船舶航行所生爭議案件國際裁判管轄權的決定。

另外，民事訴訟法第15條第2項：「因船舶碰撞或其他海上事故，請求損害賠償而涉訟者，得由……其船籍港之法院管轄。」與海商法第101條第3款：「關於碰撞之訴訟，得向下列法院起訴：……三、被告船舶船籍港之法院。」亦以船籍所在地為特別審判籍，蓋船舶碰撞或其他海上事故（例如因船舶碰撞所生共同海損）之侵權行為，原可依民事訴訟法第15條第1項以侵權行為所在地為特別審判籍，但船舶碰撞或其他海上事故常於公海上發生，此時即無法依該條項決之，故為了方便原告起訴，即以船籍所在地作為特別審判籍，如此規定係為「維護被害人利益、便利被害人起訴」[47]；就國際裁判管轄權而言，基於「合理公平原則」加以利益衡量的觀點，以船籍國作為有關涉外船舶碰撞或

46 參閱陳計男，同註34，頁35；王甲乙、楊建華、鄭健才，民事訴訟法新論，自版，2003年，頁21；陳榮宗、林慶苗，同註40，頁135-136。

47 參閱陳計男，同註34，頁43；王甲乙、楊建華、鄭健才，同註46，頁26；陳榮宗、林慶苗，同註40，頁139。

其他海上事故案件國際裁判管轄權上特別管轄權之依據，對在公海上受害的被害人提供了一可預見的起訴法院，且船籍國亦多為經營船舶運送者之業務中心所在地，於船籍國法院訴訟較具判決實效性，對原告有利，故以船籍國作為國際裁判管轄權決定基準的「法律評價的重要觀點」，與民事訴訟法第15條第2項與海商法第101條第3款相同，皆為「維護被害人利益、便利被害人起訴」，故民事訴訟法第15條第2項與海商法第101條第3款之規定，亦可完全類推適用於涉外船舶碰撞或其他海上事故案件國際裁判管轄權的決定[48]。

又船舶因具不動產性，故船籍須經登記，船舶所有權亦須登記。民事訴訟法第17條規定：「因登記涉訟者，得由登記地之法院管轄。」係以登記地為特別審判籍，蓋民事訴訟法考量若因登記涉訟者，登記地於證據調查上應較為便利；就國際裁判管轄權而言，由於船舶須向船籍國為船籍登記，故基於「合理公平原則」加以利益衡量的觀點，以登記地——亦即船籍國作為涉外船舶登記案件國際裁判管轄權之依據，船籍國法院調查證據亦較為便利。故民事訴訟法第17條之規定完全類推適用於涉外船舶登記案件國際裁判管轄權的決定，自無不妥。

六、侵權行爲地位於我國

民事訴訟法第15條第1項：「因侵權行為涉訟者，得由行為地之法院管轄。」規定以侵權行為地為特別審判籍，乃求法院調查證據較為方便的考量，故此條項規定「法律評價的重要觀點」乃「調查證據之便利性」[49]；就國際裁判管轄權而言，以侵權行為地作為涉外侵權行為地所生案件國際裁判管轄權上特別管轄權之決定基準，應屬妥當，蓋依「合理公平原則」加以利益衡量的觀點，可以方便法院就侵權行為之事實蒐集證據、訊問證人，可期待審理之迅速性，對被害人較為有利，故此處「法律評價的重要觀點」與民事訴訟法第15條第1項之規定同為「調查證據之便利性」，關於此點，美國聯邦最高法院於

48 同本文見解者，有蘇遠成，同註11，頁136；劉鐵錚、陳榮傳，同註12，頁608。

49 參閱陳計男，同註35，頁44；王甲乙、楊建華、鄭健才，同註46，頁25；陳榮宗、林慶苗，同註40，頁138。

1958年的*Hanson v. Denckla*案[50]亦著有明文。且對加害人而言，加害人既然於某地為侵權行為，則於該地被訴，應有預見可能性，況若依「最低度接觸法則」，侵權行為地與該涉外侵權行為案件間乃具有「充分牽連」，故民事訴訟法第15條第1項類推適用於國際裁判管轄權的決定，應可肯定[51]。

但侵權行為地可能有行為作成地（the place of acting）及損害造成地（the place of injury）分屬不同法域的情況，此時是否皆具有國際裁判管轄權，殊值探討。有認為，為了使被害人易於提起訴訟，應認為加害行為地與結果發生地皆屬侵權行為地，若其中之一在我國者，我國法院即具有國際裁判管轄權[52]。此說的看法，將使民事訴訟法第15條第1項完全類推適用於國際裁判管轄權的決定，蓋依民事訴訟法學者的通說與我國實務見解，所謂行為地，凡為一部實行行為或其一部行為結果發生之地均屬之[53]。但亦有認為，倘若毫無限制的承認結果發生地國有國際裁判管轄權，則會強使加害人在其無法預測之國家出庭訴訟，對被告而言，極為不利，似有附加一定條件之必要[54]。本文以為於此情形，須依一般侵權行為與特種侵權行為分別以觀，若為一般侵權行為，則該侵權行為的影響範圍常僅止於當事人之間，故此時應依「合理公平原則」加以利益衡量，考量被告應訴的負擔是否過重，合理地限制損害造成地國際裁判管轄權的行使；但若侵權行為為特種侵權行為時，諸如商品製造人責任、環境侵權行為、核能侵權行為，甚至違反國際公法所生侵權行為，由於類此特種侵權行為的影響範圍廣大且具持續性，對損害造成地的影響最為嚴重，而損害造成地亦多採取若干措施減輕已發生的損害或預防損害的擴大，故為求迅速審理以避免損害更為擴大、持續，損害造成地行使國際裁判管轄權應為合理，況類此特種侵權行為的被害者多為損害造成地居民，於損害造成地起訴，對身為弱勢者

---

50 U.S. 235 (1958).

51 參閱蘇遠成，同註11，頁135-136；劉鐵錚、陳榮傳，同註12，頁608；林秀雄，同註21，頁133。

52 參閱蘇遠成，同註11，頁135-136；劉鐵錚、陳榮傳，同註12，頁608。

53 學說見解參閱陳計男，同註34，頁43；陳榮宗、林慶苗，同註40，頁139。實務見解參最高法院56年台抗字第369號判例。

54 參閱池原季雄，同註37，頁31；松岡博，同註35，頁255；林秀雄，同註21，頁133。

與被害者之原告較為有利，而此一基準，已為1969年「國際油污損害民事責任公約」（International Convention on Civil Liability for Oil Pollution Damage）第9條第1項：「若已在一個或若干個締約國領土（包括領海）內發生油污染損害事件，或已在上述領土（包括領海）內採取防止或減輕油污損害之預防措施，賠償訴訟便只能向上述之一個或若干個締約國法院提出。……」（Where an incident has caused pollution damage in the territory including the territorial sea of one or more Contracting States, or preventive measures have been taken to prevent or minimize pollution damage in such territory including the territory sea, actions for compensation may only be brought in the Courts of any such Contracting State or States ....）所肯認，而1952年「外國航空器對第三人在地面所造成損害的公約」（Convention on Damages caused by Foreign Aircraft to Third Parties on the Surface，簡稱為「羅馬公約」（The Rome Convention））第20條更規定僅損害發生地國法院具有國際裁判管轄權（Actions under the provisions of this Convention may be brought only before the courts of the Contracting State where the damage occurred.）。因此，民事訴訟法第15條第1項之規定，非可完全類推適用於涉外侵權行為案件國際裁判管轄權的決定，倘系爭案件為一般侵權行為時，則須修正為僅行為造成地法院具國際裁判管轄權。

綜上所言，海事侵權行為國際裁判管轄權的決定，可為如下之歸納：（一）因涉外船舶碰撞或其他海上事故案件，得類推適用民事訴訟法第15條第2項與海商法第101條第3款之規定，使船籍國法院得具有國際裁判管轄權；（二）涉外之船舶上侵權行為案件（諸如海員互毆、旅客受傷），得修正類推適用民事訴訟法第15條第1項，僅行為造成地之法院具有國際裁判管轄權，但行為造成地係於船舶之上，故而行為造成地法院，亦即船籍國法院具有國際裁判管轄權；（三）涉外船舶油污染案件，得類推適用民事訴訟法第15條第1項，使行為造成地之法院與損害發生地之法院俱得具有國際裁判管轄權。

七、船舶所在地位於我國

民事訴訟法第8條規定：「因船舶債權或以船舶擔保之債權涉訟者，得由船舶所在地之法院管轄。」所謂因船舶債權或以船舶擔保之債權涉訟者，乃指因海事優先權（maritime liens）或船舶抵押權（maritime mortgage）所生之訴訟，而本條之所以規定以船舶所在地為特別審判籍，乃為判決實效性的考量，蓋債權人行使其債權請求權時，可能隨時須扣押船舶，始能確保債權之滿足，船舶一但離開停泊地，大都難以行使其海事優先權，故本條規定「法律評價的重要觀點」實乃「判決實效性」[55]。就國際裁判管轄權而言，由於船舶造價高昂，債權人若能查封拍賣船舶以取償，則債權人獲得勝訴判決才以意義，既然船舶置於船舶所在地的實力之下，由船舶所在地法院對船舶施以扣押、強制執行，自屬最為便利與迅速，故若依「合理公平原則」加以利益衡量觀之，以船舶所在地作為涉外海事優先權或船舶抵押權案件國際裁判管轄權上特別管轄權之決定基準，對將來原告權利之滿足最為有利，此與民事訴訟法第8條規定亦基於「判決實效性」的考量相同。故民事訴訟法第8條之規定完全類推適用於涉外海事優先權或船舶抵押權案件國際裁判管轄權的決定，應為妥當。

八、我國港口爲裝載港或卸載港

海上貨物運送契約案件乃海事案件之重心。然海上貨物運送契約之爭議解決，則依契約類型為傭船契約或件貨運送契約而有不同。原則上，前者以當事人意思自主為原則，故爭議解決以仲裁為主，而後者屬公共運送之強制法（運送人最低強制責任），故爭議解決以法院裁判為主[56]。因此，海上貨物運送契約案件國際裁判管轄權的決定，亦以件貨運送契約案件為主。而件貨運送契約，必以載貨證券（bill of lading，簡稱為B/L）相伴，蓋託運貨物從運送人的收受到受貨人的受領，無不依恃載貨證券所發揮之收據、海上貨物運送的證明、物權證券等功能進行，尤有進者，載貨證券為現代國際貿易以信用狀（letter of credit，簡稱為L /C）為付款方式押匯之必要文件，故件貨運送無簽發載貨證券者鮮，從而海上貨物運送契約案件的法院實務上，亦以載貨證券案件為主。

55 參閱陳計男，同註34，頁36；王甲乙、楊建華、鄭健才，同註46，頁21-22；陳榮宗、林慶苗，同註40，頁136。

56 參閱柯澤東，程序正義—國際海運法同化之困境與展望，收於海商法修訂新論，自版，2000年初版1刷，頁263。

我國舊海商法之修正於民國88年6月22日三讀通過，同年7月14日並經總統公布實施，其中，增訂之第78條第1項：「裝貨港或卸貨港為中華民國港口者之載貨證券所生之爭議，得由我國裝貨港或卸貨港或其他依法有管轄權之法院管轄。」所規定載貨證券爭議之國際裁判管轄權，乃為目前我國實證法中國際裁判管轄權唯一之明文規範。此規定係源自於「漢堡規則」第21條第1項。「漢堡規則」第21條第1項規定為：「為進行有關依照本公約運送貨物求償之司法程序，原告得自由選擇在下列地點之一，依法院所在地國家法律具有管轄權，並在其管轄區域之法院，提起訴訟：一、被告之主事務所所在地，無主事務所者，其慣常居所地；或二、契約若係於被告之主事務所、分所或代理商所簽訂者，該契約簽訂地；或三、裝載港或卸載港；或四、海上貨物運送契約中約定之管轄法院地。」（1. In judicial proceedings relating to carriage of goods under this Convention the plaintiff, at his option, may institute an action in a court which, according to the law of the State where the court is situated, is competent and within the jurisdiction of which is situated one of the following places: (a) The principal place of business or, in the absence thereof, the habitual residence of the defendant; or (b) The place where the contract was made provided that the defendant has there a place of business, branch or agency through which the contract was made; or (c) The port of loading or the port of discharge; or (d) Any additional place designated for that purpose in the contract of carriage by sea.）[57]其賦予請求權人有極廣泛之選擇權擇其最便利之地提起訴訟。我國繼受時，採酌了第21條第1項第3款（明文繼受）與第4款（立法精神之繼受，蓋由第78條第1項中之「得」可推知當事人可合意管轄法院），使當事人得自由決定於我國法院訴訟，或依載貨證券法院管轄條款（choice of jurisdiction clause）之約定，選擇至外國法院進行訴訟。依「合理公平原則」加以利益衡量觀之，若我國人為被告時，倘原告依本條項規定於我國法院起訴，我國當事人可免至國外應訴之煩累，故有認為本條項可謂「係對我國當事人在訴訟上在本、外國均得進行訴訟之利益

57 「日內瓦公約」第26條第1項與「漢堡規則」第21條第1項之規定相同，惟該公約並未於1992年隨同「漢堡規則」生效。

規定」[58]。據此，裝貨港或卸貨港為我國之載貨證券案件，我國法院自得「適用」海商法第78條第1項之規定，具有國際裁判管轄權之特別管轄權。

至於在比較法上，比利時、荷蘭、芬蘭、挪威、瑞典等國較類似我國海商法第78條第1項的規定，裝載港或卸載港（荷蘭僅有卸載港）於該國者該國即具國際裁判管轄權[59]；而希臘則採對以裝載港或卸載港作為取得國際裁判管轄權的基礎附有條件——運送契約亦於裝載港或卸載港締結或履行[60]。

九、契約履行地位於我國

按民事訴訟法第12條：「因契約涉訟者，如經當事人定有債務履行地，得由該履行地之法院管轄。」規定以契約履行地為特別審判籍，源自於日耳曼法（羅馬法則以締約地為特別審判籍），此乃因當事人間以契約特別約定履行地者，履行地對當事人而言即有特別利害關係，其因在履行地發生契約債務之糾紛，由履行地法院審判，符合雙方當事人之利益，且對法院調查證據較為方便[61]；就國際裁判管轄權而言，以「合理公平原則」加以利益衡量觀之，因契約所生訴訟，由債務履行地之法院審理時，可以就債務不履行之存否、損害之程度等問題，為蒐集證據、訊問證人，而且關於履行之問題，要求被告於債務履行地應訴，不至對被告造成不便，蓋被告原本即須於履行地履行契約，故並不損及原被告間之公平性[62]。因此，民事訴訟法第12條之規定，得完全類推適用於涉外契約案件國際裁判管轄權之決定[63]。惟，契約應作如何之解釋，易生爭議，「布魯塞爾規則Ⅰ」運用契約類型化之方法，就各類型契約履行地加以明文規定，可提供吾人參考，例如：動產買賣契約以「動產已交付地國」或「動產應交付地國」（the place in a Member State, where under the contract, the

58 參閱柯澤東，同註56，頁283。

59 Carel J. H. Baron Van Lynden et al., Forum Shopping 21, 78, 202, 215, 266 (1998).

60 *Id.* at 110.

61 參閱陳榮宗、林慶苗，同註40，頁137。

62 參閱參閱松岡博，同註17，頁252。

63 同本文見解者，有蘇遠成，同註11，頁135；劉鐵錚、陳榮傳，同註12，頁608；林秀雄，同註21，頁132。

goods were delivered or should have been delivered.）為契約履行地（第7條第1項第2款），故該地法院具國際裁判管轄權；服務契約以「服務已提供地國」或「服務應提供地國」（the place in a Member State, where under the contract, the services were provided or should have been provided.）為契約履行地（第7條第1項第2款），故該地法院具國際裁判管轄權。因此，上述「布魯塞爾規則Ｉ」對契約履行地之明文規定，似非不得列為國際民事訴訟法之法理加以適用。

茲有問題者，由於海商法第78條第1項所規定國際裁判管轄權之特別管轄權，限於因載貨證券所生爭議，故海上貨物運送契約未簽發載貨證券，以及海上旅客運送契約，其國際裁判管轄權則須另依其他基準決定。未簽發載貨證券之海上貨物運送契約以及海上旅客運送契約國際裁判管轄權的決定，理論上似可以二種不同的觀點解決：一為類推適用民事訴訟法第12條契約涉訟特別審判籍的規定；一為類推適用海商法第78條第1項載貨證券國際裁判管轄權之規定。前一觀點認為，海商法第78條第1項之規定僅針對載貨證券，故未簽發載貨證券之海上貨物運送契約以及海上旅客運送契約自不得適用，但二者既為契約，則自應適用一般契約國際裁判管轄權的決定基準，亦即類推適用民事訴訟法第12條之規定決之。後一觀點則認為，海商法第78條第1項之規定雖限於因載貨證券所生爭議，但載貨證券係因海上貨物運送契約所簽發，載貨證券於某些情況下等同於海上貨物運送契約，故未簽發載貨證券之涉外海上貨物運送契約案件，以及涉外海上旅客運送契約案件，皆得類推適用海商法第78條第1項之規定來決定國際裁判管轄權。

上述兩種觀點以何為當，學說與實務上尚未見相關討論。本文則認為後一觀點較為適合，蓋就規範對象而言，民事訴訟法第12條係針對所有契約類型，而海商法第78條第1項則是針對特定契約類型（有簽發載貨證券之海上貨物運送契約），故未簽發載貨證券之海上貨物運送契約與海上旅客運送契約，自與海商法第78條第1項所規範之契約類型於重要的類型特徵上較為接近，適宜作類型類推，況海上貨物運送契約與海上旅客運送契約的履行地通常為跨不同水域的海上（領海、專屬經濟海域、公海），裝載港、卸載港（海上貨物運送契約）或出發港、目的港（海上旅客運送契約）等特定港口並不等同於履行地，故而以履行地作為決定涉外海上貨物運送契約案件與涉外海上旅客運送契約案件國際裁判管轄權的基準，並不妥當。基此，涉外海上貨物運送契約案件的國際裁判管轄權，應類推適用海商法第78條第1項之規定，若裝載港或卸載港位於我國者，我國法院具有國際裁判管轄權；而涉外海上旅客運送契約案件的國際裁判管轄權，亦應類推適用海商法第78條第1項之規定，若出發港或目的港位於我國者，我國法院亦具有國際裁判管轄權。

十、救助行爲地位於我國

民事訴訟法第16條：「因海難救助涉訟者，得由救助地……之法院管轄。」規定以救助行為地為特別審判籍，乃為法院調查證據之便利計[64]，故而為此規定；就國際裁判管轄權而言，以「合理公平原則」加以利益衡量觀之，以救助行為地作為涉外海難救助案件國際裁判管轄權上特別管轄權之決定基準，亦基於法院於調查證據便利性的考量，蓋海洋面積廣大，非救助行為地之法院或相距救助行為地遙遠，或對救助行為地之洋面狀況不甚了解，若進而審理該訴訟，調查證據必然耗時費力，就私益言，對原告被告皆為不利，就公益言，則為法院地司法資源的浪費，故以救助行為地作為行使國際裁判管轄權的依據，其「法律評價的重要觀點」與民事訴訟法第16條相同，皆為「調查證據之便利性」，故民事訴訟法第16條以救助行為地為特別審判籍之規定，可完全類推適用於涉外海難救助案件國際裁判管轄權的決定。

十一、船舶最初到達地位於我國

民事訴訟法第15條第2項：「船舶碰撞或其他海上事故，請求損害賠償而涉訟者，得由受損害之船舶最初到達地……之法院管轄。」規定以受損害船舶最初到達地為特別審判籍，乃因船舶碰撞或其他海上事故常於公海上發生，故為了方便原告起訴，並便利法院調查證據，而為如此規定；就國際裁判管轄權而言，以「合理公平原則」加以利益衡量觀之，以受損害船舶最初到達地作為涉外船舶碰撞或其他海上事故案件國際裁判管轄權上特別管轄權之決定基準，對在公海上受害的被害人提供了一離碰撞地不會太遠的起訴法院，方便原告起

---

64 參閱陳榮宗、林慶苗，同註40，頁139。

訴，並能便利法院調查證據，故以受損害船舶最初到達地作為行使國際裁判管轄權依據的「法律評價的重要觀點」，與民事訴訟法第15條第2項相同，皆為「維護被害人利益、便利被害人起訴」。故民事訴訟法第15條第2項之規定，亦可完全類推適用於涉外船舶碰撞或其他海上事故案件國際裁判管轄權的決定。

另涉外海難救助案件國際裁判管轄權的決定，雖可類推適用民事訴訟法第16條以救助行為地為特別審判籍之規定為之，但若海難救助係發生於公海時，則救助行為地即無從確定。我國土地管轄亦生此一問題，故民事訴訟法第16條亦規定：「因海難救助涉訟者，得由……被救助之船舶最初到達地之法院管轄。」，乃以被救助船舶最初到達地之特別審判籍，補充同條之以救助行為地為特別審判籍，但卻因救助行為發生於公海時，而無從決定救助行為地之窘境。故民事訴訟法第16條以被救助船舶最初到達地為特別審判籍之規定，可完全類推適用於涉外海難救助案件國際裁判管轄權的決定，亦即我國若為被救助船舶最初到達地時，我國法院即具有國際裁判管轄權。

十二、我國爲船舶扣押地

民事訴訟法第15條第2項：「船舶碰撞或其他海上事故，請求損害賠償而涉訟者，得由……加害船舶被扣留地……之法院管轄。」與海商法第101條第4款：「關於碰撞之訴訟，得向下列法院起訴：……四、船舶扣押地之法院。」以船舶扣押地為特別審判籍之理由，乃為判決實效性計；就國際裁判管轄權而言，以「合理公平原則」加以利益衡量觀之，船舶既已被扣押，則於扣押地法院進行訴訟獲得勝訴判決時，可立即拍賣求償，確保原告債權之滿足，有利於原告。然若以「最低度接觸法則」加以利益衡量觀之，船舶碰撞或其他海上事故之訴訟與船舶扣押地，不一定具有「充分接觸」，故以不具「充分接觸」之船舶扣押地作為國際裁判管轄權上特別管轄權之決定基準，是否允當，不無疑義[65]。有關於此，本文以為，美國法之見解可提供吾人參考。

美國法以船舶為被告之對物訴訟（actions in rem，發生於海事優先權案

65 參閱秋原佐一郎，同註41，頁115。

件maritime lien cases）或準對物訴訟（actions quasi in rem，發生於扣船案件maritime attachment cases）[66]之基礎有別於英國之「程序理論」（procedure theory）[67]而採「人格化理論」（personalization theory），船舶本身即為當事人，以船舶為被告即以債務人為被告，將來不得再行向債務人起訴請求，亦不得同一債務人公司之姐妹船舶行使扣押，債務人之船舶所有人是否出庭應訴無關宏旨。故於美國法制下，以船舶為被告之訴訟常為扣船案件之準對物訴訟。然美國法認為扣船案件並不受*Shaffer v. Heitner*案所建立之「位於法院地之特定物須與法院地有最低度接觸，法院方能行使準對物訴訟裁判管轄權」法則的限制，亦即不適用「最低度接觸法則」，只要船舶於法院地被扣押，法院即有準對物訴訟的裁判管轄權[68]。在1978年*Grand Bahama Petroleum Co. v. Canadian Transportation Agencies Ltd.*案[69]中，法院即認為，於此類扣船案件之訴訟中，被告常離家鄉甚久，且其財產常不置於家鄉，故傳統之準對物訴訟行使裁判管轄權的基礎（「所在權力理論」）於此類案件中特別重要，從而該船無須

---

66 Frank L. Maraist, Thomas C. Galligan, Jr. & Catherine M. Maraist, Maritime Law 844 (2003).

67 英國之「程序理論」（procedure theory）乃債權人提起對物訴訟（action in rem），以船舶（之船名）直接爲被告係程序上手段，目的在使經此一對物訴訟扣押船舶，迫使船舶所有人（債務人）能出庭應訴，若船主債務人未出庭應訴，判決成立，債權人限於以船舶拍賣之償金清償，可能不足清償債權，但至少有現實扣押之船舶可以部分清償，並容許可扣押將來債務人公司之姐妹船（sister ship），但若船舶所有人出庭，以挽救其可能敗訴遭拍賣之船舶，以其財產賠償，則依此制度，此時因債務人之出庭應訴，對物訴訟即轉化爲對人訴訟，債權人債權請求賠償，即不限於此船舶之價格。故對物訴訟在英國法上，係爲程序目的與手段。但美國法所採之「人格化理論」，對物訴訟或準對物訴訟爲目的而非程序、手段，以船舶人格化，以船舶爲被告，即等於以債務人船主爲被告，故在美國法制下之船舶對物訴訟或準對物訴訟，與英國法制相較，對債權人或較爲不利，蓋債權人於欲起訴時即須決定究竟是向債務人提起對人訴訟或是向船舶提起對物訴訟或準對物訴訟，但於英國法制下，對物訴訟不足清償時，尚可扣押同公司之姐妹船，當事人其後尚可行使請求權扣船，且之後若債務人出庭應訴，則對物訴訟即轉化爲對人訴訟，故對債權人較有利。

68 William Tetley, Maritime Liens & Claims 944 (2nd ed., 1998); see also Tetley, William, *Arrest, Attachment and Related Maritime Law Procedures*, 73 Tul. L. Rew. 1933-6 (1999).

69 450F. Supp 447 (W.D. Wash. 1978).

與法院地有最低度接觸[70]。詳言之，若因船舶碰撞或其他海上事故之訴訟與船舶扣押地不具「充分接觸」，而否定船舶扣押地的國際裁判管轄權時，船舶一旦駛離，則船舶行蹤不易掌握而甚難再度扣押船舶，無法扣押船舶，則原告債權之滿足將遙遙無期，故為保障身為船舶碰撞或其他海上事故被害者之原告的利益，應例外認為以船舶扣押地作為行使國際裁判管轄權的基礎，不適用「最低度接觸法則」加以利益衡量。質言之，為確保原告債權之滿足，於船舶碰撞案件或其他海上事故案件國際裁判管轄權之決定，是否完全類推適用民事訴訟法第15條第2項與海商法第101條第4款，以「合理公平原則」加以利益衡量即可，無須考量「最低度接觸法則」。

綜上所述，基於「判決實效性」之考量，涉外船舶碰撞案件，完全類推適用海商法第101條第4款以決定其是否具國際裁判管轄權，應為妥當。此一基準亦為1999年「國際扣船公約」（International Convention on Arrest of Ships）第7條第1項：「實施船舶扣押之法院，包括因提供擔保而俟後放行者，對當事人間的實體法律爭執具有管轄權。」（The Courts of the State in which an arrest has been effected or security provided to obtain the release of the ship shall have jurisdiction to determine the case upon its merits, ...）所肯認。

以上係針對海事案件，不為類型區分，就其整體於我國法上決定國際裁判管轄權之基準加以論述。然未免龐雜，整理成表說明各類型海事案件國際裁判管轄權之基礎：

70 但亦有學者認為，如此不考慮「最低度接觸原則」，可能會有違憲的危險。SCOLES F. EUGENE, PETER HAY, PATRICK J.BORCHERS & SYMEON C. SYMEONIDES, CONFLICT OF LAWS 429 (3rd ed., 2000).

<table>
<tr><th>行使基準
類型</th><th colspan="2">特別管轄權（specific jurisdiction）</th><th>一般管轄權（general jurisdiction）</th></tr>
<tr><td rowspan="2">海上貨物運送契約既載貨證券案件</td><td>簽發載貨證券</td><td>裝載港或卸載港（適用海商法§78Ⅰ）</td><td rowspan="13">被告之住所地（類推適用民訴法§1Ⅰ前段）、主營業所所在地（類推適用民訴法§2Ⅲ）、慣常居所地（法理）、持續性商業活動地（法理）</td></tr>
<tr><td>未簽發載貨證券</td><td>裝載港或卸載港（類推適用海商法§78Ⅰ）</td></tr>
<tr><td>海上旅客運送契約既船票案件</td><td colspan="2">裝載港或卸載港（類推適用海商法§78Ⅰ）</td></tr>
<tr><td>船舶本身或船舶航行所生爭議案件</td><td colspan="2">船籍國（類推適用民訴法§7）</td></tr>
<tr><td rowspan="4">船舶碰撞案件</td><td colspan="2">碰撞發生地（類推適用民訴法§15Ⅱ、海商法§101Ⅱ）</td></tr>
<tr><td colspan="2">受損害船舶最初到達地（類推適用民訴法§15Ⅱ）</td></tr>
<tr><td colspan="2">被告船籍國（類推適用海商法§101Ⅲ）</td></tr>
<tr><td colspan="2">船舶扣押地（類推適用民訴法§15Ⅱ、海商法§101Ⅳ）</td></tr>
<tr><td>船舶上侵權行為案件</td><td colspan="2">侵權行爲地（類推適用民訴法§15Ⅰ）→船籍國</td></tr>
<tr><td>船舶油污染案件</td><td colspan="2">侵權行爲地（類推適用民訴法§15Ⅰ）</td></tr>
<tr><td>船舶登記案件</td><td colspan="2">登記地（類推適用民訴法§17）→船籍國</td></tr>
<tr><td rowspan="2">海難救助案件</td><td colspan="2">救助地（類推適用民訴法§16）</td></tr>
<tr><td colspan="2">被救助船舶最初到達地（類推適用民訴法§16）</td></tr>
</table>

肆、結論

綜本文所述，可得結論如下：

一、大陸法系立法例上直接規定國際裁判管轄權者尚未普遍，故每一國家多依據內國民事訴訟法管轄法則之原理，來作為決定國際裁判管轄權的標準。然內國民事訴訟法管轄法則係規範純內國案件的，對於與純內國案件本質不同的涉外案件，不宜完全依據內國民事訴訟法管轄法則之原理，來作為決定國際裁判管轄權的標準，而應根據涉外案件之特質作相對應的調整，應無反對之音，究應如何調整以及調整多少，則為眾說紛紜（逆推知說、單純類推適用說、修正類推適用說、利益衡量說、新類型說）。

二、基於調和法安定性與具體妥當性的觀點，應以修正類推適用說（管轄分配說或法理說）為基礎，並以利益衡量說加以調和之調和方法。蓋修正類推適用說原則上類推適用內國土地管轄的規定，法官對內國土地管轄規定的適用上相當熟悉，且內國土地管轄的規定可為當事人所預見，故法安定性得以維持；而於類推適用時，則可從利益衡量的觀點，參酌美國法上「最低度接觸法則」與「合理公平原則」，來尋求修正類推適用內國土地管轄規定之論理依據，若認為類推適用內國土地管轄之規定，亦能符合被告、原告、法院地三方之公、私利益時，自可類推適用，若無明文之土地管轄規定得以類推適用時，則以相關的管轄原因事實，就利益衡量的觀點綜合判斷之，如此一來，具體妥當性亦得以兼顧。

三、依本文所提出之調和論解釋我國法上海事案件國際裁判管轄權之決定基準，可得如下結果：（一）被告之住所地、主營業所所在地、慣常居所地、持續性商業活動地為我國時，我國法院具有國際裁判管轄權上的「一般管轄權」，而被告於國外無住所但於我國有居所時，我國法院亦具有國際裁判管轄權上一般管轄權；（二）船籍國為我國，或裝載港、卸載港、侵權行為地、碰撞發生地、海難救住地、船舶最初到達地、船舶扣押地為我國時，視訴訟標的之不同，我國法院具有國際裁判管轄權上的「特別管轄權」。

參考文獻

一、中文部分

(一) 書籍

王甲乙、楊建華、鄭健才，民事訴訟法新論，自版，2003年。
邱聯恭，司法之現代化與程序法，自版，1994年。
邱聰智，民法總則（上），三民書局，2005年。
柯澤東，海商法修訂新論，自版，2000年。
馬漢寶，國際私法（總論、各論），自版，2004年。
陳計男，民事訴訟法論（上），三民書局，1994年。
陳隆修，國際私法管轄權評論，五南圖書，1986年。
陳榮宗、林慶苗，民事訴訟法（上），三民書局，2003年。
劉鐵錚、陳榮傳，國際私法論，三民書局，2004年。
賴來焜，海事國際私法學（上）─比較海商法與國際私法學之交會為中心，自版，2002年。
蘇遠成，國際私法，五南圖書，1993年。

(二) 期刊論文

吳光平，論最密切牽連關係理論之立法化，法學叢刊第188期，2002年10月。
吳光平，從國際私法體系論涉外民事法律適用法之修正，立法院院聞第31卷第7期，2003年。
吳光平，國際私法上侵權行為準據法發展新趨勢，軍法專刊第49卷第1期，2004年1月。
陳啟垂，民事訴訟之國際管轄權，法學叢刊第166期，1997年4月。
陳啟垂，審判權、國際管轄權與訴訟途徑，法學叢刊第189期，2003年1月。
黃國昌，扣押財產作為行使國際民事管轄權之基礎─評最高法院九十三年度台抗字第一七六號裁定，月旦法學雜誌第124期，2005年9月。
蔡華凱，國際裁判管轄總論之研究─以財產關係訴訟為中心，國立中正大學法學集刊第17期，2004年10月。

(三) 專書論文

李後政，外國法院確定裁判之承認要件及效力之問題，收於國際私法論文集慶祝馬教授漢寶七秩華誕，五南圖書，1996年。

林秀雄，國際裁判管轄權—以財產關係案件為中心，收於國際私法理論與實踐（一）—劉鐵錚教授六秩華誕祝壽論文集，學林，1998年。

陳長文，外國判決之承認—從歐盟「布魯塞爾判決公約」及美國「對外法律關係整編」評析民事訴訟法第四〇二條，收於國際私法理論與實踐（一）—劉鐵錚教授六秩華誕祝壽論文集，學林，1998。

二、英文部分

(一) 書籍

Brilmayer, Lea & Martin, James A., *Conflict of Laws: Cases and Materials*, 3rd ed., 1990.

Friedenthal, Jack H., Kane, Mary Kay & Miller, Arthyr R., *Civil Procedure*, 1985.

Hillier, Tim, *Sourcebook on Public International Law*, 1998.

Lynden, Carel J.H. Baron Van, ed., *Forum Shopping*, 1998.

Maraist, Frank L., Galligan, Thomas C. & Maraist, Catherine M., Maritime Law, 2003.

Malanczuk, Peter, *Akehurst's Modern International Law*, 7th ed., 1997.

Schoenbaum, Thomas J., *Admiralty and Maritime Law*, 4th ed., 2004.

Scoles, Eugene F., Hay, Peter, Borchers, Patrick J. & Symeonides, Symeon C., *Conflict of Laws*, 3rd ed., 2000.

Shreve, Gene R. & Raven-Hansen, *Understanding Civil Procedure*, 2nd ed., 1994.

Tetley, William, *Marine Cargo Claims*, 2nd ed., 1988.

Tetley, William, *Maritime Liens & Claims*, 2nd ed., 1998.

Tetley, William, *International Conflict of Laws: Common, Civil and Maritime*, 1994.

(二) 期刊論文

Tetley, William, *Arrest, Attachment and Related Maritime Law Procedures*, 73 Tul. L. Rew. 1895 (1999).

Tetley, William, *International Maritime Law: Uniformity of International Private Maritime Law--The Pros, Cons, and Alternatives to International Conventions--How to Adopt to International Convention*, 24 Tul. Mar. L. J. 782 (2000).

von Mehren, Arthur T. & Trautman, Donald, *Jurisdiction to Adjudicate: A Suggested Analysis*, 79 HARD. L. REW. 1121 (1966).

三、日文部分

(一) 書籍

小島武司、石川明編，國際民事訴訟法，青林書院，1994年12月初版1刷。

木棚照一、松岡博、渡邊惺之，國際私法概論，有斐閣，1998年3月3版1刷。

石黑一憲，現代國際私法（上），東京，東京大學出版會，1986年2月初版。

石黑一憲，國際私法，新世社，1994年初版。

石黑一憲，國際民事訴訟法，新世社，1996年2月初版。

松岡博，改訂國際私法，三浦正人編，青林書院，1994年3月2版2刷。

秋原佐一郎，國際民事訴訟法，國書刊行　，1994年2月。

(二) 文章

池原季雄，國際裁判管轄權，收於新・実務民事訴訟講座（7）—國際民事訴訟、会社訴訟，日本評論社，1985年2月1版3刷。

池原季雄、平塚真，涉外訴訟における裁判管轄，收於実務民事訴訟講座（6）—涉外訴訟、人事訴訟，日本評論社，1978年10月1版4刷。

道垣內正人，外國航空機製造會社に對する製造物責任の国際裁判管轄權，判例時報／判例評論310第1129號，1984年12月。

國家圖書館出版品預行編目資料

國際民事程序法論文集／國際私法研究會叢書編輯委員會主編. --初版.--臺北市：五南圖書出版股份有限公司, 2022.12
冊； 公分.--（國際私法研究會叢書；4）
ISBN 978-626-343-673-2（上冊：平裝）

1.CST: 國際私法 2.CST: 民事訴訟法 3.CST: 文集

579.907 111021486

1UF6

國際民事程序法論文集（上）

主　　編— 國際私法研究會叢書編輯委員會
作　　者— 林恩瑋（122.3）、許耀明、何佳芳、賴淳良
游悦晨、李瑞生、陳榮傳、許兆慶、吳光平
發 行 人— 楊榮川
總 經 理— 楊士清
總 編 輯— 楊秀麗
副總編輯— 劉靜芬
責任編輯— 黃郁婷、李孝怡
封面設計— 姚孝慈
出 版 者— 五南圖書出版股份有限公司
地　　址：106台北市大安區和平東路二段339號4樓
電　　話：(02)2705-5066　傳　　真：(02)2706-6100
網　　址：https://www.wunan.com.tw
電子郵件：wunan@wunan.com.tw
劃撥帳號：01068953
戶　　名：五南圖書出版股份有限公司

法律顧問　林勝安律師

出版日期　2022年12月初版一刷
定　　價　新臺幣620元